Die Bau- und Kunstdenkmale in der mecklenburgischen Küstenregion

Mit den Städten Rostock und Wismar

Bearbeitet von der Arbeitsstelle Schwerin des Instituts für Denkmalpflege durch

Gerd Baier, Horst Ende, Brigitte Oltmanns · Gesamtredaktion Heinrich Trost, Berlin

Mit Aufnahmen von Thomas Helms · 7 Übersichtskarten und 935 Abbildungen

Henschel Verlag Berlin

ISBN 3-362-00523-3

Im Titel veränderte zweite Bindequote der ersten
Auflage · 49/90
Gestaltung: Henry Götzelmann
Lichtsatz: Interdruck GmbH Leipzig
Druck: Zeitschriften, Repro, Gravur GmbH, Leipzig
Einband: Leipziger Großbuchbinderei GmbH, Leipzig

Inhaltsverzeichnis

Vorwort

Der vorliegende Band behandelt die Bau- und Kunstdenkmale der mecklenburgischen Küstenregion in den Kreisen Grevesmühlen, Wismar (Land und Stadt), Bad Doberan, Rostock (Land und Stadt) und Ribnitz-Damgarten, die von 1952 bis 1990 den westlichen, mecklenburgischen Teil des ehem. Bezirkes Rostock darstellten; lediglich der östlich des Grenzflusses Recknitz gelegene Teil des Landkreises Ribnitz-Damgarten ist vorpommersches Territorium. Ein vorgesehener zweiter Band wird die Bau- und Kunstdenkmale der nach Osten anschließenden, bis an die Grenze zur Republik Polen sich erstreckenden vorpommerschen Küstenregion mit den Kreisen Stralsund (Land und Stadt), Grimmen, Greifswald (Land und Stadt), Wolgast und Rügen zum Inhalt haben.

Die Land- und Stadtkreise sind, beginnend mit dem Landkreis Grevesmühlen und endend mit dem Landkreis Ribnitz-Damgarten, entsprechend ihrer Abfolge von West nach Ost geordnet. Eine Übersichtskarte am Anfang eines jeden Landkreises verzeichnet alle behandelten Orte, dazu zur Orientierung die wichtigsten Straßen wie auch Flüsse und Seen. Die Stadtkreise Rostock und Wismar werden jeweils eingeleitet durch einen Orientierungsplan zur Innenstadt, in dem die Hauptstraßen beschriftet sowie die wichtigsten Denkmale benannt sind.

Innerhalb der Landkreise sind die Orte alphabetisch geordnet. Ortsteile sind unter ihren eigentlichen Namen in die alphabetische Abfolge eingefügt; die Gemeinde, zu der der betreffende Ort als Ortsteil gehört, wird von Klammern eingeschlossen hinter dem Ortsnamen genannt. Grundlage der Ordnung ist das »Verzeichnis der Gemeinden der Deutschen Demokratischen Republik« mit dem systematischen und alphabetischen Verzeichnis der Gemeinden und der zugehörigen Ergänzung mit dem alphabetischen Verzeichnis der Ortsteile, erschienen im Staatsverlag der Deutschen Demokratischen Republik, Berlin 1983. Ein Ortsregister auf den Seiten 499 bis 501 ermöglicht das Auffinden von Orten, wenn deren Kreiszugehörigkeit dem Benutzer nicht bekannt ist.

Der Reihenfolge der Behandlung der einzelnen Bau- und Kunstdenkmale liegen die folgenden Gesichtspunkte zugrunde, von denen in Einzelfällen, etwa aus örtlichen Besonderheiten, aber auch abgewichen worden ist:

Bei Dörfern, die in der Regel einen zahlenmäßig geringen Denkmalbestand aufweisen, wird am Anfang, falls vorhanden, das ehemalige Gutshaus oder Schloß mit dem eventuell zugehörigen Park oder dem zugehörigen Wirtschaftshof behandelt. Es schließen an die Bauernhäuser beziehungsweise Bauernhöfe, die mitunter summarisch behandelt sind, bei genannten und kurz beschriebenen Einzelobjekten oft auch eine Auswahl aus einem größeren Bestand darstellen. Letzteres trifft ebenfalls für die Wohn- und Logierhäuser, die Pensionen und Hotels in den zumeist aus ehemaligen Fischerdörfern entstandenen Badeorten an der Ostseeküste zu. Es folgt die Dorfkirche mit ihrer oft sehr reichen Ausstattung, meist das älteste Denkmal des Ortes und in vielen Fällen auch das einzige. Den Abschluß bilden Denkmale außerhalb des Ortes, so beispielsweise Sühnesteine oder Windmühlen.

Nicht grundsätzlich anders wird der umfangreichere, dennoch überschaubare Denkmalbestand in den Kleinstädten zur Darstellung gebracht. Vorangestellt ist hier zumeist ein kurzer Einleitungste t zur historischen Entwicklung und zur städtebaulichen Anlage der Stadt. Die Denkmalübersicht wird eingeleitet mit der ehemaligen Stadtbefestigung, also Stadtmauerresten oder erhaltenen Stadttoren. Es folgen öffentliche Gebäude wie z. B. Rathäuser oder Schulen. Beim Wohnhausbau ist, wenn der Ort einen umfangreichen Bestand an bemerkenswerten, das Ortsbild prägenden Häusern aufweist, eine alphabetische Ordnung nach Straßen erfolgt, mitunter unter Voranstellung der wichtigsten Straße oder des wichtigsten Platzes; die Straßennamen sind dann als kursiv gesetzte, im Falle von Bad Doberan als halbfett gesetzte Überschriften hervorgehoben. Die Stadtpfarrkirche und deren Ausstattung sowie weitere eventuelle Sakralbauten schließen an. Friedhöfe, Parkanlagen sowie Denkmale an der Peripherie des Ortes bilden wiederum den Abschluß.

Für die Hafenstädte Rostock und Wismar, die bereits von ihrer Gründung her von anderem Zuschnitt waren als die etwa gleichzeitig entstandenen kleineren Städte in ihrer weiteren Umgebung, mußte angesichts der zahlreichen Denkmale eine andere Ordnung des Materials gesucht werden. Auch hier ist ein entsprechend umfangreicherer Text zur stadtgeschichtlichen und städtebaulichen Entwicklung vorangestellt, und die Darstellung der Denkmale innerhalb des einstigen Befestigungsringes beginnt ebenfalls mit der Stadtbefestigung. Anschließend folgt unter der Überschrift »Straßen und Plätze mit Profanbauten« der gesamte profane Denkmalbestand der Innenstadt, wobei den durch halbfette Überschriften hervorgehobenen Straßen und Plätzen jeweils ein ihre Lage und Funktion im Stadtorganismus umschreibender Text vorangestellt ist; die Ordnung der Straßen wird für Wismar auf S. 129, für Rostock auf S. 338 erläutert. Den Abschluß bilden die Sakralbauten mit den Ausstattungen. In ähnlicher Weise sind die Denkmale außerhalb des einstigen Befestigungsringes in den Vorstädten und in den Ortsteilen behandelt. Das Straßen- und Objektregister für die Städte Rostock und Wismar auf den Seiten 501 bis 507 dient dem schnellen Auffinden von einzelnen Straßen und Plätzen oder einzelnen Denkmalen.

Der Darstellung eines Hauptobjektes sind die zugehörigen Nebenobjekte – beispielsweise bei ehemaligen Schloßanlagen Wirtschaftsgebäude oder Parkanlagen – angeschlossen. Nach der Beschreibung des Grundrisses und des Aufrisses von Sakralbauten – bei Dorfkirchen wird die zumeist einschiffige Anlage nicht besonders erwähnt – sind die Ausstattungsstücke in folgender Reihenfolge behandelt: Altar, Kanzel, Taufe, Orgel, Einzelkunstwerke wie Schnitzfiguren oder Gemälde sowie Logeneinbauten, Gestühle und, wenn nicht bereits im Bauzusammenhang erwähnt, Emporen, anschließend Kirchengeräte und Glocken, schließlich Epitaphien und Grabdenkmäler. Angefügt ist vielfach der Kirchhof mit seiner Ummauerung und mit erwähnenswerten Grabdenkmälern sowie, wenn die Kirche selbst keinen Turm hat, mit dem frei stehenden Glockenturm, wobei die Glocken dann hier erwähnt werden.

Das Material, aus dem Bauwerke errichtet oder Kunstgegenstände hergestellt sind, wird in der Regel angegeben. Bei Ausstattungsstücken aus Holz ist das Material im allgemeinen nicht vermerkt.

Bei Zeitangaben sind Abkürzungen für Jahrhundert (Jh.), Anfang (A.), Ende (E.), Hälfte (H.), Mitte (M.) und Viertel (V.) verwendet worden.

Die Abbildungen sind dem Seitenpaar eingefügt, auf dem der jeweilige Ort beziehungsweise das Objekt behandelt wird. Dort, wo aus gestalterischen Gründen davon abgewichen werden mußte, werden Abbildungshinweise in den Texten bei den denkmalreichen Städten dann gegeben, wenn die Abbildung eines Objektes oder Gegenstandes bereits vor beziehungsweise erst nach dem Seitenpaar mit dem Text zu dem entsprechenden Objekt oder Gegenstand untergebracht ist. Bei den überschaubaren Texten zu Dörfern und auch Kleinstädten werden Abbildungshinweise in der Regel nur dann gegeben, wenn eine Abbildung außerhalb des Seitenpaares oder der Seitenpaare mit dem Gesamttext des entsprechenden Ortes untergebracht werden mußte. Die zumeist zu einem Block zusammengestellten Bildunterschriften benennen die Abbildungen spaltenweise von oben nach unten und von links nach rechts.

Eine Erfassung der Bau- und Kunstdenkmale der meisten

Kreise des hier behandelten Gebietes wurde im Auftrag der Arbeitsstelle Schwerin des Instituts für Denkmalpflege von Brigitte Oltmanns in den Jahren 1979/82 durchgeführt. Auf der Grundlage dieser Erfassung wurde von der Schweriner Arbeitsstelle ein Manuskript im September 1987 abgeschlossen, dessen Textbearbeitung durch Horst Ende erfolgte, der auch die Erfassung der Denkmale des Landkreises Grevesmühlen selbst durchgeführt hatte; Dr. Gerd Baier lieferte die Textbearbeitung der Stadt Bad Doberan. Die technischen Denkmale wurden von Dr. Sabine Bock bearbeitet.

Dieses erste Manuskript machte eine nochmalige redaktionelle Überarbeitung erforderlich, die für den vorliegenden Band im Herbst 1988 zum Abschluß gebracht werden konnte. Neben den fünf Landkreisen– hier war in vielen Fällen eine Straffung oder auch Neufassung der Architekturbeschreibung erforderlich – umfaßte die Überarbeitung vor allem die beiden Stadtkreise, für die auf der Grundlage einer erarbeiteten Konzeption eine weitgehende Neubearbeitung erfolgte. Der Stadtkreis Wismar wurde von mir unter Mitarbeit von Günther Faust und Liane Kuhlow, Abteilung Denkmalpflege beim Rat des Stadtkreises Wismar, überarbeitet; die Zuarbeiten von Günther Faust und Liane Kuhlow betrafen vorrangig den Profanbau der Stadt, auch wurde von ihnen das Endmanuskript einer abschließenden Durchsicht unterzogen. Der Stadtkreis Rostock wurde, unter abgewandelter Anwendung der für Wismar entwickelten Konzeption, von Horst Ende überarbeitet. An den Korrektur- und Registerarbeiten war Christina Czymay mit beteiligt.

Die Aufnahmen wurden zum überwiegenden Teil zwischen 1980 und 1987 von dem Fotografen der Arbeitsstelle Schwerin, Thomas Helms, angefertigt (764 Aufnahmen). Im Bildnachweis auf Seite 512 sind die von anderen Fotografen geschaffenen beziehungsweise von Institutionen gelieferten Aufnahmen im einzelnen ausgewiesen.

Die Vorsatzkarte, die Übersichtskarten zu den Landkreisen und die Stadtpläne von Rostock und Wismar zeichnete Ursula Kluge, die auch die Schriftmontage für die Karten ausführte. – Die Grundrisse der Klosterkirche in Doberan, der Marienkirche in Rostock sowie der Nikolaikirche und der Georgenkirche in Wismar wurden nach den Zeichnungen wiedergegeben, die Otto Haikenwälder für die 1968 erschienene Neubearbeitung von Georg Dehios »Handbuch der deutschen Kunstdenkmäler. Die Bezirke Neubrandenburg, Rostock, Schwerin« angefertigt hatte.

Heinrich Trost

Einleitung

In dem vorliegenden Band wird eine Vielzahl von zum Teil außerordentlich bedeutsamen Bau- und Kunstdenkmalen vorgestellt. Dennoch sollte bedacht werden, daß das hier behandelte Gebiet, die westliche Hälfte des ehem. Bezirkes Rostock, nur einen verhältnismäßig kleinen Teil Mecklenburgs umfaßt, dessen weitaus größerer Teil bei der Verwaltungsreform von 1952 in die Bezirke Schwerin und Neubrandenburg aufgegangen war. Dieses bis 1990 auf drei Bezirke verteilte mecklenburgische Territorium durchlief in den vergangenen Jahrhunderten eine im wesentlichen einheitliche historische Entwicklung, die dennoch in den einzelnen Landesteilen zeitweilig eigenständige Züge gewinnen konnte. Dementsprechend haben auch die Werke der Architektur und der bildenden Künste bei einer gemeinsamen Grundtendenz territoriale Unterschiede zu entwickeln vermocht, die bei den Bau- und Kunstdenkmalen im küstennahen nördlichen und nordwestlichen Teil Mecklenburgs weitgehend von den Hansestädten Rostock und Wismar sowie von dem Zisterzienserkloster Doberan bestimmt wurden. Der folgende Versuch, den Entwicklungsgang von Architektur und Kunst in großen Zügen zu skizzieren, nimmt auf diese spezielle territoriale Situation Bezug.

Zur Zeit erster geschichtlicher Überlieferung von germanischen Stämmen besiedelt, deren materielle Zeugnisse die Einflüsse römischer Provinzkultur erkennen lassen, war das bis dicht an die Ostseeküste mit Wald bedeckte Gebiet nach der hier um die Mitte des 4. Jahrhunderts beginnenden Völkerwanderung und dem Auszug der Germanen seit dem 6. Jahrhundert allmählich von den westslawischen Obotriten in Besitz genommen worden. Als Großstamm von einem Fürsten angeführt, wohnten sie in den Waldgebieten an Seen und Flußläufen, die ihrer auf Ackerbau, Viehzucht und Fischerei ausgerichteten Lebensweise entsprachen. In wechselvollem Verhältnis zu Franken und Sachsen, Dänen und Wikingern stehend, wurden die Obotriten seit dem Ende des 8. Jahrhunderts von ihren Nachbarn zunehmend in kriegerische Auseinandersetzungen verwickelt. Bereits im 10. Jahrhundert waren sie zeitweilig in die Abhängigkeit und Tributpflicht deutscher Feudalherren gekommen. 1160 fiel der Sachsenherzog Heinrich der Löwe erneut in das Land der Obotriten ein und unterwarf es mit Hilfe des dänischen Königs Waldemar; 1167 setzte er Pribislaw, den Sohn des 1160 gefallenen Obotritenfürsten Niclot, nach dessen Taufe als Vasall in das Erbe des Vaters ein (ausgenommen davon blieb die Grafschaft Schwerin). Der von Heinrich in der Burg Mecklenburg (im Landkreis Wismar gelegen) eingerichtete erste Bischofssitz wurde bald nach 1160 in die von ihm gegründete Stadt Schwerin verlegt. Gleichzeitig öffnete er das Land für die aus dem westlichen Teil des deutschen Reiches andringenden Kaufleute, Handwerker und Bauern.

Diese aus Flandern und Friesland, Holstein und Westfalen gekommenen neuen Siedler erhielten gegenüber den ansässigen Obotriten zahlreiche Vorrechte, wodurch die deutsche Vormachtstellung weiter gefestigt wurde. Zuweilen ließen sich die Neuankömmlinge in unmittelbarer Nachbarschaft der slawischen Siedlungen und Burgen nieder. Oft aber gründeten sie ihre Dörfer in frisch gerodeten Waldgebieten und ihre Städte an Buchten der Ostseeküste, an Flußübergängen wichtiger Verkehrswege oder an sonst für den Handel geeignet erscheinenden Plätzen. Die Herkunft der Bauern bestimmte auch die Anlage ihrer Siedlungen als Anger-, Straßen- oder Reihendorf, und das Wohnraum, Scheune und Stall unter einem Dach bergende niederdeutsche Hallenhaus mit Durchfahrtsdiele war wohl hier von Anbeginn die dominierende Form des Bauernhauses.

Der bäuerlichen Siedlungswelle voraus und dann mit ihr einher ging die landwirtschaftliche Erschließung schwer zugänglicher Siedlungsgebiete durch die Klöster des Zisterzienserordens, die von den Territorialherren mit Grundbesitz ausgestattet wurden. Besonders das von Fürst Pribislaws Sohn Heinrich Borwin I. 1186 gegründete Kloster Doberan gelangte bald zu großem Grundbesitz und Reichtum, wodurch es hohe kulturelle Wirksamkeit und großen politischen Einfluß gewann. Weiter südwestlich erfolgte mit dem heute am Rand der Stadt Neukloster gelegenen ehemaligen Kloster Sonnenkamp im Jahre 1219 die Gründung der ersten Benediktinerinnen-Niederlassung in Mecklenburg, deren Konvent dann nach 1245 die Regel des Zisterzienserordens annahm.

Von den neun im mecklenburgischen Teil des Bezirkes Rostock gelegenen mittelalterlichen Städten sind die späteren Hansestädte Rostock (1218 gegründet) und Wismar (zwischen 1226 und 1229 gegründet) die ältesten. Sechs Städte (Grevesmühlen, Kröpelin, Neubukow, Ribnitz, Marlow und Sülze) wurden im zweiten Drittel des 13. Jahrhunderts, Tessin erst im zweiten Viertel des 14. Jahrhunderts gegründet beziehungsweise mit Stadtrecht belehnt. Die ehemals pommerschen, heute zum Landkreis Ribnitz-Damgarten gehörenden Städte Barth und Damgarten wurden kurz nach der Mitte des 13. Jahrhunderts zu Städten erhoben.

Das gitterförmige, rechtwinklige Netz der vom annähernd zentral gelegenen Marktplatz zu den Stadttoren führenden Hauptstraßen, die durch schmale Nebenstraßen und Gassen verbunden sind, ist hier allen mittelalterlichen Stadtkernen gemeinsam. Am konsequentesten ist dieses Schema in Wismar ausgebildet worden.

Oft noch vor den Städten waren mit der ersten Siedlungswelle schon zahlreiche Kirchdörfer entstanden. Ihre Kirchen werden zunächst vielfach Holzbauten gewesen sein, von denen nichts erhalten blieb. Dagegen sind die vom frühen 13. Jahrhundert an errichteten massiven Kirchenbauten noch zu einem beträchtlichen Teil vorhanden. Als Baumaterial dienten vor allem Backsteine, die mit der wachsenden Erfahrung in ihren Anwendungsmöglichkeiten als profilierte Formsteine und Reliefziegel sehr bald auch zur Ausbildung eines aufwendigeren Bauschmuckes genutzt wurden. Analog zur damals im südöstlichen Teil Mecklenburgs bevorzugten Bauweise wurden aber auch hier bei zahlreichen Kirchen die Umfassungsmauern aus zuweilen steinmetzartig behauenen Granit-Feldsteinen zweischalig mit einer Zwischenschicht aus mörtelvermischtem Schotter errichtet. Dieses Mauerwerk war ursprünglich wohl auch außen dünn überputzt und mit einem gemalten Fugennetz überzogen. Für Portalleibungen und Fenstergewände und für die Giebel wurden im fortgeschritteneren 13. Jahrhundert an diesen Feldsteinbauten aber auch zunehmend Backsteine verwendet.

Im 13. Jahrhundert bestanden die mecklenburgischen Dorfkirchen größtenteils aus einem im Osten gerade geschlossenen rechteckigen Chor und dem westlich anschließenden breiteren Schiff für die Gemeinde, zu dem in den meisten Fällen ein gleichzeitig errichteter oder nur wenig jüngerer Westturm von quadratischem, seltener querrechteckigem Grundriß kam.

Eine Chorapsis besitzt nur die ursprünglich auch als Kapelle für die benachbarte frühdeutsche Burg vorgesehene Kirche in Lübow. Wie die zum gleichen Zweck errichtete Kirche in Neuburg wurde sie aufwendig als dreischiffige Basilika mit schmalerem Chor begonnen, dann aber ohne Seitenschiffe fertiggestellt; die Kirche in Neuburg hat ihre Seitenschiffe erst später verloren. – Häufiger als die Basilika hat die den westfälischen Siedlern besonders vertraute dreischiffige Hallenkirche im Nordwesten Mecklenburgs unter den Dorfkirchen Gestalt gewonnen, an die mit Ausnahme der Kirchen in Hohen Viecheln und Kalkhorst ein oft geräumiger Chor anschließt.

Bei allen diesen Kirchen mit schmalerem Chor sind polygonale Ostschlüsse selten, Ausnahmen sind unter anderen Lüdershagen, Bentwisch und Rövershagen. Erst als im 14. Jahrhundert mit der Saalkirche, bei der Schiff und Chor ohne Zäsur ineinander übergeht, ein neuer Kirchentyp breitere Anwendung fand und im 15. Jahrhundert dominierte, wurde der polygonale Ostschluß die Regel. Saalkirchen mit geradem Ostschluß sind unter den Bauten des 13. bis 15. Jahrhunderts nur selten vertreten.

Die auf uns überkommenen Kirchen aus der Übergangszeit von der Romanik zur Gotik besitzen meist Ecklisenen, rundbogige Stufenportale und Fenster, Rundbogenfriese und das sägezahnartige deutsche Band. Für die in der zweiten Hälfte des 13. Jahrhunderts errichteten Kirchen sind Spitzbogenportale mit oft kompliziert profilierten Gewänden, Spitzbogen-, Kleeblattbogen- und Treppenfriese charakteristisch, ferner paarweise oder zu gestaffelten Dreiergruppen vereinte spitzbogige Fenster, am Ende des Jahrhunderts auch einfache Maßwerkfenster mit zwei oder drei spitzbogig geschlossenen Bahnen. Vielfach sind die Chorgiebel durch mittlere Kreuzblenden und symmetrisch geordnete Reihen von Rund- beziehungsweise Spitzbogenblenden besonders hervorgehoben. Die meisten Kirchenräume sollten eine Einwölbung erfahren; heute besitzt etwa die Hälfte von ihnen eine flache Balkendecke, während die Chöre fast alle ihre Einwölbung behielten. In der Frühzeit waren achtrippige Kuppelgewölbe, oft mit ringförmigem Schlußstein und weiteren konzentrischen Ringen, später flachere, meist sehr breit gespannte Kreuzrippengewölbe üblich.

Die seit dem zweiten Drittel des 13. Jahrhunderts fast in allen mecklenburgischen Städten als erste Pfarrkirche errichteten, später oft durch aufwendigere Nachfolgebauten ersetzten Hallenkirchen mit schmalen Seitenschiffen und gerade geschlossenem einschiffigem Chor folgten westfälischen Vorbildern. Mit der Nikolaikirche in Rostock wurde die erste chorlose Halle unseres Gebietes errichtet, ihr folgten die Stadtpfarrkirche in Ribnitz und der erste Bau der Marienkirche in Rostock.

Die älteste in der mecklenburgischen Küstenregion erhaltengebliebene Klosterkirche ist die des 1219 gegründeten Benediktinerinnenklosters Sonnenkamp (Neukloster), eine spätromanische Basilika aus Backstein. Die Kirchen der in Rostock und Wismar gegründeten Franziskaner- und Dominikanerklöster wurden als schlank proportionierte dreischiffige Hallen mit im Osten polygonal geschlossenen Chören errichtet. Eine gleiche Gestalt besitzt auch die Kirche des ehemaligen Zisterzienserinnenklosters Zum Heiligen Kreuz in Rostock, während die Klosterkirche der Klarissen in Ribnitz aus einem geräumigen Saalbau mit schlanken Türmchen über den Giebeln besteht. Weitgehend erhalten blieben die Klausuren des ehemaligen Franziskaner- und des Zisterzienserinnenklosters in Rostock.

Bedeutsam für die weitere Entwicklung der monumentalen Sakralbaukunst im Gebiet der norddeutschen Backsteingotik war die Übernahme des an flandrischen und nordfranzösischen Kathedralen entwickelten Systems der Basilika mit Chorumgang, Kapellenkranz und dem Gerüst der die Obergadenwände stützenden Strebepfeiler und Strebebögen. Die mit dem gotischen System dieser Kirchen verbundenen Möglichkeiten zur diaphanen Wandgestaltung durch hohe Fensteröffnungen kamen den Bedürfnissen der zu Wohlstand gelangten Bürger nach repräsentativer Erneuerung ihrer Stadtpfarrkirchen weitgehend entgegen. Die Marienkirche in Lübeck und die Nikolaikirche in Stralsund machten im letzten Drittel des 13. Jahrhunderts den Anfang, ihnen folgten der monumentale Um- und Neubau der Rostocker Marienkirche mit weit ausladendem Querhaus und in Wismar zuerst die Marienkirche, später die Nikolaikirche. In überwältigenden Raumdimensionen und in die gegebenen architektonischen Gestaltungsmöglichkeiten bis an ihre Grenzen auslotender Großartigkeit griffen im 15. Jahrhundert Schiff und Querhaus der seit dem zweiten Weltkrieg als Ruine stehenden Wismarer Georgenkirche das vorgegebene Schema noch einmal auf. – Zu höchster Reife hat das diesem Kirchentypus zugrunde liegende Raumideal der gotische Neubau der Kirche des Zisterzienserklosters Doberan geführt.

Von der Erstausstattung der im 13. Jahrhundert gebauten Kirchen ging das meiste verloren. Erhalten blieben unter anderem mehrere grob-skurril dekorierte Taufsteine aus einheimischem Granit, aber auch einige sehr sorgfältig gearbeitete Stücke aus skandinavischem Kalkstein. Das Hildesheimer Taufbecken war wohl das Vorbild für die 1290 gegossene bronzene Taufe der Marienkirche in Ro-

stock, die später in den Bronzetaufen weiterer Stadtpfarrkirchen Nachfolge fand.
Bedeutende Werke frühgotischer Plastik sind das Holzbildwerk eines bekleideten Christus am Kreuz in der Rostocker Nikolaikirche, ein Kruzifix in Hohenkirchen, die Schnitzfiguren eines Ritters im Kettenhemd in Hohen Viecheln und einer Sitzmadonna in Kessin. In Doberan blieben aus der Zeit des romanischen Vorgängerbaues der Kelchschrank mit einem dem französisch-rheinländischen Kunstkreis verwandten Reliefdekor, die Grabfigur der Königin Margarete von Dänemark, die Madonnenfigur im jüngeren Leuchtergehäuse und die ältesten Wangen des Chorgestühls erhalten.
Tafelmalereien aus dem 13. Jahrhundert tragen die Innenseiten der Türen des Doberaner Kelchschrankes und einer Sakramentsnische in der Heiligen-Geist-Spitalkirche zu Wismar, Glasmalerei aus dieser Zeit besitzt in hoher Qualität die Kirche in Neukloster. Von unverfälschter Frische sind die kürzlich in den Dorfkirchen von Kavelstorf, Kölzow, Lübsee und Kessin freigelegten Wandmalereien aus dem 13. und 14. Jahrhundert, während die Vielzahl der schon vor rund 100 Jahren entdeckten Wandmalereien aus der gleichen Zeit bei ihrer Restaurierung ihren authentischen Charakter meistens weitgehend eingebüßt haben.
Insgesamt betrachtet kamen bis nach der Mitte des 14. Jahrhunderts die qualitätvolleren Ausstattungsstücke aus den in ihrer künstlerischen und kulturellen Tradition älteren westlichen Nachbarländern. In anderen Fällen wurden die Werke am Ort ihrer Bestimmung von Meistern aus diesen Gebieten geschaffen, wofür die bis zur Weihe im Jahre 1368 entstandene Ausstattung der gotischen Klosterkirche in Doberan ein gutes Beispiel ist. Seit dem Beginn des 15. Jahrhunderts waren es dann nur wenige Stücke von besonderer Qualität und Eigenart, die außerhalb des Landes in Auftrag gegeben wurden. Besonders die Werkstätten der Städte Wismar und Rostock gewannen immer mehr an Bedeutung. Aus ihnen stammen die meisten großen Pfarrkirchenaltäre des Landes. Einflüsse der Werkstatt des westfälischen Meisters Konrad von Soest zu Beginn des 15. Jahrhunderts sind nicht zu verkennen, während im zweiten Drittel dieses Jahrhunderts die mecklenburgische Tafelmalerei stilistisch dem Werk des Hamburger Meisters Franke folgte. Für die Herkunft aus Wismarer Werkstätten ist bei Schnitzaltären die Darstellung der Marienkrönung im Mittelschrein ein recht sicheres Indiz, für die Herkunft aus Rostocker Werkstätten die nach einem festliegenden Darstellungsschema geordnete vielfigurige Kreuzigungsgruppe.
Die Gliederung und die Thematik der Darstellungen aller dieser Flügelaltäre waren indessen gleich. Stehende oder sitzende Heiligenfiguren, gemalte oder geschnitzte Szenen der Passion Christi, oft aber auch Szenen aus dem Alten und Neuen Testament, dem Leben der Maria oder anderer Heiliger füllten oder bedeckten die Flügel; zuweilen wurden auch mystische Vorstellungen wie die der Hostienmühle bildlich dargestellt. Einheimischen Werkstätten sind selbstverständlich auch die zahlreichen spätgotischen Triumphkreuzgruppen von unterschiedlicher Größe oder der an den Wismarer Kirchen reichlich verwendete figürliche Baudekor aus gemodelten Glasursteinen zuzuschreiben.
Als am Ende des 15. Jahrhunderts in den mecklenburgischen Bildschnitzerwerkstätten das eigene Gestaltungsvermögen wieder zu erlöschen begann, gewann der Stil der damals in ganz Nordeuropa begehrten brabantischen Schnitzaltäre und deren expressiv-realistische Darstellungsweise wachsenden Einfluß, wie es beispielsweise am vormals auf der Nonnenempore stehenden Flügelaltar in der Rostocker Heilig-Kreuz-Kirche zu erkennen ist. Aus Lübecker Werkstätten kamen unter anderen der Rochusaltar der Rostocker Marienkirche oder das Gußmodell zur bronzenen Grabplatte der Herzogin Sophie in der Nikolaikirche in Wismar. Andererseits wurden die in großer Vielfalt biblische Themen und christliche Glaubensinhalte anschaulich präsentierenden gotischen Wandmalereien auch das ganze 15. Jahrhundert über in der Regel von mecklenburgischen Werkstätten in hoher Qualität und mit gut erkennbarer stilistischer Eigenart geschaffen. Aus Wismarer und Stralsunder Werkstätten stammen auch die in jener Zeit entstandenen Glasmalereien in den Kirchen von Wismar, Bössow und Kenz.
Die Gestaltung der mittelalterlichen Grabsteine hat sich im Verlauf der Jahrhunderte mehrfach gewandelt: Ur-

sprünglich Platten mit schlichter In- und Umschrift, wurden sie später mit Wappen und in die Ecken gesetzten Evangelistensymbolen dekoriert, zuweilen auch mit dem zumeist ganzfigurigen Bildnis des Bestatteten, das eingeritzt, ausgegründet oder als Relief gearbeitet sein konnte.
Von den noch vorhandenen mittelalterlichen Glocken entstanden die ältesten in der zweiten Hälfte des 13. Jahrhunderts, die meisten jedoch im 15. Jahrhundert. Mehrere aus dem Anfang des 15. Jahrhunderts stammende Glokken hat Rickert von Mönchhagen gegossen.
Die ersten Verteidigungsanlagen der im 13. Jahrhundert gegründeten Städte waren zum Ende jenes Jahrhunderts fast alle durch ein System von Gräben und Wällen sowie Mauern mit Wiekhäusern, Mauertürmen, Tortürmen und Vortoren abgelöst worden. In der oft reichen architektonischen Gliederung der vielfach im 14. und 15. Jahrhundert neu errichteten oder erweiterten Tortürme dokumentierte sich der Repräsentationsanspruch der Bürger und ihres Rates ebenso wie in der Gestalt der Rathausfassaden, von denen in dem hier behandelten Gebiet nur die des Rostocker Rathauses erhalten blieb, dessen breite marktseitige Schaufront sich am Vorbild des Lübecker und des Stralsunder Rathauses orientierte.
Die zumeist aus Backstein errichteten Wohnhäuser der Kaufleute und Handwerker in Städten wie Rostock und Wismar lagen an den Hauptstraßen auf schmalen, aber tiefen Parzellen, den architektonisch hervorgehobenen Vordergiebel zur Straße gekehrt und im Inneren in einen geräumigen Keller, die hohe, sich bis an die Rückfront des Hauses erstreckende Diele mit angrenzendem, zuweilen auch darübergelegenem Wohnraum und mehrere bis unter den Dachfirst reichende Speicherböden gegliedert. An die häufig aus Fachwerk bestehende rückwärtige Giebelfront schloß sich der »Kemladen« als schmaler zweigeschossiger, zumeist in Fachwerk errichteter Anbau an, in dem die übrigen Wohn- und Wirtschaftsräume untergebracht waren. Die »Buden« und »Keller« der weniger begüterten oder armen Bürger, aus Backstein oder Fachwerk errichtete ein- oder zweigeschossige Häuser mit ausgebautem Dachraum, standen an den schmalen Verbindungsstraßen und Gassen. – In den meisten Städten gingen alle mittelalterlichen Wohnhäuser verloren. Lediglich in Wismar und Rostock sind einige von ihnen in ihrem äußeren Erscheinungsbild erhalten geblieben oder weitmöglich wiederhergestellt worden.
Dem aus ihrem zunehmenden Wohlstand und politischen Einfluß erwachsenen hohen Selbstbewußtsein der Hansestädte des Wendischen Quartiers, zu denen Wismar und Rostock gehörten, entsprach die 1419 erfolgte Gründung der Rostocker Universität, deren Ruhm als »Leuchte des Nordens« ihr über Jahrhunderte treu blieb.

Von den verschiedenen Linien der 1348 in die Reichsunmittelbarkeit erhobenen Nachkommen der ehemaligen Obotritenfürsten war 1440 nur die der Herzöge von Mecklenburg übriggeblieben. 1521 teilten diese ihr Herrschaftsgebiet in ein westliches und ein östliches Territorium mit den Residenzen Schwerin und Güstrow und bestätigten 1621 erneut diese dann bis 1701 gültige Teilung noch einmal. Praktisch aber sind die mecklenburgischen Herzöge in ihrer Regierungsvollmacht stets weitgehend von der Gunst der Stände abhängig gewesen, von den ritterlichen Großgrundbesitzern, den Städten und bis zur Reformation vom Klerus.
Auch für Mecklenburg brach mit den Jahrzehnten der Reformation eine historische und kulturelle Neuzeit an. Das theologische Ideengut der Reformation hatte seit dem dritten Jahrzehnt des 16. Jahrhunderts zuerst besonders unter den weniger wohlhabenden Schichten der Stadtbevölkerung seine Anhänger gefunden. Weitere Verbreitung fand es erst, nachdem der Sternberger Landtag 1549 offiziell für Mecklenburg die Reformation anerkannte und die Gründung einer lutherischen Landeskirche beschloß. Die damit verbundene Sequestrierung kirchlichen und klösterlichen Grundbesitzes und Vermögens versetzte dann die Landesherren und den Feudaladel in die Lage, ihren Lebensstil anzuheben und mehr als bisher zu den führenden Kulturträgern zu werden.
Fast drei Jahrhunderte hatte die gotische Stilepoche mit ihren Backsteinbauten und kirchlichen Kunstwerken das Profil der norddeutschen Küstenlandschaft entscheidend geprägt. Nun aber hatten seit dem zweiten Viertel des 16. Jahrhunderts die neuen geistigen und künstlerischen

Impulse der Renaissance auch den Weg hierher gefunden, war humanistisches Wissen an den Höfen der Fürsten und in die Stadtschulen eingezogen. Baukunst und bildende Künste standen seitdem in Mecklenburg unter dem Einfluß und Vorbild des Schaffens bedeutender Meister aus Obersachsen, dem Wesergebiet oder den Niederlanden.

Auf dem Gebiet der Architektur lag nun das Schwergewicht bei profanen Bauaufgaben, besonders dem Schloßbau. In Wismar entstand mit dem 1512/13 errichteten »Alten Haus« und dem um 1555 hinzugefügten »Neuen langen Haus« des Fürstenhofes ein für die Hochzeitsfeiern mecklenburgischer Herzöge bestimmtes landesherrliches Renaissanceschloß. In der zweiten Hälfte des 16. Jahrhunderts begannen auch die Angehörigen des ländlichen Feudaladels ihre bisher bescheidenen und räumlich engen Burganlagen durch weiträumigere Wohnbauten zu vergrößern oder zu ersetzen. Zudem verlegten sie oft die der Bearbeitung des ausgedehnten Grundbesitzes dienenden Wirtschaftshöfe aus dem dörflichen Verband in die Nähe der neuen Herrensitze. Die als »Festes Haus« von breiten Wassergräben umgebenen Herrenhäuser wurden meistens aus verputztem Backstein errichtet. In der Regel waren es einfache zwei- oder dreigeschossige Traufenhäuser von rechteckigem Grundriß mit vor die Mitte der Hofseite gestelltem Treppenturm. Im Inneren besaßen sie Balkendecken oder Kreuzgratgewölbe auf toskanischen Säulen. Diese Häuser sind zumeist durch barocke oder noch jüngere Neubauten ersetzt worden, Beispiele dafür haben sich in Großenhof (in Fachwerk errichtet) und in Divitz erhalten.

Die damals entstandenen neuen Wohnbauten der Stadtbürger behielten in der Regel den schmalrechteckigen Grundriß und die innere Aufteilung der gotischen Giebelhäuser bei. An den Straßenfronten dominierte nun aber der geschweifte Stufengiebel mit Belastungspyramiden oder Voluten und der gliedernde Baudekor aus breiten Pilastern und Bändern, Gesimsen und Friesen. Oft erhielten ältere Wohnhäuser auch nur eine im Sinn des neuen Architekturstils veränderte Fassade.

Von den bis in die Zeit des Dreißigjährigen Krieges zum Schutz der Städte Wismar und Rostock errichteten Befestigungsanlagen haben sich in Rostock außer dem 1574/77 im zeitgenössischen Stil wieder errichteten Steintor ein Teil der zu den um 1625 angelegten mächtigen Bastionen gehörenden Wälle und Gräben erhalten, bei Wismar auf der vorgelagerten Insel Poel das gesamte System der bis 1619 errichteten kleinen Festung.

Neue Kirchen wurden im nordwestlichen Teil Mecklenburgs im 16. und 17. Jahrhundert nicht errichtet, doch wurden die vorhandenen nun für den evangelischen Gottesdienst eingerichtet. Beließ man die gotischen Flügelaltäre, so erhielten die Leben und Passion Christi darstellenden Szenen besondere Bedeutung. Sonst trat an ihre Stelle das oft aus Holz gefertigte feste Retabel als meist dreifach gestaffelter architektonischer Aufbau, den Säulen, Pilaster und breite Gesimse gliedern. In der Regel war im predellenartigen Unterteil das Abendmahl Christi, im Hauptfeld die Kreuzigung und im bekrönenden dritten Feld seine Auferstehung oder Himmelfahrt dargestellt; seitliche Konsolen und »Ohren« mit Figuren und Bildern ergänzten die Thematik des Retabels oft durch humanistische Allegorien wie die personifizierten Kardinaltugenden.

Obwohl Kanzeln schon seit dem 13. Jahrhundert bekannt waren, wurden sie als Ort der Evangeliumsverkündigung nun zum unentbehrlichen Ausstattungsstück aller protestantischen Kirchen. An die Stelle des Fußes traten zuweilen figürliche Kanzelträger, und die Felder von Korb und Aufgangsbrüstung trugen oft Bilder oder Reliefs der vier Evangelisten oder Christi und der Apostel, zuweilen auch Szenen mit biblischer Thematik; auf dem Schalldeckel standen die Kardinaltugenden, Engelputten oder als Bekrönung der triumphierende Christus.

Wo die im 16. und 17. Jahrhundert als Neuerung in die Kirchen gestellten Gemeindegestühle erhalten blieben, tragen die seitlichen Wangen geschnitzten oder gemalten Dekor, Hausmarken oder Inschriften. Die Ratsgestühle der Stadtpfarrkirchen sind meistens wieder verschwunden, und auch die Anzahl der in der Spätrenaissance errichteten Logen oder Emporen der Kirchenpatrone ist nur noch gering.

In den Dorfkirchen sorgten deren adelige Patrone mit ihren Grabsteinen und Epitaphien für anhaltenden Nachruhm, in den Stadtpfarrkirchen fiel dieses Privileg den Ratsmitgliedern und wohlhabenden Bürgern zu. Grabplatten mit der Relieffigur des Verstorbenen sind häufig in Dorfkirchen zu finden, in den Stadtkirchen tragen die Platten meist nur Inschriften, Wappen oder Symbole und fanden zudem mehrfach Verwendung. Bei den Epitaphien folgen architektonischer Aufbau und Darstellungsthematik den jeweils geltenden Gestaltungsprinzipien. Wie die gleichzeitigen Altarretabel meist dreifach gegliedert, ist ihr architektonisch hervorgehobenes Hauptbild oder Hauptrelief auf den Erlösungstod Christi, seine Auferstehung oder das Jüngste Gericht bezogen; eine Fülle kleinformatiger Dekorationselemente ziert das Rahmenwerk, Inschriften und die am Fuß des Hauptfeldes kniend dargestellten Stifter bezeichnen den persönlichen Bezug jedes Epitaphs. – Einmalig in ihrer Art sind in Mecklenburg die Grabkapelle für Herzog Adolf Friedrich und seine Gemahlin und das Grabmal des lebensgroß zu Pferd dargestellten Kanzlers Samuel von Behr in der ehemaligen Klosterkirche Doberan, deren veristische Figuren Franz Julius Döteber und Daniel Werner aus Leipzig schufen.

Unter den Gemälden und Tafelbildern mit biblischer Thematik befinden sich mehrere zeitgenössische Kopien von Werken niederländischer und italienischer Meister. Die Pastorenporträts können als ein Epitaphersatz gelten, aufwendiger sind die Fürstenbildnisse in der ehemaligen Klosterkirche Doberan. – Nachmittelalterliche Wandmalerei ist in zahlreichen Kirchen zutage getreten, und Kabinettscheiben mit gemalten Wappen, Familienmarken und Zunftzeichen sowie der Darstellung profaner wie auch biblischer Szenen bilden den Bestand an zeitgenössischer Glasmalerei.

Als der Dreißigjährige Krieg im zweiten Viertel des 17. Jahrhunderts auch Mecklenburg überzog, wurde dem Aufschwung, den Kultur und Kunst in nachreformatorischer Zeit genommen hatten, vorerst ein Ende gesetzt. Als sich aber dann in der zweiten Hälfte dieses Jahrhunderts das Leben allseitig wieder zu normalisieren begann, hatte auf dem Gebiet der Architektur und Kunst ein neuer Stil, der des Barock, auch in Norddeutschland seine Herrschaft angetreten.

Als Folgen des Krieges gab es im Land überall zerstörte Städte und Dörfer; Handel und Handwerk stagnierten, und die Äcker lagen verwüstet. Zudem fielen durch den Westfälischen Frieden 1648 die Stadt Wismar mit den Ämtern Poel und Neukloster sowie große Teile Neuvorpommerns mit dem Amt Barth an die schwedische Krone, was ihre wechselvolle Entwicklung bis ins 19. Jahrhundert bestimmte. In Mecklenburg hemmten die Landstände weiter die sozialökonomische und politische Entwicklung des Landes und verhinderten im 18. Jahrhundert den Schritt zur feudalabsolutistischen Herrschaftsform. Die adeligen Grundherren waren durch das rigorose Legen von Bauernstellen zu Großgrundbesitzern und ein wesentlicher Teil der bisher freien Bauern zu Leibeigenen geworden.

In den Städten und Dörfern begann man mit der Behebung der vom Krieg hinterlassenen Schäden, wobei zunächst vorwiegend Reparaturen ausgeführt wurden. Die Gutsherren ließen ihre Festen Häuser durch stattlichere Herrenhäuser oder Schlösser ersetzen, doch sind die ältesten derartigen Bauten erst am Beginn des 18. Jahrhunderts entstanden. Zweigeschossigkeit, die Mittelachse betonende Risalite, Eckquaderung, gliedernde Pilaster und Gesimse sowie Walm- oder Mansarddächer sind ihre wesentlichen architektonischen Merkmale; von der inneren Ausstattung blieben zuweilen noch die Treppenhäuser und Stukkaturen deutscher oder italienischer Meister erhalten. In unserem Gebiet ist die bedeutendste Anlage dieser Art das 1726/32 von Johann Friedrich Künnecke errichtete Schloß Bothmer bei Klütz.

Im städtischen Wohnhausbau kam seit dem Ende des 17. Jahrhunderts neben weiterhin neu errichteten Giebelhäusern allmählich auch das meist siebenachsige, überwiegend zweigeschossige Traufenhaus in Gebrauch. Dabei dominierten die verputzten Backsteingebäude gegenüber denen aus Fachwerk, deren Fassaden dann auch oft verputzt wurden.

In den Dörfern hielt man weiter am Grundriß des niederdeutschen Hallenhauses fest, wobei im Inneren die bisher offene Küche durch eine vom hinteren Giebel her belichtete geschlossene Küche ersetzt wurde. In den Gutsdörfern kamen damals die bescheidenen, meist mit der

Traufe zur Straße stehenden und von dort erschlossenen Tagelöhnerkaten hinzu, die in der Regel für mehrere Familien angelegt waren.
Die in den Kriegen des 17. und 18. Jahrhunderts devastierten Kirchengebäude wurden fast alle instandgesetzt, an mehreren Orten aber auch als einfache Saalbauten aus Backstein oder Fachwerk mit geradem oder polygonal gebrochenem Ostschluß, flacher Balkendecke oder hölzernem Tonnengewölbe und hohen Rund- oder Segmentbogenfenstern neu errichtet. Die Dekoration und Ausstattung des Inneren wurde häufig mit großem Aufwand betrieben, wobei ältere Altaraufsätze, Kanzeln, Emporen und Gestühle durch neue ersetzt worden sind.
War im 17. Jahrhundert für Altaraufsätze eine geschoßweise Gliederung mit auswuchernden Seitenornamenten verbindlich gewesen, so wurden im 18. Jahrhundert alle Teile zu einem einheitlichen, von Säulen und Pilastern flankierten architektonischen Aufbau vereinigt. Das Hauptfeld mit einem Bild oder Relief zur Passion Christi wurde nur noch von wenigen Figuren flankiert. An den Kanzeln nahmen an Korb und Schalldeckel die kurvigen Formen zu, und an die Stelle kleinteiliger Szenen traten, oft in starker Bewegung, biblische und allegorische Figuren. Im 18. Jahrhundert kamen als Träger der Taufschale auch große stehende oder schwebende Engelfiguren in Gebrauch, und in Wismar und Prerow wurde der Taufständer oder Taufengel mit einem pavillonartigen offenen Gehäuse umgeben.
Die Brüstungen der Emporen wurden nun oft mit pietistisch-emblematischen Szenen bemalt, wie sie ähnlich auch an den damals im Chor vieler Kirchen aufgestellten Beichtstühlen zu finden sind. Patronatslogen und -stühle und das Kastengestühl der Gemeinde füllten die Kirchen zuweilen bis in den letzten Winkel. – Die zwischen den nach innen gezogenen Strebepfeilern der Stadtpfarrkirchen in Wismar und Rostock gelegenen Seitenkapellen waren in nachreformatorischer Zeit zu Begräbnis- und Andachtskapellen einzelner Patrizierfamilien geworden und wurden zu den Seitenschiffen durch oft reich dekorierte Schauwände abgeschlossen.
Die Epitaphien aus Holz oder Stein bestanden jetzt vielfach aus einer von Akanthus und Kriegstrophäen umgebenen Wappenkartusche mit Inschrifttafel, während die anspruchsvolleren Stücke mit Büste oder Porträt des Geehrten nach einem fast kanonischen Schema sparsam mit figürlichem Dekor ausgestattet wurden. Die Grabplatten trugen in der Barockzeit lange Inschriften, die durch Vanitas-Motive oder das Wappen der hier Bestatteten eine thematische Bereicherung erfuhren.
Beachtenswerte Deckenmalerei ist noch in Wismar und Rostock zu finden. Eine barocke, bald nach dem Ende des Dreißigjährigen Krieges entstandene Ausmalung an Wänden und Gewölben hat sich in der Kirche in Rerik (ehemals Alt Gaarz) bewahrt. – Von den in der Barockzeit gebauten Orgeln blieben einige reich dekorierte Gehäuse erhalten, die Werke selbst gingen verloren oder wurden stark verändert. Den prachtvollsten Orgelprospekt besitzt die Marienkirche in Rostock; das ursprünglich zugehörige Werk hatte der Rostocker Orgelbauer Paul Schmidt geschaffen.
Auch nach der französischen bürgerlichen Revolution – 1815 wurden beide Landesteile zu Großherzogtümern erhoben – blieben in Mecklenburg durch die ständische Verfassung sehr konservative politische und soziale Verhältnisse bestehen. In den Städten gewannen die Handwerker und Kaufleute ein bescheidenes Maß an Wohlstand zurück. Im allgemeinen aber war die erste Hälfte des 19. Jahrhunderts von einer Zuspitzung der sozialen Gegensätze bestimmt, die durch die Aufhebung der Leibeigenschaft und die mit ihr einhergehende Landflucht noch verstärkt wurde.
Nach der Mitte des 19. Jahrhunderts schritt vor allem der Prozeß der Umgestaltung des Großgrundbesitzes in kapitalistische Gutsbetriebe schnell voran, und auch in den Städten vollzog sich eine bescheidene, in unserem Gebiet besonders auf Rostock und Wismar konzentrierte industrielle Entwicklung, die zur Herausbildung proletarischer Kräfte führte. 1918 starb der letzte Strelitzer Großherzog und der Schweriner dankte ab; es konstituierten sich die Freistaaten Mecklenburg-Strelitz und Mecklenburg-Schwerin, die 1934 zum Land Mecklenburg vereinigt wurden.
Die in der ersten Hälfte des 19. Jahrhunderts in Mecklenburg tätigen Architekten erhielten ihre Ausbildung zu-

meist in Berlin. Mit Johann Georg Barca und Carl Theodor Severin wurde der Klassizismus als Baustil in Mecklenburg eingeführt, Georg Adolph Demmler gab im zweiten Viertel des 19. Jahrhunderts der Residenzstadt Schwerin ihr architektonisches Gepräge.
Die meisten erhalten gebliebenen Gutshäuser wurden im 19. Jahrhundert errichtet. Gegenüber den wenigen schloßartigen Anlagen – so beispielsweise in Groß Lüsewitz – überwiegen dabei zweigeschossige Putzbauten mit Mansard- oder Walmdächern, giebelbekrönten Risaliten, frontispizartigen Aufbauten oder vorgelagerten Altanen. Archtitektonisch dem jeweils geltenden historisierenden Baustil verpflichtet, blieb die Tendenz zum Spätklassizismus aber dennoch bis zum Ende des Jahrhunderts vielfach dominierend. Im Inneren ist die ursprüngliche Raumaufteilung oft noch erhalten geblieben, Einzelheiten des Interieurs gingen meistens verloren.
Nach der Mitte des 19. Jahrhunderts wurden mehrere Kirchen im Stil der als adäquate Ausdrucksform evangelischer Frömmigkeit anerkannten Neugotik errichtet. Auch die gleichzeitige Instandsetzung älterer Kirchen führte oft zur Veränderung des ursprünglichen Charakters der Innenräume und zu ihrer Ausstattung im Sinne der Neugotik. Entdeckte mittelalterliche Wandmalereien wurden meist sehr frei ergänzt, in einigen Kirchen jedoch auch neue Wandmalereien von großer künstlerischer Qualität geschaffen, so in der Marienkirche in Barth oder in der Dorfkirche in Semlow. – Das Bild der Friedhöfe war bis nach der Mitte des Jahrhunderts durch schlanke Stelen aus Granit oder Kalkstein mit Widmungsinschriften und symbolisch verschlüsseltem schlichtem Dekor bestimmt, wie sie sich an verschiedenen Orten, beispielsweise in Prerow, erhalten haben.
Von der Mitte des 19. Jahrhunderts an entwickelten sich in der Nachfolge des bereits 1793 gegründeten Seebades Heiligendamm einige Dörfer unmittelbar an der Küste zu Badeorten, die sehr schnell überregionale Bedeutung gewannen. Zunächst fanden die Badegäste in den schlichten Fischer-, Schiffer- und Kapitänshäusern, die jetzt vielfach erneuert wurden, bescheidene Stubenquartiere. Vor allem vom späten 19. Jahrhundert an entstanden hier aber auch zahlreiche mehrgeschossige Hotels und Pensionsgebäude mit zum Meer gewendeten Balkonen und Loggien, oft unter Verwendung von Fachwerk für die Obergeschosse und Dachausbauten.
Vom letzten Drittel des 19. Jahrhunderts bis zum zweiten Viertel unseres Jahrhunderts war das Baugeschehen in den größeren Städten und besonders in Rostock durch die fortschreitende Industrialisierung bestimmt. Außer Schulen, Postämtern und Bahnhöfen sowie Kaufhäusern, Banken und Verwaltungsgebäuden wurden am Rand der Altstadtgebiete neue Straßenzüge mit Mietshäusern, anspruchsvollen Villen oder den ein- und zweigeschossigen Häusern gemeinnütziger Siedlungsgenossenschaften errichtet. Folgten sie in den letzten Jahrzehnten des 19. Jahrhunderts architektonisch dem herrschenden Stilpluralismus, so fanden seit dem Beginn des 20. Jahrhunderts oft Elemente des Jugendstils reiche Verwendung. Nach dem ersten Weltkrieg gelangten die Neubauten dann unter den Einfluß der Forderung nach »Neuer Sachlichkeit«, die im funktionsgerechten Bauen der zwanziger und frühen dreißiger Jahre ihre Erfüllung fand.

Gerd Baier

O s t s e e
Bundesrepublik
Deutschland
Elmenhorst
Steinbeck
Ostseebad Boltenhagen
Groß Schwansee
Klütz
Kalkhorst
Kühlenstein
Rankendorf
Oberhof
Wieschendorf
Damshagen
Großenhof
Johannstorf
Benckendorf
Roggenstorf
Bössow
Dassow
Schwanbeck
Groß Walmstorf
Tramm
Mallentin
Gostorf
Warnow
Everstorf
Kirch
Mummendorf
Hof
Sülsdorf
Selmsdorf
Rodenberg
Mummendorf
Santow
Hamberge
Stadtkreis
Wismar
Blüssen
Roxin
Waldeck
Börzow
Grevesmühlen
Schönberg
Menzendorf
Naschendorf
Landkreis
Herrnburg
Lockwisch
Klein
Siemz
Lübseer-
hagen
Grieben
Sabow
Lübsee
Bernstorf
Plüschow
Lüdersdorf
Petersberg
Cords-
hagen
Strohkirchen
Friedrichshagen
Roduchelstorf
Niendorf
Sievershagen
Torisdorf
Diedrichshagen
Boitin-Resdorf
Lindow
Wismar
Ollndorf
Bezirk
Schwerin
0 2 4 6 8 10 km

Landkreis Grevesmühlen

Benckendorf (Ortsteil von Pötenitz)
Ehem. SCHULE Eingeschossiger Fachwerkbau von neun Achsen mit Krüppelwalmdach und Frontispiz, 18. Jh.

Bernstorf
Ehem. SCHLOSS (Verwaltung, Wohnungen). Zweigeschossiger Backsteinbau in den Formen der holländischen Renaissance, errichtet 1879/82 nach Entwurf von Georg Daniel. Der rechteckige Mittelbau an den Längsseiten durch kräftig vorspringende Seitenrisalite mit hohen Volutengiebeln flügelartig verbreitert und durch einen über der nordöstlichen Schmalseite errichteten Turm gestalterisch aufgelockert. Die Kanten der Risalite gequadert, die Fenstereinfassungen und die architektonischen Gliederungen der Giebel in gelbem Backstein, aus Werkstein die architektonische Rahmung des Hofportals und das Relief mit der Darstellung des Sachsenherzogs Heinrich des Löwen zu Pferd im Ädikulaaufsatz des nordöstlichen Giebels. Vom Turm nur der oktogonale Schaft und das vorkragende Traufgesims erhalten, die Bekrönung abgetragen.
Südwestlich des Schlosses SÜHNESTEIN für Werner Bernstorp, Kalkstein, 1359 (ehemals in Börzow). Hochrechteckige Stele, am runden Kopfstück ehemals zwei knaufartige Krabben, auf den beiden Seiten des unteren Teiles figürliche Ritzungen mit Kruzifix, kniendem Beter und Wappen sowie Minuskelinschriften.

Blüssen (Ortsteil von Papenhusen)
BAUERNHOF (ehem. Schulzenhof) Dorfstraße 2. Weitgehend erhaltene Hofanlage. Niederdeutsches Hallenhaus von 1731, über der hofseitigen Dieleneinfahrt auf geschweiften Kopfbändern ruhendes Giebeltrapez, an der

Blüssen, ehem. Schulzenhof Dorfstraße 2; Bernstorf, ehem. Schloß, Ansicht von der Hofseite

Rückseite 1793 erweitert, das Giebeltrapez hier mit Bauerntanz, die Ausfachungen laut Inschrift 1855 erneuert; im Inneren Küche mit Schwibbogen. Der seitliche Stallanbau aus der 2. H. 19. Jh. Vor dem Haus beiderseits des Hofes zwei Fachwerkgebäude z. T. mit Rohrdach, ehemals Pferdestall und Scheune, wohl E. 18. Jh. Östlich neben dem Haus ehem. Pumpenhaus von 1907 und Schweinestall 19. Jh., nordöstlich hinter dem Haus ehem. Backhaus von 1792, Lehmstakenfachwerk, das Giebeltrapez über geschweiften Kopfbändern.

Boitin-Resdorf (Ortsteil von Neuleben)

BAUERNHÄUSER Im Ort vier ältere niederdeutsche Hallenhäuser, ihre rohrgedeckten Dächer über den vertieften Dieleneinfahrten abgewalmt, die Wohnenden zumeist E. 19. Jh. massiv und mit Steilgiebel erneuert: Dorfstraße 9, A. 19. Jh., am straßenseitigen Dielenende seitlich der Einfahrt jeweils Fachwerkfigur des »halben Mannes«. – Dorfstraße 18, 1791, das straßenseitige Dielenende mit reicher Fachwerkgliederung: seitlich der Einfahrt jeweils »ganzer Mann«, im Giebeltrapez Bauerntanz, der Giebelbalken auf geschnitzten Kopfbändern. Zum Hof gehörig ein kleines Stallgebäude mit rohrgedecktem Walmdach, wohl ebenfalls E. 18. Jh. – Dorfstraße 19, E. 18. Jh., das Dielenende mit reicher Fachwerkgliederung: seitlich der Einfahrt jeweils »halbe Männer«, das vorkragende, auf geschnitzten Kopfbändern ruhende Giebeltrapez mit doppeltem Bauerntanz, Rauten und geometrischen Mustern aus glasierten Steinen. Zum Hof gehörig ehem. Backhaus, E. 18. Jh., der Backofen und Teile der Ausstattung erhalten. – Dorfstraße 21, A. 19. Jh., der Giebelbalken auf geschnitzten Kopfbändern. Eine zugehörige Durchfahrtsscheune um 1800 mit reicher Fachwerkgliederung.

Boltenhagen, Ostseebad

BAUERNHAUS Dünenweg 13a, niederdeutsches Hallenhaus wohl um M. 17. Jh., im Inneren stark verändert. Am Haus Gedenktafel an die Aufenthalte Fritz Reuters nach 1850.

KAPELLE Neugotischer rechteckiger Backsteinbau mit dreiseitigem Ostschluß, 1872/73 nach Entwurf von Helmuth Brunswig. Die neugotische Ausstattung aus der Erbauungszeit nur teilweise erhalten, erwähnenswert das Altargemälde mit Kreuzigungsdarstellung, 1873. Zwei kleine Glocken 1873 und E. 19. Jh. Älter sind: Kelch, Silber vergoldet, A. 17. Jh., am Fuß gravierte Wappen und Cherubköpfchen (ehemals in Klütz). Patene, Silber vergoldet, 1679. – In den Anlagen nordöstlich der Kapelle
GEDENKSTEIN an das Hochwasser vom 12./13. November 1872.

Börzow

DORFKIRCHE Einheitlicher Backsteinbau des 15. Jh., unter Verwendung von Feldstein für den Sockel, am Turm auch zu eingesprengten einzelnen Feldsteinlagen zusammengestellt. Kleines rechteckiges Schiff mit leicht eingezogenem Chorjoch mit dreiseitigem Schluß sowie massigem Westturm von Schiffsbreite. Das Äußere

schlicht, die spitzbogigen Fenster z. T. zweigeteilt, am Chorpolygon abgetreppte Strebepfeiler. In der Turmwestwand spitzbogiges Rücksprungportal, die in spitzbogiger Blende paarweise zusammengeschlossenen Schalluken mit Scheitelokulus; Turmabschluß durch achtseitigen, in der Mitte der einzelnen Seiten überstehenden Helm. Die Südvorhalle im Kern ebenfalls mittelalterlich, der nördliche Gruftanbau angeblich von 1738, wohl in der 2. H. 19. Jh. umgestaltet, an seiner Giebelseite Rundblende mit Wappenrelief. – Im Inneren der Chor mit Kreuzrippengewölbe auf Konsolen; spitzbogiger Triumphbogen. Das Schiff auf Wölbung vorbereitet, jetzt mit Balkendecke, der untere Turmraum zum Schiff durch rundbogige Arkade geöffnet. Wandmalerei 2. H. 15. Jh., 1912 freigelegt: Akanthusranken in den Leibungen des Triumphbogens und der Turmarkade; an den Wänden Weihekreuze, in der westlichen Nische der Schiffsnordwand Reste einer Christophorusfigur.

Linke Seite:
Boitin-Resdorf, Bauernhäuser Dorfstraße 18, Dorfstraße 19

Rechte Seite:
Börzow, Dorfkirche, Ansicht von Südwesten, Blick in den Chor; Kirchhof, Grabstele

Altaraufsatz 1708 wohl von Johann Friedrich Wilde. Architektonischer Aufbau, im Sockel Abendmahlsgemälde, im Hauptgeschoß Kreuzigungsbild flankiert von Pilastern und jeweils einer vorgerückten Säule sowie den Figuren von Moses und Johannes Bapt., ferner Matthäus und Markus. Über dem verkröpften Gesims Grablegungsbild und die Figuren von Lukas und Johannes Ev., Abschluß durch Wolkengloriole und allegorische Figuren. Rahmen- und Ornamentstücke aus Akanthusschnitzwerk und Blütengehängen, am Sockel zwei geschnitzte Wappen. In neugotischen Formen aus der 2. H. 19. Jh.: Kanzelkorb; gußeiserne Taufe mit Deckel; Orgel von 1865, das Werk von Friedrich Friese, Schwerin; Westempore und Gemeindegestühl. Kruzifix wohl A. 18. Jh. Bedelt mit Schnitzfiguren (Madonna und Johannes Ev.) an der Rückwand, M. 15. Jh. – Kelch und Patene, Silber, 1863. Kelch und Patene, Silber vergoldet, 1867. Zwei Dosen, Silber, 1886 und 2. H. 19. Jh. Kanne, Silber, 1863. Zwei Taufschalen, Messing, 1857 und 1859. Zwei Kollektenschalen, Messing, 1673 und 1869. Leuchterpaar, Messing, 1745. Kronleuchter, Messing, wohl E. 17. Jh. Glocke 15. Jh., mit Reliefs, Kreuzigungsgruppe und Heiligen.
Auf dem Kirchhof Grabstele 1849, Granit, auf der Rückseite Darstellungen von Schmiedewerkzeugen.

Bössow (Ortsteil von Warnow)

PFARRHAUS Eingeschossiger Backsteinbau von sieben Achsen mit Krüppelwalmdach, 1843. Im Garten ehem. Backhaus aus Feld- und Backstein, wohl gleichzeitig, der Ofen mit Lehmkuppel auf Feldsteinfundament.

DORFKIRCHE Kleiner spätmittelalterlicher Backsteinbau aus zweijochigem, dreiseitig geschlossenem Schiff und niedrigem quadratischem Westturm. Das schlichte Äußere mit Strebepfeilern; zweigeteilte spitzbogige Fenster, im Westteil des Schiffes 1781 vergrößert. In der Westwand des Turmes spitzbogiges Rücksprungportal, sein Abschluß durch längsgerichtetes Walmdach wohl ebenfalls E. 18. Jh. – Das Innere mit Balkendecke, der Turmraum zum Schiff geöffnet. Im Ostfenster Glasmalereien E. 14. Jh., 1967 restauriert, die beiden unteren Scheiben mit übergreifender Darstellung der Anbetung der Könige, die beiden oberen mit jeweils zwei Heiligen

(Petrus und Paulus sowie Georg und Christophorus), darüber in den Fensterschlüssen Wappen. Im Südostfenster drei Kabinettscheiben mit Wappen, 1610.
Kanzelkorb 1674, in den Rundbogenfeldern gemalte alttestamentliche Figuren. Zwei gerahmte Gipsreliefs, Mutter mit Kind und Christus mit den Kindern, 3. V. 19. Jh. in nazarenischer Auffassung. – Zwei Kelche, Silber vergoldet, M. 19. Jh., einer mit Patene. Weinkanne, Messing versilbert, M. 19. Jh. Dose, Zinn, A. 19. Jh. Leuchterpaar, Zinn, 1771. Glocke 1840 von M. Hausbrandt, Wismar. – Grabsteine: J. Storm †1396, mit eingeritztem Wappenschild; J. Kerchaf †1371, wiederverwendet für S. Mantzel †1824; Chr. v. Lowzow †1755.

Linke Seite:
Bössow, Dorfkirche,
Ansicht von Südosten,
Glasmalereien im Ostfenster

Rechte Seite:
Bössow, Dorfkirche
Grabplatte für J. Storm;
Damshagen, ehem. Gutshaus,
Ansicht von der Hofseite

Cordshagen (Ortsteil von Roduchelstorf)

BAUERNHÄUSER Dorfstraße 2, rohrgedecktes niederdeutsches Hallenhaus mit vertiefter Dieleneinfahrt, E. 18. Jh., die Umfassungswände z. T. massiv erneuert. – Dorfstraße 4, niederdeutsches Hallenhaus von 1811, in jüngerer Zeit stark verändert und z. T. massiv erneuert und verputzt. Zum Hof gehörig Scheune, Backstein, 1890, daran hofseitig angefügt Göpelhaus, oktogonale Holzkonstruktion mit flachem Zeltdach, wohl E. 19. Jh., der Göpel nicht erhalten.

Damshagen

Ehem. GUTSHAUS (Wohnungen, Gaststätte). Zweigeschossiger rechteckiger Putzbau unter Mansarddach, 1913/14 erbaut, die drei Mittelachsen der neunachsigen Front vorgezogen und durch Kolossalsäulen und kräftigen Architrav betont, davor in ganzer Breite Freitreppe.
PFARRHAUS Zweigeschossiger Backsteinbau von fünf Achsen mit Krüppelwalmdach, 1732 erbaut, die Anbauten jünger. In einem Raum des Obergeschosses Decke mit einfachen Stuckprofilen.
DORFKIRCHE Backsteinbau des 14. Jh., vierjochiges, im Osten dreiseitig geschlossenes Schiff mit Nordsakristei und quadratischem Westturm. Die beiden westlichen Joche wohl noch 13. Jh., ihre Jochgrenzen und die westlichen Ecken durch Lisenen betont, an der Traufe Treppenfries, die gekuppelten Spitzbogenfenster mit Rücksprunggewände in gemeinsamer Spitzbogenblende; spitzbogiges Südportal mit dreifach abgestuftem Gewände und Kämpferwulst, in flacher zinnenbekrönter Mauervorlage. Die beiden östlichen Joche und der dreiseitige Chorschluß mit zweigeteilten Spitzbogenfenstern, unter den Sohlbänken umlaufendes Kaffgesims. Ebenfalls 14. Jh. der dreigeschossige, durch Zeltdach abgeschlossene Westturm, über seinem spitzbogigen Westportal Rundfenster, sonst zweigeteilte Spitzbogenfenster; im obersten Ge-

schoß gekuppelte rundbogige Schalluken in gemeinsamer Spitzbogenblende. – Im Inneren über einem umlaufenden profilierten Gesims Spiegelgewölbe mit von Stuckrahmen eingefaßten Deckenfeldern, wohl 18. Jh.; eine mittelalterliche Einwölbung war geplant oder auch ausgeführt, wie Ansatzspuren erkennen lassen. In der Nordsakristei (Gruft) Kreuzrippengewölbe.

Kanzelaltar 1724 von Hieronymus Hassenberg. Architektonischer Aufbau, im Hauptfeld der von Pilastern und gekuppelten Säulen gerahmte trogartige Kanzelkorb, über dem verkröpften Gebälk gesprengter Giebel und Schalldeckel mit Volutenkrone, der figürliche Schmuck entfernt, die fünf allegorischen Figuren deponiert. Neugotischer Kanzelkorb mit aufgelegtem Maßwerk und vegetabilischer Schnitzerei, 2. H. 19. Jh. Taufe, Kalkstein, 13. Jh., an der halbkugeligen Kuppa rundbogige Blendarkatur. Orgel mit Prospekt in Biedermeierformen von 1844, gleichzeitig wohl auch die dreiseitige Westempore und das Gemeindegestühl, mit neugotischen Maßwerkauflagen, ferner zwei neugotische Patronatsstühle beidseitig im Chorraum, jeweils von fünf Achsen, die offenen Oberteile mit reichem durchbrochenem Maßwerk. An der Nordwand Brüstung der ehem. Patronatsloge mit gemaltem Wappen und geschnitztem vegetabilischem Dekor, um 1800. Altarkruzifix 15. Jh. Bibelpult um 1725, mit Intarsiaeinlagen aus Holz, Zinn und Bein. Zehn Kabinettscheiben mit Wappen der Stifter, 1602, 1603 und 17. Jh. – Zwei Kelche und Patenen, Silber vergoldet, 1621 und 1818. Zwei Dosen, Silber, wohl 17. Jh., eine davon mit gravierter Kreuzigungsgruppe auf dem Deckel. Kelchlöffel, Silber, 17. Jh. Kirchensiegel in Mahagonifutteral, A. 19. Jh. Leuchterpaar, Messing versilbert, 1. H. 19. Jh. Glocke 1469.

Linke Seite: Damshagen, Dorfkirche, Inneres nach Osten, Taufstein, Sarkophage in der Gruftkapelle

Rechte Seite: Dassow, Wohnbauten in der Lübecker Straße

In der durch ein Schmiedegitter des 18. Jh. abgetrennten, zur Gruftkapelle ausgebauten ehem. Sakristei: zwei Sarkophage, Sandstein, für Hartwig v. Bülow und Christina v. Bülow, beide † 1729; auf liegenden Löwen ruhend, mit reichem plastischem Dekor aus Cherubköpfen, Wappen, Kartuschen, Festons und aufgelegtem Kruzifix. Hölzerner Kindersarkophag für H. v. Bothmer † 1747. – Kruzifix von einem Sarkophag, Eisenguß vergoldet, 1730. Vier Sargwappen v. Bülow/v. Reventlow, Zinn, 18. Jh. Drei Grabplatten: v. Plessen/v. Suckow 1555, mit Doppelwappen; C. v. Plessen † 1601/G. Moltke, gesetzt 1586, mit den Figuren des Ehepaares; H. G. B. Vorbeck † 1806.

Dassow

WOHNBAUTEN Der an der Straße Wismar – Lübeck gelegene Ort im 13. Jh. gegründet, mit Stadtrecht 1938 bewidmet. Beim Stadtbrand 1632 die ältere Bausubstanz vernichtet, der historische Hausbestand überwiegend aus dem 18. und 19. Jh. und an der Hauptstraße konzentriert; unter den Gebäuden zahlreiche Ackerbürgerhäuser zumeist in Fachwerk, im Straßenbild reizvoll belebt durch den Wechsel von Traufenhäusern mit Giebelhäusern. Erwähnenswert sind, sämtlich Lübecker Straße: Nr. 39, zweigeschossiger Fachwerkbau von vier Achsen mit Krüppelwalmdach, 2. H. 18. Jh., in der mit Backstein verblendeten Straßenfront korbbogig geschlossene Hofdurchfahrt. – Nr. 43, zweigeschossiger Fachwerkbau von sechs Achsen, 2. H. 18. Jh. – Nr. 51, zweigeschossiger Fachwerkbau mit Krüppelwalmdach, z. T. massiv erneuert, mit geschnitzter spätbarocker Haustür, um 1770. – Nr. 54, zweigeschossiger Fachwerkbau mit fünfachsiger Backsteinfassade, von Dreieckaufsatz bekröntem Schweifgiebel und Korbbogenportal, um 1800. – Nr. 66, eingeschossiger Fachwerkbau von vier Achsen mit Krüppelwalmdach, E. 18. Jh. – Nr. 72 A, zweigeschossiges Fachwerkgiebelhaus mit Krüppelwalmdach, die Ausfachungen mit Lehmstaken, wohl 1. H. 18. Jh. – Nr. 76, zweigeschossiges Fachwerkgiebelhaus mit Krüppelwalmdach, im Kern ein um 1800 stark verändertes niederdeutsches Hallenhaus.

PFARRHAUS Eingeschossiger Fachwerkbau von elf Achsen mit Krüppelwalmdach und geschnitzter zweiflügeliger Haustür, um 1770, 1873 erneuert. Im Inneren ursprüngliche Treppe zum Dachgeschoß, mit Balustergeländer. In die Rückwand der Diele eingefügt Bruchstück einer Mordwange, ehemals in der Siechenhauskapelle in Schwanbeck, Kalkstein, 15. Jh., an der Vorderseite ausgegründetes Kruzifixrelief, rückseitig Minuskelinschrift und Vertiefung für einen (verlorenen) Wappenschild.

STADTKIRCHE Stattlicher Bau im wesentlichen aus der 2. H. 13. Jh. Rechteckiges Feldsteinschiff mit eingezogenem quadratischem Backsteinchor und Nordsakristei; der Westturm erst im 16. Jh. vorgebaut. Das dreijochige Schiff aus sorgfältig geschichtetem Feldsteinmauerwerk, die unteren Lagen als Sockel gebildet. Beidseitig in den Längswänden dreifach abgetreppte spitzbogige Portale, über dem südlichen großes Rundfenster, seine Leibung wie auch die der Spitzbogenfenster aus Backstein. Der in Backstein ausgeführte schlichte Schiffsostgiebel wohl von der Erneuerung nach dem Brand von 1632. Der über einer niedrigen Feldsteinlage ganz in Backstein ausgeführte Chor mit umlaufendem Sockelprofil und Ecklisenen, unter der Traufe Rundbogen- und Kragsteinfriese sowie deutsches Band. In der Ostwand gestaffelte (zugesetzte) Dreifenstergruppe in spitzbogiger Blende, außen

jochigen Sakristei von den Bandrippengewölben nur die Ansätze erhalten. – Glasmalereien des späten 19. Jh. in den beiden östlichen Schiffsfenstern, im nördlichen Darstellung des auferstandenen Christus sowie ältere Wappenscheiben, im südlichen Hinterglasmalerei mit Darstellung des Guten Hirten.
Altaraufsatz um 1630, 1884 restauriert und ergänzt. Architektonischer Aufbau mit reichem Ohrmuschel- und Knorpelwerk. Das von kannelierten korinthischen Säulen gerahmte Hauptgeschoß mit fünf Tafelbildern zur Passion Christi, im abschließenden Geschoß darüber ein von Hermenpilastern und üppigen Knorpelwerkohren gerahmtes Auferstehungsbild, seitlich davon Freifiguren von Johannes Bapt. und Moses, auf dem Giebel drei allegorische Figuren. Am Hauptgesims Stifterwappen. Auf der Rückseite Tafelbild des Salvators, 17./18. Jh., und fünf Intarsiengemälde mit die arma Christi tragenden Engelputten, 1884. Altarschranke ebenfalls 1884. – Kanzel, Korb und Schalldeckel, 1633, Aufgang, Portal und Rückwand 1884. Am Korb mit vorspringendem Mittelteil

wie innen mit eingelegtem Wulst im Gewände und Halbsäulen mit Kapitellen als Pfosten. Darüber der Giebel mit steigendem Rundbogenfries und schlanker gestaffelter Dreierblende, ihre Pfosten ebenfalls als Halbsäulen mit Kapitellen gebildet. In ähnlichen Formen auch die Nordsakristei gehalten. Der im 16. Jh. im Westen vorgebaute dreigeschossige Backsteinturm mit schlichtem Westportal, abgeschlossen durch längsgerichtetes Satteldach und bekrönt von achtseitiger offener Laterne aus der 2. H. 17. Jh.; an der Schiffswestwand Mauerverzahnung für einen ursprünglich breiter geplanten Turm.
Im Inneren der Chor mit kreuzförmigem Bandrippengewölbe auf halbrunden Ecksäulen, diese im Wechsel aus glasierten und unglasierten Steinen gebildet, als Basen Doppelwülste, die Knospenkapitelle aus Kalkstuck; abgetreppter spitzbogiger Triumphbogen. Das Schiff mit flacher Balkendecke, an den Längsseiten Reste ehem. Gewölbedienste; die Fenster in den inneren Leibungen mit kräftigen Viertelstäben aus Backstein, die Maßwerke sämtlich im späten 19. Jh. in Eisen erneuert, nur das südöstliche Fenster mit Holzmaßwerk. In der ehemals zwei-

Linke Seite:
Dassow, Stadtkirche, Ansicht von Südosten, Eckdienst im Chor

Rechte Seite:
Dassow, Stadtkirche, Altaraufsatz, Kanzel

(Schiffsbrückentyp) kannelierte Säulen und reich verzierte Arkaden mit Schnitzfiguren (Salvator, Petrus, Paulus, Johannes Ev. sowie zwei Putten), der Deckel mit Wappenkartuschen und Engelputten, auf der Strebenkrone Posaunenengel. – Taufsteinkuppa, Granit, 13. Jh., die Wandung mit rundbogigen Blendarkaden, der gemauerte Unterbau modern. Taufe, Gußeisen, 2. H. 19. Jh. – Orgel mit neugotischem Prospekt von 1859, das Werk von Friedrich Friese, Schwerin. Schiffs- und Westempore sowie Gemeindegestühl E. 19. Jh.

Schnitzrelief mit Hl. Familie, der Schrein modern, 1. H. 15. Jh. (ehemals in Schwanbeck). Schnitzgruppe, hl. Georg zu Pferd im Kampf mit dem Drachen, zu seinen Füßen die kniende Königstochter und ein Lamm, wohl 17. Jh., gleichzeitig auch die Tragesäule (ehemals in Schwanbeck). Tafelbild mit hl. Nikolaus, zu seinen Füßen drei Knaben in einem Bottich, wohl 19. Jh. Kreuzigungsgemälde (ehem. Altarbild), E. 19. Jh. Grablegungsgemälde 2. H. 19. Jh. Bildnis Martin Luther 19. Jh. Zwei Brüstungen ehem. Patronatslogen, A. 17. Jh., die Arkadengliederungen mit ornamentaler Flachschnitzerei und kannelierten Säulen bzw. Pilastern. Gestühlsbrüstung 17. Jh., von dorischen Säulen gegliedert. Brüstung vom ehem. Bülowschen Patronatsgestühl, 1712, 1876 erneuert, über den fünf Feldern des Unterteils Tuchdraperie, darüber das von Engelfiguren flankierte Bülowsche Allianzwappen, seitlich Medaillongemälde mit emblematischen Darstellungen, außen Karyatiden. Rückwand eines Patronatsgestühls vom E. 19. Jh. in Neurenaissanceformen, in den Blendarkaden Flachreliefs der Evangelisten.

Drei Kelche, Silber vergoldet: 15. Jh.; 1643 mit reichem Spätrenaissanceornament und eingravierten arma Christi auf dem Fuß; um 1700. Kelch und Patene, Silber, 1836 (ehemals in Schwanbeck). Patene, Silber vergoldet, 1776. Patene, Silber, 1776. Krankenabendmahlsbesteck mit Kelch, Patene, Dose und Vorratsbehälter, Zinn, 1788, in Lederfutteral. Dose, Silber, 1667. Dose, Zinn, 17./18. Jh. Weinkanne, Silber vergoldet, 1682. Taufschale, Messing, 1857, in furniertem Holzkasten. Leuchterpaar, Messing, 19. Jh. Drei Kronleuchter, Messing, 1625, 1660 und 1904. – Vier Grabplatten 1608, 1657, 1774, 1803. Grabstele des Ehepaares Kuntze † 1859 bzw. 1863, der Schwiegereltern Fritz Reuters.

Linke Seite: Dassow, Stadtkirche, Schnitzgruppe des hl. Georg und Schnitzrelief mit Hl. Familie (ehemals in Schwanbeck), Brüstung einer Patronatsloge, zwei Kelche, der linke 1643, der rechte um 1700

Diedrichshagen (Ortsteil von Rüting)

DORFKIRCHE Kreuzförmiger, im Osten polygonal geschlossener Backsteinbau, 1861 wohl nach Plänen von Theodor Krüger errichtet. Der quadratische Westturm von einem mittelalterlichen Vorgängerbau, Backstein in drei Geschossen, 2. H. 15. Jh., in seiner Westseite Rücksprungportal. Die vier Schildgiebel des achtseitigen verschindelten Spitzhelmes mit unterschiedlichem Blendenschmuck (Kreuzbogenblenden, Rundblenden mit verschiedenartigen Maßwerkfüllungen). Der qualitätvolle neugotische Bau von 1861 in reichen Detailformen: unter der Dachtraufe Dreiecksfries auf Konsolen, die Querschiffgiebel mit gestaffelten Spitzbogenblenden und stei-

Rechte Seite: Diedrichshagen, Dorfkirche, Ansicht des Äußeren von Südosten, mit dem vom Vorgängerbau übernommenen Westturm, und Ansicht des Inneren nach Westen

genden Friesen, die Querschiffportale in übergiebelten Wandvorlagen mit Maßwerkrosette und Seitentürmchen. Die spitzbogigen Schlüsse der Fenster und Blenden unter Verwendung glasierter Steine. – Im Inneren die Kreuzrippengewölbe auf Diensten mit Blattkapitellen, in der durch Pfeilervorlagen und kräftige Gurtbögen betonten Vierung Sterngewölbe mit Scheitelring.

Die neugotische Ausstattung aus der Erbauungszeit: Altarwand im Chorpolygon, im Mittelteil Kreuzigungsgemälde; Kanzel mit Maßwerkturm auf dem Schalldeckel; Taufstein; Orgel und Orgelempore; Querhausemporen und Gemeindegestühl. An älteren Ausstattungsstücken vorhanden: Gemälde mit Kreuzigung Christi, ehem. Altarbild, 18. Jh. Vier Kabinettscheiben mit Darstellungen der Geburt und Taufe Christi, Emmaus und Wappen, 1601. Opferstock wohl mittelalterlich. – Altardecke mit Seidenstickerei, um 1800. Kelch, Silber vergoldet, 1721. Kelch und Patene, Silber vergoldet, 1798. Patene, Silber vergoldet, 1585. Dose, Silber vergoldet, 1798. Krankenabendmahlsbesteck mit Kelch, Patene und Dose, Silber, 1830. Zwei Kronleuchter, Messing, 18. Jh. Glocke 1653 von Stefan Wollo und Nikolaus Gage.

Linke Seite: Diedrichshagen, Dorfkirche, Kabinettscheiben

Rechte Seite: Elmenhorst, Dorfkirche, Ansicht von Norden, Inneres nach Osten

Elmenhorst

SCHMIEDE Rechteckiger Fachwerkbau mit Walmdach, 2. H. 19. Jh., an der Hofseite unter abgeschlepptem Dach offene Laube. Die Wände z. T. massiv erneuert.

DORFKIRCHE Einheitlicher Backsteinbau aus der 2. H. 13. Jh.: quadratisches Schiff mit Rechteckchor und annähernd quadratischem Westturm, durch längsrechteckige Kreuzarme, die das Schiff nach Norden und Süden erweitern, von ungewöhnlicher, einem griechischen Kreuz sich nähernder Anlage. Alle Bauteile mit Ecklisenen, am Turm nur bis zur halben Höhe geführt. In der Chorostwand kleines schmales Spitzbogenfenster, die ähnlichen Fenster in den Chorseitenwänden wohl im 19. Jh. angeglichen; in den Giebelwänden der Kreuzarme im Süden drei, im Norden zwei schmale lanzettförmige Fenster, hier auch ein spitzbogiges Rücksprungportal in flacher zinnenbekrönter Mauervorlage. Die Giebel am Chor und an den Kreuzarmen schmucklos, am Giebelfuß deutsches Band. Am Turm in der Westseite spitzbogiges Rücksprungportal, darüber zwei Spitzbogenfenster, in der Nord- und Südseite je ein kleines Spitzbogenfenster. Im jüngeren zweigeschossigen Turmoberteil nach jeder Seite je zwei rundbogige Schalluken, darüber nochmals je vier z. T. zugesetzte Schallöffnungen. Der achtseitige verschindelte Spitzhelm jeweils in der Mitte über den vier Turmseiten auf hölzernen Kopfbändern vorgekragt. – Die

mit dem Bau gleichzeitig entstandene Nordsakristei später als Gruft genutzt, der südliche Sakristeianbau wohl 19. Jh. Ebenfalls wahrscheinlich 19. Jh. die massigen Stützpfeiler an der östlichen Chorwand.
Im Inneren das Schiffsjoch nach allen Seiten, auch zum Turm, durch breite spitzbogige Scheidbögen zu den anschließenden Raumteilen geöffnet, zum Chor zusätzlich tief ansetzender spitzbogiger Triumphbogen. Schiff und Chor mit Kreuzrippengewölben, die schmalen Kreuzarme mit Quertonnen; das Kreuzrippengewölbe des Turmerdgeschosses verloren und durch Flachdecke ersetzt. An der Ostwand des südlichen Kreuzarmes zugesetztes Rundfenster. Im Nordostpfeiler des Turmes gewundene Mauertreppe. – Wand- und Gewölbemalereien: von der Architekturfassung der 2. H. 13. Jh. an den Gewölberippen und den Ostwänden der Kreuzarme nur geringe Reste erhalten. Aus der M. 14. Jh. in der östlichen Gewölbekappe des Chores Deesis mit Christus in der von den Evangelistensymbolen umgebenen Mandorla, ferner Heiligendarstellungen am Triumphbogen sowie Apostelfiguren auf den um das Schiffsjoch gruppierten Scheidbögen, sämtlich 1901 stark übergangen; an der Ostwand des nördlichen Kreuzarmes Rundbild mit der Darstellung des von den beiden Marien angebeteten Christus. Aus der M. 16. Jh. die szenischen Darstellungen im Chorgewölbe: Dreieinigkeit, Erschaffung des Menschen, Sündenfall und Austreibung aus dem Paradies, ebenfalls 1901 stark erneuert.
Schnitzaltar M. 15. Jh., 1699 und 1853 erneuert. Im Schrein übereinander unter doppelten Maßwerkarkaden oben Salvator, unten Verkündigung, daneben und in den

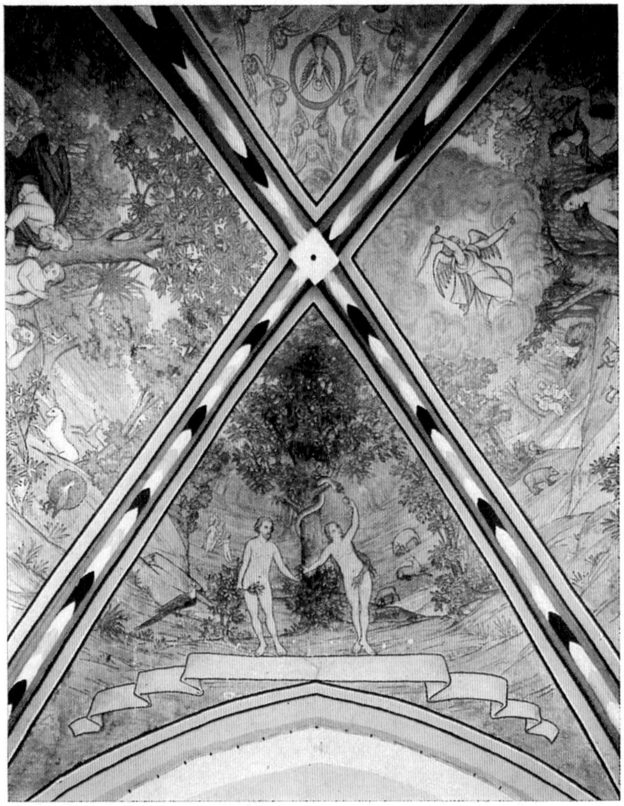

Flügeln ebenfalls in zwei Reihen übereinander Apostel und Heilige; die Malereien der Flügelaußenseiten verloren. In der Predella Tafelbild des Abendmahls von 1699. Kanzelkorb mit neugotischem Maßwerk, 1850. Taufe, Gußeisen, 2. H. 19. Jh., mit neugotischem Rankenwerk und Cherubköpfchen. Orgel mit neugotischem Prospekt 1870, das Werk von Friedrich Friese, Schwerin. Patronatsloge 1697, die auf Stützen gestellte Brüstung durch gedrehte Säulen bzw. an der Vorderfront durch Tugendallegorien mit Kompositkapitellen gegliedert. Emporen und Gemeindegestühl in neugotischen Formen, M. 19. Jh. – Kelch und Patene, Silber vergoldet, 18. Jh. Kelch und Patene, Zinn, 19. Jh. Klingelbeutel 19. Jh. Leuchterpaar, Messing, 1652. Glocke 1602 von Adam Dankwart, Wismar. – Fünf Grabplatten: 1624; 1701; 1724; 1793; 1794. Zwei Sargbeschläge, Messing, A. 18. Jh.

Auf dem Kirchhof Teile der mit Rundbogenarkaden verzierten Kuppa und Fuß einer Taufe, Kalkstein, wohl 13. Jh. Mehrere schmiedeeiserne und gußeiserne Grabkreuze, 2. H. 19. Jh.

Everstorf (Ortsteil von Grevesmühlen)

SÜHNESTEIN südlich des Ortes, für Ludeke Mozellenburch † 1391, Kalkstein. Hochrechteckige Stele mit rundem Kopfstück, auf der Vorderseite Flachrelief der Kreuzigungsgruppe, darunter ein betender Mann mit Wappen-

Linke Seite:
Elmenhorst, Dorfkirche, Gewölbemalerei im Chor, Patronatsloge von 1697; Everstorf, Sühnestein für L. Mozellenburch

Rechte Seite:
Friedrichshagen, Dorfkirche, Ansicht von Süden, Altaraufsatz

schild und zwei Spruchbänder mit Minuskelinschriften, auf der Rückseite Flachrelief des Kruzifixes, davor ebenfalls ein Beter, darunter Minuskelinschrift.

Friedrichshagen (Ortsteil von Plüschow)

BAUERNHÄUSER Im Ort mehrere niederdeutsche Hallenhäuser mit abgewalmten Rohrdächern, 2. H. 18. Jh., die Wirtschaftsteile zumeist im 19. Jh. massiv erneuert, z. T. auch mit jüngeren massiven Anbauten. Erwähnenswert Dorfstraße 2 und 5, letzteres mit Krüppelwalm und Giebeltrapez.

DORFKIRCHE Schlichter Backsteinbau des 15. Jh., aus dreijochigem, im Osten polygonal geschlossenem Schiff und quadratischem Westturm bestehend. Das Schiff ringsum mit abgetreppten, an der Westseite diagonal gestellten Strebepfeilern, die erneuerten zweigeteilten Spitzbogenfenster mit abgestuften Leibungen. Der dreigeschossige, bis in Höhe des Firstes des Schiffsdaches geführte Westturm durch längsgerichtetes Walmdach abgeschlossen. – Das Innere mit flacher Holzdecke; ursprünglich war, wie die Schildbögen erkennen lassen, eine Einwölbung vorgesehen.

Altaraufsatz 1704 von Johann Friedrich Wilde, Schwerin. Architektonischer Aufbau, am Sockel Abendmahlsgemälde, im Hauptgeschoß gemalte Kreuzigungsdarstellung, seitlich vor den rahmenden Pilastern und Säulen die Figuren von Moses und Aaron, außen Akanthusohren. Über dem verkröpften Hauptgesims Gemälde der Kreuzabnahme, eingefaßt von Akanthusschnitzwerk und den Figuren von Petrus und Johannes Bapt. und bekrönt von auferstandenem Christus und Putten. Die Altarschranke mit durchbrochener Brüstung wohl gleichzeitig. Kanzel mit Portal, Aufgang und Schalldeckel, 1. H 18. Jh., der bauchige geschweifte Korb auf Konsole, vor den Kanten geschnitzte Palmblätter, als figürlicher Dekor ein Putto mit Dreispitz, Buch und Schwert, seine ursprüngliche Zugehörigkeit zum Kanzeldekor zweifelhaft. Auf dem Schalldeckel Strahlengloriole mit Auge Gottes, als Bekrönung Cherubkopf. Schrein eines Schnitzaltars 2. V. 15. Jh., unter reichen Maßwerken Kreuzigungsgruppe sowie die Heiligen Katharina und Nikolaus, die Anordnung wohl nicht ursprünglich. Neugotischer Or-

gelprospekt 2. H. 19. Jh.; die Orgelempore 18. Jh., gleichzeitig auch das Gemeindegestühl. Zwei geschnitzte Wappen 18. Jh.
Drei Kelche, Silber vergoldet, 1614, um 1700 und 1751, der älteste und der jüngste mit Patene. Dose, Silber, 1760. Taufschale, Messing, 1864. Kanne, Zinn, 1866. Leuchterpaar, Zinn, 1683. Zwei Kronleuchter, Messing, 18. Jh. Glocke 1724 von Laurentius Strahlborn, Lübeck. – Epitaphgemälde von 1574 für Hans v. Bülow † 1552 und Katharina v. Plessen † 1570; Temperagemälde mit den drei Marien und Johannes unter dem Gekreuzigten, seitlich die Familie der Verstorbenen und Wappen, darunter und im dreieckig geschlossenen Oberteil Inschriften.
In der Mauer des Kirchhofes an der Dorfstraße zwei Backsteinportale mit rundbogigen Durchgängen, eines datiert 1749.

Gostorf (Ortsteil von Börzow)

BAUERNHÄUSER Im Ort mehrere niederdeutsche Hallenhäuser aus dem 19. Jh., erwähnenswert Hof B 3, um 1800, die Umfassungswände z. T. massiv erneuert, über der straßenseitigen Dieleneinfahrt der Walm des Rohrdaches eingeschnitten.
Ehem. SCHULE Hauptstraße 13. Im Hof Querdielenscheune in Fachwerk, M. 19. Jh.

Grevesmühlen

Vor 1261 mit Stadtrecht bewidmeter Ort an der Straße von Lübeck nach Wismar, ein älteres Dorf bereits 1230 erwähnt. Durch die Entstehung aus einem Dorf das charakteristische Schema der norddeutschen Kolonistenstädte nicht voll ausgebildet; der Markt am Kreuzungspunkt der Hauptstraße mit der vom Klützer Winkel kommenden Straße angelegt, südöstlich davon die Stadtkirche. Ursprünglich Stadtbefestigung mit drei Toren, im 18. und frühen 19. Jh. abgebrochen. Ein landesherrliches Schloß beim Stadtbrand 1659 zerstört. – Um 1840 zunächst Erweiterung der Stadt nach Osten, nach dem 1870 erfolgten Anschluß an das Eisenbahnnetz auch in südwestlicher Richtung zum Bahnhof.
RATHAUS Zweigeschossiger Fachwerkbau von 1715, stark verändert und verputzt. Über dem Portal drei farbig gefaßte Wappenreliefs aus Sandstein, das Stadtwappen von 1585 ehemals am Vorgängerbau, die wohl gleichzeitig entstandenen Wappen Mecklenburgs bzw. Pommerns vermutlich ehemals am Schloß.
POSTAMT August-Bebel-Straße 9/11. Zweigeschossiger Backsteinbau von sieben Achsen, E. 19. Jh. in neugotischen Formen. Die Straßenfront mit seitlichen, von Dreiecksgiebeln bekrönten Risaliten und Dekor aus glasierten Steinen.
Ehem. SCHULE (Haus der Dienste). Zweigeschossiger neugotischer Backsteinbau von zehn Achsen, um 1860 errichtet; zweiachsiger Mittelrisalit mit zwei segmentbogig geschlossenen Portalen, am Giebel steigender Treppenfries. – Im Vorgängerbau wurde 1817 Luise Kuntze, Fritz Reuters spätere Frau, geboren (Gedenktafel).
FRITZ-REUTER-OBERSCHULE Rudolf-Breitscheid-Straße. Zweigeschossiger neugotischer Backsteinbau, um

1870 errichtet, mit späteren Erweiterungen. Die Mitte der siebenachsigen Hauptfront durch einen Risalit mit blendengeschmücktem Giebel und durch kleine Portalvorhalle betont. Vom A. 20. Jh. der seitlich stehende zweigeschossige Backsteinbau der Turnhalle.

ST.-GEORG-STIFT Lübecker Straße. Eingeschossiger neugotischer Bau aus rotem und gelbem Backstein von 1856, unter Satteldach, die Mitte der Hauptfront durch einen zweigeschossigen dreiachsigen Risalit betont, seine mittlere Portalachse nochmals vorgezogen und durch Fialengiebel abgeschlossen.

PAVILLON am ehem. Lustgarten. Achtseitiger Putzbau vom A. 19. Jh., das überstehende Dach von hölzernen Säulen getragen; der östliche Teil des Umganges durch spätere Umbauten geschlossen.

WOHNBAUTEN Im historischen Hausbestand überwiegen neben wenigen Fachwerkbauten aus dem 18. Jh. die in der 1. H. 19. Jh. errichteten verputzten Fachwerk- und Massivbauten, seit der M. 19. Jh. auch unverputzte Backsteingebäude mit z. T. reichem Baudekor. Im späten 19. Jh. entstanden Häuser bzw. im Stadtrandbereich Villen mit eklektizistischen Fassaden, im frühen 20. Jh. mehrere charaktervolle Backsteinbauten in schlichten zeitgenössischen Formen.

Am Markt

Am Markt 1 (Marktapotheke), zweigeschossiger Fachwerkbau von sieben Achsen mit Krüppelwalmdach, um 1800.

August-Bebel-Straße

August-Bebel-Straße 3, zweigeschossiger Putzbau von sieben Achsen, 1882 erbaut in reichen barockisierenden

Linke Seite: Friedrichshagen, Dorfkirche, Schnitzaltarschrein

Rechte Seite: Grevesmühlen, Stadtansicht, Lithographie aus dem späteren 19. Jh. (rechts oben); Wohnhäuser August-Bebel-Straße 21 (Apotheke) und 19; St.-Georg-Stift

KONSUM
LEBENSMITTEL
LEBENSMITTEL

Formen. Die beiden südlichen Achsen als flache Vorlage mit Dreiecksgiebel ausgebildet; das Portal mit Pilasterrahmung, die Fenster segmentbogig verdacht. – August-Bebel-Straße 10, zweigeschossiges Traufenhaus aus dem 3. V. 19. Jh., mit schlichtem neugotischem Dekor an dem von Pilastern gerahmten Mittelportal und an der Traufe. – August-Bebel-Straße 15, zweigeschossiger Putzbau von fünf Achsen mit Mansarddach, errichtet 1893. Die Mittelachse im Obergeschoß durch Erker mit Pilasterrahmung und bekrönenden Rundgiebel betont. – August-Bebel-Straße 19, zweigeschossiges Fachwerkgiebelhaus von sechs Achsen mit Krüppelwalmdach, angeblich von 1794, das Erdgeschoß durch Ladeneinbau verändert (Abb. S. 35). – August-Bebel-Straße 21 (Apotheke) und 24, zweigeschossige, straßenseitig verputzte Fachwerktraufenhäuser von jeweils fünf Achsen, um 1820. Bei Nr. 21 die Mittelachse im Erdgeschoß durch Pilasterrahmung, im Obergeschoß durch flache Vorlage betont. – August-Bebel-Straße 25/27, zweigeschossiges Doppelhaus, um 1870 erbaut, die beiden Hauseingänge in der Fassadenmitte in flacher Vorlage unter gemeinsamem Dreiecksgiebel und mit Pilasterrahmung. Von diesem Haustyp in der Stadt mehrere Beispiele erhalten. – August-Bebel-Straße 31, zweigeschossiger Putzbau von fünf Achsen aus dem 3. V. 19. Jh., der neoklassizistische Dekor auf die Fensterrahmungen und den hölzernen Erker in der Mittelachse des Obergeschosses konzentriert. – August-Bebel-Straße 42 und 47, zweigeschossige verputzte Fachwerktraufenhäuser, um 1830, bei Nr. 42 die beiden mittleren Achsen des Obergeschosses von Pilastern gerahmt. – August-Bebel-Straße 43, zweigeschossiger Eckbau von sechs Achsen, mit vierachsigem übergiebeltem Dachausbau, errichtet um 1925 in den schlichten Formen des landschaftsbezogenen Ziegelbaues. Im Erdgeschoß Portal und Ladenfenster spitzbogig geschlossen. – August-Bebel-Straße 54, verputztes Fachwerktraufenhaus von fünf Achsen, das im Kern ältere Haus um 1870 an der Fassade durch Stuckauflagen verändert.

Grevesmühlen, Wohn- und Geschäftshaus August-Bebel-Straße 43; Speicher Kirchstraße 1; Wohnhaus August-Bebel-Straße 42, Wohnhaus August-Bebel-Straße 54

Ernst-Thälmann-Straße

Ernst-Thälmann-Straße 3 und 5/Ecke Kirchstraße, dreigeschossige Putzbauten von fünf bzw. acht Achsen in neugotischen Formen, errichtet um 1860. Bei beiden Häusern die Fronten durch flache Risalite mit den Portalen und neugotische Bekrönungen betont, Nr. 5 mit z. T. spitzbogigen Fenstern und Konsoltraufgesims, hier der Baudekor stark reduziert. – Ernst-Thälmann-Straße 60, zweigeschossiger Putzbau von 1894 in Neurenaissanceformen; die Fassade durch kannelierte Pilaster gegliedert und von einem Lünettengiebel bekrönt.

Großer Vogelsang

Großer Vogelsang 2/Ecke Schäfergang, dreigeschossiger Backsteinbau von fünf zu sieben Achsen, die Hofseite in Fachwerk, um 1820; Portal und Hofdurchfahrt korbbogig geschlossen.

Große Seestraße

Große Seestraße 1, Fachwerkgiebelhaus mit Krüppelwalmdach und seitlicher Einfahrt, angeblich 3. V. 17. Jh. und damit das älteste Haus der Stadt, in jüngster Zeit durch eingreifende Erneuerung stark verändert.

Hinterstraße

Hinterstraße 29 und 35, Fachwerkgiebelhäuser von zwei bzw. einem Geschoß und mit Krüppelwalmdächern, wohl 2. H. 18. Jh., Nr. 29 verputzt.

Otto-Nuschke-Straße

Die Straße nach der 1870 erfolgten Anlage des Bahnhofes im 4. V. 19. Jh. überwiegend mit zweigeschossigen Backsteinhäusern bebaut, ihr schlichter Baudekor zumeist aus deutschem Band, profilierten Fensterverdachungen und Trauffriesen bestehend.

Rosa-Luxemburg-Straße

Rosa-Luxemburg-Straße 1/4, aufwendige Villenbauten E. 19. Jh. und A. 20. Jh., in historisierenden Formen.

Tannenbergstraße

Tannenbergstraße 5/15, 1928 errichtete schlichte zweigeschossige Backsteinbauten, mit Wirtschaftsgebäuden und Gartenfläche. Die beiden Baublocks Beispiel für den genossenschaftlichen Wohnungsbau nach dem ersten Weltkrieg.

SPEICHER Kirchstraße 1. Rechteckiger dreigeschossiger Backsteinbau von sieben Achsen, um 1860 in neugotischen Formen. Die Mitte durch segmentbogige Toreinfahrt und Frontispiz mit Zinnenbekrönung betont, die Fenster segmentbogig, im zweiten Obergeschoß gekuppelt; Lisenengliederung, Zahnschnittfriese. Das Nachbargebäude Kirchstraße 2 in den Detailformen ähnlich, wohl E. 19. Jh.

STADTKIRCHE St. Nikolai. Stattlicher Backsteinbau im wesentlichen aus dem 3. V. 13. Jh., ursprünglich eine dreijochige gewölbte Hallenkirche mit eingezogenem quadratischem Chor und quadratischem Westturm. Bei einem Umbau in den Jahren 1870/72 der Chor der ursprünglichen Anlage abgetragen und dem Schiff ein viertes Joch mit polygonalem Chorschluß und flankierenden Anbauten in den Formen des Kernbaues angefügt.

Das Äußere des frühgotischen Baues mit Ecklisenen, unter der Traufe deutsches Band und glasierter Rundbogenfries auf Konsolen. Die ursprünglichen gekuppelten Lanzettfenster jedes Joches wohl im 14. Jh. durch breite Segmentbogenfenster ersetzt; das Fensterpaar des mittleren Joches der Nordseite um 1965 rekonstruiert. In der Nordwand zwischen den Fenstern große geputzte Kleeblattbogenblenden. Der quadratische Westturm um 1300, sein Westportal mit reich profiliertem Gewände aus Rund- und Viertelstäben, dahinter kleine gewölbte Vorhalle in Mauerstärke. In den Obergeschossen schlichte Spitzbogenblenden bzw. zweigeteilte Schalluken. Zwischen den obersten Geschossen an der Nord- und Südseite Fries aus Vierpaßblenden, an der Westseite zwölfteilige Blendrosette. Abschluß durch Zeltdach. – Von den Turmseitenbauten der nördliche ebenfalls um 1300, mit kleinem Portal in der Nordwand und Lanzettfenster mit eingelegtem Viertelstab, der südliche aus der 1. H. 14. Jh., mit großen Spitzbogenfenstern, Kleeblattbogenfries und Kaffgesims. Wohl ebenfalls 1. H. 14. Jh. die Vorhalle an der Südseite des Schiffes, mit großem Spitzbogenportal in von Zinnen bekrönter Wandvorlage und dreiteiligen Spitzbogenfenstern; in dem zugesetzten Fenster unter dem ungegliederten Giebel Sonnenuhr wohl M. 18. Jh., aus einem Grabsteinfragment von 1656 gefertigt.

Der eindrucksvolle Innenraum im Typus der von Westfalen beeinflußten Hallenkirchen des Küstengebietes. In allen drei Schiffen steile, kuppelige Kreuzrippengewölbe,

die breiten Gurt- und Scheidbögen spitzbogig. Kräftige kreuzförmige Pfeiler mit stuckierten Knospenkapitellen, die Dienste für die Gurt- und Scheidbögen in halber Höhe von Konsolen abgefangen, die jungen Dienste für die Gewölberippen vom Sockel an aufsteigend. Ähnlich, als halbierte Freipfeiler, auch die Gewölbevorlagen an den Seitenschiffswänden gebildet. Das 1870/72 angefügte vierte Joch mit dem Chorpolygon setzt das System des Kernbaues unverändert fort, hat jedoch den Gesamteindruck der Kirche eher nachteilig verändert. Die einheitliche dekorative, im Ostteil durch Apostelmedaillons und Bildnisse Luthers und Melanchthons bereicherte Ausmalung ebenfalls 1870/72. – Die Südvorhalle zum Schiff

lem Dekor; E. 16. Jh.; 1740. Krankenabendmahlsbesteck mit Kelch, Patene und Schraubdose, Silber vergoldet, 1733. Patene, Silber, 18. Jh. Dose, Silber, 18. Jh. Taufschale, Messing, 1856. Schale, Silber, 2. H. 19. Jh. Leuchterpaar, Messing, 1715. Glocke 1666 von Adam Dankwart, Wismar. – Sieben Grabplatten 15. bis 18. Jh.

JÜDISCHER FRIEDHOF am Vielbecker Weg. 1877 angelegt, nach der Zerstörung 1933 im Jahre 1945 als Gedenkstätte wiederhergestellt und 1966 erneuert.

GEDENKSTÄTTE auf dem Tannenberg. 1957 für die hier bestatteten 407 KZ-Häftlinge geschaffen, die am 3. Mai 1945 in der Lübecker Bucht bei der Versenkung der Schiffe »Cap Arkona« und »Thielbeck« ums Leben kamen. Würfelförmiger Porphyrblock, daneben Freitreppe zu dem von einer halbkreisförmigen Mauer umgebenen Gräberfeld.

WASSERTURM Ernst-Thälmann-Straße. Achtseitiger bergfritähnlicher Betonbau von 1911/12, der auf Konsolen ruhende vorkragende Oberteil des ehem. Hochdruckbehälters mit umlaufendem Zinnenkranz.

MALZFABRIK Börzower Weg. 1875 und 1895/1900 in zwei Bauabschnitten aus roten bzw. gelben Backsteinen errichtet. Komplex aus mehreren unterschiedlich hohen Gebäuden mit Fassadengliederungen durch Lisenen,

voll geöffnet, ihr zweijochiges Kreuzrippengewölbe auf stilisierten Blattkapitellen.

Die Ausstattung mit dem Umbau 1870/72 erneuert, davon erhalten die Orgel mit neugotischem Prospekt und Werk von Friedrich Friese, Schwerin, die Westempore, das Gestühl und ein Taufständer aus Eisen. – Von der alten Ausstattung noch vorhanden: Taufe, Kalkstein, 2. H. 13. Jh., die Kuppa mit rundbogigen Blendarkaden, als Fuß attische Basis mit Eckblättern. Triumphkreuzgruppe 15. Jh. (ehemals in der Heiligen-Geist-Kirche in Wismar). Drei Gemälde: Kreuzigung 1690 von L. S.; Kruzifix um 1700; Kreuztragung 1846 von J. Grube. – Vier Kelche, Silber vergoldet: 1555; 1566, mit graviertem ornamenta-

Linke Seite: Grevesmühlen, Stadtkirche, Ansicht von Südwesten

Rechte Seite: Grevesmühlen, Stadtkirche, Inneres nach Nordosten, Taufstein

Gurt- und Trauffriese und Segmentbogenfenster; flache Satteldächer; auf dem stadtwärts stehenden Gebäude dominierend die hohen Dunstschlote der Darre. Die gestaffelte Anordnung der Gebäude parallel zur Straße unter Beachtung städtebaulicher Aspekte.

WINDMÜHLE Ständer-Holländer-Mühle von 1878, auf dem achteckigen Backsteinunterbau die hölzerne Konstruktion von Rumpf und Haube. Die Ausstattung nach der Stillegung 1970 entfernt, die Flügel in jüngster Zeit als Attrappen erneuert.

Grieben

BAUERNHÄUSER Im Ort zu beiden Seiten des mit 350 m Länge ungewöhnlich ausgedehnten, von einem Bach durchflossenen Angers zahlreiche niederdeutsche Hallenhäuser und Nebengebäude aus dem 18. bis 20. Jh. Erwähnenswert sind:

Hauptstraße 3, niederdeutsches Hallenhaus mit Krüppelwalmdach, 1795, über der straßenseitigen vertieften Dieleneinfahrt das auf geschweiften Kopfbändern sitzende Giebeltrapez; ein seitlich angefügtes massives Stallgebäude wohl A. 20. Jh. Zum Hof gehören eine Scheune von 1780, mit Giebeltrapez, und ein Stallgebäude wohl vom A. 19. Jh., die Umfassungswände z. T. massiv erneuert. – Hauptstraße 4, niederdeutsches Hallenhaus mit Krüppelwalmdach und vertiefter Dieleneinfahrt, A. 19. Jh. Scheune von 1808. – Hauptstraße 6, niederdeutsches Hallenhaus von 1791, über der vertieften Dieleneinfahrt ein auf geschweiften Kopfbändern ruhendes Giebeltrapez mit Ziegelmustern, u. a. Bauerntanz. – Hauptstraße 13, niederdeutsches Hallenhaus, im 19. Jh. und 1933 stark verändert. Scheune von 1793 mit seitlicher Durchfahrt und Krüppelwalmdach, die Gefache mit Lehmstakenfüllungen, straßenseitig ein auf geschweiften Kopfbändern ruhendes Giebeltrapez mit Ziegelmuster (Bauerntanz). – Nebenstraße 2, Wohnhaus von 1899 in Backstein mit angebauter Schmiede, zugehörig eine kleine Durchfahrtsscheune mit Walmdach, die Gefache mit Lehmstakenfüllungen, wohl E. 18. Jh. – Nebenstraße 7, niederdeutsches Hallenhaus mit rohrgedecktem Krüppelwalmdach, 1743, straßenseitig vertiefte Dielen-

einfahrt. – Nebenstraße 8, niederdeutsches Hallenhaus von 1796, der straßenseitige Teil mit der Dieleneinfahrt 1905 massiv erneuert. Seitendurchfahrtsscheune vom A. 18. Jh., die Gefache mit Lehmstakenfüllungen, an der Straßenseite auf geschweiften Kopfbändern ruhendes Giebeltrapez. – Nebenstraße 9, niederdeutsches Hallenhaus von 1795, über der straßenseitigen vertieften Dieleneinfahrt auf geschweiften Kopfbändern ruhendes Giebeltrapez mit Ziegelmuster (Bauerntanz), seitlich darunter Ziegelausfachung mit aus schwarzen Steinen gebildeter Raute; an der östlichen Längsseite jüngerer massiver Stallanbau. – Nebenstraße 12, Querdielenhaus mit Krüppelwalmdach, wohl 1. H. 19. Jh., die Fachwerkwände z. T. massiv erneuert. – Nebenstraße 13, niederdeutsches Hallenhaus mit vertiefter Dieleneinfahrt und rohrgedecktem Krüppelwalmdach, 1836, das Giebeltrapez noch Fachwerk, die Wände seitlich der Einfahrt massiv erneuert. Zum Hof gehörig: Scheune mit rohrgedecktem Walmdach und Stall mit Krüppelwalmdach, wohl 1. H. 19. Jh. Backhaus mit Rohrdach und von geschweiften Kopfbändern getragenem Giebeltrapez, wohl E. 18. Jh.

Großenhof (Ortsteil von Warnow)

Ehem. GUTSHAUS (Jugendherberge). Zweigeschossiger Fachwerkbau auf Feldsteinsockel und mit Satteldach, um M. 17. Jh. auf künstlich aufgehöhtem Hügel (Wurt) mit umgebendem wasserführendem Graben errichtet. Die Eingangsfront von sieben Achsen, Erd- und Obergeschoß durch Fußbandreihen gegliedert, das Obergeschoß auch an den Giebelseiten leicht vorgekragt; dekorative Backsteinfüllungen in den Gefachen. Von einer Erneuerung A. 19. Jh. die Haustür und die vorgelegte Freitreppe, wohl gleichzeitig auch ein Fachwerkanbau. Im Inneren die ursprüngliche Raumaufteilung z. T. erhalten, aus der Bauzeit auch im oberen Flur die Balkendecke. Die Treppe zum Obergeschoß von einer Erneuerung aus dem frühen 20. Jh. (Abb. S. 42)

Linke Seite: Grevesmühlen, Malzfabrik am Börzower Weg, Ansicht von der Straßenseite; Ständer-Holländer-Mühle

Rechte Seite: Grieben, Bauernhaus Hauptstraße 3; Scheune des Bauernhofes Hauptstraße 13; Bauernhaus Nebenstraße 13

Groß Schwansee (Ortsteil von Kalkhorst)

Ehem. GUTSHAUS (Schule). Rechteckiger dreigeschossiger Putzbau von elf Achsen mit Walmdach, 1745. Die Gebäudekanten mit Putzquaderung, an den Längsseiten die drei Mittelachsen als flacher Risalit mit Dreiecksgiebel ausgebildet. Portale und Fenster des sockelartigen Erdgeschosses segmentbogig geschlossen, sonst rechteckig; über dem Mittelfenster des ersten Obergeschosses an der Hofseite Chronogramm, im Giebel Allianzwappen. Im Inneren die ursprüngliche Raumaufteilung weitgehend erhalten.

Groß Walmstorf

GUTSARBEITERKATEN An der Hauptstraße vier ehem. Gutsarbeiterkaten für drei bzw. vier Familien, Backstein, 2. H. 19. Jh.

Hamberge (Ortsteil von Grevesmühlen)

WOHNHÄUSER Dorfstraße 7 und 8, ehem. Häuslereien, Backsteinbauten aus der 2. H. 19. Jh.

GEFALLENENDENKMAL 1914/18, ehem. Deckstein eines Großsteingrabes aus dem Everstorfer Forst, an der Rückseite des Findlings zu kultischen Zwecken eingetiefte Schälchen.

GEDENKSTEIN an der ehem. Kiesgrube für den am 20. 3. 1920 während des Kapp-Putsches ermordeten Landarbeiter Paul Jahnke.

Herrnburg (Ortsteil von Lüdersdorf)

Sog. ALTE KAPELLE Hauptstraße 76. Rechteckiger zweigeschossiger Fachwerkbau mit Krüppelwalmdach, E. 18. Jh., die Gefache mit Ziegelfüllung, die vorgekragten Trapezgiebel der Schmalseiten auf geschweiften Streben. In der Nordwand zwei Terrakottaplatten aus der Werkstatt des Statius von Düren, Lübeck, mit Kentauren und Kranichen, nach M. 16. Jh.

Linke Seite: Großenhof, ehem. Gutshaus (Jugendherberge), Eingangsseite; Groß Schwansee, ehem. Gutshaus, Hofseite; Herrnburg, sog. Alte Kapelle Hauptstraße 76, rechts im Bild der Turm der Dorfkirche

Rechte Seite: Herrnburg, Dorfkirche, Kanzel, zwei Heiligenfiguren aus dem Schrein des Schnitzaltars

DORFKIRCHE Mittelalterlicher Backsteinbau, rechteckiges Schiff mit eingezogenem quadratischem Chor und Nordsakristei sowie quadratischem Westturm von Schiffsbreite, die einzelnen Bauteile aus unterschiedlichen Zeiten. Ältester Teil der Chor aus der M. 13. Jh., mit Ecklisenen, von den Fenstern die gestaffelte Dreifenstergruppe in der Ostwand und eines der schmalen Fenster in der Nordwand im ursprünglichen Zustand erhalten, das Südfenster wohl im 15. Jh. vergrößert. Der Ostgiebel über doppeltem deutschem Band mit steigendem Rundbogenfries, vertieftem Kreuz und Kleeblattbogenblenden. Das Schiff 15. Jh., seine spitzbogigen Fenster im 19. Jh. erneuert, aus der gleichen Zeit das gußeiserne Maßwerk; von den Spitzbogenportalen das zugesetzte nördliche und das westliche mit abgefasten Gewändeprofilen, das südliche stark verändert. Die Südvorhalle wohl auch 15. Jh. Der von hohem längsgerichtetem Walmdach abgeschlossene Turm wahrscheinlich erst 16. Jh., sein Untergeschoß z. T. mit Feldsteinmauerwerk; segmentbogiges Westportal mit mehrfach abgetrepptem spitzbogigem Gewände, die Fenster ebenfalls mit segmentbogigen Abschlüssen. – Im Inneren geputzte Flachdecke, das Kreuzrippengewölbe des Chores 1767 entfernt, seine Ansätze teilweise noch erkennbar; spitzbogiger Triumphbogen, in seiner nördlichen Leibung Sakramentsnische mit Tür. Die Sakristei mit Tonnengewölbe.
Schnitzaltar um M. 15. Jh., im Schrein in zwei Reihen übereinander, unter kielbogigen Maßwerkbaldachinen, oben Verkündigung und unten Marienkrönung, seitlich jede Szene gerahmt von jeweils zwei Heiligen. In den

ebenfalls zweigeteilten Kastenflügeln die zwölf Apostel. – Kanzel mit Tür, Aufgang, Rückwand und Schalldeckel, 1675 von Joachim Vicke, Lübeck, reich geschnitzt und von guter Qualität. Der polygonale Korb auf Volutenstreben mit Pinienzapfen, vor den Kanten Kompositsäulen auf verkröpften Postamenten, darunter und in dem Gesimsstreifen über den Säulen Puttenköpfe zwischen Ohrmuscheldekor; in den von Ohrmuschelwerk gerahmten rundbogigen Arkadenfeldern die bewegten Figuren des Salvators und der Evangelisten. Am Aufgang die gleiche Gliederung, in den Feldern vier Apostel, auf der Kanzeltür Aaron. Die Rückwand mit Inschriftfeld, der ebenfalls mit reichem Ohrmuschelwerk und Cherubköpfchen geschmückte Schalldeckel von Strebenkrone und Figur des Guten Hirten bekrönt. – Taufe, Bronze, A. 15. Jh. Auf drei Löwenfüßen ruhender glockenförmiger Kessel, unten mit umlaufender Weinranke geziert, darüber zarte wimpergbekrönte Maßwerkbaldachine; der Deckel verloren. – Orgel mit neugotischem Prospekt von 1883, das Werk von Friedrich A. Mehmel, Stralsund.
Triumphkruzifix um 1500. Korpus eines Kruzifixes (Torso), A. 15. Jh. Pastorenporträt J. W. B. Rußwurm †1855. Fragment einer Emporenbrüstung, in den beiden Feldern die gemalten Wappen des Domkapitels Ratzeburg und des Bischofsverwesers Augustus, Herzog von Braunschweig-Lüneburg, 1. H. 17. Jh. – Drei Kelche, Silber vergoldet, A. 15. Jh., 15. Jh. und 1565. Taufschale, Messing, 1618, im Fond getriebene Darstellung der Verkündigung. Leuchterpaar, Messing, 17. Jh. Drei Leuchter, Messing, 17. Jh. Kronleuchter, Messing, M. 17. Jh. Zwei Glocken: 1731 von Laurentius Strahlborn, Lübeck; 1782 von David Kriesche, Lübeck.

SÜHNESTEIN für Hinrik Pomert †1466, südlich des Ortes an der Straße nach Lenschow. Stelenartige Platte mit rundem, von sieben knaufartigen Krabben besetztem Kopfstück, Kalkstein, auf der Vorderseite des unteren Teiles Relief des Kruzifixes und zweier betender Personen vor vertieftem Grund.

Hof Mummendorf (Ortsteil von Mallentin)

WOHNHAUS Um M. 19. Jh. errichtet. Backsteinbau über kreisförmigem Grundriß für vier Landarbeiterfamilien, die Hinterflurküchen in der Gebäudemitte mit zentralem Schornstein. Abschluß durch kegelförmiges Rohrdach, die massiven Dachausbauten nach Norden und Süden aus jüngerer Zeit.

Johannstorf (Ortsteil von Pötenitz)

Ehem. SCHLOSS (Wohnungen). 1743 nach Entwurf von Rudolph Matthias Dallin errichtet, Backstein mit Putzgliederungen und Sandsteindekor. Rechteckbau von elf zu vier Achsen und zwei Geschossen über hohem Sockelgeschoß; abgewalmtes Mansarddach. Die Gebäudekanten durch rustizierte Lisenen betont, die Fenster des Obergeschosses mit angeputzten Rahmungen. An den Längsseiten jeweils ein dreiachsiger Mittelrisalit mit Kolossalpilastern und abschließendem Dreiecksgiebel mit Wappenrelief. Davor zweiläufige Freitreppe mit schmiedeeisernem Gitter, das Portal der Hofseite von Inschriftkartusche bekrönt, die geschnitzte zweiflügelige Tür mit Oberlicht. Im Inneren geräumige Diele, die zweiläufig ansteigende Treppe über Zwischenpodest einläufig weitergeführt. Die alte Raumaufteilung weitgehend erhalten. Im Gartensaal bis zur Decke reichende hölzerne Wandvertäfelung mit Pilastergliederung und geschnitztem Rocailledekor in den Feldern, über dem kräftigen Gesims Putzdecke mit spätbarocken Stukkaturen, in den inneren Raumecken Kamine mit marmornen Verkleidungen. Im Erdgeschoß weitere Räume mit Deckenstuck, stuckierten Supraporten, Kaminen, Spiegeln und Resten von textilen Wandbespannungen. Ofen M. 19. Jh. Die Keller mit Kreuzgrat-

Linke Seite: Herrnburg, Dorfkirche, Bronzetaufe, Taufschale, Kronleuchter; Hof Mummendorf, Wohnhaus

Rechte Seite: Johannstorf, ehem. Schloß, Hofseite

bzw. Tonnengewölben, in der ehem. Küche große offene Herdglocke.
Das Schloß in Insellage mit umlaufendem Wassergraben, jenseits der Gartenfront der wohl gleichzeitig angelegte Park in Resten erhalten.
Vor dem Schloß großer, im baulichen Bestand stark veränderter WIRTSCHAFTSHOF In der Achse des Schlosses ein eingeschossiges Torhaus aus Backstein mit Krüppelwalmdach, über der korbbogig geschlossenen Durchfahrt zweiachsiger Frontispiz, auf dem Dach offene Laterne.

Kalkhorst

Ehem. SCHMIEDEKRUG Friedensstraße 18. Niederdeutsches Hallenhaus aus dem 18. Jh., vermutlich E. 19. Jh. am straßenseitigen Dielenende Einbau der Kübbung und einer Wohnung.
HAUSZEILE Friedensstraße 25/35. Wohl E. 19. Jh. errichtete eingeschossige Hauszeile mit massivem Erdgeschoß und nach englischem Vorbild dekorativ gestalteten übergiebelten Fachwerk-Zwerchhäusern, inzwischen zumeist verändert. Weitere Gebäude dieser Art u. a. in der Heinrich-Schliemann-Straße.

PFARRHAUS Heinrich-Schliemann-Straße 4. 1858/60 wohl nach Entwurf von Schweiger als eingeschossiger neugotischer Backsteinbau auf hohem Kellergeschoß errichtet. An der Hofseite des über L-förmigem Grundriß erbauten Hauses im Winkel der beiden Flügel Freitreppe zum hochgelegenen Eingang mit spitzbogigem Vortor, dahinter kleine Plattform mit durchbrochener Brüstung. Die von Fialentürmchen flankierten Giebel mit Rauten- und Kreuzblenden, die Fenster segmentbogig. – Im Garten sog. Schliemann-Pavillon, kleiner oktogonaler Fachwerkbau mit Zeltdach, M. 19. Jh., mehrfach erneuert.
Ehem. SCHLOSS (Pflegeheim). Ausgedehnter vielgliedriger Komplex aus ein- bis dreigeschossigen Backsteinbauten im romantisch-neugotischen Stil, 1855/57 nach Entwurf von Schweiger erbaut. Das dreigeschossige Hauptgebäude mit blendengegliederten Staffelgiebeln, Erkern und der Parkseite zugewandter Veranda, über Galerien und Anbauten mit den ein- und zweigeschossigen, ähnlich gegliederten Nebengebäuden verbunden. An der Parkseite des Wirtschaftshofes spitzbogiges, von hohem Wimperggiebel bekröntes Backsteintor.
Der große englische LANDSCHAFTSPARK ebenfalls um M. 19. Jh. angelegt. In Schloßnähe eine Cottage mit Rohr-

Linke Seite:
Kalkhorst,
ehem. Schloß;
ehem. Schmiedekrug,
im Bild rechts
der Turm
der Dorfkirche

Rechte Seite:
Kalkhorst, Dorfkirche
Inneres nach Westen

dach und in Bohlenstülpschalung verkleideten Wänden, wohl M. 19. Jh. In der Nähe des Teiches südlich des Schlosses kleines polygonales Mausoleum, Backstein, E. 19. Jh. in neugotischen Formen, das Zeltdach im Oberteil verglast und von Laterne bekrönt. An einem Weg nahe des Schlosses kleiner Grabstein, Granit, für E. Hofmeisterin † 1765

DORFKIRCHE Großer Backsteinbau im wesentlichen aus der 1. H. 14. Jh., eine dreischiffige Stufenhalle von vier Jochen mit dreiseitigem Chorschluß von Mittelschiffsbreite. Der quadratische Westturm Teil eines älteren Vorgängerbaues, in seiner Stellung im Grundriß merklich von der Längsachse des Schiffes abweichend.

Das Äußere durch mittelalterliche und spätere An- und Umbauten stark beeinträchtigt. Im ursprünglichen Zustand das spitzbogige Portal am westlichen Joch der Südseite, sein Gewände aus Kehlen und in die Rücksprünge eingelegten Rundstäben und Kapitellen gebildet. Darüber drei gestaffelte Rundfenster mit eingelegten Wülsten in den Leibungen und das unter der Traufe umlaufende vertiefte Putzband. Die übrigen Fenster verändert, aus spätgotischer Zeit die großen Segmentbogenöffnungen, die übrigen z. T. in jüngster Zeit rekonstruiert. Das dreiseitige, vielleicht etwas später angefügte Chorpolygon mit Strebepfeilern, schlanken zwei- bzw. dreiteiligen Spitzbogenfenstern und glasiertem Sockel- und Kaffgesims; das Dach des Polygons ist über die in die Ecken eingestellten Strebepfeiler hinweggeführt und an die Seitenschiffsdächer angeschlossen. Der Turm in den Untergeschossen wohl noch 2. H. 13. Jh., im Erdgeschoß reich profiliertes spitzbogiges Westportal mit darüber gelegenem Rundfenster, seitlich Lanzettfenster, im ersten Obergeschoß schmale hochrechteckige Blenden mit Kreuzfriesabschluß. Das zweite Obergeschoß mit spitzbogig geschlossenen Schalluken. Abschluß durch achtseitigen Helm. – Von den noch vorhandenen Anbauten die Südvorhalle im Kern spätgotisch, mit Segmentbogenportal in spitzbogiger Türblende. Als einzige der ursprünglich zahlreicheren Gruftkapellen im Nordosten ein neugotischer Backsteinanbau von 1862 erhalten.

Im geräumigen Inneren in allen drei Schiffen gebuste, von Konsolen getragene Kreuzrippengewölbe, die des Mittelschiffes wesentlich höher als die der Seitenschiffe. Die kämpferlosen Schiffspfeiler quadratisch mit Vorlagen für die abgetreppten spitzbogigen Scheidbögen und für die breiten Gurtbögen, die die einzelnen Gewölbejoche voneinander trennen. Das vierte (östliche) Joch wesentlich schmaler als die übrigen Joche, im Mittelschiff in der Wölbung mit dem dreiseitigen Polygon zu einem 5/8-Schluß zusammengezogen. – Die 1892 stark restaurierte Ausmalung aus der 1. H. 15. Jh., vom mittelalterlichen Bestand erhalten im Chorgewölbe Jüngstes Gericht, Dornenkrönung und Schmerzensmann mit den arma Christi, am Mittelschiffsgewölbe Heiligengestalten und symbolische Tiere, an den Westwänden der Seitenschiffe Gnadenstuhl bzw. Auferstehung und an den Pfeilern retabelartige Malereien mit Aposteln, Heiligen und Passionsszenen. Die vegetabilischen Begleitornamente an den Gewölben Zutat von 1892.

Altaraufsatz 1708 von Johann Friedrich Wilde. Architektonischer Aufbau: im Sockel zwischen Säulenpostamenten Gemälde des Passahmahls. Im Hauptgeschoß ur-

Linke Seite: Kalkhorst, Dorfkirche, Altaraufsatz, Kanzel

Rechte Seite: Kalkhorst, Dorfkirche, Neuenhagener Empore, Orgel

Linke Seite: Kalkhorst, Dorfkirche, Taufschale und Taufkanne

Rechte Seite: Kalkhorst, Dorfkirche, zwei Grabplatten rechts für J. Schwansee, links für Both/Behnstorff

sprünglich Gemälde des Abendmahls (jetzt in der Sakristei), an seiner Stelle seit E. 19. Jh. auferstehender Christus; seitlich rahmende Pilaster und Kompositsäulen sowie Freifiguren der Evangelisten Matthäus und Markus sowie Moses und Johannes Bapt. Über dem verkröpften Gebälk im Obergeschoß Gemälde der Grablegung und seitlich die Evangelisten Lukas und Johannes, als Bekrönung allegorische Figuren, ein von Engeln gehaltenes Medaillon mit Gottesnamen und die Figur des Christus triumphans. Reiche Ornamentik aus Akanthusschnitzwerk, Laubgewinde und Cherubköpfchen. Mit dem Altaraufsatz verbunden die seitlichen Zugänge für den Abendmahlsumgang, über den verglasten Türen gerahmte Medaillons mit Wappen bzw. Inschrift. Das Altargitter wohl gleichzeitig. – Kanzel mit Portal, Aufgang, Rückwand und Schalldeckel, 1714. Der Korb (Schiffsbrückentyp) auf Volutenkonsolen mit Cherubköpfchen, seine Brüstung mit Blattgehängen und hochovalen Inschriftfeldern, das der Vorderseite von den Figuren Aarons und des Guten Hirten flankiert. Aufgang, Portal und Rückwand mit ähnlichem Dekor, auf dem Schalldeckel ovale Medaillons mit Wappen und Inschriften, die bekrönende Strebenkrone mit Engelfigur. – Taufgestell, Schmiedeeisen, 2. H. 19. Jh. – Orgel mit barockem dreiteiligem Prospekt von 1732, in die Brüstung der Empore (diese von 1869) das Rückpositiv als verkleinerte Wiederholung eingefügt; das Werk ursprünglich wohl von Hans Hantelmann, Hamburg, 1869 durch Friedrich Wilhelm Winzer, Wismar, umfassend erneuert.

Chorgestühl 14. Jh., die niedrigen Trennwände zwischen den sechs Sitzen mit Blattknospen verziert, der übrige Dekor (Säulchen, Miserikordien) wohl Zutat des 19. Jh. Gemeindegestühl 2. H. 19. Jh., an mehreren Stellen durch ältere Teile komplettiert: in den Seitenschiffen durch Wangen mit runden Kopfstücken von 1585, 1590 und vom E. 16. Jh.; im Chor durch Brüstungen mit rundbogigen Blendarkaden, Karyatiden, Halbsäulen und Intarsien vom A. 17. Jh.; im Mittelschiff durch Brüstungen mit Rautenfelderung und Wappenmalerei von 1704.

Überaus reich der Bestand an Gestühlen und Logen der ehemals eingepfarrten Gutsherrschaften: Bielscher Stuhl von 1592, die erhaltene Rückwand mit von kannelierten

Pilastern gerahmten Blendarkaden und Zahnschnittleiste am Abschlußgesims. Die Logen des 17. und 18. Jh. im Grundaufbau einander ähnlich, von Stützen getragene Emporen mit zumeist gefelderten Brüstungen und offenen oder verglasten Oberteilen, über den abschließenden Gesimsen vielfach reiche geschnitzte Bekrönungen mit Wappen und auch allegorischen Figuren. Im einzelnen: Dönkendorfer Empore, A. 17. Jh., die architektonische Gliederung mit kannelierten Stützen und Pilastern. Brooker Empore, 1715, als figürlicher Dekor Karyatiden, allegorische Figur (Frieden?) und Putten. Neuenhagener Empore, 1715. an der Brüstung allegorische Frauenfiguren und emblematische Gemälde. Rankendorfer Empore, 1715, in den Brüstungsfeldern Muscheldekor. Hohenschönberger und Schwanseer Empore, A. 18. Jh. Kalkhorster Empore, M. 18. Jh., die Brüstung mit Karyatiden.

Vier Kelche und Patenen, Silber vergoldet, 1724 (2), 1750 und M. 18. Jh. Zwei Dosen, Silber, 1724 und 18. Jh. Taufschale und -kanne, Silber vergoldet, 1724 von Johann Engelbrecht, Augsburg. Im Fond der Schale Relief von Perseus und Andromeda, umgeben von Bandelwerkdekor, die gleiche Ornamentik auf dem Rand, dazwischen acht Medaillons mit gegossenen Reliefs von Kindern und Frauen. Der Schmuck der Henkelkanne ähnlich. Teller, Silber vergoldet, 1724. Kronleuchter, Messing, 1669. Leuchterpaar, Silber, A. 19. Jh. Zwei Klingelbeutel: Silber, 1721; Messing, 1855. Bedelt, Holz, E. 18. Jh. Glocke 1417.

Hölzernes Wappenepitaph für v. Both 1577, 1699 ergänzt. Zwei hölzerne Wappenepitaphien mit Trophäenschmuck und Akanthusschnitzwerk, für v. Dorn 1703 und v. Both 1705. – Elf Grabplatten: Joh. Schwansee † 1367, mit Ritzfigur des Verstorbenen, 1557 für H. Blaffert wiederverwendet; unbekannter Priester, 14./15. Jh., mit Ritzzeichnung eines Kelches; v. Both wohl 1430, mit geritzten Wappen, in nachmittelalterlicher Zeit wiederverwendet; B. v. Both † 1573 und C. v. Rastorff, mit Wappenritzungen; J. v. Schosse † 1582 und C. v. Parkentin † 1574, mit ausgegründetem Relief des Ehepaares und Wappen; Ch. v. Brock † 1586, mit Wappen, wiederverwendet für Joh. Fleege † 1750; U. F. v. Both und S. D. v. Behnstorff 1680, mit Doppelwappen; D. v. Plessen 1720, mit Wappenritzung; J. D. Dühring † 1804; C. J. H. Dühring † 1812; A. F. D. Dühring † 1816.

GEDENKSTEIN an der Straße nach Hohenschönberg, Granit, 1691.

Kirch Mummendorf (Ortsteil von Papenhusen)

PFARRGEHÖFT Das Wohnhaus ein Fachwerkbau von fünf Achsen mit Krüppelwalmdach, A. 19. Jh. Im vorderen Teil des Hofes beidseitig Wirtschaftsgebäude (Scheune und Stall), große rohrgedeckte Fachwerkgebäude.

DORFKIRCHE Einheitlicher Backsteinbau aus der 2. H. 13. Jh. Rechteckiges Schiff mit eingezogenem quadratischem Chor und Nordsakristei sowie querrechteckigem, ursprünglich quadratisch konzipiertem Westturm. Alle Bauteile mit Ecklisenen. Am Turm und dem ursprünglich zu ihm gehörenden Westjoch des Schiffes Dreiecksfriese, am Chor Rundbogenfriese, der Chorgiebel mit steigendem Rundbogenfries. Lanzettfenster mit abgetrepptem Gewände, das der Ostwand mit eingestelltem Rundstab, die des Schiffes bei der Restaurierung 1968/70 rekonstruiert; in der Südwand des Chores großes zweigeteiltes

Spitzbogenfenster aus späterer Zeit. Priesterpforte an der Südseite des Chores (in der im Kern mittelalterlichen Südvorhalle), ihr Gewände aus z. T. glasierten Formsteinen. Am Turm dreifach abgetrepptes Westportal in flacher Mauervorlage, seitlich darüber nach Norden und Süden Lanzettfenster. Das Turmobergeschoß wohl jünger, der Abschluß durch längsgerichtetes Satteldach zwischen schmucklosen Giebeln gebildet, am östlichen die Ansatzspuren des ursprünglich steileren Schiffsdaches erkennbar. – Im Inneren im Chor kuppeliges Kreuzrippengewölbe auf Eckkonsolen; der Triumphbogen profiliert und mit abgefasten Leibungskanten. Das Schiff mit flacher Decke, in den beiden eigentlichen Schiffsjochen ebenfalls auf Wölbung vorbereitet. Die beiden hohen Spitzbogennischen in der Schiffswestwand ursprünglich wahrscheinlich zum Turmraum geöffnet. In der Sakristei Kreuzrippengewölbe.
Auf dem Altar Kruzifix vom 1749 geschaffenen, inzwischen beseitigten Altaraufsatz; weitere Teile des Altaraufsatzes im Turm deponiert, dort auch ein späteres Altarbild mit Kreuzigungsdarstellung von Theodor Fischer-Poisson, um 1860. Kanzel 2. H. 17. Jh., polygonaler, von Säule mit Volutenkonsolen getragener Korb, an den Kanten Kompositsäulen auf Volutenkonsolen, vor den Brüstungsfeldern Figuren des Salvators sowie von Johannes, Petrus und Paulus. Taufständer, Kunststein, M. 19. Jh., neugotischer vegetabilischer Dekor. Taufe, Kalkstein, E. 13. Jh., die halbkugelige Kuppa von vierpaßförmigem Grundriß fragmentarisch. Orgel mit klassizistischem Prospekt, das Werk 1854 von Friedrich Friese, Schwerin. Westempore und Gemeindegestühl M. 19. Jh. – Zwei Kelche mit Patenen, Silber vergoldet, A. 19. Jh. Kelch, Zinn, 1727. Kanne, Silber, 1871. Taufschale, Messing, 1648, auf dem Rand Weinlaubdekor. Leuchterpaar, Zinn, 17. Jh. Zwei Glocken: 1597 von Claus Bincke, Wismar; 1730 von Laurentius Strahlborn, Lübeck. – Grabplatte H. C. Monich † 1838 und Ehefrauen.
Auf dem Kirchhof mehrere Grabstelen, Granit, M. und 2. H. 19. Jh.

Klein Siemz (Ortsteil von Groß Siemz)

BAUERNHÄUSER Dorfstraße 2, niederdeutsches Hallenhaus um 1800, auf Feldsteinfundament und mit rohrgedecktem Krüppelwalmdach, am Vordergiebel reiche Fachwerkgliederung, u. a. Blitzband. – Dorfstraße 3, niederdeutsches Hallenhaus mit rohrgedecktem Krüppelwalmdach und vorgekragtem Giebeltrapez, E. 18. Jh. Zum Hof gehörig ein Stallgebäude von 1792 mit rohrgedecktem Walmdach, an der Hofseite später massiv verbreitert. – Dorfstraße 4, niederdeutsches Hallenhaus mit rohrgedecktem Krüppelwalmdach, um 1740, am rückwärtigen Wohnteil Giebeltrapez auf Kopfbändern, die Umfassungswände hier z.T. massiv erneuert. Zum Hof gehörig Backhaus, wohl um 1700, mit rohrgedecktem Krüppelwalmdach und gekleimten Gefachen, das vorgekragte Giebeltrapez auf schrägen Kopfbändern. Die Backofenkuppel zerstört. – Dorfstraße 5, Gehöft vom Gutshoftyp, 1906, das Wohnhaus ein fünfachsiger Backsteinbau mit übergiebeltem Frontispiz, seitlich davor zwei mit Pfettendächern versehene Wirtschaftsgebäude. – Dorfstraße 6, niederdeutsches Hallenhaus von 1906, die massiven Umfassungswände mit einfacher Ornamentik, darüber flaches Satteldach. Zum Hof gehörig ehem. Durchfahrtsscheune mit rohrgedecktem Walmdach, 1813, später verändert und jüngst verputzt.

CHAUSSEEHAUS Eingeschossiger Backsteinbau von fünf Achsen, M. 19. Jh., die mittleren drei Achsen zweigeschossig und übergiebelt.

Klütz

Der Ort 1230 erstmals genannt, das Gebiet um die Siedlung aber bereits im späten 12. Jh. von Deutschen besiedelt und in den folgenden Jahrhunderten als »Klützer Winkel« eine der Kornkammern des Landes. Stadtrecht 1938. – Der Markt eine platzartige Aufweitung der Straßenkreuzung südwestlich der Kirche.

WOHNBAUTEN Die vorhandene Bebauung aus überwiegend ein- und zweigeschossigen Massiv- und Fachwerkbauten 18. und 19. Jh., vielfach verändert. Markt 3, A. 19. Jh., zweigeschossiger Backsteinbau mit Haustür aus der Bauzeit, in jüngerer Zeit stark verändert. – Markt 4, eingeschossiger fünfachsiger Fachwerkbau, um 1800 errichtet, durch Frontispiz betont, die Ausfachungen mit Ziegelmustern; Verandaanbau 20. Jh.

Rudolf-Breitscheid-Str. 12/Ecke Lübecker Straße, eingeschossiger Backsteinbau von fünf Achsen, um 1860. Zum Grundstück ehem. Schmiede gehörend, ein wohl aus der 1. H. 19. Jh. stammender rechteckiger Fachwerkbau mit auf hölzernen Stützen ruhender Vorlaube, diese mit der Werkstatt unter gemeinsamem Walmdach. – Rudolf-Breitscheid-Straße 13, um 1800 errichteter eingeschossiger Fachwerkbau von dreizehn Achsen, in der östlichen Wohnung von einem Ausbau um 1820/30 die Haustür sowie Innentüren und Treppe erhalten.

Wismarsche Straße 4 (Küsterhaus), angeblich 1727 errichtet, im frühen 19. Jh. verändert. Eingeschossiges Backsteinhaus von fünf Achsen mit Ecklisenen, der die gesamte Gebäudebreite einnehmende flache Dreiecksgiebel 1827 hinzugefügt. – Wismarsche Straße 5, eingeschossiger Backsteinbau von fünf Achsen, um 1850, der Giebel mit steigendem Treppenfries, Portal und Fenster segmentbogig.

Linke Seite: Kirch Mummendorf, Dorfkirche, Ansicht von Südosten, Inneres nach Westen

Rechte Seite: Klein Siemz, Hof Dorfstr. 4, Backhaus und Bauernhaus

PFARRHAUS Predigerstraße 8. 1730 wohl nach Entwurf von Johann Friedrich Künnecke errichtet. Zweigeschossiger siebenachsiger Backsteinbau mit Walmdach, in der Mitte der Straßenfront dreiachsiger Risalit, seine Kanten wie auch die Gebäudeecken durch Lisenen betont; Portale und Fenster segmentbogig. Im Garten ehem. Backhaus, M. 18. Jh., der rechteckige Bau über hohem Feldsteinsockel an der westlichen Giebelseite aus Fachwerk, sonst Backstein, das Satteldach nach Osten abgewalmt; Backofen nicht erhalten.

STADTKIRCHE St. Marien. Backsteinbau im wesentlichen aus der 2. H. 13. Jh., trotz späterer Veränderungen ein bezeichnendes Beispiel für die spätromanisch-frühgotische Architektur Mecklenburgs. Dreischiffige Hallenkirche mit eingezogenem Rechteckchor sowie quadratischem, im 14. Jh. vorgebautem Westturm.

Ältester Teil der zweijochige Rechteckchor mit Sakristei

an der Nordseite, um M. 13. Jh. Die Umfassungswände mit Ecklisenen und rundbogigen Trauffriesen, am Ostgiebel steigender Rundbogenfries und zwei schlichte rundbogige Blenden. Die schmalen Spitzbogenfenster an den Längswänden zu Paaren geordnet, an der Ostseite zu gestaffelter Dreiergruppe zusammengestellt, mit abgeschrägten Leibungen und teilweise glasierten Steinen. Glasierte Steine auch an der (zugesetzten) südlichen Priesterpforte verwendet, ihr Gewände mit doppeltem Rücksprung, eingelegtem Rundstab sowie Kapitellen und Kämpferwulst kräftig akzentuiert. Das dreijochige Langhaus in der 2. H. 13. Jh. im Anschluß an den Chor errichtet, im Gegensatz zu diesem mit Strebepfeilern besetzt. An der Nordseite der rundbogige Trauffries des Chores bis an die Westseite des nördlichen Seitenschiffes fortgeführt, an der Südseite als Trauffries deutsches Band und Dreiecksfries. Der nordwestliche Halbgiebel mit schmalen gestaffelten Blenden, der Ostgiebel nach Brand E. 17. Jh. schlicht erneuert. Von den beiden spitzbogigen Schiffsportalen das südliche mit Halb- und Viertelrundstäben sowie Kämpferwulst, das nördliche mit reich profiliertem Gewändeprofil und z. T. glasierten Steinen. Die zweigeteilten spitzbogigen Fenster nur teilweise in der ursprünglichen Gestalt mit eingestellten Rundstäben im Gewände erhalten, meist im 19. Jh. erneuert. Der quadratische Westturm von Mittelschiffsbreite im 14. Jh. errichtet, in den drei Obergeschossen spitzbogige Fenster bzw. Schalluken, die vier Schildgiebel des achtseitigen Spitzhelmes mit schmalen gestaffelten Spitzbogenblenden und Rundblende in der Giebelspitze. Abgetrepptes spitzbogiges Westportal, die neugotische Tür mit Engelfigur am Oberlicht von 1844. – Mittelalterliche Sonnenuhr.

Im Inneren der langgestreckte Chor mit zwei kuppeligen Kreuzgratgewölben aus der Erbauungszeit, zwischen den beiden Gewölbejochen auf abgetreppter Vorlage kräftiger Gurtbogen, dieser wie der Triumphbogen spitzbogig gebildet; die Dienste in den äußeren Ecken des Chores nicht erhalten. Die abgetreppten Fenstergewände mit eingelegten Rundstäben. Gleichzeitig wohl auch die durch Gurtbogen getrennten zwei Kreuzgratgewölbe der Sakristei. Im Schiff die drei Mittelschiffsjoche querrechteckig angelegt, die Seitenschiffsjoche annähernd quadratisch;

Linke Seite:
Klütz, Pfarrhaus;
Stadtkirche,
Ansicht von Südosten,
Inneres nach Osten

Rechte Seite:
Klütz, Stadtkirche,
Sonnenuhr, Kanzel

die die Jochgrenzen markierenden Freipfeiler kreuzförmig mit kräftigen halbrunden Vorlagen für die Gurt- und Scheidbögen, dazwischen in den Winkeln der Pfeiler Runddienste für die Diagonalrippen. Nach Brand E. 17. Jh. Neueinwölbung 1701 durch Kreuzgratgewölbe mit z. T. gedrückt-rundbogigen Gurt- und Scheidbögen, gleichzeitig möglicherweise auch Veränderung der Pfeiler. Der Raumeindruck durch die Wölbung vom A. 18. Jh. gegenüber dem ursprünglichen Zustand mit steileren, spitzbogigen Kreuzrippengewölben merklich verändert.

Altaraufsatz A. 18. Jh., zweigeschossiger architektonischer Aufbau mit rahmenden Akanthuswangen. Im Sockel zwischen den Säulenpostamenten gemalte Abendmahlsdarstellung, darüber im Hauptgeschoß von gekuppelten korinthischen Säulen und den Schnitzfiguren von Maria und Johannes gerahmtes Kruzifixgemälde nach Anthonis van Dyck. Über dem kräftigen verkröpften Gebälk im Obergeschoß von Pilastern und Engelfiguren flankiertes Medaillon mit Gemälde der Auferstehung, auf dem abschließenden Rundgiebel Allegorien, Gottesauge und bekrönender Posaunenengel. – Kanzel mit Aufgang, Rückwand und Schalldeckel, 1587, am polygonalen Korb zwischen kannelierten Säulen in ornamentierten rundbogigen Blendarkaden geschnitzte Doppelwappen, der Schalldeckel mit Renaissanceornament und Dreiecksgiebeln. – Taufe, Granit, 13. Jh., von schlichter Pokalform. – Hölzerne Taufe von 1653, das von vier Engelfiguren getragene Becken durch reichgeschmückte Pilaster gegliedert, in den Feldern Christus und Apostelfiguren. Der Deckel mit hohem laternenartigem Aufsatz aus acht Kompositsäulen, in seinem Inneren Schnitzgruppe, Kampf Jakobs mit dem Engel, auf der kegelstumpfförmigen Spitze eine weitere Schnitzgruppe, Taufe Christi. – Orgel mit neugotischem Prospekt 1871, das Werk von Friedrich Wilhelm Winzer, Wismar.

Chorgestühl E. 14. Jh., an der Südseite des Chores. Siebensitziger Stuhl mit erneuertem Dorsale und Baldachin. An den hohen Wangen innen unter doppelter, mit Maßwerk gefüllter Spitzbogenarkade Schnitzreliefs, im Westen Verkündigung an Maria, im Osten Katharina und hl. Bischof, davor niedrigere Wangen mit maßwerkgefüllten durchbrochenen Wimpergabschlüssen. Das Chorgestühl an der Nordseite Kopie von 1844. – Zwei Glasmalereien, Apostel Petrus und Paulus, 1886. Pastorenporträt 2. H. 19. Jh. Opferstock wohl mittelalterlich. Vor dem Altar Reste eines Plattenfußbodens, M. 16. Jh., farbig glasierte Platten mit Rosettenmuster.

Drei Kelche und Patenen, Silber vergoldet, 1746 und 18. Jh. (2). Kelch und Patene, Silber, 18. Jh. Patene, Silber, 1679. Krankenabendmahlsgerät, Silber, 1796. Dose, Silber, 1754. Löffel, Silber, 1754. Taufschale, Messing, 1655, im Fond der achtseitigen Schale getriebene Darstellung der Taufe Christi. Drei Wandleuchter, Messing, 18. Jh. Vier Leuchter, Zinn, 1754. Leuchter, Silber, 1844. Leuchterpaar, Silber, M. 19. Jh. Drei Glocken: 1508 von Hinrich van Kampen; 1608 von Vites Siebenbaum; 1750.

Wandepitaph für K. v. Plessen/E. v. Sperling, 1622, Sandstein. In dem von ionischen Säulen, Wappenleisten und Ohrmuschelwangen gerahmten Mittelfeld Relief des Jüngsten Gerichtes, darunter zwischen Volutenkonsolen allegorisches Relief einer betenden Frau vor Totenschädel sowie Schriftunterhang. Die Bekrönung mit Relief des Auferstandenen. Zwei Wappenreliefs, wohl Reste ehem. Epitaphien: 1685, Eisenguß; 18. Jh., Holz. – Acht Grabsteine: Unbekannter Priester † 1390, mit ausgegründeter Figur des Verstorbenen unter Architekturbaldachin; H. Negendanck † nach 1420 und Ehefrau, mit Ritzfigur des Verstorbenen und Wappen; Gertrud? 15. Jh.; v. Plessen † 1520, mit Wappen; H. v. Plessen † 1585/A. Negendanck, 1586, mit Relieffiguren der Verstorbenen und Wappenmedaillons; v. Plessen/v. Thiemen, 1677, mit Wappen; J. St. Kauffeldt † 1791; 18. Jh.

Katholische KIRCHE Wismarer Chaussee. Backsteinbau von 1930/32 mit parabolförmig ausgebildetem Brettbinderdach und geschlossenem kleinem Dachturm über dem westlichen Giebel.

Ehem. Bothmersches MAUSOLEUM (Feierhalle) nordöstlich der Stadtkirche. In den architektonischen Formen des Schloßbaues (s. unten) angeblich erst 1756 errichtet. Eingeschossiger quadratischer Putzbau mit Zeltdach und achtseitiger geschlossener Laterne. Die dreiachsige Eingangsfassade mit rustiziertem Rundbogenportal und seitlichen Rechteckfenstern mit vertieften Spiegeln. Im Inneren Flachdecke auf zwei Reihen rundbogiger, von Säulen getragener Arkaden. – Vor dem Gebäude alte Lindenallee.

GEDENKSTEIN auf dem Alten Friedhof für 16 Opfer der am 3. Mai 1945 mit KZ-Häftlingen in der Lübecker Bucht versenkten Schiffe »Cap Arkona« und »Thielbeck«, 1970 neu angelegt.

WINDMÜHLE nördlich des Ortes. Galerie-Holländer-Mühle von 1902/04, achtseitiger massiver Unterbau mit lisenenartig betonten Gebäudekanten, darüber der verschindelte achtseitige Mühlenkörper. Bei dem 1983/85 erfolgten Ausbau zur Gaststätte die technische Ausstattung entfernt, Flügelkreuz und Windrose jedoch erhalten.

Linke Seite: Klütz, Stadtkirche, westliche Seitenwange vom Chorgestühl an der Südseite, Taufe, glasierter Plattenfußboden vor dem Altar (Ausschnitt)

Rechte Seite: Klütz, Galerie-Holländer-Mühle

Ehem. SCHLOSS BOTHMER (Pflegeheim), außerhalb des Ortes. 1726/32 nach Entwurf von Johann Friedrich Künnecke errichtet; die zusammen mit dem Garten von Wassergräben eingefaßte Anlage der größte barocke Schloßbau Mecklenburgs. Der rechteckige, nach Süden geöffnete und annähernd 200 m breite Ehrenhof wird an seiner nördlichen Längsseite begrenzt durch das Hauptgebäude, das in strenger Symmetrie eingefaßt wird durch viertelkreisförmig geführte Galerien und durch je zwei pavillonartige, durch Zwischenbau miteinander verbundene Kavaliershäuser. An die beidseitig äußeren Kavaliershäuser schließen nach Süden die den Ehrenhof nach Osten und Westen begrenzenden Seitenflügel an, die in Fortsetzung des Systems wiederum aus Zwischenbauten und pavillonartigen Kopfbauten (ehemals Kapelle bzw. Marstall) gebildet sind. Nahe dem vorderen Wassergraben vervollständigen zwei nochmals etwas weiter nach außen gerückte Einzelgebäude die Gesamtanlage, deren klare Grundrißgliederung ebenso nachdrücklich auch im Aufriß durch die wechselnden Höhen der Gebäudeteile zum Ausdruck kommt: Das Hauptgebäude und die eckbetonenden Pavillons sind zweigeschossig, die verbindenden viertelkreisförmigen Galerien und die Zwischenbauten sowie die am Wassergraben begrenzenden Einzelbauten sind eingeschossig. – Sämtliche Gebäude in Backstein ausgeführt, aus Backstein auch die mit Verzahnungen ausgestatteten Eckbetonungen; Portale und der plastische Schmuck aus Sandstein.

Das elfachsige Hauptgebäude an der Hof- und Gartenfront mit dreiachsigen übergiebelten Mittelrisaliten, der Hofgiebel mit plastischem Wappenschmuck und Vasenaufsätzen. Das Hauptportal von gesprengtem Giebel bekrönt, davor zweiläufige Freitreppe; an der Gartenfront Terrasse. Für die Wirkung des Gebäudes auch das hohe Walmdach mit den Fledermausgaupen und den vier Schornsteinen von Bedeutung. – Im Inneren die ursprüngliche Raumaufteilung erhalten, im Erdgeschoß Eingangshalle und Gartensaal, östlich davon das Treppenhaus abgehend, im Obergeschoß der große Festsaal. In diesen Räumen Stuckdecken mit Bandelwerk und z. T. figürlichem Dekor, die Wände mit Pilastergliederung und stuckierten Kaminen; die Stukkaturen von italienischen Künstlern unter Leitung von Andrea Maini. Im Festsaal die Wände mit geschnitzter Vertäfelung, in einem Raum westlich davon Reste einer Wandverkleidung mit Delfter Kacheln.

Ähnlich wie das Hauptgebäude auch die übrigen Gebäudeteile der Anlage gestaltet. Die zweigeschossigen Pavillons der Kavaliershäuser bzw. der ehem. Kapelle und des ehem. Marstalls sind würfelförmige, eckbetonte Bauten von drei zu drei Achsen, deren Zeltdächer in der Mitte Schornsteine bzw. offene achtseitige Laternen bekrönen. Die das Hauptgebäude mit den inneren Pavillons verbindenden viertelkreisförmigen Galerien gliedern Rundbogenfenster zwischen Pilastern, während die eingeschossigen, von den Pavillons flankierten Zwischenbauten von jeweils sieben Achsen eine Mittenbetonung durch Portal und Fledermausgaupe im Satteldach erfahren.

Der holländisch beeinflußte, durch die Wassergräben eingefaßte BAROCKGARTEN gleichzeitig mit dem Schloßbau entstanden, im 19. Jh. z. T. landschaftlich umgestaltet, die Rekonstruktion des barocken Zustandes in jüngster Zeit begonnen. Im rechteckigen Parterre die die Mitte betonende Insel sowie die westliche Allee einer den mittleren Teil des Parterres rahmenden Lindenpflanzung erhalten, ferner wesentliche Teile der die Wassergräben flankierenden doppelten Lindenreihen. – Gleichzeitig mit der Anlage des Parkes auch die vom Vorwerk Hofzumfelde ausgehende, in strenger Axialität auf den hofseitigen Mittelrisalit des Schlosses ausgerichtete Festonallee aus Linden.

An dem südöstlich des Schloßkomplexes am Ortseingang gelegenen ehem. Bothmerschen ERBBEGRÄBNIS in die Umfassungsmauer vier Grabplatten eingefügt: 1. H. 14. Jh.; 2. H. 14. Jh.; M. Plonnies † 1584, mit ausgegründetem Wappen; Chr. L. v. Bothmer † 1818, mit Wappenrelief.

Ebenfalls in der Mauer von einem E. 18. Jh. wohl nach Entwurf von Johannes Wiedewelt geschaffenen Marmorsarkophag zwei Platten mit Fackeln und Festons sowie ein von Draperien gerahmtes Allianzwappen.

Linke Seite: Klütz, Schloß Bothmer, Hofseite

Rechte Seite: Klütz, Schloß Bothmer, östliche Begrenzung des Ehrenhofes durch Pavillons und Verbindungsflügel; Festonallee zwischen Schloß Bothmer und dem ehem. Vorwerk Hofzumfelde

Kühlenstein (Ortsteil von Klütz)

BAUERNHAUS Nr. 8, niederdeutsches Hallenhaus mit abgewalmtem Rohrdach, E. 18. Jh., die innen verengte Diele nach Westen geöffnet, der Wohnteil an der Ostseite.

Lindow (Ortsteil von Groß Siemz)

BAUERNHÄUSER Dorfplatz 1, niederdeutsches Hallenhaus mit rohrgedecktem Krüppelwalmdach, 1786, über der hofseitigen Dieleneinfahrt auf Kopfbändern ruhendes Giebeltrapez, der rückwärtige Wohnteil um 1920 massiv erneuert, der Stallanbau von 1935. Zum Hof gehörig ehem. Backhaus vom E. 18. Jh., in Lehmstakenfachwerk mit vorgekragtem Giebeltrapez und Rohrdach, sowie Durchfahrtsscheune mit auf Kopfbändern ruhendem Giebel und Rohrdach. – Dorfplatz 3, niederdeutsches Hallenhaus mit Krüppelwalmdach und vorgekragtem Giebeltrapez, 1793.

Lockwisch

BAUERNHÄUSER Dorfstraße 14, niederdeutsches Hallenhaus von 1838, straßenseitig der Wohnteil mit gleichzeitiger doppelflügeliger Haustür, an der Rückfront die vertiefte Dieleneinfahrt. – Dorfstraße 15, niederdeutsches Hallenhaus mit rohrgedecktem Krüppelwalmdach, E. 18. Jh., straßenseitig die vertiefte Dieleneinfahrt, darüber das auf geschweiften Kopfbändern ruhende Giebeltrapez, rückseitig der E. 19. Jh. massiv erneuerte Wohnteil.

Lübsee (Ortsteil von Menzendorf)

Ehem. KRUG Fachwerkbau von fünf Achsen mit Krüppelwalmdach, 2.V.19.Jh., die Haustür aus der Erbauungszeit.

PFARRHAUS Fachwerkbau von zehn Achsen mit Krüppelwalmdach, wohl 2. H. 18. Jh.

DORFKIRCHE Backsteinbau auf Feldsteinsockel aus der 2. H. 13. Jh., aus rechteckigem Schiff mit eingezogenem quadratischem Chor und stark veränderter Nordsakristei; der zweigeschossige Westturm mit verschiefertem Spitzhelm 1901 in neugotischen Formen vorgebaut. Der Chor mit Ecklisenen, die Lanzettfenster in der Ostwand zu Dreifenstergruppe außen wie innen unter gemeinsamem Spitzbogen zusammengefaßt, sonst paarweise ebenfalls in Spitzbogenblende geordnet. Am Ostgiebel steigender Spitzbogenfries und große Rundblende, in der Giebelspitze kleine Kreuzblende. Das Schiff wohl etwas jünger, unter der Traufe Putzband mit eingeritzten Spitzbögen bzw. Dreipässen; zweigeteilte Spitzbogenfenster, im Detail wohl bei der Restaurierung nach 1870 erneuert. – Im

Inneren der Chor mit kuppeligem Kreuzrippengewölbe; spitzbogiger Triumphbogen. Das zweijochige Schiff mit flacher Balkendecke, von einer geplanten Einwölbung die Schildbögen erhalten.

Wand- und Gewölbemalerei. Im Chor an Gewölbe und Wänden vier Malschichten nachgewiesen: vom E. 13. Jh. architektonische Gliederung des Gewölbes mit Scheitelornament, Engeln und Evangelistensymbolen in den Zwickeln sowie Backsteinmalerei auf den Wänden. Aus der M. 14. Jh. Reste ornamentaler Bemalung am Gewölbe (Lebensbäume) sowie szenische Malerei an den Wänden (Verkündigung, Christus vor Pilatus, Kreuzigung). Von einer großformigen Bemalung des Gewölbes um 1500 Reste einer Deesis und von einer Ausmalung um 1600 umfangreiche Reste einer Darstellung des Jüngsten Gerichtes erhalten. Im Schiff zwei Malschichten feststellbar: bisher nur an der Südwand freigelegt szenische Malerei M. 14. Jh. mit Kains und Abels Opfer, hl. Martin und großem Höllenrachen, von der Ausmalung um 1600 Vierpaßfries unter der Decke und großformige Arkaden mit Wimpergen.

Die Ausstattung von der Restaurierung der Kirche nach 1870, in neugotischen Formen: Altaraufsatz mit Kreuzigungsgemälde von Theodor Fischer-Poisson; Kanzel; Orgel von 1874, das Werk von Friedrich Friese, Schwerin; Gemeindegestühl; Glasmalerei, ganzfigurige Darstellungen von Petrus und Paulus unter Maßwerkbaldachinen.

Linke Seite: Lockwisch, Bauernhaus Dorfstraße 15; Lindow, Bauerngehöft Dorfplatz 1, ehem. Backhaus

Rechte Seite: Lübsee, Dorfkirche, Ansicht von Südosten, Inneres des Chores

Ältere Ausstattungsstücke: Taufe, Kalkstein, 13. Jh. Belt (Almosenbrett) mit Schnitzfigur der hl. Katharina, A. 16. Jh. – Zwei Kelche und Patenen, Silber vergoldet, 1636 und 1749. Kelch und Patene, Silber, 1801. Taufbekken, Silber, 1881. Leuchterpaar, Messing, 18. Jh. Kronleuchter, Messing, 18. Jh. Glocke 1749 von Laurentius Strahlborn, Lübeck.
Auf dem Kirchhof Grabstätte C. F. Siemens † 1840 und E. H. Siemens † 1859 (Eltern des Industriellen Werner v. Siemens), mit neugotischer gußeiserner Einfriedung, im Maßwerkgitter sechs Pfeiler mit von Wimpergen bekrönten Spitzbogennischen und eingestellten Engelfiguren. Mehrere Grabstelen M. und 2. H. 19. Jh.

Lübseerhagen (Ortsteil von Menzendorf)

BAUERNHÄUSER Hof I, niederdeutsches Hallenhaus mit Krüppelwalmdach, 18. Jh., über dem Dielentor Inschriftbalken von einem Vorgängerbau aus dem 17. Jh. – Hof II, sehr großes niederdeutsches Hallenhaus mit Krüppelwalmdach. A. 19. Jh., das straßenseitige Dielentor in der Einfahrt zurückgesetzt. – Hof III, niederdeutsches Hallenhaus von 1836, der Wohnteil E. 19. Jh. massiv erneuert, das straßenseitige Dielentor in der Einfahrt zurückgesetzt, darüber Walm.

Lüdersdorf

BAUERNHÄUSER Hauptstraße 48/49, niederdeutsches Hallenhaus mit rohrgedecktem Krüppelwalmdach, 1746, die straßenseitige Dieleneinfahrt zurückgesetzt. – Hauptstraße 54, niederdeutsches Hallenhaus mit rohrgedecktem Krüppelwalmdach, E. 18. Jh., die Vorderfront z. T. verändert, in den Ausfachungen Bauerntanz und Rauten aus schwarzen Steinen, die Gebäuderückseite in der Höhe reduziert.

Mallentin

Ehem. CHAUSSEEHAUS Grevesmühlener Straße 30. Kleiner eingeschossiger Backsteinbau mit Satteldach, angeblich 1842 errichtet, an der Straßenfront mittlerer dreiseitiger Vorbau zur Einziehung des Wegegeldes.
BAUERNHÄUSER Grevesmühlener Straße 29, ehem. Büdnerei, niederdeutsches Hallenhaus vom A. 19. Jh., mit

massiven Umfassungswänden und rohrgedecktem, an der straßenseitigen Einfahrt eingeschnittenem Walmdach. – Dorfstraße 8, Backsteinbau vom E. 19. Jh., eingeschossig von sieben Achsen mit Krüppelwalmdach, über dem Mittelportal zweiachsiges Zwerchhaus mit Dreiecksgiebel. – Dorfstraße 9, Backsteinbau vom E. 19. Jh. von acht Achsen mit Krüppelwalmdach, die vier mittleren Achsen mit dem Eingang unter flachem Dreiecksgiebel mit Zahnschnittgesims.

Menzendorf

BAUERNHÄUSER Im Ort mehrere niederdeutsche Hallenhäuser, die Wohnteile E. 19. Jh. massiv erneuert. Erwähnenswert: Hof I, 18. Jh., besonders wertvoll der Giebel des Wirtschaftsteiles mit Inschriftbalken von 1654. Hof II, A. 19. Jh., die Dieleneinfahrt in dem zur Straße gewandten Wirtschaftsteil zurückgesetzt.

Naschendorf (Ortsteil von Plüschow)

BAUERNHAUS an der Dorfstraße. Niederdeutsches Hallenhaus mit rohrgedecktem Walmdach, 1804, das straßenseitige Dielenende massiv erneuert, am rückwärtigen Wohnteil der Walm auf vorgekragten geschnitzten Kopfbändern. Zum Hof gehörig ein Stallgebäude und eine ebenfalls rohrgedeckte Scheune, beide 1. H. 19. Jh.

Niendorf

BAUERNHÄUSER Dorfstraße 3 und 7, niederdeutsche Hallenhäuser mit Krüppelwalmdächern, A. 19. Jh., die rückwärtigen Wohnteile E. 19. Jh. massiv erneuert und erweitert. Nr. 3 z. T. museal genutzt.

Linke Seite: Lübsee, Dorfkirche, Wandmalereien an der Südseite des Schiffes; Kirchhof, Grabstätte C. F. und E. H. Siemens; Mallentin, Bauernhaus Dorfstraße 8

Rechte Seite: Niendorf, Bauernhaus Dorfstraße 3 (museal genutzt); Menzendorf, Bauernhaus Hof II

Oberhof (Ortsteil von Klütz)
Ehem. GUTSHAUS (Schule). Zweigeschossiger Putzbau mit Krüppelwalmdach, A. 20. Jh. in neubarocken Formen errichtet. An der Hofseite von den dreizehn Achsen die mittleren drei als dreigeschossiger, in den Obergeschossen von Pilastern flankierter übergiebelter Risalit ausgebildet, auf dem Dach dahinter geschlossene Laterne. Die Mitte der fünfachsigen Seiten durch Balkon im Obergeschoß und zweiachsiges Zwerchhaus betont. Die Fenster des Erdgeschosses mit Dreiecksverdachungen, am Mittelrisalit im Erd- und Obergeschoß rundbogig geschlossen.
Hinter dem Gutshaus Landschaftspark. – Der sehr tiefe Wirtschaftshof seitlich durch Lindenalleen begrenzt, eine weitere an der Zufahrtsstraße.

Ollndorf (Ortsteil von Niendorf)
Ehem. SCHULE 1928 im Heimatstil errichteter Backsteinbau mit historisierenden Ziegelmustern, u. a. an der Südseite des Aulaanbaues in die Ziegel eingeritzter fortlaufender Fries mit der Darstellung der Reise Kaiser Karls IV. nach Schönberg im Jahre 1375.

Petersberg (Ortsteil von Lockwisch)
BAUERNHÄUSER Dorfstraße 1, niederdeutsches Hallenhaus mit rohrgedecktem, an der Straßenfront auf geschweiften Kopfbändern überstehendem Walmdach,

A. 19. Jh. Die Umfassungswände z. T. massiv erneuert. – Dorfstraße 1 a, niederdeutsches Hallenhaus mit rohrgedecktem Krüppelwalmdach, 1732, die Rückfront des Durchgangshauses mit von Kopfbändern gestütztem Giebeltrapez, an der Straßenseite die vertiefte Dieleneinfahrt. – Dorfstraße 5, niederdeutsches Hallenhaus im Kern aus dem 17. Jh., der rückwärtige Wohnteil von 1789, die straßenseitige Front mit der vertieften Dieleneinfahrt von 1798; an beiden Enden von geschweiften Kopfbändern getragene Giebeltrapeze mit Ziegelmustern, u. a. Bauerntanz. – Dorfstraße 12, niederdeutsches Hallenhaus mit rohrgedecktem Krüppelwalmdach, 1. H. 18. Jh., das Fachwerk z. T. gekleimt, die Gefache an der Straßenfront mit Ziegelmustern, u. a. Raute aus schwarzen Steinen, weitere Muster in dem von geschweiften Kopfbändern getragenen Giebeltrapez.
Im Ort mehrere Werderhäuser von 1885 und später, zweigeschossige Backsteinbauten mit flachen Satteldächern und Pappdeckung, an der zur Straße gewendeten Giebelseite die Fassaden mit sparsamem Dekor aus Lisenen, deutschem Band und Konsolfriesen, Portal und Fenster segmentbogig geschlossen. Zwischen den Häusern parallel zu ihnen stehende Scheunen von gleichen Abmessungen und mit ähnlichem Dekor. Ähnliche Häuser sind im Kreisgebiet mehrfach anzutreffen.

Plüschow

Ehem. SCHLOSS (Wohnungen, Verwaltung). Zweigeschossiger Backsteinbau von elf Achsen mit abgewalmtem Mansarddach und beidseitig dreiachsigen übergiebelten Zwerchhäusern, 1758/63 errichtet. In beiden Längsfronten Stichbogenportale mit Pilasterrahmung, als Bekrönung Rocaillekartuschen; das hofseitige Portal um 1910 in Sandstein erneuert. Am Hofgiebel Uhrzifferblatt und Schlagglocke, wohl um 1765. An der Rückfront Verandenanbau E. 19. Jh. – Im Inneren die ursprüngliche

Linke Seite: Ollndorf, ehem. Schule, Fries, Ausschnitt (rechts oben); Petersberg, Werderhäuser (links unten), Bauernhäuser Dorfstraße 1 a (rechts Mitte) und Dorfstraße 12 (rechts unten)

Rechte Seite: Plüschow, ehem. Schloß, Hofseite, Treppenhaus im Obergeschoß

Raumaufteilung weitgehend erhalten. Die Keller mit flachen Kreuzgratgewölben, Erd- und Obergeschoß mit Flachdecken. An der Hofseite geräumige Diele, hier und in weiteren Erdgeschoßräumen Stuckdecken mit Rocailledekor: die reizvolle Treppe zweiläufig ansteigend und über Zwischenpodest einläufig ins Obergeschoß weitergeführt. In zwei Obergeschoßräumen klassizistische Öfen erhalten, um 1810.

Nordöstlich des Schlosses ehem. VERWALTERHAUS, ebenfalls um 1760 erbaut, eingeschossiger elfachsiger Backsteinbau mit Krüppelwalmdach; korbbogig geschlossenes Portal.

Rankendorf (Ortsteil von Roggenstorf)

Ehem. GUTSHAUS (Wohnungen). Zweigeschossiger Putzbau über rustiziertem Sockelgeschoß, um 1870 in Neurenaissanceformen errichtet. An der fünfachsigen Hofseite die äußeren Achsen risalitartig leicht vorgezogen, die östliche durch ein zweites pilastergegliedertes Obergeschoß turmartig erhöht. – Am Haus Gedenktafel an die in Rankendorf am 2. Oktober 1945 vollzogene demokratische Bodenreform.

KATEN Dorfstraße 19/20, mit sog. »Speckturm«. 1856 errichteter Katen für zwei Familien aus Feldsteinquadern mit Satteldach, die Türen und ein Teil der Fenster mit plastischen Verdachungen aus Backstein. An der nördlichen Schmalseite rechteckiger mehrgeschossiger Turm ebenfalls aus Feldstein und gleichzeitig mit dem Haus, abgeschlossen durch Walmdach. Im Turminneren unten die ehem. Räucherherde mit Schwibbögen, darüber mehrere Böden.

Rodenberg (Ortsteil von Papenhusen)

BAUERNHÖFE Dorfstraße 1, erwähnenswert Scheune mit rohrgedecktem Krüppelwalmdach, 1. H. 18. Jh., an den Schmalseiten auf Kopfbändern vorgekragte Giebeltrapeze, im straßenseitigen Schaugiebel u. a. Bauerntanz, über einer Nebentür Fliesenmuster. – Dorfstraße 2, zum Hof gehörig ehem. Backhaus von 1794, stattlicher Fachwerkbau mit Lehmstakenfüllungen und auf geschweiften Kopfbändern ruhendem Giebeltrapez.

Roduchelstorf

BAUERNHÄUSER Dorfstraße 20, niederdeutsches Hallenhaus von 1807, straßenseitig vertiefte Dieleneinfahrt; Umfassungswände massiv erneuert. Zum Hof gehörig ehem. Backhaus/Altenteilerkaten, Fachwerk mit Krüppel-

walmdach, wohl A. 19. Jh., im Inneren verändert. – Dorfstraße 22, niederdeutsches Hallenhaus mit rohrgedecktem Krüppelwalmdach. Im Kern ein dreiständriges Kossätenhaus mit Steilgiebel, um 1600, A. 18. Jh. vergrößert zu Durchgangshaus; Rauchhaus. – Dorfstraße 24, Stallgebäude, das an der hofseitigen Längs- und straßenseitigen Schmalseite überstehende Dach auf geschweiften Kopfbändern.

Roggenstorf

PFARRHAUS Backsteinbau von sechs Achsen mit Satteldach, um M. 19. Jh., die Giebelschrägen mit Treppenfries, darunter Kreuzblende; vor dem hofseitigen Eingang kleine Veranda. Gedenktafel zur Erinnerung an die Hochzeit Fritz Reuters mit Luise Kuntze 1851 in Roggenstorf.

DORFKIRCHE Backsteinbau des 14. Jh., rechteckiges Schiff mit leicht eingezogenem quadratischem Chor und quadratischem Westturm. Der Chor auf Granitsockel, die Ostseite mit drei Spitzbogenblenden in Größe der Fenster, darüber im Giebel drei gestaffelte Spitzbogenblenden. In den Längsseiten von Chor und Schiff zweigeteilte Spitzbogenfenster, wohl im 19. Jh. erneuert. Der dreigeschossige Turm mit spitzbogigem Westportal, im Geschoß darüber jeweils zwei rundbogig geschlossene Schall-

Linke Seite: Plüschow, ehem. Schloß, Treppenhaus im Erdgeschoß; Rankendorf, Katen Dorfstraße 19/20, mit sog. Speckturm

Rechte Seite: Rodenberg, Bauernhof Dorfstraße 2, ehem. Backhaus; Roduchelstorf, Bauernhaus Dorfstraße 22; Roggenstorf, Dorfkirche, Ansicht von Süden

luken in gemeinsamer Spitzbogenblende, im zweiten Obergeschoß Spitzbogenblenden mit Uhrzifferblättern. Über den vier blendengeschmückten Schildgiebeln achtseitiger Spitzhelm mit Schindeldeckung. – Im Inneren der Chor mit Kreuzrippengewölbe; spitzbogiger Triumphbogen mit Granitkapitellen. Im Schiff unter Flachdecke des 19. Jh. die mit vegetabilischem Ornament bemalte Bohlendecke des 17./18. Jh. erhalten; in den Längswänden tiefe Fensternischen.
Taufständer, Eisenguß, 2. H. 19. Jh., mit vegetabilischem Reliefdekor. Orgel mit neugotischem Prospekt von 1869, das Werk von Friedrich Friese, Schwerin; wohl gleichzeitig die hufeisenförmige Westempore wie auch das Gemeindegestühl, die Brüstungen mit aufgelegten spitzbogigen Arkaturen. Kruzifix 18. Jh., wohl vom ehem. Kanzelaltar. Bekrönung eines Patronatsgestühls (?) 1708, auf dem mit Initialen bemalten und von Akanthusschnitzwerk gerahmten Mittelteil Kreuzigungsgruppe. Zwei Gemälde, Luther und Melanchthon, wohl A. 20. Jh. Truhe aus einem Eichenstamm gehauen, wohl mittelalterlich. – Drei Kelche, Silber vergoldet, 1698, E. 17. Jh. und 1717, der älteste und der jüngste mit Patene. Dose, Silber, 1654. Dose, Zinn, 1691. Kanne, Zinn, E. 19. Jh. Taufschale, Messing, 18. Jh. Taufschale, Neusilber, M. 19. Jh., mit figürlichen Reliefs. Kronleuchter A. 17. Jh. Glocke 1759 von Johann Heinrich Armowitz, Lübeck.

Roxin (Ortsteil von Mallentin)

BAUERNHAUS an der Dorfstraße. Niederdeutsches Hallenhaus vom E. 18. Jh., in Lehmstakenfachwerk mit z. T. erhaltenem Rohrdach; über dem Dielenende vorgekragtes Giebeltrapez mit Krüppelwalm, der hintere Wohnteil in der 2. H. 19. Jh. massiv erneuert.
BRÜCKE über die Stepenitz, 1867 erbaut. Feldsteinbau mit zwei rundbogigen Jochen auf Mittelpfeiler.

Sabow (Ortsteil von Schönberg)

BAUERNHÄUSER Im Zentrum des Dorfes die Anlage des Rundlings nach Abbruch mehrerer Höfe nur noch z. T. erhalten, von der vorhandenen Bebauung an der Süd- und Westseite erwähnenswert: Dorfstraße 8, niederdeutsches Hallenhaus von 1857 mit rohrgedecktem Krüppelwalmdach, Giebeltrapez und zurückgesetztem Dielentor, der rückwärtige Wohnteil mit Steilgiebel. Zum Hof gehörig ehem. Backhaus aus z. T. gekleimtem Fachwerk mit rohrgedecktem Krüppelwalmdach und Giebeltrapez auf geschweiften Kopfbändern, wohl A. 19. Jh. – Die Höfe

Dorfstraße 4, 5, 6 und 7 E. 19. Jh. bzw. A. 20. Jh. massiv erneuert, die Wohngebäude vom Typ des niederdeutschen Hallenhauses mit rohrgedeckten Krüppelwalmdächern und korbbogig geschlossenen Dieleneinfahrten, die Scheunen mit flachen und in Pappe gedeckten Dächern.

Santow (Ortsteil von Grevesmühlen)

SÜHNESTEIN in der Nähe des ehem. Gutshauses. Hochrechteckige Stele mit rundem Kopfstück, Kalkstein, 2. H. 14. Jh., auf beiden Seiten figürliche Flachreliefs mit Kruzifix und betender Person sowie Minuskelinschriften.

Schönberg

Aus einem 1219 erstmals genannten Dorf hervorgegangen. Für seine Entwicklung zur Kleinstadt die Errichtung einer Burg durch den Bischof Ulrich von Ratzeburg in der 2. H. 13. Jh. von Bedeutung, die den Ratzeburger Bischöfen fortan als Residenz diente (mehrfach erweitert, 1805 abgebrochen) und für den Ort zur Ansiedlung von Handwerkern und Kaufleuten führte. Im 16. Jh. oppidum, Wykbild oder Städtlein genannt, Stadtrecht aber erst 1822; Mittelpunkt des von 1701 bis 1934 zu Mecklenburg-Strelitz gehörenden Fürstentums Ratzeburg, Kreisstadt bis 1952. – Am Schnittpunkt der Verkehrswege von Ratzeburg und Rehna nach Grevesmühlen bzw. nach Lübeck auf einer von Süden nach Norden sich erstreckenden Landzunge zwischen Obersee und Maurine angelegt. An der höchsten Stelle des Hügelzuges der Markt (Platz der Freiheit) mit der Kirche an seiner südlichen Schmalseite. Im Markt hat sich der ehem. Dorfanger in seiner allgemeinen Anlage unverändert erhalten, und hier treffen auch die Hauptstraßenzüge der Stadt zusammen, die sich an den genannten Verkehrswegen entwickelt haben: von Süden mündet in den Markt die langgestreckte, mit ihren leichten Windungen dem Verlauf der Maurine angepaßte August-Bebel-Straße, in der wohl die Hauptstraße des einstigen Dorfes zu sehen ist, von Osten die Fritz-Reuter-Straße und von Norden die Straße Am Kalten Damm, die die Verbindung zu dem nach Westen führenden Verkehrsweg, der Lübecker Straße, herstellt.

Ehem. BEFESTIGUNG Wall mit vorgelagertem Graben von etwa 40 m Länge, ursprünglich Teil einer zur Sicherung des Ortes nach Süden zwischen Oberteich und Maurine angelegten Befestigung.

RATHAUS Platz der Freiheit 15. Zweigeschossiges fünfachsiges Fachwerkgiebelhaus mit Krüppelwalmdach, um 1800 erbaut, 1925 zum Rathaus ausgebaut und dabei im Inneren stark verändert. Über dem Eingang Stadtwappen in Sgraffitotechnik von 1922.

HEIMATMUSEUM An der Kirche 8/9. Als Mädchenschule 1846 erbaut. Zweigeschossiger Backsteinbau unter

Linke Seite: Roggenstorf, Dorfkirche, Inneres nach Westen, Taufschale

Rechte Seite: Schönberg, Platz der Freiheit, vom Turm der Stadtkirche gesehen; Rathaus Platz der Freiheit 15

Satteldach, die beiden nebeneinanderliegenden Portale wie auch die Fenster mit profilierten Verdachungsleisten. An der Fassade fünf Herbergsschilder, Schmiedeeisen, M. 19. Jh. (ehemals an der Herberge Platz der Freiheit 3).

Ehem. SCHULE Lübecker Straße 1. Zweigeschossiger Backsteinbau aus der M. 19. Jh., in der neun Achsen breiten Straßenfront jeweils die äußeren vier Fenster unter einer gemeinsamen profilierten Verdachung.

OBERSCHULE »Rudolf Hartmann« (ehem. Realschule), Straße des Friedens 1. 1823/26 nach Entwurf von Landbaumeister F. Lohmeier errichtet. Blockhafter zweigeschossiger Putzbau unter Walmdach, die Gebäudekanten mit Putzquaderung; geschoßtrennendes Gesims, unter der Traufe kräftiges Konsolgesims. An der neunachsigen Straßenfront die drei mittleren Achsen in flacher Vorlage, vor dem Portal Freitreppe.

OBERSCHULE »Rudolf Hartmann« (ehem. Bürgerschule), Goetheplatz 5. 1928/29 über hohem Sockelgeschoß errichteter zweigeschossiger Backsteinbau unter Walmdach, die mittleren neun der insgesamt fünfzehn Achsen breiten Hauptfront als Frontispiz ausgebildet. In gleichen architektonischen Formen die seitlich stehende Turnhalle und die den Platz vor der Schule begrenzenden zweigeschossigen Lehrerhäuser.

KRANKENHAUS Ludwig-Bicker-Straße 15. 1909/10 in neubarocken Formen über hohem Sockel errichteter zweigeschossiger Backsteinbau mit geschoßübergreifender Pilastergliederung und Mansarddach. An der siebenachsigen Straßenfront über den fünf mittleren Achsen geschwungener Giebel, darüber auf dem Mansarddach Dachtürmchen mit geschwungener Haube.

FREILICHTMUSEUM Johann-Boye-Straße. 1962 gegründet, bisher aus dem aus Bechelsdorf umgesetzten Hallenhaus und der Scheune des ehem. Schulzengehöftes bestehend. Das um 1580 errichtete, später mehrfach veränderte und innen mit der Raumaufteilung von um 1800 wiedererrichtete niederdeutsche Hallenhaus eines der bedeutendsten erhaltenen Bauernhäuser Mecklenburgs. Die zugehörige Scheune im Kern M. 16. Jh.

WOHNBAUTEN Der reiche historische Hausbestand überwiegend aus dem 18. und 19. Jh. Neben einzelnen Fachwerkbauten aus der Zeit vor und um 1800 und mehreren Putzbauten aus der 1. H. 19. Jh., unter ihnen eine Gruppe von Giebelhäusern am Markt (Platz der Freiheit), dominieren Backsteinbauten aus dem 19. Jh., darunter eine zahlenmäßig bedeutende Gruppe von vielfach einander sich abwechselnden Traufen- und Giebelhäusern aus dem 3. V. 19. Jh.

Platz der Freiheit (Markt)
Hervorgegangen aus dem ehem. Anger. Die bestehende, den Platzraum begrenzende Bebauung seit dem E. 18. Jh. und verstärkt nach der Stadtrechtverleihung 1822 umgestaltet bzw. durch Neubauten ersetzt (Abb. S. 69).
Platz der Freiheit 1/Ecke Ernst-Thälmann-Straße (ehem. Gasthof), zweigeschossiger Fachwerkbau mit massiver verputzter Vorderfront und Krüppelwalmdach, um 1813; die äußeren Achsen und die mittlere Portalachse von geschoßübergreifenden Lisenen gerahmt, über dem Portal Dreiecksverdachung mit Zahnschnittgesims, zwischen den Geschossen in schmalen Putzspiegeln stuckiertes Rankenwerk (Abb. S. 72). Von den Haustüren die hintere mit reicher Schnitzerei. – Platz der Freiheit 3, zweigeschossiges vierachsiges Giebelhaus, angeblich 1854, die Putzfassade mit geschwungenem Giebel in Empireformen, der Vasendekor um 1970 entfernt. – Platz der Freiheit 6 und 7, mit den Schmalseiten dem Platz zugewendete Eckbauten an der Einmündung der Fritz-Reuter-Straße: Nr. 6 im Kern ein Fachwerkbau mit massiver Platzfront und Walmdach, um 1800, in der 2. H. 19. Jh. verändert; Nr. 7 um 1815 in Backstein errichtet, die drei mittleren Achsen der Seitenfront in flacher Vorlage, im

Linke Seite: Schönberg, Heimatmuseum An der Kirche 8/9; Oberschule »Rudolf Hartmann« Straße des Friedens 1

Rechte Seite: Schönberg, Freilichtmuseum Johann-Boye-Straße, Bechelsdorfer Schulzenhof

Inneren der ursprüngliche Längsflur erhalten. – Platz der Freiheit 8, platzseitig verputzter zweigeschossiger Backsteinbau mit Walmdach, wohl um 1800, die Pilastergliederungen am Erd- und Obergeschoß 2. H. 19. Jh. – Platz der Freiheit 9 (Apotheke), eingeschossiges siebenachsiges Fachwerktraufenhaus mit Krüppelwalmdach, 1806/07 nach Entwurf von F. Lohmeier errichtet. Im Inneren hölzerne Treppe mit Gitterbrüstung, die aus der M. 19. Jh. stammende Ausstattung der Offizin z. Z. deponiert. Hinter dem Haus großer parkähnlicher Garten mit Anpflanzungen vom A. 19. Jh. – Platz der Freiheit 11, zweige-

schossiges Fachwerkhaus mit Walmdach, die schmale Platzfront verputzt, um 1800. – Platz der Freiheit 12, zweigeschossiges fünfachsiges Giebelhaus in Backstein, wohl E. 18. Jh. errichtet und um 1820 mit Blendfassade bereichert, im geschwungenen Giebel die drei Fenster von Pilastern gerahmt, darüber Dreiecksaufsatz mit Lünettenfenster. – Platz der Freiheit 13, zweigeschossiges achtachsiges Traufenhaus in Fachwerk mit Krüppelwalmdach, um 1800, das Erdgeschoß mit der Durchfahrt später verändert. – Platz der Freiheit 14, zweigeschossiges vierachsiges Giebelhaus in Backstein mit Walmdach, im Kern wohl 18. Jh., die Putzfassade um 1820 vorgeblendet: die äußeren Achsen von rustizierten, die beiden inneren Fensterachsen von glatten Lisenen eingerahmt, der Dreiecksgiebel vor dem Walmdach mit gedrückter Lünettennische bzw. -fenster. – Platz der Freiheit 15, Rathaus, s. oben S. 69.

Am Kalten Damm

An der alten Straßenverbindung in Richtung Lübeck bis zum A. 19. Jh. lediglich einzelne Gebäude zumeist in Marktnähe; eine geschlossene Bebauung erst nach der Befestigung des Nordostufers des Obersees errichtet, daran der Gedenkstein von 1817 erinnernd.

Von der älteren Bebauung erwähnenswert: Am Kalten Damm 6, zweigeschossiges fünfachsiges Giebelhaus mit Krüppelwalm, E. 18. Jh. – Einige der Fachwerkbauten vom E. 18./A. 19. Jh. um die M. 19. Jh. durch massiv vorgeblendete Fassaden verändert und z. T. aufgestockt: Am Kalten Damm 27, die Straßenfront durch Backsteinfassade mit Dreiecksgiebel und seitlichem einachsigem Portalanbau verändert. – Am Kalten Damm 31, der ursprünglich eingeschossige Bau mit Walmdach zweigeschossig und fünfachsig ausgebaut, dabei die Mittelachse durch flache Vorlage betont.

Bauten aus dem 3. V. 19. Jh.: Am Kalten Damm 7, zweigeschossiges, im Erdgeschoß siebenachsiges Traufenhaus, die beiden äußeren Achsen als flache übergiebelte Vorlagen ausgebildet. – Am Kalten Damm 9, zweigeschossiges neunachsiges Traufenhaus mit durch rahmende Wandpfeiler und bekrönende Türmchen betonter mittlerer Portalachse, reizvoll auch die durch die Straßenkrümmung bedingte konkave Ausbildung der Fassade.

An der Kirche

An der Kirche 1, zweigeschossiges fünfachsiges Giebelhaus in Fachwerk mit Krüppelwalmdach, um 1800. – An der Kirche 2 (Sparkasse), im Kern wohl ein Fachwerkbau der Zeit um 1800, die sechsachsige Fassade um 1910

Linke Seite: Schönberg, Wohnhäuser Platz der Freiheit 1 (links oben), 9 (links unten), 12 (rechts oben), 14/11 (rechts unten)

Rechte Seite: Schönberg, Am Kalten Damm, Gedenkstein, Straßenbild mit den Häusern Nr. 6 (links), 9 (Bildmitte) und 7 (rechts daneben)

massiv verblendet und verputzt; übergreifende Lisenengliederung, das Portal mit gesprengtem Giebel. Die Vergitterung der Erdgeschoßfenster ursprünglich. – An der Kirche 3 (Pfarrhaus), zweigeschossiger siebenachsiger, an der Straßenfront verputzter Backsteinbau mit Walmdach, um 1800; die Mittelachse mit dem Portal in flacher Vorlage, zwischen Erd- und Obergeschoß Putzband. Im Inneren die Treppe zum Obergeschoß mit hölzerner Gitterbrüstung aus der Erbauungszeit. – An der Kirche 7 (ehem. Pfarrwitwenhaus), eingeschossiges fünfachsiges Traufenhaus in Fachwerk mit Krüppelwalmdach, um 1785, die mittlere Haustür mit Rautenmuster ursprünglich. Seitlich dahinter älterer Fachwerkbau mit Steilgiebeln, vielleicht noch 17. Jh., ursprünglich Wohnhaus, jetzt Stall. – An der Kirche 8/9 (Heimatmuseum) s. S. 69.

August-Bebel-Straße

Langgestreckter Straßenzug in Nord-Süd-Richtung, parallel zum Obersee in leichten Windungen verlaufend, ursprünglich wohl die Hauptstraße des ehem. Dorfes. Die Bebauung 18. und vor allem 19. Jh., das Straßenbild reizvoll belebt durch den ungleichmäßigen Wechsel von Giebel- und Traufenhäusern, wie er für Schönberg auch in anderen Straßen charakteristisch ist.

Von den älteren Fachwerkgebäuden erwähnenswert: August-Bebel-Straße 23/25, zweigeschossiges Traufenhaus von sieben Achsen, wohl A. 19. Jh., erhalten zwei schöne Empire-Haustüren. – August-Bebel-Straße 55, zweiachsiges Giebelhaus des 18. Jh. mit weitem Dachüberstand an der südlichen Längsseite, angeblich zum Unterstellen von Wagen; ursprünglich dielenloser Katen für die Bediensteten des benachbarten Gasthofes.

Aus dem 1. Drittel 19. Jh. mehrere repräsentative Giebelhäuser mit Backsteinfassaden: August-Bebel-Straße 11,

um 1830, eingeschossig, der Giebel im unteren Teil abgeschrägt, der Aufsatz mit Dreiecksabschluß und Lünettenfenster. – August-Bebel-Straße 16 (ehem. Gasthof), um 1800, zweigeschossig und von sieben Achsen, der Giebel zweigeteilt, im geschwungenen unteren Teil fünf Fenster zwischen Pilastern, der obere als Dreiecksgiebel mit großem Lünettenfenster gebildet. Zum Haus gehörig Querdielenscheune mit Krüppelwalmdach, um 1800. – August-Bebel-Straße 30, um 1830, schöne Empire-Haustür. – August-Bebel-Straße 57 (ehem. Gasthof), um 1800, zweigeschossig, dem Mansarddach straßenseitig Dreiecksgiebel vorgeblendet; in der Fassade Gedenktafel an den Aufenthalt Ernst Barlachs im Jahre 1884.

Linke Seite: Schönberg, Pfarrwitwenhaus An der Kirche 7; August-Bebel-Straße, Straßenbild (rechts), Blick in die Straße vom Turm der Stadtkirche

Rechte Seite: Schönberg, Wohnhäuser August-Bebel-Straße 23/25 (links oben), 55 (links unten), 16 (rechts oben)

Aus der M. 19. Jh.: August-Bebel-Straße 1 und 4, jeweils eingeschossig, Nr. 1 mit älterem Hauskern in Fachwerk, Nr. 4 mit Backsteingiebel.

Aus dem 20. Jh.: August-Bebel-Straße 38, Fachwerkgiebelhaus mit 1934 im Heimatstil neu gestalteter Fassade, der Hauskern wohl älter. – August-Bebel-Straße 43, errichtet 1913 als Wohn- und Geschäftshaus. Zweigeschossiger vierachsiger Backsteinbau mit ausgebautem Man-

sarddach, an der südöstlichen Gebäudekante abgeschrägt, daneben zurückgesetzt eine weitere Achse mit dem Treppenhaus; die Fassade durch geschoßübergreifende Lisenen gegliedert, die Fensterachsen in der Dachzone durch stehende Gaupen mit steilen Schweifgiebeln fortgesetzt.

Ernst-Thälmann-Straße

Im Straßenverlauf mehrere ein- und zweigeschossige, z. T. verputzte Backsteingiebelhäuser mit Dreiecksgiebeln bzw. in Giebelstellung mit Krüppelwalmdächern, überwiegend 3. V. 19. Jh., z. B. Ernst-Thälmann-Straße 13, 15 und 18. – Ernst-Thälmann-Straße 7, zweigeschossiges verputztes Traufenhaus von fünf Achsen, um 1900, der Fassadendekor aus stuckierten Medaillons mit rahmenden Girlanden über den Obergeschoßfenstern, die Haustür mit Gitterwerk in Jugendstilformen. – Ernst-Thälmann-Straße 10, eingeschossiges fünfachsiges Giebelhaus, um 1840, im Erdgeschoß Fugenschnittputz, darüber abgestufter Dreiecksgiebel mit gedrücktem Lünettenfenster. – Ernst-Thälmann-Straße 11 (ehem. Försterei), eingeschossiger fünfachsiger Putzbau mit Krüppelwalmdach, um 1840, die ursprüngliche Haustür mit Oberlicht erhalten.

Fritz-Reuter-Straße

Im Straßenverlauf zahlreiche zumeist in Backstein in der 2. H. 19. Jh. errichtete Giebelhäuser mit Dreiecksgiebeln oder Krüppelwalmdächern (z. B. Fritz-Reuter-Straße 15, 19 und 21). Erwähnenswert weiter: Fritz-Reuter-Straße 7, zweigeschossiges fünfachsiges Giebelhaus in Fachwerk mit Krüppelwalmdach, um 1815. – Fritz-Reuter-Straße 9, zweigeschossiger fünfachsiger, an der Straßenfront verputzter Backsteinbau, um 1800, die Gebäudekanten und die mittlere Achse mit dem Portal durch rahmende Kolossalpilaster betont; zwischen den Geschossen profiliertes Gesimsband, über der Tür gerade Verdachung mit Zahnschnittleiste.

Hinterstraße

Von den historischen Gebäuden erwähnenswert Hinterstraße 1 und 2, ursprünglich zwei- bzw. eingeschossige Giebelhäuser in Fachwerk aus dem 18. Jh., um 1860 im vorderen Teil in Backstein erneuert bzw. massive Fassade vorgeblendet.

Lübecker Straße

Nach der Chaussierung des Kalten Dammes vom frühen 19. Jh. bis um 1900 weitgehend in offener Bauweise bebaut. Lübecker Straße 10 (Gasthaus), zweigeschossiger Backsteinbau mit Walmdach, um 1870, von den sieben Achsen die äußeren als flache Vorlagen ausgebildet, vor der östlichen kleiner Portalvorbau. Aus der Erbauungszeit des Hauses auch der östlich anschließende Saalbau (Lager), im Inneren an drei Seiten umlaufende Galerie. – Lübecker Straße 14 (Kindergarten), eingeschossiger siebenachsiger, an der Straßenfront verputzter Backsteinbau von 1818, die äußeren und die mittlere Achse als flache Vorlagen ausgebildet, in der Mitte von gekuppelten Pilastern flankierte und von einem Dreiecksgiebel bekrönte Portalnische. – Lübecker Straße 15, zweigeschossiger siebenachsiger Bau aus gelbem Backstein, 1852 nach Entwurf von Rickmann in neugotischen Formen errichtet. Die Straßenfront durch Mittelgiebel, Vorlagen, z. T. kielbogig geschlossene Fenster, Balkon und Friese differenziert gestaltet, an den Schmalseiten Lisenengliederung, das überstehende Dach auf Kopfbändern. – Lübecker Straße 16, eingeschossiger fünfachsiger Fachwerkbau mit massiv verblendeter Straßenfront, um 1840, über dem

Portal mit Empire-Haustür zweiachsiges Zwerchhaus mit flachem Giebel. – Lübecker Straße 43, sog. Holländerei, eingeschossiger siebenachsiger Backsteinbau auf hohem Sockel und mit Krüppelwalmdach, im Kern E. 18. Jh., um 1920 stark umgestaltet.

Von den Villenbauten E. 19./A. 20. Jh. erwähnenswert: Lübecker Straße 11, eingeschossiger Putzbau mit zweiachsigem Frontispiz und mittlerem Erdgeschoßerker, um 1870 in Neurenaissanceformen. – Lübecker Straße 22, zweigeschossiger Putzbau mit reichem Neurenaissancedekor und Jugendstildetails, um 1910.

Ratzeburger Straße

Im östlichen Teil der Straße mehrere eingeschossige Giebelhäuser in Backstein mit zumeist fünf Achsen und Krüppelwalmdächern, M. und 3. V. 19. Jh., z. B. Ratzeburger Straße 23, 25 und 29. – Ratzeburger Straße 6, zweigeschossiges Traufenhaus in Backstein, 3. V. 19. Jh.; 1882 wohnte hier Ernst Barlach.

Wasserstraße

Im Straßenbild mehrere Giebel- und Traufenhäuser in Backstein, M. 19. Jh., die Gebäude im Kern zumeist Fachwerkhäuser aus der 2. H. 18. Jh., die massiven Fassaden nachträglich vorgeblendet.

STADTKIRCHE St. Laurentius und Katharina. Unter Verwendung von Resten eines Vorgängerbaues im wesentlichen im 2. V. 14. Jh. als vierjochige Stufenhalle mit eingezogenem, polygonal geschlossenem Chor in Backstein errichtet, der Westturm 16. Jh. Starke Schäden durch Brand 1601.

Von einem Vorgängerbau aus M. 13. Jh. die Längswände des Chores übernommen, in ihren Spitzbogenfenstern frühgotisches Maßwerk aus Stuck, an der Nordseite Portal mit Stuckkapitellen und Gewände aus Rundstäben. Wohl nur wenig jünger der im späten Mittelalter aufgestockte Anbau an der Chornordseite, in das profilierte

Linke Seite: Schönberg, Wohn- und Geschäftshaus August-Bebel-Straße 43

Rechte Seite: Schönberg, Wohnhäuser Lübecker Straße 14 und 16; Blick von Südosten auf das Zentrum des Ortes mit der hochgelegenen Stadtkirche

Spitzbogenportal in der 2. H. 19. Jh. Medaillon mit Christuskopf eingefügt. Nach 1324 umfassender Neubau der Kirche, dabei das Langhaus als dreischiffige Stufenhalle von vier Jochen neu errichtet und der Chor durch ein Polygon erweitert; eine Einwölbung des Chores nach Ausweis der Strebepfeiler beabsichtigt, beim Schiff auch ursprünglich wohl nicht geplant. Das Schiff mit dreiteiligen Spitzbogenfenstern mit Leibung aus Fase und Rundstab, die drei Portale mit ähnlich profilierten Gewänden. Die Spitzbogenfenster des Chorpolygons ebenfalls dreiteilig. Der erst im 16. Jh. angefügte querrechteckige Westturm von Mittelschiffsbreite im Sockelbereich mit großen Findlingen, die Westseite mit dem vierfach abgestuften Rundbogenportal 1846/48 stark erneuert; im Glockengeschoß gekuppelte spitzbogige Schalluken in gemeinsamer Spitzbogenblende. Der Turmabschluß 1831 nach Entwurf von Landbaumeister F. Lohmeier mit vier flachen Dreiecksgiebeln, leicht gekrümmtem pyramidenförmigem Dach und abschließender Plattform mit Laterne.

Das Innere mit Balken-Kassettendecke von der Instandsetzung von 1846/48. Im dreischiffig angelegten Langhaus abgestufte und abgefaste Rechteckpfeiler, nach dem Brand von 1601 wohl stark erneuert, die Scheidbogenarkaden im oberen Bereich gegen den Dachraum der Seitenschiffe im 19. Jh. durch Verkleidungen geschlossen. Zwischen den Pfeilern dreiseitige Empore ausgespannt, wohl 17. Jh., die Brüstungen mit unterschiedlich gestalteten Blendarkaden und Pilastern geschmückt. Im Chor Teile der für die ursprünglich beabsichtigte Einwölbung vorgesehenen kleeblattförmigen Dienste erhalten, die Fenster in hohen Spitzbogennischen mit abgerundeten Kanten. – Bei der jüngsten Restaurierung Erneuerung der Schablonenmalerei an der Holzdecke, gleichzeitig an Wänden und Pfeilern umfangreiche Teile der ornamentalen und figürlichen Malerei vom A. 17. Jh. freigelegt, u. a. biblische Szenen, Apostelfiguren und Inschriftfelder, in kleinen Partien auch Reste der mittelalterlichen Archi-

Linke Seite: Schönberg, Stadtkirche, Ansicht von Süden, Altaraufsatz

Rechte Seite: Schönberg, Stadtkirche, Bronzetaufe, Epitaph Stralendorf, Sühnestein für H. Karlow

tekturfarbigkeit erhalten. – Glasmalerei: im Südostfenster des Polygons Kreuzigung, A. 17. Jh., im Mittelfenster Auferstehung Christi, 1911 von Müller, Quedlinburg.

Altaraufsatz 1616. Zweigeschossiger Aufbau, in dem von Kompositsäulen gerahmten Hauptgeschoß anstelle der ursprünglichen Schnitzreliefs in der Mitte ein 1847 eingefügtes Brustbild Christi von Marie von Mecklenburg-Strelitz sowie seitlich übereinander je zwei rundbogige Brustbilder der Evangelisten, 1894 nach Guercino von Adelheid Soest; in den Knorpelwerkohren gemalte Puttendarstellungen. Am Obergeschoß Stifterwappen und hohes, ornamental gerahmtes Rundbogenfeld mit Kreuz, seitlich davon auf Postamenten Petrus und Paulus sowie Engel, als Bekrönung Auge Gottes im Strahlenkranz und weitere Engelfiguren. – Kanzel mit Schalldeckel, um M. 19. Jh., an die südliche Langhausempore angebunden. – Taufe, Bronze, 1357 inschriftlich von Gerhard Kranemann. Von drei knienden Engeln getragener Kessel, auf seiner Wandung in zwei Reihen übereinander unter krabbenbesetzten Arkaden Heiligenfiguren und Szenen sowie Wappen, am unteren Rand und zwischen den beiden Reihen umlaufende lateinische Minuskelinschrift. – Orgel mit neugotischem Prospekt von 1846/48, das Werk von Friedrich Wilhelm Winzer, Wismar. Gleichzeitig auch die Orgelempore über der älteren Westempore.

Kreuzigungsgemälde 1897 von Mußfeld, Schönberg. Zwei Pastorenporträts: C. Kaempfer 1896; H. Rüdiger 1947. Truhe mit Bandbeschlag, 15./16. Jh. – Vier Kelche, Silber vergoldet, 15. Jh., 1555, 1774 und E. 18. Jh., dazu drei Patenen, Silber vergoldet, 16./17. Jh. Krankenkelch mit Patene, Silber vergoldet, 1708. Dose, Silber, 1761. Weinkanne, Silber vergoldet, 1856. Taufschale, Messing, A. 17. Jh., mit Verkündigung. Taufschale, Silber, 1881. Zwei Leuchterpaare, Messing, 17. Jh. Kronleuchter, Messing, 17. Jh. Drei Kronleuchter, Holz bronziert, M. 19. Jh. und 1870. Fünf Wandarme, Messing, 1653, 1658, M. 17. Jh. (2) und 1896, z. T. mit gravierten Widmungsschildchen. Drei Glocken: 1442; 1601 von Claus Bincke, Wismar; 1728 von Laurentius Strahlborn, Lübeck.

Epitaph v. Stralendorf, Kalkstein, um 1600, am westlichen Mittelschiffspfeiler: von Wappenleisten gerahmtes Rundbogenfeld mit Relief der Dreieinigkeit, darunter zwei von Beschlagwerkornamenten gerahmte und durch Hermenpilaster getrennte Wappen. Epitaphgemälde mit Abendmahlsdarstellung und gesprengtem Dreiecksgiebel mit gemaltem Kruzifix, um 1600. – Mehrere Grabsteine 17. bis 19. Jh.

Nördlich der Stadtkirche: SÜHNESTEIN für Hermann Karlow, Kalkstein, nach 1410. Kreuzförmig, auf der Vorderseite eingeritztes Kruzifix und betender Mann mit Spruchband, auf der Rückseite Wappen und Minuskelinschrift. – LUTHER-DENKMAL 1883 errichteter Obelisk aus Granit auf mehrfach abgestuftem Unterbau, an der Vorderseite Medaillon mit Reliefbildnis des Reformators von Albert Manthe.
ALTER FRIEDHOF Ratzeburger Straße. 1824 angelegt, nach Auflassung als Grünfläche erhalten. An der Straßenseite Feldsteinmauer und von Backsteinpfeilern flankierte Einfahrt mit neugotischem Gittertor, 2. H. 19. Jh. An der Westseite drei Grabkapellen erhalten, Backstein, nach M. 19. Jh., zwei neugotisch, eine spätklassizistisch. Mehrere stelenartige Grabsteine und gußeiserne Grabkreuze, 2. V. 19. Jh.
SOWJETISCHER EHRENFRIEDHOF Lübecker Straße. Nach 1946 geschaffene Anlage, im Zentrum ein Backsteinpfeiler mit Inschriftplatten.

Schwanbeck (Ortsteil von Dassow)

BAUERNHAUS Rohrgedecktes niederdeutsches Hallenhaus von 1813, an der Straßenfront vertiefte Dieleneinfahrt, der rückwärtige Wohnteil E. 19. Jh. massiv erneuert. Scheune von 1828, im hinteren Bereich Teile aus einem Vorgängerbau von 1706. Backhaus 19. Jh., an der Schmalseite auf Kopfbändern ruhendes Giebeltrapez mit Ziegelmustern.

Selmsdorf

BAUERNHÄUSER Im Ort mehrere z. T. veränderte niederdeutsche Hallenhäuser und jüngere Werderhäuser. Erwähnenswert Ernst-Thälmann-Straße 27, niederdeutsches Hallenhaus mit rohrgedecktem Krüppelwalmdach, E. 18. Jh., die Umfassungswände überwiegend massiv erneuert. Ernst-Thälmann-Straße 26, Werderhaus vom E. 19. Jh., Backsteinbau von sieben Achsen mit in Pappe gedecktem Pfettendach.
PFARRHAUS Siebenachsiger Fachwerkbau mit Krüppelwalmdach, 1789 erbaut, 1878 um zwei Achsen massiv erweitert. Auf dem Grundstück Wagenremise und Scheune, beide in Fachwerk wohl 1. H. 19. Jh., ein Backhaus 2. H. 19. Jh.
DORFKIRCHE Einheitlicher neugotischer Backsteinbau aus gelben Ziegeln, 1862/64 wohl nach Entwurf von Friedrich Wilhelm Buttel errichtet; rechteckiges Schiff und eingezogener, polygonal geschlossener Chor sowie querriegelartig dem Schiff vorgelagerter Turmbau. Das Schiff durch Wandvorlagen in fünf Joche gegliedert, in den einzelnen Jochfeldern in der durch Zickzackfries abgeschlossenen Sockelzone zwei gekuppelte Fenster, darüber ein hohes zweigeteiltes Spitzbogenfenster; unter der Traufe Dreiecksfries auf abgetreppten Konsolen. Die gleiche Gliederung am Chor fortgeführt, der Sockel hier ohne Fenster; beidseitig vor den Chorlängsseiten kleine blendengegliederte Portalvorbauten. Besonders aufwendig der schmalrechteckige Turmbau gestaltet: die dreigeschossigen, von quergerichteten Satteldächern abgeschlossenen Seitenteile von schlanken Eckpfeilern zusammengefaßt, die die Dachtraufe überragen und mit kleinen Helmen abschließen. Der Mittelteil als der eigentliche Turm durch leichten Vorsprung hervorgehoben, sein über den Dächern der Seitenteile sich frei entfaltendes, von achtseitigem Spitzhelm abgeschlossenes Glockengeschoß nach allen Seiten mit je zwei spitzbogigen Blenden und

*Linke Seite:
Schwanbeck,
Bauernhaus*

*Rechte Seite:
Selmsdorf,
Dorfkirche,
Ansicht
von Südwesten*

Schalluken. Die Detailformen und Friese ähnlich reich wie an Schiff und Chor, über dem abgetreppten Westportal als besonderer Schmuck zwei Felder mit Fischblasenrosetten. – Das Innere mit hölzerner Balkendecke, zwischen Schiff und Chor ein zusätzlicher Unterzug mit geschnitztem Maßwerk. Unter der Decke ein umlaufender gemalter Rankenfries.

Die neugotische Ausstattung aus der Erbauungszeit: Altarwand mit Maßwerkdekor und Fialenbesatz, an den Seiten Durchgänge, im Mittelteil Christusgemälde von 1885. Kanzel mit Aufgang und polygonalem Schalldeckel. Taufe. Orgel mit neugotischem Prospekt, das Werk 1865 von Grüneberg, Stettin. Glasmalerei in den seitlichen Fenstern des Polygons, Evangelistenmedaillons. Schiffsemporen und Gemeindegestühl. – Vom Vorgängerbau erhalten: Kuppa einer Taufe, Kalkstein, E. 13. Jh., die Wandung mit kleeblattförmigen Arkaden. Ehem. Kanzelpfosten mit geschnitztem männlichem Kopf, A. 17. Jh.

Zwei Kelche, Silber vergoldet, 1815 und 1823, der jüngere mit Patene. Kanne, Silber, um 1870. Löffel, Silber, 1874. Teller, Silber, 1823. Krankenabendmahlsgerät, Silber, 1857. Taufschale, Silber, um 1900. Altarkruzifix und Leuchterpaar, Eisenguß, um 1865. Kronleuchter, Messing, 1651. Elf Wandarme, Messing, um 1865. Zwei Klingelbeutel, 3. V. 19. Jh. – Hölzerne Grabstele für Familie Lose, 1658, im dreieckig geschlossenen Oberteil mit bekrönendem Cherubkopf Relief des Gekreuzigten, darunter das Ehepaar und seine Kinder. Vier Grabsteine: H. Haneman † 1466, mit Ritzfigur eines Priesters; A. v. Schewen † 1627; Chr. Wichmann † 1730; M. Fr. Breuel † 1827.

Auf dem Kirchhof südlich der Kirche Grabdenkmal für J. Chr. L. Christlieb † 1823.

Sievershagen (Ortsteil von Hanshagen)

BAUERNHÖFE Hauptstraße 6, erwähnenswert Fachwerkscheune mit abgewalmtem Dach und Seitendurchfahrt, wohl um 1800. – Am westlichen Dorfausgang Hof mit niederdeutschem Hallenhaus und Scheune, wohl A. 19. Jh.

Steinbeck (Ortsteil von Klütz)

Ehem. SCHULZENHOF Das Wohnhaus A. 19. Jh., Fachwerkbau von zehn Achsen mit Krüppelwalmdach, an der hofseitigen Längsfront die Eingangstür. Zum Hof gehörig ehem. Backhaus, wohl ebenfalls A. 19. Jh., Fachwerkbau mit Steilgiebel an der Eingangsseite, das Dach über dem nicht mehr vorhandenen Backofen abgewalmt.

Strohkirchen (Ortsteil von Bernstorf)

BAUERNHÄUSER Im Ort mehrere, nach der Aufsiedlung des ehem. Gutes in Anlehnung an süddeutsche Vorbilder errichtete Siedlungshäuser, um 1925: am Wohnteil holzverschaltes Obergeschoß und Balkon am Giebel, der Scheunenteil mit Querdiele.

Sülsdorf (Ortsteil von Selmsdorf)

BAUERNHÄUSER Im Ort mehrere niederdeutsche Hallenhäuser mit rohrgedeckten Krüppelwalmdächern, Giebeltrapez und zurückgesetztem Dielentor, A. 19. Jh., erwähnenswert Dorfstraße 17.

Ehem. SCHULE Dorfstraße 16, mit der Schmalseite zur Straße stehender, an der Traufseite ursprünglich siebenachsiger Fachwerkbau mit rohrgedecktem Krüppelwalmdach, wohl A. 19. Jh.

SÜHNESTEIN westlich des Dorfes am Landweg nach Lenschow, Kalkstein, 1398 errichtet für Marquart Börtzow. Stele mit hufeisenförmigem Kopfstück, auf der Vorderseite reliefiert Kruzifix und darunter eine betende männliche Gestalt, in den Händen ein Spruchband mit Minuskelinschrift.

Torisdorf (Ortsteil von Groß Siemz)

Ehem. GUTSPARK Kleiner Landschaftspark vom A. 19. Jh., der das Gelände umgebende Wassergraben wohl älter. Im südlichen Parkteil frühdeutscher Turmhügel.

Tramm (Ortsteil von Roggenstorf)

SÜHNESTEIN nördlich der F 105, für einen 1359 ermordeten Greifswalder Geistlichen. Hochrechteckige Kalksteinstele, das runde Kopfstück verloren. Auf der Vorderseite Kruzifixrelief, darunter die Figur eines Abtes und Minuskelinschrift, auf der Rückseite ebenfalls eine Darstellung des Ermordeten mit Minuskelinschrift.

Waldeck (Ortsteil von Plüschow)

BAUERNHAUS an der Dorfstraße, ehem. Büdnerei. Eingeschossiges Fachwerktraufenhaus mit rohrgedecktem Krüppelwalmdach, 1. H. 19. Jh. Hinter dem Haus eine kleine rohrgedeckte Scheune, wohl gleichzeitig.

GEDENKSTEINE an der F 105. Der ältere von 1559, Granit, mit Inschrift zur Erinnerung an die auf Anweisung der Herzogin Elisabeth von Mecklenburg vorgenommene Aufforstung des Gebietes. Der jüngere von 1897, Granit, mit Inschrift zum Gedenken an die Herzogin Elisabeth.

Linke Seite: Sievershagen, Bauerngehöft am westlichen Dorfausgang

Rechte Seite: Waldeck, Gedenksteine; Warnow, Spritzenhaus

Warnow

SPRITZENHAUS Kleiner rechteckiger Backsteinbau unter Satteldach, E. 19. Jh., schlicht durch Lisenen und Zahnschnittfriese an der Traufe und den Giebelschrägen gegliedert. An der Ostseite angefügt schlanker Schlauchtrockenturm.

Wieschendorf (Ortsteil von Dassow)

Ehem. GUTSHAUS (Wohnungen). Zweigeschossiger neunachsiger Putzbau auf hohem Sockelgeschoß, A. 19. Jh. errichtet. An der Hofseite jeweils die beiden äußeren Achsen als Risalite vorgezogen, die mittleren drei Achsen mit flachem Dreiecksgiebel, vor dem Mittelportal zweiläufige Freitreppe; an der Gartenseite die drei Mittelachsen in flacher übergiebelter Vorlage. Die gestalterischen Details bei jüngeren Instandsetzungen vereinfacht.

Der Landschaftspark wohl gleichzeitig angelegt, die Konturen stark verwischt, noch erkennbar die in die umgebende Landschaft weisenden Sichtachsen.

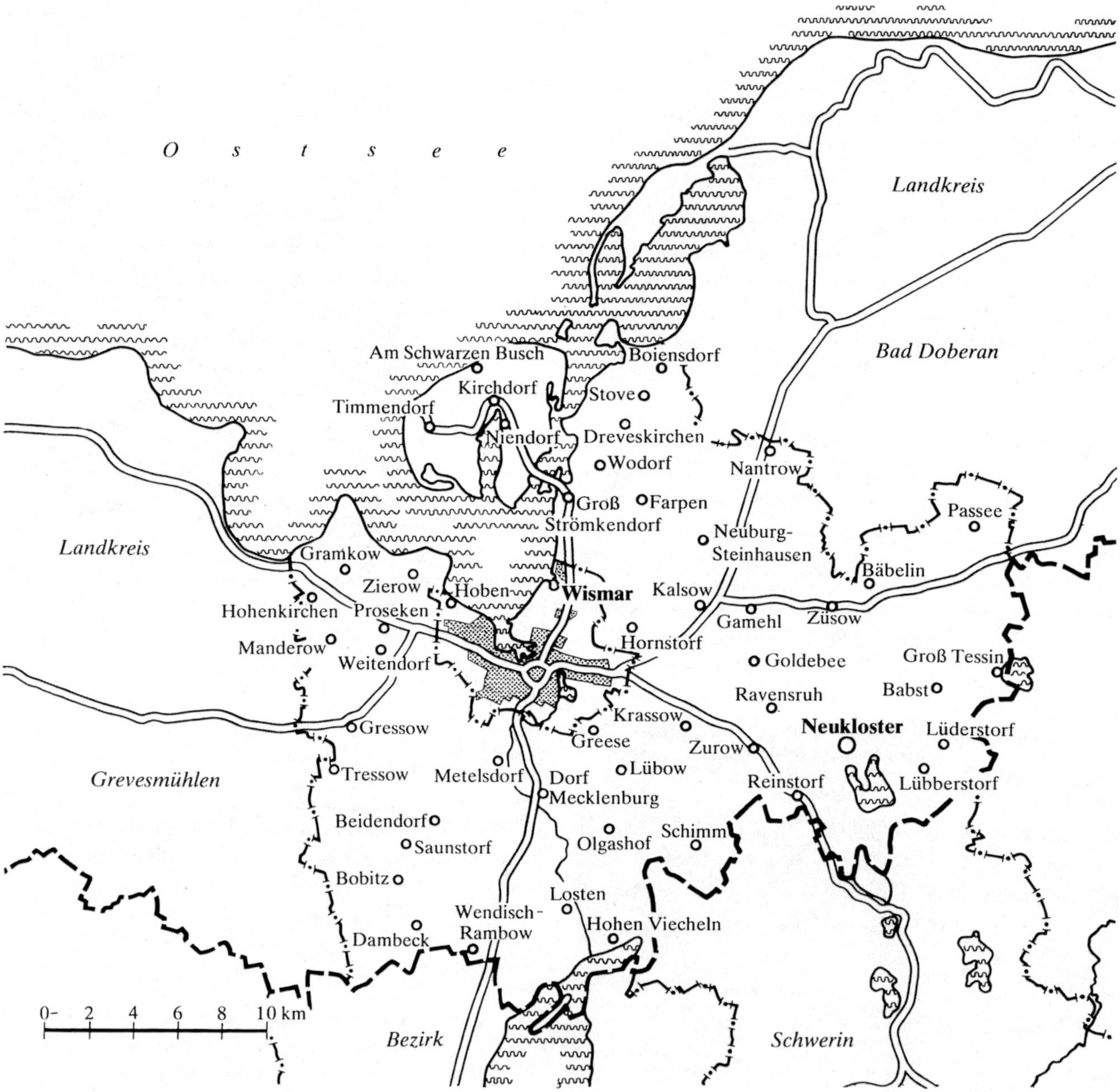
O s t s e e
Landkreis
Bad Doberan
Landkreis
Grevesmühlen
Am Schwarzen Busch
Kirchdorf
Timmendorf
Niendorf
Boiensdorf
Stove
Dreveskirchen
Wodorf
Nantrow
Groß Strömkendorf
Farpen
Neuburg-Steinhausen
Passee
Bäbelin
Gramkow
Zierow
Hoben
Wismar
Kalsow
Hohenkirchen
Proseken
Gamehl
Züsow
Manderow
Weitendorf
Hornstorf
Goldebee
Groß Tessin
Babst
Ravensruh
Gressow
Krassow
Neukloster
Lüderstorf
Greese
Zurow
Tressow
Metelsdorf
Dorf Mecklenburg
Lübow
Reinstorf
Lübberstorf
Beidendorf
Saunstorf
Olgashof
Schimm
Bobitz
Losten
Wendisch-Rambow
Hohen Viecheln
Dambeck
0- 2 4 6 8 10 km
Bezirk
Schwerin

Landkreis Wismar

Bäbelin (Ortsteil von Züsow)
BAUERNHÄUSER Hof Bauer, niederdeutsches Hallenhaus mit abgewalmtem Rohrdach, 18. Jh., der rückwärtige Wohnteil massiv erneuert. Die rohrgedeckte Fachwerkscheune 19. Jh. – Hof Kahler, niederdeutsches Hallenhaus mit abgewalmtem Rohrdach, 19. Jh., der Wohnteil massiv erneuert.
DORFKIRCHE Schlichtes zweijochiges, polygonal geschlossenes Schiff, Backstein mit Feldstein gemischt, 15. Jh. Strebepfeiler; an der Südseite mehrfach abgetrepptes spitzbogiges Portal. Der niedrige querrechteckige Westturm 1872 vorgebaut, Feldsteinunterbau und blendengegliedertes Backsteinobergeschoß, abgeschlossen durch quergerichtetes Satteldach und verschieferten Dachreiter. Das Innere mit Flachdecke.
Einheitliche neugotische Ausstattung von 1872, das Altargemälde mit Kreuzabnahme von Gaston Lenthe. Glasmalereien A. 15. Jh., Christus als Schmerzensmann und hl. Katharina, 1977 ergänzt. Zwei Kabinettscheiben 18. Jh., Bauerndarstellungen. Kelch und Patene, Silber, um 1860. Dose und Kanne, Silber, 2. H. 19. Jh. Taufschale, Messing, 1872. Drei Leuchter, Zinn, 18. Jh., einer 1726 datiert. Glocke 1723 von Michael Begun, Friedland. Zwei Grabplatten 1794 und 1832.

Bäbelin, Dorfkirche, Ansicht von Südwesten

Babst
BAUERNHAUS Hof Rehmann/Glende, niederdeutsches Hallenhaus, Fachwerk, 18. Jh., das abgewalmte Rohrdach am Dielentor eingeschnitten. Die Fachwerkscheune mit abgewalmtem Rohrdach wohl 18./19. Jh.

Beidendorf
DORFKIRCHE Backsteinbau des späten 13. bis 15. Jh., rechteckiges Schiff mit eingezogenem Rechteckchor und quadratischem Westturm. Der älteste Teil der Chor vom E. 13. Jh., mit Feldsteinsockel, Ecklisenen und Trauffrie-

sen bzw. deutschem Band am Giebelfuß; an der Südseite rundbogige Priesterpforte mit eingestellten Säulen. Das zweijochige Schiff 14. Jh., mit abgetreppten Strebepfeilern besetzt, sein Ostgiebel mit drei schlichten Blenden. Der massige quadratische Westturm im 15. Jh. vorgebaut, von drei Geschossen, abgeschlossen durch blendengeschmückte Schildgiebel und achtseitigen Spitzhelm. Im 17./18. Jh. Anbau der Südvorhalle am Chor und Umbau der Sakristei zur Gruft, wohl auch Änderungen am Chorgiebel. Die Fenster bei der Restaurierung im 19. Jh. verändert. – Das Innere im Chor mit zwei querrechteckigen Kreuzrippengewölben auf halbrunden Diensten mit Würfelkapitellen, aus der Bauzeit des 13. Jh. Im Schiff die Einwölbung 14. Jh.: zwei über Konsolen sich entwikkelnde Kreuzrippengewölbe mit Scheitelrippen.
Einheitliche neugotische Ausstattung aus der 2. H. 19. Jh. Älter sind: Taufstein 14. Jh., an der beschädigten Kuppa kleeblattbogige Arkaden. Gemälde, Martin Luther mit Schwan, 17. Jh. – Kelch und Patene, Silber, 1511. Kelch und Patene, Silber vergoldet, 1587. Krankenkelch und Patene, Silber, 1749. Dose, Silber, 18. Jh. Kanne, Silber, 1864. Taufschale, Messing, 1734. Leuchterpaar, Silber, A. 18. Jh. Leuchterpaar, Messing versilbert, 2. H. 19. Jh. Zwei Kronleuchter, Messing, 1671 und 1687.
Kirchhof mit Umfassungsmauer aus Feldstein, darin eingefügt mittelalterliches Steinkreuz. Gußeisernes Grabkreuz 1853.

Bobitz

Ehem. GUTSHAUS (Wohnungen). Eingeschossiger neugotischer Backsteinbau M. 19. Jh., die mittlere der neun Achsen mit dem Eingang leicht vorgezogen und von hohem Staffelgiebel bekrönt. Die ehemals reich gegliederten Seitengiebel nicht mehr vorhanden.

Boiensdorf

BAUERNHÄUSER Im Ort mehrere rohrgedeckte niederdeutsche Hallenhäuser aus dem späten 18. Jh., so z. B. die Höfe Hübbe und Tesmer-Weyrauch, mit vertiefter Dieleneinfahrt und von schrägen Stützen gehaltenem vorkragendem Halbwalm. Der Wohnteil z. T. mit Drempel und ebenfalls vorkragendem Halbwalm.

Dambeck (Ortsteil von Bobitz)

Ehem. RASTHAUS (Jugendklub) an der von Lüneburg nach Wismar führenden einstigen Salzstraße im 18. Jh. erbaut. Durchgangsdielenhaus in Ziegelfachwerk mit rohrgedecktem Krüppelwalmdach, um M. 19. Jh. vollständig für Wohnzwecke ausgebaut, dabei die hintere Durchfahrt beseitigt. Das Innere in jüngster Zeit abermals verändert.

BÜDNEREI Ausbau 48. Quergegliedertes Fachwerkhaus mit rohrgedecktem Krüppelwalmdach, um 1830 errichtet.

PFARRGEHÖFT Wohnhaus, 1792 errichteter eingeschossiger Fachwerkbau von sieben Achsen. Durchfahrtsscheune, Fachwerk, A. 19. Jh.

DORFKIRCHE Rechteckiger dreijochiger Backsteinbau mit dreiseitigem Ostschluß, 2. H. 14. Jh.; mit Strebepfeilern besetzt, unter der Traufe glasierter Maßwerkfries, abgetreppte zwei- bzw. dreigeteilte Spitzbogenfenster. Der Westturm von Schiffsbreite wohl gleichzeitig, nur im Untergeschoß ausgeführt, der hölzerne Aufbau mit längsgerichtetem Satteldach 17./18. Jh. – Das Innere mit flacher Decke, ursprünglich auf Wölbung vorbereitet.

Kanzelaltar 1. H. 18. Jh., architektonischer Aufbau, Korb und Schalldeckel möglicherweise nachträglich eingefügt. Taufe, Zinkguß, 2. H. 19. Jh. Triumphkreuz mit Evangelistensymbolen, A. 16. Jh. Vier Schnitzfiguren: Maria, Katharina, hl. Bischof und Johannes Ev., 2. V. 15. Jh. Vier

Linke Seite: Bobitz, ehem. Gutshaus, Hofseite; Beidendorf, Dorfkirche, Ansicht von Nordosten

Rechte Seite: Dambeck, ehem. Rasthaus; Dorfkirche, Ansicht von Südosten; Boiensdorf, Bauernhaus

Kabinettscheiben mit szenischen Darstellungen und Wappen, 17. Jh., zwei 1661 datiert. Weihwasserbecken 14. Jh. Patronatsgestühl 1596. – Kelch und Patene, Silber, um 1500. Kelch und Patene, Silber vergoldet, 1696. Kelch, Zinn, 1762. Dose, Zinn, 1752. Leuchterpaar, Zinn, 1. H. 19. Jh. Glocke 1435 von Timmo Jheger. – Grabstein des V. v. Bülow und Frau, E. 16. Jh., mit den Relieffiguren des Ehepaares und Wappen. Zwei weitere Grabsteine 1672 und 1762.
WINDMÜHLE (Atelier, Wohnhaus). Nach 1870 errichtete Turm-Holländer-Mühle, der gedrungene Rumpf in Backstein über achteckigem Grundriß. Teile der Innenausstattung und der Windkraftanlage erhalten.

Dreveskirchen (Ortsteil von Blowatz)
DORFKIRCHE Backsteinbau nach M. 13. Jh., aus rechteckigem zweijochigem Schiff und leicht eingezogenem quadratischem Chor sowie quadratischem Westturm, dieser nur im Unterteil ursprünglich. Schiff und Chor mit Lisenengliederung; Sockelprofil teilweise aus glasierten Steinen, unter der Traufe und unterhalb des Ostgiebels Dreiecksfries auf Konsolen. Die spitzbogigen Fenster außen und innen mit abgetrepptem Gewände, zumeist paarweise zusammengestellt, aber auch als Dreifenstergruppen gebildet, die der Chorostwand am mittleren Fenster mit eingestellten Säulen bzw. Rundwulst. Rücksprungportale an der Nord- und Südseite, die Priesterpforte unter Verwendung glasierter Steine. Der Chorgiebel besonders reich gebildet: über doppeltem deutschem Band mehrere Reihen rundbogiger und rautenförmiger Blenden, in die untere Reihe Mandorla eingefügt, in die oberen großes Blendenkreuz. Die oberen Turmteile, die blendengeschmückten Schildgiebel und der achteckige Spitzhelm 2. H. 19. Jh.
Im Inneren kuppelige Kreuzrippengewölbe auf kräftigen Wandvorlagen; spitzbogiger Triumphbogen, in der Leibung gemalte Medaillons mit den Brustbildnissen der Apostel, um 1870 wohl von Carl Andreae.

Linke Seite: Dambeck, Dorfkirche, Schnitzfiguren; Dreveskirchen, Dorfkirche, Ansicht von Osten

Rechte Seite: Dreveskirchen, Dorfkirche, Triumphkreuzgruppe, Inneres nach Osten

Altaraufsatz 1723. Architektonischer Aufbau, über dem Sockelgeschoß mit Abendmahlsgemälde das von Säulenpaaren und weiblichen allegorischen Figuren flankierte Hauptgeschoß mit Christusgemälde von Carl Andreae, über dem reichen Gebälk Sprenggiebel mit Wappen sowie weitere Figuren. Kanzel mit Portal, Aufgang und Schalldeckel, 1736, am Korb in Nischen zwischen Akanthusvoluten Evangelistenfiguren. Taufengel 18. Jh. Taufständer 2. H. 19. Jh. Orgel 1754, die zweigeschossige Westempore wohl gleichzeitig. Triumphkreuzgruppe 2. H. 15. Jh., das Kreuz mit Blätterbesatz und geschnitzten Evangelistensymbolen. Bischofsfigur 1. H. 15. Jh. Bibelpult 1758. Bemalte Wandverkleidung 18. Jh., Leinwand, Vasen mit Blumensträußen und Vögel. Empore an der Nordseite des Chores, 18. Jh. Ehem. Patronatsloge an der Nordseite des Schiffes, über dem Gesims große Wappenkartusche, 18. Jh., im 19. Jh. nach Westen erweitert. Rest einer Brüstung M. 18. Jh.

Altarbehang 1723, Samt mit Wappenstickerei. Kelch und Patene, Silber vergoldet, 1645. Dose, Silber vergoldet, 1747. Kanne, Silber, 19. Jh. Kanne, Zinn, um 1860. Zwei Taufschalen, Messing, M. 19. Jh. und 1856. Leuchterpaar, Messing versilbert, 3. V. 19. Jh. Drei Kronleuchter, Messing, 18. Jh.

An der Schiffsostwand Grabplatte Oldenburg, mit großem Wappen und Chronogramm. Darüber aufgestellt Rüstung, Trabharnisch, um 1700, die hölzernen Beinlinge ergänzt, der Degen 1712; beidseitig Turnierlanzen. Zwei geschnitzte Wappen 18. Jh. Im Turmraum: Grabplatte Oldenburg 17. Jh. Zwei Epitaphien: D. v. Goeden †1712 und v. Goeden 18. Jh. Zahlreiche figürliche und ornamentale Teile von einem Altaraufsatz und mehreren Epitaphien des 18. Jh.

Auf dem Kirchhof zwei Grabkreuze, Gußeisen, 1842 und 1864. Grabmal J. E. Krüger †1781, das neugotische Grabgitter und die ovale Inschriftplatte 1844 gestiftet.

Farpen (Ortsteil von Blowatz)

SPEICHER auf dem ehem. Gutshof. Rechteckiger zweigeschossiger Backsteinbau, 15./16. Jh., E. 19. Jh. und später verändert.

Gamehl (Ortsteil von Benz)

Ehem. GUTSHAUS (Verwaltung, Wohnungen). Zweigeschossiger neugotischer Putzbau über unregelmäßigem Grundriß, 1860 erbaut. Die Fassaden und der dreigeschossige Nordwestturm mit aufgelegter kräftiger Backsteingliederung. In der Rückfront Inschriftenplatte und Wappentafel 18. Jh.

Goldebee (Ortsteil von Benz)

Ehem. GUTSHAUS (Wohnungen). Eingeschossiger Putzbau von neun Achsen mit dreiachsigem übergiebeltem Mittelrisalit, M. 19. Jh.

DORFKIRCHE Backsteinbau A. 15. Jh. Dreijochiges Schiff mit dreiseitigem Ostschluß sowie Nordsakristei (im 18. Jh. verändert). Abgetreppte, an den westlichen Ecken diagonal gestellte Strebepfeiler; die gestuften Spitzbogenfenster zweigeteilt. Der quadratische Westturm M. 19. Jh. vorgebaut, seine Bekrönung in jüngerer Zeit durch flaches Zeltdach ersetzt. – Das Innere mit kuppeligen Kreuzrippengewölben, unter den Fenstern stichbogig geschlossene Nischen.

Altaraufsatz 1712, dreigeschossiger architektonischer Aufbau mit Gemälden, Abendmahl, Kreuzigung und Grablegung. Schlichte Kanzel mit Schalldeckel, 1666. Taufe, Granit, 14. Jh. Westempore und Gestühl 18. Jh. Vierzehn Kabinettscheiben 16. bis 18. Jh. In den Chorfenstern Glasmalereien mit Szenen aus dem Leben Christi, 1909 und 1914. – Zwei Kelche, Silber vergoldet,

Linke Seite:
Gamehl, ehem. Gutshaus, Gartenseite;
Goldebee, Dorfkirche, Ansicht von Südosten, Kirchhofsportal

Rechte Seite:
Goldebee, Dorfkirche, Glasmalerei;
Greese, ehem. Gutshaus, Hofseite

15. Jh. und 1618. Patene, Silber vergoldet, 18. Jh. Dose, Silber vergoldet, 1689, der Deckel verloren. Taufschale, Messing, 1650. Kanne und Dose, Messing versilbert, 3. V. 19. Jh. Kanne, Silber, 19. Jh. Teller, Silber, um 1900. Leuchterpaar, Messing, 2. H. 19. Jh. Glocke 1491. – Grabstein 15. Jh., mit zwei Ritzfiguren. Wappenepitaph N. Roht 17. Jh.
Kirchhofsmauer aus Feldstein, das Backsteinportal wohl 15. Jh., Durchfahrt und Fußgängerpforte mit Spitzbogenöffnungen.

Gramkow
Ehem. GUTSHAUS (Wohnungen). Zweigeschossiger neugotischer Putzbau mit hohem Sockel, Drempel und Walmdach, errichtet M. 19. Jh., bei der Erneuerung 1978 die meisten neugotischen Details beseitigt. An der Gartenseite ein seitlich angefügter, polygonal aus der Wand vortretender und leicht überhöhter Erker, seine Mitte durch schmale Wandvorlage mit spitzbogig geschlossener Blende und abschließendem kleinem Schildgiebel, die Kanten durch Pfeilervorlagen mit fialenartigen Abschlüssen betont; im oberen Bereich der Pfeilervorlagen schmale kleeblattbogig geschlossene Blenden. Die Fenster im Erdgeschoß des Erkers spitzbogig, die drei kleinen mittleren im Obergeschoß spitzdreieckig geschlossen. Alle übrigen Fenster des Gebäudes segmentbogig, im Drempel kleine spitzdreieckig geschlossene Fensterluken.

Greese (Ortsteil von Lübow)
Ehem. GUTSHAUS (Wohnungen). Zweigeschossiger Putzbau von fünf Achsen mit Walmdach, 1922/23 in die bestehende Form gebracht, dabei im Südostteil tonnengewölbter Keller und kreuzrippengewölbter Erdgeschoßraum eines aus dem späten 16. Jh. stammenden Vorgängerbaues mit einbezogen. Die Mittelachse der Hoffront durch aufgelegte portikusähnliche Portalrahmung und Staffelgiebel betont.

Gressow (Ortsteil von Gägelow)
Ehem. GUTSHAUS (Wohnungen). Eingeschossiger Fachwerkbau von neun Achsen mit übergiebeltem Zwerchhaus, 2. H. 18. Jh., im Portal zweiflügelige Haustür mit geschweiften Füllungen und geschnitztem Oberlicht. – Am ehem. Gutshof Wohnhaus M. 19. Jh., eingeschossiger Backsteinbau mit Frontispiz.

PFARRGEHÖFT Eingeschossiges Fachwerkgebäude von sieben Achsen mit Krüppelwalmdach, 1. H. 18. Jh., die Umfassungswände z. T. massiv erneuert. Durchfahrtsscheune mit abgewalmtem Rohrdach, Fachwerk, 18. Jh., z. T. massiv erneuert.

DORFKIRCHE Stattlicher Backsteinbau des 15. Jh. Gestrecktes fünfjochiges Schiff mit fünfseitigem (5/8) Schluß sowie massiger quadratischer Westturm; wohl etwas später, aber noch 15. Jh., an der Südseite der drei westlichen Joche kapellenartige, zum Schiff hin geöffnete Anbauten, an der Nordseite Vorhalle mit Blendengiebel. Am Schiff und Chorschluß zweimal abgetreppte Strebepfeiler; zweigeteilte Fenster über umlaufendem, auch die Strebepfeiler einbeziehendem Kaffgesims. Der obere Teil des Turmes und der achtseitige verschindelte Helm 17./18. Jh. – Im Inneren Wandpfeiler, aus denen sich die die Fenster umgreifenden Schildbögen entwickeln; die Kreuzrippengewölbe auf halbrunden Wanddiensten, an den Kapitellen primitive Maskenköpfe.

Altaraufsatz 1718 von Johann Friedrich Wilde, Wismar, 1867 restauriert. Mehrgeschossiger architektonischer Aufbau mit Abendmahlsgemälde im von Säulen gerahmten Hauptfeld und Kruzifix vor gemaltem Hintergrund im Obergeschoß, dazu als Freifiguren Evangelisten, Moses

Linke Seite:
Gressow, Dorfkirche, Ansicht von Südosten, Inneres nach Osten, Kelch des 17. Jh.

Rechte Seite:
Gressow, Dorfkirche, Epitaph R. v. Plessen; Groß Tessin, Dorfkirche, Ansicht von Süden

und Aaron, Engel mit Leidenswerkzeugen, als Bekrönung Auferstandener in Strahlenglorie mit Assistenzfiguren. Altarschranken M. 19. Jh. Kanzel mit Aufgang und Schalldeckel, 1. H. 18. Jh. Taufe, Zinkguß, M. 19. Jh. Orgel, Westempore und Gemeindegestühl, 3. V. 19. Jh. Zwei Patronatslogen A. 19. Jh.
Zwei Kelche, Silber vergoldet, 1557 und 17. Jh., der jüngere mit Totenkopf als Knauf und 1740 erneuerter Kuppa. Zwei Patenen, Silber vergoldet, 17./18. Jh. und 1730. Krankenkelch und Patene, Silber, 2. H. 19. Jh. Kelch und Patene, Messing versilbert, 1883. Zwei Dosen, Silber, 1732 und 1786. Kanne, Silber, 1883. Taufschale, Messing versilbert, 1884. Klingelbeutel A. 19. Jh. Leuchterpaar, Zinn, 1825. Zwei Glocken: 1689 (aus Groß Krankow) und 1771 von Valentin Schultz, Rostock. – Epitaph R. v. Plessen † 1557, gestiftet 1623, Sandstein, in der Mitte ein von Säulen gerahmtes Auferstehungsrelief, davor die vollplastische kniende Figur des Verstorbenen. Hölzernes Epitaph C. V. v. Plessen † 1679, ovale Inschrifttafel in Rahmen mit reichem Akanthusschnitzwerk.
Auf dem Kirchhof Grabmal J. Kindler † 1816, Sandstein, um 1820 von F. Lübeck, hohe Stele mit Tuchdraperie auf rechteckigem Sockel. Grabstein G. Keil † 1817.

Groß Strömkendorf (Ortsteil von Blowatz)

Ehem. ZOLLHAUS Eingeschossiger Backsteinbau von sieben Achsen, M. 19. Jh.

Groß Tessin (Ortsteil von Babst)

DORFKIRCHE Stattlicher Backsteinbau aus der 1. H. 14. Jh. Langgestrecktes fünfjochiges Schiff mit fünfseitigem (5/8) Schluß sowie niedriger rechteckiger Westturm von Schiffsbreite. Das Schiff ringsum mit zweimal abgetreppten Strebepfeilern besetzt; schlanke spitzbogige Fenster, an der Südseite und am Polygon zweigeteilt. Der Westturm im Unterteil aus Feldstein, der ungegliederte, lediglich durch kleine Schalluken belebte Backsteinteil nur wenig über die Schiffstraufe geführt, abgeschlossen

durch längsgerichtetes, nach Westen abgewalmtes Satteldach von 1741. Die südliche Portalvorhalle von der Restaurierung der Kirche 1878. – Das Innere durch die kräftigen, die Fenster spitzbogig umgreifenden Wandvorlagen gegliedert. An den Wandvorlagen halbrunde Dienste mit schlichten Hausteinkapitellen für die Kreuzgewölbe, diese mit Schlußsteinen. Im nordöstlichen Wandpfeiler des Chorschlusses Sakramentsnische mit zwei Holztüren, die innere mit geschmiedetem Gitter, 15. Jh.
Kanzelaltar 1750 von C. F. Beckmann, Heinrich Krüger und Marten Witt. Architektonischer Aufbau, im Sockelgeschoß Abendmahlsgemälde, in den von Säulen und Freifiguren flankierten oberen Geschossen der Kanzelkorb, über dem abschließenden Gesims mit Schalldeckel Christus als Auferstandener in Strahlenglorie. Taufe, Kalkstein, 14. Jh. Orgel 1834, die Westempore und das Gestühl 18. Jh. Zwei Schnitzfiguren, Maria und Mönch, 15. Jh. – Zwei Kelche, Silber vergoldet, 1725 und 1749, der jüngere mit Patene. Krankenkelch mit Patene und Dose, Silber, 19. Jh. Zwei Kelche, Zinn, 1. H. 17. Jh. und 1681. Dose, Messing, 18. Jh. Taufschale, Zinn, 18. Jh. Drei Schalen, Messing, A. 18. Jh., 1855 und um 1870. Leuchterpaar, Bronze, 18. Jh. Glocke A. 14. Jh. – Pastoren-Gedenktafel 2. H. 17. Jh. Drei Grabplatten 1601, 1696 und 1814.
Auf dem Kirchhof mehrere Grabplatten des 19. Jh.
GEDENKSTEIN an der Straße nach Glasin. Nach 1690 aufgestellter Granitfindling zur Erinnerung an die Drainage des Wiesengeländes in den Jahren 1684/90, 1960 wieder aufgestellt und mit Inschrift zur Weiterführung der Arbeiten 1974/76 versehen.

Groß Tessin, Dorfkirche, Inneres nach Osten, Taufstein; Gedenkstein an der Straße nach Glasin

Hohenkirchen (Ortsteil von Gramkow)

DORFKIRCHE Einheitlicher Backsteinbau der 2. H. 15. Jh., rechteckiges vierjochiges Schiff mit fünfseitigem (5/8) Schluß und quadratischem Westturm. Das Schiff ringsum mit Strebepfeilern besetzt, zwischen diesen an den drei westlichen Jochen flache, zum Schiff hin offene Kapellen; dreigeteilte Spitzbogenfenster. Am vierten Joch nördlich die Sakristei, südlich eine Vorhalle, beide Anbauten im 17./18. Jh. verändert. Aus dieser Zeit wohl auch das Obergeschoß des Turmes und das abschließende längsgerichtete Walmdach. In der Turmwestwand spitzbogiges Rücksprungportal, darüber zwei Rundblenden. – Im Inneren alle Raumteile kreuzrippengewölbt, auch die in voller Breite zum Schiff geöffnete Turmhalle und die Seitenkapellen der drei westlichen Joche. Die ornamentale Ausmalung einschließlich der figürlichen Darstellungen E. 19. Jh.

Altaraufsatz 1749 wohl von Heinrich Johann Bülle, Wismar. Zweigeschossiger architektonischer Aufbau, über

Hohenkirchen, Dorfkirche, Ansicht von Nordwesten, Inneres nach Osten, Altaraufsatz

Linke Seite: Hohenkirchen, Dorfkirche, Triumphkruzifix, Taufstein

Rechte Seite: Hohen Viecheln, Dorfkirche, Ansicht von Süden, Inneres nach Nordosten, (rechts unten), ehem. Altaraufsatz (links unten)

dem Sockel mit Abendmahlsbild von 1870 das von gekuppelten Säulen gerahmte Mittelfeld mit plastischem Kruzifix, zwischen den Säulen Jesaja und Moses als Freifiguren, darüber im Aufsatz der Auferstandene, die Dreifaltigkeit und Engelfiguren. Kanzel mit Aufgang und Schalldeckel, 1739 von Heinrich Johann Bülle, am Lesebrett Pelikan. Taufe, Granit, 13. Jh., am runden Fuß vier Köpfe, die Kuppa mit Rundbogenarkaden und vier seilartigen Wülsten mit vierblättrigen Bekrönungen als stilisierte Lebensbäume. Mittelalterliches Weihwasserbecken, jetzt in der Kuppa des Taufsteins. Triumphkruzifix 3. V. 13. Jh., von guter Qualität. Bildnis Martin Luther, 1884. Westempore mit neugotischem Orgelprospekt sowie Gemeindegestühl, 2. H. 19. Jh. – Zwei Patenen, Silber, 18./19. Jh. Dose, Silber, um 1830. Taufschale, Silber, M. 19. Jh. Kronleuchter, Messing, 1682. Glocke A. 14. Jh. – Drei Grabsteine 1774 und 1787, der ältere für den Pfarrer Z. Manke † 1661 und Frau, mit Flachrelief des Ehepaares. Wappenmedaillon v. Plessen, Eisenblech getrieben, um 1680. Drei Gedenktafeln: J. Prizelius † 1728; G. Calsow † 1804; A. Heuckendorf † 1814.

Am Friedhof neugotisches Backsteinportal 2. H. 19. Jh.

Hohen Viecheln

PFARRHAUS Eingeschossiger Fachwerkbau von sieben Achsen mit Krüppelwalmdach, 1764, in jüngerer Zeit z. T. verputzt.

DORFKIRCHE Großer einheitlicher Backsteinbau des frühen 14. Jh., rechteckige dreischiffige Halle von fünf Jochen; ein Turm war geplant (Verzahnungen an der Westwand), ist jedoch nicht zur Ausführung gekommen. Das Schiff mit abgetreppten Strebepfeilern besetzt, diese an den Ecken im Westen und Osten diagonal gestellt, dazwischen die profilierten dreigeteilten Fenster. Rücksprungportale, das Westportal wohl um 1860. Unter dem Hauptgesims umlaufender Kleeblattbogenfries, das Satteldach im Osten abgewalmt. – Das Innere durch Rundpfeiler aus Lagen glasierter und unglasierter Steine in drei sehr schmale Schiffe von gleicher Breite unterteilt. Die Kapitellzone der Pfeiler durch besondere Ziegelsetzung und den Wechsel mit Putzflächen hervorgehoben, darüber die Kreuzrippengewölbe ansetzend, diese an den flachen Vorlagen der Umfassungswände über konsolengetragenen Diensten. Der Ziegelfries unter den Fenstern und die Ausmalung von der Restaurierung um 1860.

Neugotischer Altaraufbau mit Himmelfahrtsgemälde von Theodor Fischer-Poisson, um 1860; gleichzeitig auch die Kanzel, das Gestühl im Chor und das Gemeindegestühl.

Der ehem. Altaraufsatz von A. 17. Jh. ein architektonischer Aufbau mit Reliefs von Abendmahl, Kreuzigung und Auferstehung, Gottvaterbüste und seitlichen Reliefs mit Moses und Justitia; reicher Ohrmuschel- und Knorpelwerkdekor. Taufstein, Granit, 13. Jh., an der Kuppa Rundbogenarkaden und vier Maskenköpfe. Schnitzfigur eines Ritters im Kettenhemd, angeblich der Erbauer der Kirche B. v. Plessen. A. 14. Jh., ursprünglich wohl Teil einer Grabtumba. Madonna, Sandstein, A. 14. Jh. Triumphkreuzgruppe 2. H. 15. Jh. Vier Schnitzfiguren: Diakon und hl. Katharina, A. 15. Jh.; Madonna im Strahlenkranz und hl. Katharina, A. 16. Jh. Geldkasten, Eisenblech mit Ornamenten, 18. Jh. Drei Porträtgemälde: A. Friederici † 1791; K. Müller † 1859; Niemann 19. Jh.

Hohen Viecheln, Dorfkirche, Schnitzfigur eines Ritters im Kettenhemd, Taufstein

Zwei Kelche, Silber vergoldet, 15. Jh. und 1720. Krankenkelch und Patene, Zinn, 18./19. Jh. Zwei Dosen, Silber, 1704 und M. 19. Jh. Taufschale, Kupfer, 1. H. 19. Jh. Taufschale, Messing, E. 19. Jh. Schraubflasche, Zinn, 1679. Vier Leuchter, Zinn, 1841. Klingelbeutel 1796. – Drei Grabplatten: C. Wettering † 1695; Siggelkow † 1742; A. Friederici † 1791.

Vor der Westseite der Kirche verbretterter Glockenstuhl von 1774, die zwei Glocken 1567 von Hans Brandt und 1723 von Michael Begun, Friedland. – Auf dem Kirchhof dreizehn eiserne Grabkreuze des 19. Jh.

Hornstorf

DORFKIRCHE Backsteinbau des 14. und 15. Jh. Das dreijochige Schiff mit fünfseitigem (5/8) Chorschluß 2. H. 14. Jh., mit abgetreppten Strebepfeilern besetzt, die spitzbogigen zweigeteilten Fenster mit gestuftem Gewände. Nordsakristei und Südvorhalle in der 1. H. 15. Jh. angefügt, ihre Giebel mit reichem Blendenschmuck, der der Vorhalle über Maßwerkfries mit prachtvoller elfteiliger Rosette. Der quadratische Westturm in der 2. H. 15. Jh. vorgebaut, schlicht, im Obergeschoß Zwillingsfenster in gemeinsamer spitzbogiger Blende; Abschluß durch längsgerichtetes Walmdach. – Das Innere mit Kreuzrippengewölben auf Konsolen mit Maskenköpfen, die abgetreppten Fensterrahmungen als Nischen bis zu einer niedrigen Sockelzone heruntergeführt. Das Dachgeschoß der Südvorhalle mit Segmentbogen zum Schiff geöffnet. Im Polygon figürliche Gewölbemalerei E. 14. Jh., Deesis, Kreuzigung, hl. Laurentius, 1910 freigelegt und ergänzt, gleichzeitig wohl auch die vegetabilische Bemalung der Schiffsgewölbe stark erneuert.

Kanzel 1651, von der figürlichen Bemalung am Aufgang Moses und Aaron erhalten; Schalldeckel 1663. Taufstein E. 19. Jh. Kruzifix M. 15. Jh. Glasmalerei im Chorpolygon E. 19. Jh. Westempore 19. Jh. – Drei Kelche, Silber vergoldet, A. 15. Jh., mit Christusköpfchen am Nodus; 15. Jh.; um 1600, mit reichem ornamentalem Schmuck und Maskarons. Drei Patenen, Silber vergoldet, 15. Jh.; um 1600; 18. Jh. Dose, Silber vergoldet, 1746. Taufschale, Messing, E. 19. Jh. Zwei Leuchter, Messing, 1630 und 1648. Leuchterpaar, Zinn, 1756. Kronleuchter, Messing,

Hornstorf, Dorfkirche,
Inneres nach Osten,
Ansicht von Südosten,
Kelch um 1600

18. Jh. Zwei Glocken 1878 von Eduard Albrecht, Wismar. – Zwei Grabplatten: Körneke 1330 und Johannes (?) 1370.

Kalsow (Ortsteil von Benz)

BAUERNHAUS Hof Moll, niederdeutsches Hallenhaus von 1767, ursprünglich Durchgangshaus, die Durchfahrt im 19. Jh. geschlossen. Rohrgedecktes Dach, der tiefliegende Walm über der Toreinfahrt eingeschnitten.

Kirchdorf/Insel Poel

Ehem. FESTUNG Die um 1620 nach Plänen von Ghert Evert Piloot als fünfstrahliger Stern mit Schloß und Nebengebäuden sowie einem die mittelalterliche Dorfkirche einschließenden Außenwerk geschaffene Festungsanlage bereits im Dreißigjährigen Krieg schwer beschädigt und noch im 17. Jh. weitgehend verfallen, die Baulichkeiten lediglich durch Grabungen im 19. Jh. und 1934 nachgewiesen. Erhalten Teile der Erdwälle und Gräben.

DORFKIRCHE Großer dreijochiger Backsteinbau mit fünfseitigem (5/8) Ostschluß, 15. Jh., der massige quadratische Westturm vom Vorgängerbau aus der M. 13. Jh. Das Schiff mit schlanken, einmal abgetreppten Strebepfeilern besetzt, die spitzbogigen Fenster dreigeteilt. Gleichzeitig und ebenfalls 15. Jh. die Nordsakristei und die südöstliche Vorhalle; die südwestliche Vorhalle um 1870. Der Westturm aus der M. 13. Jh. mit Ecklisenen,

Rücksprungportal und rundbogigen Schalluken, im Inneren des Untergeschosses kuppeliges Kreuzgratgewölbe und Mauertreppe in der Südostecke. Der Turmabschluß mit Kreuzbogenfries an der Nordseite, vier Schildgiebeln und achtseitigem Helm gleichzeitig mit der Errichtung des Schiffes im 15. Jh. aufgebracht. – Das Innere mit gebusten Kreuzrippengewölben auf gebündelten bzw. im Chor auf einfachen Runddiensten, das östliche Schiffsjoch in der Gewölbezone durch verstärkten Gurtbogen als zum Chorpolygon gehörend ausgewiesen. Unter den Fenstern flache Spitzbogennischen.
Schnitzaltar A. 15. Jh., Schrein und Flügel horizontal geteilt in eine höhere obere und eine niedrigere untere Zone. In der oberen Zone im Schrein zentrale Marienkrönung, Nikolaus und Johannes Bapt. sowie vier Apostel, ebenso wie die jeweils vier Apostel in den Flügeln unter reichen Maßwerkbaldachinen. In der unteren Zone Ma-

donna und fünfzehn weibliche Heilige als Halbfiguren unter Maßwerkbögen. An der Schiffsnordseite ein weiterer Schnitzaltar vom A. 16. Jh., im Schrein apokalyptische Madonna umgeben von musizierenden Engeln, in den Kastenflügeln Reliefs der Verkündigung, Geburt, Anbetung der Könige und Beschneidung. Triumphkruzifix 2. H. 15. Jh. Kanzel, Gestühl und die zweigeschossige Westempore um 1870, der Orgelprospekt mit Akanthusdekor 1740. Schiffsmodell, Zeesboot, 1936. – Zwei Kelche und Patenen, Silber vergoldet, 1735 und 1758. Krankenkelch, Silber vergoldet, 1745. Patene, Silber vergoldet, 18. Jh. Dose, Silber, 1758. Taufschale und Kanne, Silber, M. 19. Jh. Vier Leuchter, Zinn, 1. H. 18. Jh. Kronleuchter, Messing, 1656. Mittelalterliche Glocke. – Vier Grabplatten: H. Buk † 1388, von den ursprünglich vier Ritzfiguren noch zwei sowie die Evangelistensymbole in den Ecken erhalten; N. Munt M. 15. Jh.; zwei Kinder der Familie Walter † 1650 und 1656; A. Junge † 1682.

Linke Seite: Kirchdorf/ Insel Poel, Dorfkirche, Ansicht von Süden, Inneres nach Westen, Votivschiff

Rechte Seite: Kirchdorf/ Insel Poel, Dorfkirche, Schnitzaltäre A. 15. Jh. (oben) und A. 16. Jh. (rechts unten), Kruzifix (links unten)

brochene achtseitige Kalksteinsäule, Kapitellplatte und Sockel quadratisch, wahrscheinlich die Mittelsäule des zerstörten vierteiligen Kreuzrippengewölbes der Sakristei der Dorfkirche.

DORFKIRCHE Spätromanischer Backsteinbau, um 1230 als Basilika begonnen, davon außer dem Chor mit halbkreisförmiger Hauptapsis noch die nördliche Nebenapsis (in der Westwand der Sakristei) und der östliche Teil der Mittelschiffswände mit den später zugesetzten Arkadenöffnungen erhalten. Nach Planänderung noch vor M. 13. Jh. als einschiffiger Bau fortgeführt und mit Westturm abgeschlossen. Von sehr sorgfältiger und reicher Ausführung: Gliederung durch Lisenen; Sockelprofil, unter dem Dachgesims Kreuzbogen- und Kragsteinfriese. Die Fenster, soweit ursprünglich erhalten, durchweg noch rundbogig. Besonders aufwendig die Rundbogenportale: das nördliche Schiffsportal in Kleeblattbogenblende, das südliche Chorportal mit eingelegten Rundstäben im Gewände und in dreieckig geschlossener Mauervorlage, das südwestliche Schiffsportal mit ähnlichem Gewände, rahmender Zahnschnittleiste und bekrönender Vierpaßblende. Ähnlich gegliedert auch der durch Pyramidendach abgeschlossene Turm, mit Rundbogenfriesen, gekoppelten Schalluken in Rundbogenblenden am oberen Geschoß und Portal in Mauervorlage, dieses bereits spitzbogig. Im 14. Jh. die Apsis erhöht und durch Vergrößerung der Fenster und Anbau von Strebepfeilern für ein Kreuzrippengewölbe verändert, gleichzeitig die Sakristei an der Nordseite des Chores und die Vorhalle an der Südseite des Schiffes angebaut.

Im Inneren das kuppelige Kreuzrippengewölbe im Chorjoch vielleicht 13. Jh., das fünfteilige Rippengewölbe der Apsis 14. Jh.; spitzbogiger Triumphbogen, seine seitlichen Vorlagen halbrund und mit mächtigen Kapitellen gebildet. Das Schiff mit hölzerner Flachdecke, in den Längswänden z. T. die zugesetzten rundbogigen Arkaden zu den ursprünglich geplanten Seitenschiffen erkennbar. – An der Chorsüdwand Wandmalereien des 13./14. Jh., Vierpaßfriese mit Heiligenbüsten, szenischen Darstellungen und Majuskelinschriften.

Altaraufsatz A. 18. Jh. Architektonischer Aufbau in drei Geschossen, mit Gemälden. Über der Predella mit

Krassow

Ehem. GUTSHAUS (Kinderheim). Neubarocker zweigeschossiger Putzbau mit Krüppelwalmdach, A. 20. Jh. erbaut. Der dreiachsige, am Obergeschoß von ionischen Pilastern gegliederte Mittelrisalit von steilem, leicht geschwungenem Dreiecksgiebel abgeschlossen, darüber, auf dem First des Daches, achtseitiger Dachturm mit geschwungener Haube.

Losten (Ortsteil von Bad Kleinen)

GEDENKSTÄTTE Ehrenfriedhof mit Gedenkstein für die hier beigesetzten 276 Opfer des zweiten Weltkrieges, 1960 angelegt, 1980 umgestaltet.

Lübberstorf

BAUERNHAUS Hof Striegel, niederdeutsches Hallenhaus mit rohrgedecktem Walmdach, 18./19. Jh., in jüngerer Zeit z. T. massiv erneuert.

Lübow

PFARRHAUS Eingeschossiger siebenachsiger Fachwerkbau mit Krüppelwalmdach, 18. Jh. – Im Pfarrgarten zer-

Linke Seite:
Krassow,
ehem. Gutshaus,
Hofseite

Rechte Seite:
Lübow, Dorfkirche,
Inneres nach Osten,
Portal an der Süd-
seite des Schiffes,
Außenansicht
von Südwesten,
Außenansicht
von Südosten

Abendmahlsdarstellung das von Säulenpaaren flankierte Hauptgeschoß mit Kreuzigungsbild und den Figuren von Moses und Aaron, in den seitlichen Wangen Medaillons mit Gethsemane und dem Verhör vor Kaiphas. Im Abschluß Rundbilder, Grablegung und darüber Auferstehung, dazu Figuren der vier Evangelisten und des Auferstandenen. Kanzel mit Aufgang und Schalldeckel, 1769, am geschwungenen Korb Rocaillenschmuck. Taufengel 18. Jh. Orgel 19. Jh. Triumphkreuzgruppe 15. Jh., auf Triumphbalken. Kruzifix 15. Jh. Tür einer Sakramentsnische, außen mit gemalter Monstranz, innen mit Schmerzensmann, A. 15. Jh. Truhe mit Beschlag 18. Jh. Bibelpult 1729. Patronatsempore an der Südseite des Chores 1585, die Brüstung mit Arkadenbögen und geschnitzten

Wappenfüllungen. Patronatsempore an der Nordseite des Chores 1729, 1769 um das reich geschmückte Obergeschoß mit Wappenbekrönung und Engelfiguren erweitert. Das Kastengestühl im Schiff 18. Jh.

Zwei Kelche, Silber vergoldet, 15. Jh. und 1759. Kelch und Patene, Silber vergoldet, 1587, die Patene mit eingeritztem Kruzifix. Dose, Silber, 1683. Kanne, Silber, 1758. Krankenabendmahlsgerät bestehend aus Kelch, Patene, Dose und zwei Leuchtern, Messing versilbert, 2. H. 19. Jh. Krankenkelch, Zinn, 1719. Taufschale, Messing, 1855. Leuchterpaar, Zinn, 1859. Kronleuchter, Messing, E. 19. Jh. Glocke 1722 von Laurentius Strahlborn, Lübeck.

Epitaph L. v. Bassewitz, Sandstein, 1626, an der Nordseite des Chores. Zweigeschossiger Architekturaufbau mit Alabasterreliefs, Wappen und den Figuren der Verstorbenen. Drei Grabsteine: H. Todde †1370, mit Ritzfigur des Geistlichen; N. Tzyttkowe †1405, mit Ritzfigur des Geistlichen; E. C. und E. D. Nann 1680.

Lüderstorf (Ortsteil von Lübberstorf)

BAUERNHAUS Hof Taschenbreker, niederdeutsches Hallenhaus A. 19. Jh., das abgewalmte Rohrdach an der Dieleneinfahrt eingeschnitten.

Manderow (Ortsteil von Gramkow)

Ehem. GUTSHAUS (Wohnungen). Rechteckiger zweigeschossiger Putzbau von fünfzehn Achsen mit Walmdach, A. 20. Jh. An der Hofseite die drei mittleren Achsen mit barockisierendem Portal und flachem Dreiecksgiebel, die linken drei Achsen durch rustizierte Kolossalpilaster getrennt, an der rechten Seite im Erdgeschoß polygonal vorspringender Vorbau mit darüber gelegenem Altan.

Mecklenburg, Dorf

BURGWALL Etwa 500 m südlich des Ortes im Wiesengelände. Ursprünglich slawischer Burgwall, 967 urkundlich erwähnt, später Hauptburg der Fürsten von Mecklenburg. Die Baulichkeiten seit dem 13. Jh. verfallen und beseitigt, der Ringwall von etwa 150 zu 200 m Durchmesser erhalten, 10 bis 12 m hoch. Innerhalb des Walles seit 1870 Friedhof, hier Gedenkstein für Franz Slomski, ein Opfer des Kapp-Putsches 1920.

Ehem. FORSTHAUS (Duwe). Eingeschossiger Fachwerkbau von sieben Achsen, um M. 19. Jh. erbaut.

SCHEUNEN Hof Pinnow, Fachwerkscheune mit rohrgedecktem Krüppelwalmdach, A. 19. Jh. – Hof Asche, Hallendielenscheune 18. Jh., die Wände z. T. massiv erneuert, das rohrgedeckte Walmdach am Dielenende eingeschnitten.

PFARRGEHÖFT Wohnhaus, eingeschossiger Fachwerkbau von sieben Achsen mit Krüppelwalmdach, 1767. Scheune A. 18. Jh., Dreiständerbau mit Giebeltrapez an der Straßenseite, darüber rohrgedecktes Krüppelwalmdach, an der Hofseite der Walm eingeschnitten und die Wände z. T. massiv erneuert.

DORFKIRCHE Kleiner dreijochiger Backsteinbau mit polygonalem Ostschluß, 15. Jh., der quadratische Westturm noch vom Vorgängerbau aus der 2. H. 13. Jh. Das Schiff schlicht, die zweigeteilten Spitzbogenfenster außen und innen in flachen spitzbogigen Nischen, an den Ekken des Polygons schmale Vorlagen. Der ältere Turm rei-

Linke Seite: Lübow, Dorfkirche, Patronatsloge an der Nordseite des Chores (dahinter Epitaph L. v. Bassewitz), ehem. Tür einer Sakramentsnische, Grabplatte für N. Tzyttkowe

Rechte Seite: Dorf Mecklenburg, Scheune des Pfarrgehöftes; Dorfkirche, Ansicht von Südosten

cher, das Sockelprofil mit glasierten Steinen, an den beiden oberen Geschossen Schalluken z. T. in abgetreppten spitzbogigen Rahmungen. Abschluß durch Schildgiebel über deutschem Band und niedrigen Helm. In der 1. H. 17. Jh. umfassende Erneuerung, dabei am Außenbau Errichtung der Stützpfeiler am Chorschluß.

Der mit der baulichen Wiederherstellung der Kirche in der 1. H. 17. Jh. geschaffene Innenausbau zusammen mit der Ausstattung eines der bedeutendsten Zeugnisse sakraler Kunst dieser Zeit in Mecklenburg. Reiche hölzerne Kassettendecke, ihr Höhenunterschied zwischen Schiff und Chor ausgeglichen durch paneelartige Brüstung mit Hängekamm, in den Blendarkaden der Brüstung Gemälde von Christus mit den klugen und törichten Jungfrauen. Altaraufsatz 1622, mehrgeschossiger Aufbau. In der niedrigen Predella Abendmahlsrelief mit den Figuren von Spes und Fides. Das vierteilige Hauptfeld mit Passionsreliefs, in der Mitte die Figuren von Adam und Eva, seitlich die der Evangelisten, in den ausladenden Ohren Aufrichtung der ehernen Schlange und Gethsemane. Über dem Hauptgesims Kreuzigungsrelief, seitlich David und Daniel, darüber Relief der Geburt Christi sowie Figuren des Auferstandenen und Engel. Üppige Knorpelwerkornamentik, ebenso wie die Reliefs durch Kalkanstrich entstellt. Die Altarschranken 18. Jh. Kanzel mit Aufgang und Schalldeckel, 1618, am Korb Reliefs der Evangelisten, die Rückwand mit Kreuzigungsrelief, der Deckel mit Strebenkrone, alles reich ornamentiert; der angeschlossene Sakristeiverschlag E. 17. Jh. Taufe 1. H. 17. Jh., die Wandung mit Blendarkaden und Apostelgemälden. – Kreuzigungsgruppe 1633, auf Triumphbalken. Zwei Emporenbrüstungen vom ehem. fürstlichen Stuhl und vom Moidentiner Gestühl, 1. H. 17. Jh. Gerahmtes Marmorrelief, auferstandener Christus, 1623, Hans Walther zugeschrieben. An der Schiffsnordwand gemalte Kreuzigungsgruppe, 15. Jh., beim Umbau in der 1. H. 17. Jh. stark erneuert. – Weitere Ausstattungsstücke: Taufständer,

Linke Seite: Dorf Mecklenburg, Dorfkirche, Inneres mit Blick in den Chor

Rechte Seite: Dorf Mecklenburg, Dorfkirche, Triumphkreuzgruppe, Wandmalerei an der Schiffsnordwand

Gußeisen, 2. H. 19. Jh. Orgel 19. Jh. Drei Gemälde: Christus in Emmaus, 1624; Taufe Christi, 1625; Jüngstes Gericht, 1757. Bildnis Martin Luther, 1622. In der Nordwand des Polygons Wandschrank mit Holztür, wohl nachmittelalterlich.

Linke Seite: Dorf Mecklenburg, Marmorrelief in der Dorfkirche; Erd-Holländer-Mühle

Rechte Seite: Neuburg-Steinhausen, Dorfkirche, Ansicht von Südwesten, Inneres nach Osten

Drei Kelche mit Patenen, Silber vergoldet, 1614 (2) und 1620. Dose, Silber, um 1700, Deckel und Wandung mit gravierten Ornamenten und szenischer Darstellung, 1812 nachträglich beschriftet. Krankenabendmahlsgerät, Silber, Kelche und Patene 1622, Dose 1753. Kanne, Messing versilbert, 1863. Taufschale und Teller, Messing, E. 19. Jh. Drei Leuchter, Zinn, 2. H. 17. Jh., einer 1665 datiert. Glocke 1859 von M. Hausbrandt, Wismar. – Vier Grabsteine 17. und 18. Jh.
WINDMÜHLE (Gaststätte). Erd-Holländer-Mühle auf Backsteinunterbau, 1859, die technische Ausstattung nicht erhalten.
MUSEUM (Traditionsstätte der sozialistischen Landwirtschaft), davor, von Feldsteinmauer eingefaßt, Denkmalensemble mit der Bronzeplastik eines Bauernpaares von Ludwig Engelhardt und einem stelenartigen Relief von Reinhard Dietrich.

Metelsdorf (Ortsteil von Dorf Mecklenburg)
BAUERNHAUS Hof Draeger, niederdeutsches Hallenhaus mit abgewalmtem Rohrdach, 18./19. Jh., die Giebelseiten massiv erneuert.

Nantrow (Ortsteil von Hagebök)
BAUERNHAUS Hof Voigt, niederdeutsches Hallenhaus 19. Jh., mit rohrgedecktem Krüppelwalmdach.
Ehem. CHAUSSEEWÄRTERHAUS Eingeschossiger Putzbau von drei Achsen, die mittlere risalitartig vorgezogen und übergiebelt, 2. H. 19. Jh.
WINDMÜHLE E. 19. Jh. erbaute Ständer-Holländer-Mühle. Achtseitiger Backsteinunterbau, Mühlenrumpf und Haube verschindelt, die technische Ausrüstung z. T. erhalten. Ausbau zur Gaststätte und Rekonstruktion der Windkraftanlage vorgesehen.

Neuburg-Steinhausen

BURGWALL (sog. Wallberg), etwa 300 m südlich des Ortes. Ehem. Burg auf Bergkuppe, um 1171 angelegt anstelle der etwa 3 km östlich gelegenen Burg Ilow, im 13. Jh. ausgebaut, bald danach verfallen. Erhalten Reste der drei konzentrisch angelegten Wälle und des nördlich vorgelagerten Abschnittswalles.

DORFKIRCHE Backsteinbau aus dem 2. V. 13. Jh., der Westturm 14. Jh. Ursprünglich eine vierjochige Basilika mit leicht eingezogenem Rechteckchor und Nordsakristei, die Seitenschiffe später abgebrochen und die Arkaden geschlossen. Chor und Schiff mit Ecklisenen, der Chorgiebel mit steigendem Rundbogenfries, Rundbogenfriese auch am Chor und an der südlichen Schiffswand, an der Schiffsnordwand deutsches Band und Kragsteinfries. Schmale spitzbogige Fenster, am Chor in den Fensterleibungen eingelegte Rundstäbe, in der Ostwand gestaffelte Dreifenstergruppe. Die zum Mittelschiff wie auch zu den ehem. Seitenschiffen abgetreppten rundbogigen Arkaden auf kurzen kreuzförmigen Pfeilern. Der quadratische Westturm von Schiffsbreite sehr regelmäßig an allen Seiten gebildet, im obersten Geschoß jeweils zwei in spitzbogiger Blende zweigeteilte Klangarkaden. Abschluß durch vier blendengeschmückte Schildgiebel und achtseitigen Helm. Westportal und untere Turmfenster 19. Jh.

Im Inneren der Chor mit Kreuzgratgewölbe, das Schiff mit Balkendecke; spitzbogiger Triumphbogen, in seiner tiefen Leibung Sakramentsnische, die mittelalterliche Tür mit Kleeblattbogenschluß. Die Wandmalereien seit 1980 freigelegt. An der Nordwand des Schiffes Zyklus mit Szenen und Einzeldarstellungen, um 1400, an der Südwand biblische Szenen, plattdeutsche Inschriften und epitaphähnliche Darstellung von 1584. Von einer barokken Ausmalung aus der 2. H. 17. Jh. die überlebensgroßen Heiligenfiguren am Obergaden und an der Schiffsostwand. Gleichzeitig auch die Ausmalung in der Triumphbogenleibung und im Chor, am Gewölbe ohrmuschelartige Ranken und musizierende Engel, an den Wänden ähnliche Ranken als Rahmungen der Fenster, die Sockelzone darunter mit gemalten Tuchgehängen.

Altaraufsatz 1703. Architektonischer Aufbau mit gewundenen Säulen im Hauptgeschoß. Über der Predella mit Abendmahlsgemälde im Hauptgeschoß plastisches Kruzifix vor gemalter Darstellung von Jerusalem, seitlich Figuren von Moses und Aaron sowie in Medaillons zwei Reliefbüsten (Stifter ?), über dem Hauptgesims Stiftungsinschrift und Himmelfahrtsgemälde sowie Figuren der beiden Johannes. – Kanzel mit Schalldeckel, um 1700, am Korb zwischen Akanthusvoluten emblematische Darstellungen, der Deckel mit reichem Schnitzwerk. – Orgel 1866, gleichzeitig die Westempore und das Gemeindegestühl.

Triumphkreuzgruppe um 1500, die um zwei Seraphime erweiterte Gruppe auf altem Balken unter dem Triumphbogen. Tafelbild, Christus vor Pilatus, 2. H. 15. Jh., wohl Rest eines Antependiums. Brüstung der ehem. Patronatsloge, 1701. Beichtstuhl A. 18. Jh., an der Innenseite der Tür Gemälde, Christus und die Sünderin. Bibelpult 18. Jh.

Kelch, Silber vergoldet, 1481, mit Kruzifix und eingraviertem Halbbild der hl. Katharina sowie Inschrift. Kelch, Silber vergoldet, um 1500, die Kuppa 1636 erneuert, aus der gleichen Zeit die Patene. Kelch und Patene, Silber

Neuburg-Steinhausen, Dorfkirche, Arkadenreihe an der Südseite, Epitaph D. v. Plessen, Wandmalerei an der Südwand des Schiffes

vergoldet, 18. Jh. Zwei Patenen, Silber vergoldet, 18. Jh. Krankenkelch und Patene, Silber, 1681. Kelch und Patene, Messing versilbert, 2. H. 19. Jh. Zwei Dosen, Silber, 1701 und 18. Jh. Kanne, Silber, 1901. Taufschale, Silber, 19. Jh. Kronleuchter, Messing, 18. Jh., in der 2. H. 19. Jh. stark ergänzt. Glocke A. 14. Jh. – Epitaph D. v. Plessen/M. v. Krosick, um 1600, Inschriftstein mit Wappenrahmung. Grabplatte des Pfarrers A. Buchow † 1496.

BRÜCKE im Forst Farpen. Vermutlich im 18. Jh. beim Ausbau der Poststraße Rostock–Wismar errichtet. Einbogenbrücke aus Backstein, die Rampen und die Abdekkungen Feldstein.

Neukloster

WOHNBAUTEN In dem 1938 zur Stadt erhobenen Ort nur wenige Straßenzüge mit historischer Bebauung erhalten, so in der Karl-Marx-Straße ein Ensemble von zumeist eingeschossigen Backsteintraufenhäusern mit Krüppelwalmdächern aus dem 2. V. 19. Jh., z. T. mit neugotischen Ergänzungen aus späterer Zeit. Erwähnenswert auch das ehem. Rasthaus Platz des Friedens 6, ein eingeschossiges Backsteingiebelhaus von fünf Achsen. 1. H. 19. Jh.

SEHSCHWACHENSCHULE »Clara Zetkin«, ehemals Lehrerseminar. Komplex aus mehreren zwei- und dreigeschossigen Backsteinbauten, in neugotischen Formen um 1860/65 nach Entwurf von Theodor Krüger, Schwerin, erbaut. Hervorzuheben das Hauptgebäude, ein dreigeschossiger Backsteinbau von fünfzehn Achsen, der kräftig vorspringende dreiachsige Mittelrisalit durch Staffelgiebel abgeschlossen, und ein langgestrecktes zweigeschossiges Nebengebäude über H-förmigem Grundriß, in ähnlichen Formen wie das Hauptgebäude, die Giebel der Seitenflügel wie auch des Eingangsrisalites mit steigenden Treppenfriesen.

Ehem. ZISTERZIENSERINNENKLOSTER Sonnenkamp. 1219 gegründet als Benediktinerinnenkloster, nach 1245 Annahme der Zisterzienser-Regel. 1555 säkularisiert, von den Baulichkeiten die meisten durch Grabungen nachgewiesen, erhalten nur Kirche, Glockenturm und ehem. Propstei.

Neuburg-Steinhausen, Brücke im Forst Farpen; Neukloster, Sehschwachenschule »Clara Zetkin«, Hauptgebäude; Ansicht der ehem. Klosteranlage, Lithographie um M. 19. Jh.

Linke Seite:
Neukloster,
Klosterkirche,
Ansicht von Osten,
Ansicht von Südosten,
Inneres nach Osten,
Portal am nördlichen Querschiff

Rechte Seite:
Neukloster,
Klosterkirche,
Glasmalereien in der Chorostwand

KLOSTERKIRCHE St. Maria und St. Johannes Ev. Kreuzförmiger Backsteinbau von einheitlicher Ausführung und vorbildhafter Wirkung auf die mecklenburgische Architektur des 13. Jh. Um 1220 begonnen, bis zur Weihe 1227 Chor und Querhaus sowie die Seitenkapellen fertiggestellt, bei der Schlußweihe 1236 auch das Langhaus mit nördlichem Seitenschiff vollendet; ein südliches Seitenschiff war nie vorhanden, da hier die zweigeschossige Klausur unmittelbar an das Mittelschiff anschloß (in der Schiffssüdwand zwei ehem. Zugänge von dem Obergeschoß der Klausur zur ehem. Nonnenempore erkennbar). Nach der Säkularisierung das nördliche Seitenschiff und die südliche Chorkapelle abgebrochen. Das Äußere in sorgfältiger Mauertechnik: Sockelprofil, Ecklisenen, umlaufender rundbogiger Traufries. Die Giebel mit steigenden Rundbogenfriesen, die Flächen mit opus spicatum gefüllt, am Chorgiebel durch vertikale Halbrundstäbe in Felder geteilt. Die schlanken Spitzbogenfenster in der Chorostwand zu einer Dreifenstergruppe zusammengefaßt, die übrigen Fenster am Chor und die des Querhauses paarweise geordnet, am Obergaden des Langhauses jeweils acht Einzelfenster; sämtliche Fenster außen und innen in engumgreifenden, bei den Fenstergruppen zwischen den Schlüssen von Konsolen aufgegriffenen Blenden. Die Gewände der rundbogigen Rücksprungportale des Querhauses mit eingestellten Rundstäben und Dreieckskapitellen. An der Westwand des nördlichen Querschiffarmes polygonaler Treppenturm, in der Ostwand innen Apsidiole. 1862/65 Neugestaltung des Westgiebels mit steigendem Rundbogenfries und Kreuzblende, gleichzeitig Aufbringung des Dachreiters über der Vierung.

Im Inneren Chor und Querschiff sowie die erhaltene nördliche Chorkapelle (Sakristei) mit kuppeligen Kreuzgratgewölben, die Vierung von abgetreppten Pfeilern und Spitzbögen begrenzt. Das Schiff flachgedeckt, den (zugesetzten) Arkaden zum ehem. nördlichen Seitenschiff entsprechen an der Südseite flache Blendnischen. Von der Restaurierung 1862/65 die Ausmalung der Ostpartien und die hölzerne Balkendecke im Langhaus sowie deren Bemalung, ferner das Blendtriforium in Höhe der Auflager der ehem. Nonnenempore. – Glasmalereien. Reste

eines kurz nach 1245 entstandenen umfangreichen Zyklus figürlicher und ornamentaler Scheiben; die Darstellung der hl. Elisabeth (Ilsabe) schließt eine Entstehung des Zyklus vor deren Heiligsprechung 1245 aus. 1950/51 in der Dreifenstergruppe der Chorostwand neu zusammengestellt, fünf ganzfigurige Heilige und Apostel, die ornamentalen Randborten z. T. ergänzt. Im südlichen Querschiff gleichzeitige Rundscheibe mit Danielbüste.

Die Innenausstattung bei der Restaurierung 1862/65 erneuert, dazugehörig auch das Bild des ehem. Altaraufsatzes mit Geburt, Auferstehung und Himmelfahrt, um 1865 von Friedrich Lange. Von der älteren Ausstattung erhalten: Kruzifix 15./16. Jh., jetzt auf dem Altar. Schnitzaltar A. 16. Jh., im Schrein apokalyptische Madonna mit Engeln, in den Flügeln Anna selbdritt und hl. Katharina, die

Predellenreliefs mit Heiligen, Heimsuchung und vier Passionsszenen wohl aus Teilen mehrerer Altäre zusammengestellt, zumeist A. 15. Jh. Fünf Tafelbilder, Christus und die Evangelisten, 18. Jh., wohl vom barocken Kanzel-

korb. Große Brunnenschale, Marmor, mittelalterlich. – Kelch, Silber vergoldet, 1. H. 15. Jh., die Kuppa im 18./19. Jh. erneuert. Kelch und Patene, Silber vergoldet, 1608, der Fuß M. 14. Jh. Kelch und Patene, Silber vergoldet, 1725. Kelch, Silber, um 1700. Patene, Silber vergoldet, 19. Jh. Zwei Dosen, Silber, 1775 und 1883. Löffel, Silber vergoldet, 18. Jh. Kanne, Silber, 1862. Kanne, Kupfer, 2. H. 19. Jh. Kanne, Messing versilbert, 1905. Taufschale, Silber, M. 19. Jh. Taufschale, Messing, 2. H. 19. Jh. Drei Kronleuchter, Messing, 2. H. 19. Jh.

Grabsteine: D. Winkelmann †1434, mit Ritzfigur des Geistlichen; J. Moller †1436, mit Ritzfigur des Geistlichen; J. Stralendorf †1457 und Frau, mit Ritzfiguren des Ehepaares; H. v. Bülow †1460 und A. v. d. Lühe †1468, mit Ritzfiguren des Ehepaares; unbekanntes Ehepaar 15. Jh., mit Ritzfiguren. Drei Grabsteine des 17. Jh.

GLOCKENTURM südöstlich der Kirche. Im 15. Jh. als niedriger oktogonaler Backsteinbau mit Spitzbogenportal errichtet, seine ursprüngliche Funktion unklar. 1586 aufgestockt und mit Zeltdach abgeschlossen, die Schalluken paarweise bzw. zu Vierergruppen geordnet. In der Ostseite Wappentafel Herzog Ulrichs von Mecklenburg-Güstrow und seiner Gemahlin Elisabeth eingefügt, wohl ebenfalls 1586. Zwei Glocken: 1461; 1752 von Otto Ger-

hard Meyer, Rostock. – Durch Brand 1988 stark beschädigt, dabei auch die beiden Glocken zerstört.
Ehem. PROPSTEI (Kindergarten, Jugendklub). Rechteckiger zweigeschossiger Backsteinbau A. 15. Jh., die Treppengiebel mit reichem Blendenschmuck; 1904 restauriert und dabei im Inneren stark verändert. Der Keller kreuzrippengewölbt, im östlichen Teil zweischiffiger Saal von drei Jochen.
Katholische MARIENKIRCHE Neubau 1964. – Ältere Ausstattungsstücke: Schnitzfigur einer Madonna, 15. Jh. Glocke 15. Jh. (ehemals in St. Nikolai, Rostock).
WINDMÜHLE (Wohnung, Werkstatt) nordwestlich des Ortes auf dem Petersberg. Galerie-Holländer-Mühle E. 19. Jh., der Backsteinunterbau zweigeschossig, Mühlenkörper und Haube verschindelt, an der Haube Windrose und umlaufende Galerie. Flügelkreuz und technische Ausstattung nicht erhalten.

Niendorf

Ehem. GUTSHAUS (Wohnungen). Zweigeschossiger Backsteinbau von neun zu drei Achsen unter flachem Walmdach, errichtet um 1860. An beiden Traufseiten die drei mittleren Achsen als flache Risalite ausgebildet, der hofseitige übergiebelt. Das Mauerwerk durch doppelte horizontale Streifen aus hellem Backstein optisch gebändert, aus hellen Steinen auch die Rautenmuster in den Spiegeln unter den Obergeschoßfenstern, aus wechselweise versetzten hellen und dunklen Steinen die Bogenschlüsse der Segmentbogenfenster und die Muster des Trauffrieses. In der Mitte der Hofseite segmentbogiges Portal mit Freitreppe. Die südwestliche Achse der Gartenfront als Fenstertür mit vorgelagerter Terrasse ausgebildet, ihr eisernes Brüstungsgitter und Teile der Trägerkonstruktion des Daches noch aus der Erbauungszeit.

Olgashof (Ortsteil von Dorf Mecklenburg)

Ehem. GUTSHAUS (Wohnungen). Zweigeschossiger, im Erdgeschoß fünfachsiger Putzbau auf Sockelgeschoß und mit Walmdach, errichtet wohl E. 19. Jh., möglicherweise im Kern älter. An der Hofseite die äußeren Achsen als flache übergiebelte Risalite ausgebildet.

Linke Seite: Neukloster, Klosterkirche, Glasmalereien, Details (Matthias, Ilsabe, Matthäus), Schnitzaltar

Rechte Seite: Neukloster, ehem. Klosteranlage, Glockenturm; Niendorf, ehem. Gutshaus, Gartenseite; Olgashof, ehem. Gutshaus, Hofseite

Passee

DORFKIRCHE Backsteinbau 1. H. 14. Jh., rechteckiges zweijochiges Schiff mit eingezogenem quadratischem Chor. Dreiteilige Spitzbogenfenster. Vier spitzbogige Rücksprungportale mit reichem Laubdekor am Kämpfer, drei der Portale in rechteckigem Mauervorsprung. Chorgiebel und Westwand mit Blendenschmuck. Die Strebepfeiler wohl nachträglich angebracht, eine spätere Änderung wahrscheinlich auch der Krüppelwalm des Daches über dem Westgiebel. An der Südwand zwei mittelalterliche Sonnenuhren. – Im Inneren Kreuzrippengewölbe auf Vorlagen mit Eckdiensten.

Teile der Ausstattung (Altaraufsatz, Kanzel und Emporenbrüstung) 1980 aus der Dorfkirche in Berendshagen, Ldkr. Bad Doberan, übernommen: Altaraufsatz 1668, unter Verwendung von Teilen eines mittelalterlichen Schnitzaltars. Im Schrein Gnadenstuhl 2. H. 15. Jh., seitlich gerahmt von gewundenen Säulen und Flügeln mit den gemalten Leidenswerkzeugen Christi von 1668, gleichzeitig auch die Predella mit Abendmahlsgemälde und der Aufsatz mit Medaillonbild des Salvators; das bekrönende Kruzifix 15. Jh. Kanzel mit Portal, Aufgang und Schalldeckel, 1702, von gewundener Säule getragen, am Korb zwischen gewundenen Säulen Gemälde des Salvators und der Evangelisten, am Portal Petrus und Paulus. Taufe, Zinkguß, 2. H. 19. Jh. Orgel 2. H. 19. Jh. Zwei Kruzifixe 15. und 18. Jh. Emporenbrüstung mit Wappenmalerei 1586. – Zwei Schalen, Zinn, 18. Jh. Taufschale, Messing, um 1870. Leuchterpaar, Zinn, 1. H. 19. Jh. Leuchterpaar, Messing, 1875.

Vor der Kirche frei stehender großer Glockenstuhl mit Walmdach, die Glocke 1749 von Otto Gerhard Meyer, Rostock.

Linke Seite: Passee, Dorfkirche, Ansicht von Nordwesten, Altaraufsatz

Rechte Seite: Proseken, Dorfkirche, Ansicht von Süden (rechts), Altaraufsatz

Proseken (Ortsteil von Gägelow)

PFARRGEHÖFT Wohnhaus, eingeschossiges Backsteingebäude von sieben Achsen mit Krüppelwalmdach, 1844. Fachwerkscheune mit rohrgedecktem Krüppelwalmdach 1. H. 19. Jh.

DORFKIRCHE Backsteinbau aus der 2. H. 13. Jh., rechteckiges zweijochiges Schiff mit eingezogenem Rechteckchor; der mächtige quadratische Westturm annähernd von Schiffsbreite im 15. Jh. vorgesetzt. Schiff und Chor mit Ecklisenen und Rundbogenfriesen; abgetreppte, zu Paaren zusammengerückte Lanzettfenster, das große Ostfenster 15. Jh. In der Nordwand des Schiffes, in abgetreppter Mauervorlage, Rücksprungportal mit eingestellten Rundstäben und Kämpferband unter Verwendung von glasierten Ziegeln. Der kapellenartige Anbau an der Südseite des östlichen Schiffsjoches 15. Jh., mit Grabkapelle und rippengewölbter Loge darüber. Im ganzen aus dem 15. Jh. der Turm, von besonderer Wirkung durch seine Masse wie auch durch den reichen, sehr variierten Blendenschmuck an den Schildgiebeln, abgeschlossen durch achteckigen Helm. – Im Inneren in Schiff und Chor Kreuzrippengewölbe; spitzbogiger Triumphbogen. Das ebenfalls kreuzrippengewölbte Untergeschoß des Turmes voll zum Schiff geöffnet.

Altaraufsatz 1723. Zweigeschossiger architektonischer Aufbau, über dem Sockel mit Abendmahlsbild im Hauptgeschoß plastisches Kruzifix vor gemaltem Wolkenhintergrund, flankiert von gekuppelten Säulen, davor wie auch zu seiten des Himmelfahrtsbildes im Obergeschoß allegorische Figuren, Engel und Putten; als Bekrönung Auge Gottes in Strahlenglorie. Kanzel mit Aufgang und Schalldeckel, 1656, am Korb zwischen Hermenpilastern Salvator und Evangelistenfiguren, am Aufgang Apostel; der Schalldeckel von 1662 mit Wappen in reichem Spätrenaissancedekor und Auferstandenem. Taufe, Kalkstein, M. 13. Jh., Fuß, Schaft und Kuppa in Vierpaßform, in den Ecken von Schaft und Kuppa Wülste, die an der Kuppa in bärtige Männerköpfe auslaufen; Reste der ursprünglichen farbigen Bemalung. Orgel 1868. Glasmalerei,

Evangelistenfiguren, 2. H. 19. Jh. von Michaelsen, Wismar. Porträt P. Conradi † 1729. Westempore und Gestühl 1856. Brüstung der ehem. Patronatsloge im südlichen Anbau, mit Rundbogenfeldern, 1580. Vier Wappenschnitzereien 18. Jh.
Kelch und Patene, Silber vergoldet, 1591, der Kelch am Fuß mit Relieffigürchen unter Wimpergbaldachinen, an der Kuppa mit gravierter Kreuzigungsgruppe, die Patene mit vertieftem Vierpaß und eingravierter Abendmahlsszene. Kelch und Patene, Silber vergoldet, 17. Jh. Patene, Silber, 18. Jh. Krankenkelch und Patene, Silber, 1804. Dose, Silber, 1672. Kanne, Messing versilbert, E. 19. Jh. Taufschale, Silber, 1856, in Lederfutteral. Zwei Klingelbeutel, um 1800 und 19. Jh. Leuchterpaar, Bronze, 1. H. 17. Jh. Drei Kronleuchter, Messing, 1653, 1663 und 1669. Glocke 1819 von Valentin Schultz, Rostock.

Epitaph U. v. Negendanck/E. v. Walsleben, 1623, im Hauptfeld Auferstehungsrelief, seitlich von Hermenpilastern und Reliefs mit Adam und Eva und der Madonna gerahmt. Epitaph Negendanck, angeblich 1650, zweigeschossiger architektonischer Aufbau mit Gemälden der Stifterfamilie und der Auferstehung, im Hauptgeschoß seitlich zwischen Säulen Wappenleisten; Wangen und Aufsatz mit reichen figürlichen und ornamentalen Schnitzereien im Ohrmuschelstil. Epitaph Negendanck, um 1670, um ein Mittelbild mit Stifterfamilie reicher figürlicher und ornamentaler Spätrenaissancedekor, u. a. Freifiguren von Moses und Johannes Bapt., allegorische Figuren und bekrönender Posaunenengel. Zwei Epita-

phien, Marmor, für W. v. Biel † 1852 und W. J. v. Biel † 1876. Drei Kriegergedenktafeln 3. V. 19. Jh., die für die Befreiungskriege mit Pilasterrahmung und Bekrönung aus Tschako, Säbel und Bajonett. – Sieben Grabplatten 17. und 18. Jh., die für J. Helmstede 15. Jh., jetzt Altarplatte.
Auf dem Kirchhof übergiebeltes rundbogiges Backsteinportal 17./18. Jh.

Ravensruh (Ortsteil von Neukloster)
Ehem. GUTSHAUS (Pflegeheim). Eingeschossiger Backsteinbau von sieben Achsen mit Krüppelwalm-Mansarddach, 1806, die Gebäudekanten durch Putzquaderung betont, die Mittelachse der Parkseite übergiebelt, an der Hoffront die Portalachse als flacher zweigeschossiger Risalit mit Dreiecksgiebel ausgebildet. – Im ehem. Gutsbereich mehrere Wirtschaftsgebäude aus der 1. H. 19. Jh. und A. 20. Jh.

Reinstorf (Ortsteil von Zurow)
BAUERNHAUS Hof Schmidt, niederdeutsches Hallenhaus, Fachwerk, 19. Jh., das abgewalmte Rohrdach an beiden Giebelseiten eingeschnitten. Backsteinscheune mit rohrgedecktem Krüppelwalmdach, E. 19. Jh.

Saunstorf (Ortsteil von Bobitz)
Ehem. GUTSHAUS (Wohnungen). Zweigeschossiger Putzbau von neun Achsen, 1. H. 19. Jh. erbaut, A. 20. Jh. in klassizistischen Formen tiefgreifend erneuert.
SÜHNESTEIN für J. Steenvord † 1439, an der Straße Wismar–Gadebusch. Stelenartige Platte mit rundem Kopfstück, Kalkstein, auf der Vorderseite ausgegründetes Relief mit Kruzifix und kniender männlicher Gestalt sowie Minuskelinschrift, auf der Rückseite in gleicher Technik kleines Kruzifix und Schild mit Hausmarke.

Schimm
SÜHNESTEIN für N. Vinke † 1409, an der Straße Wismar–Ventschow. Stelenartige Platte mit rundem Kopfstück, Kalkstein, auf beiden Seiten ausgegründete Reliefs mit Kruzifix und kniender männlicher Gestalt mit Wappenschild, dazu an der Vorderseite Minuskelinschrift.

Linke Seite: Proseken, Dorfkirche, Kanzel, Taufstein (darüber Epitaph U. v. Negendanck/E. v. Walsleben 1623), Epitaph v. Negendanck um 1650 (oben von links nach rechts), Kelch und Patene von 1591 (unten)

Rechte Seite: Ravensruh, ehem. Gutshaus; Saunstorf, Sühnestein für J. Steenvord, beide Seiten

Schwarzer Busch/Insel Poel
GEDENKSTÄTTE 1979 in der Nachfolge einer älteren Anlage für 128 hier bestattete KZ-Häftlinge errichtet, die am 3. Mai 1945 beim Bombenangriff auf das Schiff »Cap Arkona« ums Leben kamen. Gräberfeld mit schlichter Stele vor umgrenzender Feldsteinmauer.

Stove (Ortsteil von Boiensdorf)
BAUERNHAUS (Rübke). Niederdeutsches Hallenhaus mit abgewalmtem Rohrdach, 19. Jh., die Umfassungswände z. T. massiv erneuert.

WINDMÜHLE (Schauanlage). 1889 als Ständer-Holländer-Mühle über achtseitigem Backsteinsockel errichtet, der hölzerne Mühlenkörper und die Haube verschindelt; Windkraftanlage funktionsfähig erhalten. Von der technischen Ausstattung der Schrotgang ursprünglich, für die Mehlproduktion jüngerer Walzenstuhl.

Timmendorf/Insel Poel
LEUCHTTURM 1870/71 errichtet. Der siebenachsige Putzbau des Wärterhauses eingeschossig mit Drempel unter flachem Satteldach. Aus seinem leicht vorgezogenen Mittelbau der zylindrische Backsteinschaft des Turmes herauswachsend die oberen Geschosse mit Laternenhaus 1930/31 aufgestockt.

Tressow (Ortsteil von Groß Krankow)
Ehem. GUTSHAUS (Internat). Errichtet im 3. V. 19. Jh. in spätklassizistischen Formen. Zweieinhalbgeschossiger

Putzbau von elf Achsen über Souterrain. An den Längsseiten dreiachsige Mittelrisalite, an der Hofseite übergiebelt, an der Rückfront mit Balustrade; an den Schmalseiten einachsige Risalite mit Altanen über Durchfahrten, der östliche in jüngster Zeit aufgestockt. Die Fassaden mit Putzquaderung, die Fenster im Erdgeschoß mit Dreiecksgiebeln bzw. Lünettennischen und Pilasterrahmungen, im Obergeschoß schlichter. Am Halbgeschoß Fries aus stuckierten Festons. Vor den Risaliten an den Längsseiten Freitreppen. – Im Inneren die ursprüngliche Raumaufteilung im Erdgeschoß weitgehend erhalten: Vestibül mit kannelierten Holzsäulen, Pilastern und Kassettendecke. Zwei Säle mit reicher Innendekoration aus Wandpaneelen, Kaminen, hölzernen und stuckierten Kassettendecken sowie Tafelparkett, weitere Räume mit Stuckrosetten und ursprünglichen Türen. Im östlichen Hausteil gußeiserne Wendeltreppe. – Gleichzeitig mit dem Gutshaus der ehem.
MARSTALL (Verwaltung), eine eingeschossige Dreiflügelanlage, der Querbau in der Mitte durch übergiebelten, zur Hofseite zweigeschossigen Risalit betont.
Der große Landschaftspark in jüngerer Zeit durch mehrere Neubauten beeinträchtigt.

Weitendorf (Ortsteil von Gägelow)
Ehem. SIECHENHAUS (Wohnungen). Eingeschossiges Backsteintraufenhaus von 1849, in jüngerer Zeit verändert. In der Straßenfront Sandsteinplatte vom A. 17. Jh. eingelassen, in den von Pilastern gerahmten Rundbogenarkaden Reliefs der Geburt und Anbetung Christi.
KAPELLE Rechteckiger Backsteinbau mit polygonalem Ostschluß, 15. Jh., der Westgiebel erneuert; Strebepfeiler. In der Südwand fünf Wappenreliefs v. Negendanck, 17./18. Jh. – Das Innere mit flacher Decke; Westempore 17. Jh. Kelch, Silber, 1. H. 15. Jh.

Wendisch Rambow (Ortsteil von Bad Kleinen)
BAUERNHAUS an der Dorfstraße. E. 18. Jh. als queraufgeschlossene Büdnerei mit rohrgedecktem Krüppelwalmdach errichtet, im westlichen Hausteil die Wohnung, östlich davon der Wirtschaftsteil mit der Querdiele und dem Stall.

Wodorf (Ortsteil von Blowatz)
BAUERNHAUS Hof Holz, niederdeutsches Hallenhaus mit abgewalmtem, am straßenseitigen Dielentor eingeschnittenem Rohrdach, E. 18. Jh., die Umfassungswände in jüngster Zeit z. T. massiv erneuert.
SCHEUNE des Hofes Ziems. Hallendielen-Durchfahrtsscheune mit abgewalmtem Rohrdach, Fachwerk, 1786.

Linke Seite: Schwarzer Busch/Insel Poel, VdN-Gedenkstätte; Timmendorf/Insel Poel, Leuchtturm mit Wärterhaus; Stove, Ständer-Holländer-Mühle

Rechte Seite: Tressow, ehem. Gutshaus, Hofseite; Weitendorf, Kapelle, Wappenreliefs

Zierow

Ehem. GUTSHAUS (Ingenieurschule). Dreigeschossiger Putzbau von elf Achsen, 1815/20 errichtet, an den Längsseiten dreiachsige Mittelrisalite, der der Hofseite übergiebelt. Im Erdgeschoß zwei Räume mit reichem vegetabilischem Stuckdekor aus der Erbauungszeit. Schöne Treppe zum Obergeschoß. – Im ehem. Gutsbereich Fachwerkscheune mit rohrgedecktem Krüppelwalmdach, A. 19. Jh., z. T. massiv erneuert.

Kleiner englischer Landschaftspark A. 19. Jh.

Zurow

PFARRHAUS Eingeschossiger Fachwerkbau von sieben Achsen mit Krüppelwalmdach, 1766, im 19. Jh. durch massive Erneuerung einer Giebelseite und Anbau verändert.

DORFKIRCHE Aufwendiger, deutlich unter dem Einfluß der Wismarer Pfarrkirchen stehender Backsteinbau vom E. 14. Jh. Dreijochiges Schiff mit fünfseitigem (5/8) Ostschluß und Nordsakristei, der quadratische Westturm in den oberen Teilen wohl bereits 1. H. 15. Jh. Das Schiff mit einmal abgetreppten Strebepfeilern besetzt, die westlichen diagonal gestellt. Umlaufendes Sockelprofil, die schlanken zweigeteilten Spitzbogenfenster über umlaufendem Kaffgesims, das auch das profilierte Südportal rechteckig umrahmt. Die Nordsakristei mit Blendengiebel. Der Turm im unteren Geschoß wohl baueinheitlich mit dem Schiff; reiches spitzbogiges Westportal. Die oberen Geschosse mit gekoppelten Schalluken in spitzbogigen Blenden, besonders reich die des obersten Geschosses gebildet, hier auch Glasursteine verwendet. Abschluß durch längsgerichtetes Satteldach zwischen Giebeln mit

Maßwerkdekor. – Im Inneren Kreuzrippengewölbe mit laubwerkgeschmückten Schlußsteinen, die Gewölbedienste über konsolenartigen Auskragungen. Unter den Fenstern im Chor und an der Nordseite segmentbogige Nischen. Gewölbemalereien im Chor 1. H. 15. Jh., 1862 stark erneuert, Christus als Weltenrichter umgeben von den Evangelistensymbolen, seitlich Maria und hl. Bischof sowie Stifterpaar.
Schnitzaltar 2. H. 15. Jh., im Schrein Marienkrönung zwischen Anna selbdritt und Johannes, in den Kastenflügeln die zwölf Apostel; die Passionsszenen auf den Rückseiten nur fragmentarisch erhalten. Als Predella Gemälde mit Schmerzensmann zwischen Engeln, 17. Jh. Altarschranken 1644, in den Blendnischen Malereien. Kanzel mit Schalldeckel, 1. H. 17. Jh., die gemalten neutestamentlichen Szenen in den Brüstungsfeldern des Korbes und an der Rückwand stark beschädigt. Orgelprospekt mit Akanthusschnitzerei, 1. H. 18. Jh. Zwei Kabinettscheiben 18. Jh., Wappendarstellungen. Emporenbrüstung mit Wappenmalerei, um 1700. Sakristeiverschlag und Beichtstuhl 2. H. 18. Jh.
Altardecke mit Seidenstickerei, 1. H. 19. Jh. Kelch und Patene, Silber, A. 15. Jh., der Kelchfuß 1798 erneuert. Kelch, Silber vergoldet, 1617. Krankenkelch und Patene, Silber, 1841. Taufschale, Messing, 1716. Leuchterpaar, Zinn, 19. Jh. Glocke 1462, mit Ritzzeichnungen von Madonna, hl. Bischof, Fuchs mit Gans im Maul, Hammer und Zange mit Schlange sowie umlaufendem Weinlaubfries. – Mehrere Grabsteine 18./19. Jh.
Auf dem Kirchhof neugotische Grabkapelle und drei gußeiserne Grabkreuze, sämtlich 2. H. 19. Jh.

Züsow

FORSTHAUS Eingeschossiger Putzbau von zehn Achsen mit Zwerchhaus in Fachwerk, E. 19. Jh.

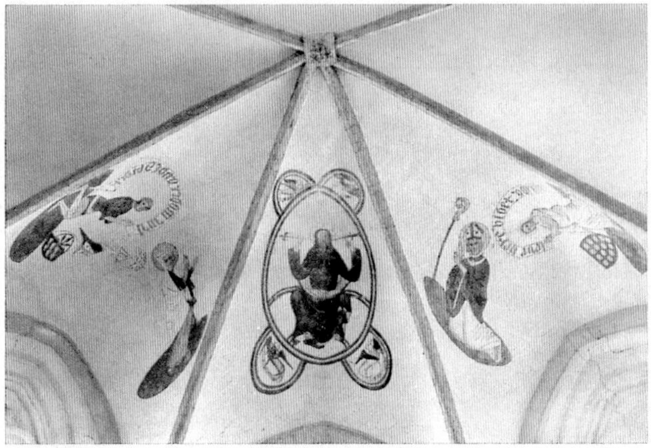

Linke Seite: Zurow, Dorfkirche, Ansicht von Südwesten, Inneres nach Osten

Rechte Seite: Zurow, Dorfkirche, Gewölbemalerei im Chorpolygon, Glocke von 1462

Alter Hafen
Spiegel-
berg
Scheuer-
straße
Grube
Bohrstraße
Krämerstraße
Lübsche
Straße
Dahlmann-
straße
Hegede
Markt
Straße
Straße
Straße
Karl-Liebknecht-
Mecklenburger
Dr.-Leber-
Gottlob-Freege-
Platz
1
2
3
4
5
6
7
8
9
10
11
12
13
14
15

Stadtkreis Wismar

Wismar wurde als Stadt 1229 erstmals erwähnt; die Bewidmung mit lübischem Recht erfolgte wahrscheinlich zwischen 1226 und 1229 (die Urkunde ist nicht erhalten). Vorangegangen war eine slawische Fischersiedlung etwa 1,5 km weiter östlich, östlich der zum Mühlenteich aufgestauten, in die Wismar-Bucht mündenden Wissemer. Erste Anfänge einer deutschen Besiedlung erfolgten wahrscheinlich kurz vor 1200 westlich der Wissemer auf einer leichten Bodenerhebung in unmittelbarer Nähe zum südlichen Ende der Wismar-Bucht in dem nördlichen Teil der späteren Stadt, nördlich der Grube (»Spiegelberg«); indes scheint die Straßenführung auch in diesem Bereich von der Marktstadt geprägt zu sein, gibt also einen älteren Siedlungskern nicht mehr zu erkennen.

Die im 1. V. 13. Jh. sich vollziehende rasche Entwicklung dieser Marktstadt erklärt sich aus ihrer ungemein günstigen Lage zum einen unmittelbar am südlichen Ende der Wismar-Bucht der Ostsee, zum anderen an der alten, in Küstennähe von Lübeck nach Osten verlaufenden Handelsstraße. Diese Straße bildet denn auch die in West-Ost-Richtung verlaufende Hauptachse der sich ausbildenden Stadt (heute Lübsche Straße), die sie in zwei annähernd gleich große Hälften teilt und an der, etwa in Stadtmitte, der große Markt angelegt wurde. Wie günstig die Lage der Stadt gewählt war, erhellt aus der Tatsache, daß der Zustrom von Siedlern wohl schon in dem Jahrzehnt nach der Stadtrechtsverleihung eine beträchtliche Vergrößerung des ursprünglichen Stadtgebietes nach Westen und Süden durch die Anlage der sog. Neustadt erforderlich machte, die um 1250 oder kurz danach voll ausgebildet war. Damit hatte Wismar um M. 13. Jh. eine räumliche Ausdehnung erreicht, die erst im späten 19. Jh. überschritten werden sollte.

Im engen Bündnis mit Lübeck und den mecklenburgischen und pommerschen Städten an der Ostseeküste, den Städten des Wendischen Quartiers der Hanse, hat Wismar in dem ersten Jahrhundert seines Bestehens seine Rechte gegenüber dem mecklenburgischen Landesherrn, dessen Residenz 1256 von dem nahen Dorf Mecklenburg nach Wismar verlegt wurde und dort bis 1358 bestand, zäh verteidigt und weiter gefestigt. Die wirtschaftliche Bedeutung, die die Stadt als Mitglied der Hanse besonders im 14. und 15. Jh. einnahm, beruhte von Anfang an auf dem Zwischenhandel mit Waren von den westeuropäischen Häfen nach Skandinavien und den baltischen Küstenorten und umgekehrt mit dort erzeugten Produkten,

1 Stadtmauerrest und Mauerturm (sog. Wasserturm) am Lindengarten
2 Wassertor
3 ehem. Zeughaus
4 ehem. Arsenal
5 Rathaus
6 Wasserkunst
7 Schabbellhaus (Museum)
8 Fürstenhof
9 Marienkirchturm
10 Nikolaikirche
11 Georgenkirche
12 Heiligen-Geist-Kirche und -Spital
13 Goethe-Oberschule (ehem. Dominikanerkloster)
14 Geschwister-Scholl-Oberschule (»Große Stadtschule«, ehem. Franziskanerkloster)
15 ehem. Bahnhofs-Empfangsgebäude

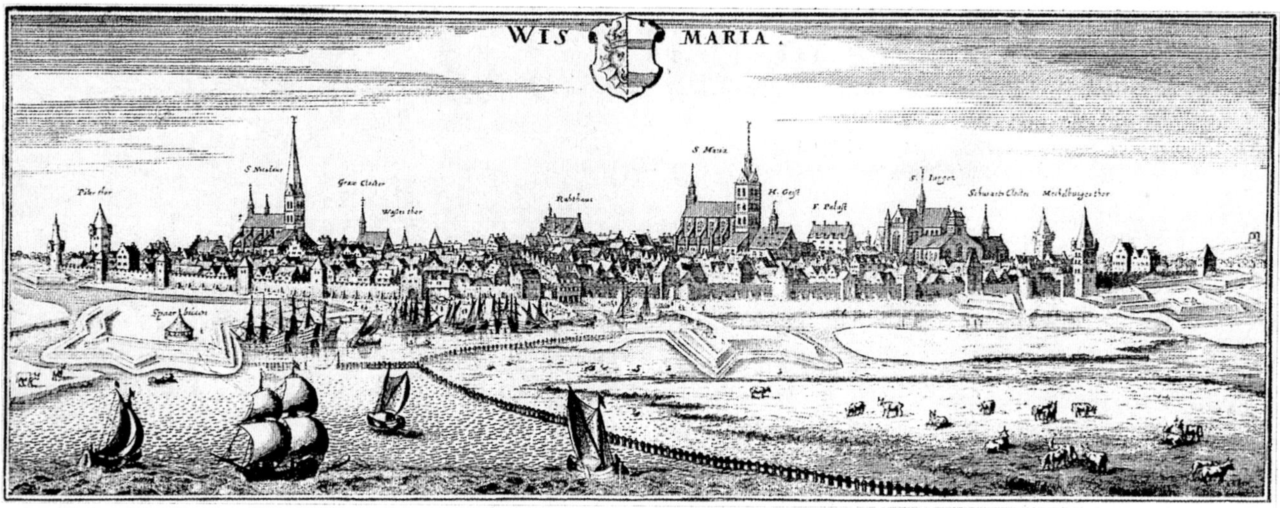

Wismar, Ansicht von Nordwesten, Kupferstich von Merian, 1653

wobei der Schonensche Hering auch für den Handel des Wismarer Kaufmanns von besonderer Bedeutung war. Gehandelt wurde ferner mit Salz von Lüneburg, das auf dem Landwege nach Wismar gebracht und hier verschifft wurde. Als einheimisches Exportprodukt spielte das Wismarer Bier eine große Rolle. Heute noch sichtbare Zeugnisse dieser einstigen wirtschaftlichen Stellung sind, neben den zumeist später veränderten Giebelhäusern der Kaufleute, besonders die aus eigener Kraft errichteten riesigen Pfarrkirchen der auch in der Blütezeit kaum mehr als 5 000 Einwohner umfassenden Stadt.

Der im frühen 16. Jh. einsetzende Niedergang der Hanse, der allmählich zu einem Verlust des Monopols der Hansestädte auf den Handel mit Skandinavien und den osteuropäischen Ländern führte, und im weiteren dann der Dreißigjährige Krieg und seine Auswirkungen auf die Stadt haben im späten 17. und im 18. Jh. von der einstigen Bedeutung Wismars nicht viel belassen. Handel und Gewerbe gingen stark zurück. Im Westfälischen Frieden war Wismar 1648 zusammen mit den Ämtern Neukloster und Poel Schweden zugesprochen worden, das die Stadt bereits seit 1632 besetzt gehalten hatte. In der Folgezeit wurde Wismar unter schwersten Belastungen für die ohnehin verarmte Bevölkerung zu einer der stärksten Festungen im nördlichen Europa ausgebaut und wiederholt in die Kriege Schwedens unmittelbar verwickelt. Im Nordischen Krieg gelang es 1716 den Dänen, die Stadt zu erobern. Die Festungswerke wurden 1717/18 geschleift, im Friedensschluß von 1720 aber verblieb die Stadt, unter der Bedingung, sie nicht wieder zu befestigen, unter schwedischer Herrschaft. Erst 1803 erfolgte durch den Pachtvertrag von Malmö eine Rückgabe von Wismar, Neukloster und Poel gegen eine Ablösesumme von 1 250 000 Talern an Mecklenburg, wobei sich Schweden das Recht vorbehielt, seinen Besitz nach 100 Jahren wieder einzulösen; 1903 verzichtete Schweden endgültig auf Wismar.

Daß nach den Napoleonischen Kriegen von etwa 1820 an eine gewisse Besserung der wirtschaftlichen Lage Wismars eintrat, geben die zahlreich erhaltenen klassizistischen Häuserfronten zu erkennen. Um 1850 erhielt Wismar Eisenbahnanschluß; daß jedoch die Hauptstrecke nicht über Wismar, sondern etwa 15 km südlich davon über Bad Kleinen geführt wurde, war für die weitere Entwicklung der Stadt von großem Nachteil, war damit doch die Möglichkeit eines direkten Anschlusses an das Hinterland vertan.

Nach 1870, in den sog. Gründerjahren, entstanden mehrere Industriebetriebe, und die Stadt wuchs jetzt über die mittelalterliche Stadtbefestigung hinaus, die bis auf geringe Reste abgetragen wurde. Der Seehandel nahm wieder zu, der Alte Hafen wurde durch Anlage des Neuen Hafens (1893/95) erweitert. Diese auch in den ersten Jahrzehnten des 20. Jh. sich fortsetzende Tendenz ließ die Einwohnerzahl Wismars bis 1939 auf etwas über 35 000 ansteigen.

Während des zweiten Weltkrieges hat die Stadt durch Luftangriffe, vor allem durch den Luftangriff vom 14./15. April 1945, schwere Schäden erlitten. 344 Häuser wurden total zerstört, zahlreiche Baudenkmale vernichtet oder schwer beschädigt.

Die Entwicklung Wismars nach 1945 ist entscheidend geprägt durch die Mathias-Thesen-Werft, die sich aus den bescheidenen Anfängen einer 1946 gegründeten Reparaturwerft zu einer der größten Schiffsbauwerften der DDR entwickelt hat. Die Ausweitung des Stadtgebietes, das heute rund 60 000 Einwohner zählt, steht denn auch mit der Mathias-Thesen-Werft in unmittelbarem Zusammenhang, aber auch mit dem Ausbau des Seehafens und der 1969 gegründeten Ingenieurhochschule: Westlich der Altstadt, in günstiger Lage zur Werft und zur Wismar-Bucht, wurde von 1950 bis 1968 für rund 18 000 Einwohner der Ortsteil Wendorf errichtet. Weitere Neubaugebiete der siebziger und achtziger Jahre entstanden südwestlich der Altstadt mit den Wohnkomplexen Köppernitztal und Friedenshof, nordöstlich der Altstadt mit dem Wohnkomplex Kagenmarkt.

Der unverändert aus dem frühen 13. Jh. erhaltene Stadtgrundriß Wismars, gewissermaßen das älteste Dokument der Stadt, zeichnet sich durch klaren und übersichtlichen Aufbau aus. Die Führung seiner Hauptstraßenzüge, örtliche Gegebenheiten berücksichtigend und dadurch frei von Schematismus, gibt eine Logik von erstaunlicher Konsequenz zu erkennen, die sich am sinnfälligsten von den fünf ehem. Stadttoren her erschließt: Das Lübsche Tor im Westen und das Altwismartor im Osten lagen im Verlauf der durch die Stadt geführten küstennahen Handelsstraße von Lübeck nach Rostock (heute innerhalb der Stadt die Lübsche Straße), und das Mecklenburger Tor im Süden verband, über die heutige Karl-Liebknecht-Straße, das Zentrum der Stadt mit den von Süden aus dem mecklenburgischen Hinterland kommenden Straßen wie auch mit der von Lüneburg herangeführten Salzstraße. Zu diesen drei Toren gesellte sich gleichrangig das Wassertor, dem es oblag, die im Zentrum der Stadt sich sammelnden Verkehrszüge über Krämerstraße, Bohrstraße und Scheuerstraße mit dem Hafen zu verbinden. Lediglich das Poeler Tor, das die Stadt zur Insel Poel und zum nördlichen Umland öffnete, war von lokalerer Natur, und folglich war auch der zu ihm führende Straßenzug (Altböterstraße, ABC-Straße, Schweinsbrücke, Hinter dem Chor) im Gesamtorganismus der Stadt von geringerer Bedeutung.

Von annähernd kreisförmigem, durch die neustädtische Erweiterung nach Westen und Südwesten leicht ausgebuchtetem Umriß, zeichnet sich im Stadtgrundriß die Dominanz der West-Ost-Handelsstraße deutlich ab, die die Stadt in zwei annähernd gleich große Hälften zerteilt (Lübsche Straße). Ihre sanft geschwungene Führung im westlichen Teil hat ihre Ursache zweifelsohne in dem leichten Ausweichen vor dem flachen Hügel, auf dessen höchstem Bereich (bis zu 15 m über NN) das Zentrum der Stadt mit dem großen Markt und der westlich von ihm gelegenen Hauptpfarrkirche St. Marien angelegt wurde. Ursprünglich war der Markt nach Norden in ganzer Breite zur West-Ost-Hauptachse geöffnet; das Rathaus, das ihn heute von der Lübschen Straße trennt, wurde erst nach M. 14. Jh. an diese Stelle verlegt, vorher hatte es an der Ostseite des Platzes gestanden. In gleicher Weise war der Markt ursprünglich auch an seiner Westseite mit der von Süden vom ehem. Mecklenburger Tor kommenden Straße (heute Karl-Liebknecht-Straße/Hegede) verbunden; die die Hegede an ihrer Ostseite begrenzende und vom Markt abtrennende Häuserzeile wurde erstmals kaum vor dem 15. Jh. angelegt.

Nördlich der Lübschen Straße fällt im Bereich der Marktstadt das Gelände merkbar zur Grube hin ab, um jenseits der Grube wieder leicht anzusteigen (»Spiegelberg«). Die zwischen beiden Erhebungen – dem Plateau mit dem Zentrum der Marktstadt und dem Geländebuckel des nördlichen Stadtteiles – etwa parallel zur Lübschen

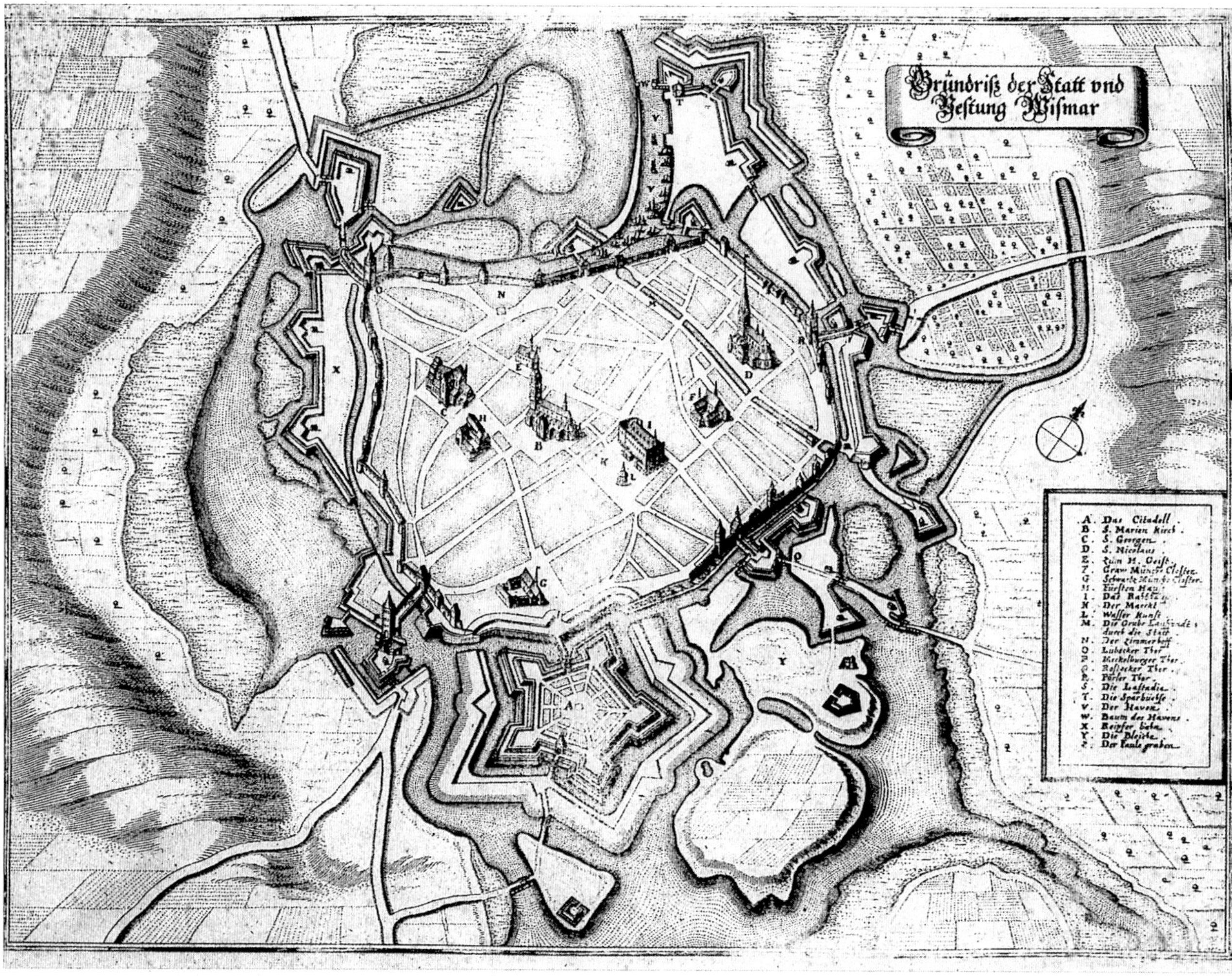

Straße verlaufende Grube war ursprünglich ein den östlich der Stadt gelegenen, durch Stau der Wissemer entstandenen Mühlenteich mit dem Hafen verbindender Bach, der noch im 13. Jh. innerhalb des Stadtgebietes zu einem schiffbaren Kanal ausgebaut wurde. – Durch diese nördliche Hälfte der Stadt führt der Hauptstraßenzug zum Wassertor und somit zum Hafen. Er wird eingeleitet von der Krämerstraße, die nahe der Nordwestecke des Marktes, in Fortsetzung der Hegede, von der Lübschen Straße nach Norden abzweigt, fortgesetzt von der Bohrstraße und, jenseits der Grube, über Scheuerstraße und Spiegelberg zum Wassertor geführt.

Zwischen diesen Hauptstraßenzügen, die im Grunde genommen ein großes Straßenkreuz mit südöstlich des Schnittpunktes eingefügtem Markt darstellen, sind die sich ergebenden Bereiche mit zahlreichen Nebenstraßen ausgefüllt, die in Anlehnung an die Hauptstraßenzüge gitterförmig unter Berücksichtigung örtlicher Gegebenheiten angelegt sind, z. T. aber auch, so in der ehem. Neustadt, als konzentrische Ringe zu der ehem. Begrenzung der Marktstadt geführt sind. (Der einstigen Begrenzung der Marktstadt nach Westen und Süden entsprechen wahrscheinlich die Straßen Neustadt, Kellerstraße, Grüne Straße, Kleinschmiedestraße, Bei der Klosterkirche.) Von diesem Straßennetz heben sich als wichtigere Straßen in der südlichen Stadthälfte die den Markt tangierende Mecklenburger Straße und die sie fortsetzende Großschmiedestraße ab, in der nördlichen Stadthälfte der von der Lübschen Straße zum Poeler Tor führende Straßenzug und der in West-Ost-Richtung verlaufende Spiegelberg, der eine Verbindungsstraße zwischen Wassertor und ehem. Poeler Tor darstellt.

Bau- und Kunstdenkmale innerhalb der Altstadt

Die Bau- und Kunstdenkmale der Wismarer Altstadt sind nach den folgenden Gesichtspunkten geordnet:
Am Anfang werden die erhaltenen Teile der mittelalterlichen Stadtbefestigung sowie die geringen Reste der Festungsanlagen des 17. Jh. behandelt.
Geordnet nach Straßen und Plätzen folgen, entsprechend ihrer Numerierung im Straßenablauf, die Profanbauten der Stadt, d. h. die öffentlichen Gebäude verschiedenster Zwecke, die Speicherbauten usw., vor allem aber die zahlreichen Wohnhäuser, deren Anlage und Entwicklung in einer Einleitung skizziert werden. Jeder Straße ist ein kurzer Text vorangestellt, der ihre Lage und gegebenenfalls Funktion im Stadtorganismus umschreibt und, wenn erforderlich, auch ihre Bebauung zusammenfassend charakterisiert. Zunächst werden der Markt, das Zentrum der Stadt, und die mit ihm in Verbindung stehenden Hauptstraßenzüge in West-Ost-Richtung (Lübsche Straße) und Süd-Nord-Richtung (Karl-Liebknecht-Straße, Hegede, Krämerstraße, Bohrstraße, Scheuerstraße) behandelt, diejenigen Straßen also, die das städtebauliche Grundgerüst der Stadt darstellen und an denen sich auch die Denkmale konzentrieren. Straßen von geringerer Bedeutung im Gesamtgefüge der Stadt wie auch Nebenstraßen folgen anschließend in alphabetischer Ordnung, unterteilt in Straßen nördlich der Lübschen Straße und Straßen südlich der Lübschen Straße.
Zum Abschluß kommen die Sakralbauten mit ihren reichen Ausstattungen zur Darstellung.

Stadtbefestigung

Von dem im 4. V. 13. Jh. aus Backstein errichteten Mauerring und seinen in der 2. H. 15. Jh. zur Verstärkung aufgeführten Mauertürmen nur zwei größere MAUERRESTE im Süden der Stadt im Bereich des ehem. Dominikanerklosters (Goethe-Oberschule) und im Südwesten an der Wallstraße in Nähe der Pestalozzi-Oberschule erhalten. Von den ehemals zahlreichen Mauertürmen noch vorhanden an der Ostseite der Stadt der sog. WASSERTURM, am

Linke Seite: Wismar, Grundriß der Stadt und Festung, Kupferstich von Merian, 1653

Rechte Seite: Wismar, Mauerturm der ehem. Stadtbefestigung, sog. Wasserturm

Linke Seite: Wismar, Wassertor, Stadtseite und Hafenseite

Rechte Seite: Wismar, ehem. Festungsturm auf der Insel Walfisch, Zeichnung vermutlich A. 18. Jh., Stadtarchiv Wismar, Crull'sche Sammlung; ehem. Zeughaus an der Ulmenstraße, Fassadenmitte

westlichen Rande des Lindengartens in der Achse der Mühlenstraße errichtet, ein rechteckiger spätmittelalterlicher Backsteinbau mit schmalen, zu Paaren geordneten Blendenreihen an drei Seiten des Obergeschosses, abgeschlossen durch hohes bekrönendes Zeltdach; seit 1685/86 wurde der Turm zur Verbesserung der seit 1571 bestehenden städtischen Wasserversorgung (s. unten S. 144) durch Wasser aus dem Mühlenteich genutzt, seitdem führt er den Namen Wasserturm.

Von den ehemals fünf Toren der Stadt hat sich als einziges erhalten das

WASSERTOR in Hafennähe, am westlichen Ende vom Spiegelberg, in der bestehenden Form wohl im 3. V. 15. Jh. errichtet. Zweigeschossiger quadratischer Backsteinbau über spitzbogiger Durchfahrt. An der Hafenseite das Obergeschoß über glasiertem Kleeblattbogenfries mit vier segmentbogigen Öffnungen, darüber schlichter, wohl nachträglich veränderter Giebel mit drei Blenden. An der Stadtseite das Obergeschoß in die Blendengliederung des von Zinnen bekrönten Staffelgiebels einbezogen; die bis in die Giebelstaffeln geführten Blenden zweigeteilt und mit abschließender Rundblende, die mittlere Staffel mit zwei Blenden. Der eingeschossige Anbau an der Südseite nach 1920. – Von den übrigen vier Toren hatte das Poeler Tor bis zum um 1870 erfolgten Abriß seine spätmittelalterliche Gestalt bewahrt, es war ein hoher quadratischer Backsteinturm über der Durchfahrt, der durch ein steiles Zeltdach abgeschlossen wurde.

Bereits während des Dreißigjährigen Krieges war die Stadt von den Schweden, in deren Besitz sie sich seit 1632 befand, durch einen Gürtel von Bastionen und Ra-

velins um den mittelalterlichen Mauerring verstärkt worden. Ein Ausbau der schwedischen Festungswerke, in die als Schutz für den Hafen auch die Insel Walfisch in der Wismar-Bucht einbezogen wurde, erfolgte seit 1672 in mehreren Etappen und machte Wismar zu einer der stärksten Festungen Nordeuropas (Abb. S. 128). Im Nordischen Krieg wurde die Festung Wismar 1716 von den Dänen und Preußen zur Übergabe gezwungen und seit 1717 geschleift, der Festungsturm auf der Insel Walfisch wurde gesprengt.

Ein Rest der schwedischen Festungsanlagen hat sich am östlichen Rande der Stadt in dem von Bauhofstraße im

Westen und im nördlichen und östlichen Bereich durch den Wasserlauf der Grube begrenzten LINDENGARTEN erhalten, einem in der 1. H. 19. Jh. angelegten Park mit altem Baumbestand.

Von den im Zusammenhang mit den Festungsanlagen errichteten Zweckbauten erhalten:

Ehem. ZEUGHAUS (Teilbereich der Ingenieurhochschule) Ulmenstraße 15. In den Verlauf der ehem. mittelalterlichen Stadtmauer im Nordwesten eingefügter langgestreckter Putzbau von neun Achsen und zwei Geschossen unter Walmdach, um 1700 unter Karl XII. von Schweden erbaut. Die Gebäudekanten gequadert, umlaufendes Konsolgesims an der Traufe. Die Portalachse an der Straßenfront von breiten gequaderten Vorlagen eingefaßt und von Dreiecksgiebel mit Doppelwappen bekrönt, die Portalachse an der Hofseite ähnlich gerahmt. Die Rechteckfenster mit Leibungen und Pfosten aus Holzbohlen. Das Innere umgestaltet, in der Diele Holzbalkendecke mit Unterzug auf zwei kräftigen dorischen Holzsäulen.

Ehem. ALTES ARSENAL Mühlenstraße 32 (Poliklinik), im Nordosten der Stadt in Nähe zur ehem. Stadtmauer. Elfachsiger Putzbau von drei Vollgeschossen und einem Halbgeschoß, erbaut 1698, die Fassaden und das Innere im 19. und 20. Jh. stark verändert; die Gebäudekanten rustiziert, die Portale in flach vorgezogenen, mit Lünetten bekrönten Risaliten.

Straßen und Plätze mit Profanbauten

Die mit Abstand größte Denkmalgruppe innerhalb der Profanbauten der Stadt stellen die Wohnhäuser dar, die mit ihren Giebelfassaden nachdrücklich das Bild zahlreicher Straßen prägen. Es erscheint deshalb notwendig, an dieser Stelle einige allgemeine Bemerkungen zur Anlage und Entwicklung des Wismarer Bürgerhauses vorauszuschicken.

Ein aussagekräftiges Dokument zum Wohnhausbau Wismars hat sich in einem A. 18. Jh. wahrscheinlich von dem Stadtbaumeister Zacharias Voigt geschaffenen Plan im Stadtgeschichtlichen Museum erhalten. Der zur Darstellung des Verteilungssystems der seit 1571 bestehenden Wasserleitung angefertigte Plan vermittelt gleichzeitig eine zwar schematisch vereinfachte, im ganzen jedoch gültige Vorstellung von den Häuserfronten, die beidseitig der Straßen, gewissermaßen in die Ebene projiziert, wiedergegeben sind. Er gibt zu erkennen, daß der Markt und die für den Fernhandel wichtigen Hauptstraßenzüge wie auch einige weitere, zumeist mit den Toren in Verbindung stehende Straßen in dichter Folge von Giebelhäusern eingefaßt waren, während in den Nebenstraßen schlichte ein- und zweigeschossige Traufenhäuser unter durchgehenden Satteldächern vorherrschten. Das Bild, das der Plan vermittelt und das weitgehend ja noch das des mittelalterlichen Wismar ist, gleicht in wesentlichen Zügen dem der heutigen Stadt: Die Hauptstraßenzüge Wismars werden noch immer von Giebelhäusern bestimmt, nur daß diese anstelle mittelalterlicher Bauten zumeist im 17., 18. und 19. Jh. neu errichtet worden sind, während die Nebenstraßen in der Regel zweigeschossige Traufenhäuser aufweisen, meist anspruchslose Putzbauten, die E. 19. Jh. als Ersatz ähnlich anspruchsloser älterer Fachwerkbauten errichtet wurden. – Nur nebenbei sei bemerkt, daß die Unterschiede in der Bebauung der Haupt- und der Nebenstraßen gleichzeitig die soziale Schichtung der Stadt, wie sie sich im Mittelalter herausgebildet hatte, widerspiegeln.

Das mittelalterliche Giebelhaus, wie es als Kaufmannshaus, von örtlichen Unterschieden abgesehen, ganz allgemein für die Hansestädte an der Ostseeküste verbindlich war, vereinte in seiner ursprünglichen Anlage, ähnlich dem Hallenhaus in den Dörfern, mehrere Funktionen unter einem Dach. Über schmalrechteckigem, beträchtlich in die Tiefe sich erstreckendem Grundriß angelegt, enthielt es als Hauptraum im Erdgeschoß die hohe Diele, die durch Fenster in der Straßenfront und durch ein großes rückwärtiges Fenster, die »Lucht«, erhellt wurde; die Diele diente als Aufenthaltsraum der Familie, vor allem aber hatte sie repräsentative und wirtschaftliche, mit dem Handel des Hausbesitzers in Verbindung stehende Aufgaben zu erfüllen. Für wirtschaftliche Zwecke, für die Lagerung von Waren, war auch das zur Straßen- und Hofseite von Giebeln eingefaßte steile Satteldach in mehreren Böden ausgebaut; durch eine im Dach eingebaute Aufzugsvorrichtung konnten die Waren von der Diele aus auf die Lagerböden gehoben werden. Getragen wurde die in Holz ausgeführte Innenkonstruktion des Hauses von dem sog. Hausbaum, der etwa in der Mitte des Hauses leicht zur Seite gerückt errichtet war und von der Diele bzw. vom Keller bis in das Dach reichte und hier die einzelnen Böden stützte. Die Umfassungswände und die Giebel des Hauses wurden in der Regel seit dem späteren 13. Jh., zur Vermeidung von Feuersbrünsten, in Backstein ausgeführt (lediglich für den rückwärtigen Giebel wird gelegentlich Fachwerk verwendet worden sein), und dieses Material ermöglichte es in hohem Maße, der zumeist dreiachsig, mit mittlerem Portal, angelegten Straßenfassade eine repräsentative Gestaltung zu geben, die sich neben dem Portal, das für den Warentransport in die Diele sehr groß sein mußte, besonders des Giebels bemächtigte. Ein vorzügliches Beispiel dafür hat sich in dem um 1380 entstandenen Haus Am Markt 20/21 erhalten, der Gaststätte »Alter Schwede«.

Abgesehen von der Diele, der gewisse Wohnfunktionen zukamen, enthielt das mittelalterliche Kaufmannshaus in seiner ursprünglichen Anlage kaum Wohnräume; nur in Ausnahmefällen wird ein zwischen Diele und Dachgeschossen eingeschobenes zweites Geschoß Wohnzwecken gedient haben. In der Regel befanden sich die Wohnräume im sog. Kemladen, einem an die rückseitige Giebelwand angefügten einhüftigen Anbau von zwei Geschossen, im Obergeschoß zumeist in Fachwerk ausgeführt.

Die hier beschriebene allgemeine Anlage des mittelalterlichen Bürgerhauses hat sich in Wismar in keinem Beispiel unverändert erhalten, und auch in der äußeren Fassadengestaltung haben sich außer an dem oben erwähnten Haus Am Markt 20/21 mittelalterliche, in den äußeren Umrissen ausnahmslos später veränderte Giebel nur an wenigen Häusern in den Hauptstraßenzügen bewahrt. Vereinzelt sind noch rückseitige Giebel mit schlichten Blendengliederungen erhalten, auch würde eine umfassende Untersuchung der Häuser in vielen Fällen sicher aufschlußreiche Details zum mittelalterlichen Hausbau zutage fördern. Die überwiegende Mehrzahl der

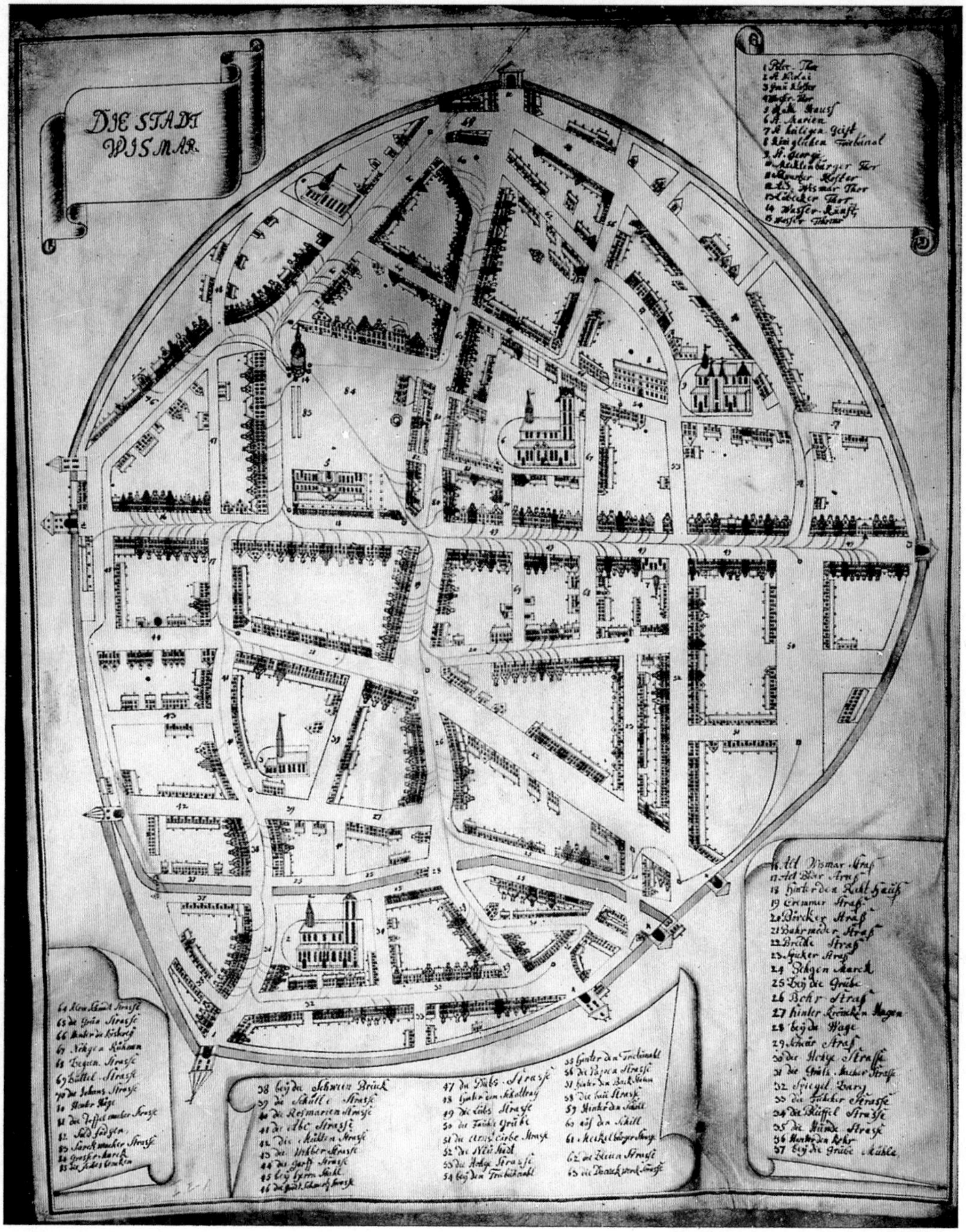

Wismar,
Wasserleitungsplan
A. 18. Jh.
wahrscheinlich von
Zacharias Voigt,
Stadtgeschichtliches
Museum

Häuser jedoch ist durch Um- und Neubauten vom 17. bis zum späten 19. Jh. völlig verändert worden, wobei die Häuser aber fast immer, bedingt durch die Unveränderbarkeit der Grundstücksbreiten, Giebelhäuser blieben. Dadurch wurde den Straßen ein einheitlicher Grundcharakter bewahrt, auch wenn sich nun in zufälliger Folge steile geschwungene Barockgiebel mit flachen klassizistischen Dreiecksgiebeln, giebelartig in der Mitte erhöhten Attiken oder neugotischen Pfeiler- und Blendengiebeln mischen.

Mit den äußeren Umbauten wandelte sich auch das Innere des Hauses. Die Diele, eine den sich verändernden wirtschaftlichen Verhältnissen und den damit sich wandelnden Lebensgewohnheiten nicht mehr gemäße Form, verschwand allmählich bis auf wenige, nun nur Repräsentationszwecken dienende Beispiele (Lübsche Straße 31, Gaststätte »Zum Weinberg«). Die Häuser wurden für Wohnbedürfnisse aus- und umgebaut, wofür sie häufig auf drei und auch vier Geschosse unter dem Giebelansatz erhöht wurden. Vielfach sind, insbesondere bei neueren Umbauten, auch die Dachgeschosse für Wohnzwecke ausgebaut worden. – In den nachfolgenden Texten zu den Häusern sind, wenn die Anzahl der Geschosse genannt wird, damit immer die Hauptgeschosse gemeint,

nicht eventuelle weitere Geschosse im Dachraum. Grundsätzlich unerwähnt bleiben die Veränderungen der Erdgeschosse durch Ladeneinbauten.
Abschließend sei besonders hingewiesen auf die Haustüren aus dem späten 18. und vor allem aus dem 19. Jh., die sich an zahlreichen Häusern erhalten haben, nicht aber in jedem Einzelfalle genannt werden können. Reich dekoriert durch plastischen Schmuck in Formen des Empire und des Klassizismus, nach M. 19. Jh. dann auch in neugotischen Formen, sind sie Zeugnisse bester Handwerkskunst von durchweg hoher Qualität, wie die Bildzusammenstellung einiger Beispiele erkennen läßt.

Linke Seite: Wismar, Haustüren von Wohnhäusern: Scheuerstraße 13, Breite Straße 64, Kleine Hohe Straße 22 und Lübsche Straße 24 (obere Reihe), Lübsche Straße 14, Kleine Hohe Straße 24, Großschmiedestraße 9 und Bliedenstraße 34 (untere Reihe)

Rechte Seite: Wismar, Markt von Südosten nach Nordwesten gesehen

Markt und Hauptstraßenzüge

Markt

Annähernd quadratischer Platz (etwa 100 zu 100 m), einer der größten Marktplätze im norddeutschen Küstengebiet. Ziemlich genau im Mittelpunkt der Stadt am Schnittpunkt der sich kreuzenden Hauptstraßenzüge gelegen: südlich der von Westen nach Osten führenden Lübschen Straße bzw. östlich der von Süden nach Norden, vom ehem. Mecklenburger Tor zum Wassertor führenden Straßenfolge mit der Hegede im Marktbereich. Seine nördliche Platzseite wird fast ganz von dem Rathaus eingenommen, während die seitlichen Fronten im Westen und Osten des Platzes beidseitig des Rathauses bis zur Lübschen Straße durchgeführt sind und ihn mit dieser verbinden. (Ursprünglich war der Markt zu den sich kreuzenden Hauptstraßenzügen unmittelbar geöffnet: das ihn zur Lübschen Straße begrenzende Rathaus

Linke Seite: Wismar, Rathaus, Marktseite

Rechte Seite: Wismar, Rathaus, ehem. Gerichtslaube und mittelalterliche Wandmalerei im Keller

wurde erst im 14. Jh. an dieser Stelle errichtet, und die von der Hegede trennende Hauszeile, die westliche Begrenzung des Platzes, dürfte kaum vor dem 15. Jh. angelegt worden sein.) Die südliche Platzwand wird z. T. von einigen Häusern der Mecklenburger Straße gebildet, die den Platz tangiert, und hier ist auch, am südöstlichen Rande des Marktes in sehr glücklicher Ausbalancierung zum Rathaus, die 1602 vollendete sog. Wasserkunst errichtet worden, das äußerst reizvolle Gehäuse für das Sammelbecken der um 1570 angelegten Wasserleitung.
Die geschlossen erhaltene Umbauung des Marktes wird bestimmt einerseits von dem langgestreckten klassizistischen Rathaus an seiner Nordseite und andererseits von Wohnhäusern bzw. Geschäfts- und Verwaltungsbauten an den übrigen Seiten, in der Mehrzahl Giebel-, vereinzelt auch Traufenhäuser, deren Fassaden die Entwicklung vom späten 14. Jh. (»Alter Schwede«) bis zum frühen 20. Jh. widerspiegeln. Wichtig für das architektonische Gesamtbild des Wismarer Marktes war ehemals auch die westlich von ihm gelegene Hauptpfarrkirche der Stadt, St. Marien (s. unten S. 193), die nach schweren Zerstörungen am Ende des zweiten Weltkrieges Anfang der sechziger Jahre abgetragen wurde. Ihr erhaltener, rund 80 m hoher Turm vermittelt aber noch heute eine Vorstellung von der einstigen städtebaulichen Wirkung der Marienkirche für den nahen Markt.

RATHAUS Am Markt 1. Breitgelagerter, fast die gesamte nördliche Zeile des Marktes einnehmender klassizistischer Putzbau, 1817/19 nach Entwurf des Schweriner Hofbaumeisters Johann Georg Barca unter Einbeziehung von Resten eines 1809 durch Dacheinsturz schwer beschädigten mittelalterlichen Vorgängerbaues (s. unten) errichtet: Gebäude von siebzehn Achsen und zwei Geschossen mit Mezzaningeschoß unter Walmdach, die äußeren Achsenpaare an der Marktseite durch kurze Seitenflügel mit bekrönenden Dreiecksgiebeln erweitert (die westlichen zwei Achsen enthalten im Erdgeschoß die Gerichtslaube des mittelalterlichen Baues). Die Putzquaderung charakterisiert das Erdgeschoß als Sockelzone und hebt die leicht vorgezogenen mittleren drei Achsen als Eingangsbereich hervor, dieser noch besonders betont durch die beiden Rundbogenfenster, die das ebenfalls rundbogige Portal flankieren (über dem Portal Schrifttafel vom ehem. Mecklenburger Stadttor 1906 eingefügt), sowie durch den von vier dorischen Säulen getragenen, nachträglich (1822/23) vorgebauten Altan. Die Geschosse durch einfache Gesimse getrennt, diese nur an den Stirnseiten der Seitenflügel zwischen Ober- und Mezzaningeschoß durch Medaillons aufwendiger gestaltet, darunter schmalrechteckige Putzspiegel mit floralem Rankendekor. Über den Rechteckfenstern des Obergeschosses am Mittelbau stark profilierte, von kräftigen Konsolen getragene Verdachungen. In den Stirnseiten der Seitenflügel Rundbogenfenster, in ihren Giebeln Lünettenfenster.

Das Innere zweihüftig angelegt, mit breiten Korridoren. Die Geschosse werden durch eine dreiläufige Treppe erschlossen, die im Erdgeschoß von vier hölzernen dorischen Säulen getragen wird. Im Obergeschoß erweitert sich der Korridor gegenüber der Treppe zu einem Foyer, das den Zutritt zum Altan bildet; hier und im Korridor Gemälde des 17. bis 19. Jh. aus der sog. Briesemann-Sammlung des Stadtgeschichtlichen Museums präsentiert (u. a. Graat, Decker, flämische Meister; im Standesamt Gemälde der Rubensschule). Korridore und der Ratssitzungssaal mit Empore an der Nordseite 1978/79 in klassizistischer Formensprache rekonstruiert.

Das mittelalterliche Rathaus befand sich urspünglich an

der Ostseite des Marktplatzes. 1350 durch Brand zerstört, wurde es anschließend an der Nordseite des Marktes neu errichtet. Von diesem Bau aus der 2. H. 14. Jh., der in etwa von gleicher Ausdehnung wie der bestehende klassizistische Bau war, wurden in diesen einbezogen die kreuzrippengewölbten Kellerräume mit Resten profaner Wandmalerei (Trinkgelage auf Kogge, 1986 freigelegt) und die ehemals nach drei Seiten geöffnete Gerichtslaube im Westflügel, ein zweischiffiger sechsjochiger Saal mit Kreuzrippengewölben auf Rundpfeilern.

RATSAPOTHEKE Am Markt 2/2a. Neben dem Rathaus an der Nordseite des Marktes, das westliche Gebäude der Häuserzeile zwischen Rathaus und Lübscher Straße. Im Kern ein gestreckter zweigeschossiger Rechteckbau aus dem 15. Jh., seine westliche Giebel-Schmalseite entspre-

chend der Führung des Durchganges vom Markt zur Lübschen Straße abgeschrägt. Nach M. 19. Jh. und nochmals nach 1902 in neugotischen Formen umgebaut und erweitert. Von einem ersten, wohl bald nach M. 19. Jh. erfolgten Umbau der gestaffelte Pfeilergiebel an der westlichen, abgeschrägten Schmalseite und der schmale zweigeschossige Vorbau an der Längsseite zur Lübschen Straße: der fünfachsige, das Obergeschoß einbeziehende Giebel von drei Reihen gekuppelter Luken prachtvoll gegliedert und von Maßwerkfriesen und Rosetten zusätzlich geschmückt. Der Umbau nach 1902 erweiterte den Kernbau um ein zweites Obergeschoß (durch die nun veränderte Dachlage treten die Staffeln des westlichen Giebels nicht mehr frei in Erscheinung), veränderte den Anbau zur Lübschen Straße u. a. durch einen Giebel und die zinnenartigen Bekrönungen und fügte an der Marktseite einen weiteren Anbau mit zwei Giebeln hinzu. 1977 instandgesetzt, nimmt das Gebäude durch seine lebhafte, allmählich gewachsene Gestalt und seine städtebaulich hervorragende Stellung einen wichtigen Platz unter den Profanbauten Wismars ein.

WOHNHAUS Am Markt 3. Zweigeschossiger, nach Norden spitzwinklig auslaufender Putzbau an dem vom Markt zur Lübschen Straße führenden und hier mit der Hegede zusammentreffenden Verbindungsweg, in der allgemeinen Anlage sicher in das 15. Jh. zurückreichend. Das Erdgeschoß durch Geschäftseinbau weitgehend verändert, das Obergeschoß unter dem Putz in Fachwerk; entsprechend der spitzwinkligen Grundrißgestalt abgewalmtes Satteldach, an seiner Marktseite übergiebeltes Zwerchhaus.

WOHNHAUS Am Markt 4. Zweigeschossiger Putzbau in den Formen wohl des späten 18. Jh. Im Kern ursprünglich drei schmale, z. T. ältere Häuser, abgeschlossen durch drei nebeneinander angeordnete, in West-Ost-Richtung verlaufende Satteldächer, diese zum Markt wie auch zur Hegede von drei Volutengiebeln eingefaßt.

WOHNHAUS Am Markt 9 (Gaststätte). Dreigeschossiger

Putzbau, 1906 nach Entwurf von Georg Roensch errichtet. An der Nordostecke im ersten und zweiten Obergeschoß Erker mit Jugenstildekor, darüber über den drei nördlichen Achsen der Marktseite Volutengiebel. Im Inneren die Gaststättenräume in der ursprünglichen Einrichtung aus der Bauzeit des Hauses erhalten, u. a. mit figürlichen Glasmalereien.

STADTHAUS Am Markt 11 (ehem. Hauptwache). 1858 nach Entwurf von Helmuth Brunswig errichtet, in historistischen Formen, die Fassade in der Gesamthaltung am ehesten italienischen Munizipalbauten des 15./16. Jh. vergleichbar. Putzbau von drei Geschossen und fünf Achsen, die Fenster in allen Geschossen rundbogig, im zweiten Obergeschoß in der Mittelachse zu Zweiergruppen, in den seitlichen Achsen zu Dreiergruppen erweitert. Zwischen Erd- und Obergeschoß breiter Maßwerkfries, der auch die Altanbrüstung schmückt; das Abschlußgesims ein kräftiger Rundbogenfries, darüber, den Dachansatz verdeckend, Zinnen. Die Mittelachse als flacher Risalit gebildet, der vor dem Dach in einen von seitlichen Pfeilern flankierten kleinen Staffelgiebel ausklingt; vor dem Portal Altan auf rundbogigen, von Pfeilern und Säulen getragenen Arkaden. Der nach Süden anschließende fünfachsige Erweiterungsbau im späteren 19. Jh. angefügt, in den Formen sehr viel einfacher gehalten als der Hauptbau.

WOHNHAUS Am Markt 13. Im Kern ein zweigeschossiges Giebelhaus wohl aus dem 17. Jh., aus dieser Zeit wahrscheinlich der verputzte Hofgiebel, in mehreren Geschossen durch Reihen rundbogiger Luken und durch Gesimse horizontal gegliedert. Die dem Platz zugewendete Fassade um 1800 in die bestehende Form gebracht,

Linke Seite: Wismar, Ratsapotheke Am Markt 2/2 a bzw. Lübsche Straße 48, Marktseite (rechts im Bild die Schmalseite des Rathauses) und westliche Giebelseite von der Lübschen Straße gesehen

Rechte Seite: Wismar, Stadthaus (ehem. Hauptwache) Am Markt 11; Wohnhaus Am Markt 4

offenbar später nochmals verändert: Erdgeschoßzone durch Putzquaderung als Sockelgeschoß charakterisiert, das sechsachsige Obergeschoß und die beiden zu Wohnzwecken ausgebauten Giebelgeschosse ähnlich gestaltet und durch Gesimse voneinander getrennt; die Mittelachse in den einzelnen Geschossen jeweils durch Fensterpaar und im halbrunden Giebelabschluß durch Lünettenfenster betont.

WOHNHAUS Am Markt 14. Viergeschossiges verputztes Traufenhaus von fünf Achsen. Im Kern ein dreigeschossiger Putzbau des 18. Jh., das vierte Geschoß und die Attika um M. 19. Jh. aufgesetzt, gleichzeitig wohl auch die vereinheitlichende spätklassizistische Fassadengestaltung. Der L-förmige Hofanbau 20. Jh.

SPARKASSENGEBÄUDE Am Markt 15. Doppelgiebelhaus von zwei Geschossen und sechs Achsen, im Kern ein Wohnbau wohl des 17. Jh., in der 2. H. 19. Jh. nach Plänen von Heinrich Thormann in Formen der Neurenaissance erneuert: Backsteinfassade mit reichem Werksteindekor besonders an den beiden Giebeln, die in ihrer Gliederung einander entsprechen. In der östlichen Gebäudeachse von kannelierten Halbsäulen flankiertes Rundbogenportal, auf dem waagerechten Abschlußgesims zwei Putten. Im Inneren, neben Raumgestaltungen aus der 2. H. 19. Jh., eine vom Vorgängerbau übernommene hölzerne Wendeltreppe im Obergeschoß, wohl noch 17. Jh.

BANKGEBÄUDE Am Markt 16/17. 1914/16 nach Entwurf von Hans Jessen, Berlin, in neuklassizistischen Formen errichtet. Dreigeschossiger Putzbau von sieben Achsen mit Walmdach. Im Erdgeschoß die rahmenden Portale und die rechteckigen Fenster von rundbogigen Blenden mit plastischem Schmuck bekrönt, unter den Fenstern Scheinbalustraden. In den beiden Obergeschossen die drei Mittelachsen leicht zurückgesetzt, hier zwischen den Geschossen szenischer Fries mit Motiven von Fischfang, Viehzucht und Ackerbau. Vor dem Walmdach Attika, in der Mitte durch großes Lünettenfenster betont, wie es in der klassizistischen Architektur Wismars vielfach verwendet und hier offensichtlich als bewußte Wiederaufnahme aufgegriffen worden ist.

WOHNHAUS Am Markt 18. Zweigeschossiges fünfachsi-

Linke Seite: Wismar, Sparkassengebäude Am Markt 15, Ansicht und Treppe vom Vorgängerbau

Rechte Seite: Wismar, Bankgebäude Am Markt 16/17

ges Giebelhaus, im Kern wahrscheinlich noch mittelalterlich, die Hofseite mit Dielenlucht und Backsteingiebel mit Segmentbogenluken in drei Geschossen. Die geputzte Fassade wohl in der 1. H. 19. Jh. in die bestehende Form gebracht, der durch Pfeilervorlagen fünfgeteilte Staffelgiebel möglicherweise im Kern ebenfalls noch mittelalterlich, die mittlere Staffel mit dreieckigem Abschluß.

Das nach Osten anschließende WOHNHAUS Mecklenburger Straße 1 sowie die den Platz an seiner südöstlichen Ecke begrenzenden WOHNHÄUSER Mecklenburger Straße 2/12 s. unten S. 187/188.

WOHNHAUS Am Markt 19 (Gaststätte »Reuterhaus«; ehemals Hinstorff'sche Hof-/Verlagsbuchhandlung). Zweigeschossiges Traufenhaus von fünf Achsen mit Krüppelwalmdach, die Mitte der Straßenfront durch Zwerchhaus mit Giebelabschluß betont. Das im Kern barocke Gebäude auf Grund seines schlechten Bauzustandes 1988 abgetragen, Rekonstruktion nach historischer Vorlage (sog. Hornemannsche Leiste) als Barockgebäude vorgesehen.

WOHNHAUS Am Markt 20/21 (Gaststätte »Alter Schwede«). Das einzige in der äußeren Gestalt unverändert erhaltene mittelalterliche Bürgerhaus Wismars, in seiner reichen Fassadenbildung sicher auch ursprünglich mit zu den am aufwendigsten gestalteten Häusern der Stadt zählend. Eingeschossiges Giebelhaus, um 1380 entstanden; Backstein unter reicher Verwendung von dunkel glasierten Formsteinen und Maßwerkziegeln. Das Erdgeschoß mit Spitzbogenportal mit abgetrepptem profiliertem Gewände, die seitlichen Dielenfenster rekonstruiert; abschließender Vierpaßfries, in den das Spitzbogenportal einschneidet. Der Pfeiler-Staffelgiebel entsprechend der Gliederung des Erdgeschosses dreiachsig angelegt; charakteristisch für den mittelalterlichen Wismarer Bürgerhausbau seine derb-plastische, schmuckreiche Gestaltung: die vier Pfeiler mit jeweils drei, an den Ecken durch vorgelegte Rundstäbe betonten Polygonseiten kräftig hervortretend, dazwischen die durch Profilstab vertikal zweigeteilten Giebelstaffeln mit den zu horizontalen Bändern sich zusammenschließenden Luken – in der mittleren Staffel in fünf Geschossen –, deren spitzbogige Schlüsse aus krabbenbesetzten Glasursteinen gebildet sind. Den Lukenschlüssen entsprechen an den Polygonseiten der Pfeiler wimpergartige Maßwerkauflagen. Die außerhalb des Dachraumes gelegenen Lukenöffnungen lassen den Himmel durchscheinen (Abb. S. 143). Der Rückgiebel in Fachwerk mit Ziegelausfachung und großem Dielenfenster. – 1977 Beginn der Restaurierungs- und Rekonstruktionsarbeiten an Vorder- und Rückgiebel; Neueinrichtung einer Gaststätte (diese seit 1878 im Hause).

WOHNHAUS Am Markt 22. Giebelhaus von drei Achsen, ursprünglich ein 1856 nach Entwurf von Helmuth Brunswig errichteter Putzbau, nach Brand 1985/87 mit dem historisierenden Staffelgiebel rekonstruiert. Im weiteren auch die Wiederherstellung der ehemals vorhandenen Jugendstil-Fassadenmalerei vorgesehen.

WOHNHAUS Am Markt 23. Sechsachsiger dreigeschossiger Putzbau mit niedriger Attika und Walmdach, der Kern wahrscheinlich mittelalterlich, die Fassade um M. 19. Jh. Die Hofseite in Fachwerk. Im Inneren im ersten Obergeschoß Dielengestaltungen in Formen des Jugendstils und der Neurenaissance.

WOHNHAUS Am Markt 25. Dreigeschossiges verputztes Giebelhaus von fünf Achsen, 2. H. 19. Jh., die Schrägen des Giebeldreiecks mit steigendem Treppenfries.

WOHNHAUS Am Markt 26. Giebelhaus von drei Geschossen und drei Achsen, im Kern wohl 16./17. Jh., davon die Fachwerk-Hoffront erhalten; die Putzfassade um M. 19. Jh., die beiden Obergeschosse durch Kolossalpilaster zusammengefaßt, im Giebel der mittlere Teil mit hohem Fenster ebenfalls von Pilastern eingefaßt und giebelartig abgeschlossen.

WOHNHAUS Am Markt 27. Giebelhaus angeblich von 1675, der geputzte Volutengiebel durch Gesimsbänder in mehrere Geschosse unterteilt, mit Segmentbogenluken und Ochsenaugen. Der Hofgiebel in Fachwerk, Reste des ursprünglichen Kemladens im Hofanbau noch ablesbar.

WOHNHAUS Am Markt 28. Giebelhaus im Kern wohl 16. Jh., möglicherweise aus dieser Zeit die später verputzte Fachwerk-Hoffront. Die geputzte Fassade um M. 19. Jh. in spätklassizistischen Formen von drei Geschossen in drei Achsen; über kräftigem Gesims getreppter, im mittleren Teil von flachem Dreiecksgiebel bekrönter Abschluß.

WOHNHAUS Am Markt 29 (Hirschapotheke). Zweigeschossiges dreiachsiges Giebelhaus, 15./16. Jh., davon erhalten das rundbogige Backsteinportal, in seinem reich profilierten Gewände eingelegter Taustab, und möglicherweise im Kern auch der Staffelgiebel, dessen Putzgliederung durch Pfeilervorlagen und um diese sich verkröpfende Gesimsbänder um M. 19. Jh. entstand. Die Fachwerk-Hoffront verputzt. In der Offizin Teile einer Ausstattung von 1854 erhalten.

WOHNHAUS Am Markt 30/Ecke Lübsche Straße. Dreieinhalbgeschossiges, an der Marktseite fünf-, zur Lübschen Straße zweiachsiges Traufenhaus, Putzbau in historisierenden Formen nach M. 19. Jh. Die einzelnen Geschosse schlicht, aufwendiger gestaltet das Abschlußgesims mit Rundbogenfries und Fialpfeilern als Eckbetonung.

WASSERKUNST auf dem Markt, nahe seiner südöstlichen Ecke. 1602 fertiggestellt wahrscheinlich nach einem um 1580 von Philipp Brandin geschaffenen Entwurf; die Ausführung erfolgte durch Heinrich Dammert. Anläßlich der Erneuerung der Wismarer Wasserversorgung 1861 wurde das pavillonartige Gebäude auf einen Podest gesetzt, der ein größeres Wasserreservoir enthielt, und gleichzeitig durch Heinrich Thormann restauriert. Eine nochmalige Restaurierung erfolgte 1973/75, dabei wurden alle Sandsteinteile und das Holzwerk der Laterne erneuert.

Zwölfseitiger offener Pavillon mit glockenförmiger kupferverkleideter Haube und bekrönender sechsseitiger offe-

Linke Seite:
Wismar,
Wohnhäuser Am Markt 29
(Hirschapotheke)
und 30 (links im Bild)

Rechte Seite:
Wismar,
Wohnhaus Am Markt 20/21
(Gaststätte »Alter Schwede«)

ner Laterne. Das Dach getragen von zwölf als männliche bzw. weibliche Hermenpilaster gebildete Sandsteinpfeiler mit niederländisch geprägtem Dekor, zwischen den Pfeilern oberhalb der Öffnungen Platten mit lateinischen Inschriften in längsrechteckigen Feldern; die Laterne mit sechs geschnitzten Hermenpilastern. Die schmiedeeisernen Gitter vor den Öffnungen und die unteren Inschriftplatten mit Texten zur Geschichte der Wismarer Wasserversorgung von der Restaurierung 1861.

1570/71 war von dem aus Sachsen herbeigeholten Johann Fritzsche eine hölzerne Röhrenleitung angelegt worden, durch die Wasser von den Metelsdorfer Quellen (etwa 6 km südlich von Wismar) durch eigenen Auftrieb in die Stadt geführt und auf dem Markt in einem vorerst hölzernen Wasserkasten gesammelt wurde, um von hier aus in das gleichzeitig angelegte Rohrleitungssystem der einzelnen Straßen eingespeist zu werden (s. auch den Plan mit der Darstellung des Verteilungssystems der Wasserleitung auf S. 133). Als Röhren wurden ausgebohrte, außen durch eiserne Bänder verstärkte Fichtenstämme verwendet, die durch eiserne Büchsen miteinander verbunden wurden. Der Gedanke, den hölzernen Wasserkasten durch einen steinernen zu ersetzen, tauchte um 1580 auf, wofür der Baumeister Philipp Brandin Steine auf Gotland brechen und kommen ließ, die Ausführung wurde aber erst kurz vor 1600 in Angriff genommen: die Wasserkunst ist nichts anderes als das Gehäuse für diesen steinernen Wasserkasten; ihre schmuckreiche Ausführung wie auch die umlaufende lateinische Inschrift geben den Stolz der Stadt auf die vollbrachte technische Leistung des für die Wismarer Bierproduktion besonders wichtigen Wasserleitungsbaues auch heute noch zu erkennen.

Lübsche Straße

Hauptstraßenzug Wismars, früher in (von West nach Ost) Lübsche Straße, Hinter dem Rathaus und Altwismarstraße unterteilt. In West-Ost-Richtung dem Verlauf der von Lübeck nach Rostock führenden alten Handelsstraße

Linke Seite: Wismar, Lübsche Straße, Blick nach Westen, mittlerer Abschnitt mit der Heiligen-Geist-Kirche im Hintergrund

Rechte Seite: Wismar, Markt mit Wasserkunst, im Hintergrund der Turm der ehem. Marienkirche

folgend, die Stadt in zwei annähernd gleiche Hälften teilend; im Westen ehemals das Lübsche Tor der mittelalterlichen Stadtbefestigung, im Osten ehemals das Altwismartor. Das Heiligen-Geist-Spital an der Nordseite der Lübschen Straße/Ecke Neustadt kennzeichnet das ursprünglich westliche Ende der Straße innerhalb der Marktstadt (Heiligen-Geist-Spitäler wurden in der Regel unmittelbar in Stadtmauernähe errichtet); der westlich davon gelegene Straßenabschnitt bis zum ehem. Lübschen Tor wurde zusammen mit der sog. Neustadt angelegt und um oder kurz nach M. 13. Jh. in das Gesamtgebiet der Stadt einbezogen.

Das reizvolle, im westlichen Teil durch die sanft geschwungene und leicht ansteigende Straßenführung zusätzlich belebte Bild der Lübschen Straße wird bestimmt durch die Vielzahl der erhaltenen Giebelhäuser. Vielfach unter Beibehaltung der ursprünglichen Grundstücksgrenzen und oft auch unter Einbeziehung von Resten mittelalterlicher Bauten dominieren in ihren Fassaden barocke und klassizistische Gestaltungen, auch ist das spätere 19. Jh. mit interessanten neugotischen Bildungen reich vertreten. Dagegen haben sich Fassaden mittelalterlicher Giebelhäuser nur in wenigen Fällen und dann im äußeren Umriß zumeist stark verändert erhalten, nachdem im zweiten Weltkrieg zwei der wichtigsten gotischen Bürgerhäuser Wismars, die Häuser Altwismarstraße 19 und 20 (Hotel Waedekin), vernichtet worden sind. In diesem durch Kriegseinwirkung teilweise zerstörten östlichen Abschnitt der Straße 1954 bzw. 1957 die Wohnhäuser Lübsche Straße 8/10/12 und 26/28/Ecke Diebstraße nach Entwurf von Walter Schulze, Fritz Krüger und Josef Nicolai errichtet, drei- bzw. viergeschossige, gegenüber der alten Straßenflucht zurückgesetzte Backsteinbauten unter Satteldächern, durch kräftig vorspringende, über Arkadengänge angelegte und von Giebeln abgeschlossene Bauteile der bestehenden älteren Bebauung angenähert.

WOHNHAUS Lübsche Straße 14. Giebelhaus von drei Geschossen in fünf Achsen, 4. V. 19. Jh. in neugotischen Formen. Die Putzfassade in der Mittelachse durch doppelläufige Freitreppe und vor den beiden Obergeschossen durch polygonalen Erker betont, seine Brüstungsfelder mit Maßwerkfüllungen; im Giebel gestaffelte Fensterblenden, an den Giebelschrägen steigender Dreipaßfries und fialenartig erhöhte maßwerkgeschmückte Eck- und Firstbetonungen. – Ähnlich gegliedert das schräg gegenüber gelegene, etwa gleichzeitig entstandene WOHNHAUS Lübsche Straße 19, seine Mittelachse ebenfalls durch zweigeschossigen Erker betont.

LICHTSPIELTHEATER Lübsche Straße 21. Das Grundstück 1903 von den Brüdern Gustav und Reinhard Braun zur Einrichtung eines Lichtspieltheaters gekauft, damit im Zusammenhang nachfolgend Umbau und Neugestaltung des Hauses. Seine Putzfassade fünfachsig in drei Geschossen aufgebaut, der geschweifte Giebel über den mittleren drei Achsen mit kielbogigem, schwer lastendem Giebelfeld, das von vier Atlanten gestützt wird.

Linke Seite: Wismar, Wohnhaus Lübsche Straße 23, Hofseite mit Kemladen

Rechte Seite: Wismar, Wohnhäuser Lübsche Straße 35, 33, 31 (links), Lübsche Straße 8/10/12, 14 und 16 (rechts)

WOHNHAUS Lübsche Straße 23. Um 1830 erbaut. Die Putzfassade von fünf Achsen in drei Geschossen, das Erdgeschoß genutet, die Fenster der Obergeschosse mit horizontalen Verdachungen, die des Hauptgeschosses sehr kräftig ausgebildet. Abschluß durch hohe Attika, die die Schmalseite des Krüppelwalm-Mansarddaches verdeckt. Die Hofseite in Fachwerk, das Mansarddach hier nicht abgewalmt. Im Inneren vom Keller an aufsteigende Wendeltreppe mit Mahagoni-Geländer, aus der Bauzeit des Hauses. Der Keller mit Kreuzgratgewölben. Kemladen, sein zweites Obergeschoß wohl erst im 19. Jh. aufgesetzt; Erdgeschoß Backstein über Feldsteinsockel, noch mittelalterlich, das erste Obergeschoß Fachwerk, im mittleren Abschnitt die Balken reich beschnitzt, 16. Jh.

WOHNHAUS Lübsche Straße 31 (Gaststätte »Zum Weinberg«). Eines der stattlichsten Giebelhäuser Wismars. Angeblich von 1575, die dreiachsige Putzfassade mit reichem Volutengiebel wohl 2. H. 17. Jh. Das Erdgeschoß mit Putznutung, über dem Portal Bacchusfigur von 1710, darüber zwei durch Zahnschnittgesims voneinander getrennte Obergeschosse. Der Ansatz des Giebels – eigentlich über dem zweiten Obergeschoß beginnend – in der Fassadengliederung wohl absichtlich, zur Steigerung der Wirkung, unklar belassen: einerseits beginnen die die Mittelachse des Giebels flankierenden, bis unter die Giebelspitze reichenden kannelierten Kolossalpilaster bereits am zweiten Obergeschoß, andererseits entfalten sich die Giebelvoluten erst über den Gesimsstücken über dem ersten Dachgeschoß. Den wirkungsvollen Giebelabschluß über den Kolossalpilastern der Mittelachse bildet ein steiler, kräftig profilierter Dreiecksgiebel. Im Inneren die hohe Diele weitgehend unverändert in ihrer barocken Ausprägung erhalten, um und nach M. 17. Jh.: die Balkendecke mit ornamentaler Schablonenmalerei; an der östlichen Längsseite Galerie, die über eine behäbig geführte, einen Teil der Diele ausfüllende Treppe erreichbar ist, ihr Geländer mit geschnitzten Balustern. In der Hofseite großes Fenster, die »Lucht«. Zur Ausstattung der Diele gehören: sieben Porträts von Angehörigen der Familie Michaelis, 19. Jh. Geschnitzte Büste des schwedischen Königs Gustav Adolf, 19. Jh. Kronleuchter, Messing, A. 18. Jh. Zwei Wandleuchter, Messing, 17. Jh. – An der erneuerten Hoffront mit vorgeblendetem Fachwerk angefügt zweigeschossiger Kemladen, sein Erdgeschoß aus Backstein, das Obergeschoß in Fachwerk.

WOHNHAUS Lübsche Straße 33. Dreiachsiges Giebelhaus, im Kern 15. Jh. Die beiden Untergeschosse im 19./20. Jh. verändert. Der Giebel darüber in seiner allgemeinen Anlage als spätgotischer Giebel noch erkennbar, durch Pfeilervorlagen dreigeteilt, ursprünglich wahrscheinlich ein blendengeschmückter Staffelgiebel; wohl im 18. Jh. verputzt und zu einem Barockgiebel umgestaltet, mit seitlichen Schwüngen und Dreiecksgiebel als Abschluß der mittleren Staffel (Abb. S. 147).

WOHNHAUS Lübsche Straße 35. Dreiachsiges Giebelhaus aus dem frühen 19. Jh. Die Putzfassade in strengen klassizistischen Formen: in den beiden Obergeschossen die Fenster der Mittelachse durch rundbogige Abschlüsse hervorgehoben, die rechteckigen Seitenfenster unter Verdachungen bzw. vertieften Putzspiegeln; kräftiges Gesims. Darüber der attikaähnliche Abschluß der Fassade, durch Gesimsband in zwei Geschosse unterteilt und mehrfach abgetreppt, im unteren Teil mit Lünettenfenster (Abb. S. 147). Die Hofseite in Fachwerk.

WOHNHAUS Lübsche Straße 37. Zweigeschossiges Giebelhaus im Kern wohl spätmittelalterlich, die Fassade mit geschweiftem Giebel klassizistisch umgestaltet, in jüngerer Zeit abermals verändert. Das Innere um 1830 umgestaltet, qualitätvolle Treppenanlage erhalten. Im flachgedeckten Keller (Balkendecke) alte Zisterne vorhanden. An der Hofseite zweigeschossiger Kemladen.

Auf dem Grundstück des ehem. WOHNHAUSES Lübsche Straße 43 (1914 erbaut, bis auf das Erdgeschoß kriegszerstört) von dem mittelalterlichen Vorgängerbau der zweischiffige dreijochige Kellerraum mit Kreuzrippengewölben auf quadratischen Pfeilern mit halbrunden Vorlagen erhalten.

KAUFHAUS Lübsche Straße 45. A. 20. Jh. in den klassizierenden Formen der Zeit vor dem ersten Weltkrieg erbaut. Die schmale dreiachsige Fassade von vier Geschossen, die Obergeschosse durch Wandvorlagen in drei Achsen jeweils mit Gruppen schmalrechteckiger Fenster gegliedert. Die mittlere Achse um ein weiteres Geschoß erhöht, das seitlich ähnlich einem Schweifgiebel eingefaßt und durch massigen Dreiecksgiebel abgeschlossen ist, wodurch dem Gebäude der Eindruck eines Giebelhauses gegeben wird.

WOHNHAUS Lübsche Straße 46. Kleines dreiachsiges Traufenhaus, mit Durchgang zum Rathaus (im Durchgang klassizistische Haustür), mehrfach verändert und an der Straßenseite auf drei Geschosse erhöht, im Kern jedoch mittelalterlich, wie der von dem anschließenden Nachbarhaus nicht ganz verdeckte, durch Blenden gegliederte Giebel der östlichen Schmalseite erkennen läßt.

RATSAPOTHEKE Lübsche Straße 48 s. unter Markt, S. 137.

WOHNHAUS Lübsche Straße 49. Giebelhaus von zwei Geschossen und drei Achsen, im Kern spätmittelalterlich, davon die Gliederung des in drei Geschosse aufgebauten, in den Abschlüssen in der 2. H. 19. Jh. neugotisch veränderten Pfeilergiebels noch erkennbar. Die Hoffront in Fachwerk. Im Inneren Einbauten aus dem 17. Jh. erhalten (Diele mit eingezogenem Zwischengeschoß).

WOHNHAUS Lübsche Straße 50 (Reisebüro) s. unter Hegede, S. 159

WOHNHAUS Lübsche Straße 53. Ursprünglich zweigeschossiges Giebelhaus von drei Achsen, 17. Jh., davon der massive Hofgiebel mit segmentbogigen Luken erhalten. Die Straßenfront A. 19. Jh. um ein Geschoß erhöht und über kräftigem Hauptgesims durch großen Lünettengiebel abgeschlossen; an der westlichen Achse zweigeschossige Utlucht. Der Kemladen im Kern mittelalterlich, später verändert.

KAUFHAUS Lübsche Straße 57/Ecke Krämerstraße 2. 1907/08 als Kaufhaus Karstadt erbaut. Stahlskelettbau über winkelförmigem Grundriß, die werksteinverkleideten Fassaden mit vier Achsen zur Lübschen Straße und sechs Achsen zur Krämerstraße; die der Straßenkreuzung und der mit dem Markt verbindenden Gasse zugewendete Ecke wirkungsvoll als Viertelrund gebildet, hier folgerichtig ursprünglich auch der Eingang. – Über der in Schaufenster aufgelösten Erdgeschoßzone die drei Obergeschosse durch Kolossalpilaster streng vertikal gegliedert,

Linke Seite: Wismar, Wohnhaus Lübsche Straße 31 (Gaststätte »Zum Weinberg«), Inneres der Diele, Blick zur Eingangsseite mit der Treppe zur Galerie

Rechte Seite: Wismar, Wohnhäuser Lübsche Straße 49 (links) und Lübsche Straße 53 (rechts); Kaufhaus Lübsche Straße 57 (unten)

zwischen den Pilastern die jeweils in allen Geschossen zu Dreiergruppen zusammengefaßten, ebenfalls vertikal miteinander verbundenen Rechteckfenster. Über dem kräftig ausladenden Hauptgesims Mansarddach mit Gaupen, die in ihrer Stellung die Achsengliederung des Baues in der Dachzone fortsetzen.

Der südliche Straßenabschnitt zwischen Johannisstraße und Negenchören mit den WOHNHÄUSERN Lübsche Straße 58/78 (gerade) vorherrschend durch Giebelhäuser bestimmt, von diesen besonders zu nennen: Nr. 58, dreiachsige Putzfassade, der neugotische Giebel mit ansteigendem Bogenfries an den Giebelschrägen und gestaffelter Firstbetonung. – Nr. 60, an der Rückseite 1865 datiert, in historisierenden Formen; die dreiachsige Putzfassade durch Wandvorlagen gegliedert, die bis in das relativ flache Giebeldreieck führen, dessen Schrägen durch abschließendes Gesims und kräftigen Konsolfries betont sind. – Nr. 62, im Kern wohl 17. Jh., der Keller mit Tonnengewölbe; die Giebelfassade im späten 19. Jh. stark verändert. Der zweigeschossige Kemladen mit zugesetzten Segmentbogenluken. – Nr. 64 und 66, zwei barocke Giebelhäuser, 17. bzw. 18. Jh., die schlichten, vereinfachten Putzfassaden mit geschweiften Giebeln. – Nr. 70, barockes Giebelhaus, der im Umriß lebhaft bewegte Volutengiebel durch Gesimse in zwei Geschosse unterteilt, Abschluß durch Lünettenfeld. – Nr. 72, 1909 noch in neugotischen Formen erbaut, die in drei Geschossen dreiachsige Fassade von reichem dreigeteiltem Pfeiler-Staffelgiebel abgeschlossen.

Der entsprechende Abschnitt der Nordseite der Lübschen Straße, bis zur Beguinenstraße, in der Mehrzahl von klassizistischen, z. T. veränderten Traufenhäusern geprägt und daher von einem im ganzen ruhigeren Gesamtbild als die von Giebelhäusern bestimmte Südseite. Besonders hervorzuheben das WOHNHAUS Lübsche Straße 71, ein dreieinhalbgeschossiger Putzbau von vier Achsen, um

1820/30 erbaut in strengen klassizistischen Formen. Die Geschosse durch Gesimse voneinander abgesetzt, die beiden Mittelachsen geschoßweise von die Fenster flankierenden Pilastern gegliedert, aber auch durch das kräftige, über den Fenstern des dritten Geschosses abschließende Gesims mit Zahnschnittfries besonders hervorgehoben. Zwischen den Fenstern des Halbgeschosses ornamentale Stuckauflagen. Abschluß in ganzer Fassadenbreite durch Dreiecksgiebel über kräftigem Konsolgesims.
Ehem. HAUS der Kaufmanns-Compagnie Lübsche Straße 81 (Kulturbund). Das Gebäude umfaßt zwei im Kern noch mittelalterliche Giebelhäuser: das westliche zweigeschossig und dreiachsig, seine Putzfassade nach M. 19. Jh. mit neugotischem Dekor und Treppengiebel über kräftig abgestuftem Hauptgesims, das östliche dreigeschossig und vierachsig sowie mit Utlucht, über dem Hauptgesims Attika mit erhöhtem mittlerem Giebelteil, wohl A. 19. Jh. Im Inneren ein mittelalterlicher Kellerraum mit Mittelstütze und Kreuzgewölbe. Im Obergeschoß der ehem. Festsaal der Kaufmanns-Compagnie, über dem umlaufenden Wandpaneel sechs Panneaux einer französischen Bildtapete von 1823, »Telemach auf der Insel Calypso«, die Bordüren und Früchtebouquets gleichzeitig. Am östlichen Gebäudeteil Kemladen, 17./18. Jh.
WOHNHAUS Lübsche Straße 83. Im Kern ein mittelalterliches Giebelhaus, dessen zweischiffiger tonnengewölbter Keller erhalten ist. Die dreigeschossige Trauffassade von drei Achsen E. 19. Jh., die Geschosse von Gesimsen geschieden, die Achsen in den Obergeschossen durch Pilaster getrennt; die Fenster des ersten Obergeschosses durch Putzspiegel und dreieckige Verdachungen besonders hervorgehoben. Die Mittelachse betont durch Volutenzwerchgiebel mit halbrundem Abschluß vor der ursprünglichen Giebelspitze. Im Inneren Decken, Panee-

Linke Seite: Wismar, Wohnhäuser Lübsche Straße 58 und 60 (links), Lübsche Straße 60/72 (Mitte), Lübsche Straße 71 (rechts)

Rechte Seite: Wismar, ehem. Haus der Kaufmanns-Compagnie Lübsche Straße 81, Straßenfassade des Doppelhauses (rechts die Giebelseite des Hauses Beguinenstraße 2) und Bildtapete im Festsaal

lungen und Öfen sowie die Treppenanlage vom E. 19. Jh., vorwiegend in Neurenaissanceformen. – An die massive Rückfassade ebenfalls E. 19. Jh. ein Gartenpavillon in Fachwerk angebaut, mit qualitätvoller Innengestaltung.

WOHNHAUS Lübsche Straße 87 (Pfarrhaus der Heiligen-Geist-Kirche). Giebelhaus E. 19. Jh. in neugotischen Formen. Zweigeschossiger dreiachsiger Backsteinbau, die westliche Achse in beiden Geschossen als Utlucht ausgebildet. Das Hauptgesims ein Vierpaßfries aus glasierten Steinen, darüber blendengeschmückter Giebel, seine Staffeln von Zinnen abgeschlossen.

HEILIGEN-GEIST-KIRCHE Lübsche Straße 89 s. unten S. 212/219.

WOHNHAUS Lübsche Straße 94. Stattliche klassizistische Fassade aus dem frühen 19. Jh. vor älterem Hauskern aus dem 16. Jh. In Giebelstellung zur Straße zweigeschossig und fünfachsig angelegt, die Putzfassade bezieht in ihre Gliederung das erste Dachgeschoß als ein drittes Geschoß mit ein (die außerhalb des Dachraumes liegenden äußeren Fensterachsen hier als Blenden gebildet); darüber Abschluß durch kräftiges Hauptgesims und hohe Attika bzw. in der Mitte dreiachsigen übergiebelten Aufsatz (die Seitenachsen hier wiederum Blendfelder). Über dem Obergeschoß Putzspiegel mit vegetabilischer Stuckornamentik, ein ähnlicher Putzspiegel auch unterhalb des abschließenden Giebels. An der westlichen Seitenfront zweigeschossiger Anbau mit Toreinfahrt. Die Hoffront in Fachwerk. Im Inneren Diele mit Galerie und Fachwerkeinbau. – Zusammen mit dem Haus Lübsche Straße 92, einem barocken Giebelhaus, und dem zu rekonstruierenden Haus Lübsche Straße 90 für den Ausbau als Museum der Pharmazie- und Medizingeschichte vorgesehen.

WOHNHAUS Lübsche Straße 95. Zweigeschossiges siebenachsiges Fachwerktraufenhaus unter Satteldach, angeblich von 1560; an der Hofseite die Schwelle des Obergeschosses mit Schiffskehlen und am Dachüberstand mit ornamentierten Knaggen. Die Straßenfront im 18. Jh. verputzt, über den drei Mittelachsen Dreiecksgiebel.

WOHNHAUS Lübsche Straße 97. Zweigeschossiges Traufenhaus von acht Achsen, Putzbau aus dem frühen 19. Jh. in klassizistischen Formen. Die vier mittleren Achsen als flacher, um ein drittes Geschoß erhöhter Risalit ausgebil-

det, der über dem Hauptgesims von niedriger, in der Mitte giebelartig leicht erhöhter Attika abgeschlossen wird. Zwischen den Geschossen rechteckige, runde und oktogonale Putzspiegel mit vegetabilischem Stuckornament, aus der Bauzeit des Hauses. Im Erdgeschoß links zugesetzte Tordurchfahrt.

WOHNHAUS Lübsche Straße 98/Ecke Große Hohe Straße. Zweigeschossiges Giebelhaus, Putzbau wohl aus der 1. H. 18. Jh., 1978/79 instandgesetzt. Die dreiachsige Fassade mit rundbogigem Barockportal, das beidseitig von leicht diagonal gestellten Pilastern flankiert und von geschwungenem Gesims abgeschlossen wird, die zweiflügelige Haustür A. 19. Jh. An dem vereinfachten, im Umriß barock bewegten und durch Lünettenfeld abgeschlossenen Giebel die einstigen rundbogigen Luken bei der letzten Instandsetzung durch Putzritzung angedeutet. Im Inneren langgestreckte Diele mit barocken Türen. Im östlichen Erdgeschoßraum schlichte Stuckdecke mit Voute und Ovalfeld.

WOHNHAUS Lübsche Straße 100/Ecke Große Hohe Straße. Ursprünglich drei ältere Giebelhäuser (an der Rückfront erkennbar; im östlichen Hausteil zwei kreuzrippengewölbte Kellerjoche aus dem 15./16. Jh. erhalten), A. 19. Jh. umgebaut und durch eine klassizistische Fassade vereinheitlicht: zweigeschossig von sieben Achsen, die drei Mittelachsen leicht vorgezogen; Stockwerkgesims und kräftiges Hauptgesims, darüber über den seitlichen Doppelachsen hohe Attiken, über den drei Mittelachsen Halbgeschoß, niedrige Attika und mittlerer Aufsatz mit Lünettenfenster und abschließendem Dreiecksgiebel. Das Portal in der mittleren Achse mit Pilasterrahmung und Verdachung, in der Seitenfront zur Großen Hohen Straße Barockportal mit flankierenden Pilastern und geschwungener Verdachung.

WOHNHAUS Lübsche Straße 106. Zweigeschossiges sechsachsiges Traufenhaus unter Satteldach, Putzbau um 1800. Die beiden Geschosse durch Putzleiste voneinander abgesetzt, die Fenster des Obergeschosses mit Faschenrahmung. Über dem rundbogigen Portal stuckierte Girlande und segmentbogige Verdachung, die zweiflügelige Haustür mit Oberlicht, schlicht in Empireformen.

WOHNHAUS Lübsche Straße 112. Anstelle eines Giebelhauses 1924 neu erbaut. Die backsteinverkleidete Fas-

Linke Seite: Wismar, Wohnhäuser Lübsche Straße 92 und 94

Rechte Seite: Wismar, Wohnhäuser Lübsche Straße 97 (links unten), Lübsche Straße 98 mit dem Marienturm im Hintergrund (rechts oben), Lübsche Straße 100 (rechts unten)

sade zwischen den vier Fensterachsen von spitzwinklig vorspringenden, bis in den abgetreppten Giebel geführten Vorlagen streng vertikal gegliedert in eindrucksvoller Schlichtheit, der dekorative Schmuck beschränkt auf die Rautenmusterung in den Abschlüssen der beiden mittleren Staffeln.

WOHNHAUS Lübsche Straße 116. Giebelhaus von zwei Geschossen und drei Achsen, frühes 18. Jh. (1703). Der Volutengiebel in drei Geschosse durch rundbogige Lukenreihen und Gesimse unterteilt, sein Abschluß mit Kreisblende und korbbogiger Bekrönung. Die Hoffront Fachwerk, verputzt. – Ähnlich und vielleicht auch ungefähr gleichzeitig das WOHNHAUS Lübsche Straße 110, der Volutengiebel hier mit Lukenreihen in zwei Geschossen (das an der Fassade angebrachte Datum 1601 für den Giebel wohl nicht zutreffend). Das Haus selbst 1938/39 durch Neubau ersetzt.

WOHNHAUS Lübsche Straße 122. Ursprünglich zwei

zweigeschossige Giebelhäuser wohl des 16./17. Jh., wie es an der Hofseite noch erkennbar ist, die Fachwerkgiebel z. T. verputzt; an der zur Rosa-Luxemburg-Straße gewendeten Längsseite des östlichen Hauses Strebepfeiler. Die Straßenseite beider Häuser vereinheitlichend wahrscheinlich im späten 18. oder frühen 19. Jh. umgestaltet, das erste Dachgeschoß als Speichergeschoß zu den beiden unteren Geschossen in der Fassadengliederung hinzugenommen, darüber durchgehendes Gesims und vor dem oberen Dachteil jedes Hauses zweigeschossiger, von Dreiecksgiebel abgeschlossener rechteckiger Aufsatz, seitlich von Attiken flankiert. Hinter dem östlichen Hausteil an der Rosa-Luxemburg-Straße langgestrecktes zweigeschossiges Speichergebäude mit zwei rechteckigen Tordurchfahrten, Fachwerk, wohl 18. Jh.

WOHNHAUS Lübsche Straße 124. Giebelhaus, im heutigen Zustand von zwei Geschossen und drei Achsen, das geschweifte, von Dreiecksgiebel abgeschlossene Giebelfeld in zwei Geschossen ausgebaut. Urprünglich ein Speichergebäude wohl des 17. Jh., 1935 für Wohnzwecke ausgebaut, dabei eingreifend verändert.

WOHNHAUS Lübsche Straße 126. Giebelhaus wohl des 15. Jh., eines der wenigen Giebelhäuser Wismars, von denen sich die spätgotische Fassadengestaltung trotz späterer Veränderungen weitgehend erhalten hat. Zweigeschossig von drei bzw. fünf Achsen, der im äußeren Umriß barock veränderte, mit Dreiecksabschluß versehene Giebel ursprünglich ein fünfgeteilter Staffelgiebel; die Staffeln mit zweigeteilten, bis in das zweite Geschoß herabreichenden Spitzbogenblenden, darin paarweise geordnete spitzbogige Lukenöffnungen für die drei Dachgeschosse.

Linke Seite: Wismar, Lübsche Straße, Blick nach Osten mit den Häusern Lübsche Straße 122/126 in der rechten Bildhälfte (links), Wohnhäuser Lübsche Straße 108, 110 und 112 (rechts)

Rechte Seite: Wismar, Wohnhaus Lübsche Straße 135 (links), Häusergruppe Lübsche Straße 122 (Doppelhaus), 124 und 126 (rechts)

WOHNHAUS Lübsche Straße 128. Zweigeschossiges Giebelhaus, Backsteinbau wohl des 15. Jh. Der Giebel im 17. Jh. in den oberen Teilen barock verändert und verputzt; ursprünglich war es ein Staffelgiebel mit fünf zweigeteilten Blenden, deren spitzbogige Schlüsse jedoch nicht erhalten sind. In den Blenden jeweils spitzbogige Lukenpaare für drei Geschosse. Zusammen mit dem benachbarten Haus Nr. 126 1933 instandgesetzt und ausgebaut.

WOHNHAUS Lübsche Straße 135. Klassizistisches Giebelhaus aus dem frühen 19. Jh. Die Putzfassade von fünf Achsen und zwei Hauptgeschossen sowie einem dritten Geschoß vor der Giebelseite des Daches; Abschluß über kräftigem Gesims durch getreppte Attika und die Mitte betonenden Aufbau mit Lünettenblende und Dreiecksgiebel (Abb. S. 155). Nach Westen anschließend einachsiger Anbau und rundbogige Tordurchfahrt.

Ehem. LOGENGEBÄUDE Lübsche Straße 138. Zweigeschossiger Putzbau von neun Achsen unter Walmdach, M. 18. Jh., 1979/80 Fassade und Treppenhaus restauriert. Die mittleren drei Achsen als Risalit ausgebildet und um ein drittes Geschoß erhöht (dieses in den äußeren Achsen nur Blendwand), durch Dreiecksgiebel mit Lünettenfenster abgeschlossen. Im Inneren Treppe und Türen aus der Bauzeit.

Karl-Liebknecht-Straße

Früher Dankwartstraße. Vom ehem. Mecklenburger Tor im Süden der Stadt in nordnordöstlicher Richtung zur Südwestecke des Marktes führend; erster Teilabschnitt des wichtigen, von Süden nach Norden verlaufenden und ursprünglich unmittelbar mit dem Markt in Verbindung stehenden Straßenzuges, der sich nördlich der Lübschen Straße über Krämerstraße, Bohrstraße und Scheuerstraße bis zum Wassertor am Hafen fortsetzt. Die Bebauung der Straße wird durch eine größere Anzahl von Giebelhäusern bestimmt, deren Fassaden in zwei Fällen noch spätgotische Giebelgestaltungen zeigen, in der Mehrzahl aber von barocken, klassizistischen und neugotischen bzw. neubarocken Bildungen geprägt sind.

WOHNHAUS Karl-Liebknecht-Straße 5. Giebelhaus wohl des 17. Jh., die dreiachsige Putzfassade über dem zweiten Geschoß mit Gesimsband, darüber Schweifgiebel. Im 19./20. Jh. vereinfacht. Die Hofseite verputzt, unter dem Putz vermutlich Fachwerk.

WOHNHAUS Karl-Liebknecht-Straße 6. Dreigeschossiges Traufenhaus, um 1900 erbaut. Die Obergeschosse von Kolossalpilastern zusammengefaßt, über der nördlichen Doppelachse Zwerchhaus mit dekorativem Putzdekor in Formen des Jugendstils, für diesen auch die horizontale Riefelung der Putzflächen charakteristisch.

WOHNHAUS Karl-Liebknecht-Straße 7. Giebelhaus wohl des 15. Jh., im späteren 19. Jh. verändert. Die Putzfassade von zwei Geschossen und drei Achsen, der über einem Gesims beginnende Staffelgiebel mit paarweise geordneten Spitzbogenblenden zweifelsohne im Kern mittelalterlich, in den Einzelformen im Sinne neugotischer Giebelgestaltungen umgebildet. – Die nach Süden anschließenden WOHNHÄUSER Karl-Liebkecht-Straße 9 und 11 wahrscheinlich 18. Jh., die Fassaden mit den Schweifgiebeln stark vereinfacht. Die Fachwerk-Rückfront von Nr. 11 verputzt, über der Hoftür Kopfmaske aus Terrakotta, wohl 16. Jh. und später hier eingebaut.

WOHNHAUS Karl-Liebknecht-Straße 8. Schmales Giebelhaus (Fassadenbreite nur 4,8 m) aus der M. 15. Jh., 1980/85 instandgesetzt und ausgebaut, dabei der untere Teil der bis dahin verputzten Straßenfassade backsteinsichtig mit großem Dielenfenster und spitzbogigem Portal rekonstruiert, ebenso die Fachwerk-Hoffront neu aufgebaut. Vom Ursprungsbau des 15. Jh. der untere Teil des Backsteingiebels erhalten, unter Verwendung schwarzglasierter Steine in drei reich profilierte zweigeteilte Blenden untergliedert, in den Blenden spitzbogige Lukenpaare in zwei Geschossen erhalten. Der obere Teil des ursprünglich gestaffelten Giebels im späten 17. oder frühen 18. Jh. zum Volutengiebel verändert. In den rekonstruierten dreigeschossigen Innenausbau die originale hölzerne Galerie und der Fachwerkeinbau in der ehem. Diele einbezogen.

WOHNHAUS Karl-Liebknecht-Straße 10. Im Kern ein Giebelhaus wohl des 17./18. Jh. (Fachwerk-Hoffront), A. 19. Jh. verändert und mit klassizistischer Fassade versehen: von drei Geschossen in drei Achsen, zwischen den Geschossen Putzspiegel; über dem Hauptgesims ge-

Wismar, Wohnhäuser Karl-Liebknecht-Straße 7 und 5 (links), Karl-Liebknecht-Straße 8 (Mitte), Karl-Liebknecht-Straße 13 und 11 (rechts)

treppte Attika, der mittlere erhöhte und giebelförmig abgeschlossene Teil mit Lünettenblende.

WOHNHAUS Karl-Liebknecht-Straße 13. Dreigeschossiger fünfachsiger Putzbau, 2. V. 19. Jh. Das Erdgeschoß mit Putznutung, die Obergeschosse in den drei mittleren Achsen durch kannelierte ionische Kolossalpilaster zusammengefaßt. Abschluß durch breites Gebälk und kräftiges Hauptgesims, aus dem sich über den drei mittleren Achsen ein flacher Dreiecksgiebel entwickelt, sowie gestufte Attika, im mittleren, erhöhten Teil nochmals von Dreiecksgiebel bekrönt. Über den Fenstern des Hauptgeschosses profilierte Verdachungen. Im Inneren qualitätvolle Treppenanlage aus der Erbauungszeit erhalten.

WOHNHAUS Karl-Liebknecht-Straße 16. Putzbau inschriftlich 1863 erbaut, in neugotischen Formen. Traufenhaus von fünf Achsen und drei Geschossen sowie einem Halbgeschoß, die Mittelachse besonders betont durch die korbbogige Portalöffnung, den über zwei Geschosse reichenden polygonalen Erker sowie durch das giebelbekrönte Zwerchhaus.

WOHNHAUS Karl-Liebknecht-Straße 30. Putzbau von zwei Geschossen und drei Achsen, abgeschlossen durch Dreiecksgiebel mit überkragendem Satteldach, dessen Stuhlbalken reiches Schnitzwerk zeigen, wohl im 3. V. 19. Jh. erbaut. Am Obergeschoß und an den Giebelschrägen reicher vegetabilischer Stuckdekor (Abb. S. 158). Im Inneren aufwendiges Treppenhaus und Wandmalerei im Eingangsbereich.

WOHNHAUS Karl-Liebknecht-Straße 31 a/b. Doppelgiebelhaus von drei Geschossen und sechs Achsen, wohl A. 19. Jh., über dem Hauptgesims jedes Hausteiles mit seitlichen Schwüngen ansetzende rechteckige Giebelwand mit Dreiecksabschluß.

Ehem. WOHNHAUS Karl-Liebknecht-Straße 32 (Lagerhaus). Giebelhaus im Kern wohl aus dem 16. Jh., wie im dielenartigen Innenraum die längsseitigen Umfassungs-

mauern mit segmentbogigen Nischen zwischen Pfeilervorlagen zu erkennen geben. Die Straßenfassade mit hoher, rundbogig geschlossener Portalöffnung im 19./20. Jh. weitgehend verändert.

SPEICHER Karl-Liebknecht-Straße 40a. Mit der Giebelseite zur Straße gewendet, das verputzte Erdgeschoß verändert, der Giebel darüber in Fachwerk 17. oder 18. Jh., mit Fußbandreihen; Luken in zwei Geschossen.

WOHNHAUS Karl-Liebknecht-Straße 43. Zweigeschossiges Giebelhaus von drei Achsen, im Kern wohl 17. Jh., die Hoffront mit geschwungenem Giebel. Die Putzfassade in gotisierenden Formen spätes 19. Jh.

WOHNHAUS Karl-Liebknecht-Straße 47. Zweigeschossiger Putzbau von fünf Achsen, wohl 2. V. 19. Jh. Die Mittelachse leicht vorgezogen und vor dem Satteldach durch Zwerchhaus fortgesetzt; das Portal in Nische mit eingestellten kannelierten Säulen, das Fenster darüber von kannelierten Pilastern gerahmt. Veränderungen wahrscheinlich im späteren 19. Jh., aus dieser Zeit wohl auch die Ornamentreliefs, die die seitlichen Obergeschoßfenster rahmen.

WOHNHAUS Karl-Liebknecht-Straße 49. Zweigeschossiges Giebelhaus wohl des 17. Jh., die Straßenfront in Fachwerk, in jüngster Zeit rekonstruiert.

WOHNHAUS Karl-Liebknecht-Straße 51/53. Dreigeschossiges Traufenhaus von sechs Achsen, Putzbau aus dem 3. V. 19. Jh. Das Erdgeschoß mit rundbogigen Fenstern und – in der zweiten und fünften Achse – zwei rundbogigen Portalen, die durch flache Pilaster und breite profilierte Bogenschlüsse zu einer eindrucksvollen Arkadenreihe zusammengeschlossen sind. Die beiden Obergeschosse mit kräftigen, unterschiedlich gestalteten Sohlbankgesimsen, die Fenster segmentbogig mit geraden bzw. segmentbogig umgreifenden Verdachungen; Drempel mit ornamental gestalteten gußeisernen Lüftungsöffnungen.

WOHNHAUS Karl-Liebknecht-Straße 55. Zweigeschossiges Doppelgiebelhaus mit drei bzw. vier Achsen, wohl 17. Jh., der südliche Giebel bei der Umgestaltung des Hauses in der 2. H. 19. Jh. wohl vollständig im Stil der Neurenaissance erneuert, der in drei Geschosse unterteilte nördliche in den Details stark übergangen.

Hegede
Parallelstraße unmittelbar westlich des Marktes in direkter Fortsetzung der Karl-Liebknecht-Straße; die Bebauung der westlichen Straßenseite stellte ursprünglich die westliche Platzfront des Marktes dar, während die Bebauung der östlichen Straßenseite, eine schmale, zum Markt hin abtrennende Häuserzeile, erst allmählich aus den im 13./14. Jh. hier vorhandenen Marktbuden entstanden ist. – Die Häuser der östlichen Straßenseite, soweit von Denkmalwert, s. oben unter Markt, S. 138/139.
WOHNHAUS Hegede 1/Ecke Lübsche Straße (Reisebüro). Dreigeschossiges Giebelhaus, die Längsseite zur Lübschen Straße gewendet, 1979 nach Abriß des Vorgängerbaues errichtet, dabei der Giebel in Renaissanceformen nachgebildet.
WOHNHAUS Hegede 3. Fünfachsiger Backsteinbau mit Treppengiebel, um 1920/30 erbaut. Über dem die Erdgeschoßzone abschließenden Gesims Gliederung durch spitzwinklige Vorlagen, die bis in die Giebelgeschosse geführt sind und dort durch vermutlich in Betonguß hergestellte Figuren abgeschlossen werden.
WOHNHAUS Hegede 7. Giebelhaus von zwei Geschossen in zwei Achsen, im Kern ein mittelalterlicher Backsteinbau, im 19. Jh. stark erneuert. Die verputzte Fassade zeigt am Giebelansatz über dem Obergeschoß doppeltes deutsches Band und im Giebel drei gestaffelte Spitzbogenblenden.

Linke Seite: Wismar, Wohnhäuser Karl-Liebknecht-Straße 30 und 32 (links), Karl-Liebknecht-Straße 47, 45 und 43 (Mitte), Karl-Liebknecht-Straße 51/53 (rechts)

Rechte Seite: Wismar, Wohnhäuser Hegede 3 und 1 (Reisebüro)

Krämerstraße
Unmittelbar nordwestlich des Marktes von der Lübschen Straße nach Norden abzweigend, fällt der Krämerstraße im Stadtgrundriß auch noch heute die doppelte Aufgabe zu, sowohl den von Süden, vom ehem. Mecklenburger Tor in das Stadtzentrum geleiteten Hauptstraßenzug (Karl-Liebknecht-Straße, Hegede) zum Wassertor (über Bohrstraße und Scheuerstraße) fortzuführen als auch gleichzeitig für die Lübsche Straße selbst eine Verbindung zum Wassertor und damit zum Hafen herzustellen. Die nach Norden, zur Grube hin, abfallende Straße verbreitert sich in ihrem unteren, nördlichen Teil zum ehem. Hopfenmarkt, einer platzartigen Erweiterung mit mehreren hier einmündenden Nebenstraßen. Die Bebauung der Straße ist, ihrer einstigen Bedeutung entsprechend, besonders an der Ostseite durch eine fast lückenlose Abfolge von Giebelhäusern in Formen vom 17. bis zum 19. Jh. gekennzeichnet. Eine besondere, raumbildende Funktion hat das Haus Bademutterstraße 2 (Löwenapotheke) zu erfüllen, das Krämerstraße und Hopfenmarkt nach Norden begrenzt (Abb. S. 161).
KAUFHAUS Krämerstraße 2 s. Lübsche Straße 57, S. 149
WOHNHAUS Krämerstraße 3. Dreiachsiges Giebelhaus, vermutlich im Kern spätmittelalterlich, sein Erscheinungsbild von einem Ausbau E. 17. Jh. geprägt, dabei wohl auch das untere der Giebelgeschosse zum Wohnge-

schoß ausgebaut, die rundbogigen Fenster hier ähnlich den Lukenöffnungen der zwei Dachgeschosse des durch kräftige Gesimse unterteilten Volutengiebels. Der rückwärtige Giebel in Fachwerk; Kemladen überbaut.

WOHNHAUS Krämerstraße 4. Putzbau von drei Geschossen und drei Achsen, um M. 19. Jh. in spätklassizistischen Formen. Über dem Hauptgesims abgestufter attikaartiger Abschluß mit übergiebeltem mittlerem Teil. Waagerechte Fensterverdachungen, im ersten Obergeschoß mit spärlichem klassizistischem Dekor.

WOHNHAUS Krämerstraße 5. Putzbau E. 19. Jh. von drei Geschossen in drei Achsen unter Satteldach, dieses seitlich von Treppengiebeln eingefaßt und mit Zwerchhaus, dessen ebenfalls getreppter und von Neurenaissancedekor belebter, in ganzer Breite die Fassade fortsetzender Giebel sich wirkungsvoll den benachbarten älteren Giebelhäusern einfügt.

WOHNHAUS Krämerstraße 6. Giebelhaus 18. Jh., von zwei Geschossen in drei Achsen, die beiden Geschosse ursprünglich durch Lisenen an den Gebäudekanten zusammengefaßt. Der zweigeschossige Giebel als Volutengiebel mit Dreiecksbekrönung ausgebildet.

WOHNHAUS Krämerstraße 7. Giebelhaus von zwei Geschossen in drei Achsen, 18. Jh., im Kern spätmittelalterlich. Die Putzfassade im Unterbau im 19./20. Jh. stark vereinfacht. Der durch profilierte Gesimse in drei Geschosse unterteilte barocke Volutengiebel läßt in den gestaffelten Segmentbogennischen mit Lukenpaaren die Reste eines spätgotischen Blendengiebels vermuten.

WOHNHAUS Krämerstraße 8. Dreigeschossiges Traufenhaus in zwei Achsen, Putzbau E. 19. Jh. in neubarocken Formen; vor der südlichen Achse des Obergeschosses Erker und darüber Balkon, über dem Hauptgesims geschwungener Zwerchgiebel.

WOHNHAUS Krämerstraße 9. Schmales zweigeschossiges Giebelhaus von drei Achsen, frühes 19. Jh., die Putzfassade mit schildförmigem Giebel, der über einem kräftig ausgebildeten Gesims von giebelförmigem Aufsatz mit Lünettenfenster abgeschlossen wird.

WOHNHAUS Krämerstraße 13 (»Alte Münze«; Kunstabteilung des Stadtgeschichtlichen Museums). Giebelhaus von zwei Geschossen in drei Achsen, im Kern 17. oder 18. Jh., von Um- und Ausbau aus M. 19. Jh. geprägt: die beiden ausgebauten Dachgeschosse in die Fassadengliederung einbezogen, der vom Unterbau nicht abgesetzte Giebel staffelförmig gestaltet, über den seitlichen Staffeln Gesimse, über der durch große Rundbogennische vertikal betonten mittleren Staffel Dreiecksgiebel. Die Fenster als Drillingsfenster gebildet, die segmentbogigen Fenster des ersten Obergeschosses durch Pfosten und Bögen dreige-

Linke Seite: Wismar, Wohnhäuser Krämerstraße 9, 7, 5 und 3

Rechte Seite: Wismar, Krämerstraße, Bebauung der östlichen Straßenseite mit dem nach Norden begrenzenden Haus Bademutterstraße 2 und der Nikolaikirche im Hintergrund

teilt. Die Hofseite in Fachwerk, der Kemladen in veränderter Form des 18./19. Jh. erhalten. – Im Inneren bemerkenswertes Treppenhaus und Wohnräume mit Stuckdekken des 19. Jh. und Tapeten der zwanziger Jahre des 20. Jh.

WOHNHAUS Krämerstraße 15. Giebelhaus von zwei Geschossen in drei Achsen, 17. Jh., die Putzfassade im späten 19. Jh. z. T. verändert. Der durch Gesimsbänder in drei Geschosse und abschließenden Aufsatz unterteilte Giebel mit rundbogig geschlossenen Luken.

WOHNHAUS Krämerstraße 19. Stattliches zweigeschossiges Doppelgiebelhaus von fünf Achsen, um 1700 errichtet, im Kern sicher älter; 1985/87 instandgesetzt und die Fassade restauriert. Die beiden Untergeschosse durch kannelierte Kolossalpilaster vertikal zusammengefaßt. Über dem Hauptgesims zwei Volutengiebel mit abschließender Dreiecksbekrönung und schmiedeeisernen Giebelreitern, in den zwei Giebelgeschossen faschenumrahmte Rundbogenluken. Im Inneren Treppenanlage in der Gebäudemitte und Stuckdecke im Erdgeschoß des nördlichen Gebäudes, 2. H. 19. Jh.

WOHNHAUS Krämerstraße 21. Verputztes Giebelhaus aus dem 18. Jh. von zwei Geschossen und drei Achsen. Über dem vereinfachten und bis auf die Fensterfaschen schmucklosen Unterbau setzt über dem Hauptgesims der durch Gesimsbänder dreigeteilte Volutengiebel mit Lünettenabschluß an.

WOHNHAUS Krämerstraße 23. Zweigeschossiges Giebelhaus vom E. 18. Jh.; die dreiachsige Putzfassade bezieht das untere Dachgeschoß als Halbgeschoß in ihre Gliederung mit ein, darüber, über kräftigem Hauptgesims, geschwungener eingeschossiger Giebel mit Dreiecksbekrönung.

WOHNHAUS Krämerstraße 25. Giebelhaus von zwei Geschossen und fünf Achsen, 17./18. Jh., die Putzfassade mit mehrfach geschwungenem Giebel mit Lünettenabschluß, die drei Giebelgeschosse durch profilierte Gesimse getrennt.

WOHNHAUS Krämerstraße 27/29. Zweigeschossiges Traufenhaus von sieben Achsen mit Krüppelwalmdach, seine Giebelseite in die Straßenflucht der Bademutterstraße eingereiht. Schlichter Putzbau des 18./19. Jh., mehrfach verändert.

Bohrstraße

Teil des von Süden nach Norden, zum Wassertor verlaufenden Hauptstraßenzuges, nördlich an die zum ehem. Hopfenmarkt sich erweiternde Krämerstraße anschließend und bis zur Grube geführt. Wohn- und Speichergebäude, die in Giebelstellung zum Straßenraum stehen und im Kern vereinzelt vielleicht noch in das 14. Jh zurückreichen, prägen gemeinsam mit Traufenhäusern des 19. und frühen 20. Jh. das Erscheinungsbild, wobei auch ältere Giebelhäuser mehrfach eine Neugestaltung der Fassaden in den verschiedenen Stilrichtungen des 19. Jh. erfahren haben.

WOHNHAUS Bohrstraße 1/Ecke Bademutterstraße. Zweigeschossiger Putzbau in schlichten klassizistischen Formen, um M. 19. Jh. Die fünfachsige Traufseite zurückhaltend gestaltet, die zweiachsige Schmalseite zum ehem

Hopfenmarkt als dreigeschossige, den Giebel des Satteldaches verdeckende rechteckige Blendwand gebildet, über dem Hauptgesims von giebelartig erhöhter Attika abgeschlossen. An der Ecke zwischen Giebel- und Trauffront rundbogiges Portal mit Dreiecksverdachung und Akroterion.

WOHNHAUS Bohrstraße 2/Ecke Breite Straße. Zweigeschossiger, mehrfach veränderter Putzbau mit Walmdach, über spitzwinkligem Grundriß zum ehem. Hopfenmarkt gewendet, wohl 18. Jh. Das niedrige Obergeschoß verbirgt unter dem Verputz eine Fachwerkfassade.

WOHNHAUS Bohrstraße 3. Zweigeschossiger Putzbau von sechs Achsen in Traufstellung mit Mansarddach, um 1800 in klassizistischen Formen. Die mittleren zwei Achsen frontispizartig erhöht und durch Attika mit Vasenaufsätzen und Mittelakroterion betont, die seitlichen Obergeschoßachsen mit Pilastergliederung. Hauseingang und seitliche Tordurchfahrt stichbogig geschlossen.

Ehem. SPEICHER Bohrstraße 5a. Giebelhaus von drei Achsen, wohl 1. H. 17. Jh., die Putzfassade mit leicht geschwungenem, von Segmentbogen abgeschlossenem Giebel, der durch kräftige Gurtgesime und Sohlbänke horizontal gegliedert ist. 1984/87 Instandsetzungsarbeiten; Ausbau zu Wohn- und Gesellschaftsräumen.

WOHNHAUS Bohrstraße 7. Dreigeschossiges Traufenhaus von drei Geschossen, Putzbau um M. 19. Jh. in Formen der Tudorgotik. Die Geschosse durch kräftig profilierte Gesimsbänder voneinander getrennt, am Traufgesims kräftiger Konsolfries. Besonders hervorgehoben das erste Obergeschoß, dessen steile Segmentbogenfenster in leicht vorgezogenen rechteckigen Rahmungen über den Verdachungen zinnenartige Bekrönungen zeigen.

Linke Seite: Wismar, Wohnhäuser Krämerstraße 25, 23, 21 und 19

Rechte Seite: Wismar, Bohrstraße, Blick nach Norden mit den Häusern Nr. 8/16 (links), Wohnhaus Bohrstraße 1 (rechts)

WOHNHAUS Bohrstraße 8. Giebelhaus von vier Achsen und drei Geschossen. Die Putzfassade mit schlichtem, nicht abgesetztem Schweifgiebel, der von kräftig profiliertem Segmentbogenfeld abgeschlossen wird, 18. Jh. Über dem Portal Relief mit Doppelwappen von 1732.

WOHNHAUS Bohrstraße 10. Giebelhaus von drei Achsen und zwei Geschossen. Die Putzfassade um 1870, mit Erker in der Mittelachse des Obergeschosses und reizvollem neugotischem Giebel, dessen kräftige, in Fialtürmchen ausklingende und ihn gliedernde Pfeiler als Vorlagen bereits am Obergeschoß beginnen; die seitlichen Giebelfelder mit ansteigenden Blenden, das mittlere von tabernakelartigem Abschluß bekrönt. Am Giebelfuße vegetabilischer Dekor, unter den Giebelschrägen stark plastisch gebildete Köpfe.

WOHN- und GESCHÄFTSHAUS Bohrstraße 11. Dreigeschossiges Traufenhaus von vier Achsen, um 1900 erbaut. Das Erdgeschoß mit dem bereits ursprünglich vorhandenen Lebensmittelgeschäft und der Durchfahrt in Backstein verblendet, die beiden Obergeschosse verputzt, in unverputztem Backstein ihre rahmende architektonische Gliederung durch Lisenen und Trauffries wie auch die Gliederung des Zwerchhauses über den beiden nördlichen Achsen. Die Putzflächen zwischen den Fenstern und unterhalb des Trauffrieses mit floralem Jugendstildekor.

SPEICHER Bohrstraße 12a. Mit der Giebelseite in die Straßenfront eingefügtes Speichergebäude, A. 19. Jh. im Stil des Klassizismus. Putzfassade von vier Geschossen in drei Achsen, die Mittelachse durch die Toreinfahrt und die Be- und Entladetüren betont. Der Abschluß sehr wirkungsvoll durch reich gegliederte, den Giebel verdekkende Blendwand gebildet: ihr unterer attikaähnlicher Teil mit figural gestaltetem Kranbalken in der Mittelachse und kräftig profilierten Lünettenblenden in den Seitenachsen, darüber, die Mitte betonend, hoher, über Gesimsen mehrfach gestufter Aufsatz mit Lünettenöffnung.

WOHNHAUS Bohrstraße 12. Verputztes Giebelhaus, vermutlich im 17. Jh. erbaut. Der in zwei Geschossen vierachsig angelegte Unterbau durch kräftiges Gesims abgeschlossen, der hohe, stark geschweifte Giebel mit Dreiecksbekrönung und Lukenreihungen in dieser Form wohl erst 18. Jh. Die große rechteckige Diele in der Mitte des Hauses mit Holzpaneelung und Kamin im Stil der Jahrhundertwende. Von dem Kemladen nur noch das massive Erdgeschoß erhalten.

WOHNHAUS Bohrstraße 13. Stattliches Giebelhaus, unter Einbeziehung von Teilen eines gotischen Vorgängerbaues wahrscheinlich noch des 14. Jh. durch Umgestaltung im späten 17. Jh. geprägt. Die beiden unteren Geschosse von jeweils vier Achsen in der 2. H. 19. Jh. verändert. Der hoch aufragende, in mehreren Volutenschwüngen reizvoll umrissene Putzgiebel des späten 17. Jh. zeigt im Giebelfeld, z. T. verändert durch die barocke Umgestaltung, eine gotische Gliederung durch fünf zweigeteilte Blenden zwischen Pfeilervorlagen. Auch der ebenfalls überputzte rückseitige Giebel weist eine gestaffelte Blendengliederung auf. 1981/83 Instandsetzung und Modernisierung des Gebäudes.

WOHNHAUS Bohrstraße 14. Zweigeschossiges Traufenhaus von fünf Achsen, frühes 19. Jh., die leicht vorgezogene Mittelachse der Putzfassade mit rundbogig gerahmtem Obergeschoßfenster, darüber Zwerchhaus mit Dreiecksgiebel; zwischen Erd- und Obergeschoß Gesimse sowie vertiefte Putzspiegel, im mittleren klassizistisches Stuckornament.

WOHNHAUS Bohrstraße 15. Breitgelagertes Giebelhaus, im Kern wohl noch 15./16. Jh. Die Putzfassade in den beiden fünfachsigen Hauptgeschossen durch Gesimsband abgeschlossen, der Giebel darüber mit vier Lukenreihen und unterteilenden Gesimsen, sein lebhaft bewegter, kleinteiliger Umriß wohl im 18. Jh. vermutlich aus einem Treppengiebel gebildet; Hofgiebel in Fachwerk. Der Kemladen mit massivem Erdgeschoß und reich gestaltetem Fachwerk-Obergeschoß wurde im Zusammenhang mit der durchgreifenden Rekonstruktion des gesamten Gebäudes 1981/83 gesichert und ausgebaut.

WOHNHAUS Bohrstraße 16. Dreiachsiger Putzbau von drei Geschossen, nach M. 19. Jh. in reichen spätklassizistischen Formen. Besonders hervorgehoben der bis zum dritten Geschoß putzgestreifte Mittelrisalit durch das von

Linke Seite: Wismar, Wohnhäuser Bohrstraße 13, 11, 9 und 7 (links), Bohrstraße 15, 13 und 11 (Mitte), Bohrstraße 8, 10, 12 a (Speicher) und 12 (rechts)

Rechte Seite: Wismar, Wohnhäuser Bohrstraße 14 und 16 (links), Bohrstraße 16 (rechts)

Pilastern gerahmte rundbogige Portal mit dem darüber angebrachten Balusterbalkon, durch die pilasterflankierten Fenster mit kräftigen Verdachungen sowie durch das von Dreiecksgiebel abgeschlossene Zwerchhaus über dem Dachgesims, das das Traufenhaus gestalterisch den benachbarten Giebelhäusern angleicht.

Scheuerstraße

Teil des ursprünglich wichtigen, vom ehem. Mecklenburger Tor bzw. von der Lübschen Straße zum Wassertor und zum Hafen führenden Straßenzuges, in Fortsetzung der Bohrstraße im nördlichen Teil der Stadt von der Frischen Grube bis zum Spiegelberg geführt.

WOHNHAUS Scheuerstraße 1a. Giebelhaus von zwei Geschossen und vier Achsen, spätes 19. Jh. in neugotischen Formen. Die Putzfassade mit Treppengiebel, im Giebelfeld Rundfenster und darunter zwei spitzbogige Blendnischen mit gekuppelten Fensterschlitzen in zwei Geschossen.

WOHNHAUS Scheuerstraße 4. Giebelhaus von zwei Geschossen und fünf Achsen, unter Verwendung eines im Kern wohl spätmittelalterlichen Baues in der 2. H. 19. Jh. in neugotischen Formen umgestaltet: die beiden Hauptgeschosse mit segmentbogigen Fenstern durch Maßwerkfries abgeschlossen, darüber der ebenfalls fünfachsige Pfeiler-Staffelgiebel von drei Geschossen, mit teils segmentbogigen, teil spitzbogigen Fensternischen, Windlöchern sowie geschoßtrennendem Fries, die mittlere Staffel mit Zinnenabschluß. Der massive Hofgiebel mit Lukenreihen bei der Instandsetzung des Hauses 1985/86 verändert.

WOHNHAUS Scheuerstraße 6. Breitgelagertes Giebelhaus von zwei Geschossen und drei Achsen, wohl 17./18. Jh. Der geschwungene, durch flache Dreiecksbekrönung abgeschlossene Giebel mit rechteckigen Luken bzw. Blenden in drei Geschossen, der Hofgiebel ursprünglich in Fachwerk. Im Inneren die Fachwerkkonstruktion mit Hausbaum erhalten, ebenso das im Dachstuhl installierte Aufzugsrad. Instandsetzung des Hauses 1984 begonnen, dabei die großen Dielenfenster an der Straßenfront rekonstruiert.

WOHNHAUS Scheuerstraße 7. Kleines zweiachsiges Traufenhaus von zwei Geschossen, 1. H. 19. Jh. erbaut. Von der ursprünglichen Gestaltung das längsrechteckige Spiegelfeld mit klassizistischem Stuckornament unter den beiden Obergeschoßfenstern erhalten.

WOHNHAUS Scheuerstraße 11. Giebelhaus, im Kern 17. Jh. (1662), aus dieser Zeit der Treppengiebel mit segmentbogigen Lukenreihen in vier Geschossen und der Fachwerk-Hofgiebel; Keller mit Tonnengewölbe. Die Gestaltung des Erdgeschosses in Putzrustika um 1900, gleichzeitig weitere Veränderungen wie wahrscheinlich die Viertelkreislünetten in den Giebelabtreppungen.

SPEICHER Scheuerstraße 11a. Um 1800 errichtet. Dreigeschossige Putzfassade von drei Achsen, der geschwungene, durch Gesimsbänder in zwei Geschosse unterteilte Giebel von stufenförmiger Bekrönung abgeschlossen. Die Mittelachse der Fassade durch die korbbogige Toreinfahrt und durch die bis in das zweite Giebelgeschoß reichenden Be- und Entladetüren betont, darüber, unterhalb der Giebelbekrönung, der überdachte Kranbalken. Der Hofgiebel in Fachwerk, die Gefache z. T. mit geometrischen Ziegelmustern.

WOHNHAUS Scheuerstraße 13. Zweigeschossiges Traufenhaus von neun Achsen unter Satteldach, 18. Jh. Die schlichte Putzfassade mit rundbogigem Hauseingang, die zweiflügelige Tür in Empireformen um 1800; in der südlichen Achse segmentbogige Hofdurchfahrt, an der Hofseite das Obergeschoß in Fachwerk. Im Inneren im Obergeschoß kleiner Saal mit spätbarockem Spiegelgewölbe.

WOHNHAUS Scheuerstraße 15. Eingeschossiges Giebelhaus von drei Achsen, im Kern 14./15. Jh., davon wesentliche Teile der im 17. Jh. besonders im Giebelumriß veränderten und verputzten Fassade erhalten bzw. erkennbar: das durch doppeltes deutsches Band abgeschlossene Hauptgeschoß ursprünglich mit mittlerem Spitzbogenportal und seitlichen Dielenfenstern. Der Giebel darüber als fünfachsiger, ursprünglich wahrscheinlich gestaffelter Pfeilergiebel angelegt, zwischen den Pfeilervorlagen zweigeteilte und einstmals sicher spitzbogig geschlossene Blenden mit spitzbogigen Lukenpaaren in vier Geschossen (die Lukenpaare in den äußeren Giebelachsen nicht erhalten). Der bewegte Giebelumriß 17. Jh., abgeschlossen durch Dreiecksbekrönung. Die Hofseite im Erdgeschoß massiv, mit großem Dielenfenster, der Giebel darüber in Fachwerk mit geometrischer Ziegelausfachung.

Linke Seite: Wismar, Wohnhäuser Scheuerstraße 1 a (links) und Scheuerstraße 11 (Mitte); Speicher Scheuerstraße 11 a (rechts)

Rechte Seite: Wismar, Häusergruppe Scheuerstraße 17, 15 a (Speicher) und 15

Im Inneren die ursprüngliche Struktur der Diele mit Galerie noch ablesbar. Das Kellergeschoß mit Tonnengewölbe.

SPEICHER Scheuerstraße 15a. Wohl E. 18. Jh. erbaut, die beiden unteren Geschosse später zu Wohnzwecken ausgebaut. Dreigeschossiger fünfachsiger Putzbau mit geschweiftem zweigeschossigem, über den mittleren drei Achsen durch Dreiecksbekrönung abgeschlossenem Giebel. Die Mittelachse z. T. noch mit den Be- und Entladetüren und mit dem überdachten Kranbalken unter dem Giebelabschluß (Abb. S. 167). Der Hofgiebel mit segmentbogigen Lukenöffnungen im Giebelfeld.

WOHNHAUS Scheuerstraße 17. Giebelhaus von zwei Geschossen in drei Achsen, wohl 17. Jh. (1681). Die Putzfassade in den beiden Hauptgeschossen im 19. Jh. verändert. Der in drei Geschosse durch segmentbogige Lukenreihen und Gesimse unterteilte und durch dekorative Maueranker verzierte Giebel mit kleinteilig geschwungenem Umriß und segmentförmigem Abschluß (Abb. S. 167).

WOHNHAUS Scheuerstraße 19. Giebelhaus von zwei Geschossen in fünf Achsen, im Kern vielleicht älter, die wuchtige dreigeschossige Putzfassade in klassizistischen Formen aus dem frühen 19. Jh.: die einzelnen Geschosse (das dritte bereits Dachgeschoß) von Gesimsen getrennt, die mittleren drei Achsen leicht vorgezogen; das erste Obergeschoß durch rundbogige Fensterblenden in den Seitenachsen sowie durch kräftige dreieckige Fensterverdachungen in den Mittelachsen als Hauptgeschoß ausgewiesen. Über dem ausladenden Hauptgesims seitlich Attiken, in der Mitte giebelförmig abgeschlossener Aufsatz mit großem Lünettenfenster.

Straßen nördlich der Lübschen Straße

ABC-Straße

Teilabschnitt des von der Lübschen Straße in nördlicher Richtung zum ehem. Poeler Tor, dem nördlichen Stadtausgang, führenden Straßenzuges, in Fortsetzung der von der Lübschen Straße abzweigenden Altböterstraße. (Der ungewöhnliche Straßenname kam dadurch zustande, daß um 1580 an der westlichen Straßenseite, auf dem Gelände des ehem. Franziskanerklosters, aus dem Erlös der Klosterkleinodien zehn Häuser erbaut worden waren, die mit den Buchstaben des ABC benannt wurden.) Die Bebauung der Straße ausschließlich spätes 19. bzw. frühes 20. Jh., davon besonders hervorzuheben das

WOHNHAUS mit der ehem. GASTSTÄTTE »Hansa« (Klub der Volkssolidarität) ABC-Straße 17. 1902 nach Brand des Vorgängerbaues, eines stattlichen Renaissance-Giebelhauses, errichtet. Traufenhaus von drei Geschossen und sechs Achsen, die Fassade durch streifenweisen Wechsel von weißen und roten Ziegeln am Erdgeschoß und an den gliedernden Vorlagen der Obergeschosse wirkungsvoll belebt, letztere profiliert und über den äußeren Achsen vor dem Dach in gestaffelte Pfeileraufsätze, über den beiden mittleren Achsen in ein pfeilergerahmtes Zwerchhaus ausklingend. Zu der ehem. Gaststätte, die 1898 bereits in dem Vorgängerbau des bestehenden Hauses eingerichtet worden war, gehörte im Hofgelände ein Saalbau, der für politische Veranstaltungen, Gewerkschaftsversammlungen und Zusammenkünfte der SPD, genutzt wurde: eingeschossiger Saalbau von vier Achsen über rechteckigem Grundriß, das Satteldach von zwei Reihen von je fünf Holzstützen getragen, die den Innenraum in drei Schiffe gliedern. Um 1920 flache Holzdecke eingezogen und die Galerie entfernt.

Am Lohberg

Nebenstraße im nordwestlichen Randbereich des nördlichen Teiles der Stadt, parallel zur ehem. Stadtmauer von der Runden Grube bis zum Wassertor/Spiegelberg verlaufend, neben schlichten Wohnbauten vor allem mit ehem. Speichergebäuden bebaut.

WOHNHAUS Am Lohberg 8. Kleines zweigeschossiges Traufenhaus von zweieinhalb Achsen, die südliche Achse als Utlucht ausgebildet, wohl E. 18. Jh. Das Gebäude 1982 abgetragen und 1983/84 als Kopie wieder errichtet.

WOHNHAUS Am Lohberg 9. Schlichtes zweigeschossiges Traufenhaus von drei Achsen unter Satteldach, in der Mittelachse rechteckiger Eingang und davor Freitreppe, 1. H. 19. Jh. Die 1979/81 rekonstruierte Putzfassade mit profiliertem Gesims zwischen den Geschossen; Eingang und Fenster von einfachen Faschen betont.

SPEICHER Am Lohberg 10. Vermutlich 1792 errichtetes zweigeschossiges Traufenhaus von fünf Achsen unter Satteldach. Die Putzfassade mit liegend-rechteckigen Lukenöffnungen, deren mittlere im Erdgeschoß als Ladeluke ausgebildet ist. In der nördlichen Achse Rundbogenportal, der Schlußstein mit Initialen und Jahreszahl 1792. Rekonstruktion der Fassade und Modernisierung des Inneren 1982/83.

SPEICHER Am Lohberg 11. Zweigeschossiges Doppelgiebelhaus von insgesamt vier Achsen, E. 18. Jh., die eingeschossigen Giebelfelder mit mehrfach geschwungenem Umriß und Lünettenbekrönung. Im nördlichen Gebäudeteil segmentbogiger Eingang. 1980/81 instand gesetzt.

SPEICHER Am Lohberg 12. Zweigeschossiges Traufenhaus unter Satteldach, Putzbau des 18. Jh. Im Obergeschoß drei Fensterpaare, in der nördlichen Achse segmentbogiges Tor. Instandsetzung der Fassade 1979.

Nach Süden anschließend die Giebelseite des SPEICHERS Kleine Hohe Straße 15, s. S. 175.

Am Poeler Tor

Kurzer Straßenabschnitt am Ende des von der Lübschen Straße zum ehem. Poeler Tor im Norden der Stadt führenden Straßenzuges.

WOHNHAUS Am Poeler Tor 1/Ecke Hundestraße. Giebelhaus von zwei Geschossen und vier Achsen, im Kern spätmittelalterlich, davon die südliche Längsseite zur Hundestraße erhalten, mit schmaler spitzbogiger Portalöffnung (?) und einer Reihe von segmentbogig geschlossenen Blenden am Obergeschoß, möglicherweise ursprünglich als Luken geöffnet. Die verputzte Giebelfassade 1. H. 18. Jh., über dem die zwei Hauptgeschosse abschließenden Gesims Volutengiebel mit Lünettenabschluß; rundbogige Lukenreihen in drei Geschossen. Die hofseitige Giebelwand in Fachwerk; zweigeschossiger Kemladen, das Obergeschoß in Fachwerk.

Wismar, Wohnhaus ABC-Straße 17 (links); Speichergruppe Am Lohberg/Ecke Kleine Hohe Straße (Mitte); Wohnhaus Am Poeler Tor 1

WOHNHAUS Am Poeler Tor 3. Giebelhaus von drei Geschossen, die geputzte Fassade 17. Jh. (1658), der Giebel mit drei Lukenreihen im Umriß aus rechteckigen und viertelrunden Abtreppungen gebildet. Rückwärtiger Giebel in Fachwerk.

Bademutterstraße

Vom ehem. Hopfenmarkt, dem nördlichen Ende der Krämerstraße, in östlicher Richtung annähernd parallel zur Lübschen Straße bis zur Kreuzung Altböterstraße/ABC-Straße geführt. Die Bebauung zumeist im späten 19. Jh. ersetzt, an älteren Gebäuden zu nennen:

LÖWENAPOTHEKE Bademutterstraße 2. Stattliches zweigeschossiges Giebelhaus von drei Achsen, von besonderer städtebaulicher Bedeutung durch seine die Krämerstraße nach Norden wirkungsvoll abschließende Stellung. Im Kern ein Bau vermutlich des späten 16./frühen 17. Jh.; 1659 als Hofapotheke privilegiert. Die Putzfassade wohl im späten 19. Jh. verändert: die Seitenachsen als segmentbogig sich vorrundende, kuppelartig abgeschlossene Erker ausgebildet, die Mittelachse mit breiter korbbogiger Portalrahmung mit zweiflügeliger barocker Haustür; oberhalb der Kämpferzone der Portalöffnung ist ein Balken eingefügt, auf dem ein vergoldeter Löwe thront. Das durch Lukenreihen in drei Geschosse untergliederte Giebelfeld gibt seine Herkunft aus dem 16./17. Jh. zwar noch zu erkennen, die Lukenrahmungen, Gesimse und die Bildung des Giebelumrisses mit den Kugelaufsätzen und dem abschließenden flachen Segmentbogenfeld sowie die zwei Löwenköpfe sind in diese Form ebenfalls erst im späten 19. Jh. gebracht worden. Der Hofgiebel in Fachwerk; der zweigeschossige massive Kemladen wohl auch 16./17. Jh., z. T. mit originalen Fenstern. – Im Inneren hohe geräumige Diele mit bemalter Holzbalkendecke und Galerie. Im östlichen Anbau gewölbter Raum mit Renaissancetür (ursprünglich vermutlich Laboratorium).

WOHNHAUS Bademutterstraße 14. Zweigeschossiges Traufenhaus von fünf Achsen. Putzbau wohl A. 18. Jh., die mittlere Achse mit großer korbbogiger Tordurchfahrt. Die beiden östlichen Achsen in beiden Geschossen als Utlucht ausgebildet. Die Rückfront in Fachwerk. Im Inneren originale Küchenglocke sowie Kranrad im Dachstuhl erhalten.

Beguinenstraße

Schmale, vom mittleren Bereich der Lübschen Straße nach Norden führende Verbindungsstraße zur Böttcherstraße, der Name abgeleitet von dem hier angelegten ehem. Beguinenkonvent.

STADTBIBLIOTHEK Beguinenstraße 2/Ecke Lübsche Straße. Als Wohnhaus um M. 19. Jh. in die bestehende Form gebracht. Zweigeschossiger Putzbau mit Kemladen von elf Achsen, die dreiachsige Schmalseite zur Lübschen Straße mit neugotischem Pfeiler-Treppengiebel. Im Inneren Treppe aus der Erbauungszeit erhalten.

Ehem. BEGUINENHAUS Beguinenstraße 4. Das bestehende Haus um 1829 errichtet, ein schlichter zweigeschossiger Putzbau von acht Achsen in Traufstellung. Um 1980 instand gesetzt.

Breite Straße

Vom ehem. Hopfenmarkt, dem nördlichen Ende der Krämerstraße, in westnordwestlicher Richtung bis zur ehem. Stadtmauer verlaufende Straße, ihre auffallende Breite durch den einst die Straßenmitte einnehmenden Wassergraben bedingt. Die Bebauung durch zwei- und dreigeschossige Traufenhäuser zumeist späteres 19. Jh.

HOTEL »Wismar« Breite Straße 10. Zweigeschossiges Traufenhaus von sieben Achsen, 1895/96 erbaut. Sockel und Erdgeschoß mit Putzquaderung, das Obergeschoß in Backstein, seine mittlere Achse durch polygonalen Erker betont, darüber breiter Schweifgiebel mit schmückenden Obelisken und Lünettenfenster. Reicher Baudekor, über den segmentbogigen Erdgeschoßfenstern Maskenköpfe, über den Obergeschoßfenstern steile giebelförmige Verdachungen mit ornamentalen und figuralen Füllungen, am Obergeschoß auch zwei in Nischen stehende Knabenfiguren. Auf dem Dachfirst Dachgitter.

Linke Seite: Wismar, Löwenapotheke Bademutterstraße 2; Hotel »Wismar« Breite Straße 10

Rechte Seite: Wismar, Wohnhaus Breite Straße 27

WOHNHAUS Breite Straße 27. Dreigeschossiges verputztes Traufenhaus von fünf Achsen, frühes 19. Jh. Die Mittelachse leicht vorgezogen und durch Portal mit von Konsolen getragener Verdachung und Obergeschoßfenster in rundbogiger Blendnische hervorgehoben, die seitlichen Achsen mit Palmettenornament-Spiegeln zwischen Erd- und Obergeschoßfenstern, über letzteren ebenfalls konsolengetragene Verdachungen. 1985 instand gesetzt.

WOHNHAUS Breite Straße 29. Zweigeschossiges dreiachsiges Traufenhaus, schlichter Putzbau des späten 18. oder frühen 19. Jh. Unter den Obergeschoßfenstern breites Sohlbankgesims. im Satteldach die Mittelachse durch Fledermausgaupe betont.

WOHNHAUS Breite Straße 64/Ecke Neustadt. Zweigeschossiger dreiachsiger Putzbau mit schlichtem Giebel, A. 19. Jh. – Daneben (Nr. 58, 60, 62) wie auch an der die Breite Straße fortsetzenden Fischerreihe (Nr. 1, 2) und der hier abzweigenden Neustadt (u. a. Nr. 66) kleine zweigeschossige Traufenhäuser zumeist von zwei Achsen unter Satteldach, schlichte Putzbauten des 19. Jh.

Linke Seite: Wismar, Frische Grube, Blick nach Osten mit Schweinsbrücke; Mühlengrube, ehem. Mühle

Rechte Seite: Wismar, Feuerwache Frische Grube 13; Speicher Frische Grube 31

Grube

Ursprünglich ein vom Mühlenteich zum Hafen führender Bach in der Senke zwischen den leichten Bodenerhebungen, auf denen nördlich der hafennahe Stadtteil mit der Nikolaikirche und südlich der Markt und die Lübsche Straße als West-Ost-Hauptachse angelegt wurden. Der Bach wurde noch im 13. Jh. reguliert und zum Wasserstau für die Mühlen wie auch als schiffbarer Wasserlauf in die Stadtanlage einbezogen: die einzelnen Abschnitte (von Osten nach Westen Mühlengrube, Frische Grube und Runde Grube) von Trockenmauern aus Feldsteinen eingefaßt, an mehreren Stellen Treppenanlagen zu ehem. Anlegestellen und Waschplätzen. Von den Brücken erwähnenswert: Schweinsbrücke und Brücke zwischen Bohrstraße und Scheuerstraße, gemauerte Bogenbrücken in Backstein, M. 19. Jh. bzw. 1875. Im Osten, in Nähe zum Eintritt der Grube in die Stadt und zur ehem. Stadtmauer, Mühle, in der bestehenden Form ein Bau des späteren 19. Jh. Vor der Mündung der Grube in den Hafen das sog. Gewölbe, Runde Grube 4. – Die vorwiegend zwei- und dreigeschossige Bebauung an den die Grube beidseitig begleitenden schmalen Straßen zumeist spätes 19. Jh. und sehr schlicht, im westlichen Teil, in Hafennähe, auch mehrere Speicher. Die Nordseite der Frischen Grube wird in ihrem östlichen Teil nachdrücklich bestimmt durch die Nikolaikirche (s. unten S. 197). Bei der in jüngster Zeit erfolgten Pflasterung und Gestaltung des Raumes zwischen Kirche und Grube zahlreiche Grabsteinfragmente aus der Marien- und der Georgenkirche verwendet.

Mühlengrube

ALTE STADTMÜHLE Mühlenstraße 27, am östlichen Ende der Grube, in Nähe des Bahnhofes. Eine Mühle an dieser Stelle sicher seit Anlage der Grube vorhanden. Der bestehende Gebäudekomplex aus schlichten historisierenden Backsteinbauten 1855/56 im Zusammenhang mit dem Umbau zur Dampfmühle errichtet. Das Mühlengebäude an der Grubennordseite ein in West-Ost-Richtung sich erstreckender dreigeschossiger Rechteckbau unter Satteldach, nachträglich nach Westen um zwei Achsen erweitert, so daß der zunächst vor der westlichen Giebelseite frei stehende Schornstein in das Gebäude einbezogen wurde; der Schornstein oktogonal und in mehreren Streifen mit Mäanderfriesen aus gelben Ziegeln geschmückt. Das eingeschossige Maschinenhaus ist südlich an das Mühlenhaus angebaut und überspannt die Grube. In seiner Verlängerung schließt sich das zweigeschossige Wohnhaus von vier Achsen an, das in ähnlichen Formen wie das Mühlengebäude gehalten ist.

Frische Grube

WOHNHAUS Frische Grube 1/Ecke Nikolaikirchhof. Zweigeschossiges Traufenhaus von drei Achsen, das Obergeschoß in Fachwerk, das Satteldach nach Osten abgewalmt, wohl 18. Jh.

FEUERWACHE Frische Grube 13. Um 1920 nach Entwurf von Arthur Eulert erbaut; die klinkerverblendete, der Grube zugewendete Fassade sehr reizvoll in expressionistischen Formen gestaltet, deren Wirkung neben der Verwendung von Formsteinen vor allem auf dem vielfältigen Wechsel von vor- und zurückgesetzten Steinen beruht. Von sieben Achsen und vier Geschossen, die drei Hauptgeschosse durch dreieckig vorspringende Vorlagen mit kapitellartigen Abschlüssen zusammengefaßt und durch ein breites Gesimsband abgeschlossen, darüber das vierte, im Mauerwerk horizontal gestreifte Geschoß mit dreieckig geschlossenen Fenstern als eine Art Attikageschoß gestaltet; zahnschnittartig ausgebildetes Dachgesims, das abgewalmte Satteldach mit vielfenstriger Schleppgaupe. Die vier Toröffnungen im westlichen Fassadenteil spitzbogig geschlossen und mit schlußsteinartigen Bekrönungen, ebenfalls reich geschmückt durch Backsteinmusterungen und durch Formsteine die rechteckige Portalrahmung und der Erker im östlichen Fassadenteil. Zu beachten auch die im ursprünglichen Zustand erhaltenen Torflügel.

SPEICHER Frische Grube 31/Ecke Königstraße. Dreigeschossiger Speicherbau wohl E. 18. Jh. erbaut, die südliche Giebelfront zur Grube und die westliche Längsfront zur Königstraße in verputztem Backstein, die übrigen Seiten in Fachwerk. Die Giebelfront zur Grube mit zweigeschossigem spätbarockem Giebel, im abschließenden Giebeldreieck überdachter Kranbalken, darunter die Be- und Entladetüren für die einzelnen Geschosse. Im Satteldach zwei übereinanderliegende Hechte.

Runde Grube

WOHNHAUS Runde Grube 2/Ecke Frische Grube. Zweigeschossiger verputzter Eckbau, wohl 18. Jh., die Hauptfront zur Runden Grube von sechs Achsen. An der südlichen Front zur Frischen Grube Teile des Obergeschosses in Fachwerk, mit Fachwerk-Obergeschoß auch der anschließende niedrigere Anbau.

WOHNHAUS Runde Grube 4. Zweigeschossiger Fachwerkbau auf zwei tonnengewölbten, die Grube überspannenden Brückenjochen, kurz vor der Mündung der Grube in den Hafen. Das Haus wahrscheinlich spätes 17. Jh., das dekorative Fachwerk mit Fußbandreihen und Mannfiguren. Die verputzte Ostseite mit zwei vorkragenden erkerartigen Ausbauten. Nach Süden anschließend dreigeschossiger Backsteinbau (Fischräucherei) vom E. 19. Jh. – Die beiden tonnengewölbten Brückenjoche, das sog. Gewölbe, in der bestehenden Form um 1660 errichtet; ursprünglich zum Aufstauen des Wassers in der Grube durch Tore verschließbar.

Hinter dem Chor

In Fortsetzung der die Grube überbrückenden Schweinsbrücke in nördlicher Richtung unmittelbar östlich des Chores der Nikolaikirche bis Spiegelberg/Hundestraße verlaufende Straße, ursprünglich Teilabschnitt des von der Lübschen Straße zum Poeler Tor im Norden der Stadt führenden Straßenzuges. Die einzelnen Giebelhäuser zumeist im späten 19. Jh. verändert, mehrfach aber unter Bewahrung mittelalterlicher Reste: Nr. 2, Ecke Nikolaikirchhof, mit mittelalterlichen Resten an der südlichen Längsfront (Strebepfeiler); Nr. 6a, die Fassade in Backstein E. 19. Jh., das Haus mit Resten mittelalterlichen Mauerwerks und mit Kemladen; Nr. 19, Giebelhaus wohl des 18. Jh., im späten 19. Jh. stark verändert, mit zweiflügeliger Haustür des 18. Jh., der Kemladen wohl 17. Jh., das niedrige Fachwerk-Obergeschoß mit Fußbändern.

WOHNHÄUSER Hinter dem Chor 5 und 7. Zwei gleichgestaltete Putzbauten von jeweils drei Geschossen und fünf Achsen, um 1905 erbaut, vor dem Mansarddach in ganzer Breite jedes Hauses Schweifgiebel mit drei Fensterachsen und hohem geschwungenem Abschluß. Zwischen den Fenstern des ersten und zweiten Obergeschosses und besonders an den Giebeln reiche Jugendstilornamentik.

Kleine Hohe Straße

Im Stadtteil nördlich der Grube. Schmale West-Ost-Verbindungsstraße zwischen Runder Grube/Am Lohberg und Scheuerstraße, im westlichen Teil mit zwei Speichergebäuden und mehreren Giebelhäusern.

SPEICHER Kleine Hohe Straße 11, mit der Längsseite zur Grützmacherstraße gewendet. Langgestreckter dreigeschossiger Putzbau, wohl um 1700 vielleicht unter Verwendung von mittelalterlichem Mauerwerk, der südliche Teil unter Krüppelwalm-Mansarddach, der kürzere nördliche Teil unter Walmdach.

WOHNHAUS Kleine Hohe Straße 13/Ecke Grützmacherstraße. Giebelhaus von zwei Geschossen und fünf Achsen, Putzbau wohl um M. 18. Jh. Die Mittelachse bis in den geschweiften, in zwei Geschossen aufgebauten Giebel leicht vorgezogen und durch diagonal gestellte Pilaster betont, um die sich das die beiden Hauptgeschosse abschließende Gesimsband verkröpft; Abschluß des mittleren Giebelbereiches durch Giebeldreieck. An dem südöstlichen Eckpfeiler Inschrifttafel von 1810, Sandstein (durch Kopie ersetzt), aus dieser Zeit auch die zweiflügelige Haustür. Die hofseitige Giebelwand 1891 in neugotischen Formen verändert.

SPEICHER Kleine Hohe Straße 15, mit der Giebelseite zur Straße Am Lohberg gewendet. Langgestreckter dreigeschossiger Fachwerkbau mit Krüppelwalmdach, um 1700, das zweite Obergeschoß an der Längsseite vorgekragt, die Backsteinfüllungen z. T. mit Ziegelmustern. 1979/80 das Innere für Kleinindustrie ausgebaut (Abb. S. 169).

WOHNHAUS Kleine Hohe Straße 22. Giebelhaus von zwei Geschossen in drei Achsen, Putzbau aus dem späten 17. Jh. (1684); 1984/85 rekonstruiert und modernisiert. Das Portal von Pilastern und abschließendem, stark plastischem Korbbogen gerahmt, rechts daneben Utlucht. Der im Umriß lebhaft bewegte Volutengiebel durch Ge-

Linke Seite: Wismar, Wohnhaus Runde Grube 4 über dem sog. Gewölbe, Gesamtansicht, links im Bild das Gebäude der Fischräucherei, und die die Grube überspannenden Brückenjoche

Rechte Seite: Wismar, Wohnhäuser Hinter dem Chor 5/7 (links), Kleine Hohe Straße 22 und 24 (Mitte), Kleine Hohe Straße 13

simsbänder unterteilt, mit Lukenreihen in zwei Geschossen, querovaler Blende und kräftig profiliertem, korbbogigem Giebelfeld als Bekrönung. Die Hoffront in Fachwerk.

WOHNHAUS Kleine Hohe Straße 24/Ecke Runde Grube. Zweigeschossiges Giebelhaus im Kern um M. 17. Jh. (1650), wiederholt verändert und vereinfacht, 1985 instand gesetzt. Der Giebel mit kleinen Fensteröffnungen in zwei Geschossen, sein Umriß möglicherweise bedingt durch eine neugotische Umgestaltung des späteren 19. Jh. (Abb. S. 175).

Mühlenstraße

Straße in West-Ost-Richtung im östlichen Teil der Stadt, etwa parallel zur Mühlengrube bis zur ehem. Stadtmauer geführt, von der sich hier, in der Blickachse der Mühlenstraße, ein Mauerturm erhalten hat, der um 1685, im Zusammenhang mit der Verbesserung der seit 1571 bestehenden Wasserversorgung, zum Wasserturm ausgebaut wurde, s. oben S. 129/30.

WOHNHÄUSER Mühlenstraße 29/57 (ungerade). Zeile aus zweigeschossigen Putzbauten unter durchgehendem Satteldach, die schlichten Fassaden der einzelnen Häuser zumeist von zwei Achsen, nach M. 19. Jh. erbaut. Ähnlich angelegte Häuser u. a. in der Breiten Straße, Fischerreihe und Neustadt erhalten.

Ehem. ALTES ARSENAL (Poliklinik) Mühlenstraße 32 s. oben S. 131.

Neustadt

Straße in Nord-Süd-Richtung zwischen Lübscher Straße und Breiter Straße. Sie kennzeichnet, wie auch der Name zu erkennen gibt, die einstige Begrenzung der Marktstadt zu der einige Jahrzehnte später angelegten Neustadt. An der Ecke Neustadt/Lübsche Straße liegt das 1251 gegründete Heiligen-Geist-Spital (s. unten S. 212/219), dessen malerischer Hof nach Norden begrenzt wird von der

MUSIKSCHULE Neustadt 1/Ecke Heide, 1855/56 als Mädchenvolksschule erbaut. Schlichter historisierender Backsteinbau zunächst von zwei Geschossen (vier Klassenräume für je 100 Schülerinnen), 1876 um ein drittes Geschoß erhöht. Die zum Spitalhof gerichtete Hauptfassade von sieben Achsen durch Gesimse gegliedert, die Mittelachse durch Zwerchgiebel betont. Die westliche Giebelfront zur Neustadt gewendet, dreiachsig mit Lisenengliederung sowie Maßwerkfries und deutschem Band, am Giebel Treppenfries, im mittleren Teil zweiteilige Spitzbogenblende unter abgetrepptem Abschluß. Die Längsseite zur Heide mit übergiebeltem Risalit. Im Inneren teilweise Holzbalkendecken mit Unterzügen und Holzstützen erhalten.

Schulstraße

Verbindungsstraße in Nord-Süd-Richtung zwischen Krönkenhagen und Bademutterstraße, ursprünglich mit der parallel zu ihr verlaufenden ABC-Straße das ehem. Franziskanerkloster begrenzend.

GESCHWISTER-SCHOLL-OBERSCHULE (ehem. Große Stadtschule, Gymnasium) Schulstraße 9/11. An der Stelle des 1251 gegründeten Franziskanerklosters, das nach der Säkularisation seit 1541 als Große Stadtschule genutzt wurde. Von der ehem. Klosteranlage keine nen-

Linke Seite: Wismar, Wohnhäuser in der Mühlenstraße

Rechte Seite: Wismar, Geschwister-Scholl-Oberschule Schulstraße 9/11 (ehem. Große Stadtschule), Kopfbau

nenswerten Reste erhalten, jedoch benutzen die beiden winkelförmig zueinander stehenden Flügel des Schulbaues Lage und z.T. auch Fundamente des Süd- und Ostflügels der Klausur: Der Südflügel, ehemals mit Sommer- und Winterrefektorium sowie kleinem Dormitorium, wurde 1891 abgetragen und durch den Backsteinbau mit dem Kopfbau zur Schulstraße ersetzt, der Ostflügel, ehemals mit Kapitelsaal und großem Dormitorium, hatte 1839 einem Neubau für die Gewerbeschule weichen müssen. Die Klosterkirche, eine dreischiffige Hallenkirche mit eingezogenem, polygonal geschlossenem Chor, war bereits 1817 abgerissen worden; sie stand an der Nordseite des Klosters parallel und in Nähe zum Straßenverlauf des Krönkenhagen.

Zweigeschossiger neugotischer Backsteinbau in West-Ost-Richtung dem Verlauf des Kloster-Südflügels entsprechend, 1892/93 nach Entwurf von Gustav Dehn erbaut, gleichzeitig damit Durchbau des bis dahin von der Gewerbeschule genutzten, ebenfalls zweigeschossigen Ostflügels von 1839. Der fünfachsige Kopfbau zur Schulstraße, der im Obergeschoß die Aula enthält, als repräsentative Fassade unter Verwendung von glasierten Steinen ausgebildet: die Mittelachse mit wimpergbekröntem Portal und zierlichem Pfeiler-Wimperg-Giebel vor dem Satteldach, dessen Seitengiebel im Firstbereich ähnlich gebildet sind. Besonders hervorgehoben auch das Obergeschoß durch die großen spitzbogigen Fenster zwischen Lisenen und abschließendem Kreuzbogenfries. Nach Osten an die dreiachsigen Schmalseiten des Kopfbaues leicht verjüngt anschließend der eigentliche Schulflügel von zehn Achsen, seine Fassadengliederung zum Schulhof ähnlich wie am Kopfbau, die segmentbogigen Fenster im Obergeschoß durch Lisenen zu Dreiergruppen zusammengefaßt, die Portalachse mit spitzbogigem Wimpergportal. Im Winkel zum älteren und schlichteren Ostflügel reizvolles polygonales Türmchen. – Südlich vom Kopfbau, mit diesem durch einen Torbogen verbunden, das ehem. REKTORENHAUS Schulstraße 7, ein schlichter zweigeschossiger Backsteinbau von 1867/68 nach Entwurf von Helmuth Brunswig. – Ein Backsteinbau in den klassizierenden Formen der Zeit ist die 1915/16 errichtete TURNHALLE am Krönkenhagen, die die Stelle des einstigen Klosterbrauhauses einnimmt.

WOHNHAUS Schulstraße 14. Zweigeschossiger Backsteinbau von fünf Achsen, 1867 wahrscheinlich von H. Brunswig. Die leicht vorgezogene, zwerchhausartig erhöhte und übergiebelte Mittelachse mit segmentbogig geschlossener Portalvorhalle und Kreuzfriesbändern beidseitig des Obergeschoßfensters, am Giebel Terrakottawappen und älteres Doppelwappen aus Sandstein, wohl 17./18. Jh. Zwischen den beiden Geschossen doppeltes deutsches Band, unter der Traufe zweischichtiger Dreiecksfries (Abb. S. 178).

Schweinsbrücke
Teilabschnitt des von der Lübschen Straße zum ehem. Poeler Tor im Norden der Stadt führenden Straßenzuges, mit mehreren Giebelhäusern und dem Schabbellhaus (Stadtgeschichtliches Museum) an der Ecke zur Frischen Grube.

WOHNHAUS Schweinsbrücke 4. Giebelhaus, im Kern wohl 15. Jh. Die in zwei Geschossen fünfachsige verputzte Straßenfront mit fünfgeteiltem Pfeiler-Staffelgiebel, dieser in seiner heutigen Gestalt von einer Instandsetzung wohl in der 2. H. 19. Jh. geprägt. Die Hoffront ebenfalls mit mittelalterlichem Mauerwerk.

WOHNHAUS Schweinsbrücke 5. Giebelhaus von drei Geschossen und drei Achsen, 2. H. 19. Jh. in historisierenden Formen. Die Putzfassade zeigt im obersten Geschoß paarweise gekuppelte schmale Rundbogenfenster, eine gleiche Fenstergruppe mit einem Rundfenster darüber schmückt den Giebel, dessen Schrägen von steigenden Bogenfriesen begleitet werden.

WOHNHAUS Schweinsbrücke 6. Giebelhaus von drei Geschossen und drei Achsen, im Kern wohl 17. Jh. Die verputzte straßenseitige Giebelfront A. 19. Jh. klassizistisch gestaltet und E. 19. Jh. nochmals verändert, der leicht geschwungene Hofgiebel wahrscheinlich noch 17. Jh. Im Inneren hohe Diele mit Holzbalkendecke. Der zweigeschossige Kemladen in Backstein mit zugesetzten Rundbogenöffnungen wohl 15. Jh., im 19. Jh. verändert.

STADTGESCHICHTLICHES MUSEUM (Schabbellhaus) Schweinsbrücke 8/Ecke Frische Grube. 1569/71 für den Wismarer Ratsherrn, Brauer und späteren Bürgermeister H. Schabbell von dem aus Utrecht stammenden Baumeister Philipp Brandin erbaut. Aufwendiger Renaissancebau, eines der frühesten Beispiele im Ostseeküstengebiet für die von den Niederlanden übernommene Verbindung von Backstein mit schmückenden Sandsteinteilen, diese in der Art des Vredeman de Vries reich dekoriert. Das Gebäude ist, im Gegensatz zum typischen Bürgerhaus, über winkligem, die Ecksituation nutzenden Grundriß er-

Linke Seite:
Wismar, Wohnhäuser Schulstraße 14 (links), Schweinsbrücke 5 (Mitte); Schabbellhaus Schweinsbrücke 8, Straßenfront des Hauptflügels (rechts)

Rechte Seite:
Wismar, Schabbellhaus Schweinsbrücke 8, Giebelseite zur Frischen Grube

richtet worden; der Flügel an der Frischen Grube steht auf den teilweise noch vorhandenen Grundmauern und z.T. kreuzrippengewölbten Kellern eines Vorgängerbaues. Als Haupttrakt der an der Schweinsbrücke sich erstreckende Flügel ausgebildet; er enthält die von der Längsseite aus zugängliche Durchfahrtsdiele und die Speichergeschosse, wahrscheinlich erfolgten hier auch Teilarbeitsgänge der Bierherstellung. Demgegenüber ist der ursprünglich Wohnzwecken dienende Flügel an der Frischen Grube als Nebentrakt untergeordnet und auch in der architektonischen Gliederung zurückhaltender.
Die zur Schweinsbrücke gewendete Längsseite des Hauptflügels belebt durch die zwei sandsteingerahmten rundbogigen Portale, ihre Leibungen rustiziert und von auf hohe Postamente gestellten kannelierten und streifenweise rustizierten Säulen, Architrav und bekrönenden Inschriftkartuschen gerahmt, in den Bogenzwickeln kleine Porträtmedaillons. Zwischen Erdgeschoß und dem niedrigeren Obergeschoß kräftiges Gesimsband, das auch an der nördlichen Giebelseite weitergeführt ist. Diese zum schmuckreichsten Teil des Hauses ausgebildet: die Gebäudekanten durch Sandsteinquader verstärkt, daneben an Erd- und Obergeschoß kannelierte, von Rustikafeldern bzw. Diamantquadern unterbrochene Pilaster; der elegante, viergeschossige Volutengiebel mit Belastungspyramiden und Freifiguren auf den Absätzen, die teils rundbogigen, teils rechteckigen Öffnungen mit abwechslungsreichen Sandsteinrahmungen, besonders ausgezeichnet das Mittelfenster des untersten Giebelgeschosses durch rahmende korinthische Säulen, darüber eine von Konsolen getragene kräftige Architravplatte.
Im Inneren die Diele mit hölzerner Balkendecke, eine durchgehende Wendeltreppe, weitere Holzbalkendecken sowie ein Aufzugsrad aus der Erbauungszeit erhalten, im Nebenflügel im Obergeschoß Fenster mit geschnitzten Mittelpfosten. Restaurierungen 1934 und 1969/79.
WOHNHAUS Schweinsbrücke 9. Dreiachsiges Giebelhaus von zwei Geschossen, A. 18. Jh. Die Putzfassade mit reizvollem Volutengiebel, der von profiliertem Rundbogenfeld bekrönt wird; die drei Giebelgeschosse durch segmentbogige Öffnungen und kräftige Sohlbankgesimse gekennzeichnet. Der Hofgiebel in Fachwerk.

Linke Seite: Wismar, Wohnhäuser Schweinsbrücke 11 und 9; Wappenrelief am Haus Schweinsbrücke 11

Rechte Seite: Wismar, Wohnhäuser Spiegelberg 57 a und 57, im Hintergrund das Wassertor (links), Spiegelberg 47 und 45 (Mitte); Speicher Spiegelberg 48 a (rechts)

WOHNHAUS Schweinsbrücke 11/Ecke Mühlengrube. Zweigeschossiges verputztes Giebelhaus von fünf Achsen. Der Kernbau wohl 16. Jh., davon u. a. erhalten die nördliche Längsfront mit segmentbogigen Blendbögen zwischen kräftigen Stützpfeilern; an einem der Pfeiler Wap-

pentafel von 1627 (Kopie). Die Giebelfassade von einer Veränderung A. 18. Jh. geprägt, der Volutengiebel durch Gesimsbänder in vier Geschosse unterteilt, die Giebelfenster verändert. Zweigeschossiger Kemladen.

Spiegelberg

In West-Ost-Richtung verlaufende Straße im nördlichen Teil der Stadt, im Westen begrenzt durch das Wassertor (s. S. 130), das ursprünglich das Zentrum der Stadt über Krämerstraße/Bohrstraße/Scheuerstraße mit dem Hafen verband, im Osten über den kurzen Straßenabschnitt Am Poeler Tor mit dem ehem. Poeler Tor in Verbindung, dem nördlichen Stadtausgang. Die Bebauung im ausgehenden 19. Jh. zumeist durch zwei- und dreigeschossige Traufenhäuser ersetzt, in der Regel schlichte Putzbauten, reicher gestaltet die Häuser Nr. 49 und 57 in Formen der Neurenaissance, das letztere von 1887, sowie Nr. 57a, ein stattlicher Backsteinbau von 1903 in neugotischen Formen. An älteren Gebäuden zu nennen:

WOHNHÄUSER Spiegelberg 12/14 (Pfarrhäuser von St. Nikolai). Traufen-Doppelhaus von zwei Geschossen und acht Achsen unter Satteldach, frühes 19. Jh. In den äußeren Achsen die rechteckigen Eingänge mit vorgelegten Freitreppen. Die mittleren vier Achsen leicht vorgezogen und durch Putzquaderung und Putzspiegel betont.

WOHNHAUS Spiegelberg 45. Stattliches Giebelhaus wohl des 16./17. Jh. Die verputzte Straßenfront von drei Geschossen, das oberste Geschoß durch die rundbogigen Luken als Speichergeschoß ausgewiesen, dem im geschweiften Giebel Lukenreihen für drei weitere Geschosse folgen. Die Backstein-Hoffront mit Giebel von 1583, hier die Geschosse durch Zahnschnittleiste bzw. Gesimse getrennt. In der Diele Holzbalkendecke, hölzerne Galerie mit barocker Brüstung und zwei hölzerne Arkaden, wohl 17. Jh., im 19. Jh. verändert.

WOHNHAUS Spiegelberg 47. Giebelhaus aus der 2. H. 17. Jh., davon die Backstein-Hoffront mit Volutengiebel erhalten. Die verputzte Straßenfront E. 18. Jh. in Zopfformen. Von zwei Geschossen in vier Achsen, die Fenster segmentbogig gebildet; ein ähnlich gestaltetes drittes Geschoß gehört bereits zum Giebel, der sich über einem Gesimsband als steiler geschweifter Volutengiebel fortsetzt (die Henkelvasen, die seitlich der geometrisch umgebildeten Voluten und auf dem geschwungenen Abschluß angebracht waren, z. Z. zur Restaurierung). Rundbogiges Portal mit geschwungener Verdachung, die zweiflügelige Haustür ebenfalls E. 18. Jh.

SPEICHER Spiegelberg 48a, die in die Straßenflucht einbezogene Giebelseite aus unverputztem Backstein 17. Jh. (am Giebel 1664 datiert): großes rundbogiges Portal, darüber segmentbogige Lukenreihen in vier Geschossen, durch Gesimsbänder voneinander abgesetzt; kleinteilig bewegter Giebelumriß mit dekorativ ausgebildeten Maueranker (Abb. S. 181).

WOHNHAUS Spiegelberg 54/Ecke Scheuerstraße. Dreigeschossiger Putz- bzw. Fachwerkbau unter Krüppelwalm-Mansarddach, wohl frühes 19. Jh., stark verändert. Die Schmalseite zur Scheuerstraße beidseitig von korinthischen Kolossalsäulen eingefaßt.

Ziegenmarkt

Platzartige Verbindung zwischen Breiter Straße und Frischer Grube, in Nähe zum ehem. nordwestlichen Stadtmauerabschnitt. Die Bebauung vornehmlich spätes 19. Jh., an älteren Gebäuden erhalten:

SCHMIEDE Ziegenmarkt 4, ein zweigeschossiger fünfachsiger Fachwerkbau unter Satteldach, im Kern wohl 17./18. Jh., die Haustür in Empireformen A. 19. Jh.

WOHNHAUS Ziegenmarkt 13/15/Ecke Frische Grube. Zweigeschossig über winkelförmigem Grundriß, wohl 17. Jh., das Erdgeschoß in Backstein, das Obergeschoß in Fachwerk; Satteldach mit übergiebeltem Dacherker zum Ziegenmarkt.

Straßen südlich der Lübschen Straße

Am Schilde

Platzartige, im Grundriß dreieckige Ausweitung an der südöstlichen Seite der Karl-Liebknecht-Straße, in Nähe

des ehem. Mecklenburger Tores. Die Bebauung u. a. mit einer Gruppe von drei im Kern in das 17. oder 18. Jh. zurückreichenden Giebelhäusern mit schlichten Fassaden des späten 19. oder frühen 20. Jh., bei Nr. 7 mit neugotischer Giebelgestaltung. An Einzelbauten zu nennen:

WOHNHAUS Am Schilde 4. Zweigeschossiges fünfachsiges Traufenhaus mit abgewalmtem Mansarddach, Putzbau vom E. 18. Jh., über der mittleren Achse Zwerchhaus mit Schweifgiebel. Im Inneren Diele erhalten; Keller teilweise mit Tonnen überwölbt.

WOHNHAUS Am Schilde 11/Ecke Karl-Liebknecht-Straße. Dreieinhalbgeschossiger Putzbau unter flachem Dach, 3. V. 19. Jh. in neugotischen Formen. Die Ecke zur Karl-Liebknecht-Straße turmartig erhöht und durch Portal mit eisernem Balkon darüber, spitzbogige Fensternische über zwei Geschosse und abschließende Schildwand mit Maßwerkblenden und Eckfialen betont, als Blickachse für das Straßenbild der Karl-Liebknecht-Straße von besonderer Bedeutung.

Bei der Klosterkirche

Schmale, von der Mecklenburger Straße in östlicher Richtung bis zur ehem. Stadtmauer führende Straße, an ihrer Südseite ehemals das 1293 gegründete Dominikanerkloster.

GOETHE-OBERSCHULE (ehem. Knabenmittelschule). Anstelle des 1876 abgerissenen Langhauses der Dominikanerkirche 1878/80 nach Entwurf von Helmuth Brunswig errichtet, dabei der Chor der Klosterkirche beibehalten und für die Nutzung als Turnhalle und Aula umgebaut; um 1910 Erweiterung durch einen an den Chor anschließenden, nach Süden gerichteten Flügel. Der Hauptbau ein stattlicher neugotischer Backsteinbau von fünfzehn Achsen und drei Geschossen. Die nach Norden, zur Straße gewendete Fassade mit weit vorspringenden Risaliten, der dreiachsige, von Giebel mit großer Blendrosette abgeschlossene Mittelrisalit im Erdgeschoß mit einer in drei Säulenarkaden geöffneten Portalvorhalle; der westliche Seitenrisalit unter Walmdach fünfachsig, ihm entspricht im Osten ein jüngerer einachsiger Vorbau mit spitzbogigem Eingang, der zwischen Schulbau und ehem. Chor vermittelt. Reicher Schmuck durch Blenden, Maßwerke und Friese unter Verwendung von glasierten Ziegeln.

Der nach Osten an den Schulbau unmittelbar anschließende ehem. CHOR der Dominikanerkirche, ein Backsteinbau aus drei rechteckigen Jochen mit polygonalem

Linke Seite: Wismar, Wohnhaus Am Schilde 1

Rechte Seite: Wismar, Chor der ehem. Dominikanerklosterkirche, um 1880 zur Turnhalle (unten) und zur Aula (oben) der heutigen Goethe-Oberschule eingerichtet, Ansicht von Osten und Inneres (Aula)

(5/8) Schluß, von Martin Kremer erbaut und 1397 geweiht. Schlanke Strebepfeiler, dreiteilige Spitzbogenfenster, über dem vierteiligen Ostfenster wimpergartiger Abschluß mit Blendengliederung. Die segmentbogigen Fenster im Sockelbereich beim zweigeschossigen Ausbau des Inneren entstanden: im unteren Teil die Turnhalle, im oberen die Aula, hier die Kreuzrippengewölbe erhalten, die Rippen auf schlanken Diensten mit Maskenkapitellen.

Von der nach Süden an das ehem. Langhaus der Klosterkirche anschließenden KLAUSUR wohl des 14. Jh. stark veränderte Reste, insbesondere des südlichen Flügels, der das Refektorium enthielt, erhalten. – Südwestlich davon, in unmittelbarer Nähe zu der hier noch erhaltenen Stadtmauer, ein ehemals ebenfalls zum Kloster gehörender Flügel, in dem 1833 auf Initiative des Bürgermeisters Haupt das erste Wismarer Krankenhaus eingerichtet wurde.

Bliedenstraße

Straße in der sog. Neustadt im südwestlichen Teil der Stadt, in Fortsetzung der von der Lübschen Straße nach Süden ansteigenden Großen Hohen Straße zwischen Fürstenhof und Georgenkirche beginnend und bis zur Karl-Liebknecht-Straße geführt.

WOHNHAUS Bliedenstraße 30 (J. J. Velthusen Witwenhaus). Zweigeschossiger Putzbau von drei Achsen unter Satteldach, 1846 erbaut in spätklassizistischen Formen. Das Erdgeschoß mit zarter Putzbänderung und Portal mit kräftiger Pilasterrahmung, darüber am Obergeschoß die Mittelachse durch zwei pilasterflankierte Rundbogenfenster und dazwischenliegender Blende unter Verdachung mit Zahnschnittleiste betont; niedriger Drempel mit ornamental gestalteten gußeisernen Lüftungsöffnungen. Im Hausflur Porträt J. J. Velthusen, 18. Jh., und Tafel mit Stiftungsinschrift von 1736.

WOHNHAUS Bliedenstraße 34. Zweigeschossiger fünfachsiger Putzbau unter Satteldach, um 1820/30 errichtet. Die schlichte Fassade in der Mittelachse wirkungsvoll betont durch das Portal, das von klassizistischem Ornamentfries und kräftiger, von Volutenkonsolen getragener Verdachung abgeschlossen wird; die gleichzeitige Haustür mit Oberlicht, die Türflügel mit geschnitzten Löwenköpfen (Abb. S. 134). Das Fenster über dem Portal mit Faschenrahmung, die übrigen Fenster ohne Rahmung, zwischen den Geschossen rechteckige Putzspiegel.

WOHNHAUS Bliedenstraße 36. Putzbau von fünf Achsen und zwei Geschossen unter Satteldach, 2. V. 19. Jh. Unter den seitlichen Obergeschoßfenstern querrechteckige Putzspiegel, die Mittelachse leicht zurückgesetzt und im Dach durch Fledermausgaupe betont.

WOHNHAUS Bliedenstraße 40. Zweigeschossiger fünfachsiger Backsteinbau unter Satteldach, um 1870, die Mittelachse vorgezogen und übergiebelt, ähnlich gestaltet auch die Mittelachse an der nördlichen Schmalseite.

Großschmiedestraße

Fortsetzung der die Südostecke des Marktes tangierenden Mecklenburger Straße bis zum ehem. östlichen Stadtmauerbereich in Nähe des einstigen Altwismartores.

WOHNHAUS Großschmiedestraße 1. Zweigeschossiges Giebelhaus von drei Achsen, im Kern vielleicht noch mittelalterlich, mehrfach verändert und verputzt, der Giebel mit abgetrepptem, z. T. geschwungenem Umriß. Durch Schwibbogen (den Zugang zur Schatterau überbrückend) mit dem Giebelhaus Mecklenburger Straße 2 verbunden, Backstein, wohl 17. Jh.

WOHNHAUS Großschmiedestraße 9. Giebelhaus von zwei Geschossen und drei Achsen. Im wesentlichen wohl 17. Jh. mit Bauteilen aus dem 15./16. Jh., die Putzfassade mit rundbogigem Portal in der Mittelachse, der Giebel durch Gesimsbänder und drei Reihen segmentbogiger Luken gegliedert, sein Umriß mit Viertelkreisbögen in den Abtreppungen; Hofgiebel in Fachwerk. Die zweiflügelige Haustür um M. 18. Jh., etwa gleichzeitig auch mehrere Türen im Inneren. Zweigeschossiger Kemladen E. 18 Jh., ursprünglich verputzt mit Putzquaderung an den Ecken.

WOHNHAUS Großschmiedestraße 12a. Im Hofgelände ein Kemladen aus dem 16./17. Jh., ursprünglich zu einem im zweiten Weltkrieg zerstörten Haus an der Lübschen Straße gehörend. Langgestreckter zweigeschossiger Backsteinbau, die schmale südliche Giebelfront mit geschwungenem Giebelumriß und halbkreisförmigem Abschluß. Die Rechteckfenster des Obergeschosses mit beschnitzten Fensterpfosten aus der Erbauungszeit. Unter dem Traufgesims Balkenköpfe mit originaler Bemalung erhalten.

WOHNHAUS Großschmiedestraße 21. Sechsachsiges Traufenhaus unter Satteldach, das Obergeschoß in Fachwerk, an der Straßenseite verputzt, wohl 18. Jh. In der rechtsseitigen Tordurchfahrt in der vorderen Hälfte barocke Stuckdecke mit Rahmenprofil (ursprünglich wohl Wohnraum), in der Seitenwand Relief des Stadtwappens von 1593.

Kurze Baustraße

Am südlichen Rande der Stadt nahe der ehem. Stadtmauer. Verbindungsstraße zwischen Karl-Liebknecht-Straße und Mecklenburger Straße in Fortsetzung der Rosa-Luxemburg-Straße, die früher Baustraße hieß.

SPEICHER Kurze Baustraße 9. Backsteinbau von 1844. Die Straßenfront von sieben Achsen und drei Geschossen sowie abgetrepptem Dreiecksgiebel für zwei weitere Geschosse. In der Giebelspitze überdachter Kranbalken, darunter in rundbogiger Blende die Be- und Entladetüren für die einzelnen Geschosse und das Tor im Erdgeschoß. Zwischen den Geschossen Friesbänder, unter dem Giebelfeld auf Konsolen; die Segment- bzw. im Giebel Rundbogenfenster mit untereinander verbundenen Verdachungen.

Linke Seite: Wismar, Wohnhaus Bliedenstraße 30

Rechte Seite: Wismar, Speichergebäude Kurze Baustraße 9

ARCHIDIAKONAT Marienkirchhof 3/ Ecke Sargmacherstraße. Um M. 15. Jh. in der Nachfolge der Alten Schule erbaut; 1885 restauriert, nach schwerer Kriegszerstörung 1962/63 wiederhergestellt, dabei die südliche Giebelseite als Treppengiebel modern ergänzt. Zweigeschossiger Backsteinbau von drei zu sechs Achsen, seine nördliche Giebelseite und die westliche Traufenfront unter Verwendung von Lagen glasierter Steine reich dekoriert. Die Fenster des Erdgeschosses segmentbogig geschlossen, darüber umlaufender stilisierter Maßwerkfries. Das niedrige Obergeschoß an der westlichen Längsseite mit zu Paaren geordneten Fenstern in spitzbogigen Blendnischen, darüber eine attikaähnliche, zinnenbesetzte Blendarkatur, durch deren segmentbogige Öffnungen die Traufe des Satteldaches durchgesteckt ist (ähnlich waren die Längsseiten der ehem. Alten Schule gebildet). An der dreiachsigen nördlichen Giebelseite die Obergeschoßfenster in die bis hierhin heruntergezogene Blendengliede-

Marienkirchhof

Die Umbauung der Marienkirche zusammen mit der Kirche selbst (s. S. 193/195) und den historischen Gebäuden der Pfarrei der Mariengemeinde, der Alten Schule und der Kapelle Maria zur Weiden an der Süd- und Südwestseite der Kirche durch den Luftangriff vom 14./15. April 1945 bis auf die Umfassungsmauern zerstört und später abgetragen, erhalten blieb das

rung des steilen, von Zinnen bekrönten Staffelgiebels einbezogen, die Blenden zweigeteilt und mit Maßwerkrosetten in den Schlüssen. Die breitere mittlere Staffel mit zwei zweigeteilten Blenden, die in ihren oberen seitlichen Luken und in ihren ursprünglich mit durchbrochenen Maßwerken gefüllten Scheitelöffnungen den Himmel durchscheinen lassen.

Mecklenburger Straße

Im Südosten der Stadt. Parallel zur Karl-Liebknecht-Straße, mit der sie in Nähe zur ehem. Stadtmauer und zum Mecklenburger Tor durch die Kurze Baustraße in Verbindung steht, bis zum Markt geführt, dessen Südostecke mit mehreren Häusern von ihr gebildet wird; zusammen mit der sie fortsetzenden Großschmiedestraße ursprünglich Verbindungsstraße zwischen Mecklenburger Tor im Süden und Altwismartor im Osten der Stadt. Die Bebauung auch heute noch besonders in Marktnähe und am Markt selbst von Giebelhäusern bestimmt. – An der Westseite der Straße stand das 1842 eröffnete, in spätklassizistischen Formen nach Entwurf von Heinrich Thormann erbaute Stadttheater, das 1948 durch Brand zerstört worden ist.

WOHNHAUS Mecklenburger Straße 1 /Ecke Markt. Putzbau von dreieinhalb Geschossen, um M. 19. Jh. in spätklassizistischen Formen. Über spitzwinkligem Grundriß, die Fassaden sowohl zur Mecklenburger Straße wie auch zum Markt durch zweiachsige übergiebelte Risalite betont, die zusammen mit dem Erker an der abgeschrägten Ecke die städtebaulich wichtige Stellung des Hauses, besonders auch in der Ansicht aus der Achse der Großschmiedestraße, wirkungsvoll zum Ausdruck bringen.

WOHNHÄUSER Mecklenburger Straße 2/12 (gerade). Gruppe von sechs Giebelhäusern, die die Begrenzung des Marktes an seiner südöstlichen, von der Mecklenburger Straße tangierten Ecke bilden. Nr. 2/Ecke Schatterau, im Kern wohl mittelalterlich; zweigeschossig, die Fassade in der 2. H. 19. Jh. neugotisch gestaltet, später unter Beibehaltung des Staffelgiebels vereinfacht. Angrenzend und mit dem Giebelhaus Großschmiedestraße 1 verbindend ein den Zugang zur Schatterau überspannender Schwibbogen aus Backstein, wohl 17. Jh. – Nr. 4, im Kern ebenfalls wohl mittelalterlich, um M. 19. Jh. umgestaltet: dreigeschossiges Giebelhaus von vier Achsen, abgeschlossen über den seitlichen Achsen durch Attika, über den beiden Mittelachsen durch flach übergiebelten Aufbau mit Fenstergruppe und Scheinbalustrade. Im Inneren Wendeltreppe mit gußeisernen Säulen. – Nr. 6, dreigeschossig von drei Achsen, die Putzfassade 2. V. 19. Jh. in klassizistischen Formen, das dritte Geschoß mit Pilastergliederung, darüber Drempel und abschließender Dreiecksgiebel. – Nr. 8, Giebelhaus von drei Geschossen und drei Achsen, die Fassade von 1884/85, mit Mittelerker vor dem ersten Obergeschoß und Volutengiebel. – Nr. 10, klassizistisch 2. V. 19. Jh., von fünf Achsen und vier Geschossen (das

Linke Seite: Wismar, Archidiakonat Marienkirchhof 3, Ansicht von Nordwesten und Südwesten

Rechte Seite: Wismar, Wohnhäuser Mecklenburger Straße 2, 4, 6 und 8

Linke Seite: Wismar, Wohnhäuser Mecklenburger Straße 7 und 5 (links), Mecklenburger Straße 10 und 12 (Mitte); Postamt Mecklenburger Straße 18/20 (rechts)

Rechte Seite: Wismar, Fernmeldeamt an der Schatterau; Wohnhäuser Mecklenburger Straße 22 und 24

vierte Geschoß bereits Dachgeschoß), abgeschlossen durch Dreiecksgiebel. – Nr. 12, stattliches zweigeschossiges Giebelhaus, im Kern mittelalterlich wohl A. 15. Jh., davon an der Hofseite die große Dielenlucht und der Backstein-Staffelgiebel mit zweiteiligen Spitzbogenblenden und Segmentbogenöffnungen sowie Maßwerkfries erhalten; im Kern ebenfalls mittelalterlich der zweigeschossige Kemladen aus Backstein. Die dreiachsige Straßenfassade A. 18. Jh. in Barockformen, der hohe Schweifgiebel im Mittelfeld mit Pilastern besetzt und von Segmentbogen bekrönt.

WOHNHAUS Mecklenburger Straße 5. Giebelhaus aus dem 2. V. 19. Jh., die klassizistische Putzfassade von drei Achsen in drei Geschossen, das erste Obergeschoß hervorgehoben durch rundbogige, die seitlichen Fenster umgreifende Blenden. Über dem kräftigen Hauptgesims getreppter, im mittleren Teil erhöhter und mit Lünettenfenster versehener Abschluß. – Ein Giebelhaus auch das benachbarte WOHNHAUS Mecklenburger Straße 7, im Kern wohl 17./18. Jh.; der unverputzte Rückgiebel mit Segmentbogenluken, die Putzfassade mit Volutengiebel in der 2. H. 19. Jh. stark erneuert.

POSTAMT Mecklenburger Straße 18/20. Backsteinbau in neugotischen Formen, 1886 errichtet. Von zwei Geschossen und neun Achsen, zwischen den beiden Geschossen Gesimsband, unter der Dachtraufe Maßwerkfries; Walmdach. Die jeweils zweiten Achsen der langgestreckten Straßenfassade als flache Risalite ausgebildet, durch reicher gestaltete, in spitzbogiger Nische zusammengeschlossene Erd- und Obergeschoßfenster sowie durch Pfeiler-Staffelgiebel besonders hervorgehoben. – Im Hintergelände, an der Schatterau, das FERNMELDEAMT, um 1920/30 in schlichten, sachlichen Formen nach Entwurf von Arthur Eulert erbaut. Dreigeschossiger Backsteinbau von sieben Doppelachsen, unter Walmdach. Die jeweils äußeren zwei Doppelachsen im Erd- und Obergeschoß

kräftig vorgezogen, die mittleren drei Doppelachsen durch seitlich abgetreppten Frontispiz betont. Zwischen den Fenstern von Erd- und Obergeschoß dekorative Ziegelmusterung. Das rundbogige Portal in flacher abgetreppter, aus Terrakottaplatten gebildeter Vorlage.

WOHNHAUS Mecklenburger Straße 22. Zweigeschossiges Giebelhaus aus dem späteren 17. Jh., im Kern wohl noch mittelalterlich. Die fünfachsige Putzfassade mit Volutengiebel, dieser durch Gesimsbänder in drei Geschosse unterteilt und abgeschlossen durch Lünettenfeld. Im Hausflur zwei Gemälde auf Leinwand, Genreszenen, 18. Jh.

WOHNHAUS Mecklenburger Straße 24. Zweigeschossiges dreiachsiges Giebelhaus, der Kernbau 15. oder frühes 16. Jh., im 19. Jh. umgestaltet. Erd- und Obergeschoß verputzt, darüber Backstein-Staffelgiebel mit schlichten spitzbogigen Blenden. 1937 rekonstruiert.

WOHNHAUS Mecklenburger Straße 28. Zweigeschossiges Giebelhaus von drei Achsen, Putzbau wohl des 17. Jh., der im Umriß geschweifte Giebel durch Gesimsbänder unterteilt, mit jeweils drei Luken in zwei Geschossen. – Das benachbarte WOHNHAUS Mecklenburger Straße 28 a dreigeschossig von vier Achsen und mit Schweifgiebel, im Kern 17. oder 18. Jh., in jüngerer Zeit stark verändert.

Ehem. FREISCHULE (evang. Gemeindehaus) Mecklenburger Straße 48. 1837/38 erbaut für die vom C. C. B. Koch begründete Schule für Kinder mittelloser Eltern (nach dem Vorbild der Halleschen Franckeschen Stiftungen). Schlichter zweigeschossiger Putzbau über rechteckigem Grundriß, von zwei Geschossen und sieben Achsen unter flachem Satteldach. Klare Gliederung der Geschosse durch Gesimse; dreiachsiger Mittelrisalit mit schlichtem Rechteckportal, über dem Hauptgesims von flacher gestufter Attika betont. Die Giebelseiten ursprünglich vierachsig, durch Ecklisenen betont, im Giebelfeld flankiert von Lünettenfenstern.

Rosa-Luxemburg-Straße
Früher Baustraße. Entsprechend der sichelförmig an die Marktstadt im Westen und Südwesten sich anlehnenden sog. Neustadt viertelbogenförmig von der Lübschen Straße in südlicher bzw. südöstlicher Richtung bis zur Karl-Liebknecht-Straße geführt, mit einer im späten 19. Jh. größtenteils erneuerten schlichten Bebauung von zumeist mehrgeschossigen Wohnhäusern.

Ehem. HOSPITAL Sankt Georg, Rosa-Luxemburg-Straße 27/Ecke Papenstraße 16. Der bestehende Bau um M. 18. Jh. errichtet. Schlichter zweigeschossiger Putzbau unter Satteldach, winkelförmig mit fünf bzw. acht Achsen. Über den beiden Eingängen Sandstein-Inschrifttafeln, an der Rosa-Luxemburg-Straße von 1743, an der Papenstraße von 1750.
Ehem. SCHWARZKOPFENGASTHOF Rosa-Luxemburg-Straße 54. 1872/73 nach Entwurf von Helmuth Brunswig erbaut. Zweieinhalbgeschossiges Traufenhaus aus gelbem Backsteinmauerwerk, das in regelmäßigen Abständen durch rote Backsteinstreifen belebt ist; unter den Fenstern des Obergeschosses Sohlbankgesims. Die mittlere der fünf Achsen leicht vorgezogen und vor dem flachen Satteldach übergiebelt, das Portal in Segmentbogennische mit Inschrifttafel von 1761, darüber große loggienartige Rundbogennische.

Vor dem Amtsgericht
Kurzer Straßenabschnitt, Verbindungsstraße zwischen ehem. Marienkirche und Georgenkirche; an der Südseite der später als Amtsgericht genutzte
FÜRSTENHOF (Stadtarchiv und Kreisgericht) Vor dem Amtsgericht 1. Ehemals Stadtresidenz der mecklenburgischen Herzöge, einer der bedeutendsten Renaissancebauten Mecklenburgs, jetzt aus zwei stumpfwinklig aufeinanderstoßenden Flügeln bestehend.
Der Westflügel, das »Alte Haus«, Rest einer älteren Anlage, 1512/13 erbaut, im 19. Jh. verändert und 1934 z. T. rekonstruiert; seit 1957 Stadtarchiv. Seine westliche, zur Georgenkirche gewendete Längsfront backsteinsichtig, im Erdgeschoß Vorhangbogenfenster, im Obergeschoß Rechteckfenster in segmentbogigen Nischen, dazwischen Kreisblenden; die übrigen Fronten verputzt, an der Hofseite Stichbogenportal mit Gewände aus abgefasten Rücksprüngen. Das Innere verändert, im nördlichen Drittel kreuzgewölbter Raum mit kräftigem Rundpfeiler, an

Linke Seite: Wismar, ehem. Schwarzkopfengasthof Rosa-Luxemburg-Straße 54; Fürstenhof Vor dem Amtsgericht 1, Westflügel

Rechte Seite: Fürstenhof Vor dem Amtsgericht 1, Nordflügel, Straßenseite (Ausschnitt)

ihn westlich ein durch spätere Zwischenwände unterteilter zweischiffiger Saal mit mittlerer Pfeilerreihe und Sterngewölben anschließend.

Der Nordflügel, das »Neue lange Haus«, unter Verwendung von Teilen des 1506 erbauten Tanzhauses 1553/56 nach Entwurf von Gabriel von Aken und Valentin von Lira nach oberitalienischen Vorbildern erbaut. Dreigeschossiger Putzbau unter Krüppelwalmdach, am Ostende der Hoffront quadratischer Treppenturm von gleicher Höhe. Noch im 16. Jh. das mit Zwerchhäusern besetzte hohe Satteldach abgebrochen und durch ein flacheres Dach ersetzt. Eingreifende Erneuerung 1877/78 unter Carl

Linke Seite:
Wismar, Fürstenhof
Vor dem Amtsgericht,
Nordflügel
Hofseite,
im Hintergrund der
Marienkirchturm

Rechte Seite:
Wismar, Fürstenhof
Vor dem Amtsgericht,
Hauptportal
und Treppenturm
an der Hofseite;
Marienkirche
vor der Zerstörung,
Ansicht
von Nordosten,
Archivaufnahme
um 1925

Luckow, dabei die Formensprache teilweise durch willkürliche Bereicherungen verändert, weitgehend unangetastet der niederländisch geprägte Dekor aus Sandstein bzw. Kalkstuck, die aus der Werkstatt des Lübecker Meisters Statius von Düren stammenden Terrakotten dagegen vollständig durch Kopien ersetzt und mit Ausnahme der Medaillonplatten zum italienischen Stil hin verfälscht.

Die Straßenfront mit durch Pfosten und Rundbögen dreigeteilten Rechteckfenstern, ihre Terrakottagliederung aus rahmenden Hermenpilastern, ornamentierten Pfosten und bekrönendem Dreiecksgiebel mit umkränzter Medaillonbüste und Akroterien. Die Brüstungszone unter den Fenstern des ersten Obergeschosses ursprünglich ein durchlaufender Kalkstuckfries mit Szenen aus dem Trojanischen Krieg, seit 1984 in Sandstein kopiert. Die Brüstungszone unter den Fenstern des zweiten Obergeschosses ein Fries aus Terrakottamedaillons antiker und zeitgenössischer Persönlichkeiten. Das kräftige Kranzgesims aus Terrakotta von 1878. Die mittlere rundbogige Durchfahrt aus Sandstein gerahmt von Satyrgruppen auf Postamenten mit Reliefs, Simson mit dem Eselskinnbakken bzw. Isaaks Opferung; über dem Portal das von Greifen gehaltene mecklenburgische Wappen und Inschriftenplatte von 1878. Die Portalleibung selbst mit Früchtebündelreliefs und Maskarons. In der Durchfahrt Sterngewölbe mit Rippen aus Terrakotta.

Die Hoffront zwischen den Fensterachsen und am Treppenturm geschoßweise durch Terrakottapilaster gegliedert, die ähnlich wie an der Straßenfront unterteilten Fenster hier von ornamentierten Pilastern eingefaßt. Der Brüstungsfries unter den Fenstern des ersten Obergeschosses mit szenischen Darstellungen des Gleichnisses vom verlorenen Sohn, 1975/80 als Sandsteinkopie erneu-

ert. Der Brüstungsfries unter den Fenstern des zweiten Obergeschosses wie an der Straßenfront aus Medaillonreliefs zusammengesetzt. Das hofseitige Durchfahrtsportal aus Sandstein mit seitlichen Hermenpilastern und liegenden Satyrn in den Zwickeln, dazwischen Inschriftplatte von 1554; auf dem Gesims die Standfiguren von David und Judith, ihnen zugeordnet die Liegefiguren von Goliath und Holofernes. Die drei übrigen Portale mit Terrakottarahmung und bekrönendem Lünettenabschluß bei der Instandsetzung 1878 weitgehend vereinheitlicht. Das Innere seit 1673 als Gericht genutzt und stark verändert.

Sakralbauten

MARIENKIRCHE Die einstige Rats- und Hauptpfarrkirche der Stadt, beim Luftangriff am 14./15. April 1945 schwer beschädigt und 1960 bis auf den Turm und die Turmnebenhallen abgetragen. Sie war ein gewaltiger Backsteinbau vom Typus der Marienkirche in Lübeck, eine siebenjochige querschifflose Basilika mit von Turmnebenhallen begleitetem Westturm und polygonalem (5/8) Chorschluß sowie Chorumgang und fünf mit diesem verschmolzenen Kapellen. Anstelle einer um 1270/80 er-

bauten Hallenkirche war sie 1339 mit dem Chor begonnen (Chorweihe 1353), in der 2. H. 14. Jh. mit dem Langhaus fortgesetzt und in der 1. H. 15. Jh. mit den querschiffartigen Seitenhallen und den Turmobergeschossen zum Abschluß gebracht worden. In der um 1380 begonnenen Nikolaikirche (s. unten) ist das System der Marienkirche im wesentlichen unverändert ein halbes Jahrhundert später nochmals wiederholt worden.

Der erhaltene TURM über quadratischem Grundriß von 80 m Höhe. Seine beiden unteren Geschosse sind der beibehaltene Turm der Hallenkirche aus der Zeit von 1270/80: Ecklisenen, Abschluß durch Kleeblattbogenfriese; spitzbogiges Westportal in rechteckiger Wandvorlage. Die drei oberen Turmgeschosse in der 1. H. 15. Jh. aufgebracht: von unterschiedlicher, nach oben hin zunehmender Höhe, die Kanten durch gleichmäßig versetzte Kalksteinbinder betont; nach allen Seiten jeweils zwei schlanke zweigeteilte Spitzbogenfenster. Die abschließenden vier Schildgiebel von aus glasierten Form- und Maßwerksteinen gebildeten geometrischen Mustern und Rosetten belebt, in ihrer teppichhaften Wirkung z. T. durch die nachträglich (1647) angebrachten Uhrzifferblätter verdeckt, diese in jüngster Zeit nach den Originalen erneu-

Linke Seite: Wismar, Marienkirchturm mit Nebenhallen, Ansicht von Südosten, südlicher Schildgiebel des Turmabschlusses

Rechte Seite: Wismar, Neue Kirche, Inneres nach Osten, Passionsaltar (ehemals in der Georgenkirche)

ert. Als Abschluß ursprünglich wahrscheinlich hoher achtseitiger Helm; der Abschluß aus zwei sich kreuzenden Satteldächern wohl im 16. Jh. aufgebracht, über der Kreuzung befand sich bis 1661 ein hoher Dachreiter. – Neun Glocken: 14. Jh.; 1435; 1553 von Joachim Sternberg; 1567 von Harmen Pasman (2); 1592 von Gerd Bincke; 1602 von Claus Bincke; 1652 von Adam Dankwart; 17. Jh. Am östlichen Schildgiebel über dem Uhrzifferblatt Schutzdach mit Schlagglocke von 1545 von Nikolaus Wachtel.

An der Süd- und Nordseite des Turmes die Turmnebenhallen in ruinösem Zustand erhalten, frühes 15. Jh., jeweils von zwei Jochen und ursprünglich gewölbt. An der Ostseite von Turm und Turmnebenhallen die Ansätze des basilikalen Langhauses mit den Gewölbeanfängern des westlichen Mittelschiffsjoches wie auch den Gewölbeanfängern der westlichen Seitenschiffsjoche erhalten.

Die erhaltenen Ausstattungsstücke, darunter auch die mittelalterlichen Glasmalereien, heute auf Nikolaikirche, Heiligen-Geist-Kirche und Neue Kirche verteilt.

NEUE KIRCHE Auf dem von schweren Kriegszerstörungen betroffenen Gelände unmittelbar südlich der ehem. Marienkirche 1950/51 nach Otto Bartnings »Notkirchen«-Entwurf unter Verwendung von Trümmerziegeln der Marienkirche errichtet. Rechteckiger Backsteinbau mit polygonalem Chorschluß, die Fenster als schmales, zwischen Mauerwerk und Dachtraufe umlaufendes Band gebildet. Im Inneren die Konstruktion des Brettbinderdaches sichtbar.

Auf dem Altar der sog. PASSIONSALTAR aus der Georgenkirche, ein um 1410 entstandener gemalter Flügelaltar aus der Werkstatt des Meisters des Tempziner Altars. Im Mittelteil großes schmalrechteckiges Kreuzigungsbild, seitlich und auf den Flügeln in zwei Reihen übereinandei flankiert von acht Passionsszenen auf Goldgrund, oben Gethsemane, Gefangennahme, Christus vor Kaiphas und Geißelung, unten Dornenkrönung, Kreuztragung, Kreuzabnahme und Grablegung. Die Bilder durch gemalte Leisten mit stilisierten Blättern, Engeln und Propheten getrennt, der geschnitzte Rahmen mit Rankenwerk und ursprünglich bemalten Rundscheiben (Abb. S. 195). Die Malereien der Flügelaußenseiten verloren.

Kelch und Patene, Silber vergoldet, 1. H. 16. Jh. Drei Kelche, Silber vergoldet, 1. H. 16. Jh. (2) und 1645. Drei Patenen, Silber vergoldet, 1632 und 17. Jh. (2). Zwei Dosen, Silber, 1517 und 1625. Dose, Silber vergoldet, 1699, Taufschale, Silber, 1856. Taufschale und Teller, Zinn, 1856. Kronleuchter, Messing, 17./18. Jh. Zwei Wandarme, Bronze, 17. Jh. Leuchterpaar, Bronze, 2. H. 19. Jh.

NIKOLAIKIRCHE Pfarrkirche für den nördlichen Teil der Stadt, unmittelbar nördlich der Grube angelegt. Ein erster Bau um 1270 errichtet. Die bestehende Kirche nach dem Vorbild der seit 1339 im Bau befindlichen Marienkirche um 1380 (1381 Vertrag mit Heinrich von Bremen) mit dem Chor begonnen, der um 1415 vollendet wird. Das Langhaus zwischen 1435 und 1459 von dem auch an der Georgenkirche tätigen Hermann von Münster unter Mitwirkung des Werkmeisters Peter Stolp errichtet und anschließend eingewölbt. An den Turmobergeschossen wird 1485/87 unter Hans Martens gearbeitet, der hohe Turmhelm 1508 vollendet. 1703 Einsturz des Helmes während eines Sturmes, dabei die Gewölbe des Mittelschiffes zerstört, die erst 1867 wiederhergestellt wurden.

Monumentaler Backsteinbau, die Marienkirche in allem wiederholend, aber noch größer und in noch steileren Proportionen (so ist die Höhe im Mittelschiff auf 37 m gesteigert gegenüber 32,6 m bei der Marienkirche): querschifflose Basilika von sieben Jochen, der polygonale

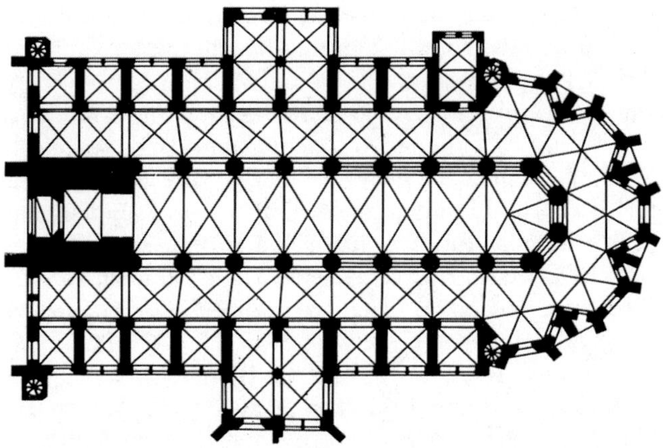

(5/8) Chorschluß mit Umgang und fünf mit diesem verschmolzenen Kapellen, der quadratische Westturm mit Turmnebenhallen; an den Seitenschiffen zwischen den Strebepfeilern Kapellen ausgespannt, diese am vierten und fünften Joch nach Süden bzw. Norden zu querschiffartigen Seitenhallen erweitert.

Das Äußere durch die Einheitlichkeit der Ausführung und die Klarheit, mit der das gotische System dargestellt wird, von beeindruckender Wirkung. Hochschiff und der polygonal geschlossene Hochchor mit flachen, die Jochgrenzen bzw. die Polygonecken markierenden Wandvorlagen, an denen in etwa halber Höhe die offenen Strebebögen ansetzen, die von Strebepfeilern aufgefangen werden. Diese sind an den Seitenschiffen als Trennwände der Seitenschiffskapellen verwendet und treten unterhalb des für Seitenschiff und Kapellen gemeinsamen Pultdaches nach außen nicht in Erscheinung, während sie am

Linke Seite: Wismar, Nikolaikirche, Ansicht von Südwesten

Rechte Seite: Wismar, Nikolaikirche, Grundriß und Ansicht von Südwesten, mit der Frischen Grube im Vordergrund

Chor zwischen den Polygonseiten der Umgangskapellen sichtbar bleiben und hier zur Auflage des die Polygoneinziehungen überbrückenden einheitlichen Daches dienen. Spitzbogige dreigeteilte Fenster, an den Seitenschiffskapellen je zwei auf ein Joch bezogen und hier wie auch am Kapellenkranz über einem umlaufenden Kaffgesims.

Die querschiffartigen Seitenhallen unter steilem Satteldach anstelle der Seitenschiffskapellen des dritten und vierten Joches (von Westen) beidseitig eingefügt, nach Norden bzw. Süden nochmals um die gleiche Breite vorspringend und damit von quadratischem Grundriß. Ihre Giebel an den Stirnseiten über Maßwerkfriesen: an der Südseite reich geschmückt durch mehrere Reihen glasierter Reliefsteine mit Nikolaus bzw. Maria mit Kind, jeweils gerahmt von architektonischen Gliederungen, ferner Ziegelstreifen mit Fabelwesen und Maskenköpfen; in der Giebelspitze große vierzehnteilige Rosette mit der Sonne im Zentrum. Die Giebelschrägen mit Krabbenbesatz und Fialen. An der Nordseite Doppelgiebel mit Blendrosetten und Fialenschmuck. Über den Traufseiten beider Seitenhallen z. T. in Stichbögen aufgelöste Attika mit Fialen und Wimpergen.

Die westlichen Halbgiebel der Seitenschiffe und Seitenschiffskapellen mit gestaffelten Spitzbogenblenden, an den äußeren Ecken quadratische Stiegentürme mit Zeltdächern. Am Turm über dem Westportal großes Spitzbogenfenster; abgetreppte Strebepfeiler. Die beiden oberen Turmgeschosse mit Eckbindern aus Kalkstein an der Westseite und z. T. geschoßtrennenden eingetieften Kleeblattbogenfriesen; in jedem Geschoß in den Turmseiten jeweils zwei schlanke zweigeteilte Spitzbogenfenster. Die ehemals vier Schildgiebel nach dem Einsturz des mittelalterlichen Spitzhelmes auf den nördlichen und südlichen Giebel reduziert, mit Satteldach dazwischen, ihr netzartig aufgelegter Rautendekor mit Rosetten an den Schnittpunkten. – Der neugotische Dachreiter über dem Chor (sog. Seigerturm) von 1890.

Insgesamt sieben Spitzbogenportale mit reichen Gewändeprofilen, besonders betont die der Südseite durch Formziegelbänder mit Fabelwesen über den Portalbögen. Die Türen mit geschnitztem figürlichem und ornamentalem Dekor um 1710.

Der vor allem durch seine Höhe beeindruckende Innenraum ohne Trennung von Schiff und Chor angelegt. Schlanke Achteckpfeiler mit Sockel, ihre Schrägseiten mit reicher Profilierung, die sich über dem Kämpferband in den Arkaden fortsetzt, ihre geraden Innenseiten in den östlichen Jochen mit vorgelegten Dienstbündeln für die Unterzüge in den Arkaden. Abschluß der Arkadenzone durch umlaufendes Gesimsband, darüber Wandnischen für die Obergadenfenster, die als Blendfenster bis zum Gesimsband herabreichen. Die Dienste für das (nach der Zerstörung durch den Turmeinsturz 1867 wiederhergestellte) Kreuzrippengewölbe des Mittelschiffes von unten an aufsteigend, dabei die Kämpfer der Pfeiler und das Gesimsband durchbrechend. Die Kreuzrippengewölbe der Seitenschiffe und des Chorumganges ebenfalls von Diensten getragen, die Gewölbekonsolen im Ostteil der Kirche z. T. als stuckierte Masken gebildet. Chorumgang und Umgangskapellen durch sechsstrahlige Rippenge-

Linke Seite: Wismar, Nikolaikirche, Giebel der südlichen Seitenhalle

Rechte Seite: Wismar, Nikolaikirche, Ansicht von Südosten

Linke Seite:
Wismar,
Nikolaikirche,
Inneres nach Osten

Rechte Seite:
Wismar,
Nikolaikirche,
Wandmalerei
in der nördlichen
Turmhalle, Kanzel

wölbe zusammengefaßt, hier auch über den segmentbogigen Sockelnischen der Umfassungswände ein umlaufender Maßwerkfries. In den quadratischen Seitenhallen die vier Kreuzrippengewölbe von hohem achtseitigem Mittelpfeiler mit Kantenstäben gestützt. – Das spitzbogige Portal der zweijochigen Nordsakristei mit Rahmung aus glasierten Steinen.

Von der mittelalterlichen Ausmalung in den seitlichen Turmhallen und den Kapellen an den Seitenschiffen beträchtliche Reste erhalten: in der zweiten Südkapelle (von Osten gerechnet) Verkündigung, Marienkrönung und weibliche Heilige, in den Bogenleibungen der dritten Südkapelle sowie in den Bogenleibungen über der Sakristei und den anschließenden Kapellen der Nordseite Heiligenfiguren z. T. unter Architekturbaldachinen, sämtlich M. 15. Jh. Bedeutender die um 1450 entstandenen, ebenfalls im späten 19. Jh. stark erneuerten Wandmalereien im Turmbereich, an der Nordseite monumentaler Christophorus sowie der durch vierzehn personifizierte Laster gequälte Schmerzensmann, an der Südseite Wurzel Jesse und Stammbaum mit Erzvätern und Patriarchen.

Die reiche Ausstattung der Kirche nach 1945 durch zahlreiche bedeutende Kunstwerke aus den zerstörten Pfarrkirchen St. Marien und St. Georgen bzw. aus der Dominikanerkirche ergänzt; ein Teil dieser Bestände deponiert bzw. in Restaurierung, so daß eine vollständige Übersicht z. Z. nicht gegeben werden kann.

Hauptausstattung

Altaraufsatz 1774. Großer zweigeschossiger Architekturaufbau, im Sockelbereich Abendmahlsgemälde, in dem von Säulen und Pilastern flankierten Hauptfeld Kreuzigungsgemälde, letzteres nach Rubens von Benjamin

Block 1653; beide Gemälde in reich geschnitzten Rokokorahmen. Das von Pilastern und Volutenschwüngen eingefaßte Obergeschoß bekrönt von Strahlengloriole mit Auge Gottes und von Christus mit der Siegesfahne. Mit dem Aufbau verbunden seitliche Portale für den Abendmahlsumgang, über den Durchgängen Stifterbildnis bzw. Wappen.

Kanzel mit Aufgang, Portal und Schalldeckel, 1708. Korb und Schalldeckel mit Inschriftkartuschen und reichem Akanthusornament, die Strebenkrone des Deckels in großer, von Putten umgebener kelchartiger Blüte endend (Abb. S. 201). Am Portal Stifterbild und allegorische Figuren von Spes und Fides.

Taufe, Granit, 13. Jh., die halbkugelige Kuppa mit Blendarkatur (nicht zur ursprünglichen Ausstattung gehörend, sondern erst nach 1703 als Ersatz für eine durch den Turmeinsturz zerstörte Taufe in die Kirche gekommen). – Taufgehäuse 1719, tempiettoartige hölzerne Architektur mit sechs Säulen, auf dem kräftigen Hauptgesims allegorische Frauenfiguren, als Bekrönung Volutenkrone mit Figur des Guten Hirten. Im Inneren von der Decke ein Engel mit Muschelschale herabhängend.

Taufe aus der Marienkirche, Bronze, um 1335 wohl von Johann Apengeter aus Lübeck (von ihm 1337 die sehr ähnliche Taufe in der Lübecker Marienkirche). Von drei knienden Engeln getragener runder Kessel mit hängenden Blättern und Trauben am unteren Rand, an der Wandung in zwei Reihen übereinander in von Wimpergen bekrönten Feldern Figurenreliefs, Apostel, kluge und törichte Jungfrauen, Deesis sowie Szenen aus dem Leben Christi. Das umgebende Gitter aus geschmiedetem Eisen mit nachgebildetem Tauwerk wohl 16. Jh.

Taufe aus der Georgenkirche, Bronze, M. 16. Jh. Von vier hockenden, Schilder haltenden Löwen gestützter runder Kessel mit Löwenmasken am unteren Rand. Von dem hohen hölzernen Aufsatz von 1649 nur einige Fragmente erhalten.

Orgelprospekt in Spätrenaissanceformen von 1617/19, die Bekrönungen mit reichem geschnitztem und gemaltem Figurendekor. Das Werk von Johann Gottlob Mende, Leipzig, 1842/45 für die Nikolaikirche in Freiberg/Sachsen geschaffen, 1975/85 in Wismar eingebaut. Gleichzeitig mit dem Orgelumbau die Orgelempore verändert, die mit Achteckfeldern und gewundenen Säulen geschmückte Brüstung 17. Jh.

Mittelalterliche Schnitzaltäre und Schnitzwerke

Sog. »Schiffer-Altar« A. 16. Jh. Im Schrein apokalyptische Madonna zwischen Jakobus d. Ä. und Nikolaus, in den Kastenflügeln je vier Heilige in zwei Reihen übereinander; reiche Maßwerkschnitzereien in der Sockelzone und den Bekrönungen. Auf den Flügelaußenseiten Tafelbilder mit Szenen aus dem Marienleben.

Die übrigen Altäre aus der Georgenkirche und der Marienkirche übernommen:

Großer vierflügeliger Schnitzaltar, ehemals Hochaltar der Georgenkirche, um 1430 aus einer Wismarer Werkstatt (Henning Leptzow?); die Fassung von der Restaurierung um 1880. Einer der größten spätgotischen Schreinaltäre an der Ostseeküste, im geöffneten Zustand 9,40 m breit. In der Mitte des Schreines Marienkrönung unter zweigeschossigen Maßwerkbaldachinen, unter dieser Gruppe drei Nischen mit Prophetenbüsten und Stifterfigur. Seit-

lich und in den Kastenflügeln zusammen vierzig Figuren von Aposteln und Heiligen unter Maßwerkbaldachinen in zwei Reihen übereinander. Die sechzehn Tafelbilder der ersten Wandlung mit Szenen aus dem Leben Christi sowie der Martin- und Georg-Legende, zwischen der oberen und unteren Bildreihe gemalte Ornamentborte mit Prophetenbüsten in Medaillons sowie vegetabilischer Dekor. Auf den Außenseiten der äußeren Flügel zwölf fragmentarisch erhaltene gemalte Heiligenfiguren. Auf der Rückseite des Schreinmittelteils drei übereinander geordnete szenische Malereien moralisierender Thematik mit erläuternden Spruchbändern. Auf der gemalten Predella Halbfiguren des Schmerzensmannes zwischen Propheten und Kirchenvätern. Schrein und innere Flügel mit geschnitztem Blattkamm.

Sog. »Krämer-Altar« um 1430, aus der Marienkirche. Im Schrein große Figuren der apokalyptischen Madonna zwischen dem Erzengel Michael und dem hl. Mauritius unter hohen Maßwerkbaldachinen, in den Kastenflügeln je zwei Reliefs unter rundbogig geschlossenen Maßwerken,

Linke Seite: Wismar, Nikolaikirche, Bronzetaufe (ehemals in der Marienkirche)

Rechte Seite: Wismar, Nikolaikirche, ehem. Hochaltar aus der Georgenkirche, Gesamtansicht (Archivaufnahme um 1925) und Detail

Linke Seite:
Wismar, Nikolaikirche,
sog. Krämer-Altar
aus der Marienkirche,
sog. Thomas-Altar
aus der Dominikanerkirche

Rechte Seite:
Wismar, Nikolaikirche,
sog. Thomas-Altar
aus der Dominikanerkirche,
Tafelmalereien
des geschlossenen Altars

Wismar, Nikolaikirche, hölzerner Gewölbeschlußstein in einer Kapelle der Südseite, Schnitzrelief an einem Pfeiler der Nordseite

links Verkündigung und Geburt, rechts Anbetung der Könige und Darstellung im Tempel (Abb. S. 204 oben).
Sog. »Thomas-Altar« 2. H. 15. Jh., ursprünglich in der Dominikanerkirche. Vierflügeliger Schnitzaltar, im Schrein unter reichen Maßwerken die Figuren des Apostels Thomas, des Thomas von Aquino und des Thomas Beckett, in den Kastenflügeln und in der Predella Reliefs aus dem Leben des Thomas von Aquino. Die acht Tafelbilder der ersten Wandlung mit Darstellungen aus dem Leben des Apostels Thomas und des Thomas Beckett, auf den Rückseiten der Außenflügel vier Bilder mit Szenen aus dem Leben des Thomas von Aquino mit niederdeutschen Inschriften (Abb. S. 204 unten und S. 205).
Sog. »Marienschrein« A. 16. Jh., aus der Georgenkirche. Vierflügeliger Schnitzaltar, im Schrein und in den Kastenflügeln Strahlenkranzmadonna und vier weibliche Heiligenfiguren. Die acht Tafelbilder der ersten Wandlung mit Szenen aus dem Marienleben, auf den Rückseiten der Außenflügel fragmentarisch erhaltene Heiligengestalten.
Zwei Kastenflügel eines Schnitzaltars von 1494 aus der Georgenkirche, mit acht Heiligenfiguren in zwei Reihen übereinander. – Mittlere Relieftafel vom sog. »Märtyrer-Altar« aus der Marienkirche, 1. H. 15. Jh., mit Darstellung des Martyriums der 10 000 Christen (der obere Teil des Relieffeldes durch Diebstahl verloren).
Triumphkreuzgruppe über der lettnerartigen Schranke im Mittelschiff, ehemals in der Dominikanerkirche, 15. Jh. – Triumphkreuzgruppe mit den Doppelfiguren der Maria und des Johannes, um 1420, aus der Georgenkirche. – Kruzifix, gute Schnitzarbeit des 14. Jh., der Kopf möglicherweise noch 13. Jh., in schreinartigem Gehäuse wohl aus dem frühen 19. Jh. (in der mittleren Chorumgangskapelle).
Schnitzrelief mit der Anbetung der Könige, A. 15. Jh., zusammen mit dem hölzernen Maßwerkbaldachin in den Pfeiler der zweiten Kapelle an der Nordseite eingelassen. – In dem Gewölbe einer der Kapellen an der Südseite (sog. Schifferkapelle) geschnitzte Gewölbescheibe mit Kogge, 15. Jh.
Hölzernes Uhrzifferblatt E. 15. Jh., im Chorumgang. In

Wismar, Nikolaikirche, Chorgestühl aus der Georgenkirche, Ansicht eines dreisitzigen Gestühlsteiles und sitzender Prophet von einer Wangenbekrönung (links oben und unten), zwei Gestühlswangen aus der Georgenkirche (rechts oben)

den vier Ecken Reliefs der Evangelistensymbole. Unter dem Zifferblatt mannshohe geschlossene Schranke bzw. Verkleidung mit Faltwerkfüllungen.

Sängerpult spätes 15. Jh., der schrankartige, durch Tür verschließbare untere Teil an allen vier Seiten mit Reliefdarstellungen (Petrus, Paulus, Nikolaus und Katharina).

Sieben Chorgestühle aus der Georgenkirche, 15. und A. 16. Jh., die Zwischenwangen mit Menschen- und Tierköpfen verziert, die halbhohen Seitenwangen mit Heiligenreliefs und bekrönenden sitzenden oder stehenden Heiligenfiguren. Gestühl mit vier Wangen des späten 16. Jh., eine 1583 datiert. – Acht gotische Gestühlswangen aus der Georgenkirche, 15. Jh., reich beschnitzt mit reliefierten Heiligendarstellungen, Drolerien und vegetabilischem Dekor.

Chorschranken 15. Jh. Zwischen den Chorpfeilern ausgespanntes brüstungsartiges Paneel mit aufgelegter Maßwerkschnitzerei, das Rahmenwerk darüber mit geschnitzten Reliefborten: Laubwerkgirlanden, darin Rosetten und Vierpässe mit Apostel- und Heiligendarstellungen, aber auch genreartigen Handwerkerbildnissen. Die Metallgitter des oberen Rahmenwerkes z.T. 1703 zerstört, an ihrer Stelle schlanke barocke Flaschenbaluster angebracht. – Von den Schranken der Marienkirche das in sehr ähnlicher Art beschnitzte hölzerne Rahmenwerk erhalten.

Gemälde

Achtzehn Pastorenporträts: J. Crudopius † 1649; J. Gerdes † 1674; J. Schmidius † 1676; D. Clintius † 1680; J. Kochert † 1693; H. Plagemann † 1694; G. P. Colberg † 1698; M. D. Clintius 17. Jh.; J. D. Breither † 1711; Chr. B. Otto † 1725; M. Otto † 1725; J. Sprengel † 1725; S. Wilcke † 1739, gemalt 1770; C. Chr. Müller † 1751; J. Hahn † 1778; M. D. Berens † 1788; Meese † 1869; Susemihl † 1883.

Kirchengerät, Leuchter und Glocken

Zwei Kelche, Silber vergoldet: 1. H. 15. Jh., von Johannes Bomgard, Wismar; 1657. Zwei Patenen, Silber vergoldet, 15./16. Jh.

Zehn Kronleuchter, Messing, 17. und 18. Jh., davon zwei aus der Marienkirche und vier aus der Georgenkirche. – Zahlreiche Wandleuchter, Messing, 16./18. Jh., z. T. mit geschnitzten Sockeln.

Zwei Glocken: mittelalterlich, ehemals in Kirchdorf/Poel; 1732 von Laurentius Strahlborn, Lübeck.

Grabplatten und Epitaphien

Zahlreiche mittelalterliche, zum überwiegenden Teil im 17. und 18. Jh. erneut verwendete Grabplatten, zumeist im Chor und in den Seitenschiffen im Boden eingelassen, z. T. mit der geritzten oder ausgegründeten Darstellung des Verstorbenen unter Architekturbaldachin. Besonders hervorzuheben die Grabplatte des Priesters J. Stüve † 1460 im Chor, Kelch und Teile des Gewandes mit gravierten Metalleinlagen.

Grabplatte für Herzogin Sophie von Mecklenburg † 1504, Bronze, von Tile Bruith, ehemals in der Dominikanerkirche. Von hervorragender Qualität. Im vertieften Fond der Platte die liegende Hochrelieffigur der Verstorbenen, das Haupt auf einem Kissen ruhend, der Hintergrund mit einem als Vorhang gekennzeichneten Ornamentmuster geschmückt. Auf dem erhöhten Rand umlaufende, durch Wappenschilde unterbrochene zweizeilige Inschrift.

Grabdenkmal des schwedischen Generals H. Wrangel † 1644 und seiner Ehefrau, 1647 errichtet, ehemals in der Marienkirche. Von dem in Holz ausgeführten Aufbau nur der Unterbau mit den Sarkophagen und den darauf liegenden Gestalten des Ehepaares sowie Teile der einfassenden Balustrade mit Engelfiguren erhalten.

Epitaph für den Bürgermeister H. Schabbell † 1600/

Linke Seite:
Wismar, Nikolaikirche, Bronzegrabplatte der Herzogin Sophie, ehemals in der Dominikanerkirche

Rechte Seite:
Wismar, Georgenkirche, Ansicht von Süden, Archivaufnahme um 1925

A. Dargun † 1596, gesetzt 1605. Hölzerner Architekturaufbau, in dem von ornamentierten Säulen gerahmten Hauptfeld Gemälde mit der Auferstehung der Toten, über dem Architrav von gesprengtem Dreiecksgiebel bekrönter Aufsatz mit Gemälde der Geburt Christi, seitlich Medaillons mit Wappen. Unter dem Hauptbild Gemälde des Ehepaares und Schrifttafel.
Zwei Wappen mit geschnitztem Akanthuswerk, E. 17. Jh., wohl Teile von Totenschilden.
Aus der Marienkirche übernommen: Epitaph für H. Schnohr/E. Dreves, 1657 von Christian Möller. Großer architektonischer Aufbau, als Hauptbild Gemälde eines Ehepaares vor Himmelfahrtsdarstellung, seitlich gerahmt von Figuren Johannes Bapt. und Moses, über dem kräftigen Architrav von Engelfiguren und Putten gerahmtes Bild des Pfingstwunders; unter dem Hauptfeld Gemälde des Ehepaares und Inschriftkartusche. Epitaph D. Mevius † 1670; in der Mitte ein von einem Blattkranz und üppigem Blütenwerk mit allegorischen Halbfiguren und Putten umrahmtes hochovales Inschriftfeld, darüber Medaillon mit dem Bildnis des Verstorbenen, unten das von Engelputten gehaltene, ebenfalls geschnitzte Wappen.
GEORGENKIRCHE Dritte der mittelalterlichen Pfarrkirchen Wismars, durch den Luftangriff vom 14./15. April 1945 schwer beschädigt und seitdem Ruine: weitgehend der Dächer beraubt, die Gewölbe bis auf die des Chores fast sämtlich eingestürzt. Die Umfassungswände im wesentlichen, bei fortschreitendem Verfall, erhalten, die Giebelfelder des Mittelschiffes zerstört. Aufgrund von Verfallserscheinungen 1961 Abriß der beiden nordwestlichen Chorkapellen. Trotz des ruinösen Zustandes auch heute noch von beeindruckender Wirkung im Stadtbild.

Letzte der drei großen Pfarrkirchen der Stadt, als Ersatz einer älteren Kirche, von der der Chor erhalten blieb, A. 15. Jh. begonnen, gegenüber den im 14. Jh. begonnenen Kirchen von St. Marien und St. Nikolai durch die Einfügung eines weitausladenden Querschiffes in den Maßen nochmals wesentlich gesteigert. In dieser Steigerung ins Kolossale, die die allmählich schwindenden wirtschaftlichen Kräfte Wismars überforderte, ist wohl auch der Grund zu suchen, daß E. 15. Jh. der Weiterbau eingestellt wurde und der Chor des Vorgängerbaues, den zu ersetzen ebenfalls beabsichtigt war, bestehen blieb.
Dieser Chor von einem Bau vom E. 13./A. 14. Jh., dem zweiten Bau an dieser Stelle, in drei Jochen basilikal angelegt, nach Osten platt geschlossen. Im Inneren Achteckpfeiler und profilierte Arkaden; die Kreuzrippengewölbe auf Diensten, die über der Kämpferzone der Pfeiler beginnen. In der Ostwand des Chormittelschiffes zwei

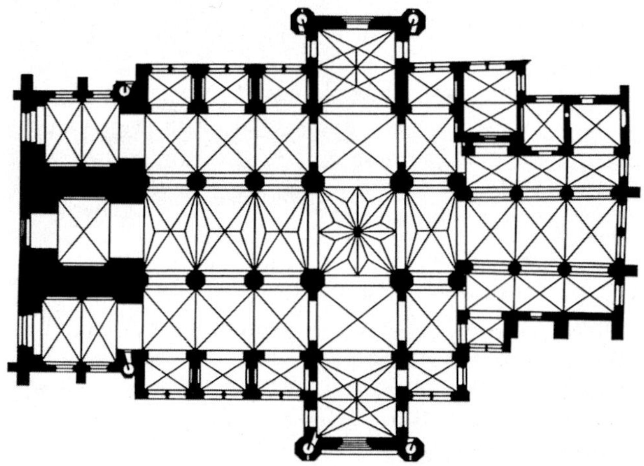

große Spitzbogenfenster. Am Außenbau Strebepfeiler und offene Strebebögen; Kleeblattbogenfriese, im Giebel großes Blendenkreuz, Spitzbogen- und Kreisblenden, eine Kreisblende auch über den beiden Chorfenstern. – Die quadratische Kapelle an der Nordostecke des Chores (Alte Sakristei) 1394 erwähnt, ihr Dach an der Nord- und Ostseite durch Schildgiebel verdeckt, diese zwischen polygonalen Pfeilern (vgl. das um 1380 entstandene Haus

Am Markt 20/21) mit im oberen Teil durchbrochenen und reich dekorierten Maßwerkblenden, deren abschließende Spitzbögen von Krabben besetzt sind.
Der Neubau 1404 (Inschrift an der Nordseite) mit dem quadratischen Turm begonnen. Ab 1442 verstärkte Weiterführung des Baues unter Hermann von Münster mit dem oberen Turmgeschoß, den Turmseitenhallen und dem dreijochigen Langhaus. Der Ausbau des Obergadens und die Errichtung des Querschiffes sowie des zum Neubau gehörenden westlichen Chorjoches ab 1449 unter Leitung von Hans Martens. Nach Martens Tod 1497 Abschlußarbeiten besonders am Querschiff wohl bis ins frühe 16. Jh.; der gegen E. 15. Jh. errichtete, jetzt abgerissene nordwestliche Choranbau (Neue Sakristei) gibt zu erkennen, daß an eine Fortführung der Arbeiten durch einen Chorneubau nun nicht mehr gedacht wurde und der schmalere und niedrigere ältere Chor in die Gesamtanlage als endgültig einbezogen wurde.
Dreijochiges basilikales, von Seitenschiffskapellen begleitetes Langhaus mit ausladendem Querschiff und das System des Langhauses fortsetzendem Chor (von diesem nur das westliche Joch ausgeführt); das Querschiff eine logische Weiterentwicklung der querschiffartigen Seitenhallen von St. Marien und St. Nikolai, sicher aber auch von dem Querschiff der Rostocker Marienkirche angeregt. Im Westen massiger quadratischer Turm, der von zweijochigen Turmseitenhallen begleitet wird.
Der Außenbau am Obergaden mit Strebepfeilern, jedoch keine offenen Strebebögen wie an den beiden anderen Pfarrkirchen. An den Seitenschiffen die Kapellen flächig zwischen den nach außen nicht in Erscheinung tretenden Strebepfeilern ausgespannt, hier wie schon bei St. Marien und St. Nikolai jeweils zwei schlanke Spitzbogenfenster auf ein Joch bezogen.
An den Querschiffarmen über den Fenstern und Blenden große aneinandergereihte Kreisblenden. Von beeindruckender Wirkung die Stirnseiten: die mittlere Zone durch Portal und dicht an den Giebelansatz heranreichendes sechsteiliges Fenster gekennzeichnet, straff zusammengefaßt durch die seitlichen vertikalen Bahnen der schlanken polygonalen Stiegentürme, deren abschließende hohe Spitzhelme das Giebeldreieck rahmen; die Giebel mit

reichem Schmuck auf Fernsicht konzipiert, am südlichen zwei große Blendrosetten und Maßwerk aus glasierten Formsteinen, am nördlichen zwischen den Blendrosetten Maßwerkkreuz aus glasierten Formsteinen und bekrönende Kreisblende. Die Gewände der beiden Querschiffportale im Wechsel aus glasierten Ziegeln, als äußere Ein-

Linke Seite: Wismar, Georgenkirche, Ansicht von Südosten und von Südwesten sowie Grundriß

Rechte Seite: Wismar, Georgenkirche, Inneres nach Osten, Archivaufnahme um 1925

Linke Seite: Wismar, Heiligen-Geist-Kirche, Ansicht von Südwesten auf die südliche Längsseite an der Lübschen Straße

Rechte Seite: Wismar, Heiligen-Geist-Kirche, Inneres nach Osten

fassung glasierte Reliefziegel mit Löwen und Drachen, daneben und im Mauerwerk der Stiegentürme weitere Reliefziegel mit Fabeltieren und Maskenköpfen sowie mit Nikolaus und Maria in architektonischen Rahmungen, wie sie in gleicher Art und großer Menge schon vorher am Südgiebel der Nikolaikirche verwendet worden sind.

Die Westseite der Kirche von herber Großartigkeit: über dem abgetreppten Spitzbogenportal schlanke Mauerblende mit vierteiligem Fenster, seitlich begleitet von den großen Spitzbogenfenstern der Turmseitenhallen. Der E. 16. Jh. aufgebrachte Notabschluß des Turmes zerstört.

Der Innenraum (Abb. S. 211) ebenfalls von gewaltiger Wirkung trotz des Fragmentarischen, das hier einst besonders deutlich wurde durch den einengenden Anschluß des älteren Chores. Das System des Wandaufrisses im wesentlichen erhalten: im Langhaus, in der Vierung und im westlichen Chorjoch wuchtige achteckige Pfeiler mit eingestellten Kantenstäben und kräftig profilierte Arkaden. Die Arkadenzone durch Gesimsband abgeschlossen, darüber tiefe Wandnischen für die Obergadenfenster; an den die Nischen begrenzenden Wandpfeilern die auf Kopfkonsolen in Höhe des Gesimsbandes endenden Dienste der ehem. Gewölbe. Diese waren in den Seitenschiffen und deren Kapellen sowie in den inneren Querschiffjochen beidseitig der Vierung als Kreuzrippengewölbe gebildet, im Mittelschiff, in der Vierung sowie in den äußeren Querschiffjochen als Sterngewölbe.

Eine größere Anzahl mittelalterlicher Grabplatten noch in der Ruine, mehr oder weniger beschädigt. Von den spätgotischen, 1887/89 restaurierten Wandmalereien im Turm- und Querschiffbereich Teile erhalten. Die bedeutendsten Ausstattungsstücke, allen voran der spätgotische Hochaltar, blieben erhalten und sind heute auf Nikolaikirche und Heiligen-Geist-Kirche verteilt, der sog. Passionsaltar befindet sich in der Neuen Kirche.

HEILIGEN-GEIST-SPITAL Um 1250 gegründet. An der Lübschen Straße (Nr. 89) unmittelbar an der Naht zwischen Marktstadt und sog. Neustadt angelegter Gebäudekomplex, aus der Kirche und dem an ihrer Nordseite im rechten Winkel anschließenden ehem. Spitalgebäude, dem sog. Langen Haus, bestehend.

Die KIRCHE ein gestreckter rechteckiger Backsteinbau mit leicht abgeschrägter Ostwand. Der bestehende Bau wohl im 2. V. 14. Jh. errichtet; von einem 1255 geweihten Vorgängerbau im östlichen Bereich Teile des Umfassungsmauerwerkes erhalten, u. a. die Ostwand mit Sakramentsnische und das in der Nordwand in einer Mauervorlage gelegene Rücksprungportal mit eingestellten Rundstäben, darüber der Rest eines Rundbogenfrieses.

Die zur Lübschen Straße gewendete südliche Längsseite als Eingangsseite ausgebildet, ihr Fassadencharakter durch die symmetrische Verteilung der beiden spitzbogigen Rücksprungportale und der sechs jeweils zu Paaren geordneten Spitzbogenfenster unterstrichen; die massigen Strebepfeiler erst im 17. Jh. angebracht. In der Westwand drei Spitzbogenfenster. An der Nordseite westlich des älteren Portals, zwischen diesem und dem Langen Haus, zwei flache, zwischen Strebepfeilern ausgespannte Kapellen, wohl 15. Jh., und ein Treppentürmchen, östlich des Portals ein zweijochiger, ehemals zum Schiff geöffneter Kapellenanbau wohl des späten 14. Jh., seine zwei nach Norden gerichteten Blendengiebel von einer Restaurierung nach 1900. Der an den Schrägen von Fialen besetzte Giebel an der Westseite im Zusammenhang mit einer Kircheninstandsetzung 1665 (Datum im Giebelfeld) aufgeführt. Etwa gleichzeitig wohl auch der die Mitte des Satteldaches betonende Dachreiter, eine sechsseitige offene Laterne mit Haube und Spitzhelm, sowie die große Gaupe an der Südseite mit der Uhr.

Linke Seite: Wismar, Heiligen-Geist-Kirche, Bemalung der Balkendecke (Ausschnitt); Wandmalereien, Fragment einer Darstellung von den drei toten und drei lebenden Königen an der Nordwand und magisches Buchstabenfeld an der Südwand

Rechte Seite: Wismar, Heiligen-Geist-Kirche, Glasmalereien aus der Marienkirche, Gesamtbestand (rechts) und zwei Einzelfelder

Der in den Umfassungswänden schlichte Innenraum bezieht seine Wirkung vor allem von der bemalten Balkendecke und den darunter in dichter Folge angebrachten hölzernen Zugankern (Abb. S. 213). Während letztere sicher aus dem Mittelalter stammen, ist die Balkendecke erst später, wohl im 17. Jh. zusammen mit der Erneuerung der Giebel um 1665, eingezogen worden, da von ihr die spitzbogigen Schlüsse der drei Blenden in der Ostwand überschnitten werden: Für den mittelalterlichen Bau ist mit großer Wahrscheinlichkeit eine hölzerne halbrunde oder spitzbogige Tonnenwölbung anzunehmen, die die Spitzbogenblenden in der Ostwand voll in Erscheinung treten ließ; auch die Zuganker erscheinen erst bei Annahme einer solchen hölzernen Einwölbung sinnvoll. Die

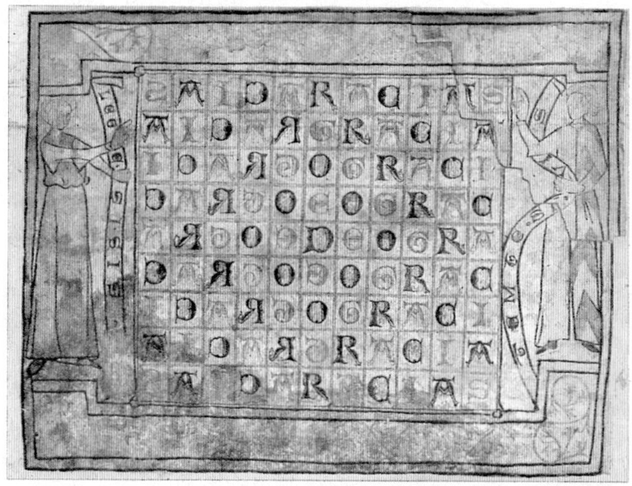

einfache ornamentale Bemalung der Zuganker mittelalterlich (restauriert). Die Bemalung der Balkendecke E. 17. Jh., in der Mitte jeden Feldes ovale Bildnismedaillons mit alttestamentlichen Darstellungen nach den Bibelillustrationen von Matthäus Merian d. Ä., seitlich Putten in Ankanthusranken vor wechselndem farbigem Fond. – Unter dem Westteil der Kirche ein dreischiffiger kreuzrippengewölbter Keller.

Bei der bis 1977 durchgeführten Restaurierung der Kirche Reste von Wandmalerei freigelegt: an der Südwand unter dem östlichen Fenster von zwei Gestalten mit

Spruchbändern flankiertes magisches Buchstabenfeld, wohl frühes 14. Jh. An der mittleren Nordwand Fragmente einer moralisierenden Darstellung mit Frau am Geldkasten und einer Darstellung von den drei toten und drei lebenden Königen, um 1400 (durch den Kapellenanbau beide Darstellungen nur teilweise erhalten), darüber Kreuzblumenfries um 1600. Ebenfalls an der Nordwand, z. T. von der Orgel verdeckt, illusionistische Bemalung einer Fensternische mit Pfosten und Rautenverglasung, wohl um 1600, ferner die Reste einer Lutherfigur. – Die Sakramentsnische in der Ostwand der Kirche durch Tür verschlossen, ihre Innenseite mit gemalter Darstellung des thronenden Christus zwischen Engeln, 1. H. 14. Jh. Am westlichen Ende der Nordwand Ausgang zum Langen Haus, darin zweiflügelige geschnitzte Tür mit gemalten Kranichen und vegetabilischen Motiven, A. 18. Jh.

Glasmalereien um 1400 im Stil Meister Bertrams, ehemals in der Marienkirche, jetzt in einem Kapellenfenster an der Nordseite des Langhauses. Insgesamt sechsundzwanzig Felder, ursprünglich zu mehreren Zyklen gehörend, mit szenischen Darstellungen aus dem Leben Mariae und dem Leben Christi und mit Heiligen bzw. Heiligenszenen in reichen Gehäusen (Abb. S. 215).

Altaraufsatz unter Verwendung eines mittelalterlichen Flügelaltars, dessen Schnitzfiguren durch Gemälde in der 2. H. 17. Jh. ersetzt worden sind: im Schrein in der Mitte Kreuzabnahme (nach Rembrandt), seitlich Anbetung der Könige und Beschneidung Christi, auf den Flügelinnenseiten Geburt und Taufe Christi; die Flügelaußenseiten mit geringen Resten der mittelalterlichen Tafelmalerei. Die Bekrönungen über Schrein und Flügeln mit gemalten Akanthus- und Knorpelwerk-Ornamenten, am zweigeschossigen Mittelteil in gemalten Rahmungen Abendmahl, Kreuzigung und Auferstehung. – Kanzel mit Portal, Aufgang und Schalldeckel, 1585. Korb und Aufgang mit von Halbsäulen flankierten Rundbogenarkaden, in diesen gemalt am Korb die Evangelisten, am Aufgang

Linke Seite: Wismar, Heiligen-Geist-Kirche, Schnitzaltar aus der Georgenkirche, Kastenflügel mit sechs Heiligen

Rechte Seite: Wismar, Heiligen-Geist-Kirche, Tafelbild mit Kriegsschiff; zwei Gestühlswangen und Tür mit Schiffsdarstellung

vier Propheten sowie Moses und Aaron, an der Kanzeltür Johannes Bapt.; das auf Kupferblech gemalte Bild der Vision des Propheten Jeremia an der Rückwand wohl 17. Jh. – Taufe, flache Bronzeschale mit Minuskelinschrift von 1461, auf hohen Füßen mit Löwentatzen; ursprünglich wohl Kohlenbecken.
Vierflügeliger Schnitzaltar A. 16. Jh., aus der Georgenkirche (in der Kapelle an der Nordseite). Im Schrein apokalyptische Madonna zwischen Georg und Martin, in den Kastenflügeln insgesamt zwölf Heilige in zwei Reihen übereinander. Auf den Rückseiten der Kastenflügel bzw. den Innenseiten der Außenflügel acht z. T. fragmentarisch erhaltene Szenen aus dem Marienleben. Die Schnitzfiguren von guter Qualität, in reich bewegtem Gewandstil. – Schnitzaltar A. 16. Jh., aus der Georgenkirche. Im Schrein Anna selbdritt zwischen Georg und Martin, in den jeweils mittleren Maßwerkfeldern der Sockelzone kleine Figuren mit Inschriftbändern. In den Kastenflügeln acht Heiligenfiguren in zwei Reihen übereinander, auf den Außenseiten der Flügel ganzfigurige Gemälde von Georg und Martin. – Schnitzfigurengruppe einer Anbetung der Heiligen Drei Könige, 1. H. 15. Jh., die Figuren ehemals im Schrein des kriegszerstörten Dreikönigsaltars der Georgenkirche.
Großes Kruzifix 15. Jh., an der Südseite neben der Kanzel. In der Nordkapelle barockes Kruzifix. Tafelbild mit Kriegsschiff, im Hintergrund die Silhouette Wismars, 17. Jh., 1836 Renovierungsinschrift der Schiffer-Compagnie; unter dem Bilde, wohl dazugehörig, hölzerner Wandarm für Kerze. Großes Gemälde, Luther mit Schwan, wohl 18. Jh. Inschrifttafel zur Kirchenausmalung 1737. Mittelalterlicher Opferstock mit Eisenbeschlag.

Linke Seite: Wismar, Heiligen-Geist-Kirche, spätgotischer Stableuchter; ehem. Heiligen-Geist-Spital, Inneres des Langen Hauses

Rechte Seite: Wismar, ehem. Heiligen-Geist-Spital, Hof mit Blick zur Kirche, rechts im Bild die nördliche Giebelseite des Langen Hauses

Wappenepitaph für J. Vooght † 1679, aus der Georgenkirche: Wappenschild und Inschrift mit reich geschnitzter Umrahmung aus Akanthus, Trophäen und Putten, als Bekrönung Posaunenengel. Mehrere mittelalterliche Grabsteine, u. a. für N. Ghoghelowe † 1373, später wiederverwendet.

An das westliche Ende der Kirchennordseite im rechten Winkel angefügt:

LANGES HAUS, das ehem. Spitalgebäude, ein spätmittelalterlicher, zum Hof hin unterkellerter Backsteinbau von zwei Geschossen, angeblich 1411 erbaut. An der nördlichen Schmalseite Giebel mit gestaffelten, paarweise zusammengefaßten Blenden. Die Umfassungswände bei Umbauten im Inneren mehrfach, zuletzt 1970/77, verändert; der Fachwerkerker am Nordende der Hofseite wohl um 1600, A. 20. Jh. instandgesetzt. – Im Inneren in der

Beichtstuhl 18. Jh. – Das Gemeindegestühl während der jüngsten Kirchenrestaurierung erneuert, vom alten Gestühl übernommen zahlreiche Gestühlswangen mit Flachschnitzereien, Wappen, Hausmarken und Ämterzeichen, 2. H. 16. Jh.; an einer Bank zwischen zwei Wangen Tür mit gemalter Schiffsdarstellung, 17./18. Jh. (S. 217).

Zwei Stableuchter M. 15. Jh., beide im Aufbau gleich, der eine etwas reicher gebildet: auf der tauartig gedrehten Tragestange geschnitztes tabernakelartiges Gehäuse mit Fialen und bekrönendem Lichthalter, im Gehäuse doppelseitige Madonnenfigur. Ein dritter Stableuchter aus Schmiedeeisen von 1711, über der Tragestange profilierter Sockel, darauf der von stilisierten Ranken umgebene Lichthalter.

Drei Kronleuchter, Messing, 1595 und 17. Jh. Zwei Standleuchter, Messing, 2. H. 19. Jh., am hohen Schaft zwei ausladende Arme mit Lichthaltern. Vier Leuchter, Zinn, 18. Jh. Glocke 1473.

südlichen Gebäudehälfte die nachreformatorische Raumsituation mit den beiderseits eines Mittelganges liegenden kleinen Wohnungen beibehalten, der nördliche Hausteil 1970/77 durch den Einbau von Wohnungen und Gemeinderäumen stark verändert, im größten Raum des Obergeschosses (Betsaal) dabei eine um 1650 entstandene, aus dem Kemladen des Hauses Lübsche Straße 31 stammende bemalte Bretterdecke eingefügt, an ihr in gemaltem Rahmenwerk Rankenornamente und Engel mit Musikinstrumenten, deren Schriftbänder das Tedeum in deutscher Sprache enthalten. Im Treppenhaus zwei Porträtgemälde von Provisoren des Heiligen-Geist-Spitals, M. 17. Jh.

Der nach Norden an das Lange Haus anschließende, im Obergeschoß in Fachwerk ausgeführte Anbau 1908; etwa gleichzeitig die den Hof zur Neustadt abschließende Backsteinmauer mit übergiebeltem spitzbogigem Portal von Paul Zeroch, von ihm auch der Brunnen im Hof. Die Ost- und Nordseite des malerischen Hofes begrenzt von zweigeschossigen Backsteinwohnbauten aus der 2. H. 19. Jh. sowie von dem Gebäude der ehem. Mädchenvolksschule von 1856/60 (s. oben S. 176).

Ehem. DOMINIKANERKLOSTER s. Goethe-Oberschule S. 183/184.

Ehem. FRANZISKANERKLOSTER s. Geschwister-Scholl-Oberschule S. 176/177.

Bau- und Kunstdenkmale außerhalb des ehem. Befestigungsringes

Nördlich der Altstadt

Am Alten Hafen (Abb. S. 220), dem bis an das Wassertor im Nordwesten der Stadt heranreichenden ursprünglichen Hafenbecken (ein zweites Hafenbecken erst 1893/95 angelegt), haben sich mehrere denkmalgeschützte Bauten des 18. und 19. Jh. erhalten:

BAUMHAUS (Seefahrtsamt, Traditionsstätte des Seehafens) am nordwestlichen Ende des Alten Hafens; der Name abgeleitet von dem »Baum«, einem Langholz, das zur Absperrung des Hafens diente. Zweigeschossiger Backsteinbau unter abgewalmtem Mansarddach, um M. 18. Jh. errichtet. Über niedrigem Granitsockel an den Längsseiten fünf, an den Schmalseiten drei Achsen, in den mittleren Achsen schlichte geputzte Korbbogenportale. – Vor der südöstlichen Hauptfassade, beidseitig des Portals aufgestellt, zwei gußeiserne Nachbildungen des sog. »Schwedenkopfes« aus dem 17. Jh., ursprünglich an der Hafeneinfahrt (Abb. S. 220).

Im Hafengelände mehrere hohe SPEICHER, sämtlich aus Backstein, ein älterer von 1862 in historisierenden Formen, einige jüngere in den sachlichen Formen der zwanziger Jahre des 20. Jh.

Am Zugang zum Alten Hafen das ehem. ZOLLHAUS (Hafenamt), dicht vor dem Wassertor. Neugotischer Backsteinbau aus dem späten 19. Jh., die gliedernden und

schmückenden Teile unter Verwendung von glasierten Ziegeln. Von zwei Geschossen, die südliche dreiachsige Eingangsfront des Hauptbaues mit spitzbogigem Portal und abschließendem Maßwerkfries, darüber breiter blendengeschmückter Staffelgiebel.

Um M. 19. Jh. erhielt Wismar Eisenbahnanschluß durch eine in Bad Kleinen von der Hauptstrecke abzweigende Nebenstrecke, die am nordöstlichen Rande der Altstadt endete. Von der ursprünglichen Anlage erhalten das

Linke Seite: Wismar, Alter Hafen mit Blick zur Stadt; sog. Schwedenköpfe vor dem Baumhaus

Rechte Seite: Wismar, ehem. Zollhaus am Alten Hafen; ehem. Bahnhofs-Empfangsgebäude; Fritz-Reuter-Oberschule Dahlmannstraße 14

BAHNHOFS-EMPFANGSGEBÄUDE (unmittelbar nordwestlich des heutigen Bahnhofes), 1857 erbaut. Zweigeschossiger Putzbau von elf Achsen Frontlänge, in spätklassizistischen Formen mit umlaufendem Sohlbankgesims und Konsol-Kranzgesims unter dem flachen Walmdach; an den Längsfronten flache zweiachsige Seitenrisalite, über den Mittelachsen horizontal abgeschlossene Frontispize mit Eckfialen. Der zarte Fugenschnittputz an der Stadtseite 1988 erneuert.

Südlich der Altstadt

Der Abbruch der mittelalterlichen Stadtbefestigung um 1870 eröffnete den Ausbau eines Straßenzuges außerhalb der ehem. Befestigung, einer Art Ringstraße, bestehend aus der Dahlmannstraße im westlichen, bis zur Einmündung der Karl-Liebknecht-Straße geführten Bereich und der Dr.-Leber-Straße im östlichen Bereich. Für die heutige Verkehrsführung bildet der Straßenzug eine wichtige Umgehungsstraße.
Beide Straßen erhielten an der nördlichen, zur Altstadt hin gelegenen Seite – im westlichen Abschnitt der Dahlmannstraße z. T. auch an der abzweigenden parallelen Neuen Wallstraße – eine geschlossene Zeilenbebauung mit mehrgeschossigen Mietshäusern, deren durchweg reicher Fassadenschmuck den verschiedenen Stilrichtungen

des Historismus der letzten Jahrzehnte des 19. Jh. bis hin zum Jugendstil um und nach der Jahrhundertwende folgt; besonders hervorzuheben an der Dr.-Leber-Straße der Abschnitt vom Turnerweg bis zur Karl-Liebknecht-Straße (Dr.-Leber-Straße 25/93).

Die südliche, der Altstadt abgewandte Seite beider Straßen ist dagegen durch eine aufgelockerte Bebauung mit Villen und Mehrfamilienhäusern gekennzeichnet, an der Dahlmannstraße entstanden hier auch mehrere Schulen. Von diesen Bauten besonders hervorzuheben:

Ehem. VILLA (Klubhaus der Jugend) Dahlmannstraße 4. Zweigeschossige Villa in neugotischen Formen, 1903 erbaut, durch Erker, Blendgiebel und halbrunden Turm mit Spitzhelm lebhaft gegliedert.

Ehem. LANDHAUS Dahlmannstraße 26. Eingeschossig von sieben Achsen unter Krüppelwalmdach, als klassizistisches Landhaus im 2. V. 19. Jh. errichtet. Die Giebelseite zur Straße gestellt, der abgewalmte Giebel axial über den Erdgeschoßfenstern durch drei Rundbogenfenster gegliedert. Kräftiges Traufgesims.

FRITZ-REUTER-OBERSCHULE Dahlmannstraße 14. Als Mädchenmittelschule 1890/91 nach Entwurf von Gustav Dehn erbaut. Zweigeschossiger neugotischer Backsteinbau, die segmentbogigen Fenster im Erd- und Obergeschoß durch Lisenen zu Dreiergruppen, der inneren Ein-

teilung entsprechend, zusammengefaßt. Zur Straße hin ihm vorgelagert in reicheren und durch Verwendung glasierter Ziegel betonten Formen ein fünfachsiger Kopfbau von drei Geschossen, sein Satteldach von Blendengiebeln eingefaßt. Die Mittelachse durch Risalit mit pfeilerbesetztem Giebel hervorgehoben, das Segmentbogenportal in spitzbogiger Blende. – Vor dem Schulgebäude DENKMAL für Fritz Reuter, E. 19. Jh. ursprünglich im Lindengarten aufgestellt; Büste des Dichters auf hohem Sokkel.

GERHART-HAUPTMANN-OBERSCHULE (ehem. Knabenvolksschule) Dahlmannstraße 40. 1903/05 nach Entwurf von Johann Busch als dreigeschossiger neugotischer Backsteinbau über hohem Sockelgeschoß errichtet. Von winkelförmigem Grundriß. Die Hauptfront zur Dahlmannstraße von zwölf Achsen, die segmentbogigen Fenster durch breitere Mauerflächen zu Dreiergruppen entsprechend der inneren Einteilung geordnet, die drei südlichen Achsen als Stirnseite des Südflügels durch Giebel mit Maßwerkschmuck und durch seitlich vorgezogene Portalachse mit separatem Giebel besonders betont.

Schräg gegenüber, mit der Schmalseite der Dahlmannstraße zugewendet, die

PESTALOZZI-OBERSCHULE (ehem. Mädchenvolksschule) Badstaven 20. 1889 nach Entwurf von Gustav Dehn als zunächst zweigeschossiger rechteckiger Backsteinbau in neugotischen Formen errichtet, 1891 um ein drittes Geschoß erhöht. Die Längsfronten von jeweils sieben Achsen durch geschoßtrennende Zahnschnittgesimse und durch von Glasurziegeln hervorgehobene Lisenen gegliedert; die Mittelachsen beidseitig als flache übergiebelte Risalite ausgebildet, an der Schmalseite zur Dahlmannstraße ein weiterer übergiebelter Risalit. Unter dem Walmdach Trauffries aus Segmentbögen auf Konsolen.

Im Anschluß an die Dr.-Leber-Straße dehnte sich das Wismarer Stadtgebiet vom späten 19. Jh. an beträchtlich in südöstlicher und südlicher Richtung aus (Wismar-Süd); die westliche Begrenzung dieses vorstadtartigen Gebietes bildete die nicht bebaubare Lübsche Torweide. Vorherrschend eine aufgelockerte Wohnbebauung durch Villen und Mehrfamilienhäuser; hier, an der Dr.-Unruh-Straße, wurde 1907/09 auch das Stadtkrankenhaus errichtet. An Bauten in diesem Bereich zu nennen, sämtlich um den Gottlob-Frege-Platz (ehemals Am Turnplatz) am südöstlichen Ende des Turnerweges gruppiert:

OBERSCHULE »Deutsch-Sowjetische Freundschaft« (ehem. Lyzeum) Gottlob-Frege-Platz 5. 1906/07 nach Entwurf von Gustav Hamann als dreigeschossiger Backsteinbau errichtet, in schlichten Formen: die neunachsige Hauptfront seitlich von fensterlosen übergiebelten Risaliten mit einer Blendengliederung im oberen Teil flankiert, hinter dem segmentbogigen Hauptportal aufwendiges Treppenhaus. An der Rückfront Anbau für Turnhalle und Aula mit gestaffeltem Maßwerkblendengiebel.

Katholische LAURENTIUSKIRCHE Backsteinbau von 1901/02 nach Entwurf von Leibinger in neuromanischen Formen: fünfjochiges Schiff mit zweijochigem Rechteckchor und einbezogenem quadratischem Turm mit Spitzhelm; durch Lisenen und Rundbogenfriese gegliedert. Das Innere kreuzgratgewölbt. – Daneben, durch rundbogigen Durchgang mit der Kirche verbunden, das Pfarrhaus Turnerweg 12, um 1928 als zweigeschossiger Backsteinbau.

Linke Seite: Wismar, Pestalozzi-Oberschule Badstaven 20; Gerhart-Hauptmann-Oberschule Dahlmannstraße 40

Rechte Seite: Wismar, ehem. Wasserturm an der Werkstraße

WASSERTURM des ehem. Wasserwerkes an der Werkstraße, 1897 angelegt. Leicht konischer Backsteinturm in neugotischen Formen mit Rautenmustern aus glasierten Steinen und reichem Dekor mit Zinnen, Fialen und Maßwerkblenden am überkragenden Geschoß mit dem Wasserbehälter. Von den Produktionsgebäuden ein parallel zur Straße stehendes Backsteingebäude (ehem. Pumpwerk) mit Blendengiebeln an den Schmalseiten erhalten.

An der Wismar-Süd nach Westen begrenzenden Ernst-Thälmann-Straße, der nach Schwerin führenden Ausfallstraße, das

VOLKSHAUS Ernst-Thälmann-Straße 16, im frühen 19. Jh. als Schützenhaus erbaut. Zweigeschossiger klassizistischer Putzbau mit vorgezogenen Seitenflügeln, deren Giebel über dem kräftigen Hauptgesims von getreppter attikaähnlicher Blendwand mit Lünettenfenster gebildet sind. Zwischen den Seitenflügeln dorische Säulengalerie, heute durch Fenster geschlossen.

FRIEDHOF Ernst-Thälmann-Straße. Im Süden der Stadt weit vor der Altstadt gelegen, durch die Straße in Ost- und Westfriedhof geteilt.

Der älteste Teil ist der auf dem Terrain des ehem. Galgenberges 1833 eröffnete Ostfriedhof, ursprünglich als rechteckige Fläche angelegt, später mehrfach erweitert. Der Westfriedhof wurde 1862 eingeweiht, auch er wurde mehrmals, 1901 und 1915, erweitert. Durch frühe Anpflanzung und kontinuierliche Wiederaufforstung von Laub- und Nadelhölzern ist der Friedhof die größte zusammenhängende Parkanlage Wismars.

Von den kulturhistorisch und kunstgeschichtlich bedeutsamen Grabstätten und Denkmälern des Ostfriedhofes hier zu nennen: Grabstätte des um die Stadt verdienten Bürgermeisters A. J. F. Haupt † 1835, mit gußeisernem Kreuz, die Kreuzesenden mit sternbesetzten Dreipässen. – Grabstätte für A. C. J. Böckel † 1854, Postament mit kanneliertem Säulenstumpf. – Familiengrabstätte Thormann, mit Obelisk auf Unterbau mit Inschrifttafel, wohl um M. 19. Jh. – Familiengrabstätte Hinstorff-Witte, mit Obelisk, wohl 2. H. 19. Jh. – Grabstätte des Mathematikers Gottlob Frege † 1925, mit schlichtem gußeisernem Kreuz. – Familiengrabstätte Schmidt/Hasse, mit Grab-

Linke Seite:
Wismar, Friedhof an der Ernst-Thälmann-Straße, Grabstätte Schmidt-Hasse, mit Grabdenkmal für Sella Hasse; Grabdenkmal für Bürgermeister A. J. F. Haupt (oben rechts); Erbbegräbnis Familie Martens; Gedenkstätte der Märzgefallenen (unten rechts)

Rechte Seite:
Wismar, Wohnanlage Am Salzhaff; Wismar-Hoben, Fischerhaus

stätte der Malerin und Graphikerin Sella Hasse †1963; drei gleichgestaltete Denkmäler aus Keramik mit den hochreliefierten Bildnissen der Verstorbenen unter giebelartig abschließenden schützenden Händen, das Motiv auch an den die Denkmäler verbindenden durchbrochenen Brüstungsfeldern verwendet.

Gruftkapellen: Erbbegräbnis der Familie Martens, um M. 19. Jh., aus mehreren spätklassizistischen verputzten Gruftbauten bestehende Baugruppe, der tempelartige Mittelbau durch Zwischenglieder mit den symmetrisch angeordneten würfelförmigen überkuppelten Seitenbauten verbunden. – Gruftkapelle Hermes, rechteckiger

Putzbau um M. 19. Jh. – Grabkapelle Keding, neugotischer Backsteinbau aus der 2. H. 19. Jh.
Gedenkstätte der Märzgefallenen. 1921 von den Gewerkschaften angelegt für die während des Kapp-Putsches im März 1920 ermordeten Arbeiter, mit dem Flachrelief eines trauernden Jünglings. Nach 1945 erweitert und mit Gedenktafeln für die im Konzentrationslager Dachau ermordeten Antifaschisten Johann Frehse und Ernst Scheel versehen.

Westlich der Altstadt

Beidseitig der nach Grevesmühlen führenden Straße (Karl-Marx-Straße) entstanden seit etwa 1910 Ein- und Mehrfamilienhäuser. Westlich der Lübschen Torweide wurde die Bautätigkeit südlich und auch nördlich der Straße in den zwanziger und dreißiger Jahren durch Errichtung umfangreicherer Wohnbebauungen fortgesetzt. Von diesen Wohnbebauungen besonders hervorzuheben die reizvolle
WOHNANLAGE Am Salzhaff 2/21, 1927/30 nach Entwurf von Friedrich Wöhlke errichtet. An der Westseite der Straße leicht wellenförmig geschwungene Zeilenbebauung von zweigeschossigen Backsteinhäusern unter durchgehendem Satteldach, etwa in der Mitte unterbrochen durch einen Verbindungsweg zur Straße An der Koggenoor. Die Stirnseiten der Zeilen durch breite Treppengiebel betont, hier auch Altane angefügt. Die mittlere Unterbrechung zu besonderer Wirkung gebracht durch zwei im rechten Winkel zu den Zeilenbebauungen errichtete Häuser, deren Traufenseiten den Durchfahrtsweg säumen und deren Schmalseiten ebenfalls mit Treppengiebeln versehen sind. Beide Häuser sind gegenüber den Zeilenhäusern zurückgesetzt, so daß hier eine kleine platzartige, von den vier Treppengiebeln eingefaßte Erweiterung entsteht (mit Läden), miteinander sind sie verbunden durch einen Zwischenbau mit großer spitzbogiger, den Verbindungsweg überspannender Durchfahrt. Die Hauseingänge der ansonsten schlichten Häuserfronten durch in den dekorativen Mustern variierende Backsteinrahmungen hervorgehoben.

Wismar-Hoben

Kleines Fischerdorf nordwestlich der Stadt unmittelbar an der Wismarbucht. Insgesamt zwölf Gehöfte, die WOHNHÄUSER als niederdeutsche Hallenhäuser wohl im 18. oder frühen 19. Jh. errichtet, mit abgewalmten, an den Dieleneinfahrten eingeschnittenen Rohrdächern. Die ursprünglich in Fachwerk ausgeführten Umfassungswände meist im 20. Jh. massiv in Backsteinmauerwerk erneuert, auch der Innenausbau verändert.

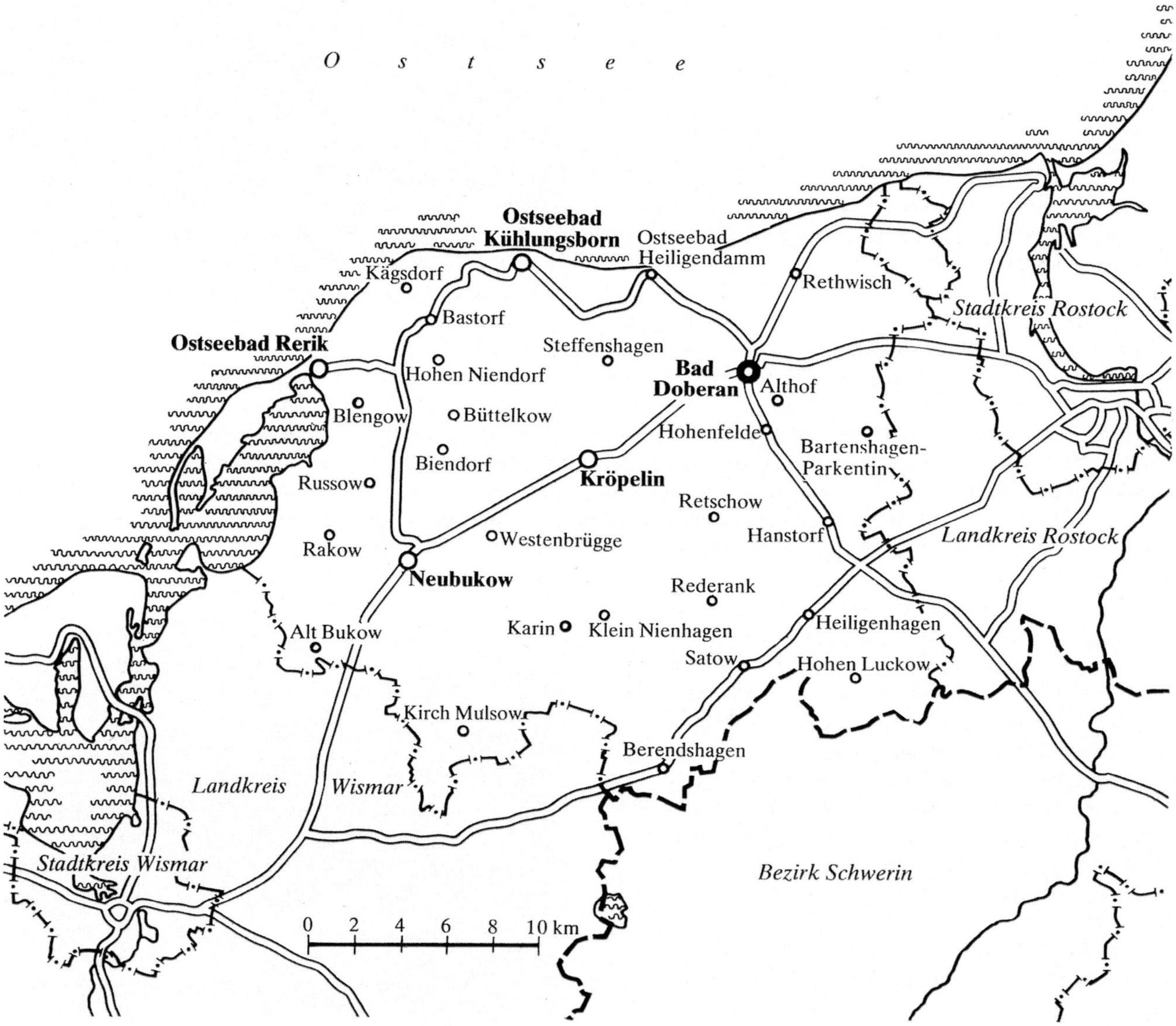
O s t s e e
Ostseebad Kühlungsborn
Ostseebad Heiligendamm
Kägsdorf
Bastorf
Ostseebad Rerik
Steffenshagen
Bad Doberan
Hohen Niendorf
Althof
Blengow
Büttelkow
Hohenfelde
Bartenshagen-Parkentin
Biendorf
Kröpelin
Russow
Retschow
Rakow
Westenbrügge
Hanstorf
Neubukow
Rederank
Alt Bukow
Karin
Klein Nienhagen
Heiligenhagen
Satow
Hohen Luckow
Kirch Mulsow
Berendshagen
Rethwisch
Stadtkreis Rostock
Landkreis Rostock
Landkreis Wismar
Stadtkreis Wismar
Bezirk Schwerin
0 2 4 6 8 10 km

Landkreis Bad Doberan

Alt Bukow

DORFKIRCHE Backsteinbau des 15. Jh. aus vierjochigem, dreiseitig geschlossenem Schiff und quadratischem Westturm von Schiffsbreite, die zwei westlichen Joche aus Feldsteinmauerwerk wohl von einem älteren Bau des 14. Jh. Das Schiff mit Strebepfeilern besetzt, die spitzbogigen Fenster im östlichen Teil zwei- und dreigeteilt. Im Westturm spitzbogiges Portal mit reichem Gewändeprofil, in den zwei oberen Geschossen an allen Seiten jeweils zwei hohe Spitzbogenblenden mit gekuppelten Schallluken und Kreisblende im Scheitel; Abschluß durch zeltförmiges Walmdach. – Das Innere mit Kreuzrippengewölbe auf schlichten Konsolen, die beiden westlichen Joche durch rundbogigen Gurt von den östlichen abgesetzt, an seiner Leibung Wandmalerei, Adam und Eva, 15. Jh.

Alt Bukow, Dorfkirche, Ansicht von Südwesten

Kanzel, Taufständer, Orgelprospekt, Westempore und Gemeindegestühl, M. 19. Jh. Kleiner Flügelaltar, im Schrein Kreuzigungsgruppe spätes 15. Jh., die Predella, der bekrönende Dreiecksgiebel und die Bemalung der Flügel mit den beiden Johannes' 1622. Schnitzfigur eines Heiligen (?) 15. Jh. Zwei Gemälde, Anbetung der Könige und Beweinung, 17. Jh. Ehem. Altargemälde, Kreuzigungsgruppe, 1869 von Friedrich Lange. Kabinettscheibe mit Wappen 1665. – Zwei Kelche, Silber vergoldet: 17. Jh., der Fuß wohl noch 16. Jh.; 1. H. 18. Jh. Zwei Patenen, Silber, 1815 und 1824. Leuchterpaar, Zinn, 1745.

Althof (Ortsteil von Bad Doberan)

RUINE der ehem. KLOSTERSCHEUNE Von dem M. 13. Jh. errichteten rechteckigen Backsteinbau die Umfassungswände weitgehend erhalten, die gereihten Spitzbogenöffnungen in der östlichen Längswand zugesetzt, in der Westwand z. T. geöffnet. Die vom Umbau und der Erweiterung der Scheune im 17./18. Jh. herrührenden Veränderungen 1986 mit dem Abbruch des Dachstuhles wieder beseitigt. (Abb. S. 228)

KAPELLE Im Kern ein mittelalterlicher Backsteinbau von zwei Jochen mit polygonalem (5/8) Chorschluß, mit Strebepfeilern und oktogonalem Treppenturm an der Südostecke, sein Erscheinungsbild wesentlich bestimmt von der durchgreifenden Erneuerung durch Gotthilf Ludwig Möckel 1886/88, nachdem bereits 1822/23 eine Instandsetzung erfolgt war. Von Möckel hinzugefügt das Westportal, der Westgiebel mit großer Blendrosette und die oberen Teile sowie der Spitzhelm des oktogonalen Eckturmes. – Das Innere mit Kreuzrippengewölben, diese wohl mittelalterlich, der Raum im ganzen aber ebenfalls von der Erneuerung von 1886/88 geprägt. Einbauten und Ausstattung von 1886/88: Kanzel, massive Westempore, Fürstenstuhl, Gemeindegestühl, ornamentale und figürliche Glasmalereien. Als Altaraufbau die bekrönenden Wimperge eines Beichtstuhls der 1. H. 14. Jh. aus der Doberaner Klosterkirche verwendet, um 1885 durch Kruzifix im Mittelfeld und Evangelistengemälde in den Seitenfeldern bereichert. – Kelch, Patene, Ziborium und Kanne, Silber, 1886 nach Entwurf von Möckel. Glocke 1886 von Eduard Albrecht, Wismar. – Grabstätte der Herzogin Woizlawa († 1172) mit Marmorplatte von 1852, gleichzeitig auch die auf die Herzogin bezogenen Majuskelinschriften auf Ziegeln vom Erstbau in die innere und äußere Nordwand des Polygons eingefügt. Im Fußboden Ziegelplatten mit Fabeltieren und Ornamenten, nach Originalen wohl des 13. Jh. im späten 19. Jh. erneuert.

Bartenshagen-Parkentin

Bartenshagen

BAUERNHÄUSER Im Ort mehrere niederdeutsche Hallenhäuser und Hallendielenscheunen aus dem 18. Jh., in Fachwerk z. T. mit Lehmstakenfüllungen und zumeist rohrgedeckten, an dem straßenseitigen Giebel eingeschnittenen Walmdächern. Erwähnenswert die Höfe Nr. 5, 6, 9, 10 und 12.

Linke Seite: Althof, Ruine der ehem. Klosterscheune, Inneres nach Norden; Kapelle, Ansicht von Südwesten

Rechte Seite: Althof, Kapelle, Blick in den Chor; Bartenshagen, Bauernhaus Hof 9, Scheune Hof 5

Linke Seite: Parkentin, Dorfkirche, Ansicht von Nordwesten, Südsakristei, Inneres nach Osten

Rechte Seite: Parkentin, Dorfkirche, Schnitzaltar

Parkentin

DORFKIRCHE Stattlicher Bau, um M. 13. Jh. zunächst in Feldstein begonnen, noch im 13. Jh. in Backstein fortgesetzt und im Verlaufe des 14. Jh. vollendet. Zweijochiges Hallenschiff mit eingezogenem quadratischem Chor und quadratischem, von Seitenhallen begleitetem Westturm. Ältester Teil der quadratische Feldsteinchor mit Anbauten (Südsakristei und Nordvorhalle), um M. 13. Jh., die architektonischen Details aus Backstein: in der Ostwand gestaffelte Dreifenstergruppe mit abgetrepptem Gewände, in den Längswänden schlanke Fensterpaare, im Giebel über doppeltem deutschem Band im unteren Teil Spitzbogen- und Rautenblenden, in der Spitze, nochmals über doppeltem deutschem Band, Kreuzblende. Ähnlich auch der Giebel der Südsakristei geschmückt. Das zweijochige Hallenschiff ebenfalls in Feldstein begonnen und um 1300 in Backstein weitergeführt. Das Nordportal mit reichem profiliertem Gewände und Rosetten an den Archivolten, jetzt zugesetzt; tiefe zweigeteilte Spitzbogenfenster. Der Ostgiebel mit steigendem Blendenfries. Der quadratische Westturm mit den flankierenden Seitenhallen, die eine Weiterführung der Seitenschiffe des Hallenschiffes darstellen, nachträglich, aber noch im 14. Jh. vorgebaut, mit Westportal und zwei- und dreiteiligen Fenstern, sein Obergeschoß und die Schildgiebel mit reicher Blendengliederung. Abschluß durch achtseitigen Spitzhelm.

Im Inneren im Chor achtrippiges Kuppelgewölbe, die Bandrippen mit Scheitelring, die Scheitelrippen an den unteren Enden zu Köpfen für gemalte Atlanten-Halbfiguren ausgebildet; spitzbogiger Triumphbogen. In den drei Schiffen des zweijochigen Langhauses Kreuzrippengewölbe über zwei Achteckpfeilern, diese mit vorgelegten, in halber Höhe auf Kopfkonsolen abgekragten Runddiensten, die untersten Dienststücke höchst originell z. T. als Heiligenfiguren gebildet (u. a. Georg, Christophorus). In der Turmhalle achtrippiges Gewölbe, in den Turmseitenhallen Kreuzrippengewölbe des 19. Jh.; die Turmhallen sind sowohl untereinander als auch mit den Schiffen des Langhauses durch breitleibige Bögen verbunden. – Gewölbe- und Wandmalereien um 1400, 1899 mit der Gesamtausmalung der Kirche stark erneuert: im Chorgewölbe Christus und Maria in Mandorlen sowie kluge und törichte Jungfrauen, in der Triumphbogenleibung Geißelung, an der nordöstlichen Langhauswand Kreuzabnahme, an den Pfeilern Heiligenfiguren.

Schnitzaltar 2. H. 15. Jh., seitlich im Schrein und in den Flügeln in zwei Reihen übereinander Heilige und Apostel unter Maßwerkbaldachinen; im Mittelteil des Schreines barock erneuerte Darstellung des Gnadenstuhls, die rahmenden Engel teils plastisch, teils gemalt, signiert und

datiert C.R. 1689. Die Malereien der Flügel und der Predella (Rückseite) nur in Resten erhalten, vor der Predella jetzt kleine Kreuzigungsgruppe, Kruzifix E. 14. Jh., Assistenzfiguren um 1600. Kanzel mit Aufgang und Schalldeckel, 1615 von Hans Schwandt, Rostock. Am Korb Kreuzigungsgruppe und Evangelistenreliefs, Hermenpilaster und Rollwerk, am Schalldeckel ornamentierte Giebelchen mit Köpfen. Taufe, Kalkstein, 2.H. 13.Jh., an der Kuppa Spitzbogenarkaden. Neugotisches Gestühl im Chor und im Schiff. – Kelch, Silber vergoldet, 1707. Zwei Patenen, Silber vergoldet, 1634 und 1.H. 17.Jh. Dose, Silber, 18. Jh. Krankenkelch und Patene, Zinn, 1710. Taufschale, Messing, 1857. Vier Leuchter, Zinn, 1772. Glocke 1626.

Auf dem Kirchhof mehrere Grabdenkmäler um M. 19. Jh., Sandstein bzw. Gußeisen.

Bastorf

LEUCHTTURM auf dem Buk. Zweigeschossiger zylindrischer Backsteinbau von 1877/78, über der leicht auskragenden Galerie Laterne mit kuppeligem Dach. Südlich des Turmes das durch einen geschlossenen Gang mit ihm verbundene eingeschossige Wohnhaus des Wärters.

Berendshagen (Ortsteil von Radegast)

DORFKIRCHE Einheitlicher Backsteinbau des 15. Jh., dreijochiges Hallenschiff mit eingezogenem Rechteckchor; nicht mehr genutzt, in schlechtem Zustand. Das Äußere stark verändert, der Chorgiebel und die Stützpfeiler am Schiff nachmittelalterlich. An der Südseite des Chores rundbogiges Rücksprungportal. – Im Inneren das Schiff durch Rundpfeiler und von diesen getragene profilierte Scheidbögen dreischiffig unterteilt, in den Schiffen wie auch in dem durch niedrigen spitzbogigen Triumphbogen abgesetzten Chor flache Holzdecken.

Kelch, Silber, 15./16. Jh., 1667 erneuert. Patene, Silber vergoldet, 1667. Kelch und Patene, Silber vergoldet, 1746.

Biendorf

DORFKIRCHE Schlichter Feldsteinbau des 14. Jh., rechteckiges Schiff mit eingezogenem Rechteckchor und nördlicher Vorhalle. Mehrfach erneuert und verändert, im ursprünglichen Zustand wahrscheinlich die zweigeteilten backsteingefaßten Spitzbogenfenster des Schiffes, hier auch an der Südseite eine zugesetzte schmale Backsteinpforte. Der hölzerne verbretterte Westturm mit Pyramidendach 18. Jh. – Das Innere mit flacher Decke, zwischen Chor und Schiff Triumphbogen. Die ornamentale Ausmalung E. 19. Jh., gleichzeitig auch die figürliche Glasmalerei.

Altarwand 2. H. 19. Jh. Kanzel mit Aufgang und Schalldeckel, 1665, am Aufgang gemaltes Wappen, die Evangelistenbilder am Korb A. 20. Jh. Taufständer, Gußeisen, mit Reliefdekor, um 1860. Opferstock 1857. Westempore und Patronatsloge 18. Jh., Beichtstuhl 1. H. 19. Jh. – Kelch und Patene, Silber vergoldet, E. 16. Jh. von Andreas Reimers, Wismar; der Kelch eine reiche Arbeit, auf dem Neunpaßfuß eingraviert Geburt, Auferstehung, Dreieinigkeit, Paulus und die Evangelisten, ferner plastische Kreuzigungsgruppe und drei Wappen. Patene, Silber, 1739. Krankenkelch, Silber vergoldet, 18. Jh. Deckelkanne, Silber, M. 17. Jh., mit eingraviertem vegetabilischem Dekor und Wappen. – Grabstein v. d. Lühe 17. Jh.

Auf dem Kirchhof Taufstein, Granit, 13. Jh., am Fuß vier Reliefköpfe.

Linke Seite: Parkentin, Dorfkirche, südlicher Schiffspfeiler, Taufstein; Berendshagen, Dorfkirche, Inneres nach Westen

Rechte Seite: Biendorf, Dorfkirche, Ansicht von Südwesten (rechts oben), Kelch E. 16. Jh.

Blengow (Ortsteil von Rerik)

Ehem. GUTSHAUS Zweieinhalbgeschossiger Putzbau von elf Achsen unter flachem Walmdach, die drei Mittelachsen leicht vorgezogen und übergiebelt, um M. 19. Jh. erbaut. Die Geschosse durch kräftige Gesimse getrennt, im Erdgeschoß die Fenster der äußeren zwei Achsen jeweils von Pilastern eingefaßt, die übrigen Fenster mit Faschenrahmung.

Büttelkow (Ortsteil von Biendorf)

Ehem. GUTSHAUS (Wohnungen). Rechteckiger Putzbau von elf Achsen und zwei Geschossen über hohem Sockelgeschoß, unter abgewalmtem Mansarddach, um 1910 in neubarocken Formen nach Entwurf von Paul Korff errichtet. An der Hofseite die drei mittleren Achsen durch Zwerchhaus mit Lünettengiebel und einen Altan mit Freitreppe betont.

Doberan, Bad

Als slawischer Siedlungsplatz erstmals 1177 genannt, 1186 Gründung eines Zisterzienserklosters am heutigen Ort, daneben kleine Handwerkersiedlung; 1553 nach Säkularisation des Klosters Mittelpunkt des herzoglichen Amtes Doberan. Seit 1793 Ausbau des »Fleckens« zur herzoglichen Sommerresidenz und gleichzeitig Errich-

tung von Kur- und Gesellschaftsbauten für das im benachbarten Heiligendamm gegründete erste Seebad in Deutschland. Die bedeutendsten zwischen 1801 und 1825 entstandenen Gebäude stehen am Kamp, der zum Kurpark umgestalteten ehem. Viehweide des Fleckens; westlich davon weitere Straßen (Neue Reihe, Jungfernstieg, Straße am Lettowsberg, Ziegenmarkt) und ab 1820 der Neue Markt angelegt. 1879 zur Stadt erhoben und nachfolgend größere repräsentative Neubauten; 1885 Eisenbahnanschluß. Seit E. 19. Jh. im Stadtrandbereich zahlreiche Villenbauten.

Von den bis zum 2. Drittel 18. Jh. errichteten Wohnbauten des Amtsfleckens Doberan sind keine Beispiele erhalten geblieben. Sie wurden seit A. 19. Jh. durch ein- oder zweigeschossige Backstein- oder Putzbauten von meist sieben Achsen ersetzt, wobei vereinzelt auch noch Fachwerk Verwendung fand. Die ausgebauten Krüppelwalmdächer besitzen in vielen Fällen an der Straßenseite ein ein- oder mehrachsiges übergiebeltes Zwerchhaus; hier befanden sich auch die bescheideneren Quartiere für die Badegäste.

Drei aus Fachwerk errichtete repräsentative Wohnhäuser (Gutshaus des ehem. Kammergutes, ehem. Amtshof und ehem. Forsthof) sowie das für Badegäste bestimmte ehem. Logierhaus am Kamp wurden nach Plänen von Johann Christoph Heinrich v. Seydewitz im ausgehenden 18. Jh erbaut.

Die im 1. Drittel 19. Jh. nach Plänen des Landbaumeisters Carl Theodor Severin errichteten repräsentativen Wohnhäuser und öffentlichen Gebäude sind in der Regel zweigeschossige Putzbauten mit Krüppelwalmdächern, deren Straßenfronten durch Risalite, Altane, Balkone, eingestellte Säulen sowie Lünettenfenster, -nischen und -blenden in Anlehnung an die Berliner Bauten David Gillys reich gegliedert sind; nur am ehem. herzoglichen Palais und dem ehem. Salongebäude sind die Dächer hinter Attiken verborgen. In den Straßen westlich vom Kamp und um den ab 1820 angelegten Neuen Markt überwiegen dagegen eingeschossige spätklassizistische Putzbauten.

Unter den nach 1880 besonders an der Beethovenstraße und der nach Heiligendamm führenden Straße des Friedens z. T. nach Plänen des Hofbaurates Gotthilf Ludwig Möckel gebauten aufwendigeren zwei- und dreigeschossigen Wohnhäusern tragen die meisten die Stilmerkmale der Neugotik. Dies gilt auch für das Gymnasium und das Postgebäude am Karl-Marx-Platz.

Die geschlossenen Reihen der 1919 am Parkentiner Weg, 1925 am Althöfer Weg und 1927/28 an der Waldstraße entstandenen ein- und zweigeschossigen Siedlungshäuser aus verputztem oder sichtbar gebliebenem Backstein besitzen meist einen quadratischen Grundriß und ausgebaute hohe Satteldächer; sie stehen architektonisch dem Stil der Neuen Sachlichkeit nahe.

Denkmale im Zentrum des Ortes

Den städtebaulichen und architektonischen Charakter Doberans bestimmen bis heute vor allem die um den Kamp an der August-Bebel-Straße, der Severinstraße, der Straße Am Kamp und am südlich anschließenden Karl-Marx-Platz (dem ehem. Alexandrinenplatz) errichteten klassizistischen und neugotischen Gebäude.

August-Bebel-Straße

Ehem. LOGIERHAUS (Hotel) August-Bebel-Straße 1/2. 1793 nach Plänen von Johann Christoph Heinrich v. Seydewitz als zweigeschossiger Fachwerkbau von neunzehn Achsen mit Mansardwalmdach und dreiachsigem Zwerchhaus mit Dreiecksgiebel errichtet. Das Innere jetzt insgesamt stark durchgebaut. Zeitgleich wohl das ebenfalls zweigeschossige Nebengebäude von dreizehn Achsen am Südende der Rückseite (Rosenwinkel 1).

Ehem. SALONGEBÄUDE (Behörden) August-Bebel-Straße 3. 1801/02 nach Plänen von Carl Theodor Severin als zweigeschossiger Putzbau von siebzehn Achsen mit flachem Walmdach hinter umlaufender Attika und fünfachsigem Mittelrisalit errichtet, an den Gebäudekanten und der mittleren Portalnische mit Balkon gequaderte Lisenen. 1879 entstellender Umbau zum Rathaus; 1956/57 weitmögliche Rückführung der Außenfassaden auf den ursprünglichen Zustand, seitdem die Attika des Mittelrisalites überhöht. Das Innere vollständig verändert. Der 1819/21 an der Rückseite angefügte Saalbau mit Pilastergliederung und Säulenvorhalle mit Dreiecksgiebel an der östlichen Schmalseite. Das Innere des Saales mit Musikerempore, die gemalte Wandgliederung und der reiche plastische Dekor der Decke im Empirestil, ebenso die fünf originalen Kristallüster. (Abb. S. 236)

Ehem. PALAIS (Verwaltung) August-Bebel-Straße 4. 1806/09 nach Plänen von Carl Theodor Severin errichte-

Linke Seite: Bad Doberan, Blick auf Ort und Klosterkirche vom Jungfernberg, Lithographie um 1830; Ostseite des Kamp mit Palais, Salongebäude und Logierhaus, Lithographie um 1840

Rechte Seite: Bad Doberan, Logierhaus August-Bebel-Str. 1/2; ehem. Salongebäude August-Bebel-Str. 3; ehem. Palais August-Bebel-Str. 4

ter zweigeschossiger Putzbau von dreizehn Achsen mit umlaufendem, auf Konsolen ruhendem Kranzgesims und flachem Walmdach hinter niedriger Attika. Die äußeren Achsen als flache Risalite ausgebildet, die drei Mittelachsen als Portalnische mit vier ionischen Kolossalsäulen zurückgesetzt, an der Rückfront die fünf mittleren Achsen in beiden Geschossen als Halboval mit Pilastergliederung vortretend. Im Inneren das Vestibül, die beiden Treppenläufe mit gußeisernen Geländern und der ovale Gartensaal im ursprünglichen Zustand erhalten. Die Decke des Gartensaales mit gemaltem Zeltdach, an den Wänden zwischen verspiegelten Marmorkaminen Bildtapeten-Zyklus mit der Geschichte von Amor und Psyche, um 1820 nach Entwurf von Louis Lafitte und Merry Joseph Blondel in Grisaillemanier von der Pariser Manufaktur Dufour gedruckt. Wohl gleichzeitig auch das Intarsienparkett.

Karl-Marx-Platz

WOHNHAUS Karl-Marx-Platz 1. Zweigeschossiger Putzbau von sieben Achsen, um 1825 wohl nach Plänen von Carl Theodor Severin errichtet. An der Straßenfront die mittlere Achse im Erdgeschoß hinter zwei Säulen und kräftigem Architrav als Eingangsnische ausgebildet, im Obergeschoß das Mittelfenster von Halbsäulen gerahmt, darüber flacher Dreiecksgiebel mit Lünettenfenster.

WOHNHAUS Karl-Marx-Platz 2. Um 1825 nach Plänen von Carl Theodor Severin errichteter zweigeschossiger Putzbau von sechs Achsen mit zweiachsigem Frontispiz. Im Erdgeschoß Ladeneinbau des 20. Jh.

WOHNHAUS Karl-Marx-Platz 5 (Haus Gottesfrieden). 1823/24 nach Entwurf von Carl Theodor Severin errichteter zweigeschossiger Putzbau von sieben Achsen mit Krüppelwalmdach. Die mittlere Achse der Vorderfront als monumentale Rundbogennische leicht zurückgesetzt, darin im Obergeschoß Balkon mit schmiedeeisernem Gitter und im übergiebelten Zwerchhaus Lünettenfenster.

WOHNHAUS Karl-Marx-Platz 6. Um 1825 nach Plänen von Carl Theodor Severin errichteter zweigeschossiger Putzbau von sechs Achsen mit hohem Sockelgeschoß, zweiachsigem Zwerchhaus mit Dreiecksgiebel und Krüppelwalmdach. Vor der Mitte der Straßenfront von Säulen getragener überdeckter Altan.

WOHNHAUS Karl-Marx-Platz 7. Um 1825 wohl von Carl Theodor Severin. Zweigeschossiger Putzbau von neun Achsen mit Walmdach, über den fünf mittleren Achsen der Straßenfront Dreiecksgiebel mit Lünettenfenster.

Ehem. PRINZENPALAIS (Lessing-Oberschule) Karl-Marx-Platz 8. 1810/12 nach Plänen von Carl Theodor Severin errichtet, ursprünglich dessen Wohnhaus. Zweigeschossiger Putzbau von neun Achsen mit Krüppelwalmdach; die Mittelachse der Vorderfront als flacher dreigeschossiger Risalit mit monumentaler Rundbogennische, säulengetragenem Altan und Dreiecksgiebel ausgebildet, im Bogenschluß Lünettenfenster mit Stuckrosetten an der Leibung. An der Nordwestecke umlaufender Balkon mit schmiedeeisernem Gitter.

POSTAMT Karl-Marx-Platz 9. Zweigeschossiger neugotischer Backsteinbau von sieben Achsen, 1890 nach Entwurf von Gotthilf Ludwig Möckel errichtet.

WOHNHAUS Karl-Marx-Platz 10. 1887 wohl nach Entwurf von Gotthilf Ludwig Möckel in spätklassizistischen Formen errichteter zweigeschossiger Backsteinbau von vier Achsen.

Linke Seite: Bad Doberan, ehem. Salongebäude, Festsaal

Rechte Seite: Bad Doberan, Wohnhäuser Karl-Marx-Platz 5, Karl-Marx-Platz 7; ehem. Prinzenpalais (Schule) Karl-Marx-Platz 8

Ehem. GYMNASIUM (Goethe-Oberschule) Karl-Marx-Platz 11. Anstelle des klassizistischen Schauspielhauses 1888/89 nach Plänen von Gotthilf Ludwig Möckel erbaut. Neugotischer zweigeschossiger Backsteinbau von neun Achsen, die Straßenfront durch hohen Dreiecksgiebel über dem nördlichen Fassadendrittel betont; zwei spitzbogige Portale, Segmentbogenfenster und große Fensterrose im blendengegliederten Straßengiebel. Dahinter im Inneren die Aula mit Holztonnendecke und hölzernen Galerien auf profilierten Knacken sowie das Treppenhaus mit Kreuzgratgewölben auf kräftigen Säulen.

Severinstraße

WOHNHAUS Severinstraße 5, »Haus Medini«. 1825 nach Plänen von Carl Theodor Severin errichtet. Dreigeschossiger Putzbau von sieben Achsen mit Walmdach über von Konsolen getragenem Hauptgesims. Die Fenster der als flache Mauervorlagen ausgebildeten äußeren Achsen durch eingestellte Pfeiler dreiteilig, darüber halbrunde bzw. rechteckige Putzspiegel mit vegetabilischem Stuckdekor, die Fenster und das Portal der leicht zurückgesetzten Mittelachse ähnlich gegliedert. Die übrigen Fenster

im Erd- und ersten Obergeschoß unter kräftigen Verdachungen. Über dem Hauptportal auf profilierten Holzkonsolen ruhender Balkon mit Gitter.

WOHNHAUS Severinstraße 7. Zweigeschossiger Fachwerkbau von sieben Achsen unter Satteldach, um M. 19. Jh., mit verputzter Straßenfront und dreiachsigem Zwerchhaus mit Dreiecksgiebel. Im Erdgeschoß jüngere Ladeneinbauten.

WOHNHAUS Severinstraße 8. Zweigeschossiger Putzbau von sieben Achsen mit Krüppelwalmdach, 2. V. 19. Jh. Zwischen den Geschossen ein breites Gesimsband; die Obergeschoßfenster mit schmaler Faschenrahmung, die beiden äußersten Fenster jeweils breiter und durch eingestellte Pfeiler dreigeteilt. Im Erdgeschoß jüngere Ladeneinbauten.

Am Kamp

WOHNHAUS Am Kamp 12. A. 19. Jh. errichteter stattlicher zweigeschossiger Putzbau von neun Achsen mit Krüppelwalm-Mansarddach. Im Erdgeschoß über Portal und Fenstern kleine Dreiecksverdachungen, im Dach vier Gaupen.

WOHNHAUS Am Kamp 13. Um 1830 erbauter eingeschossiger Putzbau von ursprünglich sieben Achsen mit Krüppelwalmdach, über den drei mittleren Achsen der Straßenfront ein durch ein kräftiges Gesims abgehobenes dreiachsiges Zwerchhaus mit Lünettenfenster im Dreiecksgiebel. An der südlichen Gebäudeseite ein die Tiefe des Hauses einnehmender späterer zweigeschossiger Anbau mit dem Giebel zur Straße. Im Erdgeschoß Ladeneinbauten.

Auf dem von einer Lindenallee umgebenen Kamp, einer von Wegen durchzogenen parkähnlichen Rasenfläche mit Bäumen und Büschen, zwei Pavillons:

KLEINER PAVILLON (Ausstellungszentrum des VBK/DDR). 1808/09 nach Entwurf von Carl Theodor Severin als Boutique errichtet. Achtseitiger Fachwerkbau, das weit überstehende achtseitige Zeltdach ruht außen auf Holzsäulen und überdeckt einen Umgang. Das Innere stark verändert.

GROSSER PAVILLON (Café). 1810/13 ebenfalls nach Entwurf von Carl Theodor Severin als Musikpavillon errichtet. Längsachteckiger Fachwerkbau, das von Holzsäulen getragene achtseitige Dach überdeckt zugleich einen Umgang, im laternenartigen achtseitigen Dachaufbau mit Umgang und Zeltdach kleiner Saal. 1970 die Ausmalung der Innenräume im Empirestil rekonstruiert, gleichzeitig an der Nordseite ein moderner massiver Anbau mit Wirtschaftsräumen angefügt.

Linke Seite: Bad Doberan, ehem. Gymnasium (Goethe-Oberschule) Karl-Marx-Platz 11; Wohnhäuser Severinstraße 5 (rechts oben), Severinstraße 8 und 7 (rechts unten)

Rechte Seite: Bad Doberan, Großer Pavillon auf dem Kamp; ehem. Stahlbad (Moorbad-Sanatorium) Bahnhofstraße

Den südlichen Abschluß des klassizistischen Gebäudeensembles um Kamp und Karl-Marx-Platz bildet das jenseits einer Wiesenaue gelegene
Ehem. STAHLBAD (Moorbad-Sanatorium) an der Bahnhofstraße. 1825 nach Plänen von Carl Theodor Severin als eingeschossiger Putzbau von fünfzehn Achsen mit Walmdach und einer die drei mittleren Achsen der Vorderfront einnehmenden viersäuligen Portikushalle mit Dreiecksgiebel errichtet. 1888 das Obergeschoß mit pilastergegliedertem Festsaal aufgesetzt, gleichzeitig die Erhöhung des Portikus um ein zweites Geschoß. (Abb. S. 239)
Weiter südöstlich liegt am Ende der Bahnhofstraße das BAHNHOFS-EMPFANGSGEBÄUDE, ein 1885 errichteter Putzbau mit stilistischen Anklängen an die Tudorgotik. An den eingeschossigen Mittelbau mit Pilastergliederung schließt südöstlich ein eingeschossiger Flügel von drei Achsen, nordwestlich ein zweigeschossiger Flügel von fünf Achsen an. Hier beginnt auch die seit 1886 nach Heiligendamm, um 1910 bis Kühlungsborn erweiterte Eisenbahnstrecke der unter Denkmalschutz stehenden Kleinbahn »Molli«.

Denkmale an weiteren Straßen und Plätzen

Beethovenstraße

WOHNHAUS Beethovenstraße 2. Um 1800 errichtetes eingeschossiges Fachwerkhaus von acht Achsen mit Krüppelwalmdach und übergiebeltem Zwerchhaus (nicht in der Mittelachse), die zwei nördlichen Achsen zum Laden ausgebaut.
WOHNHAUS Beethovenstraße 4. Zweigeschossiger Fachwerkbau von sieben Achsen mit verputzter Straßenfassade und Krüppelwalmdach, um 1820. Zweiflügelige Haustür mit geschnitztem pflanzlichem Dekor, aus der Entstehungszeit.
Ehem. VILLA des Architekten G. L. Möckel (Heimatmuseum und Standesamt) Beethovenstraße 8. 1888 nach Plänen von Gotthilf Ludwig Möckel im neugotischen Stil errichteter zweigeschossiger Backsteinbau mit Fachwerkteilen. Der Grundriß unregelmäßig, die zweigeschossigen

Linke Seite:
Bad Doberan,
Schmalspurbahn »Molli« in
der Ernst-Thälmann-Straße;
Wohnhaus Beethovenstraße 4,
Haustür

Rechte Seite:
Bad Doberan, ehem. Villa
des Architekten Möckel
Beethovenstraße 8
(rechts oben);
ehem. Amtshaus
Klosterstraße 1

risalitartigen Anbauten mit hohen Giebeln; die südliche Giebelwand, drei polygonale Eckerker und das Obergeschoß des nördlichen Anbaues in reich dekoriertem Fachwerk ausgeführt. Das zur Straße gelegene Hauptportal spitzbogig, die Fenster meist segmentbogig, z. T. auch rund-, spitz- oder kleeblattbogig. Im Inneren repräsentative Diele mit Treppenhaus sowie Gartensaal, im Obergeschoß eine bis in den Dachraum reichende Halle mit dreiseitiger Galerie sowie mehrere große Räume in ursprünglicher Gestalt. – Die Einfriedungsmauer des Grundstückes mit Zinnen und Wimpergportal z. T. erhalten.

Heinrich-Klöcking-Straße

Sog. WALDHOF (ehem. Teil der alten Försterei, jetzt Kindergarten) Heinrich-Klöcking-Straße 56, E.18. Jh. als eingeschossiges verputztes Fachwerk-Traufenhaus von neun Achsen mit ausgebautem hohem Bohlenbinder-Krüppelwalmdach errichtet; im Dach zur Straße siebenachsiger Fensterhecht, auf der Rückseite Gaupen. Zugehörig mehrere ein- und zweigeschossige Wirtschaftsgebäude aus Fachwerk.

Kastanienstraße

WOHNHAUS Kastanienstraße 4. Eingeschossiger Putzbau von fünf Achsen, im 2. V. 19. Jh. angeblich nach Plänen von Carl Theodor Severin errichtet. Ähnlich auch die Häuser Kastanienstraße 6/18 (gerade).

Klosterhof

Ehem. FORSTHAUS Klosterhof 4. Um 1840 errichteter zweigeschossiger Backsteinbau über annähernd quadratischem Grundriß, mit Drempelgeschoß und bekrönendem Zinnenkranz; flaches Satteldach. Die Fenster kielbogig gebildet; kleine Portalhalle.

Klosterstraße

Ehem. AMTSHAUS (Behörden und gesellschaftliche Einrichtungen) Klosterstraße 1. Nach 1793 von Johann Christoph Heinrich v. Seydewitz anstelle eines Vorgängerbaues errichtet. Eingeschossiges Fachwerktraufenhaus von elf Achsen mit Krüppelwalm-Mansarddach, die mittleren drei Achsen unter einem zweiachsigen Zwerchhaus mit Dreiecksgiebel und Ochsenauge.

PFARRHAUS Klosterstraße 2. Um 1830 errichteter eingeschossiger Backsteinbau von sieben Achsen mit hohem Sockelgeschoß und Krüppelwalmdach, über der leicht vortretenden Mittelachse Frontispiz; Portal in flacher Vorhalle.

Ehem. TORWÄCHTERHAUS Klosterstraße/Ecke Beethovenstraße. E.18. Jh. vor dem hier gelegenen ehem. Klostertor als eingeschossiger Fachwerkbau von fünf Achsen mit massiver Straßenfront errichtet.

Markt

WOHNHAUS Markt 3. Um 1825 wohl nach Plänen von Carl Theodor Severin errichteter zweigeschossiger Putzbau von acht Achsen unter Krüppelwalm-Mansarddach; die mittleren zwei Achsen der Straßenfront als übergiebelter dreigeschossiger Risalit leicht vortretend, die Hauptgesimse und das rahmende Profil der Giebelschrägen auf Konsolen. Spätere Ladeneinbauten.

WOHNHAUS Markt 4. Um 1825 wahrscheinlich nach Plänen von Carl Theodor Severin errichteter dreigeschossiger Putzbau mit Dreiecksgiebelabschluß. Zwischen zweitem und drittem Geschoß ein stark ausladendes, reich profiliertes Gesims. Der Giebel über einem auf Konsolen ruhenden Gesims, von Konsolen gestützt auch die rahmenden Profile der Giebelschrägen. Im Erdgeschoß spätere Ladeneinbauten.
WOHNHAUS Markt 6. Ebenfalls um 1825 erbaut. Zweigeschossiger Putzbau von neun Achsen unter Krüppelwalmdach, beidseitig die äußeren Achsen und die drei mittleren Achsen (die seitlichen Fenster hier schmaler gebildet) als Risalite flach vorgezogen, der mittlere über dem Traufgesims durch eine giebelartig erhöhte Attika mit flachem Lünettenfenster betont. Späterer Ladeneinbau.
WOHNHAUS Markt 13. Um 1825. Zweigeschossiges verputztes Traufenhaus von sieben Achsen unter abgewalmtem Mansarddach, über der Mittelachse Zwerchhaus mit großem Lünettenfenster.
WOHNHAUS Markt 14. Zweigeschossiges verputztes Giebelhaus von drei Achsen, um 1850 erbaut.
WOHNHAUS Markt 16. Zweigeschossiger Putzbau von sieben Achsen unter Krüppelwalmdach, um M.19.Jh. Die Segmentbogenfenster des Obergeschosses von faschenartigen Profilen bekrönt. Im Erdgeschoß spätere Ladeneinbauten.

Nienhagener Chaussee

GUTSHAUS des ehem. Kammerhofes (Wohnhaus, Verwaltung) Nienhagener Chaussee. 1786 wohl nach Entwurf von Johann Christoph Heinrich v. Seydewitz errichtet. Fachwerkbau mit Backsteinfüllungen, eingeschossig von acht Achsen mit Krüppelwalmdach und zweiachsigem Zwerchhaus mit Dreiecksgiebel an beiden Traufseiten. Über der zweiflügeligen Haustür mit geschnitztem Rocailledekor ein querliegendes Ochsenauge als Oberlicht.

Bad Doberan, Gutshaus des ehem. Kammerhofes, Nienhagener Chausee, Eingangsseite, Haustür

Straße des Friedens

Ehem. VILLA (Kreisgericht) Straße des Friedens 14. Um 1880 nach Entwurf von Gotthilf Ludwig Möckel erbaut. Zweigeschossiges Traufenhaus von sechs Achsen aus verputztem, in den architektonischen Details sichtbar gebliebenem Backstein.
Ehem. WOHNHAUS des Schriftstellers Ehm Welk, Straße des Friedens 23. 1937/38 nach Entwurf von Lutz Elbrecht erbaut, zweigeschossiger Klinkerbau von fünf zu fünf Achsen über hohem Sockelgeschoß. Ehm Welk wohnte hier von 1946 bis 1968; die Bibliothek im Originalzustand erhalten (Gedenkstätte).
Ehem. PFERDERENNBAHN 1823 an der in Verlängerung der heutigen Goethestraße nach Heiligendamm führenden Chaussee als erste Pferderennbahn des Kontinents mit langgestreckter, konisch-ovaler Grasbahn und Tribünen, Hindernis- und Jagdspringbahn, Sattelplatz und drei Auffahrtalleen angelegt. Davon jetzt nur der Sattelplatz ohne Bauten sowie Teile der Alleen erhalten.

Bad Doberan, Klosterkirche, Ansicht von Südosten

Ehem. Zisterzienserkloster

Die älteste Anlage 1171 von Fürst Pribislav gestiftet und als Filia des Zisterzienserklosters Amelungsborn (Niedersachsen) im heutigen Ortsteil Althof gegründet; 1179 bei kriegerischen Auseinandersetzungen zerstört. 1186 erneute Stiftung durch Pribislavs Sohn, Fürst Heinrich Borwin I., am jetzigen Ort; der Konvent wiederum von Amelungsborn ausgesandt. Danach eines der geistlichen und kulturellen Zentren des Landes mit rasch zunehmendem wirtschaftlichem Wohlstand und politischem Einfluß. 1553 Aufhebung des Klosters und Umwandlung des Grundbesitzes zum herzoglichen Amt. Seit 1588 in der Kirche evangelischer Gottesdienst; die übrigen Klostergebäude allmählich verfallen und zum größeren Teil zur Gewinnung von Baumaterial abgetragen. Im Zuge der Entwicklung Doberans zum Badeort 1794/95 auf dem ehem. Klostergelände Anlage eines englischen Parkes. 1830 Bau der Straße südlich der Kirche.

KLOSTERKIRCHE Eines der baukünstlerisch bedeutendsten Werke der Hochgotik im Backsteingebiet. Nachfolgebau einer um 1190 begonnenen, 1232 geweihten und nach einem für 1291 bezeugten Brand abgebrochenen kreuzförmigen Basilika aus Backstein mit flacher Decke, ihr östlicher Abschluß vermutlich ein rechteckiges Sanktuarium mit je zwei quadratischen Chornebenkapellen in Art der Zisterzienserkirche Fontenay. Von dieser romanischen Kirche blieben bei der Errichtung des um 1295 unter Abt Johann von Dahlen begonnenen Neubaues die in die Klausur einbezogenen Teile der südlichen Westwand mit rundbogiger Konversenpforte und Kreuzbogenfries, der südlichen Seitenschiffswand und der Westwand des südlichen Querhausarmes erhalten.

Linke Seite: Bad Doberan, Klosterkirche, Ansicht von Nordwesten, Westwand des südlichen Seitenschiffes mit der romanischen Konversenpforte

Rechte Seite: Bad Doberan, Klosterkirche, Grundriß

Der Grundriß der dreischiffigen kreuzrippengewölbten Pfeilerbasilika aus Backstein mit fünfjochigem Langhaus, zweischiffigem Querhaus und zweijochigem Chor mit polygonalem (5/8) Schluß und Umgang mit Kapellenkranz nicht typisch zisterziensisch; er folgt vielmehr dem Vorbild der allerdings querschifflosen Marienkirche in Lü-

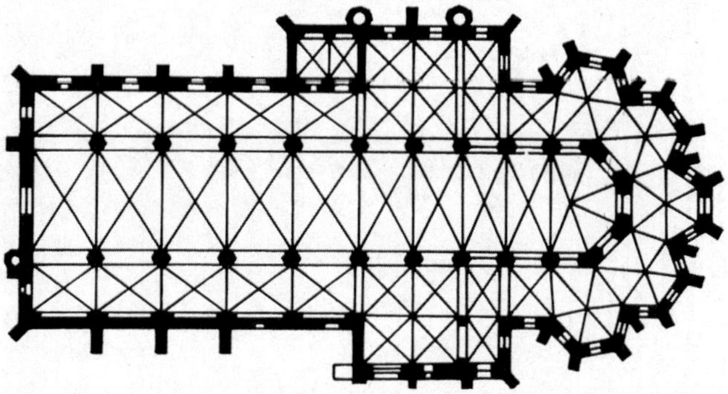

beck und des Schweriner Domes, mit denen die Doberaner Klosterkirche auch die räumliche Verschmelzung von Chorumgang und seinen fünf dreiseitig geschlossenen Kapellen als Reduktionsform des französischen Kathedralchores gemeinsam hat (Abb. S. 243). Das Äußere der turmlosen Kirche durch den Verzicht auf Strebebögen im Massenaufbau besonders klar, die Wirkung des Innenraumes durch die Beschränkung auf wenige horizontale und vertikale Gliederungselemente an Wänden und Arkaden monumental und übersichtlich. An den westlichen Chorumgangsjochen gleichhohe, auch zu den Querhausarmen geöffnete Nebenkapellen. Im Winkel zwischen nördlichem Querhausarm und Langhaus die zweijochige Bülowkapelle mit darübergelegener einjochiger Empore, ein analoger zweigeschossiger Anbau mit Treppenturm auf der Südseite vom E. 19. Jh.

An den Außenseiten der Umfassungswände über Sockel aus Granitplatten abgetreppte Strebepfeiler, ein umlaufendes Kaffgesims in Höhe der Fenstersohlbänke sowie schwarzglasierte Dreipaßfriese unter den Hauptgesimsen, an den Giebelschrägen und an den Umgangskapellen. Am Westende der nördlichen Langhausseitenschiffswand und in der nördlichen Querhauswand spitzbogige Portale mit stark profilierten Gewänden; das Portal in der südlichen Querhauswand von 1853. In der Westwand des Langhausmittelschiffes das hohe Spitzbogenfenster vierteilig, entsprechende Fenster in den Giebelwänden des Querhauses dreiteilig und paarweise angeordnet, die übrigen Fenster in der Regel ebenfalls dreiteilig mit gestaffelten spitzbogigen Schlüssen. In den Giebelflächen als Blenden ausgebildete große Maßwerkrosetten. Bis in das Dachgeschoß führende polygonale Treppentürme an den Ecken des Querhauses und an der südwestlichen Ecke des Langhauses bilden weitere architektonische Akzente. Der Dachreiter über der Vierung E. 19. Jh. erneuert; aus der gleichen Zeit die separaten Dächer der Chorumgangskapellen anstelle eines zuvor gemeinsamen Daches.

Im Inneren (Abb. S. 246/247) die klare Struktur des Raumes vor allem durch die bis zum Chorschluß ununterbrochene, die Vierung zweigeschossig überbrückende Reihung der Scheidbogenarkaden bestimmt. Deren Pfeiler mit Ausnahme der längsrechteckigen Vierungspfeiler und der Pfeiler des polygonalen Chorschlusses von quadratischem Grundriß; an den Pfeilerkanten kräftige Rundstäbe, vor den Pfeilerflächen drei gebündelte Rundstäbe, die unter den Scheidbogenprofilen und den Seitenschiffsgewölben bis zum Boden reichen, im Mittelschiff aber in ca. 3 m Höhe über Konsolen aufsteigen und unter den Gewölben in Kapitellbändern enden, wie sie als Kämpfer auch die Pfeiler umziehen. Konsolen und Kapitellbänder mit naturalistischem Laubdekor aus Kalkstuck. Die Kreuzrippengewölbe in Mittelschiff und Chor queroblong, in Querhaus und Seitenschiffen längsoblong bis quadratisch; in den Querhausarmen jeweils vier Gewölbe über einem zentralen achteckigen Pfeiler mit Kantenstäben. Die Architekturfarbigkeit aus der M. 14. Jh.: rotgefärbte Wände und Pfeiler mit gemaltem weißem Fugennetz im Backsteinformat, am Obergaden gemaltes schwarzes Maßwerktriforium auf weißem Grund, rote Gurt- und blaue Diagonalrippen sowie polychromierte Gewölbeschlußscheiben (z. T. aus dem 19. Jh.); 1978/84 nach Befund rekonstruiert. – Die Fußböden in der Pribislavkapelle sowie in der nord- und südöstlichen Chorumgangskapelle den in der Pribislavkapelle gefundenen Originalen des 12. Jh. in der 2. H. des 19. Jh. nachge-

bildet; dort auch noch größere Platten mit Stierkopf bzw. Greif, 14. Jh. Auf der obersten Stufe vor dem Hochaltar und im Oktogon kleine Ziegel aus dem 14. Jh.
Wandmalerei. König Albrecht von Schweden und die Herzöge Magnus, Heinrich und Johannes (die letzten beiden kniend) an den Rückseiten der zwei östlichen Pfeiler des Chorpolygons, um 1420, durch Inschriften ausgewiesen und wohl im sachlichen Bezug zur hier gelegenen Herzogsgruft und dem darüber errichteten Oktogon stehend. Fragmente eines Schmerzensmannes und der auf ein älteres Wandbild gemalten hl. Maria Magdalena an den Arkadenleibungen der Empore über der Bülowkapelle, E. 15. Jh. Die Ausmalung der Bülowkapelle mit Kreuzigungsgruppe, Heiligen und wohl schon ursprünglich auch Angehörigen der Familie v. Bülow, 15. Jh., 1873 durch Carl Andreae in Anlehnung an den Befund erneuert.
Nach der Aufhebung des Klosters 1553 um 1580 Herrichtung und Nutzung der Kirche für den evangelischen Gottesdienst. – Von 1829 bis 1900 schrittweise umfassende

Restaurierung unter der aufeinanderfolgenden Leitung von Carl Theodor Severin, Johann Gottlieb Bartning, Theodor Krüger und Gotthilf Ludwig Möckel. Dabei u. a. Erweiterung der Pforte in der Querhaussüdwand zum Hauptportal, Erneuerung des Dachreiters, Errichtung des zweigeschossigen Sakristei- und Konfirmandensaalbaues im Winkel zwischen südlichem Querhausarm und Langhaus und Veränderung des ursprünglich durchlaufenden Daches über dem Chorumgang zu Einzeldächern über den Kapellen. Im Inneren Erneuerung der Ausmalung mit z. T. erheblichen Abweichungen vom mittelalterlichen Befund (bei der Rekonstruktion der mittelalterlichen Architekturfarbigkeit um 1983 nur in der südwestlichen Chorumgangskapelle erhalten und restauriert). Verglasung der Fenster mit farbigen neugotischen Teppichmustern von Johann David Gillmeister in Anlehnung an erhaltene Reste mittelalterlicher Ornamentscheiben. Restaurierung bzw. Veränderung und Erneuerung der Ausstattung; damals auch die aus Backstein gemauerten Chorschranken durch kunstvolle schmiedeeiserne Neurenaissance-Gitter ersetzt, wie sie seitdem auch die Bülowkapelle, die Pribislavkapelle und drei Chorumgangskapellen begrenzen.

Linke Seite: Bad Doberan, Klosterkirche, Inneres nach Westen und nach Osten, jeweils mit dem Kreuzaltar im Vordergrund

Rechte Seite: Bad Doberan, Klosterkirche, südlicher Querhausflügel mit Buntem Pfeiler und gemaltem Triforium (links ursprüngliche Gestalt, rechts Fassung E. 19. Jh.), Konsole an einem Mittelschiffspfeiler

Mittelalterliche Ausstattung

Unter den in der ehem. Klosterkirche zahlreich erhalten gebliebenen mittelalterlichen Ausstattungsstücken von außerordentlich hohem künstlerischem und liturgiegeschichtlichem Rang befinden sich alle zum Zeitpunkt der Kirchweihe 1368 vom zisterziensischen Ausstattungsprogramm geforderten Prinzipalstücke, die gemeinsam mit der rekonstruierten Architekturfarbigkeit eine gute Vorstellung vom Erscheinungsbild hochgotischer Zisterzienserkirchen in Deutschland vermitteln; stilistisch und ikonographisch stehen sie weit über allen weiteren in Mecklenburg auf uns gekommenen Kunstwerken aus dieser Zeit.

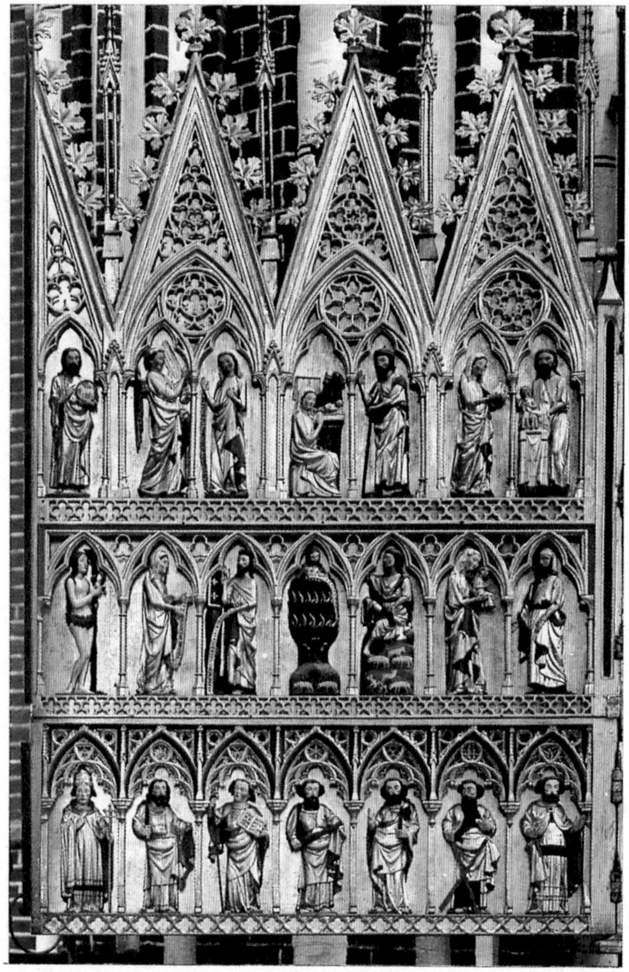 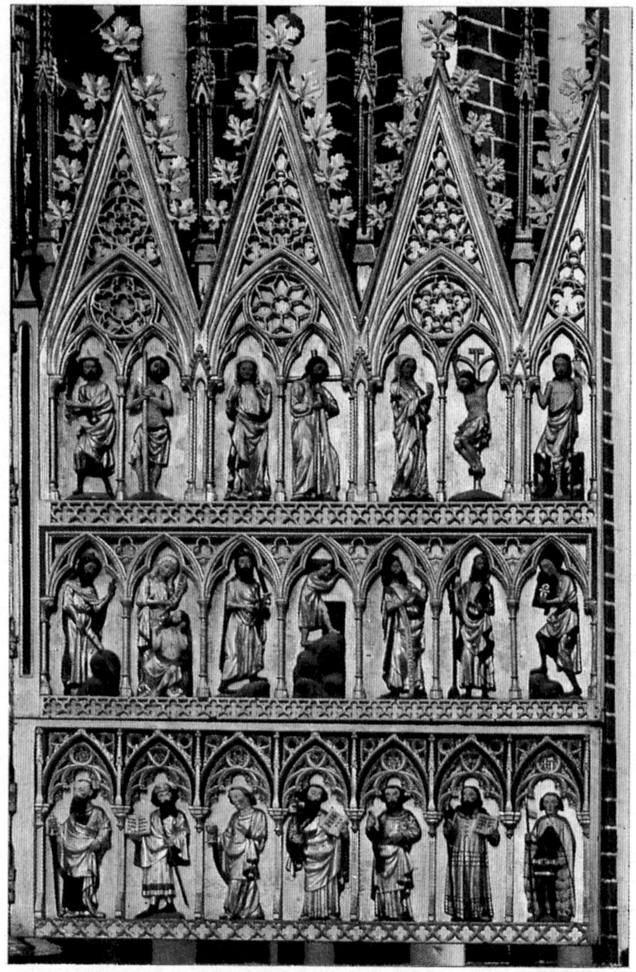

Bedeutendste Ausstattungsstücke aus dem 13. und 14. Jh.
Ehem. Hochaltar. Geschnitztes Triptychon, wohl um 1310. Einer der frühesten Flügelaltäre in Deutschland und typische Zwischenstufe der Entwicklung vom frühen Retabel und Reliquienschrein zum Schnitzaltar. Der zur Aufstellung von Skulpturen (in der Mitte ursprünglich wohl die Madonnenfigur der jetzigen Marienleuchte) bzw. Reliquiaren bestimmte Mittelschrein mit drei in Maßwerk aufgelösten Fialtürmchen (der mittlere höher und zur Ausstellung der Hostie bestimmt) und sieben von Wimpergen bekrönten Maßwerköffnungen, das Innere mit hölzernen Kreuzrippengewölben. Die Flügel innen gleichartig gegliedert, in den Maßwerkblenden zwei Reihen von Reliefs mit typologisch zueinandergeordneten Szenen aus dem Alten Testament bzw. der Kindheit und Passion Christi. Die Marienkrönung zwischen Maßwerkfeldern in der Predella nach 1370 hinzugefügt, gleichzeitig die in Maßwerkblenden stehende unterste Reihe von Heiligenfiguren auf den Innenseiten der Flügel. Die Tafelmalereien der Flügelrückseiten verloren.

Sog. Corpus-Christi-Altar. Triptychon, um 1320/30, ein weiteres Beispiel für den Übergang vom Reliquienretabel zum Flügelaltar. Im zur Aufstellung von Reliquiaren bestimmten Mittelschrein vorn fünf spitzbogige Säulenarkaden mit Maßwerk, Wimpergen und Fialen; der rechte Flügel innen mit der Darstellung des Abendmahls, außen mit dem Fragment des trauernden Johannes von einer gemalten Kreuzigungsgruppe, deren andere Figuren sich auf den Außenseiten des verlorenen breiteren Doppelflügels befanden.
Sog. Fronleichnam-Altar. Triptychon mit Maltafeln, um 1340. Auf der Mitteltafel symbolische Darstellung der Kreuzigung Christi durch die Tugenden. Auf den Innenseiten der Flügel je zwei Propheten, auf den Außenseiten je zwei Szenen aus der Kindheit Christi (Abb. S. 250).
Kreuzaltar. Die Grenze zwischen Mönchs- und Laienkirche bezeichnender doppelseitiger Schnitzaltar mit zugehörigem doppelseitigem Monumentalkreuz, um 1367/70, dem Werkstattumkreis Meister Bertrams zugeschrieben; 1975/84 an seinen ursprünglichen Standort zurückversetzt, die Polychromie der Marienseite des Kreuzes freigelegt und gesichert, die Kreuzbalken und ihre ornamentalen Details rekonstruiert sowie die Predella nach Befund vervollständigt. In der Predella mit verschließbaren Klappen auf der Christusseite vier Halbfiguren der Kirchenväter, auf der Marienseite Fächer für Reliquien. In den Schreinen unter Maßwerkbaldachinen je drei und in den Flügeln je zwei typologisch einander zugeordnete Reliefszenen aus dem Alten Testament bzw. der Kindheit und Passion Christi (Abb. S. 250); auf den Außenseiten der Flügel geringe Reste künstlerisch hervorragender Tafelmalerei: jeweils vier durch aufgelegte gepunzte Ornamentborten getrennte sitzende Gestalten mit großen Schriftbändern, u. a. alttestamentliche Könige, Propheten und Priester, Apostel und ein hl. Bischof. Die beiden Seiten des Doppeltriptychons stehen ihrerseits in thematischer Beziehung zu den über ihnen befindlichen Figuren der Madonna auf der Ostseite und des Gekreuzigten auf der Westseite des von Halbpässen mit Prophetenköpfen und großen Weinlaubblättern umgebenen Kreuzes und seinen Reliefszenen aus dem Alten Testament, der Krönung Mariens und den vier Evangelistensymbolen.

Kelchschrank, ursprünglich wohl Reliquienschrank, um 1280. Die Außenseiten der beiden Türen in je acht Rechteckfelder geteilt, darin unter dreipaßbogigen Blendarkaden ursprünglich je eine sitzende Relieffigur, davon erhalten Marienkrönung, Paulus und Hesekiel, auf den Innenseiten der Türen als großfigurige Tafelmalerei Abel

Linke Seite: Bad Doberan, Klosterkirche, Hochaltar, Innenseiten des linken und rechten Flügels

Rechte Seite: Bad Doberan, Klosterkirche, Corpus-Christi-Altar, Innenseite des rechten Flügels mit Abendmahlsbild

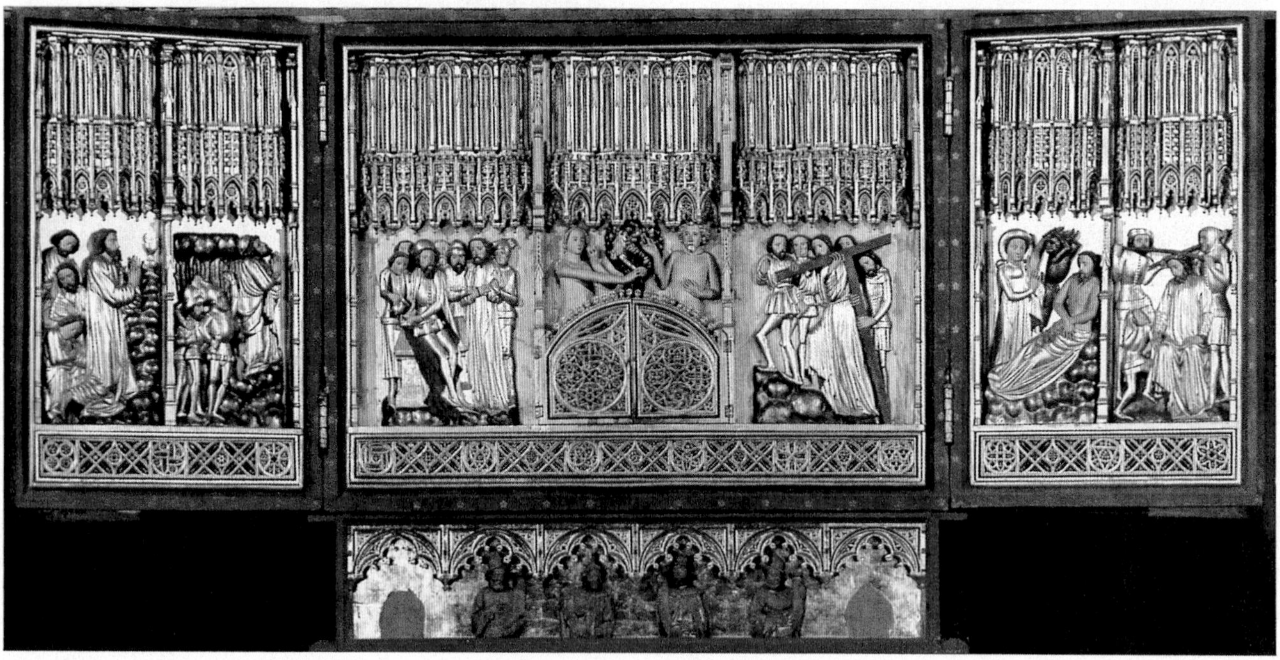

Linke Seite: Bad Doberan, Klosterkirche, Fronleichnamsaltar mit geöffneten Flügeln, Kreuzaltar, Christus-Seite (Westseite) mit geöffneten Flügeln

und Melchisedek; vor den zwanzig Schrankfächern dreipaßbogige Arkaden. Die Bekrönung A. 14. Jh.: maßwerkverzierter, von Fialen flankierter Wimperg mit Dreipaßnische, darin als Relief Büste des segnenden Christus und in den Zwickeln zwei Löwen.

Rechte Seite: Bad Doberan, Klosterkirche, Kreuzaltar, Marien-Seite (Ostseite), Madonnenfigur vom Kreuz, Kelchschrank geschlossen (rechts) und geöffnet (links), mit Innenseite des linken Türflügels mit Melchisedek

Sakramentshaus um 1365/70. Schlanker turmartiger Aufbau mit sechsseitigem hohem Sockel und fünf entsprechenden, durch Gesimse getrennten Geschossen; reicher Blattknollen-, Maßwerk- und Fialendekor. An den Seiten des Sockels Sitzfiguren des Alten Testamentes, des hl. Benedikt und seit M.19. Jh. des hl. Bernhard, im untersten Geschoß des Tabernakelschreins Standfiguren des Neuen Testamentes und des hl. Gregor.
Chorgestühl E. 13. Jh./1. H. 14. Jh. Unter reichen, am Konversengestühl aus dem 19. Jh. stammenden Maßwerkbaldachinen je zwei sich gegenüberstehende Reihen von 24 Sitzen für Mönche und 26 Sitzen für Konversen. An den Unterseiten der Stallen (Klappsitze) geschnitztes Weinlaub und in Menschen- bzw. Tierköpfen endende konsolartige Misericordien, die kräftig ausgebildeten Zwischenwangen mit geschnitzten Blattknollen und z.T. stilisiertem Blattdekor. Die überwiegend von Wimpergarchitekturen bekrönten Seitenwangen mit geschnitzten Blattranken und figürlichen Reliefs (Verkündigung an Maria, die hl. Benedikt und Bernhard, Mönch und Teufel sowie dem »Physiologus« folgende Tiersymbolik).
Dreisitziger Levitenstuhl im Chor, A.14. Jh., ursprünglich nur die Stallen; das Original der architektonischen Bekrönung aus drei Wimpergen mit in Maßwerk aufgelösten Fialen seit A.19. Jh. in der katholischen Kirche in Lud-

wigslust, Bez. Schwerin. In Doberan Kopie vom E.19.Jh. – Weitere einzelne Wangen mit vegetabilischem bzw. ornamentalem Dekor wohl vom nicht erhaltenen Novizengestühl, 14.Jh.

Marienleuchte. Eine der ältesten stehenden Madonnenfiguren in Norddeutschland, um 1280/90, um 1420 durch Sternenkrone, Strahlenkranz und Mondsichel zur Strahlenkranzmadonna verwandelt; in sechsarmigem Leuchtergehäuse aus sechseckigem Unterbau und rundem Baldachin mit Blattkrone.

Weitere mittelalterliche Ausstattungsstücke

Sog. Mühlen-Altar, Flügelaltar mit künstlerisch bedeutender Tafelmalerei, A.15.Jh. Auf der Mitteltafel Darstellung der »Sakramentsmühle« mit anthropomorphen Evangelistensymbolen, den Aposteln, den vier Kirchenvätern, Mönchen und Laien sowie Madonna mit Sonne und Mond und wohl König Albrecht von Schweden mit Gemahlin Agnes als mögliche Stifter; die erhaltenen Reste szenischer Malerei auf den Innenseiten der Flügel ikonographisch nicht mehr deutbar.

Flügelaltar »Ehrenreiche Jungfrau« 2. H.15. Jh., geringe Reste des gemalten Schablonendekors der Rahmenleisten sowie der gemalten figürlichen Darstellungen – Strahlenkranzmadonna, Marienleben, Heilige oder Apostel – erhalten.

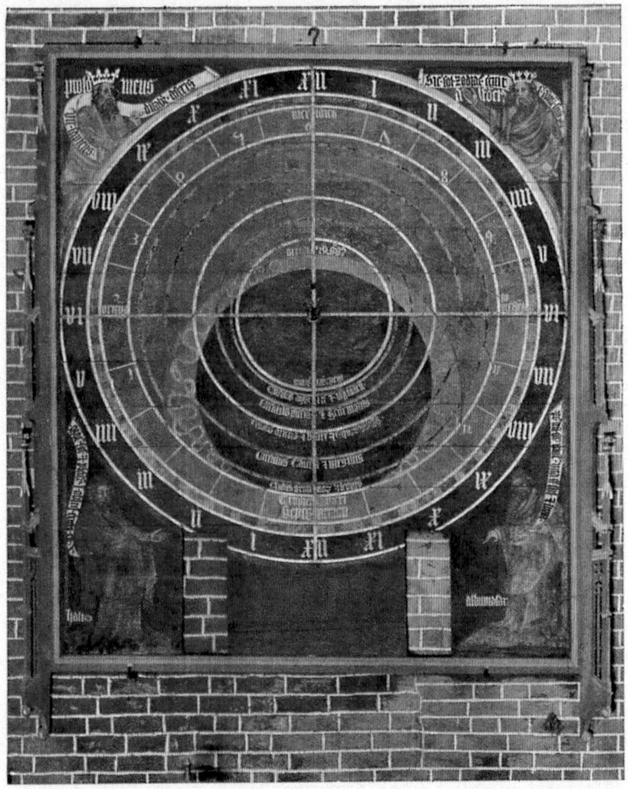

Linke Seite: Bad Doberan, Klosterkirche, Reliefschmuck von zwei Chorgestühlswangen, Leuchtermadonna

Rechte Seite: Bad Doberan, Klosterkirche, Taufstein, Zifferblatt einer astronomischen Uhr

»Altar der goldenen Engel« 14.Jh., nur der aus Mitteltafel und Flügeln bestehende Korpus mit aufgelegter flacher Arkadengliederung erhalten, die Malerei verlorengegangen.

Von zwei weiteren Flügelaltären des 14./15.Jh. die Malereien völlig verlorengegangen; die Rahmenleisten des einen mit vertieften Vierpässen verziert, am anderen Reste gotisierenden und manieristischen Schnitzdekors aus der Zeit um 1600.

Altarpredella A. 15.Jh., rechteckige Relieftafel mit Halbfiguren: Christus mit Leidenswerkzeugen als Schmerzensmann zwischen Maria und Johannes (?), daneben Paulus und die hl. Magdalena bzw. Petrus und die hl. Katharina. – Altarpredella mit gemalten Halbfiguren E. 15. Jh., Christus als Schmerzensmann in der Grabkufe mit Leidenswerkzeugen zwischen Paulus, St. Katharina und St. Be-

nedikt bzw. Petrus, Johannes Ev. und St. Georg; der Werkstatt des Hermen Rhode in Lübeck zugeschrieben. – Tafelbild mit der Enthauptung der hl. Dorothea in mittelalterlichem Rahmen, A. 15. Jh., wohl von einer verschollenen Altarpredella, vermutlich aus dem Werkstattumkreis Meister Bertrams.
Taufe, Kalkstein, 13. Jh., mit Rundbogenblenden an der vierpaßförmigen Kuppa; ehemals in der Marienkirche in Wismar (Abb. S. 253).
Zwei Heiligenfiguren E. 14. Jh. – Kruzifix um 1480. – Zifferblatt einer astronomischen Uhr, E. 14. Jh. Rechteckige

Linke Seite: Bad Doberan, Klosterkirche, Grabtumba der Königin Margarete von Dänemark (links oben und rechts), Grabtumben des Königs Albrecht von Schweden und seiner Gemahlin Richardis, dahinter Grabplatte M. v. Axekow und Gemahlin G. v. Bibow

Rechte Seite: Bad Doberan, Klosterkirche, Ostjoch des Chorumganges mit Oktogon, links im Bild das Portal zur Grabkapelle für Herzog Adolf Friedrich I.

Holztafel mit Stundenkreis, in den Zwickeln die gemalten Bildnisse der Astrologen: Ptolomaios Alfonso X. von Kastilien, Hali und Albumasar (Abb. S. 253).
Glasmalerei. In zwei Fenstern der Langhausseitenschiffe die wenigen erhaltenen figürlichen Scheiben vom E. 13. Jh. und 14. Jh. Im Nordfenster Madonna, Johannes Ev. und Stifterin mit Kirchenfenster (wohl Königin Margarete von Dänemark), ehemals im Ostfenster des Obergadens (dort durch Kopien ersetzt), und Eremit, im Südfenster Halbfiguren der Madonna und eines Apostels; die Neuzusammenstellung unter Verwendung der Reste von

Architekturscheiben und geometrisch-vegetabilischen Ornamentscheiben des 13. und 14. Jh. – Im Ostfenster der Pribislavkapelle Halbfigur Gottvaters, der Madonna und eines Heiligen sowie Stierkopf als Wappenscheibe, um 1500. In einem Fenster des nördlichen Langhausseitenschiffes kniende männliche Figur mit Rosenkranz, E. 15. Jh.

Zwei Sakramentsschreine 1. H. 14. Jh., ursprünglich auf einem Untersatz stehende, vierseitig ausgebildete Kleinarchitekturen, im unteren Teil der auf einer Seite durch Türen verschließbare Schrein, darüber eine Dreipaßnische, als Bekrönung zwei sich durchkreuzende Satteldächer, ihre wimpergartigen Giebel mit durchbrochenem Maßwerk, Blattkrabben und Kreuzblumen, an den Ecken schlanke Fialen. – Hängeschrank M. 14. Jh., Schrankteil mit drei Fächern übereinander und Maßwerkverblendung, als unterer Abschluß stilisierte Lilie, die von Fialen begleiteten zwei Rechteckfelder der Bekrönung ursprünglich wohl bemalt. – Geschnitzte Balkenbekrönung wohl von einem Gestühl, 1. H. 14. Jh.; tabernakelartiges Blendgehäuse mit drei Spitzbogenblenden und Maßwerkwimpergen auf allen Seiten, im Sockel je ein Drachenrelief, als Bekrönung ein sitzender Vogel (Taube, Adler?).

Türklopfer an der Konversenpforte, Bronze, 13. Jh. (oder Kopie des 19. Jh.?), vor einem durchbrochen gegossenen runden Ornamentfond Löwenkopf mit Klopfring im Maul. – Glocke von 1301 im Dachreiter.

Mittelalterliche Grabmäler und Grabplatten

Grabmal der Königin Margarete von Dänemark †1282. Künstlerisch außerordentlich qualitätsvolle Schnitzfigur, um 1285 geschaffen, dem Magdeburger Kunstkreis nahestehend. Der katafalkartige Unterbau um 1895, die Stelle des Grabes unbekannt.

Grabmal König Albrechts von Schweden †1412 mit Gemahlin Richardis †1377, um 1422 entstanden. Die liegenden Schnitzfiguren unter Maßwerkbaldachinen und mit einem Löwen bzw. Hund unter den Füßen, die künstlerische Qualität besonders der Frauenfigur beachtlich. Der tumbaartige Unterbau um 1895.

Grabgruft der Herzöge Albrecht II. †1379, Johann IV. †1422, Albrecht VII. der Schöne †1547 und anderer Angehöriger des mecklenburgischen Herzogshauses; die bronzene Verschlußplatte im Chorumgang E. 19. Jh. Darüber das sog. Oktogon, um 1422 errichtet, E. 19. Jh. umfassend restauriert: sein achtteiliges Gewölbe mit spitzbogigen Schildbogenarkaden von Spoliensäulen mit hier auch als Basen verwendeten spätromanischen Kelchblockkapitellen getragen, die drei in den Chorumgang vortretenden Seiten durch geschnitzte Brüstungen, Arkadenfüllungen und Attiken mit reichem Maßwerk- und Blattkrabbendekor geschlossen; die östliche Seite von zwei unter Baldachinen stehenden Kriegerfiguren mit mecklenburgischen Wappenschilden flankiert, im Bereich der Arkade drei Schilde des mecklenburgischen Herzogswappens, in der Brüstung darunter vier entsprechende Wappenschilde mit einer über deren Rückseiten verteilten zeitgenössischen Darstellung der Anbetung der Heiligen Drei Könige in Grisaillemalerei.

Die mittelalterlichen Grabplatten jetzt in der Regel stehend an den Wänden angebracht; die meisten mit aus dem Grund herausgearbeiteten oder in den Stein gravierten Figuren der Verstorbenen in Architekturrahmung, in den Ecken der Umschriften häufig Evangelistensymbole oder Wappenschilde.

Grabplatten für Geistliche. Zwei trapezförmige Platten mit Krummstab, ohne Inschriften, um 1300. Platte für Abt Martin I. †1339, mit Krummstab und Unzialen-Umschrift. Mit figürlichen Darstellungen die Platten für Abt Jacobus †1356, Abt Martin II. †1389, Abt Gottschalk †1391, Abt Johannes Plate †1420, Abt Hermann Bockholt †1427, Abt Bernhard †1442, Pleban Hermann von Giwertze †1460 (?), Abt Johannes Wilkens †1489, in sehr reicher Ausführung, Abt Franz Meyne †1499, Abt Heinrich Mützel †1504. Als erster evangelischer Prediger der Gemeinde Hermann Kruse †1599, mit Flachrelief des Geistlichen.

Die Platten über den Gräbern von Angehörigen des mecklenburgischen und werleschen Fürstenhauses z. T. aus dem 19. Jh., jedoch in mittelalterlicher Manier: Pribislav †1178, von 1856, mit Wappen, Helmzier und Umschrift; sechs in die benachbarte Wand gesetzte quadratische Ziegelplatten mit dem reliefierten mecklenburgischen bzw. werleschen Stierkopfwappen, 14. und 15. Jh., wohl von der ursprünglichen Grablege der Pribislavkapelle. Im Chor über den Gräbern Heinrichs II. (des Löwen) †1329 und Juttas von Werle (?) bronzene Deckplatten mit Kreuz, Wappen und Inschrift dekoriert, vom E.19. Jh., darunter die Gräber mit kleinen schwarz und rotbraun glasierten und teilweise mit Drolerien verzierten Ziegelplatten belegt, dazu In- und Umschriften 3. V. 14. Jh. und auf dem Grab Heinrichs auch zwei größere Reliefplatten mit Schild und Helm. Anna von Mecklenburg †1464, die Platte mit der Gestalt der Verstorbenen in sehr reicher spätgotischer Architekturrahmung, wohl A. 16. Jh. Die Grabplatten für Ursula †1510 und Magnus III. †1550 1856 erneuert.

Grabplatten weltlicher Personen, z.T. als Paar dargestellt: Heinrich von der Weser und Gemahlin Ida 1. V.14. Jh.; Petrus Wise †1338; Johannes v. Moltke †1391 mit seinen Gemahlinnen Margarete v. Reventlow †1388 und Alheydis v. Kulen † nach 1391; Heinrich v. Moltke †1415 und Gemahlin Katharina †1432; Hermann v. Oertzen †1386 und Siegfried v. Oertzen † 1449; Helena (v. Oertzen?) M.15. Jh.; Heinrich v.d. Lühe M. 15. Jh.; mehrere Doppelgrabsteine für Angehörige der Familie v. Axekow, wohl alle 2. H.15. Jh.

Im Fußboden des nördlichen Chorumganges mittelalterliche Altarplatte mit Weihekreuzen.

Nachmittelalterliche Ausstattung

Kanzel von Johann Baptist Weiss, München; reicher neugotischer Architekturdekor, am Korb drei Reliefs mit Szenen aus dem Leben Christi und sitzende Engelgestalten. 1867 aufgestellt.

Lektorienpult, Bronze, E.19. Jh. Das in neugotische Architekturelemente aufgelöste Postament mit achtseitigem Sockel flankieren zwei mit ihm durch Stege verbundene schlanke neugotische Standleuchter; die ausgebreiteten Flügel des einen Drachen in seinen Fängen haltenden Adlers dienen als Pultbrett.

Sängerempore im südlichen Langhausseitenschiff, E.19. Jh. – Vom Fürstenstuhl M.19. Jh., ursprünglich in die Südreihe des Mönchgestühls gegenüber der Kanzel eingebaut, die neugotischen wimpergbekrönten Baldachine mit hohen Fialen jetzt gemeinsam mit gleichzeitigen anderen Gestühlsresten neu zusammengesetzt und im Westen des Langhausmittelschiffes aufgestellt. – Neugotisches Gemeindegestühl M.19. Jh.

Acht dreiflammige Kandelaber im Gestühl und zwölf zwei- bis vierflammige Wandleuchter, Eisenguß teilbronziert, E.19. Jh. Am Schaft der Kandelaber Wirtel und Noppen, hier und an den Wandleuchtern die Arme in stilisiertes Blattwerk aufgelöst, an den Wandleuchtern die Arme durch ein von Vierpässen durchbrochenes Band verbunden

Inschrifttafel, Bronzeguß, 1900, mit Aufzählung aller zwischen 1844 und 1900 an und in der Kirche durchgeführten Restaurierungsarbeiten.

Im Dachreiter Glocke 1831 von Simon Zach, Stralsund.

Gemälde

Siebzehn Gemälde mit Porträts von Angehörigen des mecklenburgischen Herzogshauses, 16. bis 19. Jh. Frei er-

funden das Bildnis Albrechts II. (†1379), eine Kopie von 1750 von Joachim Heinrich Krüger nach dem 1589 gemalten Original von Cornelius Krommeny. Von Krommeny die Porträts Heinrichs IV. (†1477), Johanns V. (†1442), Johanns VI. (†1474), Albrechts VI. (†1483), Albrechts VII. (†1547) und seiner Gemahlin Anna von Brandenburg (†1567), nach dem Leben gemalt die Bildnisse Ulrichs von Güstrow (†1603) und seiner Gemahlin Anna von Pommern (†1626). Von Daniel Block 1613/14 die Kopien der älteren Porträts Johann Albrechts I. (†1576) und seiner Gemahlin Anna Sophia von Preußen (†1591), weiter die Porträts Karls I. (†1610), Adolf Friedrichs I. (†1658) und seiner Gemahlin Anna Maria von Friesland (†1634). Weitere Porträts: Sophie von Dänemark (1631), Christian Ludwig I. (†1692), Großherzog Friedrich Franz, letzteres 1834 von Rudolph Suhrlandt. – Gemälde, Darstellung des armen Lazarus, 17. Jh.

Kirchengerät

Zwei Kelche mit Patenen, Silber vergoldet, 1797. Kelch, Silber vergoldet, M.19. Jh., mit neugotischem Dekor. Zwei Oblatendosen, 1797; die kleinere Silber vergoldet und rund, auf dem Deckel die Leidenswerkzeuge Christi, die größere Silber und oval. Löffel, Silber, 19. Jh. Taufschale, Silber, 1856. Leuchterpaar, Silber, 1820/30. Vier Altarleuchter, Zinn, 17. Jh. Leuchterpaar, Bronze, 1754. Altarkruzifix, Corpus Elfenbein, 18. Jh. – Almosenkasten, Holztruhe mit Eisenbeschlägen, 17. Jh., Opferstock, hohe Holztrommel aus einem Baumstamm, wohl A.19. Jh.

Grabmäler, Epitaphien und Grabplatten

Grabkapelle des Herzogs Adolf Friedrich I. †1658 und seiner Gemahlin Anna Maria †1634, in der mittleren Umgangskapelle. Als Bildhauer für 1634/43 Franz Julius

Bad Doberan, Klosterkirche, Bildnisse des Herzogs Albrecht VII. und der Herzogin Anna, Grabkapelle des Herzogs Adolf Friedrich I. in der östlichen Umgangskapelle

solen, Festons und Zaddelgehänge; in den Zwickeln der Arkaden als Reliefs Engelköpfe und seitlich je ein Tuba blasender Engel, an den seitlichen Säulenpostamenten Putten mit Seifenblasen bzw. Totenschädel als Vanitassymbole. Die Treppe zur Loggia mit Balustergeländer und rundbogiger Tür in reicher Architekturrahmung mit flankierenden Säulen, auf dem ausladenden Hauptgesims seitliche Belastungspyramiden, zwei geschnitzte sitzende Engel und die Figur des auferstandenen Christus.

Im Inneren der sich nach hinten, der Chorumgangskapelle entsprechend, trapezförmig verjüngenden Loggia über dem Sockel rundbogige Blenden und Fenster; der Dekor dem der Schauwand vergleichbar, aber durch Grotesken und Maskenkandelaber sowie im Bereich der Blendarkaden und Fenstergewände durch kleine viereckige Felder mit geometrischen, pflanzlichen und dem

Döteber und Daniel Werner bezeugt. Der Entwurf der Loggia wohl nach einem Architekturstich des Vredeman de Vries.

Im gemauerten hohen Sockelgeschoß die Gruft mit den Sarkophagen des Ehepaares und weiterer Nachkommen, an den vier Segmentbogentüren außen gemalte Kartuschen mit Fides, Spes, dem mecklenburgischen und dem ostfriesländischen Wappen, unter der Treppe zur darübergelegenen Loggia auf die Wand gemaltes »Memento mori« mit Lilie, Totenschädel, Sanduhr und Leuchter mit Kerze.

Die Loggia aus Sandstein, zum Chorumgang geöffnet in fünf rundbogigen Säulenarkaden mit Kompositkapitellen, eingestellten Balustraden und bekrönender Attika mit aus ihr ragenden Fähnchenlanzen, als Baudekor Knorpel- und Schweifwerk, Puttenköpfe, Masken und Maskenkon-

Tierreich entnommenen Motiven bereichert. Zwischen den Blenden und Fenstern fünf die Verkröpfungen des Hauptgebälkes tragende Karyatiden auf Säulen, als Allegorien der fünf Sinne; in zwei Fenstern Glasmalerei mit den Wappen von Mecklenburg und Ostfriesland, um 1900. In den Feldern der flachen hölzernen Spiegeldecke geschnitzte Reliefs von Engelpaaren mit Knorpelwerkkartuschen, dazwischen konsolartige Maskenpilaster. Von der Decke herabhängend schwebende geschnitzte Engelfigur mit Sinnspruchkartusche, darunter die lebensgroßen Schnitzfiguren des Herzogspaares in reicher zeitgenössischer Hoftracht, die Köpfe aus Alabaster.

Grabmonument des Kanzlers Samuel v. Behr †1621, in der nördlichen Umgangskapelle, wohl als gemeinsames Werk von Franz Julius Döteber, Daniel Werner, Ghert Evert Piloot und Samuel Lautenbergk 1622/26 entstanden. Auf dem abgestuften Sandsteinsarkophag mit Reliefporträts der Eltern des Verstorbenen (H. v. Behr/A. v. Levetzow), Inschriften und reichem Spätrenaissancedekor das lebensgroße hölzerne Reiterstandbild des herzoglichen Kanzlers im Prunkharnisch, zu Füßen des Pferdes ein Hündchen. Über allem ein von sechs auf Postamenten stehenden korinthischen Säulen getragener Sandsteinbaldachin, an den Postamenten und Säulenschäften Masken- und Bukraniendekor, am Architrav des flachen Daches mit weit vorspringender Deckplatte Engelköpfe und flache Schweifwerkkartuschen. Der Fußboden der Kapelle aus glasierten gelben und schwarzen Kacheln, 1. H. 17. Jh. Laut Wandinschrift 1886/87 umfassende Restaurierung des in Norddeutschland einzigen Grabmonumentes mit Reiterstandbild, aus dieser Zeit auch das kunstvolle Eisengitter im Spätrenaissancestil.

Sarkophag des Herzogs Friedrich Franz I. †1837, geschliffener Granit, 1843 nach Entwurf von Georg Adolph Demmler.

Grabmonument des Herzogs Johann Albrecht †1920 und seiner Gemahlin Elisabeth von Sachsen-Weimar †1908, in der südlichen Umgangskapelle, 1910 nach Entwurf von Ludwig Winter, aus verschiedenfarbigem geschliffenem Marmor: über zweistufigem Podest ein vierseitiges Säulen-Ziborium mit achtseitiger Laterne im Stil frühchristlich-byzantinischer Anlagen, die Flächen mit ornamentalen Mosaiken überzogen, in den Wimpergen Rundmedaillons mit Pantokratorbüste und frühchristlichen Symbolen; über den Ecken jeweils eine liegende Löwenfigur. Unter dem Ziborium der Sarkophag, an dessen Wänden symbolverzierte Rundbogenblenden auf Säulen; der halbkreisförmig gewölbte Deckel mit Rautenmustern und Symbolen an den Stirnwänden. An den Kapellenwänden Inschriftentafeln zum Gedächtnis der hier Beigesetzten; der Fußboden aus glasierten Kacheln, das die Kapelle begrenzende Gitter gleichzeitig.

Linke Seite: Bad Doberan, Klosterkirche, nördliche Chorumgangskapelle mit Grabmonument Samuel v. Behr, südliche Chorumgangskapelle mit Grabmonument Herzog Johann Albrecht

Rechte Seite: Bad Doberan, Klosterkirche, Figurenepitaphien der Herzöge Balthasar und Erich

Sarkophag der Herzogin Feodora zu Mecklenburg †1918, geschliffener Marmor, die Wände durch neugotische Dreipaßbogenblenden gegliedert, auf dem Deckel ausgegründetes Kreuz.

Epitaphien: drei Figurenepitaphien für die Herzöge Magnus II. †1503, Balthasar †1507 und Erich †1508, um 1510/15 geschaffen: jeweils auf einer Konsole stehende lebensgroße Schnitzfigur in Turnierrüstung, an den Konsolen namentlich bezeichnet, die des Magnus mit mecklenburgischem Wappen und darunter vierzeiliger Inschrift.

Zehn Inschriftenepitaphien, Holz, wohl um 1515/20, um 1750 restauriert; schwarz gestrichene Tafeln mit goldenen Spangenwerkornamenten auf den Rahmen und goldenen Majuskelinschriften, als Texte zumeist Abschriften verlorengegangener mittelalterlicher leonischer Verse, z. T. auch von Epitaphtexten des Kanzlers N. Marschalk † 1525 bzw. des Dietrich Uelsen: gewidmet Pribislav † 1178, dreimal Heinrich II. (des Löwen) † 1324, zweimal Albrecht I. † 1379, Heinrich III. † 1383, Magnus II. † 1503, Erich † 1508, Ursula von Brandenburg † 1510. Zwei weitere Tafeln mit Aufforderungen zur Fürbitte für Herzog Balthasar † 1507 und Herzogin Ursula, um 1515/20. – Tafel mit Segenswunsch für Angehörige der Familie Hanezagel (= Hahnenstert) und Heinrich Borwin I., wohl um 1515/20.

Epitaph Magnus III. † 1550, Sandstein, 3. V. 16. Jh. Große Rollwerkkartusche mit mecklenburgischem Wappen, darunter Inschrifttafel mit Rollwerkrahmen, lateinischer und deutscher Laudatio.

Großes Fürstenepitaph, Marmor, 1583. In aufwendigem Rollwerkrahmen mit mecklenburgischem Wappen, Genien und Sanduhr mit Totenköpfen, Putten, Kriegern und Trophäengehängen die über neun zusammengesetzte Platten verteilte Laudatio auf die mecklenburgischen Fürsten und Herzöge.

Neue große Fürstengedenktafel, Sandstein. 2. H. 19. Jh., zählt mit Sterbedaten alle Fürsten des 12. bis 16. Jh. auf, geordnet nach den Häusern Mecklenburg, Werle und Rostock.

Epitaph Peter Wise † 1338, Temperamalerei auf Holz, A. 16. Jh., in der oberen Hälfte Tafelbild mit der Ganzfigur Wises und seinem Wappen, unten eine halb deutsch, halb lateinisch verfaßte Widmungsinschrift; die Bildtafel in die Rückwand eines gotischen Andachtsbildes mit Baldachin und Maßwerkkamm eingefügt.

Zahlreiche Grabsteine des 17. und 18. Jh., nicht alle in situ, die meisten mit Inschriften.

Das ehem. Klostergelände auch heute noch eingefaßt von der KLOSTERMAUER, 1283/90 aus Backstein errichtet, mit breiten Stützpfeilern; außer wenigen jüngeren Durchbrüchen in ihrer Gesamtlänge von rund 1 400 m vollständig erhalten, die Mauerkrone mehrfach erneuert. Von den gleichzeitigen TOREN das im Westen gelegene Haupttor am besten erhalten, mit rundbogiger Durchfahrtsöffnung und segmentbogiger Fußgängerpforte, der obere Teil mit dreieckförmig geschlossenen Blenden und großer segmentbogiger Blende über der Durchfahrt. In ähnlichen Formen neben dem südlichen Durchlaß für den Mühlbach das Mühlentor. Das erst 1795 im Osten angelegte Rostocker Tor von quadratischen Pfeilern mit Putzrustika flankiert, ähnlich das im Norden gelegene Kammertor.

Von der südlich an die Klosterkirche anschließenden ehem. KLAUSUR nur die westliche Erdgeschoßwand des Ostflügels erhalten, aus der Zeit um 1230; die rundbogigen Fenster- und Portalöffnungen des ehemals hier gelegenen Kapitelsaales z. T. reich profiliert, an der Ostseite Reste von Gewölbeansätzen und Konsolen. – Der Grundriß der Klausur durch Ausgrabungen 1830 und 1925/26 ermittelt.

BEINHAUS unmittelbar nordöstlich der Klosterkirche. Oktogonaler, im Wechsel aus glasierten und unglasierten Schichten gemauerter Backsteinbau, M.13. Jh.: mit niedrigem Sockel, die Ecken betonenden Rundstäben und einem Kleeblattbogenfries unter acht jetzt in eine Schildwand einbezogenen Giebeln mit Flächenschmuck; in den Wänden schlanke Lanzettfenster mit in die Leibung eingestelltem Rundstab, das Spitzbogenportal in Segmentbogennische, darüber Maßwerkrosette in abgestufter Leibung. Das achtseitige Zeltdach von 1984 wiederholt den Zustand, wie er vom 17. bis zum 19. Jh. bestanden hatte; die 1878/80 von Gotthilf Ludwig Möckel rekonstruierte mittelalterliche Gestalt der Dachzone mit bekrönender achtseitiger Laterne mußte 1976 wegen Baufälligkeit abgetragen werden. – Im Inneren der Keller für die Gebeine, darüber Kapelle mit achtrippigem Gewölbe und zentraler Öffnung zum Tambour der ehem. Laterne; an Wänden und Gewölben ornamentale und figürliche Malerei: Christus, Apostel, Heilige, kluge und törichte Jungfrauen, 1879 von Carl Andreae in Anlehnung an den Befund erneuert.

Ehem. WIRTSCHAFTSHAUS und MÜHLE (Lager, seit 1979 Teilruine). Um 1290 aus Backstein errichteter Rechteckbau von wechselnder Breite, die Giebel nach Norden und Süden; westlich anschließend der Mühlentrakt. Die Fassaden des Hauptbaues ursprünglich im wesentlichen einheitlich ausgebildet: abgestufte Strebepfeiler auf der Nord-, Ost- und Südseite, z. T. paarweise geordnete Spitz- und Segmentbogenfenster in Rahmenblenden und unterschiedlich breite Spitzbogenportale; die meisten Fenster und Portale bis in die jüngste Zeit mehrfach verändert. Am Fuß der asymmetrischen Dreiecksgiebel Kleeblattbogenfriese, in den schlanken gestaffelten Spitzbogenblenden der Giebel bis zu drei Segmentbogenluken übereinander. Der breitere nördliche Teil des Gebäudes im Inneren dreischiffig mit einem dreigeschossigen Mittelteil, dessen drei Speicherböden zu den in Einzelräumen unterteilten niedrigeren Abseiten durch mächtige Rundbogenarkaden geöffnet sind, von denen die auf der Westseite gelegenen zwei oberen Reihen später vermauert und mit neugotischen Fenstern versehen wurden; die westliche Abseite war eingeschossig und ist

schon seit M.19. Jh. ohne Dach, die östliche Abseite ist zweigeschossig; nach Süden wird dieser Gebäudeteil durch eine blendengegliederte fensterlose Wand mit breiter Türöffnung abgeschlossen. Der schmalere südliche Teil des Wirtschaftshauses mit der ehem. Durchfahrt zur Mühle setzt die innere Raumaufteilung des nördlichen Teiles im Prinzip fort, hat aber keine westliche Abseite.

Linke Seite: Bad Doberan, ehem. Zisterzienserkloster, Klostertor, Ansicht von Westen

Rechte Seite: Bad Doberan, ehem. Zisterzienserkloster, Beinhaus

Der in der Flucht des dreigeschossigen nördlichen Mittelteiles liegende Raum besitzt die Höhe von zwei Geschossen, und in seinen Wänden liegen anstelle der Rundbogenarkaden tiefe Wandnischen und Kamine sowie mehrere breite Türöffnungen; die Räume der östlich angrenzenden zweigeschossigen Abseite besitzen Kreuzrippengewölbe.

Der an die Westwand dieses schmaleren Gebäudeteiles im rechten Winkel anschließende gleichzeitige Mühlentrakt zweigeschossig mit Segmentbogenfenstern und mit von gestaffelten Spitzbogenblenden gegliedertem Westgiebel über einem Kleeblattbogenfries; in der südlichen und der nördlichen Traufwand spitzbogige Ein-und Auslässe für den oberschlächtig genutzten Mühlbach, die Mühlräder nicht erhalten. Vor der linken Seite des südlichen Wirtschaftshausgiebels ein ursprünglich nur eingeschossiger Anbau mit unproportionierter Erhöhung aus dem E.19. Jh.

Ehem. KORNHAUS (Haus der Jungen Pioniere). Um 1270/80 als rechteckiger dreigeschossiger Backsteinbau mit Satteldach errichtet, das heutige Aussehen vom Umbau zum zweigeschossigen Schulhaus in der 1. H.19. Jh. bestimmt. Längswände und westliche Giebelwand durch bis unter das Hauptgesims reichende Spitzbogenblenden mit z. T. erhaltenem Maßwerk in jeder zweiten Blendenspitze gegliedert; anstelle von ursprünglich drei Reihen spitzbogiger Speicherluken jetzt im Erdgeschoß rechteckige, im Obergeschoß spitzbogige Fenster. Im Westgiebel drei Reihen Segmentbogenluken in spitzbogigen Rahmenblenden, der ungegliederte Ostgiebel wohl von einer Verkürzung des Gebäudes im 17. Jh.

Ehem. GÄSTEHAUS, sog. Wolfsscheune (Ruine). Vom 1280/90 errichteten zweigeschossigen rechteckigen Backsteinbau nur die nördliche Längswand und die unteren Teile der Giebelwände mit Spitz- und Segmentbogenöffnungen bzw. -blenden erhalten.

Sog. BACHGARTEN Das innerhalb der mittelalterlichen Klostermauer gelegene, vom Mühlbach und dem Althöfer Bach durchflossene Gebiet westlich, nördlich und östlich der Klosterkirche, im Süden von der 1830 angelegten Klosterstraße tangiert. Mit der Gründung des Seebades Heiligendamm und dem gleichzeitigen Ausbau Doberans zur herzoglichen Sommerresidenz wurde hier nach 1793 ein englischer Garten mit durch Gehölzgruppen bestimmter großzügiger Raumgliederung, neuen Wegen und hölzernen Bogenbrücken angelegt. Seit 1980 umfassende Wiederherstellung des Bachgartens als Landschaftspark mit enger Bindung an gestalterische Prinzipien des 19. Jh.

Der südöstliche Teil des ehem. Klosterbereiches diente seit 1795 als »Neuer Friedhof«, dessen Gräberfeld sich später bis östlich vom Chor der Klosterkirche hinzog. Jetzt die Grüfte des aufgelassenen, neuerdings in den Bachgarten einbezogenen Neuen Friedhofs eingeebnet, ihre Grabplatten, in der Mehrzahl aus der 1. H.19. Jh., an der Innenseite der Klostermauer aufgestellt.

Südwestlich der Klosterkirche SCHWANENDENKMAL, um 1830 im Zusammenhang mit dem weiteren Ausbau des Bachgartens und zur Erinnerung an die Gründungssage des Klosters aufgestellt: auf hohem Sockel und einem im oberen Teil durch Spitzbogenblenden gegliederten Postament aus Sandstein die farbig gefaßte Holzfigur eines sitzenden Schwanes mit einer Fürstenkrone um den Hals.

Hanstorf

PFARRHAUS Fachwerktraufenhaus von acht Achsen mit Krüppelwalmdach, 18. Jh. Im Inneren Türen und Treppenbrüstung aus der Erbauungszeit.

DORFKIRCHE In zwei Etappen errichteter Bau mit eingezogenem, polygonal geschlossenem Chor: E.13. Jh. in Feldstein zunächst die Längswände des Chores mit spitzbogigen Fensterpaaren sowie die unteren Teile des Schiffes und des in gleicher Breite geplanten Turmes errichtet, A.14. Jh. in Backstein die Schiffs- und Turmwände vollendet und ein dreiseitiges Chorpolygon angefügt sowie die Wölbung eingebracht. Das Äußere schlicht, Strebepfeiler nur am Chorpolygon. An der Südseite des Schiffes spitzbogiges Stufenportal. Die spitzbogigen Fenster zweiteilig, die östlichen mit zugesetztem Scheitelokulus, das südwestliche mit Viertelrundstab im Gewände. Der Turm durch Brand 1699 zerstört, wohl A.18. Jh. der niedrige verbretterte Turmaufsatz mit abschließendem Zeltdach aufgesetzt. Die Vorhalle an der Chorsüdseite wohl 15. Jh., ihr Giebel über deutschem Band mit spitzbogigen Blenden und mehrfach abgetreppten Schrägen.

Im Inneren Kreuzrippengewölbe auf schlichten Konsolen; der zum Schiff durch kräftigen Gurtbogen geöffnete ehem. Turmraum flachgedeckt. Die vegetabilische Bemalung der Gewölbe E.19. Jh., gleichzeitig auch die Orgel mit neugotischem Prospekt, das Gemeindegestühl und die figürliche Glasmalerei im nördlichen Chorfenster aus der Werkstatt Müller, Quedlinburg.

Altaraufsatz 2. H.18. Jh. Architektonischer Aufbau, das von Kompositsäulenpaaren eingefaßte Hauptgeschoß zeigt im rundbogig geschlossenen Mittelfeld plastische Kreuzigungsgruppe vor gemalter Landschaft, gerahmt von Draperie; zwischen den Säulen ursprünglich je eine allegorische Frauengestalt. Über dem verkröpften Gebälk von Wolkengloriole und Cherubköpfchen umgebenes Auge Gottes. Kanzel 1585, am Korb zwischen kannelierten Säulen Rundbogenarkaden mit Halbfigurenbildern der

Linke Seite: Bad Doberan, ehem. Zisterzienserkloster, Ruine des ehem. Gästehauses (sog. Wolfsscheune)

Rechte Seite: Hanstorf, Dorfkirche, Ansicht von Süden, Altaraufsatz, Kanzel, davor Truhe von 1672

Evangelisten; der Schalldeckel um 1700, mit ausgesägten Ornamentstücken. Sakramentshaus E.14. Jh., Hängeschrank mit vergitterter Tür und Fialen, darüber zweigeschossiger turmartiger Aufbau mit Maßwerkfenstern und schlanke, von Kreuzblume bekrönte Spitze. – Kirchenkasten in Truhenform von 1672, mit Eisenbeschlag, Inschriften und Wappenmalerei. Bedelt 1691, an der Rückwand geschnitzte Anna selbdritt, wohl 15. Jh. Dreizehn Kabinettscheiben mit Wappen, 17./18. Jh.

Zwei Patronatslogen: im Schiff von 1671, auf hölzernen Stützen, an der durch gekuppelte Säulen gegliederten Brüstung Wappenschnitzereien; im Chor aus dem 18. Jh., die Brüstungen durch Blendarkaden und Pilaster gegliedert. Hier auch zwei Kastengestühle, am südlichen von 1574 die Brüstung mit rundbogigen Blendarkaden, am nördlichen von 1788 mit hochrechteckigen Feldern.

Zwei Kelche, Silber, um 1500 und 1654, der ältere 1627 erneuert. Kelch und Patene, Silber vergoldet, 1792. Patene, Silber vergoldet, 17./18. Jh. Dose, Silber vergoldet, 1633. Kanne, Silber, 1695. Leuchterpaar, Zinn, 1733. Klingelbeutel, Silber, 18. Jh., der Samtbeutel von 1819. Glocke 1779 von Johann Valentin Schultz, Rostock. – Epitaph für D. v. Oertzen, E.17. Jh., geschnitzter Schild mit reichem Trophäenschmuck und Draperie, darunter gesonderte Inschrifttafel.

Linke Seite: Hanstorf, Dorfkirche, Sakramentshaus, Epitaph für D. v. Oertzen, Bedelt mit Anna selbdritt; Heiligendamm, Kurhaus und Badehaus, Kupferstich um 1820

Rechte Seite: Heiligendamm, Kurhaus, seeseitige Längsfront; Haus »Mecklenburg« (ehem. Badehaus) Prof.-Vogel-Straße 5

Heiligendamm (Ortsteil von Bad Doberan)

Der Ort an der Ostseeküste nahe Bad Doberan 1793 auf Anregung des Rostocker Arztes Samuel Gottlieb Vogel als erstes deutsches Seebad angelegt. Bis zum Ende des Jahrhunderts zunächst nur das Badehaus und ein später abgebrochener Salon, zu Beginn des 19. Jh. das benachbarte Kurhaus errichtet. Der Ausbau zum exklusiven Ba-

HEIC TE LAETITIA INVITAT POST BALNEA SANUM

HAUS MECKLENBURG

deort um 1839 mit dem Bau der sog. Cottages für die landesherrliche Familie westlich des Badehauses eingeleitet und mit der Errichtung der »Neuen Logierhäuser« östlich des zentralen Platzes fortgesetzt, weitere Villen im Anschluß an die Logierhäuser im 3. V. 19. Jh. erbaut. Bis gegen 1910 einzelne Gebäude hinzugefügt, durch Anpassung an die klassizistische ältere Bebauung die Geschlossenheit der Gesamtanlage bewahrt. – 1843 anläßlich der fünfzigsten Wiederkehr des Gründungsjahres auf dem Platz vor dem Kurhaus ein

GEDENKSTEIN mit Inschrift aufgestellt, der Transport des großen Granitfindlings von der etwa 10 km entfernten Fundstelle bei Elmenhorst nach Heiligendamm unter Leitung von Georg Adolph Demmler eine für die damalige Zeit beachtliche technische Leistung.

KURHAUS 1814/16 nach Entwurf von Carl Theodor Severin als rechteckiger zweigeschossiger Putzbau unter Walmdach errichtet. Vor der seeseitigen Längsfront eine breite dorische Säulenhalle, seitlich von je einer vorgezogenen Fensterachse mit halbkreisförmigem Oberlicht flankiert. Über dem Architrav Attika und niedriger breitgelagerter Dreiecksgiebel, die Putzflächen durch vertieftes Inschriftfeld, gedrücktes Lünettenfenster und Uhr belebt. Über den Fenstern in der Säulenhalle Stuckreliefs mit Tritonen und Nereiden, über dem mittleren Eingang Hygieia, die Göttin der Heilkunst (Abb. S. 265). Die ehemals an der Rückseite des Kopfbaues um einen Binnenhof gelegenen Arkadengänge mit Wohn- und Wirtschaftsräumen 1856 bei einem tiefgreifenden Umbau des Hauses durch Neubauten ersetzt, dabei auch der Hauptbau innen verändert. In einem Obergeschoßraum vier Panneaux einer gedruckten französischen Bildtapete, Schweizer Gebirgslandschaften, um 1840 entstanden (ehemals in der Villa Medini in Bad Doberan).

HÄUSER »Weimar«, »Dresden« und »Magdeburg«, Prof.-Vogel-Straße 1/3. Um 1839 als sog. Cottages wohl nach Entwurf von Georg Adolph Demmler im Landhausstil errichtet. Zweigeschossige Putzbauten mit z. T. in der Mitte liegendem turmartigem Erker und Veranden, das Haus »Weimar« gegen E. 19. Jh. beträchtlich erweitert.

HAUS »Glückauf« (ehemals »Burg«) Prof.-Vogel-Straße 4. Um 1840 nach Entwurf von Georg Adolph Demmler als dreigeschossiger Putzbau im Tudorstil mit Ecktürmchen, einem bergfritartigen Hauptturm und reichem Zinnenbesatz errichtet. Der neugotische Baudekor in jüngerer Zeit beseitigt.

HAUS »Mecklenburg« Prof.-Vogel-Straße 5. Im Kern das 1795/96 nach Entwurf von Johann Christoph Heinrich

v. Seydewitz errichtete Badehaus, der eingeschossige Bau 1839 um zwei Vollgeschosse und ein Mezzaningeschoß erhöht und mit einem Türmchen bekrönt. Die Erweiterung durch den viergeschossigen Kopfbau an der Seeseite Mitte der siebziger Jahre des 19. Jh. (Abb. S. 265).

HAUS »Berlin« (ehemals »Grand-Hotel«) Prof.-Vogel-Straße 6. Um 1875 in neoklassizistischen Formen als viergeschossiger Putzbau mit gebändertem Erdgeschoß und Risalitgliederung errichtet. Als Schauseite die schmale Südfront durch kräftig vorspringenden Mittelteil und seitliche Turmbauten betont.

HÄUSER »Maxim Gorki« (ehemals »Perle«), »Käthe Kollwitz« (ehemals »Greif«), »Walter Rathenau« (ehemals »Seestern«) und »August Bebel« (ehemals »Möwe«), Prof.-Vogel-Straße 7/10. Als sog. »Neue Logierhäuser« um 1840/50 errichtet, zweigeschossige Putzbauten im Landhausstil mit Türmchen, Veranden und Balkonen, in jüngerer Zeit vereinfacht wiederhergestellt.

HÄUSER »Rosa Luxemburg« (ehemals »Anker«), »Karl Liebknecht« (ehemals »Schwan«), »John Brinckman« (ehemals »Hirsch«) und »Fritz Reuter« (ehemals »Bischofsstab«), Prof.-Vogel-Straße 11/14. Zwischen 1857 und 1865 errichtete zwei- und dreigeschossige Villenbauten, ihre Erdgeschosse durch spätere Anbauten verändert.

HAUS »Max Planck« Prof.-Vogel-Straße 15. Großer zweigeschossiger Putzbau mit ausgebautem Mansarddach, in barockisierenden Formen um 1910.

KOLONNADE (Läden, Gaststätte) Prof.-Vogel-Straße 20. Im Stil der Bauten Severins um 1860 errichteter langgestreckter zweigeschossiger Putzbau mit vorgelegter dorischer Säulenhalle.

KAPELLE Abseits des Ortszentrums 1904 nach Entwurf von Gotthilf Ludwig Möckel errichtet. Neugotischer Backsteinbau mit polygonalem Ostschluß und quadratischem Südostturm mit Spitzhelm. Die Ausstattung aus der Erbauungszeit, älter eine Taufschale aus Messing von 1864.

Heiligenhagen

DORFKIRCHE Schlichter Feldsteinbau des 14. Jh., rechteckiges Schiff mit eingezogenem Rechteckchor. Der geböschte verbretterte Westturm mit achtseitigem, in der Mitte der Turmseiten überstehendem Zeltdach wohl 17./18. Jh. An der Südseite des Chores Vorhalle, Fachwerk, 1723. – Im Inneren in Schiff und Chor je ein Kreuzrippengewölbe, zwischen beiden Raumteilen Triumphbogen. Die Sakristei mit Tonnengewölbe.

Linke Seite: Heiligendamm, Gedenkstein auf dem Platz vor dem Kurhaus; Haus »Berlin« Prof.-Vogel-Straße 6

Rechte Seite: Heiligendamm, Haus »Weimar« Prof.-Vogel-Straße 1; Kolonnade Prof.-Vogel-Straße 20

Auf dem Altar Kruzifix A.15. Jh., Kopf und Kreuz erneuert, sowie predellenartiges Abendmahlsbild des 17. Jh., ursprünglich zu dem jetzt beiseitegestellten, im 17. Jh. veränderten Schnitzaltar gehörend. Kanzel mit Aufgang, der Korb von 1677 mit Evangelistenreliefs in rundbogigen Nischen zwischen gekuppelten Säulen, der Aufgang mit gemalten weiblichen Halbfiguren wohl 18. Jh. Schwebender Taufengel 18. Jh. Schnitzaltar 2. H.15. Jh., im Schrein, unter Maßwerkbaldachinen, Mondsichelmadonna im Strahlenkranz, umgeben von vier musizierenden Engeln, sowie, in zwei Reihen übereinander, vier Heilige; die Flügel im 17. Jh. mit ovalen Brustbildern bemalt, innen die vier Evangelisten, außen vier Apostel. Abschließender Blattkamm. Westempore 18. Jh.
Kelch, Silber vergoldet, 14./15. Jh. Kelch und Patene, Silber, 1690, an der Kuppa gravierte Darstellungen von Gethsemane, Abendmahl und Kreuzigung. Patene, Silber vergoldet, 18. Jh. Dose, Silber, 1708, mit plastischem vegetabilischem Dekor. Leuchterpaar, Zinn, um 1800. Glocke 1612. – Epitaph B. v. Bülow † 1617/E. v. Vieregge, Sandstein. Im Hauptfeld Relief mit Kruzifix und Stifterfamilie vor gemaltem Hintergrund, seitlich gerahmt von Wappenleisten und Ohrmuschelohren; im Unterhang Schrifttafel, der Aufsatz mit den Wappen der Verstorbenen und Auferstandenem, seitlich allegorische Figuren (eine verloren). Vier Grabsteine v. Bülow 16. Jh.

Linke Seite:
Heiligenhagen, Dorfkirche, Ansicht von Südwesten, Kanzel mit Taufengel und Epitaph B. v. Bülow (rechts oben), Kelch von 1690

Rechte Seite:
Hohenfelde, Brunnenhaus; Hohen Luckow, ehem. Schloß, Hofseite, Stuckdecke im Festsaal, Detail

Hohenfelde

BRUNNENHAUS Bei den 1906/07 im Glashäger Tal erbohrten Mineralwasserquellen wenig später ein Brunnenhaus in Gestalt eines Antentempels errichtet, ein Putzbau in neuklassizistischen Formen auf einem Podest mit breiter Freitreppe, seitlich von halbhoher Mauer und steinernen Sitzbänken eingefaßt. 1985/86 rekonstruiert.

Hohen Luckow

Ehem. SCHLOSS (Verwaltung). Stattlicher rechteckiger Putzbau von zwei Geschossen und neun Achsen unter Walmdach, 1707/08 erbaut; die achteckigen Ecktürme mit den barockisierenden Hauben an der Gartenfront und der dreiachsige Eingangsvorbau mit dem hierher versetzten Hauptportal an der Hoffront Ergänzungen des 19. Jh. Die drei mittleren Achsen der Längsseiten als flache Risalite ausgebildet und bekrönt von Dreiecksgiebeln, der der Eingangsseite mit plastischem Schmuck, Wappen und Trophäen. Kräftiges Hauptgesims, flache Gesimsbänder über dem Sockelgeschoß und zwischen Erd- und Obergeschoß. Die Fenster mit breiten Faschenrahmen und -ohren. – Im Inneren die ursprüngliche Raumaufteilung weitgehend erhalten. In mehreren Räumen reicher ornamentaler und figürlicher Deckenstuck, wahrscheinlich von italienischen Meistern, besonders prächtig gestaltet der Festsaal (»Rittersaal«) im Westteil des Obergeschosses: üppige Stuckdecke über konsolengetragenem Gesims, die Wände mit Pilastergliederung und

mythologisch-allegorischen Stuckreliefs, über dem Kamin Bildnis des Erbauers in plastischer Umrahmung; umlaufendes Holzpaneel mit gemalten Wappendarstellungen (Ahnenprobe).

Der Park im 19. Jh. zum Landschaftspark umgestaltet, im östlichen Teil zweigeschossiger Pavillon über achtseitigem Grundriß, wohl 18. Jh., Erdgeschoß verputzt, Obergeschoß in Fachwerk. Drei-Kinder-Gruppe, Sandstein, 1868. – Vor der Eingangsfront Rasenparterre beidseitig von Lindenreihen eingefaßt.

DORFKIRCHE Kleiner Backsteinbau wohl des 14. Jh., zweijochiges Schiff, wenig später der etwas breitere, mit drei Seiten geschlossene Chor; Schiff wie auch Chor mit Strebepfeilern. Veränderungen im 18./19. Jh. und nach Brand 1934, von der letzten Wiederherstellung auch das Dachtürmchen. – Im Inneren das Schiff mit gebusten Kreuzrippengewölben, der Chor mit barockem Deckenspiegel. Unter dem Chor Gruftgewölbe.

Kanzelaltar 1712. Architektonischer Aufbau, der von Pilastern und Säulen flankierte, kräftig geschwungene Kanzelkorb in halbrunder Mittelnische, über dem verkröpften, die Mittelnische fortsetzenden reichen Gebälk gebrochener Rundgiebel mit Auge Gottes in Engelwolke sowie von Engeln gehaltene Draperie. Altarschranken gleichzeitig, ebenso wohl auch der schwebende Taufengel. Reizvoller, von Rocaillerahmung mit Allianzwappen bekrönter Orgelprospekt auf geschwungener Orgelempore mit zwei posauneblasenden Putten, 1772. Patronatsgestühl 18. Jh. – Kelch, Silber vergoldet, 1510. Kelch, Silber vergoldet, 1591, im 2. V. 17. Jh. stark erneuert, aus der gleichen Zeit die Patene. Kelch und Patene, Silber vergoldet, 1708. Dose, Silber, 2. H. 17. Jh. Taufschale, Silber, 1737. Kanne, Silber, 1869. Leuchterpaar, Zinn, 18. Jh. – Epitaphgemälde H. O. v. Bassewitz 1734, der Verstorbene vor dem Kruzifix kniend. Grabstein K. v. Budda † 1791.

Hohen Niendorf (Ortsteil von Bastorf)

Ehem. GUTSHAUS (Ferienheim). Putzbau von elf Achsen und zwei Geschossen über Sockelgeschoß, um 1880 erbaut, stark verändert. An der Hofseite jeweils die drei äußeren Achsen risalitartig vorgezogen und um ein Geschoß erhöht, an der Parkseite Frontispiz; an der Westseite diagonal gestellter quadratischer Turm mit Zeltdach.

Der Park im Landschaftsstil in seinen wesentlichen Konturen erhalten.

Kägsdorf (Ortsteil von Bastorf)

Ehem. GUTSHAUS (Ferienheim). Rechteckiger zweigeschossiger Putzbau von neun Achsen, um M.19. Jh. in neugotischen Formen erbaut. Die drei Mittelachsen der Hoffront leicht vorgezogen und von Blendwand mit kleinem Mittelgiebel bekrönt, die das Satteldach einfassenden Giebel an den Schmalseiten mit Fialen geschmückt.

Karin

Sog. HOLLÄNDERHAUS (Büro, Wohnungen). Fachwerkbau von 1699, in jüngerer Zeit stark verändert und weitgehend verputzt. Von reizvoller Anlage: ein zweigeschossiger fünfachsiger Mittelbau unter Walmdach wird beidseitig eingefaßt von im Viertelkreis geführten eingeschossigen Seitenflügeln unter Satteldächern, deren Giebel sich in der Hauptansicht wirkungsvoll mit dem Walm des Mittelbaues zusammenschließen.

DORFKIRCHE Backsteinbau des 14. Jh., die unteren Mauerteile aus Feldstein. Zweijochiges Schiff mit einjochigem, fünfseitig geschlossenem Chor von Schiffsbreite, Südvorhalle mit Blendengiebel sowie quadratischem Westturm. Schiff und Chor mit Strebepfeilern, an der Westseite des Schiffes diagonal gestellt; spitzbogige, am Chorpolygon zweigeteilte Fenster mit abgetrepptem Gewände. Der wohl etwas jüngere Westturm im obersten

Linke Seite: Hohen Luckow, Dorfkirche, Kanzelaltar, Westempore mit Orgel

Rechte Seite: Karin, sog. Holländerhaus, Vorderansicht; Kägsdorf, ehem. Gutshaus, Hofseite

Geschoß mit jeweils zwei spitzbogigen Blenden mit gekuppelten Schallöffnungen, Abschluß des Turmes durch längsgerichtetes Walmdach. Die Nordsakristei aus dem 18. Jh. – Das Innere mit Kreuzrippengewölben, zwischen Schiff und Chor spitzbogiger Triumphbogen.

Kanzelaltar 1736 von Heinrich Johann Bülle und M. Busch. Architektonischer Aufbau. Das Sockelgeschoß mit Abendmahlsgemälde. In dem säulenflankierten Hauptgeschoß der von zwei Engelfiguren eingefaßte polygonale Kanzelkorb mit plastischer Kreuzigungsgruppe, seitlich von den Säulen und auf dem Gebälk die Schnitzfiguren der vier Evangelisten, auf der Strebenkrone des Schalldeckels Auferstandener; reiches Akanthusschnitzwerk. Dreiseitige Westempore 18. Jh. Beidseitig im Chor von Säulen getragene Patronatslogen, an der Südseite um M. 18. Jh., an der Nordseite sehr reich in Rokokoformen, in der geschnitzten Bekrönung 1783 datiert. Hier auch Pastorengestühl von 1755.

Zwei Kelche und Patenen, Silber vergoldet, 1654 und 1760. Patene, Silber, 18. Jh. Dose, Silber, M. 18. Jh. Kanne, Silber, 1862. Leuchterpaar, Zinn, 17. Jh. Zwei spätmittelalterliche Glocken.

Kirch Mulsow

DORFKIRCHE Gestreckter Rechteckbau wohl aus der 1. H. 14. Jh., der westliche Teil aus Feldstein, die in gleicher Breite anschließenden beiden östlichen Chorjoche und die Nordsakristei aus Backstein. Am Chor Ecklisenen, in der Ostwand dreiteiliges Spitzbogenfenster; an den Langseiten Strebepfeiler. Im Gewände der Priesterpforte an der Südseite eingestellte Rundstäbe. Veränderungen im 18. Jh., dabei der Chorgiebel und der obere Teil des Sakristeigiebels erneuert. Aus der gleichen Zeit wohl auch der niedrige verbretterte Westturm mit kräftig überstehendem Pyramidendach. – Im Inneren die beiden Chorjoche mit Kreuzrippengewölben, das Schiff mit flacher Decke; spitzbogiger Triumphbogen.

Triumphkreuzgruppe 2. H. 15. Jh. Orgel mit neugotischem Prospekt von 1860, das Werk von Friedrich Friese, Schwerin. Umlaufende Empore und das Gemeindegestühl A. 19. Jh. Pastorenstuhl um 1700. – Zwei Kelche und Patenen, Silber vergoldet, 1591 und 1611. Dose, Silber vergoldet, 1730. Patene und Kanne, Silber, 18. Jh. Krankenkelch, Patene und Dose, Zinn, 1780. Taufschale, Zinn, 18. Jh. Schale, Messing, 18. Jh. Drei Leuchter, Zinn, 1654 und M. 17. Jh. Klingelbeutel 1864. Glocke 1879.

Klein Nienhagen (Ortsteil von Altenhagen)
Ehem. GUTSHAUS (Wohnungen). Im Kern wohl ein Bau des späten 18. oder frühen 19. Jh., 1913 erneuert und in die heutige Gestalt gebracht. Rechteckiger zweigeschossiger Putzbau mit Walmdach, an der Hofseite die äußeren Achsen risalitartig vorgezogen und durch rahmende Kolossalpilaster betont, in der Mitte angeputzter dreiteiliger Giebelportikus und Frontispiz in Gestalt eines Staffelgiebels.

Kröpelin
Als Kirchdorf 1186 nachweisbar, zur Stadt erhoben zwischen 1232 und 1250 (Nennung als oppidum) durch Heinrich Borwin III. von Rostock. Planmäßig angelegte Kleinstadt mit Hauptstraßenzug in West-Ost-Richtung (die von Wismar nach Rostock führende alte Handelsstraße) und quadratischem Marktplatz. Unmittelbar nördlich des Marktes, auf leichter Erhebung, die Pfarrkirche.
RATHAUS Zweigeschossiger Putzbau unter Mansarddach, um 1900 über T-förmigem Grundriß in historisierenden, dem Zopfstil angenäherten Formen errichtet. Die dem Markt mit vorgelagerter Terrasse zugewendete Fassade des in West-Ost-Richtung sich erstreckenden Hauptflügels von sieben Achsen: zwischen Erd- und Obergeschoß Stockwerkgesims, die mittleren drei Achsen

durch Pilaster hervorgehoben; Fenster mit Faschenrahmung, die des Obergeschosses mit stuckierten Festons. Über dem Traufgesims Attika mit Scheinbalustrade, diese in der Mittelachse unterbrochen für einen ädikulaartigen, von Pilastern gerahmten Aufsatz mit Uhr. Der

Linke Seite: Karin, Dorfkirche, Ansicht von Südosten, Blick von Südwesten in den Chor

Rechte Seite: Klein Nienhagen, ehem. Gutshaus, Hofseite; Kirch Mulsow, Dorfkirche, Ansicht von Südosten; Kröpelin, Rathaus

nach Osten anschließende Querflügel von fünf Achsen in der Gliederung ähnlich dem Hauptflügel, an seiner dem Markt zugewendeten dreiachsigen Schmalseite durch ein drittes, den unteren Teil des Mansarddaches verdeckendes Geschoß erhöht.

WOHNBAUTEN Großer Stadtbrand 1774, der mehr als die Hälfte der Wohnhäuser vernichtete. Die bestehende Bebauung, im Kern vorwiegend Fachwerk in zwei Geschossen, kaum älter als E. 18. Jh., zumeist im 19. und 20. Jh. verputzt oder durch massive Neubauten ersetzt. An Einzelgebäuden zu nennen: In den Hören 1/Ecke Wilhelm-Pieck-Straße, zweigeschossiges, zur Wilhelm-Pieck-Straße dreiachsiges Giebelhaus, Putzbau vom E. 18. Jh., die Giebelseite in Formen des Zopfstiles: Erd- und Obergeschoß durch Kolossalpilaster zusammengefaßt, an diesen unterhalb der Kapitellzone kleine Festons; abschließendes Gesims. Der gestelzte Schweifgiebel darüber mit von Pilastern gerahmter Mittelachse, nach innen eingerollten Mäandervoluten und geschweiftem Aufsatz als oberem Abschluß. – Wilhelm-Pieck-Straße 11, zweigeschossiger Fachwerkbau mit verputzter Straßenfront, 2. V. 19. Jh., über den Erdgeschoßfenstern plastische Festons, das Mittelportal übergiebelt.

STADTKIRCHE Stattlicher Backsteinbau, vom späten 13. Jh. bis zum 15. Jh. errichtet. Ältester Teil der zweijochige Rechteckchor mit Nordsakristei, spätes 13. Jh. In Feldstein begonnen, in Backstein fortgesetzt; Treppenfries unter der Traufe, große zwei- und dreiteilige Spitzbogenfenster. An der Südseite reich gegliederte Priesterpforte mit eingestellten Gewändesäulen, Blattkapitellen sowie Lilienblüten an den Archivolten. Das wesentlich höhere und breitere dreijochige Schiff 14. Jh. Profilierter, die Strebepfeiler umlaufender Sockel; die reich profilierten Gewände der Spitzbogenportale im Wechsel von glasierten und unglasierten Steinen eingefaßt, ebenso die Leibungen der 1867 erneuerten dreiteiligen Spitzbogenfenster. Der Ostgiebel mit Blendengliederung. Aus dem 15. Jh. die Südvorhalle mit reichem Zinnengiebel und Rücksprungportal sowie der quadratische Unterbau des Westturmes, sein durch jeweils drei große Schalluken belebtes Obergeschoß und der achtseitige Spitzhelm von 1885.

Im Inneren des Chores zwei kuppelige Kreuzgewölbejoche des späten 13. Jh., mit Scheitelringen, die Bandrippen auf Runddiensten mit Tellerbasen und Blattkapitellen. Der die Chorjoche trennende, von ähnlichen Vorlagen wie die Gewölbe getragene Gurtbogen mit glasierten Steinen, ebenso geschmückt der Triumphbogen, zum Schiff hin in die Abtreppung eingelegter Rundwulst. Von den Sakramentsnischen in den Chorlängswänden die südliche mit Kleeblattbogenschluß. Im Schiff die Rippen auf

Linke Seite: Kröpelin, Wohnhäuser In den Hören 1/Ecke Wilhelm-Pieck-Straße, Wilhelm-Pieck-Straße 11

Rechte Seite: Kröpelin, Stadtkirche, Ansicht von Norden, Inneres nach Osten, Kapitell des Gurtbogendienstes im Chor, Wandmalerei (Christophorus) an der Chorostwand

Linke Seite: Kröpelin, Stadtkirche, Bronzetaufe; Kühlungsborn, ehem. Villa Straße des Friedens

Rechte Seite: Kühlungsborn, Pfarrkirche, Ansicht von Südosten; Ferienheim »Schloß am Meer« Tannenstraße

Diensten mit Blattkapitellen. An den Längswänden unter den Fenstern tiefe Wandnischen, darüber Laufgang mit spitzbogigen Durchbrüchen in den kräftigen, die Fenster nischenartig umgreifenden Wandpfeilern. 1948 an der Chorostwand figürliche Wandmalerei mit Christophorusdarstellung aus der 2. H. 14. Jh. freigelegt.
Neugotische Altarwand mit Kreuzigungsgemälde von Gaston Lenthe, 1857. Kanzel mit Aufgang und Schalldekkel, 18. Jh., an den Brüstungen von Korb und Aufgang Pilastergliederungen und Passionsgemälde. Bronzetaufe 1508 von Andreas Ribe, an der auf drei Beinen stehenden glockenförmigen Kuppa umlaufende Inschrift, Ornamentbänder, Wappenreliefs und Kruzifix. Lutherbildnis 18./19. Jh. Langhausemporen und Gemeindegestühl 18. Jh., neugotische Orgelempore mit reich gegliederter Brüstung M. 19. Jh. – Zwei Kelche und Patenen, Silber vergoldet, 1782 und 18. Jh. Dose, Silber, 1749. Weinflasche, Silber, 1795. Löffel, Silber, 19. Jh. Zwei Klingelbeutel 18./19. Jh. Kronleuchter, Messing, 1705. Glocke 1419. – Zwei Grabsteine: 14. Jh., mit Ritzfigur eines Geistlichen; 2. H. 14. Jh., erneute Nutzung 1577 mit Wappen der Wundärzte, spätere Verwendung 1730 und 1749.

WINDMÜHLE (Lehreinrichtung) am östlichen Stadtrand. Galerie-Holländer-Mühle E. 19. Jh. errichtet, zweigeschossiger massiver Backsteinunterbau, der achtseitige hölzerne Mühlenkörper und die Haube beschindelt, die Windkraftanlage und Teile der Ausstattung erhalten; die Galerie zwischen Erd- und Obergeschoß des Sockels.

Kühlungsborn, Ostseebad

1937 Vereinigung der ehem. Dörfer Fulgen, Brunshaupten und Arendsee zur Stadt Kühlungsborn. Die bauliche Entwicklung der drei Orte seit E. 19. Jh. durch den aufkommenden Badebetrieb an der Ostseeküste bestimmt. In Strandnähe besonders in dem Jahrzehnt vor Beginn des ersten Weltkrieges Errichtung zahlreicher
HOTELS und PENSIONSGEBÄUDE im z. T. aufwendigen Villenstil, charakteristisch dafür die zwei- und dreigeschossigen Bauten Straße des Friedens 23/27 und 30/35 in reicher Putzarchitektur mit Balkonen und Veranden. – Besonders erwähnenswert: FDGB-Heim »Pestalozzi«, Straße des Friedens 10, Putzbau mit geschwungenen Giebeln und turmartig überhöhtem Erkervorbau. Daneben eingeschossiger Saalbau, das Dach kuppelartig mit Laterne. – Funktionsgebäude der Meeresschwimmhalle, Straße des Friedens, 1912 als Villa (Villa Hausmann) in neubarocken Formen nach Entwurf von Alfred Krause errichtet. Stattlicher zweigeschossiger Putzbau von vier breiten Achsen unter Mansardwalmdach, an der durch runden Eckturm zusätzlich belebten Seeseite die beiden Mittelachsen risalitartig vorgezogen und von geschwungenem, reich geschmücktem Giebel bekrönt, die Fensterachsen durch gekuppelte Pilaster eingefaßt; vor der ge-

samten Front von dorischen Säulen getragene Vorhalle mit Dachterrasse. – FDGB-Heim »Schloß am Meer«, Tannenstraße, um 1900 als dreigeschossiger Putzbau errichtet, das zweite Obergeschoß und der reich differenzierte Dachausbau in Fachwerk; zahlreiche, teilweise übereck gestellte Loggien und Balkone. – Hansa-Haus (Sonderschulheim), Tannenstraße 6, um 1910 als dreigeschossiger Putzbau mit dreiachsigem übergiebeltem Mittelrisalit errichtet.

PAVILLON (Bibliothek) Straße des Friedens. Wohl um 1910 nach dem Vorbild des kleinen Pavillons auf dem Doberaner Kamp errichtet. Achtseitiger Fachwerkbau, unter dem von Holzsäulen getragenen, weit überstehenden achtseitigen Zeltdach mit Rohreindeckung Umgang.

BAHNHOFSGEBÄUDE Kühlungsborn-Ost. Das zur Inbetriebnahme der Strecke Heiligendamm–Kühlungsborn 1911 errichtete Gebäude 1934 vollständig umgebaut: zweigeschossiger Backsteinbau mit Walmdach, ähnlich der angrenzende eingeschossige Funktionsbau. Auf dem Vorplatz Klinkersäule mit Uhr.

BAHNHOFSGEBÄUDE Kühlungsborn-West. Das 1934 errichtete Empfangsgebäude in Backstein zweigeschossig, die östlichen fünf Achsen als selbständiger Baukörper leicht vorgezogen. Westlich anschließend eingeschossiger Putzbau mit hohem Krüppelwalm-Mansarddach, wohl das ursprüngliche Bahnhofsgebäude von 1911.

PFARRKIRCHE Feldsteinbau des 14. Jh. aus dreijochigem Schiff, das eingezogene fünfseitige (5/8) Chorpolygon mit Nordsakristei wahrscheinlich erst im 15. Jh. angefügt, gleichzeitig wohl auch die Südvorhalle am Schiff mit fialengeschmücktem Backsteingiebel. Das Chorpolygon ebenso wie das Schiff in Feldstein, seine zweimal abgetreppten Strebepfeiler und die dreigeteilten Spitzbogenfenster in Backstein. Der verbretterte Westturm schon E.

Kühlungsborn, Pfarrkirche, Inneres nach Osten, Kanzel

16. Jh. nachgewiesen, sein Aufsatz aus Zeltdach, Laterne und Spitzhelm wohl 18. Jh. – Das Innere mit Kreuzrippengewölben, im Schiff z. T. auf flachen Wandvorlagen, im Chor auf Konsolen; der Triumphbogen zwischen Schiff und Chor fast rundbogig.

Kanzel mit (erneuertem) Aufgang, 1698 von Adam Hattich, am Korb zwischen kräftigen Akanthusvoluten Figuren des Salvators und der Evangelisten; als Stütze Johannes Ev. und gedrehte korinthische Säule. Schwebender Taufengel, 1707 von Bernhard Lübbes aus Lübeck. Taufständer 19. Jh. Triumphkreuzgruppe 15. Jh., auf dem Triumphbalken. Madonnenfigur A. 15. Jh. Fünf Schnitzfiguren, Moses, David und drei Evangelisten, 1707 von Bernhard Lübbes, vom ehem. Altaraufsatz, jetzt unter den Gewölbekonsolen im Chor. Ehem. Altargemälde mit Kreuzigungsgruppe, um 1860 von Gaston Lenthe. Gemälde mit der Schlüsselübergabe an Petrus, 1837 von Ernst Torgler. Zahlreiche (37) Kabinettscheiben mit Wappen und figürlichen Darstellungen, 17. Jh., in den Fenstern des Chorpolygons zusammengestellt. Neugotisches Gemeindegestühl. – Zwei Kelche mit Patenen, Silber vergoldet, 2. H. 18. Jh., einer ehemals in Steffenshagen. Patene, Silber, 1827. Kronleuchter, Messing, 1597. Glocke 1495. – Zwei Grabsteine: K. Hagemeister † 1660; H. Jiden † 1698.

WINDMÜHLE am südöstlichen Stadtrand. Um 1910 als Ständer-Holländer-Mühle über massivem achtseitigem, erst jüngst verputztem Backsteinsockel errichtet, der hölzerne Mühlenkörper und die Haube ehemals beschindelt (jetzt Pappschindeln), die Windkraftanlage nur fragmentarisch erhalten.

Neubukow

Der Ort an der küstennahen Straße von Wismar nach Rostock auf einer leichten Erhebung in der 1. H. 13. Jh. gegründet und um M. 13. Jh. mit Stadtrecht bewidmet. Das aus der Gründungszeit stammende gitterförmige Straßennetz im wesentlichen bis heute bewahrt; im Ortszentrum der rechteckige Marktplatz mit dem Rathaus, unweit davon die Stadtkirche. Von der ehem. Stadtbefestigung durch vier Tore und Wall mit Graben (keine Stadtmauer) nichts erhalten.

RATHAUS Am Markt 1. Zweigeschossiger Putzbau von 1788 mit hohem Mansardwalmdach. Die siebenachsige Marktfront durch einen Giebel über den drei mittleren Achsen betont, im Giebelfeld stuckiertes Stadtwappen und Uhr. Die Gebäudekanten mit schmalen Eckbetonungen.

Am zweijochigen Chor die lanzettförmigen Fenster in der Ostwand zu gestaffelter Dreifenstergruppe, in den Längswänden zu Paaren zusammengefaßt, mit Rundstäben in den abgetreppten Leibungen. Die spitzbogige Priesterpforte in der Chorsüdwand in flacher zinnenbekrönter Mauervorlage, das Gewände aus kräftig ausgebildeten Halbrundstäben. Der Ostgiebel über deutschem Band in

WOHNBAUTEN Der historische Hausbestand vorwiegend aus ein- und zweigeschossigen Traufenhäusern des 18./19. Jh. bestehend, die Mehrzahl der ursprünglichen Fachwerkbauten zumindest an der Straßenfront massiv erneuert oder verputzt, vielleicht auch bei Durchbauten im 19./20. Jh. vollständig verändert. Erwähnenswert: Am Brink 1, eingeschossiges Fachwerktraufenhaus von fünf Achsen aus der 2. H. 18. Jh., über der Haustür geschnitztes Oberlicht.

STADTKIRCHE Stattliche zweijochige Hallenkirche mit eingezogenem Rechteckchor und quadratischem Westturm, nach M. 13. Jh. als einheitlicher Backsteinbau über unterschiedlich hohem Feldsteinunterbau errichtet, der Turm erst 15. Jh. An Chor und Schiff profilierter Sockelabschluß, beiden Bauteilen auch gemeinsam die Betonung der Gebäudekanten durch Ecklisenen und der Portale und Fenster durch lagenweise versetzte glasierte Steine.

Neubukow, Stadtansicht von Nordosten, Lithographie um M. 19. Jh. (rechts oben); Rathaus (links oben); Stadtkirche, Ansicht von Osten

der gesamten Giebelfläche fischgrätenartig gemustert (opus spicatum), lediglich in der Giebelspitze ist eine Maueröffnung zur Aufhängung einer Glocke ausgespart. Am zweijochigen Langhaus große dreiteilige Spitzbogenfenster (nur die Ostwände der Seitenschiffe zeigen noch Lanzettfenster wie am Chor), unter der Traufe Konsoltreppenfries. Das Südportal in einer zinnenbekrönten Mauervorlage wohl der Priesterpforte nachempfunden, im Gewände aber mit Halbrund- und Birnstäben sowie Kehlen schon differenzierter. Am Ostgiebel des Langhauses steigende Spitzbogenblenden, diese z.T. im Bogenbereich durch Tieferlegung des Daches angeschnitten.

Der quadratische Turm erst im 15. Jh. angefügt, sein Untergeschoß bis auf das spitzbogige Westportal und ein darübergelegenes Fenster ungegliedert. In den beiden oberen Geschossen je zwei zweiteilige Spitzbogenblenden; in diesem Bereich an der West- und Nordseite ins Mauerwerk eingefügte glasierte Reliefziegel mit Darstellungen der Madonna und des hl. Nikolaus unter Architekturbaldachinen, wie an der Nikolaikirche in Wismar. Abschluß durch vier blendengegliederte Schildgiebel und achtseitigen verschindelten Spitzhelm.

Im Inneren alle Raumteile mit Kreuzrippengewölben, im Chor in zwei querrechteckigen Jochen auf abgestuften Wandvorlagen mit Runddiensten, im höheren Langhaus auf zwei kreuzförmigen Pfeilern mit eingestellten Runddiensten, die Joche hier im Mittelschiff quadratisch, in den Seitenschiffen längsrechteckig. Der spitzbogige Triumphbogen auf abgestuften Kämpfern. In der Chorostwand eine Sakramentsnische mit zweiflügeliger mittelalterlicher Eisentür.

Das Innere bei der Restaurierung 1857/58 und bei den Wiederherstellungen nach 1947 weitgehend neugestaltet. Von der neugotischen Ausstattung aus der M. 19. Jh. erhalten der von Wimperg und Fialen bekrönte Altaraufsatz mit Gemälden der Kreuzigung sowie der Apostel Petrus und Paulus von Gaston Lenthe, die figürliche Glasmalerei in den Chorfenstern, der Orgelprospekt sowie die Emporen und das Gemeindegestühl. Älter sind: Kanzel mit Portal, Aufgang, Rückwand und Schalldeckel, E. 17. Jh. Der Korb mit Pilastergliederung, in den Brüstungsfeldern Muschelnischen mit Figuren der Evangelisten. Das Portal mit Pilasterrahmung und bekrönender Inschriftkartusche, der Schalldeckel mit Strebenkrone und ornamentierten Wappenkartuschen. Taufe, Granit, 13. Jh., an der Kuppa flache Rundbogenarkaden, am Fuß vier maskenartige Reliefköpfe.

Zwei Kelche mit Patenen, Silber vergoldet, 1729 und 1733. Dose, Silber, 18. Jh. Krankenkelch und Patene, Zinn, 17./18. Jh. Klingelbeutel 18. Jh. Zwei Leuchterpaare, Zinn, 1733 und 1743. Vier Glocken: Meßglocke im Chorgiebel, mittelalterlich (?); 1749 von Otto Gerhard Meyer, Rostock; 1815 von J. G. W. Landre, Lübeck (2). – Grabstein für Th. Runge † 1517, mit Ritzzeichnung des Geistlichen (Fragment).

JÜDISCHER FRIEDHOF Wismarsche Straße. 1840 auf dem Terrain hinter dem Grundstück Wismarsche Straße 48 angelegt. Nach der Zerstörung 1934 als Gedenkstätte 1947 wiederhergestellt und 1976 neu gestaltet. Als Gedenkstein der Grabstein für Hirsch M. Buchard, um M. 19. Jh. Daneben vier ältere Grabsteine aus Kalk-

stein bzw. Granit, wohl 18./19. Jh., einer vermutlich ehemals das Kopfstück eines mittelalterlichen Beischlagsteines mit Knäufen und flachem Wappenrelief.

WINDMÜHLE am nördlichen Stadtrand. Galerie-Holländer-Mühle, 1910 über oktogonalem Backsteinsockel errichtet, der Mühlenkörper und die Haube verschindelt. Die Windkraftanlage und die technische Ausstattung in betriebsfähigem Zustand, das Flügelkreuz 1937 mit sog. Bülauschen Ventikanten ausgestattet.

Parkentin s. Bartenshagen-Parkentin

Rakow

Ehem. GUTSHAUS (Wohnungen). Zweigeschossiger Putzbau mit Sockel- und Drempelgeschoß, 1856 in sparsamen neugotischen Formen errichtet. An der neunachsigen Hoffront die äußeren Achsen in flacher Mauervorlage, die drei Mittelachsen als Risalit von drei Geschossen mit zinnenartigem Abschluß ausgebildet.

Rederank (Ortsteil von Satow)

Ehem. GUTSHAUS (Wohnungen). Zweigeschossiger Putzbau mit Mansarddach, um 1880 in reichen Neurenaissanceformen. An der Vorderfront die Mittelachse einschließlich des Daches risalitartig vorgezogen, vor dem Erdgeschoß Portalhalle, darüber Altan, im Dach reich ornamentiertes zweiachsiges Zwerchhaus.

Rerik, Ostseebad

Hervorgegangen aus dem ehem. Dorf Alt Gaarz, das 1938 in Rerik umbenannt und zur Stadt erhoben wurde; die Lokalisierung des 808 von den Dänen zerstörten Hafens Rerik im Bereich des späteren Bauern- und Seefahrerdorfes Alt Gaarz nicht gesichert.

PFARRKIRCHE Stattliche zweijochige Hallenkirche mit eingezogenem quadratischem Chor und quadratischem Westturm, ein einheitlicher Backsteinbau des 3. V. 13. Jh. über durchgehendem, am Schiff bis zu den Fenstersohlbänken reichendem Feldsteinsockel. Das Äußere am Chor ungegliedert, am Schiff die Gebäudekanten und die Jochgrenzen durch Lisenen betont. Die Portale sämtlich aus Backstein und außer am Turm in flachen Mauervorla-

Linke Seite: Neubukow, Stadtkirche, Inneres nach Osten

Rechte Seite: Neubukow, Galerie-Holländer-Mühle; Rerik, Ansicht des Fischerdorfes Alt Gaarz, Lithographie nach M. 19. Jh.

gen; die Priesterpforte in der Chorsüdwand rundbogig und mit Resten eines Kämpferwulstes, das zugesetzte Nordportal des Schiffes mit kräftigem Kämpferwulst und Gewände aus Viertel- und Halbrundstäben. Die Lanzettfenster paarweise geordnet, in der Chorostwand zu gestaffelter Dreiergruppe zusammengestellt. Am Chor unter der Traufe und am Giebelfuß doppeltes deutsches Band, der Giebel selbst mit großer Kreuzblende beidseitig eingefaßt von durch Säulen getrennten Zwillingsblenden. Am Schiffsostgiebel über einem Spitzbogenfries steigender Treppenfries sowie gestaffelte Dreierblende. Der Turm insgesamt schlichter gestaltet. An der Westseite spitzbogiges abgestuftes Portal, an der Nord- und Südseite in den zwei Obergeschossen jeweils zwei zweiteilige Spitzbogenblenden, die oberen von Schalluken durchbrochen. Die vier Schildgiebel schmucklos, darüber der hohe achtsei-

Linke Seite: Rerik, Pfarrkirche, Ansicht von Osten, Inneres nach Osten, Wandmalerei an der Schiffssüdwand

Rechte Seite: Rerik, Pfarrkirche, Kanzel, Taufstein, Kanzeluhr

tige Spitzhelm. – An der Südseite kleine Portalvorhalle wohl aus dem 15. Jh., mit rundbogigem Portal.

Das Innere im Chor mit Kreuzgratgewölbe, die Schildbögen auf schlichten Eckvorlagen; spitzbogiger Triumphbogen. Das Hallenlanghaus mit zwei durch eingestellte Dienste bereicherten kreuzförmigen Pfeilern, die Gurt- und Scheidbögen z. T. mit halbrundem Querschnitt; Mittel- wie auch Seitenschiffe mit hochgebusten Kreuzgewölben auf Bandrippen. – Der gesamte Innenraum von der 1668 durch Hinrich Greve aus Wismar aufgebrachten barocken Ausmalung nachdrücklich geprägt, in dieser Vollständigkeit und Qualität einmalig im Küstenbereich: üppiger ornamentaler und floraler Dekor, dazu zahlreiche Engelfiguren mit Spruchbändern im Gewölbe und Standfiguren der Apostel an den Schiffswänden, als Illustration des Tedeums gedacht. 1969/74 restauriert, dabei auch kleinere Teile der Architekturfarbigkeit und figürliche Reste der unter der Barockmalerei erhaltenen ursprünglichen Ausmalung aus der Zeit um 1300 zu Dokumentationszwecken freigelegt.

Die ungewöhnlich reiche, vorwiegend aus der Barockzeit stammende Ausstattung bei der Restaurierung um 1970 zugunsten der Wiedergewinnung der ursprünglichen Raumgestalt z. T. reduziert bzw. umgestellt:

Altaraufsatz 1754/55. Architektonischer Aufbau, im Sockel Abendmahlsgemälde, im Hauptgeschoß Bild des Gekreuzigten nach Anthonis van Dyck, seitlich flankiert von

gekuppelten marmorierten Kompositsäulen und allegorischen Figuren, über dem verkröpften Gebälk von Engelfiguren gerahmter Lünettengiebel mit Himmelfahrtsgemälde; als ornamentaler Dekor Akanthusschnitzwerk, Cherubköpfe und Muschelwerk. Die geschnitzte Altarschranke gleichzeitig. – Kanzel mit Portal, Aufgang und Schalldeckel, 1751/52. An Korb und Treppe reicher plastischer Akanthusdekor, das Portal mit Pilasterrahmung und bekrönender Inschriftkartusche, der Schalldeckel mit Engelköpfen, Volutenkrone und Pelikan; erhalten auch eine vierteilige Sanduhr. – Taufe, Kalkstein, 13. Jh., die Kuppa mit reicher Gliederung aus Drei- und Vierpässen sowie Kleeblattbogenarkaden. Schwebender Taufengel M. 18. Jh. – Orgelprospekt 1780, die Pedaltürme des mit Vasen geschmückten Prospektes in die gleichzeitig entstandene Empore eingefügt.

Linke Seite: Rerik, Pfarrkirche, Taufengel, Wappenepitaph H. v. Bibow, Grabstein V. v. Oertzen/ A. v. Stralendorf

Rechte Seite: Rethwisch, Pfarrgehöft (links oben); Dorfkirche, Ansicht von Südosten, Inneres nach Osten

Schrein eines Schnitzaltars mit Kreuzigungsgruppe und den flankierenden Figuren von Anna selbdritt und Johannes Bapt., 15. Jh. Triumphkruzifix um 1500, an den Enden mit gemalten Evangelistensymbolen. Gemälde, Jüngstes Gericht, 17. Jh. Drei Pastorenporträts: Chr. Liskow †1682; H. Müller †1736; J. H. Hasse 18. Jh. Mittelalterlicher Opferstock. Almosenbrett 17. Jh.

Vier ehem. Patronatslogen, sämtlich auf hölzernen Stützen, mit reich gegliederten Brüstungen, offenen Oberteilen und geschnitzten Bekrönungen: im Schiff Hohenniendorf-Kägsdorfer Empore 1. H. 17. Jh., daneben Mechelsdorfer Empore 1682, mit Puttenfiguren zwischen gewundenen Säulen und von Putten gehaltener Ornamentkartusche an der Brüstung, als Bekrönung Engelfigur, Putten und Wappen; im Chor die Wustrowsche Empore M. 18. Jh., mit reich ornamentierten Brüstungsfeldern zwischen gekuppelten Pilastern und von Löwen gehaltener Wappenkartusche; im Turmraum die schlichte Blengower Empore um 1800.

Beichtstuhl M. 18. Jh., an der Südseite des Chores, kastenförmiger Verschlag mit Pilastergliederung, die Fenster im Oberteil mit Holzgitterwerk, als Bekrönung von Akanthusschnitzwerk gerahmte Inschriftkartuschen. Weiterhin im Chor zwei Kastengestühle, M. 18. Jh., das südliche 1793 datiert, die Brüstungen mit schlichter Felderteilung. – Vom ursprünglichen Gemeindegestühl des 17./18. Jh. ein Teil der Wangen für das neue Gestühl wiederverwendet.

Vier Kelche, Silber vergoldet: 15. Jh., die Kuppa erneuert; 1644, an der Kuppa und am Fuß getriebenes Bandelwerk und Cherubköpfchen sowie graviertes Doppelwappen; 1662, 1836 erneuert; 1836. Vier Patenen, Silber vergoldet, 18. Jh., eine davon 1662. Zwei Dosen, Silber, 1645 und 1707. Leuchterpaar, Zinn, 1755. Leuchter, Zinn, 18. Jh. Zwei Kronleuchter, Messing, 17. und 19. Jh.

Zwei geschnitzte Epitaphien: H. v. Bibow †1684, mit zentralem Wappen, zahlreichen rahmenden Allianzwappen und Schriftunterhang; v. Plüskow 18. Jh., mit geschnitztem Wappen. Epitaphfahne 18. Jh. Zehn Totenkranzkonsolen 1. H. 19. Jh. – Zwei Grabsteine: V. v. Oertzen †1465/A. v. Stralendorf, mit Flachrelief des Ehepaares und Wappen vor vertieftem Grund; S. v. Oertzen 17. Jh.

Westlich der Kirche segmentbogiges Kirchhofsportal, Backstein, wohl 16. Jh., in jüngster Zeit verputzt. Östlich der Kirche oktogonales neugotisches Mausoleum aus Backstein mit flachem Zeltdach und Wimpergportal 1858.

Rethwisch

BAUERNHÄUSER Im Ort mehrere niederdeutsche Hallenhäuser mit abgewalmten Rohrdächern, spätes 18. bzw. 19. Jh., die Umfassungswände z. T. massiv erneuert (z. B. Schulstraße 27 und 34). Auf dem Grundstück Schulstraße 24 queraufgeschlossene rohrgedeckte Büdnerei, wohl M. 19. Jh.

PFARRGEHÖFT Das Wohngebäude 1705 errichtet, ein eingeschossiges Fachwerkhaus von sieben Achsen mit rohrgedecktem Krüppelwalmdach. Seitlich davor Hallendielenscheune mit abgewalmtem Rohrdach, 18. Jh., die Umfassungswände z. T. massiv erneuert.

DORFKIRCHE Einheitlicher Backsteinbau aus der 1. H. 14. Jh.: dreijochige dreischiffige Stufenhalle mit fünfseitig geschlossenem (5/8) Chor von Mittelschiffsbreite, gleichzeitig wohl auch die Südvorhalle des Langhauses mit erneuertem Giebel; der geböschte verbretterte Westturm mit weit überstehendem Pyramidendach und die Nordsakristei 18. Jh. Schlanke, einmal abgetreppte Strebepfeiler am Chorpolygon, das Langhaus ohne Strebepfeiler, deshalb hier von vornherein wahrscheinlich keine Einwölbung beabsichtigt. Die dreigeteilten Spitzbogenfenster mit abgetrepptem bzw. profiliertem Gewände.

Im Inneren der schön proportionierte Chor mit Kreuzrippengewölbe auf Blattkonsolen, die Sockelzone unter den Fenstern durch große segmentbogige Wandnischen aufgelockert; steiler spitzbogiger Triumphbogen. Das Langhaus

mit achtseitigen Pfeilern und spitzbogigen profilierten Scheidbögen, darüber im Mittelschiff hölzerne Flachdecke, in den Seitenschiffen hölzerne Halbtonnen. – In den Chorfenstern Reste mittelalterlicher Glasmalerei, 1. H. 14. Jh.: im Ostfenster Kruzifix, Heilige und musizierender Engel in Baldachinarchitekturen sowie Rosetten, im Südfenster Ornamentscheibe mit Laubwerk. Elf Kabinettscheiben mit Wappen und Engeln, 17. Jh.
Schnitzaltar um 1530, im Schrein figurenreiche Kreuzigung, flankiert von vier Heiligen in zwei Reihen übereinander, in den Flügeln, ebenfalls in zwei Reihen übereinander, sieben Heilige und Gnadenstuhl; die Figuren der Flügel möglicherweise etwas älter. In der Predella Marienkrönung und sechs Heiligenfiguren vom A. 15. Jh. – Kanzel mit Portal, Aufgang und Schalldeckel, 1666: der von Mosesfigur und Strebenvoluten getragene Korb mit Salvator und Aposteln vor den Ecken, dazwischen in Muschelnischen mit Knorpelwerkhermen die Figuren der Evangelisten, dazu hier und am Schalldeckel reiche Knorpel- und Ohrmuschelwerkkartuschen mit Engelköpfchen und Masken. – Neugotischer Taufständer M. 19. Jh. Orgel M. 19. Jh., gleichzeitig auch die Orgelempore, das Gemeindegestühl wohl A. 19. Jh..
Triumphkruzifix 2. V. 15. Jh., am Kreuz Blattkrabben. Kruzifix 16. Jh. An der Nordseite des Chores Sakramentshaus E. 14. Jh., von Konsole getragener zweigeschossiger, im Oberteil vergitterter Hängeschrein mit Eckfialen, darüber schlankes zweigeschossiges, von steilem Helm und Kreuzblume bekröntes Fialentürmchen. – Kelch und Patene, Silber vergoldet, 15./16. Jh., die Kuppa 1855 erneuert. Kelch und Patene, Silber, 1605. Dose, Silber, 1712. Löffel, Silber, M. 19. Jh. Kelch, Schale und Kanne, Zinn, 17./18. Jh. Sechsseitige Flasche, Zinn, 1681. Krankenkelch und Patene, Zinn, 1770. Klingelbeutel 19. Jh. Glocke 1412.
Auf dem Kirchhof, an der Westseite der Kirche, zwei schmiedeeiserne Grabkreuze mit stilisierten Blüten, wohl noch 18. Jh.

Linke Seite: Rethwisch, Dorfkirche, Schnitzaltar

Rechte Seite: Rethwisch, Dorfkirche, Glasmalereien im Ostfenster, Sakramentshaus

Retschow

GEHÖFT Dorfstraße 2. Auf dem von einer Feldsteinmauer eingefriedeten Grundstück mehrere Gebäude: Niederdeutsches Hallenhaus mit rohrgedecktem Walmdach, hofseitig über vorgekragten Kopfbändern, 1787 als Durchgangshaus errichtet, im 19. Jh. durch Ausbau des Wohnteiles verändert. Hallendielenscheune mit rohrgedecktem Walmdach, 1826 errichtet, mit Durchfahrtsdiele und Stallabseite. Ehem. Altenteilerkaten mit rohrgedecktem Krüppelwalmdach, 1842.

DORFKIRCHE Backsteinbau des 14. Jh., dreijochiges Schiff mit dreiseitigem Ostschluß; der verbretterte quadratische Westturm mit Pyramidendach 17./18. Jh. Das Schiff mit abgetreppten Strebepfeilern besetzt, unter der Dachtraufe deutsches Band; dreigeteilte spitzbogige Fenster. Die Blendengliederung des Westgiebels z. T. durch

den vorgesetzten Holzturm verdeckt. Nordsakristei und Südvorbau ebenfalls mittelalterlich, wohl im 18. Jh. verändert. – Das Innere mit Kreuzrippengewölben über schlichten Konsolen; im Chorschluß unter den Fenstern geteilte segmentbogige Wandnischen. In Chor und Schiff Wandmalereien um 1400, 1900 freigelegt und restauriert: Marienleben, Weltgericht und Heilige, z. T. in gemalten architektonischen Rahmungen und Medaillons.
Schnitzaltar mit vier beweglichen und zwei feststehenden Flügeln, durch Inschriftleiste und Blattkamm abgeschlossen, 2. H. 15. Jh. Der geöffnete Altar zeigt im Schrein in der Mitte eine Marienkrönung unter Maßwerkbaldachin,

Linke Seite: Retschow, Dorfkirche, Ansicht von Südosten, Blick in den Chor, Tafelbild vom Schnitzaltar (rechter geschlossener Außenflügel) mit Darstellung der Sakramentsmühle

Rechte Seite: Retschow, Dorfkirche, Schnitzaltar bei geschlossenen Innenflügeln und geöffneten Außenflügeln, mit Tafelbildern eines Passionszyklus; Russow, Dorfkirche, Blick in den Chor

seitlich und in den Flügeln, in zwei Reihen übereinander und unter Maßwerkbögen, Heilige und Apostel. Bei Schließung der Innenflügel sind auf diesen und den geöffneten Außenflügeln gemalte Passionsszenen sichtbar, bei Schließung der Außenflügel auf deren Rückseiten und auf den Standflügeln Gregorsmesse, Hl. Sippe, Sakramentsmühle und Verkündigung. Kanzelkorb mit gemalten Evangelistendarstellungen, 1586. Taufständer 19. Jh. Gestühlswangen 16./17. Jh. Kastengestühl 1659, mit Resten eines mittelalterlichen Gestühls. – Zwei Kelche mit Patenen, Silber vergoldet, 15. Jh. und 1614, die Kuppa des älteren 1865 erneuert. Krankenkelch und Patene, Zinn, 1747. Dose, Silber vergoldet, 18. Jh. Dose, Zinn, 18. Jh. Leuchterpaar, Messing, 17. Jh. Glocke 1443 von Rickert von Mönchhagen. – Erinnerungstafel mit Pastorennamen vom 16. bis 18. Jh. Mehrere kleine Grabplatten 17./18. Jh. im Fußboden.

Russow (Ortsteil von Roggow)

DORFKIRCHE In Feldstein begonnener, in Backstein fortgesetzter vierjochiger Rechteckbau vom A. 14. Jh.; an der Südseite Kapellenanbau, wohl nur wenig später, an der Nordseite die ehem. Sakristei. Der schmale quadratische Westturm mit seitlichen Anbauten 1901/04 in neugotischen Formen errichtet, sein achtseitiger Spitzhelm in jüngster Zeit abgetragen. Chorgiebel wie auch Kapellengiebel mit gestaffelten Blenden, die spitzbogigen Fenster zwei- und dreigeteilt, an der Kapelle unter Verwendung glasierter Steine. – Das Innere mit Kreuzrippengewölben, die schmaleren zwei östlichen Joche durch spitzbogigen Triumphbogen von den breiteren zwei westlichen Jochen abgesetzt; der ebenfalls kreuzrippengewölbte Kapellenanbau zum Schiff geöffnet. Bei der Restaurierung A. 20. Jh. Wand- und Gewölbemalereien des 14. Jh. freigelegt und stark ergänzt: an der Chorostwand Christophorus, im Chorgewölbe Jüngstes Gericht, Heilige und reiches vegetabilisches Rankenwerk.

Altaraufsatz 1904, retabelartiger gotisierender Aufbau mit sechs Reliefs unter Wimpergen und bekrönendem Kreuz. Kanzel 1624, der polygonale Korb mit gewundenen Ecksäulen, dazwischen auf den Füllungen gemalt die Evangelisten, am Aufgang die Apostel Petrus und Paulus; der polygonale Schalldeckel 1702, mit reichem Akanthusdekor und bekrönendem Pelikan. Taufe, Kalkstein, 13. Jh., die Kuppa mit Rundbogenarkaden. Orgelprospekt 1700, das Werk von Gerhard Engelbrecht, Rostock; die Orgelempore um 1900, die Brüstung mit gemalten Wappen. Triumphkruzifix um 1400, an den Kreuzenden gemalte Evangelistensymbole. An der Südseite des Chores zweigeschossige Patronatsloge A. 18. Jh., reich beschnitzt, als Aufgang Treppenspindel. Nach Westen anschließend Kastengestühl A. 17. Jh. Opferstock, Eisen, mittelalterlich. – Kelch, Silber vergoldet, 1753. Patene, Silber vergoldet, 18. Jh. Dose, Silber, 1817. Taufschale, Silber, 1860/70. Glocke 1435 von Timmo Jheger, Lübeck, mit Pilgerzeichenabdrücken. – Grabstein H. J. v. Oertzen †1728. Zwei Sargschilder, Zinn, 18. Jh.

Satow

DORFKIRCHE Kreuzförmiger Backsteinbau mit vorgesetztem Westturm, 1864/67 nach Entwurf von Theodor Krüger in neugotischen Formen errichtet. Das Innere mit Kreuzrippengewölben.

Einheitliche Ausstattung aus der Erbauungszeit, die Altarwand mit gemalter Kreuzigungsszene 1867 von Theodor Fischer-Poisson. – Zwei Kelche, Silber vergoldet, 1. H. 17. Jh. und 1666. Patene, Silber vergoldet, 17./18. Jh. Dose, Silber, 17. Jh. Kanne, Silber, 1867. Krankenkelch und Patene, Zinn, 18. Jh.

Ehem. DORFKIRCHE (Ruine). Feldstein- und Backsteinbau aus dem 3. V. 13. Jh., nach 1867 aufgegeben und zur Ruine geworden. Rechteckiges Schiff mit eingezogenem Rechteckchor und vorgesetztem Westturm, das Innere ursprünglich gewölbt, im Schiff in zwei Jochen, der breite Gurtbogen auf Wandvorlagen mit Halbrundwulst. Im Mauerwerk erhalten die profilierten Gewändeportale aus Backstein, die gestaffelten Dreifenstergruppen des Schiffes und Teile des blendengegliederten Chorgiebels. – Achteckige Kuppa einer Taufe, Granit, 13. Jh.

geschichteten, von Backsteinprofil abgeschlossenen Sokkel sind die Umfassungswände des Chores in gleichmäßigen Abständen durch Bänder von flachreliefierten Backsteinen mit Tieren (Löwe, Greif, Leopard, Tiger) bzw. Weinlaubranken geschmückt (Abb. S. 295). Von ähnlicher Schmuckfreude auch die südliche Priesterpforte bestimmt: spitzbogig in treppengiebelartiger Vorlage und im Wechsel von glasierten und unglasierten Steinen, im profilierten Gewände Kapitellband mit Apostelfiguren aus gebrannten Steinen, in den Archivolten herabhängende stilisierte Lilien. Die dreigeteilten Spitzbogenfenster außen wie innen mit profiliertem Gewände. Der Ost-

Linke Seite: Steffenshagen, Dorfkirche, Ansicht von Osten

Rechte Seite: Steffenshagen, Dorfkirche, Inneres nach Westen, Portal an der Südseite des Chores, Gesamtansicht und Detail (Kapitellband)

Steffenshagen

DORFKIRCHE Stattlicher Backsteinbau aus dem 4. V. 13. Jh.: dreischiffige Stufenhalle mit eingezogenem quadratischem Chor; das Hallenschiff ursprünglich nur von drei Jochen, die drei westlichen Joche 1865 hinzugefügt in enger Anlehnung an die Gestaltung des Kernbaues. Zusammen mit dieser Schiffserweiterung auch der dreigeschossige neugotische Westturm mit blendengegliederten Schildgiebeln und achtseitigem Spitzhelm errichtet, ferner die Sakristei an der Nordseite des Chores.

Der Ursprungsbau des späten 13. Jh., insbesondere der Chor, ausgezeichnet durch die sorgfältige Ausführung wie auch durch die dekorative Verwendung von reliefierten Formziegeln. Über einem aus großen Feldsteinblöcken

giebel über deutschem Band zeigt Rundblenden an den Schrägen, die eine mittlere gestaffelte Gruppe von fünf schlanken Blenden rahmen. Das Langhaus wohl etwas jünger, im ganzen schlichter; ebenfalls dreigeteilte Fenster, der Ostgiebel mit Blendengliederung.

Im Inneren der Chor mit Kreuzrippengewölbe auf Konsolen mit Laubwerkdekor; in den Längswänden je zwei spitzbogige Nischen. In der Kämpferzone des spitzbogigen Triumphbogens Backsteine mit Tierreliefs wie am Außenbau. Im dreischiffigen Langhaus schlichte massige Achteckpfeiler mit profilierten spitzbogigen Scheidbögen, ursprünglich von drei Jochen (die westliche Begrenzung des Ursprungsbaues gegenüber den gleich gestalteten drei westlichen Jochen aus dem 19. Jh. markiert das quadratische Pfeilerpaar); die Kreuzrippengewölbe über Konsolen im Mittelschiff wesentlich höher als in den Seitenschiffen.

Schnitzaltar 2. H. 15. Jh., im Schrein zentrale apokalyptische Madonna in Engelgloriole, in den Zwickeln mariologische Szenen und Stifterpaar, seitlich und in den Kastenflügeln in zwei Reihen übereinander Heilige unter Maßwerkbaldachinen; die gemalten Passionsszenen auf den Außenseiten der Flügel 17./18. Jh. – Kanzelkorb 17. Jh., mit Dreipaßnischen und Hermenpilastern (aus der Kapelle in Weitendorf, Ldkr. Wismar). – Taufstein, Granit, romanisch 13. Jh., an der halbkugeligen Kuppa Gekreuzigter in langem Gewand sowie Köpfe, auch am Fuß plastische Köpfe. – Orgel um 1865, mit neugotischem Prospekt.

Kruzifix 2. H. 14. Jh. Triumphkreuzgruppe 2. H. 15. Jh. Vier Evangelistenreliefs 18. Jh., wohl von einem Kanzelkorb. – Kelch, Silber vergoldet, E. 14. Jh., die Kuppa im 18. Jh. erneuert. Kelch und Patene, Silber vergoldet, 1609. Kelch, Silber vergoldet, 18. Jh. Dose, Silber, 1744. Dose, Silber vergoldet, 1747. Löffel, Silber vergoldet, 18. Jh. Krankenkelch mit Patene und Dose, Silber, 1749. Glocke 1379 von Johannes Reborch. – Zwei mittelalterliche Priestergrabsteine: Pleban Nikolaus † 1330, mit Ritzfigur des Verstorbenen; A. Schademüller † 1393, mit eingetiefter Zeichnung des Verstorbenen unter reichem Maßwerkbaldachin. Drei barocke Grabsteine: A. Wippert † 1749; G. Borchwedel † 1763; C. Steinbeck 18. Jh.

Westenbrügge

Ehem. GUTSHAUS (Schule). Klassizistischer Putzbau von sieben Achsen und zwei Geschossen sowie Mezzaningeschoß, A. 19. Jh., auf dem Dachfirst quadratisches Belvedere. Die Fassaden in jüngerer Zeit purifizierend erneuert.

Linke Seite: Steffenshagen, Dorfkirche, Schnitzaltar

Rechte Seite: Steffenshagen, Dorfkirche, Grabplatte A. Schademüller, Taufstein; Westenbrügge, Dorfkirche, Ansicht von Südosten

Der Park wohl bereits im 18. Jh. entstanden, später zum Landschaftspark verändert; von der älteren Anlage zwei sich kreuzende Lindenalleen erhalten.

DORFKIRCHE Backsteinbau unter Verwendung von eingesprengten Feldsteinblöcken, 15./A. 16. Jh.: rechteckiges dreijochiges Schiff mit dreiseitigem Ostschluß, querhausartigen Anbauten beidseitig des mittleren Joches sowie

Westenbrügge,
Dorfkirche, Kanzel

quadratischem, von Pyramidendach abgeschlossenem Westturm; an der Südseite zusätzlich Vorhalle, an der Nordseite Sakristei. Schiff und auch Anbauten mit Strebepfeilern, die spitzbogigen Fenster zweigeteilt. Der Staffelgiebel des südlichen Anbaues mit drei zweigeteilten Blenden, die Staffeln selbst von Zinnen bekrönt; der Giebel des nördlichen Anbaues in Fachwerk. – Das Innere mit Kreuzrippengewölben auch in den seitlichen, zum Schiff voll geöffneten Anbauten.

Altaraufsatz unter Verwendung eines spätgotischen Schreines mit maßwerkbekrönten Nischen, bei Umgestaltung um 1700 die zentrale Madonnenfigur durch Agnus-Dei-Relief vor reicher Draperie ersetzt, gleichzeitig die Akanthusohren und der abschließende Sprenggiebel angebracht, über diesem Kruzifix der Zeit um 1500. Das Agnus-Dei-Relief und die spätmittelalterlichen Apostelfiguren aus den Seitenfeldern des Schreines in jüngster Zeit verloren. – Kanzel mit Portal, Aufgang und Schalldeckel, um 1700, der polygonale Kanzelkorb durch üppiges Schnitzwerk in zwei Geschosse unterteilt, in den so entstandenen Feldern Grisaillemedaillons mit biblischen Szenen. Ähnlich aufgeteilt und mit Grisaillegemälden geschmückt auch die Treppenverkleidung. Am Schalldeckel Schnitzwerk und Cherubköpfchen.

Schwebender Taufengel 18. Jh. Taufständer 19. Jh. Opferstock 1657. Bedelt 16./17. Jh. Nordempore 17. Jh. Südempore, Beichtstuhl und Pastorenstuhl 18. Jh. Gemeindegestühl 1691. – Kelch und Patene, Silber vergoldet, 18. Jh. Dose, Silber vergoldet, 18. Jh. Krankenkelch, Silber, 1857. Taufschale, Zinn, 1679. Leuchter, Silber, M. 17. Jh. Leuchterpaar, Zinn, 1640/41. Glocke 1384.

Westenbrügge, Dorfkirche, Inneres nach Osten; Steffenshagen, Dorfkirche, Reliefziegel mit Fabeltieren

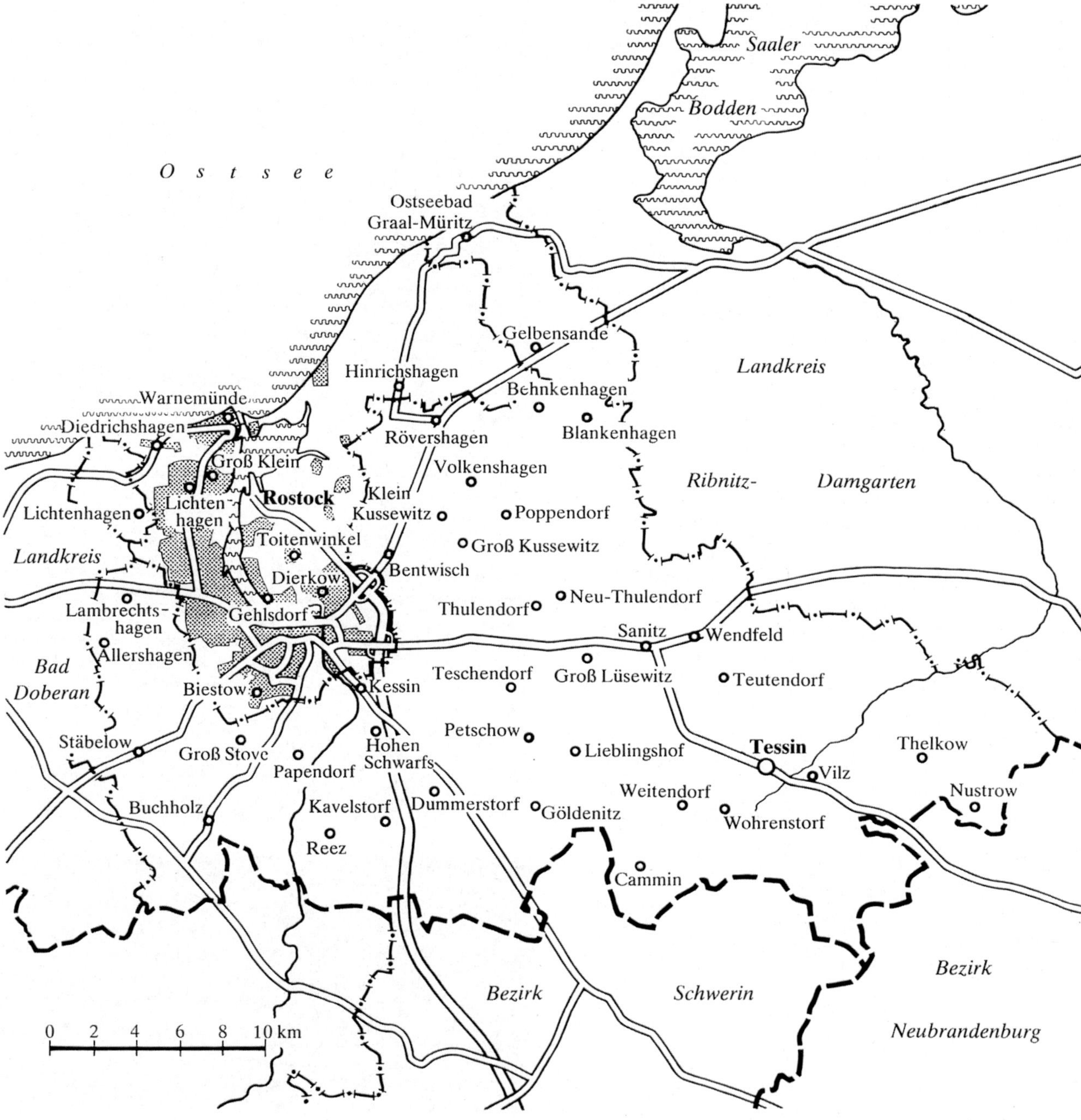

Saaler
Bodden
Ostsee
Ostseebad
Graal-Müritz
Gelbensande
Landkreis
Hinrichshagen
Behnkenhagen
Warnemünde
Diedrichshagen
Rövershagen
Blankenhagen
Groß Klein
Volkenshagen
Ribnitz-
Damgarten
Lichten-
hagen
Rostock
Klein
Kussewitz
Poppendorf
Lichtenhagen
Toitenwinkel
Groß Kussewitz
Landkreis
Bentwisch
Dierkow
Neu-Thulendorf
Lambrechts-
hagen
Gehlsdorf
Thulendorf
Sanitz
Wendfeld
Allershagen
Bad
Doberan
Teschendorf
Groß Lüsewitz
Teutendorf
Biestow
Kessin
Petschow
Tessin
Thelkow
Stäbelow
Hohen
Schwarfs
Lieblingshof
Groß Stove
Papendorf
Vilz
Weitendorf
Nustrow
Buchholz
Kavelstorf
Dummerstorf
Göldenitz
Wohrenstorf
Reez
Cammin
Bezirk
Bezirk
Schwerin
Neubrandenburg
0 2 4 6 8 10 km

Landkreis Rostock

Allershagen (Ortsteil von Lambrechtshagen)

Im Ort mehrere BAUERNGEHÖFTE mit niederdeutschen Hallenhäusern und rohrgedeckten Scheunen erhalten, 2. H. 18. Jh., die Umfassungswände der Hallenhäuser überwiegend massiv erneuert, die abgewalmten Rohrdächer an den Dieleneinfahrten eingeschnitten.

Behnkenhagen (Ortsteil von Rövershagen)

ZIEHBRUNNEN (Sod) in der Dorfmitte, angelegt 1768. Mit Feldsteinen ausgesetzter Brunnenschacht, oberirdisch mit Bohlenverschalung, die Schwingrute auf gespaltenem Pfosten.

Bentwisch

DORFKIRCHE Stattlicher Backsteinbau unter Verwendung von Feldstein für den Sockel, 14. Jh. Rechteckiges zweijochiges Schiff mit eingezogenem, dreiseitig geschlossenem Chor sowie Nordsakristei. Schiff und Chor mit schlanken, einmal abgetreppten Strebepfeilern besetzt (die massigeren am Schiff zusätzlich später hinzugefügt). Zwei- und dreigeteilte Spitzbogenfenster; Portale

Allershagen, Scheune eines Gehöftes; Bentwisch, Dorfkirche, Ansicht von Südosten

mit reich profiliertem Gewände, am Schiff mit Rahmung aus stilisierten Lilien. Die Schiffsgiebel mit Blenden. – Im Inneren der Chor mit Kreuzrippengewölbe auf Halbrunddiensten; spitzbogiger Triumphbogen. Das Schiff flachgedeckt, ursprünglich Einwölbung vorgesehen. Die Sakristei kreuzrippengewölbt.

Vierflügeliger Schnitzaltar um M. 15. Jh. Im Mittelfeld des Schreines figurenreiche Kreuzigung, seitlich und in den Flügeln in zwei Reihen übereinander Heilige; Abschluß durch Kreuzblumenkamm und gleichzeitig entstandenes Kruzifix. Die Malereien der Flügel nicht erhalten. Predella mit Abendmahlsgemälde von 1690.

Kanzel mit Schalldeckel, 1. H. 17. Jh., der Korb mit zierlicher Gliederung durch Doppelsäulen, in den Rundbogenfeldern gemalt Salvator und Evangelisten sowie Wappen. Orgel mit neugotischem Prospekt, M. 19. Jh. Triumphkruzifix M. 15. Jh., stark ergänzt. Glasmalerei im östlichen Chorfenster mit Ganzfiguren des Guten Hirten, Petrus und Paulus, E. 19. Jh. Gemälde, Porträt A. G. Lüdecus † 1683, von Emanuel Block. An der Südwand des Schiffes

sog. Albertsdorfer Empore, an der Brüstung emblematische Malereien, 1690. Westempore und Gestühl 19. Jh. – Zwei Kelche und Patenen, Silber vergoldet, 1. H. 18. Jh. Kelch, Zinn, 18. Jh. Dose, Silber, 1766. Dose, Zinn, 1633. Zwei Leuchter, Zinn, 1. H. 17. Jh. und 1676. Zwei Kronleuchter, Messing, 17. Jh. und 1758. – Drei Grabsteine: N. v. Hühnmörder † 1698/M. v. Levezow † 1708; V. F. Keding † 1797; M. Meger † 1801.

In der Feldsteinmauer des Kirchhofs zwei Backsteinportale, um 1500, mit Durchfahrt und Fußgängerpforte sowie Zinnenbekrönung. Südlich der Kirche frei stehender verbretterter Glockenturm mit Zeltdach, 18. Jh.; Glocke 1757 von Johann Valentin Schultz, Rostock.

Blankenhagen

BAUERNHAUS Wulfshagener Straße 4. Ehem. Büdnerei, niederdeutsches Hallenhaus mit rohrgedecktem Walmdach, wohl E. 18. Jh. Am Dielenende die in jüngerer Zeit geschlossene Toreinfahrt zurückgesetzt, am hinteren Wohnteil das Fachwerk durch neuere Fenstereinbrüche z. T. gestört.

Linke Seite: Bentwisch, Dorfkirche, Schnitzaltar

Rechte Seite: Bentwisch, Dorfkirche, Inneres nach Osten; östliches Backsteinportal des Kirchhofes; Blankenhagen, Bauernhaus Wulfshagener Straße 4

DORFKIRCHE Feldsteinbau vom E. 13. Jh. Rechteckiges Schiff mit eingezogenem Rechteckchor und Nordsakristei. Chor und Sakristeigiebel aus Backstein mit schlichter Blendengliederung. Aus Backstein auch die Chorfenster, die Schiffsfenster bei der Restaurierung 1964 umgestaltet. Der quadratische verbretterte Westturm 1. H. 18. Jh., sein oberes Geschoß leicht verjüngt und durch achtseitigen verschindelten Helm abgeschlossen. Wohl gleichzeitig die südliche Chorvorhalle, mit Fachwerkgiebel. – Im Inneren der Chor mit Kreuzrippengewölbe in zwei Jochen, durch breiten Triumphbogen zum Schiff geöffnet, dieses mit geputzter Flachdecke. Sakristei ebenfalls mit Kreuzrippengewölbe.

Von der Ausstattung aus der 2. H. 19. Jh. Kanzel und Taufstein sowie Emporen und Gestühl; das ehem. Altargemälde, Auferstehung von Gaston Lenthe, nach M. 19. Jh., jetzt beiseitegestellt. Orgel 1686/87 von Arp Schnitger, ursprünglich für die reformierte Kirche in Altona bei Hamburg geschaffen, 1833 nach Blankenhagen umgesetzt; der in zwei Geschossen aufgebaute, in die Emporenbrüstung einbezogene Prospekt mit reichem Akanthusschnitzwerk geschmückt. – Kelch und Patene, Silber vergoldet, 1803. Kelch und Patene, Zinn, 18. Jh. Taufschüssel, Zinn, 1763. Dose, Silber, E. 19. Jh., achtekkig, mit reichem neugotischem Maßwerkdekor. Drei Leuchter, Zinn, 1695, 1731 und 1762. Leuchterpaar, Zinn, 1729.

WINDMÜHLEN Östlich des Dorfes Ständer-Holländer-Mühle (Schulsternwarte). Achteckiges, massiv ummanteltes Erdgeschoß, darüber der schindelverkleidete Fachwerkrumpf, E. 19. Jh. 1965 Umbau zur Sternwarte, dabei anstelle der Haube Typenkuppel mit Aluminiumbelag aufgebracht. – Südlich des Dorfes Galerie-Holländer-Mühle (Sommerhaus). Zweigeschossiger massiver Unterbau auf oktogonalem Grundriß, darüber Rumpf und Haube in Fachwerk mit Verschalung, E. 19. Jh., die Ausstattung weitgehend erhalten.

Buchholz (Ortsteil von Ziesendorf)

DORFKIRCHE 1878 nach Entwurf von Georg Daniel in neugotischen Formen errichtet. Kreuzförmiger Backsteinbau mit polygonal endenden Armen, im Westen quadrati-

scher Turm mit achtseitigem Spitzhelm. Nach Brand 1924 in ursprünglicher Gestalt wiederhergestellt. Das Innere kreuzrippengewölbt.
Altaraufsatz um 1730/40, 1898 aus der Stadtkirche in Tessin übernommen. Architektonischer Aufbau mit Gemälden, in der Predella Abendmahl, im Hauptgeschoß Kreuzigung zwischen gekuppelten Säulen, vor diesen allegorische Figuren. Über dem Gesims Engelwolke mit Auge Gottes. Kanzel mit Aufgang, 1740, ebenfalls aus Tessin übernommen, am Korb zwischen Akanthusvoluten Evangelistenfiguren. Taufstein 1878. Drei Schnitzfiguren, Jacobus maior, Gertrud und männlicher Heiliger, um 1500.
Kelch mit Patene, Silber vergoldet, 17. Jh. Kelch, Silber vergoldet, 18. Jh. Kelch, Silber, 1743. Dose, Silber, um 1700. Taufschale, Messing, 16. Jh., im Fond Verkündigung. Zwei Leuchterpaare, Messing, M. 19. Jh. Glocke 15. Jh. (ehemals in Dütschow, Bezirk Schwerin, Landkreis Parchim).

Linke Seite: Blankenhagen, Dorfkirche, Ansicht von Südosten, Orgelprospekt

Rechte Seite: Buchholz, Dorfkirche, Altaraufsatz, Kanzel; Mausoleum auf dem Kirchhof

Auf dem Kirchhof in der Feldsteinmauer Backsteinportal mit rundbogigen Öffnungen, 16. Jh., der obere Teil im 17. Jh. erneuert. Mausoleum um 1820, vermutlich von Carl Theodor Severin, quadratischer Putzbau mit Zeltdach, an der Eingangsseite Portalnische mit eingestellten Säulen (Abb. S. 301). Grabstein E. D. Steinmann † 1772.

Linke Seite: Cammin, Dorfkirche, Ansicht von Südwesten, Inneres nach Westen, Kanzel

Rechte Seite: Cammin, Dorfkirche, Schnitzaltar

Cammin

PFARRHAUS Eingeschossiger Fachwerkbau mit Krüppelwalmdach, E. 18. Jh., in der Mitte der Hofseite Frontispiz von zwei Achsen.

DORFKIRCHE Rechteckiger Feldsteinbau mit eingerücktem quadratischem Chor und Nordsakristei, M. 13. Jh.; die Südvorhalle am Chor aus Backstein 15. Jh. In der Chorostwand Dreifenstergruppe, sonst schmale spitzbogige Zwillingsfenster. Das südliche Schiffsportal im Backsteingewände mit eingelegten Wülsten und Schaftringen. Der Chorgiebel aus Backstein mit reichem Schmuck aus mehrteiligen Blenden, im Oberteil Blen-

denkreuz, die übrigen Giebel z. T. ohne Gliederung erneuert; über dem Ostende des Schiffes kleiner Dachreiter. – Im Inneren der Chor mit achtteiligem Rippengewölbe, die westliche und östliche Scheitelrippe an den Enden kreuzförmig ausgebildet; spitzbogiger Triumphbogen. Das Schiff mit Balkendecke. In der Sakristei rippenloses Kuppelgewölbe.

Vierflügeliger Schnitzaltar um 1500, im Schrein figurenreiche Kreuzigung, seitlich, in zwei Reihen übereinander, Gnadenstuhl, Johannes Bapt., Laurentius und Anna selbdritt, in den Kastenflügeln Apostel. Auf den Flügelinnenseiten Tafelmalerei mit Passionsszenen, außen Verkündigung. Kanzel mit Aufgang, Portal und Schalldeckel, 1732, am Korb zwischen Akanthusvoluten Salvator und Evangelisten, der Schalldeckel mit Strebenkrone, Putten und bekrönendem Pelikan. Taufstein M. 19. Jh. Orgelprospekt 1722. Triumphkruzifix um 1500. Zwei Tafelbilder mit Heiligen, um 1500. Gemälde mit Salvator, 18. Jh. Drei Emporen 18. Jh., an der Schiffssüdwand auf Konsole und mit säulengegliederter Brüstung, die Westempore mit gemalten Szenen aus dem Leben Christi. Zwei Wangen vom ehem. Patronatsgestühl, 1573, die runden Kopfstücke mit Wappenreliefs, darunter plattdeutsche Inschriften.

Zwei Kelche und Patenen, Silber vergoldet, 14. Jh. Kelch und Patene, Silber vergoldet, 1503. Kelch, Silber vergoldet, A. 16. Jh., 1619 erneuert, auf dem Fuß gravierte Wappen und szenische Darstellungen. Kelch und Patene, Zinn, 1727. Deckelhumpen, Silber, 2. H. 17. Jh. Zwei Dosen, Silber, 1691 und 1720. Bedelt, Holz, 1665. Leuchter, Zinn, 1645. Leuchterpaar, Zinn, 1646. Kronleuchter, Messing, 1655. – Grabplatten: J. Koss und Familie, 2. H. 14. Jh., mit Ritzzeichnung des Verstorbenen; J. Koss † 1597; J. W. Kuno † 1831; aus Holz für S. Kalander † 1668 und J. Rude † 1671.

In der Feldsteinmauer des Kirchhofs Backsteintor A. 16. Jh., mit rundbogiger Durchfahrt und Fußgängerpforte, unter der Zinnenbekrönung Putzblende, darin vier grünglasierte figürliche Reliefkacheln. Frei stehender verbretterter Glockenturm mit Satteldach, 18. Jh.

Dummerstorf

Ehem. GUTSHAUS (Verwaltung). Zweigeschossiger Putzbau von neun Achsen, A. 18. Jh. An der Hoffront dreiachsiges Frontispiz, an der Rückseite eingeschossige dreiachsige Flügelbauten; doppelflügelige Haustür mit Oberlicht A. 19. Jh. Im Inneren das Treppenhaus erhalten. Im Obergeschoß Reste der Stuckdecke mit Fruchtkörben und Blumengirlanden, aus der Bauzeit des Hauses. – Von den Gebäuden des ehem. Gutes erwähnenswert:

GETREIDESILO A. 20. Jh. errichtet. Dreigeschossiger verputzter Backsteinbau in Gestalt von vier um einen Kernbau gruppierten zylindrischen Türmen unter einem gemeinsamen Zeltdach, an der Ostseite vorgekragte Aufzugsanlage in Form eines Zwerchhauses.

Gelbensande

Ehem. JAGDSCHLOSS (zur Nutzung als Kulturhaus vorgesehen). Im Grund- und Aufriß aufwendiger, stark differenzierter Baukörper, 1886/87 nach Entwürfen von Gotthilf Ludwig Möckel errichtet. Hohes Sockel- und Erdgeschoß aus gelbem Backstein, das Obergeschoß und die Giebel des ausgebauten Daches überwiegend aus Fachwerk, die Fassaden durch Loggien, Eckerker und Altane malerisch bereichert. Im Erdgeschoß die Raumaufteilung in Halle, Säle und Kabinette mit hölzernen Paneelen und reich ornamentierten Balkendecken weitgehend erhalten; Teile der Ausstattung noch vorhanden. KAPELLE 1924 errichteter rechteckiger Backsteinbau mit Satteldach und oktogonalem Dachtürmchen in neugotischen Formen, an der südlichen Längsseite vorgesetzte Portalhalle.

Göldenitz (Ortsteil von Dummerstorf)

Ehem. SCHULE (Landschulmuseum). 1894 errichtet als Backsteinbau von sieben Achsen mit Drempel, die Mittelachse mit dem Portal als zweigeschossiger Risalit mit Dreiecksgiebel ausgebildet. Das Wirtschaftsgebäude im Hof gleichzeitig.

Graal-Müritz, Seebad

Graal

DORFKIRCHE 1908 nach Entwurf von Gotthilf Ludwig Möckel als romanisierender Backsteinbau errichtet. Das rechteckige Schiff mit paarweise geordneten Rundbogenfenstern zwischen Strebepfeilern bzw. Lisenen und rundbogigem Traufries. An der Ostseite kleiner eingezogener Rechteckchor, an der Westseite mehrgeschossiger Turm mit Spitzhelm. Im Inneren einheitliche Ausstattung aus der Bauzeit.

WINDMÜHLE (Wohnung). 1863 in der Ortsmitte errichtete Galerie-Holländer-Mühle, der zweigeschossige achteckige Backsteinunterbau in jüngerer Zeit verputzt, darüber Rumpf und Haube in Fachwerk mit Holzverschalung und Pappschindelverkleidung; die Flügel Attrappen, die Galerie abgebaut. Ausstattung nicht erhalten.

Müritz

WOHNHÄUSER Dorfstraße 2 und 14, eingeschossige Traufenhäuser in Fachwerk von sieben Achsen und mit rohrgedecktem Krüppelwalmdach, A. 19. Jh.

Groß Kussewitz (Ortsteil von Klein Kussewitz)

Ehem. GUTSHAUS (Wohnungen). Eingeschossiger Putzbau von elf Achsen mit abgewalmtem Mansarddach, 1805. Der fünfachsige übergiebelte Mittelrisalit an der Hofseite zweigeschossig, im Erdgeschoß mit Putzquaderung, am Obergeschoß mit Pilastergliederung.

Groß Lüsewitz

Ehem. SCHLOSS (Institut) Institutsplatz 2. 1897 nach Entwurf von Gotthilf Ludwig Möckel in Neurenaissanceformen erbaut. Im Grund- und Aufriß differenzierter

Linke Seite: Gelbensande, ehem. Jagdschloß; Groß Kussewitz, ehem. Gutshaus, Hofseite; Dummerstorf, ehem. Gutshaus, Stuckdecke (Ausschnitt)

Rechte Seite: Groß Lüsewitz, ehem. Schloß

zwei- und dreigeschossiger Putzbau unter Verwendung von Werkstein für Rahmungen und schmückende Detailformen. Die Fassaden durch übergiebelte Risalite, Erker, Loggien und Zwerchhäuser wirkungsvoll belebt, das rundbogige Hauptportal mit Pilasterrahmung und abschließendem Dreiecksgiebel. An der Südostecke hoher oktogonaler Turm, das über der Dachzone sich frei entfaltende, leicht verjüngte oberste Geschoß insgesamt in Werkstein ausgeführt, mit schlanken Ecksäulen und Vorhangbogenfenstern sowie fächerförmigen Lünettengiebeln am Ansatz der abschließenden Haube mit Laterne. Im Inneren die ursprüngliche Raumaufteilung und Reste der Ausstattung erhalten.
Der weitläufige englische Landschaftspark mit künstlichem Teich, nach 1970 durch Reitturnierplatz erweitert.

Groß Stove (Ortsteil von Papendorf)

Ehem. GUTSHAUS (Verwaltung). A. 20. Jh. in klassizistischen Formen erbaut. Rechteckiger zweigeschossiger Putzbau unter Walmdach, von den sieben Achsen die äußeren und die übergiebelte mittlere risalitartig vorgezogen und von Kolossalpilastern gerahmt. Vor dem Portal kleine Vorhalle mit eingestellten Säulen.

Linke Seite: Groß Stove, ehem. Gutshaus, Hofseite; Kavelstorf, Dorfkirche, Ansicht von Südwesten

Rechte Seite: Kavelstorf, Dorfkirche, Inneres nach Osten; Kessin, Torkaten des Pfarrgehöftes

Hohenschwarfs (Ortsteil von Kessin)

Ehem. GUTSHAUS (Wohnungen). E. 19. Jh. möglicherweise unter Nutzung älterer Bausubstanz in neubarocken Formen erbaut. Rechteckiger eingeschossiger Putzbau von neun Achsen unter abgewalmtem Mansarddach, über den drei Mittelachsen der Hofseite hoher Volutengiebel, davor verandenartiger Vorbau mit Altan; im Inneren Diele und Treppenhaus. An der Westseite zweiachsiges pavillonartiges Nebengebäude angeschlossen.

Kavelstorf

DORFKIRCHE Feldsteinbau um M. 13. Jh., aus kurzem einjochigem Schiff, eingezogenem Rechteckchor mit Nordsakristei und quadratischem Turm von Schiffsbreite. Die rundbogigen Fensterpaare am Chor und die gestaffelten spitzbogigen Dreifenstergruppen des Schiffes aus

Backstein, ebenso die Priesterpforte in der Chorsüdwand. Der mächtige Turm ursprünglich an drei Seiten mit Portalen (das südliche Backsteinportal mit kleeblattbogigem Schluß im Rücksprung), sein Glockengeschoß durch Eckabschrägungen zum Achteck gewandelt; der achtseitige Turmaufsatz mit Helm wohl von der Instandsetzung 1792, gleichzeitig die Erneuerung des Chorgiebels. Eine weitere Restaurierung 1875. – Im Inneren Chor und Schiff mit je einem auf Kopfkonsolen ansetzenden achtrippigen Kuppelgewölbe mit Scheitelring, im Chor die Scheitelrippen als aufgelegte Kreuze ausgebildet; Sakristei ebenfalls mit Kuppelgewölbe. Die flachgedeckte Turmhalle durch breiten, tiefen Spitzbogen voll zum Schiff geöffnet. An der Chorostwand 1986/87 freigelegte Wandmalerei aus dem 3. V. 13. Jh., Grablegung und Himmelfahrt Christi.

Einheitliche neugotische Ausstattung von 1875, das Altargemälde mit Christus in Gethsemane 1876 von Carl Andreae. – Zwei Kelche und Patenen, Silber vergoldet, 15. Jh. Kelch und Patene, Silber vergoldet, 18. Jh. Kelch und Patene, Silber, um 1860. Kelch, Zinn, 18. Jh. Dose, Silber, 1700. Taufschale, Messing, 1685. Leuchterpaar, Messing, 2. H. 19. Jh. Glocke 15. Jh. – Vier Grabsteine: W. Rütze † 1347, mit Ritzfigur eines Ritters; N. Redemile E. 15. Jh.; A. Kossebade † 1589/E. Preen, mit Relieffiguren des Ehepaares; C. Kort † 1780. Zwei reich geschnitzte Wappenepitaphien: O. v. Vietinghof und C. v. Oertzen, 1694.

Kessin

BAUERNHAUS an der Dorfstraße. Niederdeutsches Hallenhaus von 1784 mit rohrgedecktem Krüppelwalmdach, der Wohnteil am rückwärtigen Giebel.

PFARRGEHÖFT 2. H. 18. Jh., bestehend aus dem Wohnhaus, einem eingeschossigen Fachwerkbau von neun Achsen, sowie Fachwerkscheune und Stallgebäude. An der Straße Torkaten, ein siebenachsiger Fachwerkbau mit rohrgedecktem Walmdach, in der Mittelachse hohe Durchfahrt und seitlich Fußgängerpforte, darüber Zwerchgiebel.

DORFKIRCHE Ältester Teil der quadratische Feldsteinchor mit Nordsakristei, M. 13. Jh. In der Ostwand gestaffelte Dreifenstergruppe, in den Längswänden Zwillings-

fenster, sämtlich mit Backsteingewänden. Aus Backstein auch der reich gegliederte Giebel mit Blenden in zwei Reihen und großem Kreuz. Das breitere Schiff 14. Jh., Backstein, mit Strebepfeilern besetzt. Gleichzeitig auch die Südvorhalle. Der Westturm 1886 in neugotischen Formen. – Im Inneren der Chor mit achtrippigem Kuppelgewölbe und Scheitelring; spitzbogiger Triumphbogen. Das Schiff mit hölzerner Flachdecke aus der 2. H. 19. Jh., ursprünglich auf Wölbung vorbereitet, die Schildbögen zu tiefen Blenden über den Sockelnischen ausgebildet. Im Chor 1977 reiche dekorative Wand- und Gewölbemalerei aus der 2. H. 13. Jh. freigelegt und restauriert, ornamentale Malerei aus Blüten, Sternen und Kreuzen, in der Leibung des Triumphbogens Flechtbandmuster; an der Chornordwand Reste einer jüngeren figürlichen Ausmalung des 14. Jh.

Als Altaraufsatz Triumphkreuzgruppe verwendet, um 1500, das Kreuz mit Evangelistensymbolen. Kanzelkorb, Lesepult, Orgel und Gestühl, E. 19. Jh. Zwei Schnitzfiguren: Sitzmadonna E. 13. Jh., vorzügliche Arbeit, der Anna selbdritt in der Stralsunder Nikolaikirche nahestehend; Sitzfigur des hl. Godehard 1. H. 15. Jh., die Arme verloren. Zwei Porträtgemälde: H. Klaprode †1679 und D. A. Hincke †1783. Mittelalterlicher Opferkasten.

Drei Kelche, Silber vergoldet, 15., 17. und E. 18. Jh. Kelch, Silber vergoldet, 15. Jh., Knauf und Kuppa 1. H. 17. Jh. erneuert. Kelch und Patene, Silber, 18. Jh. Patene, Silber vergoldet, 18. Jh. Krankenkelch und Weinflasche, Silber vergoldet, 1759. Zwei Dosen, Silber, 18. Jh. Taufkanne, Zinn, 1720. Taufschale, Messing, 17. Jh. Vier Leuchter, Zinn, M. 19. Jh. Zwei Kronleuchter, Messing, 1726 und 1753. Glocke 1886 von Eduard Albrecht, Wismar. – Epitaph J. Kohne 1604, im übergiebelten Pilasterrahmen Gemälde mit Kruzifix und kniender Stifterfamilie. Acht Grabsteine 17./18. Jh.

Auf dem Kirchhof beim Turm zwei Grabstelen 1753 und 1755, an der Südvorhalle Grabstein 1783/1804, für Angehörige der Familie Hincke.

Linke Seite:
Kessin, Dorfkirche, Blick in den Chor, Schnitzfigur einer Sitzmadonna

Rechte Seite:
Lambrechtshagen, Dorfkirche, Ansicht von Osten; Klein Kussewitz, ehem. Gutshaus, Hofseite

Klein Kussewitz

Ehem. GUTSHAUS (Verwaltung, Wohnungen). Um M. 19. Jh. in neugotischen Formen errichtet. Rechteckiger Putzbau von zehn Achsen und zwei Geschossen über hohem Sockel; umlaufender kleeblattbogiger Trauffries, flaches Walmdach. An der Hofseite vierachsiger, um ein Halbgeschoß erhöhter Mittelrisalit mit seitlichen Fialentürmen, seine beiden mittleren Achsen nochmals betont und durch flachen Giebel mit Uhr und Schlagglocke abgeschlossen, aber auch durch die breite, kielbogig geschlossene Portalnische und die die Fenster der oberen Geschosse verbindenden Kleeblattbogenblenden hervorgehoben. An der Gartenseite seitlich angeordneter dreiachsiger Risalit, in der Gliederung dem der Hoffront folgend, dahinter der ehem. Gartensaal.

Englischer Landschaftspark ebenfalls um M. 19. Jh., in den Grundzügen erhalten.

Lambrechtshagen

DORFKIRCHE Ältester Teil der Rechteckchor aus Feldsteinquadern, 3. V. 13. Jh., gleichzeitig die Südsakristei. Der Ostgiebel aus Backstein mit reichem, von Blendenkreuz beherrschtem Schmuck, die spitzbogigen Zwillingsfenster ebenfalls aus Backstein. An der Nordseite Rücksprungportal mit eingelegten, im Scheitel gewirtelten Rundstäben. Das etwas breitere zweijochige Schiff aus Backstein über Feldsteinsockel 1. H. 15. Jh., gleichzeitig auch der nördliche Choranbau mit Blendengiebel und der quadratische Westturm, sein Mauerwerk und der hohe Pyramidenhelm 1805 weitgehend erneuert. – Im Inneren im Chor Kuppelgewölbe auf Bandrippen, aus der Bauzeit des Chores; spitzbogiger Triumphbogen. Im Schiff zwei stark gebuste Kreuzrippengewölbe. Gewölbemalerei im Chor um 1300, Majestas Domini mit Engeln und Evangelistensymbolen, im Schiff 3. V. 15. Jh., Deesis. Zwei Sakramentsnischen, im Chor 14. Jh., die Tür mit Flachrelief des Agnus Dei und Wappen, am Triumphbogen 15. Jh., die Innentür mit schmiedeeisernem Gitter.

Altaraufsatz 1805, architektonischer Aufbau, im Hauptgeschoß von Säulen gerahmtes Bild des Gekreuzigten, darüber Auferstehungsgemälde; die abgerundete Schranke gleichzeitig. Kanzel mit Aufgang, Portal und Schall-

Linke Seite: Lambrechtshagen, Dorfkirche, Inneres nach Osten, Gewölbemalerei im Chor (oben links), Brüstungsmalerei an der Westempore (rechts)

Rechte Seite: Lichtenhagen, Gehöft Dorfstraße 22, ehem. Hallenhaus von 1789; Gehöft Dorfstraße 84, Hallenhaus von 1715

deckel, 1. H. 17. Jh., am Korb Wappenmalerei. Neugotischer Taufstein 2. H. 19. Jh. Westempore 1750, die gemalten biblischen Szenen und Evangelisten von J. E. Bendhusen 1759. Pastorenstuhl 1716. Gestühl 18. Jh. – Zwei Kelche und Patenen, Silber vergoldet, 1. H. 17. Jh. Dose, Silber, 1686. Deckelkanne, Zinn, 1747. Taufschale, Messing, 19. Jh. Leuchterpaar, Zinn, 18. Jh. Glocke 1869.

Lichtenhagen (Ortsteil von Elmenhorst)

BAUERNHÄUSER an der Dorfstraße, von den einzelnen Gehöften und Häusern besonders zu erwähnen: Dorfstraße 2, Büdnerei, Hallenhaus von 1812, die Umfassungswände z. T. massiv erneuert, an der Vorderseite tiefer Walm mit Toreinschnitt, rückwärtig Halbwalm auf Kopfbändern. – Nr. 21, Gutshoftyp, das massive Wohnhaus an der Westseite um 1900. An der Südseite zweischiffige Hallendielenscheune aus Fachwerk mit massiven Giebelwänden und Krüppelwalmdach, um 1890, an der Nordseite Hallenhaus aus Fachwerk mit Längsdurchfahrt, heute Stall, ursprünglich Rauchhaus, 1786 errichtet, am Vordergiebel tiefer Walm, am Rückgiebel Halbwalm auf vorgekragten Kopfbändern. Im Garten Backhaus von 1838, Fachwerkbau mit vorderem Halbwalm, rückwärtig Backofen unter tiefem Walm. – Nr. 22, Gutshoftyp, an der Westseite massives Wohnhaus um 1900. An der Südseite Hallenhaus von 1789, heute Stall, die Umfassungswände noch z. T. Fachwerk, Rohrdach an der Vorderseite mit tiefem Walm und Toreinschnitt, am Rückgiebel vorgekragter Halbwalm. An der Nordseite ehem. Hallendielenscheune von 1838, heute Stall und Werkstatt, Fachwerk, an den Giebeln auf Kopfbändern vorgekragte Halbwalme. – Nr. 31, Küsterhaus, ehem. Pfarrwitwenhaus, Fachwerkbau um M. 19. Jh., durch Anbau nachteilig verändert. – Nr. 32/33, Gutshoftyp, das massive Wohnhaus um 1900. An der Südseite rohrgedeckte Hallendielenscheune um M. 19. Jh., an der Nordseite ebenfalls um M. 19. Jh. rohrgedecktes Stallgebäude mit Querdurchfahrt. – Nr. 37, Büdnerei vom Hallenhaustyp E. 18. Jh., die Umfassungswände später massiv unterfangen, am Wohngiebel Krüppelwalm, am Wirtschaftsteil das Tor eingeschnitten und der Giebel ursprünglich abgewalmt. A. 20. Jh. durch massiven Anbau verändert. – Nr. 35, Querbüdnerei 1. H. 19. Jh., ursprünglich Scheune, A. 20. Jh. durch Anbau erweitert, das rohrgedeckte Dach an beiden Giebelseiten mit Halbwalm. – Nr. 39, Querbüdnerei 1. H. 19. Jh., die Umfassungswände z. T. Fachwerk, das Rohrdach am Wohngiebel mit Krüppelwalm, am Stallgiebel mit Vollwalm, das Tor eingeschnitten. – Nr. 79, ehem. Gutshoftyp, nur das massive verputzte Wohnhaus von 1834 erhalten, mit Krüppelwalmdach. – Nr. 82, Büdnerei, Backsteinbau mit rohrgedecktem Krüppelwalmdach M. 19. Jh., als Doppelstubenhaus aus einer älteren Querbüdnerei entstanden. – Nr. 83, rohrgedecktes Hallenhaus vom Typ des Werderhauses, 1818 errichtet, die Wohnung am straßenseitigen Ende, darüber Halbwalm auf Streben, am rückwärtigen Giebel tiefer Walm mit Toreinschnitt; aus jüngerer Zeit entstellender Anbau. An der Nordseite Hallendielenscheune von 1822, an beiden Giebeln Halbwalme auf vorgekragten Streben, der vordere Walm durch Speicheranbau gebrochen. – Nr. 84, Büdnerei vom Hallenhaustyp, ursprünglich Landarbeiterkaten, 1715 errichtet, in der 2. H. 18. Jh. verändert, die Fachwerkwände z. T. massiv erneuert, an beiden Giebeln tiefe Walme, vorn mit Toreinschnitt. Das massive rohrgedeckte Stallgebäude 19. Jh. – Nr. 85, ursprünglich Hallenhaus von 1798, später Schule, mit Rohrdach, der Fachwerkgiebel an der Rückseite jünger, mit Halbwalm auf vorgekragten Streben, am Vordergiebel Krüppelwalm. – Nr. 96, Gutshoftyp 2. H. 19. Jh., an der Ostseite das massive Wohnhaus, an der Nordseite Hallendielenscheune aus Fachwerk, am Vordergiebel Halbwalm, am Rückgiebel gebrochener Halbwalm mit vorgesetztem Speicher.

PFARRHAUS Eingeschossiger Putzbau von 1866, an der Südseite ein vorgezogener Nebenflügel von zwei Geschossen und mit gotisierendem Staffelgiebel.

DORFKIRCHE Dreischiffige Hallenkirche mit eingezogenem Rechteckchor und Nordsakristei sowie quadratischem Westturm, die einzelnen Teile im Verlaufe des 14. Jh. aus Feldstein bzw. Backstein erbaut. 1887/93 durch Gotthilf Ludwig Möckel besonders in den Details stark erneuert.

Ältester Teil der Chor aus Feldsteinmauerwerk, die er-

neuerten dreigeteilten Fenster und der mit ansteigenden Blenden geschmückte Giebel in Backstein. Gleichzeitig auch die Sakristei mit ähnlichem Giebel. Das dreijochige Hallenlanghaus in Backstein wohl um M. 14. Jh. errichtet, mit Strebepfeilern besetzt, die dreigeteilten Spitzbogenfenster mit gekehlter Leibung; die westlichen Verlängerungen der Seitenschiffe von der Restaurierung E. 19. Jh. Der quadratische Westturm in den Untergeschossen aus Feldstein, sein Glockengeschoß mit jeweils drei schlanken spitzbogigen Schalluken vorwiegend aus Backstein, aus Backstein auch die vier blendengeschmückten Schildgiebel; Abschluß durch achtseitigen verschindelten

Lichtenhagen, Dorfkirche, Ansicht von Südosten, Inneres nach Osten, Kanzel, Sakramentsturm, Unterteil eines zweiten, fragmentarischen Sakramentsturmes

Helm. Vom E. 14. Jh. schließlich die Südvorhalle aus Backstein, der reizvolle blendengeschmückte Staffelgiebel mit Fialen.
Im Inneren der Chor in zwei queroblongen Jochen kreuzrippengewölbt, die Konsolen erneuert; spitzbogiger Triumphbogen. Das Hallenschiff mit niedrigen achteckigen Pfeilern und abgestuften Arkaden, die Kreuzrippengewölbe in den Seitenschiffen niedriger als im Mittelschiff. Gewölbemalerei im Chor 3. V. 14. Jh., 1894 freigelegt und stark ergänzt. Szenen aus der Genesis und dem Leben Christi, Deesis und Gnadenstuhl sowie Apostel, in der Leibung des Triumphbogens kluge und törichte Jungfrauen.
Als Altaraufsatz Triumphkreuz A. 15. Jh., an den Balkenenden gemalte Evangelistensymbole. Kanzel mit Aufgang und Schalldeckel, 1619, als Stütze männliche Figur in antiker Rüstung. Am polygonalen Korb vor den Kanten Pilaster mit reichem vegetabilischem und figürlichem Dekor, dazwischen in ähnlich geschmückten Rundbogennischen Kreuzigungsgruppe und die Figuren der Evangelisten; der Arabeskendekor der Sockel- und Gesimsfelder als Intarsien ausgebildet. An der Brüstung des Aufganges zwei Apostelfiguren vom A. 16. Jh. Taufe 13. Jh., die granitene Kuppa mit Schuppenmuster, am Sandsteinfuß sechs betende Figuren in derber Vereinfachung. Neugotischer Orgelprospekt E. 19. Jh.
Kruzifix 15. Jh. Sechs mittelalterliche Schnitzfiguren bzw. -gruppen: Sitzender Olaf (?), ohne Kopf, um 1300; Pietá 1. H. 15. Jh.; Anna selbdritt M. 15. Jh.; kreuztragender Christus M. 15. Jh., die Begleitfiguren Maria und Johannes von einer Triumphkreuzgruppe E. 15. Jh. Zwei barocke Engelfiguren vom ehem. Orgelprospekt. Sakramentsturm E. 14. Jh., über dem Fuß achtseitiges Gehäuse mit Wimpergbekrönungen, daraus ein zweigeschossiger turmartiger Aufsatz mit durchbrochenen Maßwerkfeldern, Fialen und krabbenbesetztem Helm mit abschließender Kreuzblume herauswachsend. Ein zweiter Sakramentsturm ebenfalls E. 14. Jh., zeitweilig als Opferstock genutzt, nur der untere Teil erhalten: achtseitiger Fuß mit Dreipaßarkaden, darüber, über einem Zwischenstück, achtseitiges Gehäuse mit Maßwerkfenstern und Maßwerktür. Opferkasten 17. Jh., mit reichem Eisenbeschlag.

Zwei Kelche, Silber vergoldet, 15. Jh., einer mit Fuß und Kuppa aus dem 18. Jh. Kelch, Silber, 1704. Zwei Patenen, Silber vergoldet, 18. Jh. Kelch und Patene, Zinn, 17. Jh. Drei Dosen, Silber, 18. Jh., um 1860 und 1862. Kanne, Silber, E. 19. Jh. Glocke 1479. – An den Außenwänden der Kirche drei Grabsteine 18. und 19. Jh.

Lichtenhagen, Dorfkirche, kreuztragender Christus und die Assistenzfiguren einer Triumphkreuzgruppe, Taufstein

Am nördlichen Dorfrand zwei WINDMÜHLEN Die ältere von 1836, Ständer-Holländer-Mühle (Atelier und Wohnung), beschindelter Fachwerkbau. Die jüngere 1876 erbaut, Galerie-Holländer-Mühle (Museum), beschindelte Fachwerkkonstruktion auf massivem zweigeschossigem Sockelbau über quadratischem Grundriß, die technische Ausstattung weitgehend erhalten.

Lieblingshof

Ehem. GUTSHAUS (Wohnungen). Eingeschossiger Backsteinbau mit Krüppelwalmdach, M. 19. Jh., die Längsseiten durch flachen dreiachsigen Risalit mit Rundbogenfenstern und Dreiecksgiebel mit Zahnschnittgesims betont. An der Hofseite ein Anbau aus neuerer Zeit.

Müritz s. Graal-Müritz

Neu Thulendorf (Ortsteil von Thulendorf)

WINDMÜHLE (Sommerhaus). Um 1900 nordöstlich des Dorfes an der Straße nach Sagerheide errichtet. Auf einem massiven Sockel mit Anbauten und Galerie Ständer-Holländer-Mühle mit achteckigem Backsteinsockel und verschindeltem Fachwerkrumpf mit Haube. Flügelkreuz und Teile der Ausstattung erhalten.

Nustrow

Ehem. GUTSHAUS (Wohnungen). Zweigeschossiger Putzbau von elf Achsen auf hohem Sockelgeschoß und mit Krüppelwalmdach, um 1880. An der Vorderfront die äußeren drei Achsen in flachen Vorlagen, davor Altane, an der Seitenfront im Dachgeschoß großes Lünettenfenster. Der Baudekor in jüngster Zeit stark vereinfacht.

Papendorf

Ehem. FABRIKANTENVILLA (Kinderheim). Um 1910 als zweigeschossiger Putzbau errichtet. An der Fassade die äußeren Achsen risalitartig vorgezogen und übergiebelt, dazwischen Säulenvorhalle mit Altan, an den Schmalseiten mehrgeschossiger Turm mit bekrönendem Dachabschluß und weiterer Altan. Im Inneren Teile der ursprünglichen Ausgestaltung, u. a. Glasfenster mit Jugendstildekor, erhalten. – In der Einfriedung des Grund-

stückes Rundbogentor aus z. T. verputztem Backstein, auf den Pfeilern beiderseits der Fußgängerpforte Plastiken von Wildschweinen.

WOHNHAUS Kreuzkamp 7. Querdielenhaus mit Drempelgeschoß, A. 19. Jh., das rohrgedeckte Walmdach an den Schmalseiten auf Kopfbändern vorgekragt.

Ehem. ZIEGELEI Von den Baulichkeiten erhalten Teile des 1898 errichteten Fabrikationsgebäudes mit dem Brennofen, die beiden unteren Geschosse in Backstein, darüber Fachwerkaufbau.

Petschow

DORFKIRCHE Feldsteinbau M. 13. Jh., aus zweijochigem Schiff und eingezogenem quadratischem Chor mit Nordsakristei; der vorgesetzte, in Feldstein bis in Schiffshöhe geführte Westturm und die Backsteinvorhalle an der Südseite des Chores jünger. Fenster in Backstein, an der Chorostseite Dreifenstergruppe, sonst Zwillingsfenster. Ebenfalls aus Backstein die Giebel, der Ostgiebel sehr reich mit gestaffelten Spitzbogen- und Rautenblenden sowie Kreuzblende geschmückt, der Sakristeigiebel und der vom Turmabschluß verdeckte Westgiebel schlichter. Der

Turmabschluß durch Fachwerkgiebel und längsgerichtetes Satteldach sowie der Gruftanbau am Chor 18. Jh., gleichzeitig wohl auch der Dachreiter auf dem Schiff.
Im Inneren in Schiff und Chor achtrippige Kuppelgewölbe mit Scheitelringen, die zwei Gewölbejoche des Schiffes durch tief herabgezogenen Mittelgurt voneinander abgesetzt; spitzbogiger Triumphbogen. In der Sakristei Gratgewölbe. – Die reiche figürliche und szenische Wand- und Gewölbemalerei im Schiff aus der 2. H. 14. Jh., bei der Restaurierung 1896/98 stark ergänzt. In den Gewölben Jugend und Passion Christi, Jüngstes Gericht und Nikolauslegende sowie Heilige, an der Ostwand Kreuzigung und Christophorus. Die Genesisdarstellungen an den Schiffswänden Zutat des 19. Jh. nach dem Vorbild von Toitenwinkel (Stkr. Rostock). In der Chorostwand Sakramentsnische, die Tür A. 14. Jh. mit Flachrelief des Gekreuzigten unter Wimperg, in den oberen Ecken Medaillons mit Kelch und Hostie, unten Wappen.
Altaraufsatz 1707. Architektonischer Aufbau, im Sockel Abendmahlsbild, im Hauptgeschoß medaillonartiges Kreuzigungsgemälde, flankiert von gewundenen Säulen, zwei Evangelisten und Ohren, im abschließenden Geschoß Medaillonbild der Auferstehung, seitlich von zwei weiteren Evangelisten eingefaßt und von Engelfiguren bekrönt; reiches Schnitzwerk. Kanzel mit Aufgang, Portal und Schalldeckel, 1610, am Korb Arkadennischen mit ge-

Linke Seite: Papendorf, ehem. Fabrikantenvilla

Rechte Seite: Petschow, Dorfkirche, Ansicht von Südosten, Inneres nach Westen, Tür der Sakramentsnische (links unten)

malten Evangelisten. Taufstein 2. H. 19. Jh. Orgelprospekt 1783, die Orgelempore M. 19. Jh. Triumphkreuzgruppe 2. H. 15. Jh., am Kreuz Evangelistensymbole und Blattkrabben. Sakramentsschrank (Chornordwand) E. 14. Jh., von Konsole getragener Wandschrank mit Wimperggiebel und Fialenschmuck, als Bekrönung zweigeschossiger turmartiger Aufbau mit Maßwerkdekor und schlanker Spitze. Gemälde, Christus in Gethsemane, 18. Jh. Opferkasten 17. Jh.
Drei Kelche mit Patenen, Silber vergoldet, 1721. Kelch mit Patene, Silber, 1. H. 18. Jh. Patene, Silber, 1728. Dose, Silber, 1721. Schraubflasche, Silber, 1. H. 18. Jh. Taufschale, Zinn, 1754. Opferteller, Zinn, M. 18. Jh. Vier Leuchter, Zinn, um 1825. Klingelbeutel 18. Jh. Glocke 14. Jh. – Sieben Grabsteine E. 16. bis A. 19. Jh., die ältesten von 1578, für J. v. Preen, und von 1599 mit Relieffiguren der Verstorbenen.

Petschow, Dorfkirche, Sakramentsschrank, Altaraufsatz

Poppendorf

Ehem. GUTSHAUS (Wohnungen). Eingeschossiger Putzbau von neun Achsen mit abgewalmtem Mansarddach, A. 19. Jh., die sieben Mittelachsen als zweigeschossiges Frontispiz ausgebildet. Das große Lünettenfenster im Giebel an der Gartenseite um 1900 beim Einbau der Uhr verändert, die Hoffront in jüngster Zeit vereinfacht.
WOHNHAUS mit ehem. SCHMIEDE Langgestreckter Fachwerkbau unter Krüppelwalmdach, A. 19. Jh. Der Wohnteil etwa die Hälfte des Gebäudes einnehmend, von fünf Achsen, die anschließende Schmiede mit zur Straßenseite geöffnetem Vorraum, die Dachkonstruktion hier von zwei hölzernen Stützen mit Kopfbändern getragen.

Reez, ehem. Gutshaus, Vestibül mit Kachelofen, Ansicht der Hofseite (oben); Poppendorf, Wohnhaus mit ehem. Schmiede (links unten); Reez, ehem. Gutsschmiede

Reez (Ortsteil von Damm)

Ehem. GUTSHAUS (Verwaltung, Wohnungen). Um 1825 in klassizistischen Formen als zweigeschossiger neunachsiger Backsteinbau mit Krüppelwalmdach errichtet, die dreigeschossigen dreiachsigen Mittelrisalite von Giebeln bekrönt, diese wohl in der 2. H. 19. Jh. verändert. Im Inneren im Vestibül schlichte stuckierte Decke erhalten, ihre Unterzüge von hölzernen kannelierten dorischen Säulen getragen, hier und in einem weiteren Erdgeschoßraum zwei zylindrische Kachelöfen, aus der Bauzeit des Hauses. – Von der Gutsanlage erhalten auch das gleichzeitig errichtete ehem.

INSPEKTORHAUS (Wohnung). Eingeschossiger neunachsiger Backsteinbau, die mittleren drei Achsen als zweigeschossiger übergiebelter Risalit ausgebildet.

Ehem. GUTSSCHMIEDE an der Dorfstraße. Um 1825, rechteckiger Backsteinbau mit von vier Säulen getragener Vorlaube, unter Zeltdach.

DORFKIRCHE Im Kern spätmittelalterlicher, polygonal geschlossener Feldsteinbau, nach schweren Schäden im Dreißigjährigen Krieg 1772 wiederhergestellt, dabei die Fenster barock verändert und an der Westseite das von Pilastern und einem kräftig profilierten Architrav gerahmte Portal eingefügt sowie der Giebel mit Uhr und sechsseitiger hölzerner Laterne neu angelegt. Im Inneren stuckierte Flachdecke mit Mittelspiegel und Rocailledekor.

Die Ausstattung einheitlich von 1772, 1938 restauriert: Kanzelaltar, konkav geschwungener architektonischer Aufbau, der Kanzelkorb seitlich von Pilaster- und Säulenstellungen flankiert, am Korb, Gesims und Schalldeckel reiches Rokokoschnitzwerk; seitlich Türen zum Abendmahlsumgang. Altarschranke mit Holzgitter. Die den Altarbereich eingrenzenden Gestühlsbrüstungen mit aufgesetzten Rokokoschnitzereien. Dreigeteilte Westempore mit Brüstungsfeldern, am mittleren geschnitzte Kartusche mit Allianzwappen, auf den Seitenfeldern gemalte Wappen- bzw. Inschriftkartusche von 1938. Der Raum darunter durch Fenster bzw. verglaste Doppeltür geschlossen, die segmentbogigen Oberlichter ebenfalls mit reichen Rokokoschnitzereien. Kronleuchter und zwei Wandarme, Holz vergoldet, um 1772. Glocke 18. Jh. – Drei Gedenkplatten, Messing: E. v. Flotow † 1794; M. v. Blixen † 1796; C. v. Flotow † 1800.

Rövershagen

DORFKIRCHE Backsteinbau des 15. Jh. Gestrecktes Schiff, wenig abgesetzter, dreiseitig geschlossener Chor, dieser unter Verwendung von Feldstein und mit Strebepfeilern besetzt. Die Südsakristei aus Backstein um 1800, der neugotische quadratische Westturm mit Spitzhelm 1904 vorgebaut. – Das Innere in Schiff und Chor mit durchgehender flacher Bretterdecke, im Chor ursprünglich Wölbung vorgesehen (Schildbögen über den Fenstern); kein Triumphbogen, ursprünglich jedoch vorhanden oder zumindest beabsichtigt. Im Schiff Wandgliederung durch die Fenster umgreifende abgetreppte Spitzbogenblenden. An der Chorsüdwand Wandmalerei 15. Jh., große Christophorus-Gestalt, nach Freilegung im 19. Jh. stark ergänzt.

Altaraufsatz 1708, dreigeschossiger architektonischer Aufbau mit reichen Akanthusschnitzereien. In der Sokkelzone Abendmahlsgemälde, im Hauptgeschoß großes Medaillon mit Auferstehungsgemälde, seitlich von gewundenen Säulen, zwei Evangelisten in Muschelnischen und Ohren mit reichem Akanthusornament gerahmt. Im

abschließenden Geschoß zwei weitere Evangelisten zu seiten eines kleineren Medaillonbildes mit Himmelfahrt. Kanzelkorb 1593. Taufstein E. 19. Jh. Triumphkruzifix um 1500, das Auflagekreuz mit Evangelistensymbolen. Emporen und Gestühl 2. H. 19. Jh. – Kelch und Patene, Silber, E. 14. Jh., Schaft und Kuppa E. 18. Jh. erneuert. Kelch, Silber, 1704. Zwei Dosen, Silber, 1673 und um 1870.

WINDMÜHLE E. 19. Jh. als Ständer-Holländer-Mühle errichtet, über dem Backsteinsockel achtseitiger verschindelter Mühlenkörper. Flügelkreuz und Windrose fragmentarisch erhalten, die technische Ausstattung vorhanden. Ausbau als Schauanlage geplant.

Linke Seite: Reez, Dorfkirche, Inneres nach Osten und nach Westen

Rechte Seite: Rövershagen, Dorfkirche, Inneres nach Osten (oben rechts), Altaraufsatz (links); Ständer-Holländer-Mühle

Sanitz

PFARRHAUS Eingeschossiger Fachwerkbau von neun Achsen mit Krüppelwalmdach, 1781, Seitenwände und Rückfront massiv erneuert. An der Hofseite Eingang mit geschnitzter Haustür aus der Erbauungszeit, darüber übergiebeltes Zwerchhaus mit Uhr.

DORFKIRCHE Feldsteinbau um M. 13. Jh., aus kurzem quadratischem Schiff und eingezogenem quadratischem Chor mit Nordsakristei sowie Westturm von Schiffsbreite, letzterer nur bis zur Höhe der Schiffswände geführt. Gestaffelte Dreifenstergruppen, die abgetreppten Gewände

aus Backstein, am Chor mit rundbogigen, am Schiff mit spitzbogigen Schlüssen. Der Schiffsgiebel mit steigenden Blenden. Die Backsteinvorhalle am Chor 15. Jh., der quadratische Turmaufsatz aus Fachwerk 18. Jh., von Pyramidendach abgeschlossen.

Im Inneren in Chor und Schiff je ein achtrippiges Kuppelgewölbe; spitzbogiger Triumphbogen. Der zum Schiff durch breitleibigen Spitzbogen geöffnete Turmraum mit Kreuzrippengewölbe. 1935 an den Gewölben vegetabilische Malereien des 13./14. Jh. freigelegt, an der Schiffsostwand Reste figürlicher Wandmalerei vom 1. V. 14. Jh., Kreuztragung mit Simon von Kyrene und fragmentarisch erhaltene Ritterfigur. Im Chorsüdportal Bohlentür mit schmiedeeisernem Beschlag, wohl 13./14. Jh.

Altaraufsatz 2. H. 18. Jh. Architektonischer Aufbau mit Abendmahlsgemälde im Sockel, darüber das von Säulen

und vier allegorischen Figuren flankierte Hauptbild mit Gethsemanedarstellung, angeblich von Rudolph Suhrlandt; der obere Teil des Aufsatzes im 19. Jh. beim Einbau der inzwischen wieder entfernten Orgel beseitigt. Kanzel mit Aufgang, Portal und Schalldeckel, 1694, am Korb zwischen gewundenen Säulen Flachreliefs der Evangelisten. Taufständer 2. H. 19. Jh.
Vier Altarflügel mit acht Passionsszenen, um 1700. Zwei Porträtgemälde: J. Rullmann †1709 und J. H. Böckler †1750. Sakramentsschrank 15. Jh., dreigeschossiges Gehäuse, unten der Wandschrank mit Fialenbekrönung, darauf zweigeschossiger Aufsatz mit Maßwerkgliederung, der turmartige Abschluß verloren. Westempore 17. Jh., die Brüstung mit Säulengliederung und Wappenmalerei. Fragment einer Empore beim Altar, 1. H. 18. Jh. Drei ehem. Patronatsgestühle: 1592, an der Brüstung Blendarkaden und Wappen in Flachschnitzerei; 2. H. 17. Jh., die Brüstung mit Wappenmalerei, in der Mitte gemaltes Kruzifix und Stifterfamilie; 18. Jh. – Kelch, Silber vergoldet, 18. Jh. Dose, Silber vergoldet, 1712. Taufschale, Silber, 1860. Leuchterpaar, Holz vergoldet, A. 19. Jh. – Fünf Grabsteine 17. und 18. Jh.

Linke Seite:
Sanitz, Pfarrhaus;
Dorfkirche,
Ansicht von Süden,
Inneres nach Osten

Rechte Seite:
Sanitz, Dorfkirche,
Altaraufsatz,
Sakramentsschrank

Stäbelow

DORFKIRCHE Zweijochiger Rechteckbau mit Nordsakristei und quadratischem Westturm, Backstein auf hohem Feldsteinsockel, A. 14. Jh. Die Längswände des Schiffes mit mittlerem Strebepfeiler; zweigeteilte Fenster in profilierter Spitzbogenblende, das Ostfenster dreige-

teilt. Zwei schlanke Spitzbogenportale an der Südseite. Ost- und Sakristeigiebel mit schlichter Blendengliederung. Der Turm mit blendengegliederten Schildgiebeln und achtseitigem Spitzhelm. Das Innere mit niedrig ansetzenden Kreuzrippengewölben.

Gestühl und Westempore A. 19. Jh. Orgel 19. Jh. Kelch und Patene, Silber vergoldet, 17. Jh. Zwei Taufschalen, Messing, 1768 und E. 19. Jh. Leuchterpaar, Zinn, M. 18. Jh. Kronleuchter, Messing, um 1840. Glocke 1753 von Johann Valentin Schultz, Rostock.

Teschendorf (Ortsteil von Broderstorf)

Ehem. GUTSHAUS (Verwaltung, Wohnungen). Eingeschossiger gebänderter Putzbau von elf Achsen mit Krüppelwalmdach, E. 19. Jh. in neubarocken Formen errichtet. Der dreiachsige zweigeschossige Mittelrisalit an der Hofseite durch Kolossalsäulen an den Ecken, hohen geschwungenen Giebel und pilastergerahmtes Portal betont, die einachsigen Seitenrisalite der jeweils dritten Achse vor dem Dach als zweifenstrige Zwerchhäuser fortgesetzt, mit Porträtmedaillons in den geschwungenen Abschlüssen.

Tessin

Kleinstadt auf einer Anhöhe am westlichen Rande des Recknitztales. Neben einer älteren Burg aus einem Dorf in der 1. H. 14. Jh. entstanden, 1343 als oppidum erwähnt. Gitterförmiges Straßennetz, der Markt gebildet aus einer Erweiterung der den Ort von Südosten nach Nordwesten durchziehenden Hauptstraße (Verlauf einer mittelalterlichen, von Demmin nach Rostock führenden Landstraße), die Stadtkirche unmittelbar nördlich davon. Stadtbrände 1728 und 1741.

WOHNBAUTEN Die bestehende Bebauung aus überwiegend ein- und zweigeschossigen Fachwerk- und Massivbauten des 18. und 19. Jh., meist seit A. 20. Jh. stark verändert. Erwähnenswert das Doppelhaus Gnoiener Straße 5/7, A. 19. Jh., ein zweigeschossiger Putzbau von neun Achsen, im Obergeschoß jeweils die dritte Achse von außen als spitzbogige Balkontür ausgebildet.

PFARRHAUS Eingeschossiger Putzbau von sieben Achsen mit abgewalmtem Mansarddach und übergiebeltem dreiachsigem Zwerchhaus, um 1805.

STADTKIRCHE St. Johannis. Ältester Teil der quadratische Feldsteinchor, ein Rest der ehem. Dorfkirche aus der M. 13. Jh.: in der Ost- und Südwand gestaffelte Dreifenstergruppen; zugesetzte frühgotische Priesterpforte aus Backstein, im Gewände eingestellte Säulen mit Schaftringen und Knospenkapitellen. Im Inneren achtrippiges Kuppelgewölbe. Um M. 14. Jh. Errichtung des dreijochigen basilikalen Langhauses anstelle des ursprünglichen Schiffes. Backstein, die Seitenschiffe mit Strebepfeilern, die Obergadenfenster nur als spitzbogige Fensterschlüsse

Linke Seite:
Stäbelow, Dorfkirche, Ansicht von Südosten;
Teschendorf, ehem. Gutshaus, Hofseite

Rechte Seite:
Tessin, Stadtkirche, Ansicht von Norden, Inneres nach Osten, Chorsüdportal (links)

in Erscheinung tretend, der Westgiebel mit reicher Blendengliederung. Das Innere mit Achteckpfeilern und spitzbogigen Arkaden, darüber am Obergaden Dienstvorlagen und Schildbögen für die ursprünglich vorgesehene Einwölbung. Gewölbe auch in den Seitenschiffen geplant. – Nach Brand 1728 umfassende Instandsetzung, dabei das Chordach abgewalmt und der verbretterte Dachturm über dem Westgiebel errichtet.

1896/98 unter Leitung von Gotthilf Ludwig Möckel die westliche Vorhalle angebaut und das Innere neugotisch ausgestaltet, das gemalte Triforium an der Ostwand und in den Fensterblenden des Mittelschiffes in Anlehnung an die Doberaner Klosterkirche. Gleichzeitig auch die Ausstattung (damals die barocke Ausstattung an die Dorfkirche in Buchholz abgegeben): Altaraufsatz, niedri-

ges, an frühgotische Vorbilder erinnerndes Retabel mit Halbfigurenreliefs in Vierpässen, darüber Wimperge und großes Kruzifix. Kanzel, am Korb Kleeblattbogennischen mit Apostelfiguren. Neugotischer Orgelprospekt. Im Westteil der Kirche zwei übereinanderliegende Emporen. – Zwei Kelche, Silber, 1817 und 1. H. 19. Jh. Zwei Patenen, Silber, 1848 und 19. Jh. Dose, Silber, 1855. Leuchterpaar, Zinn. 1730, Glocke 1728 von Laurentius Strahlborn, Lübeck.

Teutendorf (Ortsteil von Sanitz)

Ehem. GUTSHAUS (Wohnungen). Eingeschossiger Putzbau von neun Achsen und mit abgewalmtem Mansarddach, E. 19. Jh., beidseitig mit dreiachsigen übergiebelten Mittelrisaliten. 1910 erweitert und verändert. Der Vorgängerbau Geburtshaus des Komponisten Friedrich v. Flotow (1812–1883).

Im Park neuromanisches Mausoleum von 1903.

Thelkow

PFARRHAUS Neunachsiger Fachwerkbau mit Krüppelwalmdach, M. 18. Jh.

DORFKIRCHE Feldsteinbau M. 13. Jh., aus rechteckigem zweijochigem Schiff und eingezogenem quadratischem Chor mit Nordsakristei. In der Ostwand gestaffelte Dreifenstergruppe, sonst paarweise geordnete Fenster, sämtlich Backstein. Ebenfalls aus Backstein das südliche Schiffsportal, mit eingelegten Wülsten im mehrfach abgetreppten Gewände und mit Kämpferband. Der Chorgiebel wohl in nachmittelalterlicher Zeit ohne Gliederung erneuert, der Backsteingiebel des Schiffes und der Fachwerkgiebel der Sakristei 18. Jh. – Im Inneren Chor und Schiff durch spitzbogigen Triumphbogen abgesetzt. In beiden Raumteilen kuppelige Kreuzrippengewölbe aus der Bauzeit, das westliche Schiffsjoch nach Gewölbeeinsturz flach gedeckt. Am Chorgewölbe Sternrosetten an den Rippen und Schlußstein mit Agnus-Dei-Relief. In der Chorostwand Sakramentsnische mit ursprünglicher hölzerner Außen- und innerer Gittertür.

Schnitzaltar 3. V. 15. Jh., im Schrein figurenreiche Kreuzigung, flankiert von je zwei übereinander angeordneten weiblichen Heiligen bzw. Aposteln, in den Flügeln oben

weitere Apostel, unten Passionsreliefs, Geißelung und Kreuztragung. Die Anordnung wohl im 18. Jh. verändert, gleichzeitig die Predella mit Abendmahlsgemälde, der Aufsatz mit Auferstehungsrelief, die Ornamentwangen und wohl auch die beiden mittelalterlichen Schnitzfiguren auf den Flügeln hinzugefügt. Altarschranke 18. Jh. Schlichte Kanzel mit Aufgang und Schalldeckel, 1680. Taufe, Kalkstein, 2. H. 13. Jh., an der Kuppa Rundbogenarkaden.

Kruzifix 18. Jh. Zwei Kabinettscheiben 17. Jh., Kreuzigung und Wappen. Bedelt mit Johannesfigur 17. Jh. Lesepult M. 19. Jh. Westempore A. 19. Jh. Pastorenstuhl A. 18. Jh. Ehem. Patronatsloge mit hohen verglasten Fenstern und Rocailledekor, 3. V. 18. Jh. – Kelch, Silber vergoldet, 1698. Patene, Silber vergoldet, 1681. Vier Leuchter, Zinn, 17. Jh., zwei von 1645. – Wappenepitaph V. O. v. d. Lühe †1695, mit reicher Rahmung aus Akanthusschnitzwerk und Figuren.

Auf dem Kirchhof frei stehender Glockenstuhl, die Glocke 1836 von F. Schünemann, Demmin. Mausoleum, Feldstein, 2. H. 19. Jh.

Thulendorf

DORFKIRCHE Rechteckiger Feldsteinbau mit eingezogenem, gerade geschlossenem Backsteinchor und vorgesetztem rechteckigem Westturm, 15. Jh. Der Chorgiebel mit gestaffelten, der Schiffsgiebel mit steigenden Blenden, von den Rücksprungportalen das westliche besonders reich ausgebildet. Die Umfassungswände des Chores im 17. Jh. verändert, aus der gleichen Zeit das Turmober-

Linke Seite: Thelkow, Dorfkirche, Ansicht von Nordosten, Blick in den Chor

Rechte Seite: Thelkow, Dorfkirche, Portal an der Südseite des Schiffes; Thulendorf, Dorfkirche, Kabinettscheibe 1644, Tafelbild (Ecce homo)

geschoß. – Im Inneren der Chor mit steilem Kreuzrippengewölbe, das Schiff mit Flachdecke.
Als Altaraufsatz Tafelbild mit Ecce homo von 1664. Kanzel mit Aufgang und Schalldeckel, um 1650, am Korb zwischen den Arkaden Hermenpilaster; das gemalte Allianzwappen 1767 hinzugefügt. Orgel 19. Jh., die Empore wohl gleichzeitig. Gestühl 17. Jh. Tafelbild mit Christus und den klugen und törichten Jungfrauen, A. 16. Jh., ehemals Predella eines Altaraufsatzes, 1727 Stiftungsvermerk hinzugefügt. Zwei Kabinettscheiben 1644 und 1679. – Kelch und Patene, Silber vergoldet, 1684. Kelch, Silber vergoldet, E. 17. Jh. Dose, Silber, 18. Jh. Schale, Messing, 18. Jh. Glocke 1722 von Michael Begun, Friedland.

Vilz (Ortsteil von Selpin)

DORFKIRCHE Feldsteinbau um M. 13. Jh., rechteckiges zweijochiges Schiff mit eingezogenem quadratischem Chor. Die Backsteingiebel von Chor und Schiff mit Spitzbogen- und Kreuzblenden, am Chorgiebel das Kreuz mit stilisierten Blattkrabben, darunter Zwillingsblenden mit halbrunden Vorlagen. Priesterpforte und Schiffssüdportal mit reich profiliertem Gewände und Kämpferband. Nordsakristei und Vorhallen 19. Jh. – Im Chor achtrippiges Kuppelgewölbe mit Scheitelring, aus der Bauzeit, im Schiff die ursprünglich vorhandenen ähnlichen zwei Gewölbe verloren und durch Balkendecke ersetzt.

Schnitzaltar A. 16. Jh., im Schrein figurenreiche Kreuzigung und vier Apostel, in den Flügeln vier Passionsszenen; die Tafelbilder auf den Rückseiten mit Auferstehung und Himmelfahrt 1730 stark erneuert, aus der

Linke Seite: Thulendorf, Dorfkirche, Tafelbild (kluge und törichte Jungfrauen); Vilz, Dorfkirche, Gestühlswangen

Rechte Seite: Vilz, Dorfkirche, Schnitzaltar

gleichen Zeit auch das Predellenbild mit den vier Evangelisten. Als Altarplatte verwendet der Grabstein des Propstes J. v. Thudendorp † 1380, mit eingeritzter Figur des Verstorbenen. Kanzel mit Aufgang, Portal und Schalldeckel, 1755, am Korb zwischen Akanthusvoluten die Schnitzfiguren der Evangelisten, der Deckel und die Bekrönung der Tür mit Engelfiguren. Orgel 19. Jh. Emporen und Gemeindegestühl 19. Jh. Zwei Gestühlswangen mit Flachschnitzerei, Wappen und Inschrift, 1575. Lesepult 18. Jh. Zwei Kabinettscheiben (beschädigt) mit Wappen von 1696 und Kreuzigung. – Zwei Kelche und Patenen, Silber vergoldet, 1666 und 1706. Krankenkelch, Zinn, 18. Jh. Zwei Dosen, Silber, 1670 und 18. Jh. Krankenbesteck, Silber, 1. H. 19. Jh. Deckelkanne, Silber, frühes

18. Jh. Taufschale, Silber, M. 19. Jh. Leuchterpaar, Zinn, 1786. – Grabstein A. J. v. Koss † 1703 und Frau.
Auf dem Kirchhof frei stehender Glockenstuhl, die Glocke 1875 von Gustav Collier, Zehlendorf (Berlin).

Volkenshagen (Ortsteil von Klein Kussewitz)

DORFKIRCHE Rechteckiger vierjochiger Feldsteinbau, die beiden östlichen Joche mit dem blendengegliederten Backsteingiebel und der Nordsakristei wohl noch 13. Jh., der Westteil und die Kreuzrippengewölbe in allen vier Jochen wahrscheinlich 15. Jh. 1892/95 tiefgreifende Restaurierung unter Gotthilf Ludwig Möckel, dabei das Chorpolygon, der Westturm mit oktogonalem Obergeschoß und Spitzhelm und der zweigeschossige Anbau an der Chorsüdseite angefügt.
Einheitliche neugotische Ausstattung E. 19. Jh. Älter sind: Kelch und Patene, Silber, 1754. Krankenkelch und Patene, Silber, M. 19. Jh. Zwei Taufschalen: Messing, 1650, mit Relief der Taufe Christi; Silber, 1858. Glocke 1584 von Harmen Hogehus. – Grabstein K. Bützow und Familie 1580.

Weitendorf (Ortsteil von Cammin)

DORFKIRCHE Kleiner rechteckiger Feldsteinbau 2. H. 15. Jh., 1828 instand gesetzt, dabei der Backsteinwestgiebel erneuert und der Dachreiter aufgesetzt; der Ostgiebel vom E. 19. Jh. Das Innere mit flacher Decke.
Altaraufsatz 2. H. 17. Jh. das von gewundenen Säulen gerahmte Mittelbild mit zweifacher Abendmahlsdarstellung, als biblische Szene und als protestantisches Sakrament; auf dem Gesims plastisches Kruzifix. Kanzel mit Schalldeckel, E. 17. Jh., am Korb zwischen gewundenen Säulen vor Arkadenblenden Evangelistenfiguren, unter dem Korb ein Fisch; an der Rückwand Gemälde des Salvators. Gemälde, Christus und die Samariterin, 2. V. 19. Jh. Ehem. Patronatsgestühl 1708, der Sakristeiverschlag und das Kastengestühl im Schiff wohl gleichzeitig. – Kelch und Patene, Silber vergoldet, 1545. Dose, Silber, 18. Jh. Kanne in Neurenaissanceformen, Silber, 1914. Leuchterpaar, Zinn, 17. Jh. Leuchter, Zinn, 1730.

Wendfeld (Ortsteil von Sanitz)

Ehem. GUTSHAUS (Wohnungen). Eingeschossiger Putzbau mit abgewalmtem Mansarddach, um 1900, die schlichte, asymmetrisch gestaltete Hofseite durch zweigeschossigen übergiebelten Risalit und daneben Turm in der Art italienischer Wehrtürme hervorgehoben.

Wohrenstorf (Ortsteil von Cammin)

Ehem. GUTSHAUS (Verwaltung). Zweigeschossiger rechteckiger Putzbau mit hohem Walmdach, um 1700 erbaut. An der Hoffront ein dreiachsiger, segmentbogig übergiebelter Mittelrisalit, an den Schmalseiten die drei Mittelachsen in flachen Vorlagen, deren Kanten ebenso wie die Gebäudeecken mit geputzter Quaderung. Über dem Korbbogenportal eingetiefte Platte mit Wappenrelief. Im Inneren die Kellerräume mit Tonnengewölben, die Treppe vom Erd- zum Obergeschoß mit geschnitzten Balustern.

Linke Seite: Weitendorf, Dorfkirche, Ansicht von Nordosten; Wendfeld, ehem. Gutshaus, Hofseite

Rechte Seite: Weitendorf, Dorfkirche, Kanzel

Unterwarnow
Strande
Am
Warnowufer
Gruben-
Hartestraße
weberstraße
Alter
Markt
Lange
Straße
Ring
Breite Straße
Ernst-
Thälmann-
Platz
Straße
Kröpeliner
Universitätsplatz
Kröpeliner Tor-
Wall-
anlagen
Doberaner
Platz
Steinstraße
Wollen-
straße
Altschmiedestraße
Lohgerber-straße
Rosengarten
August-
Bebel-
Straße
Pieck-
Vorstadt
Steintor-
Vorstadt
Augusten-
straße
Richard-
Wagner-Straße
Friedrich-Engels-
Platz
Wilhelm-
Friedrich-Engels-
Straße
Straße
Rosa-Luxemburg-
Hauptbahnhof

Stadtkreis Rostock

Das Gebiet des Stadtkreises Rostock umfaßt neben der Innenstadt und ihren Erweiterungen aus der 2. H. 19./1. H. 20. Jh. die in den letzten Jahrzehnten vor allem entlang des linken Warnowufers entstandenen Neubaugebiete Evershagen, Lütten Klein, Lichtenhagen, Schmarl, Groß Klein sowie das bereits seit dem Mittelalter zu Rostock gehörende Warnemünde, auf dem rechten Warnowufer die Ortsteile Brinckmansdorf, Dierkow, Gehlsdorf und Toitenwinkel. Dazu kommen mehrere eingemeindete Dörfer vor allem südlich und östlich der Stadt. Besonders weit erstreckt sich das Gebiet des Stadtkreises nach Nordosten, wo es bis zum Stromgraben westlich von Graal-Müritz reicht und damit das gesamte Gebiet der Rostocker Heide einschließt. Die Entwicklung, die Rostock, seit 1952 Hauptstadt des Ostseeküstenbezirkes, in den letzten Jahrzehnten genommen hat, steht in unmittelbarem Zusammenhang mit der industriellen Entwicklung, mit dem Aufbau der beiden Werften und mit der Anlage des Überseehafens. Sie findet ihren sichtbaren Ausdruck in den großen Neubaugebieten insbesondere am linken Warnowufer; von etwas über 100000 Einwohnern vor 1945 hat sich Rostock zu einer Stadt von rund 250000 Einwohnern entwickelt.

Entscheidend geprägt wird die Topographie des Stadtkreises durch die flachwellige Grundmoränenlandschaft und die Warnow. Sie tangiert die Stadt zunächst im Osten, ändert ihren Lauf am Petridamm um 90 Grad in westliche Richtung und weitet sich hier zur etwa 600 m breiten Unterwarnow; am Südufer dieses Flußabschnittes befinden sich der Stadthafen und die in Ost-West-Richtung langgedehnt sich erstreckende Rostocker Innenstadt. Nach etwa 2,5 km ändert der Fluß erneut seine Richtung nach Norden und vergrößert sich auf der Höhe des Ortsteiles Groß Klein zum Breitling, in dessen südlichem Bereich 1957/65 der Überseehafen ausgebaut wurde. Bei Warnemünde durchbricht der Fluß eine dem Breitling vorgelagerte Dünennehrung und mündet in die Ostsee.

Verkehrsmäßig ist Rostock von altersher durch Straßen gut erschlossen, von denen die wichtigsten die nahe der Küste verlaufende, der alten Handelsstraße folgende Fernverkehrsstraße 105 sowie die ins östliche Mecklenburg bzw. nach Vorpommern führenden Fernverkehrs-

1 Stadtmauer
2 Kröpeliner Tor
3 Steintor
4 Kuhtor
5 Mönchentor
6 Rathaus
7 Hauptgebäude der Wilhelm-Pieck-Universität und ehem. Neues Museum
8 ehem. herzogliches Palais und Barocksaal
9 ehem. Ständehaus (Haus der Nationalen Volksarmee)
10 ehem. Große Stadtschule (Clara-Zetkin-Oberschule)
11 ehem. Sozietätsgebäude (Schiffahrtsmuseum)
12 Marienkirche
13 Nikolaikirche
14 Petrikirche
15 ehem. Zisterzienserinnenkloster (Kulturgeschichtliches Museum)
16 ehem. Franziskanerkloster
17 ehem. Fraterhaus der Brüder vom gemeinsamen Leben (Michaeliskirche)

straßen 103 und 110 sind. Zu ihnen gesellt sich seit etwa zwei Jahrzehnten die im Zusammenhang mit dem Bau des Hochseehafens angelegte Autobahn nach Berlin. – Auch an das sich im 19. Jh entwickelnde Eisenbahnnetz ist Rostock verhältnismäßig früh, um M. 19. Jh., angeschlossen worden. Der Trajektverkehr Warnemünde–Gedser wurde 1903 aufgenommen.

Bereits im 12. Jh. existierte am rechten Warnowufer, in der Niederung auf der späteren Petribleiche nordöstlich des Petridammes, eine slawische Fürstenburg des Stammes der Kessiner und in ihrem Schutz eine frühstädtische Marktsiedlung, die als Handelsplatz im späteren 12. Jh. in steigendem Maße auch deutsche Kaufleute anzog. Die »Wendische Wik«, wie das Gebiet dieses slawischen Marktortes noch in Quellen des 13. Jh. bezeichnet wurde, verlor jedoch allmählich, an der Wende vom 12. zum 13. Jh., die einstige Bedeutung zugunsten einer um 1200 auf dem hochgelegenen linken Warnowufer sich entwickelnden deutschen Siedlung mit Markt und Petrikirche, die 1218 vom Landesherrn, Fürst Heinrich Borwin I., mit lübischem Recht bewidmet wurde; mit der Altstadt entstand der eigentliche Ausgangspunkt für die Entwicklung von Rostock. Der starke Zustrom von Siedlern führte bis 1232 zur Anlage einer zweiten städtischen Siedlung unmittelbar westlich der Altstadt, der Mittelstadt, mit großem rechteckigem Markt (Neuer Markt, heute Ernst-Thälmann-Platz) und Marienkirche. Dieser wiederum schloß sich nach Westen bis 1252 nochmals eine dritte Siedlung an, die Neustadt, ebenfalls mit Marktplatz (heute Universitätsplatz) und Jakobikirche als Pfarrkirche. Etwa gleichzeitig wuchs eine wahrscheinlich zunächst von slawischen Bevölkerungsteilen bewohnte Siedlung südlich der Altstadt mit dieser zusammen, mit einer 1257 bezeugten Nikolaikirche. Während dieses Entstehungsprozesses von zunächst selbständigen städtischen Siedlungen entlang der Unterwarnow, der sich in nur wenigen Jahrzehnten vollzog, wechselte die Burg des Landesherrn zunächst in das Gelände nördlich der Altstadt (Amberg), später in das Gebiet nördlich der Mittelstadt (Burgwall) und schließlich an den nordwestlichen Stadtrand. Mit der Zusammenlegung der drei Teilstädte in den Jahren 1262 bis 1265 und mit dem Bau einer die Gesamtstadt umfassenden Stadtbefestigung hatte Rostock eine Ausdehnung erreicht, die erst im 19. Jh. überschritten werden sollte.

Die Bedeutung der Stadt resultiert von Anfang an aus ihrer Lage an der Unterwarnow, die die Einrichtung eines vor Zugriffen sicheren Hafens 12 km entfernt von der eigentlichen Ostseeküste ermöglichte, aber auch aus der Lage am Schnittpunkt wichtiger Straßen. Für die Stadt war der freie Zugang zur Ostsee von herausragender Bedeutung, der 1323 durch den Erwerb des an der Mündung der Warnow in die Ostsee gelegenen Ortes Warnemünde gesichert werden konnte. Rostock, das sich von M. 13. Jh. an, mit dem Erwerb der Rostocker Heide 1252, Schritt für Schritt die für seine Entfaltung lebensnotwendigen Rechte vom Landesherrn erkaufte, wurde eines der führenden Mitglieder des Hansebundes. Grundlage für die

Rostock, Ansicht der Stadt von Nordwesten, Holzschnitt von Hanns Weigel, um 1550/60

wirtschaftliche Entwicklung der Stadt war, basierend auf der Schiffahrt, der Zwischenhandel mit Waren, die von den großen westeuropäischen Handelszentren nach Skandinavien und in die baltischen Länder vermittelt wurden, und andererseits der Handel mit Erzeugnissen dieser Länder, vor allem Hering und Stockfisch, d.h. mit für die Fastenzeit unentbehrlichen Nahrungsmitteln. Die Ausfuhr von eigenen Produkten war für das Rostocker Handelsleben von geringerer Bedeutung, auch wenn der Bierexport in der Blütezeit der Stadt nicht unerheblich war. Die Gründung einer Universität im Jahre 1419, der ersten Universität Nordeuropas, gibt die herausragende Stellung der Stadt schlaglichtartig zu erkennen.

Der Niedergang der Hanse vom späten 15.Jh. an führte in Rostock wie andernorts zum allmählichen Verfall seiner wirtschaftlichen Position, auch wenn der Handel mit Skandinavien im 16. Jh. noch florierte. Die Autonomie der Stadt erfuhr seit der 2.H.16.Jh. starke Einschränkungen. Der Dreißigjährige Krieg mit seinen Folgen für Handel und Wirtschaft und ein Großbrand im Jahre 1677, von dem vor allem die Alt- und Mittelstadt betroffen wurden und der etwa ein Drittel der aus dem Mittelalter überkommenen Bausubstanz zerstörte, taten ein übriges. Eine gewisse wirtschaftliche Gesundung erfolgte seit dem 18.Jh., zum wirtschaftlichen Schwerpunkt wurde jetzt der Getreidehandel.

Erst im späteren 19.Jh. – 1850 war Rostock verhältnismäßig früh an das sich ausbildende Eisenbahnnetz angeschlossen worden – kam es zum Ausbau einer regional bedeutenden Werftindustrie, die die Stadt zusammen mit mehreren mittelgroßen Fabriken zum industriellen Schwerpunktgebiet Mecklenburgs werden ließ. Gleichzeitig mit dieser Entwicklung vollzog sich der Ausbau der Vorstädte: Hatte sich das Rostocker Leben über sechs Jahrhunderte in dem kurz nach M. 13. Jh. abgesteckten Rahmen vollzogen, so entstanden jetzt außerhalb der nach 1830 abgetragenen Festungsanlagen besonders mit der Kröpeliner-Tor-Vorstadt im Westen ein ausgedehntes Arbeiter-Wohnviertel, dessen Ausbau sich in unserem Jahrhundert fortsetzte, und mit der Steintor-Vorstadt im Süden ein von zahlreichen Villen gekennzeichnetes bürgerliches Wohnviertel. In den zwanziger und dreißiger Jahren des 20. Jh. erfolgte ein weiteres Wachstum der Stadt in westlicher Richtung. Die Einwohnerzahl, Warnemünde und die eingemeindeten Orte eingeschlossen, wuchs bis zum Beginn des zweiten Weltkrieges auf etwas über 100000 an.

Nach dem zweiten Weltkrieg, in dem die Stadt durch die Luftangriffe besonders im April 1942 schwer zerstört wurde (etwa 40% der Bausubstanz wurden vernichtet), stieg Rostock, seit 1952 Hauptstadt des Ostseeküstenbezirkes, von den fünfziger Jahren an insbesondere durch den Ausbau der Neptun-Werft und die Neugründung der Warnow-Werft sowie durch die Anlage des Überseehafens am Breitling zu großer wirtschaftlicher Bedeutung auf, die ihren Ausdruck auch in der Entwicklung der Stadt findet. Der Ausbau Rostocks konzentrierte sich zunächst auf das Stadtzentrum, u. a. auf den Wiederaufbau der Langen Straße, der im wesentlichen 1953/59 erfolgte, und auf Reutershagen, wo 1953/61 annähernd 5000 Wohnungen entstanden. 1960/68 folgte südlich der Bahnlinie nach Bad Doberan die Errichtung des Wohngebietes der Südstadt mit etwa 6500 Wohnungen. Von den späten sechziger Jahren an verlagerte sich das Schwergewicht des Wohnungsneubaues in das Gebiet westlich der Warnow zwischen Schutow und Warnemünde. Zunächst für 60000 Einwohner geplant, im weiteren für etwa 120000 Einwohner konzipiert, entstanden hier bis in die achtziger Jahre die großen Wohngebiete von Evershagen, Lütten Klein und Lichtenhagen westlich der S-Bahn-Trasse, Schmarl und Groß Klein östlich der Trasse zwischen dieser und der Warnow. In den achtziger Jahren erfolgte auch eine Neubebauung der nördlichen Altstadt, und östlich der Warnow wurde mit einem umfangreichen Wohnungsneubau in Dierkow, Gehlsdorf und Toitenwinkel begonnen. Gegenwärtig zählt Rostock rund 250000 Einwohner.

Als aussagekräftigstes Dokument der Entwicklung Rostocks hat sich trotz einiger Veränderungen nach den Zerstörungen des zweiten Weltkrieges der Grundriß der Stadt bewahrt, der bis heute die ursprünglich drei selbständigen Gemeinwesen aus dem 1. und 2. Drittel des 13.Jh. zu erkennen gibt.

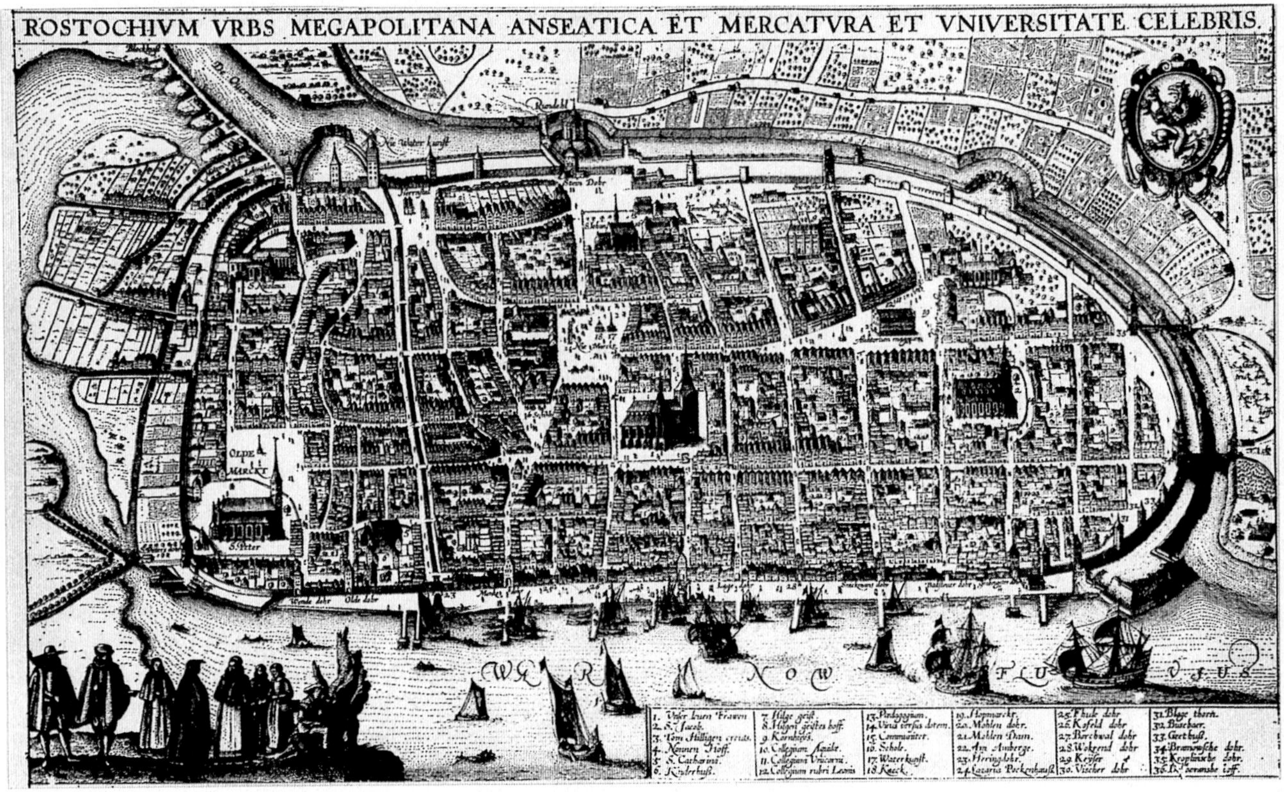

Ältester Teil ist die etwa ein Drittel des historischen Innenstadtbereiches umfassende Altstadt. Um 1200 auf dem linken Hochufer der Warnow entstanden, erstreckte sich das Längsoval dieser Siedlung von Markt und Petrikirche im Norden mit Lohgerberstraße und Altschmiedestraße bis in den Bereich der Kleinen Goldstraße im Süden, während es nach Westen zunächst bis zur Wollenweberstraße reichte. Im Rahmen einer Erweiterung dehnte sich das Stadtgebiet um die M. 13. Jh. nach Westen und Nordwesten bis zu einem Nebenarm der Warnow aus, der Grube (heute Grubenstraße); hier wurde im nordwestlichen Randbereich um 1240/50 das Franziskanerkloster St. Katharinen gegründet. Eine in südlicher Nachbarschaft ebenfalls um 1200 entstandene Siedlung mit der Nikolaikirche wurde bis 1257 in die Altstadt einbezogen.

Die durch die Grube von der Altstadt getrennte Mittelstadt entstand um 1220 mit dem zentral gelegenen Neuen Markt (Ernst-Thälmann-Platz) und der Marienkirche. Die westliche Grenze markierte hier ein weiterer Nebenarm der Warnow, der im Zuge des späteren Straßenzuges Buchbinderstraße/Faule Grube/Lagerstraße verlief. Im Norden reichte das Gebiet der Mittelstadt zunächst nur bis zum späteren Straßenzug Krämerstraße/Vogelsang/Lange Straße; nördlich dieses Straßenzuges befand sich im Gebiet bis zur Warnow die fürstliche Burg (Burgwall), die später dann, bei Einbeziehung auch dieses Bereiches in das Stadtgebiet, an den nordwestlichen Stadtrand verlegt wurde. Nach Süden reichte die Mittelstadt von Anfang an bis in den Bereich der späteren Stadtbefestigung. Die Steinstraße führte von Süden, die Blutstraße (heute Teil der Kröpeliner Straße) von Westen die Hauptverkehrswege direkt auf den rechteckigen Neuen Markt, der mit etwa 80 zu 90 m Seitenlänge einer der größten Marktplätze in den Städten an der Ostseeküste ist. Am Rande der Mittelstadt errichteten die Dominikaner 1256 das Johanneskloster (etwa an der Stelle des ehem. Ständehauses, 1831 beseitigt). An der nach Westen führenden Straße, unmittelbar vor dem eigentlichen Stadtbereich, wurde um 1250 das Heilig-Geist-Spital (ein Rest der Heiligengeisthof) angelegt.

Als dritte, ebenfalls zunächst selbständige Teilstadt, die bisherige Entwicklung nochmals nach Westen fortsetzend, entstand bis 1252 die Neustadt, mit Markt von dreieckigem Grundriß (heute Universitätsplatz) an der die Blutstraße der Mittelstadt nach Westen fortsetzenden Hauptstraße (Kröpeliner Straße) und mit der nordwestlich davon gelegenen Jakobikirche als Pfarrkirche (nach schwerer Kriegszerstörung um 1960 abgetragen). Auch für die Neustadt war die nördliche Begrenzung zunächst die Lange Straße, nach Westen erstreckte sie sich anfangs wohl bis zur Apostelstraße.

1265 erfolgte die Vereinigung der drei Teilstädte; das Rathaus der ehem. Mittelstadt wurde zum Sitz des gemeinsamen Stadtregimentes, die Marienkirche zur Hauptpfarr- und Ratskirche. Äußerlich manifestierte sich der Zusammenschluß der Teilstädte in dem Bau einer die

Gesamtstadt umschließenden, wohl kurz vor oder um 1300 vollendeten Stadtbefestigung. Bei der für den Stadtbefestigungsbau erforderlichen Abrundung des städtischen Gesamtgebietes weiteten sich die Teilstädte nach

Linke Seite: Rostock aus der Vogelperspektive von Norden, Radierung von Wenzel Hollar (Vorlage um 1625)

Rechte Seite: Rostock, Stadtansicht von Nordosten, Lithographie um M. 19. Jh.; Blick auf die Stadt von Osten

Ausschnitt aus der »Abcontrafactur« von Vicke Schorler 1578/86, Häuser am Neuen Markt, Südseite

Norden bis zur Unterwarnow aus. Für die ehem. Neustadt, die sich dabei auch beträchtlich nach Westen vergrößerte, fiel der Gebietszuwachs so reichlich aus, daß sicher über längere Zeit größere Flächen unbebaut blieben, auch wurde hier auf einem freien Gelände im Südwesten das Zisterzienserinnenkloster Zum Heiligen Kreuz angelegt.

Der bis zum 3. V. 13. Jh. ausgebildete mittelalterliche Stadtgrundriß blieb in den folgenden Jahrhunderten unangetastet; geringe Veränderungen ergaben sich lediglich nach dem Abbruch des Dominikanerklosters nach 1831. – Größere Eingriffe in den Stadtgrundriß brachten die nach den Zerstörungen des zweiten Weltkrieges vorgenommenen Regulierungen zugunsten der Vergrößerung des Neuen Marktes (Ernst-Thälmann-Platz) und durch seine direkte Anbindung an die stark verbreiterte Lange Straße, die zur Magistrale ausgebaut wurde; verbreitert wurde beim Wiederaufbau auch die Steinstraße. Eine weitere Veränderung gegenüber dem ursprünglichen Straßennetz betrifft die Einbindung der in dichter Folge zum Hafen führenden Straßen in die Lange Straße, die zum größeren Teil bei der Neubebauung nicht beibehalten wurde. Auch sind in diesem Bereich mit der Anlage der dem Hermann-Duncker-Platz zugeordneten Parkfläche mehrere Straßen verschwunden.

Im Gegensatz zum Stadtgrundriß war die Bebauung über die Jahrhunderte hinweg ständigen Veränderungen unterworfen. So sind, obwohl die Stadt auch heute noch durch die gewaltigen mittelalterlichen Sakralbauten nachdrücklich bestimmt wird, fast sämtliche Profanbauten aus dem Mittelalter, d. h. aus der hanseatischen Blütezeit Rostocks, den Zerstörungen des großen Stadtbrandes von 1677 und in unserem Jahrhundert den Verwüstungen durch die Luftangriffe während des zweiten Weltkrieges zum Opfer gefallen. Er erscheint deshalb angezeigt, zum mittelalterlichen Profanbau, und das bedeutet insbesondere zum mittelalterlichen Bürgerhausbau, der die Stadt einst ganz entscheidend prägte, heute aber nur noch durch ganz wenige Beispiele unter den Denkmalen vertreten ist, einige Worte hier einzufügen.

Ein in seiner Originalität einmaliges Bild von dem mittelalterlichen Rostock bietet die berühmte »Warhaftige Abcontrafactur« von Vicke Schorler, die zwischen 1578 und 1586 entstand. Die 18,7 m lange Stadtdarstellung vermittelt zwar laienhaft, aber doch offenbar in weitgehender Detailtreue Fassadenabwicklungen der Straßen und Plätze mit ihren zahlreichen, damals fast ausnahmslos noch mittelalterlichen Häusern. Das mittelalterliche Rostocker Bürgerhaus war in der Regel insbesondere in den Hauptstraßen und den für den Handel wichtigen Nebenstraßen, etwa den Straßen im hafennahen Bereich, ein Giebelhaus, das in seinem Inneren weitgehend dem allgemeinen Aufbau entsprach, wie er auch in den anderen Küstenstädten begegnet (vgl. die allgemeinen Bemerkungen zum Wismarer Bürgerhaus auf S. 132). In der Fassadengestaltung jedoch scheint es eigenen Traditionen und Besonderheiten gefolgt zu sein, was nicht nur die Häuser auf Vicke Schorlers »Abcontrafactur« zu erkennen geben, sondern auch die wenigen erhaltenen Beispiele. So war das Rostocker Giebelhaus allem Anschein nach öfters als andernorts zweigeschossig angelegt, zwischen dem Erdgeschoß mit der Diele und den Speichergeschossen im steilen Satteldach schob sich ein zumindest im vorderen Hausteil wohl Wohnzwecken dienendes Obergeschoß; an der Fassade wurden beide Geschosse durch übergreifende Blenden zusammengefaßt, in denen Portal und Fenster lagen (erhalten an dem Haus Kröpeliner Straße 82). Bei den durch Blenden mit meist gekuppelten Lukenöffnungen gegliederten Giebeln wechselten solche mit Staffeln und mit rechteckigen Schildwänden. Häufig waren in Rostock bei beiden Giebelarten Abschlüsse durch einfache oder gekuppelte Zinnen, die den Straßenzügen ein sehr bewegtes Bild gegeben haben müssen, wie Vicke Schorlers Darstellungen erkennen lassen. Typisch war auch ein dem Giebelumriß folgendes vertieftes Putzband. Plastische Pfeilergiebel mit Fialenbekrönungen, wie sie beispielsweise in Wismar begegnen, waren allem Anschein nach die Ausnahme; der Rostocker Bürgerhausgiebel war in der Regel in stärkerem Maße als andernorts der Fläche verhaftet, und erst in der Spätzeit scheint sich seiner eine Schmuckfreudigkeit bemächtigt zu haben, wie sie die glücklicherweise erhaltenen Fassaden des ehem. Spitalpfarrhauses Kröpeliner Straße 82 und des Kerkhofhauses Hinter dem Rathaus 5 – hier bereits in Renaissanceumbildung – erkennen lassen. – Bei späteren Um- und Neubebauungen, vor allem nach dem Stadtbrand von 1677, blieb das Giebelhaus, bedingt durch die Unveränderbarkeit der schmalen, aneinandergereihten Grundstücke, das beherrschende Element, so daß eine Kontinuität im Charakter der Straßen- und Platzräume weitgehend gewahrt blieb. Erst im Spätbarock und Klassizismus kam allmählich das langgestreckte, mehrere Grundstücke überbauende Traufenhaus gewichtiger zu Wort. Putzfassaden von Giebelhäusern besonders des 17. und 18. Jh. wie auch spätbarocke und klassizistische Traufenhäuser, dem jeweiligen Zeitgeschmack entsprechend mit bewegten Giebeln oder reichen Gliederungen durch Kolossalpilaster, haben sich in den Straßen Rostocks in größerer Zahl erhalten.

Während des zweiten Weltkrieges wurden durch Luftangriffe – vor allem durch die Angriffe vom 23. bis 28. April 1942 – weite Teile der Innenstadt zerstört. Von den wertvollen Baudenkmalen waren außer Rathaus, Marienkirche, den Klöstern Zum Heiligen Kreuz und St. Katharinen sowie der Universität und dem Palais mit dem Saalbau nahezu alle schwer beschädigt. Der historische Wohnhausbau wurde stark reduziert. Zahlreiche der mehr oder weniger schwer zerstörten Bauten blieben beim Wiederaufbau der Stadt erhalten, so z. B. Petrikirche und Nikolaikirche, Steintor und Kuhtor, andere wie die Jakobikirche, das Petritor oder die Häuser der Marktnordfront wurden in die Aufbauplanungen nicht einbezogen und später abgetragen.

Der Wiederaufbau Rostocks, der gleichzeitig den Ausbau der Stadt zur Hauptstadt des Ostseeküstenbezirkes darstellt, begann 1953 mit der einheitlichen Neubebauung der Langen Straße, die zusammen mit dem Ernst-Thälmann-Platz (Neuer Markt) und der Steinstraße als neuer Hauptstraßenzug gestaltet wurde. In anderen Teilen der Stadt, so z. B. in der zur Fußgängerzone umgestalteten Kröpeliner Straße, sind die z. T. empfindlichen Baulükken durch der erhaltenen Bebauung angeglichene Neubauten geschlossen worden. In jüngster Zeit ist der Bereich zwischen Langer Straße und Unterwarnow nach weitgehendem Abriß der vorhandenen Bausubstanz neu bebaut worden unter Einbeziehung von einigen denkmalgeschützten Bauten, so auch von mehreren Speichern in diesem hafennahen Gebiet, die z. T. einer neuen gesellschaftlichen Nutzung zugeführt wurden.

Bau- und Kunstdenkmale innerhalb der Innenstadt

Die Bau- und Kunstdenkmale der Rostocker Innenstadt sind nach den folgenden Gesichtspunkten geordnet:
Am Anfang stehen die erhaltenen Teile der mittelalterlichen Stadtbefestigung sowie die in wenigen Resten bewahrten Festungsanlagen des 17. Jh.
Es schließen Straßen und Plätze mit Profanbauten an, wobei jeder Straße bzw. jedem Platz ein kurzer Einleitungstext vorangestellt ist, der die Lage innerhalb des Stadtgefüges und allgemeine Besonderheiten der Bebauung umschreibt; die dann folgenden Denkmale sind entsprechend ihrer Numerierung geordnet. Vorangestellt sind die wichtigsten Rostocker Plätze und Straßen, Ernst-Thälmann-Platz (Neuer Markt), Kröpeliner Straße und Universitätsplatz (ehem. Blücherplatz/Hopfenmarkt). Die übrigen Straßen und Plätze der Rostocker Innenstadt sind, jeweils in alphabetischer Ordnung, in drei Bereiche aufgeteilt: Der erste umfaßt das Gebiet nördlich des Straßenzuges Lange Straße/Vogelsang/Krämerstraße, d. h. also den hafennahen Teil der Stadt, der zweite behandelt das Gebiet südlich des genannten Straßenzuges bis zur Stadtbefestigung; für beide Teile stellt die Grubenstraße die östliche Begrenzung dar. Der dritte Bereich ist identisch mit der ehem. Altstadt und umfaßt das Gebiet östlich der Grubenstraße.
Den Abschluß bilden die Sakralbauten mit ihren Ausstattungen, geordnet nach Pfarrkirchen und Klöstern.

Stadtbefestigung

Als einheitliche Anlage erst nach der Zusammenlegung der Teilstädte um 1270 konzipiert und unter Nutzung älterer Teilabschnitte etappenweise ausgebaut. Bis zur Entfestigung der Stadt nach 1830 mehrfach erneuert und besonders im 17. Jh. durch Bastionen und Wälle verstärkt. Der Mauerabschnitt zwischen Kuhtor und Steintor 1565 auf landesherrlichen Befehl abgebrochen, jedoch von der Stadt bis 1577 wieder errichtet.
Zur Blütezeit der Stadt der etwa 3 km lange, durch Mauertürme und Wiekhäuser verstärkte Befestigungsgürtel mit 22 Toren versehen, die Mehrzahl davon an der Hafenseite. Nach 1830 einsetzender Verfall, die Mauerabschnitte z. T. abgetragen und in der Höhe reduziert, die Tore bis auf vier, die Mauertürme bis auf einen beseitigt. Von der größtenteils in Backstein errichteten STADTMAUER noch teilweise überbaute Abschnitte im nordöstlichen Bereich der Strandstraße, zwischen Petridamm und Mühlendamm, Grubenstraße und Steinstraße sowie Schwaanscher Straße und Kröpeliner Straße erhalten. Der älteste Abschnitt wohl die durch zahlreiche Stützpfeiler verstärkte, in der Höhe stark reduzierte Mauer an der östlichen Grenze der Altstadt zwischen Pe-

tridamm und Mühlendamm, um oder nach M. 13. Jh. Vom A. 14. Jh. der Abschnitt zwischen Schwaanscher Straße und Kröpeliner Tor, mit größeren Partien aus Feldsteinmauerwerk und den Umfassungswänden von acht halbrund vorspringenden Wiekhäusern, an der Stadtseite in nahezu ursprünglicher Höhe erhalten, an der Feldseite zum größeren Teil durch die Aufhöhungen für die Wallanlagen des 17. Jh. verdeckt; im Bereich des Heilig-Kreuz-Klosters während der Restaurierung 1982/84 rekonstruierter hölzerner Laufgang. Aus der Renaissancezeit der um 1575 zusammen mit dem Steintor neu errichtete Mauerabschnitt zwischen Grubenstraße und Steinstraße (1936/37 rekonstruiert), mit stichbogig geschlossenen Schießscharten in Höhe des einstigen Laufganges über den Strebepfeilern. Hier auch im Mauerverlauf der 1574/77 errichtete

LAGEBUSCHTURM, ein oktogonaler Backsteinturm von vier Geschossen, abgeschlossen durch achtseitiges Zeltdach. Im Inneren der Keller und die Erdgeschoßkasematte mit flachem Gewölbe.

Von den Toren insgesamt vier erhalten (das Petritor an der Ostseite der Stadt 1942 schwer beschädigt, die Reste später abgetragen), zwei davon in ihrer mittelalterlichen Gestalt:

KUHTOR Das älteste erhaltene Tor der Stadt, im 3. V. 13. Jh. erbaut; in den um 1575 neu errichteten südlichen Stadtmauerabschnitt einbezogen. Der Ursprungsbau beim

Linke Seite: Rostock, Stadtmauerabschnitt im Bereich des ehem. Klosters Zum Heiligen Kreuz, Stadtseite

Rechte Seite: Kuhtor, Feldseite; Lagebuschturm mit Mauerabschnitt zwischen Steintor und Kuhtor, von der Stadtseite gesehen

Umbau zum Gefängnis (1608) und Wohnhaus (1824) stark verändert, 1937 rekonstruiert und in dieser Fassung nach den schweren Schäden während des zweiten Weltkrieges in den Jahren 1963/64 wiederhergestellt, das Innere für die Nutzung durch den Schriftstellerverband ausgestaltet. Dreieinhalbgeschossiger Backsteinbau über quadratischem Grundriß mit spitzbogiger Durchfahrt, am

Linke Seite: Rostock, Steintor mit vorgelagertem Rundturm (Zingel), Lithographie um 1840; Steintor, Feldseite; Kröpeliner Tor, Stadtseite

Rechte Seite: Mönchentor, Stadtseite

Durchfahrtsgeschoß auch Feldsteine verwendet. Die Stadtseite durch vier gereihte Spitzbogenblenden, die Feldseite durch dreieckförmige Zwillingsblenden, deutsches Band und Schießscharten belebt. Das abschließende hohe Walmdach in der Art wiederhergestellt, wie 1937 rekonstruiert.

KRÖPELINER TOR (Museum). An der Westseite der Stadt, den Zugang der von Lübeck und Wismar kommenden Handelsstraße vermittelnd; durch seine Höhe von sechs Geschossen (54 m) im Stadtbild gewichtig in Erscheinung tretend, aber auch das Bild der Kröpeliner Straße beherrschend. Aus der 2. H. 13. Jh. die zwei quadratischen Untergeschosse, abgeschlossen durch doppeltes deutsches Band; spitzbogige Durchfahrt. Die Obergeschosse 14. Jh., durch helleres Backsteinmaterial vom älteren Untergeschoß abgesetzt: durch umlaufenden Maßwerkfries in etwa halber Höhe unterteilt, die Stadtseite durch großformatige Maßwerkblenden belebt, an der schlichten Feldseite Sgraffito-Wappen von 1903; wohl bis in das 17. Jh. befand sich am oberen Teil des Turmes ein ausgekragter hölzerner Umgang. Turmabschluß durch vier blendengeschmückte Staffelgiebel, auf den sich durchkreuzenden Satteldächern achtseitiger Dachreiter mit schlankem Helm. Beim Durchbau 1968/69 u. a. die Durchfahrt mit einer Verglasung geschlossen.

STEINTOR (Museumsverwaltung). Nach Abtragung des mittelalterlichen Tores 1574/77 neu erbaut nach Entwurf von Anton Wahrholt als dreigeschossiger Backsteinbau in Renaissanceformen, die jetzige Fassung nach starken Kriegsschäden in den Jahren 1950/56 in Anlehnung an die Restaurierung von 1937 entstanden. Das Äußere beherrscht von dem aus dem steilen Zeltdach herauswachsenden geschweiften Aufsatz mit schlanker achtseitiger Spitze. Die Feldseite nur durch segmentbogige Geschützschießscharten, mehrere Granitsteine von der ehem. Führung des Fallgatters und eine kleine Sandsteintafel mit Stadt- und Landeswappen belebt. Reicher gestaltet die Stadtseite, hier die rundbogige Durchfahrt durch architektonische Rahmung aus Sandstein mit gekuppelten Pilastern und Ädikulaaufsatz mit drei von Löwen gehaltenen Stadtwappen sowie Relief der Halbfigur des Architekten im Giebelfeld hervorgehoben. Am Dachansatz drei geschweifte Zwerchhäuser. – Seitlich vor den Toranlagen befand sich bis 1849 ein massiger, bereits 1526/32 errichteter Rundturm.

MÖNCHENTOR (Wohnung). Letztes erhaltenes Strandtor am Ende der Großen Mönchenstraße, im Kern angeblich noch 16. Jh. Klassizistischer Putzbau nach Entwurf von Gustav Schadelock, 1805. Zweigeschossiger, z. T. in jüngster Zeit freigestellter Rechteckbau, seine Fronten mit von gekuppelten Kolossalpilastern flankierter rundbogiger Durchfahrt, darüber kräftiger Architrav mit Triglyphenfries. Als Bekrönung ein abgestuftes Postament mit urnenförmiger Ziervase.

Von den WALLANLAGEN aus der 1. H. 17. Jh. erhalten: sog. Fischerbastion im äußersten Nordwesten nahe der Warnow; Dreiwallbastion von Johan van Valckenburgh um 1625, in der Nähe des Kröpeliner Tores; Heumaga-

zinbastion auf der Höhe des Heilig-Kreuz-Klosters. Die letztgenannten Bastionen in den von der Schwaanschen Straße bis zum Kröpeliner Tor reichenden Erdwall eingebunden, davor der z. T. wassergefüllte Graben. Die im 19. Jh. vorgenommene Begrünung hat die Konturen zwar verschliffen, dennoch ist dieser Abschnitt das in Norddeutschland einzige guterhaltene Beispiel einer frühbarocken Stadtbefestigungsanlage.

Nach der Entfestigung im Bereich der ehem. Wallanlagen zwischen Steintor und Schwaanscher Straße Anlage des ROSENGARTENS 1857 nach Plänen des Gartendirektors Joachim Wilcken. In den Anlagen an der Schwaanschen Straße DENKMAL für die Gefallenen des Deutsch-Französischen Krieges 1870/71 in Gestalt eines Obelisken, daneben BRUNNEN von 1922 mit Figur der »Trinkenden« von Victor Seifert, Berlin.

Straßen und Plätze mit Profanbauten

Neuer Markt, Kröpeliner Straße, Universitätsplatz

Neuer Markt (Ernst-Thälmann-Platz)

Als Marktplatz der um 1220 westlich der Altstadt entstandenen neuen Siedlung (der späteren Mittelstadt) angelegt und mit seinen Abmessungen von 80 zu 90 m einer der größten Marktplätze des Ostseeküstengebietes. Nach der Vereinigung der Rostocker Teilstädte 1265 wegen seiner zentralen Lage zum Hauptmarkt der Gesamtstadt erhoben und in seiner Umbauung entsprechend aufgewertet. Die hinter der nordwestlichen Platzwand stehende Marienkirche wurde zur Ratspfarrkirche, und das auf dem östlichen Platzteil stehende Rathaus erfuhr eine Erweiterung, die u.a. zur Folge hatte, daß die östliche Platzwand in die Flucht der Rathausfassade und der inzwischen errichteten Nachbargebäude vorrückte und so die nördlich des Rathauses gelegene Tagungsstätte des Gerichtes (Hege) räumlich vom Markt getrennt wurde. Zugleich wurde die Anbindung des Marktes an die Verbindungsstraße zwischen Altstadt und Burgbereich bzw. der Straße nach Warnemünde aufgehoben, während die direkten

Linke Seite: Rostock, Ansicht des Neuen Marktes von Nordwesten, Lithographie um M. 19. Jh.

Rechte Seite: Rostock, Ernst-Thälmann-Platz (Neuer Markt), Südseite des Platzes, links im Bild das Rathaus, Westseite des Platzes, rechts im Bild die Marienkirche

Verbindungen zu den wichtigsten Stadttoren im Westen (Kröpeliner Tor) und Süden (Steintor) an Bedeutung gewannen.

Die im Mittelalter fast ausnahmslos giebelständig angeordneten Wohnbauten am Markt wurden vom 17. bis zum 19. Jh. unter Erhaltung ihrer alten Hauskerne sämtlich an den Fassaden verändert. Durch die Zerstörungen des zweiten Weltkrieges, die an der Nord- und Südseite sowie nördlich des Rathauses den Hausbestand fast vollständig vernichteten, verlor der Platz seine städtebauliche Geschlossenheit, zumal durch die Ausweitung der Steinstraße und den Verzicht auf die Wiederbebauung der Nord- und Nordostseite seine historischen Dimensionen gesprengt wurden. An der Südseite ist durch historisierende Bauten (u. a. das Hauptpostamt Ernst-Thälmann-Platz 1/4, 1953/56 nach Entwurf von Heinz Pätzold) der Versuch einer Annäherung an den historischen Zustand gemacht worden.

RATHAUS Gruppenbau aus drei parallelen, zeitlich unterschiedlichen Häusern ähnlich den Rathäusern in Lübeck und Stralsund, jedoch ohne Binnenhof, und wie dort an der Marktfront durch eine monumentale gotische Schauwand zusammengefaßt, diese bis auf den oberen Teil durch den barocken Vorbau aus dem 2. V. 18. Jh. verdeckt.

Der älteste Teil, die beiden aneinandergrenzenden nördlichen Häuser, angeblich aus der Gründungsphase der Mittelstadt um 1220/30; aus dieser Zeit möglicherweise die kreuzgratgewölbten, durch eine mittlere Spitzbogenarkade getrennten Kellerräume. In der 2. H. 13. Jh. das Doppelhaus um ein zweites Obergeschoß erhöht und die Marktfront durch eine Schauwand vereinheitlicht, davon die beiden spitzbogigen Gewändeportale aus glasierten Formsteinen mit Knospenkapitellen und Kämpferband aus stilisiertem Blattwerk sowie eine zwischen ihnen befindliche Spitzbogenblende mit den Resten eines Weltgerichtsbildes.

Einer neuerlichen Umbauphase um 1300 entstammt ein drittes, ebenfalls unterkellertes Haus, das südlich angefügt und durch die Verbreiterung der Schauwand voll in den Baukomplex einbezogen wurde. Von der gotischen Schaufassade heute nur der obere Teil der zwölf zweiteili-

Marx durch
die Stärkung
POST

gen Spitzbogenblenden mit Rosettendurchbrüchen, der auf Maskenkonsolen ruhende Dreipaßfries und die sieben polygonalen Fialentürmchen aus glasierten Backsteinen sichtbar.

Ein M. 15. Jh. errichteter spätgotischer Laubenvorbau 1718 abgebrochen und 1727/29 durch einen dreigeschossigen Putzbau in barocken Formen nach Entwurf von Zacharias Voigt und Joseph Petrini ersetzt. Sein Erdgeschoß mit Rundbogenarkaden und Pilastergliederung, in den Obergeschossen Kolossalpilaster, die Mittelachse durch vorgestellte gekuppelte Säulen, Balkon und geschwungenen Giebelaufsatz mit Uhr zusätzlich betont. Die barocke Bemalung mit Ornamentspiegeln zwischen den Obergeschossen und auf den Brüstungsfeldern der Attika 1977 erneuert. Aus der Umgestaltungsphase des 2. V. 18. Jh. auch die Neugestaltung des zweigeschossigen Obergeschoßsaales; seine Wände mit Pilastergliederung sowie segmentbogigen Fenstern bzw. Blenden, die Stuckdecke von 1735 mit Bandelwerkdekor und Stadtwappen. Etwa gleichzeitig wohl auch die Tafelmalerei mit Josua und Kaleb auf der Tür des rückwärtigen Ratskellerausganges. Um M. 19. Jh. erneute Umbauten, davon die beiden neugotischen Portale an der Rückfront und die in tudorgotischen Formen gehaltenen Säulen und Tragewerke in den Fluren und Vestibülen des Kernbaues. 1907 umfassende Erneuerung durch Gustav Dehn, dabei die beiden Empiregiebel der Rückseite stark erneuert und das jenseits der Straße errichtete sog. Stadthaus durch gedeckten Übergang mit großer korbbogiger Durchfahrt mit dem Rathaus verbunden. 1952 nach Entwurf von Wolfgang Rauda anstelle des kriegszerstörten Ratsstubenanbaues vom A. 16. Jh. ein dreigeschossiger Verwaltungstrakt an der Nordseite angefügt.

Seit 1935 funktionell mit dem Rathaus verbunden die ehem. WOHNHÄUSER Ernst-Thälmann-Platz 33 und 34, beide dreigeschossig und mit drei bzw. zwei Achsen, Nr. 34 1910 nach Entwurf von Paul Ehmig errichtet. Am um 1920 erbauten Haus Nr. 33 Rundbogenportal aus Sandstein, um 1600 in Spätrenaissanceformen mit Diamant-, Buckel- und Groteskenwerk, oberhalb des Inschriftenarchitravs Doppelwappen und allegorische weibliche Gestalt (Portal 1960 durch Kopie ersetzt).

Die Bebauung der westlichen Platzfront nach Beseitigung der Kriegsschäden bzw. Neuaufbau der Häuser Ernst-Thälmann-Platz 9, 10, 15, 17 und 18 zwischen Glattem Aal und Marienkirche wieder geschlossen. Mit Ausnahme von Nr. 13 sämtlich dreigeschossige Giebelhäuser. Im einzelnen erwähnenswert:

WOHNHAUS Ernst-Thälmann-Platz 11. Dreiachsiger Putzbau, von einer Umgestaltung E. 18. Jh. der geschwungene Giebel mit den Mäandervoluten. Der Kemladen wohl zu dem älteren Bau des 16. Jh. gehörig.

WOHNHAUS Ernst-Thälmann-Platz 12. Im Kern ein spätmittelalterlicher Bau des 15./16. Jh. Die fünfachsige Marktfront 1874 in Neurenaissanceformen, mit zweigeschossigem Mittelerker mit Altan und reich gegliedertem zweigeschossigem Staffelgiebel mit Pilastern, Figuren bzw. Vasen in Nischen und abschließendem Lünettenaufsatz.

RATSAPOTHEKE Ernst-Thälmann-Platz 13. Ursprünglich ein dreiachsiges und dreigeschossiges Giebelhaus mit Kolossalpilastergliederung in den Obergeschossen, wohl um 1745 errichtet, nach 1789 auf fünf Geschosse erhöht, dabei die Details der aufgesetzten Partien dem älteren Bau entnommen. Im ersten Obergeschoß ein Empire-

Linke Seite:
Rostock, Rathaus, Ansicht von Nordwesten, Festsaal

Rechte Seite:
Rostock, ehem. Wohnhaus Ernst-Thälmann-Platz 33, Portal; Wohnhaus Ernst-Thälmann-Platz 12 (oben links); Ratsapotheke Ernst-Thälmann-Platz 13, Fassade (oben rechts) und Saal im Hauptgeschoß

saal mit Pilastergliederung, stuckierten Festons und Deckenornamenten sowie Porzellanöfen und Spiegeln erhalten.

WOHNHAUS Ernst-Thälmann-Platz 14/Ecke Kröpeliner Straße. Im Kern ein Bau des 15./16. Jh., die Marktfront E. 18. Jh. mit Schweifgiebel umgestaltet. Im Inneren im ersten Obergeschoß Raum mit sog. buntem Parkett und weitere Zimmer mit ornamentalen Stuckdecken aus dem 18. und frühen 19. Jh.

WOHNHAUS Ernst-Thälmann-Platz 16. Nach starken Kriegsschäden von dem um 1600 errichteten Gebäude nur der untere Teil der Fassade mit dem bereits 1937 erneuerten abgestuften Rundbogenportal erhalten, der Giebel ebenso wie bei den Häusern Ernst-Thälmann-Platz 15 bzw. 17 und 18 rekonstruiert.

Kröpeliner Straße

Neben der parallel verlaufenden Langen Straße der Hauptstraßenzug der Stadt, in Ost-West-Richtung vom ehem. Neuen Markt (Ernst-Thälmann-Platz) zum Kröpeliner Tor führend; vor 1945 aus den Teilabschnitten Blutstraße (bis Faule Grube), Hopfenmarkt (bis Breite Straße), Blücherplatz (bis Pädagogienstraße) und Kröpeliner Straße (bis zum Kröpeliner Tor) bestehend. Der zur ehem. Mittelstadt gehörende Abschnitt der Straße reichte bis zur Faulen Grube, die erst 1790 zugeschüttet wurde, der sie nach Westen bis zum Kröpeliner Tor fortsetzende Teil entstand zusammen mit der Neustadt, und hier bildete sich zwischen ihr und einem spitzwinklig abzweigenden zweiten Verkehrsweg der dreieckige Neustädtische Markt (heute Universitätsplatz), in dessen Platzmitte das Neustädtische Rathaus stand, das seit 1419 der Universität als Auditorium magnum diente (s. auch S. 352). Unmittelbar westlich der Naht zwischen beiden Siedlungen, Mittelstadt und Neustadt, lag das um 1250 wohl noch von der Mittelstadt aus gegründete Heilig-Geist-Spital, an das heute noch das ehem. Pfarrhaus Kröpeliner Straße 82 und der Heiligengeisthof nördlich der Kröpeliner Straße (s. S. 369) erinnern; die Heilig-Geist-Kirche, ein fünfjochiger und fünfschiffiger, mit fünf Giebeln zur Straße gewendeter höchst origineller Backsteinbau, wurde 1818 abgetragen.

Neben wenigen Gebäuden, die z. T. noch bis ins 14. Jh. zurückreichen, dominieren im Straßenraum barocke und klassizistische Giebelhäuser, historistische Fassaden und besonders im westlichen Drittel Kaufhausbauten aus dem frühen 20. Jh. Die im zweiten Weltkrieg zerstörte Bebauung an der Nordseite des Universitätsplatzes wurde bis 1986 durch das sog. Fünfgiebelhaus wieder geschlossen.

Die Numerierung der Straße beginnt auf der Südseite am Ernst-Thälmann-Platz und führt, unterbrochen durch den Universitätsplatz, bis zum Kröpeliner Tor, von dort läuft sie auf der Nordseite, beginnend mit Kröpeliner Straße 53, in östlicher Richtung zurück.

WOHNHAUS Kröpeliner Straße 1. Giebelhaus von drei Geschossen in zwei Achsen, von der Fassade der 1622 entstandene Treppengiebel mit dem Volutendekor aus Sandstein und dem Ädikulaaufsatz beachtenswert.

WOHNHAUS Kröpeliner Straße 4. Traufenhaus von vier Geschossen in zwei Achsen aus dem 2. V. 19. Jh., vom klassizistischen Dekor die ornamentierten Konsolen der Fensterverdachungen im ersten Obergeschoß und das Zahnschnittgesims unter der Traufe erhalten.

WOHNHAUS Kröpeliner Straße 9/Ecke Kistenmacherstraße. Dreigeschossiges Traufenhaus von drei Achsen unter Mansarddach, A. 19. Jh., von der klassizistischen Fassadengliederung nach einer Instandsetzung in jüngerer Zeit nur die Kolossalpilastergliederung der Obergeschosse erhalten.

WOHNHAUS Kröpeliner Straße 12. Dreigeschossiges Giebelhaus in drei Achsen, A. 19. Jh.

WOHNHAUS Kröpeliner Straße 13/14. Traufenhaus von vier Geschossen und acht Achsen, 3. V. 19. Jh., die Obergeschosse mit Pilastergliederungen und Erker.

WOHNHAUS Kröpeliner Straße 15/Ecke Buchbinderstraße. Dreigeschossiger Putzbau von um 1825 in klassizistischen Formen, eines der charaktervollsten Gebäude dieser Zeit in Rostock. Im Kern wohl ein spätmittelalterlicher Bau, dessen Straßenfronten im frühen 19. Jh. neu gestaltet wurden. Die Front zur Kröpeliner Straße mit flachem dreiachsigem Mittelrisalit, dieser durch typische Stuckornamente der Zeit (Löwenmaske, Rosetten) in Putzspiegeln unter den Fenstern des zweiten Obergeschosses und durch einen vor das Mansarddach gestellten niedrigen Dreiecksgiebel mit Lünettenfenster hervorgehoben. Als Überleitung zur schlichteren Fassade in der Buchbinderstraße abgerundete Gebäudekante.

WOHNHAUS Kröpeliner Straße 16/Ecke Buchbinderstraße. Stattliches dreigeschossiges Giebelhaus, bei einer Rekonstruktion 1980/82 nur die um 1780 entstandene Fassade in Empireformen erhalten. Die beiden Obergeschosse mit Kolossalpilastergliederung und stuckierten Festons unter den Fenstern des zweiten Obergeschosses, darüber ein hoher geschwungener Giebel mit Mäandervoluten, Pilastergliederung und von Vasen bekröntem geschweiftem Abschluß.

WOHNHAUS Kröpeliner Straße 18. Die Straßenfassade des viergeschossigen und sechsachsigen Traufenhauses im 3. V. 19. Jh. einem im Kern aus dem 15./16. Jh. stammenden Haus vorgeblendet, davon auf der Hofseite der Backsteingiebel mit den rundbogigen Speicherluken erhalten.

WOHNHAUS Kröpeliner Straße 19. Viergeschossiges Traufenhaus in vier Achsen, 2. H. 19. Jh., für die historistische Fassade der über zwei Geschosse reichende polygonale Erker charakteristisch. An der Hofseite zweigeschossiger Kemladen in Fachwerk, wohl 18. Jh.

WOHNHAUS Kröpeliner Straße 20. Viergeschossiger Putzbau in fünf Achsen, 3. V. 19. Jh. in spätklassizistischen Formen. Die Traufe durch kräftigen Architrav betont, die beiden oberen Geschosse mit Putznutung, am zweiten Obergeschoß die Fenster mit giebelförmigen Verdachungen.

WOHNHÄUSER Kröpeliner Straße 21, 22, 23 sowie 27, 28. Dreigeschossige Giebelhäuser von jeweils drei Achsen, im Kern sämtlich ältere Bauten vom 15./16. Jh. Aus dieser Zeit die unverputzt gebliebenen Backsteingiebel der Hofseiten erhalten, die geputzten Straßenfronten um 1800 mit geschwungenen oder geschweiften Giebeln umgestaltet, wohl 17. Jh. der Giebel von Nr. 23.

WOHNHAUS Kröpeliner Straße 25/Ecke Rungestraße. Dreigeschossiges Giebelhaus von sechs Achsen. Ein älterer Kernbau vom A. 16. Jh. bei einem barockisierenden Umbau E. 18. Jh. um die östliche Achse verbreitert, gleichzeitig der geschweifte Giebel der Straßenfront.

Rostock, Kröpeliner Straße, Blick auf die südliche Straßenseite nach Osten, etwa in Bildmitte mit den Häusern Nr. 16/23; ehem. Hotel »Rostocker Hof« Kröpeliner Straße 26

Linke Seite: Rostock, Wohn- und Geschäftshaus Kröpeliner Straße 53, Gesamtansicht und Detail

Rechte Seite: Rostock, Kaufhaus Kröpeliner Straße 64; Kröpeliner Straße, Nordseite zwischen Breiter Straße und Eselföterstraße

Ehem. HOTEL »Rostocker Hof« (Universitätsbibliothek) Kröpeliner Straße 26. Viergeschossiges, in den Obergeschossen klinkerverblendetes Traufenhaus, 1888 in Neurenaissanceformen errichtet. Die Fassade durch einen vor die Mittelachse gelegten dreigeschossigen Erker und durch die von Balkonen im ersten und zweiten Geschoß und von abschließenden Giebeln hervorgehobenen seitlichen Achsen betont. (Abb. S. 347)

WOHNHAUS Kröpeliner Straße 29 (Regentie der Universität). Kleines dreigeschossiges Traufenhaus von drei Achsen. Der westliche Seitengiebel mit den rundbogigen Luken vom Ursprungsbau aus dem frühen 16. Jh. erhalten, die Straßenfront A. 17. Jh. umgestaltet, dabei die Gebäudekanten genutet und das nur im oberen Teil erhaltene Spätrenaissanceportal eingefügt.

WOHNHAUS Kröpeliner Straße 32. Zweigeschossiges Giebelhaus in drei Achsen, im Kern wohl spätmittelalterlich, aus dieser Zeit auch der Kemladen. Die geputzte Straßenfassade mit dem Schweifgiebel um 1800.

KAUFHAUS Kröpeliner Straße 35/36, Ecke Kleiner Katthagen. Wohl durch Umbau von zwei älteren Giebelhäusern um 1920 entstandenes dreigeschossiges Gebäude von zehn Achsen, die drei östlichen Achsen der Hauptfront um ein weiteres Geschoß erhöht.

WOHN- und GESCHÄFTSHAUS Kröpeliner Straße 37, Ecke Kleiner Katthagen. Dreigeschossiger Putzbau aus der M. 19. Jh. in spätklassizistischen Formen. Die Fenster im ersten Obergeschoß rundbogig, im zweiten Obergeschoß durch Dreiecksgiebel verdacht, die Mitte der Hauptfront durch polygonalen Erker betont.

WOHN- und GESCHÄFTSHAUS Kröpeliner Straße 53. Viergeschossiger Skelettbau mit Werksteinverkleidung, 1913 nach Entwurf von Paul Korff errichtet. In der Mittelachse das segmentbogige Portal und rahmende ornamentale Reliefs, seitlich in den beiden Obergeschossen jeweils zwei Fenster von geschoßübergreifenden Wandpfeilern gerahmt. Das vierte Obergeschoß, wohl mit Rücksicht auf die historisch bedingte Bauhöhe der Straße als Attikageschoß ausgebildet und durch kräftiges Kranzgesims von der unteren Fassade abgesetzt, in der Gliederung aber angepaßt. Im steilen Satteldach drei Fledermausgaupen.

KAUFHAUS Kröpeliner Straße 56/Ecke Apostelstraße. Dreigeschossiger Skelettbau mit Werksteinverkleidung, 1903 nach Entwurf von Paul Korff erbaut; der obere Fassadenabschluß im zweiten Weltkrieg beschädigt und nicht wiederhergestellt. Die Fassaden mit Lisenengliederung, an der Apostelstraße die Erdgeschoßfenster abwechselnd durch Segmentbogen und Dreiecksgiebel verdacht.

KAUFHAUS Kröpeliner Straße 58/Ecke Apostelstraße. Dreigeschossiger Skelettbau, um 1920 erbaut, für die Fassadengliederung die enggestellten Wandpfeiler der Obergeschosse und der Zinnenkranz über der Traufe charakteristisch.

WOHN- und GESCHÄFTSHAUS Kröpeliner Straße 60. Viergeschossiger Putzbau von 1902, mit dreiachsiger, leicht vorgezogener und durch Attika betonter mittlerer Vorlage. Die Fenster der Obergeschosse mit reichen stukkierten Rahmungen.

WOHN- und GESCHÄFTSHAUS Kröpeliner Straße 61. Um 1905 erbaut. Dreigeschossiger Backsteinbau in fünf Achsen, die drei mittleren Achsen um ein Geschoß erhöht und durch plastischen Dekor besonders betont.

KAUFHAUS Kröpeliner Straße 64/Ecke Pädagogienstraße. Dreigeschossiger Skelettbau mit Werksteinverklei-

dung, um 1910 nach Entwurf von Paul Korff errichtet. Die Obergeschosse mit Gliederung aus Wandpfeilern und Lisenen mit Masken bzw. Festonabschlüssen, darüber ein kräftig vorspringendes Hauptgesims. Der die abgerundete vordere Gebäudekante bekrönende Eckturm im zweiten Weltkrieg zerstört.

WOHNHÄUSER Kröpeliner Straße 72 und 73. Dreigeschossige Giebelhäuser mit Hauskernen aus dem 17./18. Jh., ihre drei- bzw. vierachsigen Straßenfassaden einschließlich der Giebel in jüngster Zeit rekonstruiert.

WOHNHAUS Kröpeliner Straße 75. Zweigeschossiges Giebelhaus in drei Achsen, die Straßenfront mit dem viergeschossigen Schweifgiebel wohl E. 18. Jh. Der ältere Hauskern vom E. 16. Jh. rückseitig am Fachwerkgiebel sichtbar.

WOHN- und GESCHÄFTSHAUS Kröpeliner Straße 76. Viergeschossiges Traufenhaus aus dem späten 19. Jh. Die dreiachsige klinkerverblendete Fassade mit zweigeschossigem Mittelerker in aufwendigen Neurenaissanceformen besonders an den reich ornamentierten Fenstereinrahmungen und an dem die Mitte betonenden Zwerchhaus.

WOHNHAUS Kröpeliner Straße 78/Ecke Eselföterstraße. Giebelhaus von vier Geschossen mit Schweifgiebel aus dem 18. Jh.; an der Ecke zur Eselföterstraße eingerückte Kolossalsäule über zwei Geschosse, wie sie am Rostocker Wohnhausbau des 18. Jh. wiederholt anzutreffen ist.

WOHNHAUS Kröpeliner Straße 79. Zweigeschossiges Giebelhaus mit schlichtem Schweifgiebel, wohl 18. Jh.

WOHNHAUS Kröpeliner Straße 80. Viergeschossiger Putzbau in drei Achsen, 3. V. 19. Jh. Die Obergeschosse mit Pilastergliederungen, die Fenster der Hauptgeschosse durch Segmentbogen bzw. Dreiecksgiebel verdacht.

Ehem. PFARRHAUS des Heilig-Geist-Spitals (Stadtbibliothek) Kröpeliner Straße 82. Eines der markantesten und künstlerisch bedeutendsten Beispiele des mittelalterlichen Wohnhausbaues in Rostock; seine Besonderheit die überaus reiche Ausgestaltung durch wechselnde Lagen aus glasierten und unglasierten Steinen und durch Steine mit Reliefschmuck. Das E. 15. Jh. entstandene Gebäude E. 19. Jh. und nochmals um 1930 stark restauriert; 1942 bis auf die Fassade zerstört, 1950 wiederaufge-

baut. – Die beiden Hauptgeschosse durch drei bis zum Giebelansatz geführte Spitzbogenblenden zusammengefaßt, in der mittleren die spitzbogige Portalnische, in den seitlichen die E. 19. Jh. eingefügten Ladenfenster; die segmentbogigen Fenster des Obergeschosses in dieser Gestalt für das 15. Jh. nicht belegt. In den Medaillons seitlich von den Blenden und zwischen deren Schlüssen Passionsreliefs und Inschrifttafeln; über dem Erdgeschoß ein schmaler, am Giebelfuß ein breiterer Relieffries mit Fabeltieren und Ornamenten. Der steile Staffelgiebel durch fünf zweiteilige Spitzbogenblenden mit profilierten Pfosten bzw. Leibungen und kleeblattbogig geschlossenen Lukenpaaren belebt, auf den Staffeln Zinnen. Die Medaillons in den Scheitelbögen der Blenden und die Relieffriese an den Staffeln und Zinnen denen im unteren Teil der Fassade entsprechend.

Ehem. BANKGEBÄUDE (Verwaltung) Kröpeliner Straße 84. Dreigeschossiger Skelettbau in sieben Achsen unter abgewalmtem Mansarddach, 1909 nach Entwurf von Paul Korff errichtet. Die werksteinverkleidete Fassade im Erdgeschoß rustiziert, in den Obergeschossen mit durchgehenden Lisenen. Die breite Mittelachse über dem von massigen, gedrückten Säulen flankierten Portal risalitartig hervorgehoben, darüber, über dem kräftigen Dachgesims, mächtiges Zwerchhaus, das von jeweils drei ähnlich gebildeten Gaupen über den seitlichen Fensterachsen eingefaßt wird. Der reiche plastische Schmuck aus allegorischen figürlichen Reliefs sowie stilisierten Vegetabilien bestehend. Im Inneren die ehem. Kassenhalle erhalten.

WOHN- und GESCHÄFTSHAUS Kröpeliner Straße 85/Ecke Faule Grube. Dreigeschossiger Putzbau in fünf Achsen mit Mansarddach, M. 19. Jh. Die Obergeschosse durch Kolossalpilaster zusammengefaßt, die drei mittleren Achsen leicht vorgezogen und über dem Dachgesims durch dreiachsiges, von Plattform abgeschlossenes Zwerchhaus fortgesetzt. Zwischen den Fenstern der beiden Obergeschosse szenische Reliefs zum Thema »Bürgertum und Handel«.

WOHN- und GESCHÄFTSHAUS Kröpeliner Straße 86/Ecke Faule Grube. Großes viergeschossiges, mit rotem und gelbem Backstein verblendetes Gebäude eines Neurenaissance-»Palastes«, im 4. V. 19. Jh. erbaut, besonders reich die Fenster in den einzelnen Geschossen und der abschließende Trauffries gebildet. Das Dach mit Gaupen besetzt, auf dem Dachfirst Ziergitter.

WOHNHAUS Kröpeliner Straße 89. Zweigeschossiges dreiachsiges Haus mit hohem Schweifgiebel, E. 18. Jh., der Hauskern mit dem blendengegliederten Hofgiebel aus dem 15. Jh.

Linke Seite: Rostock, ehem. Pfarrhaus des Heilig-Geist-Spitals Kröpeliner Straße 82

Rechte Seite: Rostock, ehem. Bankgebäude Kröpeliner Straße 84

WOHN- und GESCHÄFTSHAUS Kröpeliner Straße 92/Ecke Am Ziegenmarkt. Dreigeschossiger Putzbau von 1882 in reichen Neurenaissanceformen. Die Fenster z. T. von kannelierten Pilastern eingefaßt und mit aufwendigen Verdachungen, die Ecke abgeschrägt und durch einen Erker betont.

WOHN- und GESCHÄFTSHAUS Kröpeliner Straße 93. Dreigeschossiges Giebelhaus von 1878. Die Obergeschosse von kannelierten Kolossalpilastern zusammengefaßt. Am abgestuften Dreiecksgiebel die Pilastergliederung geschoßweise angeordnet.

Universitätsplatz

Ehemals der Marktplatz der bis 1252 entstandenen Neustadt, der dreieckige Grundriß bedingt durch die Lage an der Gabelung der Straßen nach Wismar und Neukloster, letztere in mittelalterlicher Zeit durch die Anlage des Zisterzienser-Nonnen-Klosters ebenso unterbrochen wie die nach Süden abzweigende Schwaansche Straße durch den Saalbau im 18. Jh. An der Nordseite durch Breite Straße und Pädagogienstraße mit der Langen Straße und mit dem Hafen verbunden. Nach der Zusammenlegung der Teilstädte an der Nordseite von der sich zu einem der bedeutendsten innerstädtischen Straßenzüge entwickelnden Verbindung zwischen Neuem Markt und Kröpeliner Tor (Kröpeliner Straße) tangiert.

Das einstmals in der Platzmitte stehende Rathaus, ein rechteckiger Backsteinbau mit hohen Schildgiebeln, 1419 der neugegründeten Universität als Auditorium magnum überlassen (1818 abgebrochen). Durch die Ansiedlung weiterer Universitätsbauten an der West- und Südseite des Platzes verlagerte sich das eigentliche Marktgeschehen auf den östlich angrenzenden Platzbereich, den sog. Hopfenmarkt. Seit A. 18. Jh. an der Südseite auch Errichtung mehrerer landesherrlicher bzw. staatlicher Gebäude (herzogliches Palais mit Saalbau, Wache, Oberappellationsgericht). Mit den Neubauten des Neuen Museums (1844) und des Universitäts-Hauptgebäudes (1867/70) anstelle des im 16. Jh. errichteten Weißen Kollegs wurde die städtebauliche Präsenz der Universität nachdrücklich unterstrichen. Nach Aufstellung des Blücherdenkmals 1819 wurde der Platz in Blücherplatz umbenannt (bis 1945).

Die von der Kröpeliner Straße gebildete Nordseite des Platzes 1942 weitgehend zerstört, das Platzbild 1985/86 wieder geschlossen mit dem sog. Fünfgiebelhaus. Auf dem Platz der 1975/78 von Jo Jastram geschaffene »Brunnen der Lebensfreude«.

WILHELM-PIECK-UNIVERSITÄT Universitätsplatz 1. Als Hauptgebäude der Rostocker Universität 1867/70 nach einem Entwurf von Hermann Willebrand erbaut. Dreigeschossiger Putzbau von fünfzehn Achsen, mit reichem Terrakottaschmuck. Eines der wichtigsten Bauwerke des Historismus in Mecklenburg, die Anlehnung an die Schloßbauten des mittleren 16. Jh. in Schwerin und Wismar unverkennbar.

An der Hauptfront im rustizierten Sockelgeschoß gekuppelte Rechteckfenster, darüber im Erdgeschoß dreiteilige Rechteckfenster; die ebenfalls dreiteiligen Fenster der beiden Obergeschosse mit breitem segmentbogigem Sturz aus ornamentierter Terrakotta. Über dem Erdgeschoß durchlaufender breiter Terrakottafries mit stilisiertem pflanzlichem Dekor und Porträtmedaillons, ähnlich gestaltet der Fries unter dem Hauptgesims; an der Traufe des flachen Satteldaches, in Fortsetzung der Fensterachsen, Akroterien. In der Mitte der Fassade dreiachsiger Risalit mit gestaffeltem Lünettengiebel. In seiner mittleren

front gegliederten nördlichen Seitenfront eine kleine Restfläche mit der ursprünglichen Sgraffitomalerei erhalten. Die Hoffront vereinfacht der Gliederung der Hauptfassade folgend, am Mittelrisalit in drei achtstrahligen Sternfeldern die Reliefbildnisse der Baumeister Willebrand, Luckow und Prahst.

Im Inneren die wichtigsten Räume nahezu unverändert erhalten. Das durch Sockel- und Erdgeschoß reichende Vestibül als dreischiffige dreijochige Halle mit Rippen und Säulenverkleidungen aus Terrakotten ganz in der Dekorationsweise des Statius von Düren gestaltet. Das im südlichen Gebäudeteil liegende Haupttreppenhaus mit einläufiger gußeiserner Treppe und durch Säulen bzw. Blendarkaden gegliederten Wänden, der ursprüngliche plastische Schmuck verloren. Der repräsentativste Raum die über zwei Geschosse reichende, die gesamte Tiefe des Mittelrisalites einnehmende Aula. Die Wände über einem umlaufenden Paneel von Pilastern gegliedert; an den Längsseiten über den Zugängen rundbogige Loggien mit Balkonbrüstungen auf marmorierten Säulen, ähnlich die Empore an der rückwärtigen Schmalseite mit der

Linke Seite: Rostock, Blücherplatz (heute Universitätsplatz), Lithographie 1844; Universitäts-Hauptgebäude Universitätsplatz 1

Rechte Seite: Rostock, Universitäts-Hauptgebäude Universitätsplatz 1, Vestibül und Aula

Achse das rundbogige Hauptportal, das von Säulen flankiert und von einem lünettenartigen Aufsatz mit der Halbfigur des Bischofs Heinrich von Schwerin, des ersten Universitätskanzlers, bekrönt wird. Die Bezüge zur Geschichte der Universität durch weiteren figürlichen Schmuck an den Fassaden hergestellt: am Mittelrisalit und der nördlichen Seitenfront Nischenstandbilder der Gründer und Förderer der Universität, an den Gebäudekanten weibliche Allegorien der Fakultäten und Wissenschaften, im Fries über dem Erdgeschoß Medaillons mit Bildnissen von Gelehrten des 16. bis 18. Jh. Der ornamentale Dekor in den Friesen und Pilastern sowie an den segmentbogigen Stürzen der Obergeschoßfenster von den Terrakottadekorationen der Werkstatt des Statius von Düren abgeleitet. An der in drei Achsen ähnlich der Haupt-

stuckierten Brüstung und den Wappen der vier historischen Fakultäten über den Säulenstützen. Unter der Decke ein umlaufender, durch gekuppelte Pilasterhermen und gemalte Porträtmedaillons (von Theodor Fischer-Poisson) unterbrochener gemalter Arabeskenfries. Die Kassettendecke mit Rechteck- und Rautenfeldern, diese Gliederung auch in die nachträglich anstelle der Oberlichter angelegten Mittelfelder übernommen. Die festliche Raumwirkung noch verstärkt durch Ornamentvergoldungen, Marmorimitationen und Farbkombination von Rot und Weiß.

Am südlich anschließenden Hofgebäude die Beischlagsteine der ehem. Olafsburse, zwei hohe Stelen aus Kalkstein, um 1530: die achtseitigen Kopfstücke mit Reliefs von Johannes Bapt. und Andreas bzw. dem Wappen des Bischofs Jürgen von Tiesenhusen, darunter Flachreliefs der Madonna bzw. des hl. Georg.

Kunstbesitz der Universität: 70 Tafelbilder und Gemälde, 2. H. 16. Jh. bis 20. Jh., davon besonders hervorzuheben: J. Caselius und L. Bacmeister, aus der Werkstatt des Cornelius Krommeny, E. 16. Jh.: A. J. Aepinus von Georg David Matthieu, 3. V. 18. Jh.: E. Schulz von Theodor Schloepke, M. 19. Jh. Vier Porträtgemälde fürstlicher Personen: Tafelbild Herzog Ulrich von Mecklenburg-Güstrow, Werkstatt des Cornelius Krommeny, E. 16. Jh., dasselbe auch als Ölgemälde; Herzogin Louise Friederike von Mecklenburg-Schwerin von Georg David Matthieu, 3. V. 18. Jh.; Herzogin Ulrike von Mecklenburg-Schwerin, M. 18. Jh. 24 Professorenporträts, Ölzeichnungen, von 1890 bis 1924 von Paul Mönnich. – Atlantenuhr, 1. V. 18. Jh., wohl Berliner Arbeit. Über Unterbau mit vier Volutenfüßen und Engelköpfen auf Felsstück sitzender Atlant, mit den erhobenen Armen einen auf seinem Rükken ruhenden Himmelsglobus stützend; an der Vorderseite des Globus großer Schwarzer Adlerorden mit aufgelegtem Zifferblatt für die im Globus befindliche Uhr.

Linke Seite:
Rostock,
Universitäts-Hauptgebäude
Universitätsplatz 1,
Beischlagsteine
der ehem. Olafsburse;
Atlantenuhr

Rechte Seite:
Rostock,
ehem. Neues Museum Universitätsplatz 2, rechts daneben das Universitäts-Hauptgebäude;
Universitätsplatz
mit ehem. Hauptwache,
Kopfbau
des Physikalischen Instituts und
ehem. Oberappellationsgericht

Zwei Szepterpaare, Silber mit Teilvergoldung, um 1419, als oberer Abschluß getriebene Kreuzblumen mit Engelputten, beim größeren Paar als Bekrönung Gottvater und Madonna, beim kleineren Violin- und Lautenspieler. – Rundsiegel, Bronze, um 1419, in dem von einer umlaufenden Minuskelinschrift umgebenen Mittelfeld unter Baldachin der vor Gottvater kniende Stifter.

An das Hauptgebäude der Universität südlich anschließend und von ihr genutzt das

ehem. NEUE MUSEUM Universitätsplatz 1a. 1844 nach Entwurf von Georg Adolph Demmler als südlicher Flügel eines geplanten Universitätsneubaues errichtet. Putzbau von vier Geschossen, über dem niedrigen Erdgeschoß und zwischen dem zweiten und dritten Obergeschoß breite profilierte Gesimsbänder; kräftiges Konsolkranzgesims. Das Erdgeschoß mit kräftiger Putzquaderung, die Obergeschosse mit zarter Putznutung; erstes und zweites Obergeschoß durch Wandvorlagen an den Gebäudeecken und an der durch fünf Fenster betonten Mitte zusammengeschlossen, das dritte Obergeschoß von flachen Pilastern gegliedert. Die rundbogigen Fenster des zweiten und dritten Obergeschosses mit waagerechten Verdachungen. – An die südliche Schmalseite des Gebäudes schließt die neugotische Backsteinmauer des ehem. Klosters Zum Heiligen Kreuz an (s. S. 400).

Ebenfalls von der Universität genutzt das an der Südseite des Platzes stehende

ehem. OBERAPPELLATIONSGERICHT Universitätsplatz 2. Der dreigeschossige siebenachsige Putzbau 1841/42 nach Plänen von Georg Adolph Demmler errichtet. Die Fassade durch die in fünf Segmentbogenarkaden zum Platz sich öffnende Portalvorhalle und darüber die beide Obergeschosse umfassende Säulenvorhalle mit flachem bekrönendem Dreiecksgiebel geprägt. Die einachsigen Seitenteile mit Putznutung und unterschiedlich gestalteten Fenstern in den einzelnen Geschossen.

Zwischen Gerichtsgebäude und ehem. Hauptwache der Kopfbau des

PHYSIKALISCHEN INSTITUTS der Wilhelm-Pieck-Universität Universitätsplatz 3. Dreigeschossiger Putzbau mit korbbogiger Durchfahrt im Erdgeschoß und abschließendem Dreiecksgiebel, 1911 nach Entwurf von Hermann

Schlosser. Die gleichzeitigen umfangreichen Baulichkeiten im rückwärtigen Teil des Grundstückes in barockisierenden Formen und z.T. reichen architektonischen Gliederungen.

Linke Seite: Rostock, Universitätsplatz, ehem. Palais und Saalbau (oben rechts und links) sowie Inneres des Barocksaales

Rechte Seite: Rostock, Universitätsplatz, ehem. Hauptwache und ehem. Palais mit Blick zur Kröpeliner Straße

Ehem. HAUPTWACHE Universitätsplatz 4, ebenfalls von der Universität genutzt. Der zweigeschossige fünfachsige Putzbau mit monumentaler dorischer Säulenvorhalle 1823 nach einem Entwurf von Carl Theodor Severin errichtet. Das Gebäude von einem kräftigen Architrav und schlichter Attika abgeschlossen.

Ehem. PALAIS mit dem östlich angrenzenden SAALBAU (Universitätsinstitute, Konzertsaal) Universitätsplatz 5 und 5a. Das herzogliche Palais als dreigeschossiger Putzbau unter Walmdach 1714 unter Verwendung von Teilen dreier älterer Gebäude nach Plänen von v. Hammerstein und Jacob Reutz unter Leitung von Leonhard Christoph Sturm errichtet. In den Komplex einbezogen ein älterer Flügel an der Schwaanschen Straße mit Umfassungsmauerwerk aus dem 16. Jh.

Der dreigeschossige und siebenachsige Hauptbau mit genuteten Ecklisenen, das mittlere Portal durch einen auf Pfeilern und Säulen ruhenden Altan mit geschmiedetem Brüstungsgitter betont. Der dahinter liegende Durchgang zum Hof mit den ursprünglichen Türen, die Treppenanlage zum Obergeschoß mit dem Saalbau um M. 18. Jh. erneuert. Die tonnengewölbten Keller vom Vorgängerbau übernommen, ebenso eine stuckierte Decke aus der M. 17. Jh. im Erdgeschoß, mit Reliefszenen aus antiken Sagen zwischen Rankendekor und Medaillons mit üppigen Blumenvasen. Aus der Zeit um 1714 die Stuckdecken der Obergeschosse mit Rahmenprofilen; besonders erwähnenswert eine Decke im zweiten Obergeschoß, in ihren gerahmten ovalen Feldern Putten und Tiere, in den Ecken Büsten und blumengefüllte Vasen.

Bei dem in Backstein errichteten dreigeschossigen Seitenflügel die Geschoßhöhe nach oben abnehmend, die einzelnen Geschosse durch breite Gesimsbänder getrennt. Der ehem. rundbogige Durchgang von der Schwaanschen Straße zum Hof straßenseitig als abgestufte Blende erhalten, an der Hofseite bis auf eine rechteckige Türöffnung zugesetzt. Über der südlichen Schmalseite ein einfacher Stufengiebel.

Der zum Universitätsplatz siebenachsige Saalbau unter Walmdach dem Palais 1750 nach einem Entwurf von Jean Laurent Legeay angefügt, der kleine Treppenhausanbau an der Nordostecke mit der barocken Haube wohl

Rest eines sonst beseitigten Vorgängerbaues. Die zweigeschossige Hauptfassade symmetrisch aufgebaut, in der Mitte ursprünglich das rundbogige Portal mit darüber gelegenem Balkon und Fenstertür, seitlich im Erdgeschoß segmentbogige Fenster in rechteckigen Putzblenden, im Obergeschoß Rundbogenfenster und schlichte Kreisblenden zwischen den Bogenschlüssen. Die klassizierende Durchfahrt zur Schwaanschen Straße 1910 angelegt, dabei die Eingangssituation verändert, der Zugang jetzt über das Palais, die hölzerne Treppe zum Obergeschoß von 1968.

Der Festsaal (sog. Barocksaal) mit glattem hölzernem Spiegelgewölbe, die Wandgliederung bestimmt durch die rundbogigen Fenster- und Wandnischen, ihre kräftig profilierten Rahmungen und die größtenteils frei hängenden geschnitzten Festons. Zwischen den Fenstern gemalte Fürstenbildnisse. 1963/68 restauriert.

Rostock, Blücher-Denkmal auf dem Universitätsplatz, Gesamtansicht und Sockelrelief (Allegorie auf die Schlacht von Belle-Alliance)

Ursprünglich in der Platzmitte, jetzt im südwestlichen Bereich das

BLÜCHER-DENKMAL 1819 aufgestellt, an dem von Johann Gottfried Schadow geschaffenen Entwurf auch Johann Wolfgang v. Goethe beratend beteiligt, von ihm auch die Inschrift. Die überlebensgroße Bronzefigur des Marschalls, der in der nahen Rungestraße geboren wurde, in antikisierender Tracht mit Degen und Marschallstab. Am Sockel vorn Inschrift und Wappen, hinten Gedichtvers von Goethe auf das Jahr 1815, seitlich allegorische Reliefszenen mit Bezug auf die Schlachten von Ligny und Belle-Alliance (Waterloo).

Lange Straße und nördlicher Stadtbereich einschließlich Vogelsang und Krämerstraße

Lange Straße

Im Mittelalter nach der Vereinigung der Teilstädte als durchgehende Verbindung vom nordwestlichen Stadtrand (Bramower Tor) zur nördlichen Mittelstadt die längste Straße der Stadt, in kurzen Abständen durch Querstraßen nach Süden zur etwa gleichlangen Verbindung zwischen Kröpeliner Tor und Neuem Markt (heute Kröpeliner Straße) und nach Norden mit dem Hafen verbunden. Die im 19. Jh. stark überbauten älteren Gebäude 1942 größtenteils kriegszerstört und später abgetragen. Von 1953 bis im wesentlichen 1959 als Magistrale neu bebaut, dabei weitgehender Verzicht auf die Anbindung der Querstraßen nach Süden und Norden. Heute zusammen mit der über den Ernst-Thälmann-Platz (Neuer Markt) erreichbaren Steinstraße die Hauptverkehrsader der Innenstadt.

WOHNBEBAUUNG Lange Straße. Der etwa 600 m lange Straßenabschnitt zwischen Hermann-Duncker-Platz und Ernst-Thälmann-Platz/Vogelsang nach Entwürfen der Kollektive unter Leitung von Joachim Näther, Hartmut Colden, Konrad Brauns, Kurt Tauscher, Heinz Lösler und Carl-Heinz Pastor mit fünf- bis elfgeschossigen Putz- und Backsteinbauten errichtet, dabei die Endpunkte der Straße und einer der verbliebenen Abzweige zum Hafengebiet (Schnickmannstraße) durch Hochhäuser betont.

Rostock, Lange Straße,
Blick vom Turm
der Marienkirche
auf die Bebauung der
nördlichen
Straßenseite

Für den Gesamteindruck prägend die der mittelalterlichen Backsteinarchitektur entlehnten Architektur- und Dekorationselemente wie Staffelgiebel, Blendengliederungen, Friese, glasierte Reliefziegel usw., kombiniert z.T. mit Arkadengängen, deren Details aus Haustein. Als mittlere Dominante der Straße das neungeschossige Haus Lange Straße 9/Ecke Schnickmannstraße ausgebildet, mit Staffelgiebeln und Dachreiter auf dem Satteldach, schräg gegenüber an der Ecke Breite Straße das Kaufhaus »Centrum«. – Am Haus Lange Straße 28/Ecke Breite Straße 11 Gedenktafel an die Grundsteinlegung 1953.

Auf der Huder

Zwischen Schnickmann- und Badstüberstraße gelegenes Teilstück des im nördlichen Bereich der ehem. Neustadt in Hafennähe verlaufenden Straßenzuges Aalstecherstraße/Auf der Huder/Beim Hornschen Hof/Pläterstraße. Nach Neubebauung der nördlichen Altstadt um 1985 als einziges älteres Gebäude erhalten der

SPEICHER Auf der Huder 2. Dreigeschossiger neunachsiger Bau aus Backstein und Fachwerk unter Mansarddach, 18. Jh., an der Traufseite mittig sitzendes Zwerchhaus mit Aufzugsvorrichtung. 1988 restauriert.

Badstüberstraße

Eine der Verbindungsstraßen von der Langen Straße zum Hafen im nordwestlichen Teil der ehem. Neustadt, seit dem Wiederaufbau der Langen Straße 1953 das südliche Ende Sackgasse. Im Zuge der Neubebauung der nördlichen Altstadt in jüngster Zeit von der historischen Bebauung nur erhalten der

SPEICHER Badstüberstraße 5/6. Sechsgeschossiger Putzbau aus der M. 19. Jh., von den elf Achsen jeweils die zweite bis vierte von außen als übergiebelte und in der Mittelachse mit Ladeluken und Kranbalken versehene Risalite ausgebildet.

Beim Hornschen Hof

Verbindungsstraße zwischen Schnickmann- und Wokrenterstraße im hafennahen Bereich der ehem. Neustadt, heute Teil des Neubaugebietes »Nördliche Altstadt«. Einziges Bauwerk aus älterer Zeit der

SPEICHER Beim Hornschen Hof 6, eine der größten Speicheranlagen unter den historischen Bauwerken. Die nach Osten offene Dreiflügelanlage besteht aus viergeschossigen Backsteinbauten des 16. bis 19. Jh. Ältester Teil der Südflügel wohl aus dem 16. Jh., ein Umbau für 1661 (1616?) bezeugt; langgestreckter Rechteckbau, bis nach M. 18. Jh. Adelssitz, im Inneren dieses Flügels im ersten Obergeschoß Raum mit Resten einer Stuckdecke aus dem 18. Jh. (Turnierszene). Umbau zum Speicher im späten 18. Jh., dabei an seiner südlichen Längsseite zwei Zwerchhäuser mit Kragarmen aufgesetzt. Der Nordflügel wahrscheinlich erst 1. H. 19. Jh. errichtet, an seiner Hofseite großes Fachwerk-Zwerchhaus.

Burgwall

Schon 1301 erwähnte Verbindung zwischen Langer Straße und Strandstraße, die direkte Anbindung an die Lange Straße nach deren Neubebauung 1953 aufrechterhalten. Die leichte Krümmung der zum Hafen abfallen-

und in ihrem Alter wegen einer A. 20. Jh. erfolgten tiefgreifenden Umgestaltung nur schwer bestimmbar, vermutlich 16. oder 17. Jh. Im Inneren mehrere Räume mit neubarocken Stuckdecken vom E. 19. Jh. Im Flur, Treppenhaus und einigen Zimmern des Erd- und Obergeschosses um 1900 eingebaut Ausstattungsteile aus anderen Gebäuden, u. a. Wandpaneele, Kaminrahmungen, Glasmalereien des 17./18. Jh. und Delfter Fliesen.

Ehem. HAUPTZOLLAMT (Verwaltung, Wohnungen) Koßfelderstraße 20. Dreigeschossiges verputztes Traufenhaus von sieben Achsen, um 1830. Das Erdgeschoß mit Putznutung, die beiden Obergeschosse außen mit Kolossallisenen, in den drei Mittelachsen durch ionische Kolossalpilaster gegliedert; über dem kräftig ausgebildeten Architrav wohl erst nachträglich durchfensterte Attika. Die Straßenfront darüber hinaus durch einen Balkon über dem Mittelportal und stuckiertes stilisiertes Blattwerk in den Lünetten über den Außenfenstern des Erdge-

den Straße durch die östlich angrenzende, nach der Vereinigung der Teilstädte an diesem Platz aufgegebene landesherrliche Burganlage bedingt. Die mittelalterliche Bebauung der Straße beim Stadtbrand 1677 weitgehend zerstört und seitdem bis in jüngste Zeit ständig verändert.

WOHNHAUS Burgwall 12/13. Aus zwei spätgotischen Giebelhäusern 1730 gebildetes dreigeschossiges Doppelgiebelhaus von insgesamt sechs Achsen und zwei gleichen geschwungenen Giebeln. Die beiden Haustüren A. 19. Jh., die von Nr. 12 mit geschnitzten Fischen.

Koßfelderstraße

Der östlichste der alten Verbindungswege von der Langen Straße zum Hafen, schon 1259 genannt. Die Bebauung nach Zerstörungen im zweiten Weltkrieg weitgehend in den fünfziger Jahren erneuert.

WOHNHAUS Koßfelderstraße 11. Doppelgiebelhaus, die jeweils dreiachsigen Hausteile zwei- bzw. dreigeschossig

Linke Seite: Rostock, Speicher Auf der Huder 2

Rechte Seite: Rostock, Speicher Beim Hornschen Hof 6; Wohnhäuser Burgwall 12/13

schosses bereichert. An der Hofseite kleine Freitreppe, ihre Brüstung aus wiederverwendeten sandsteinernen Wangen einer Rokokotreppe bestehend.

Lagerstraße

Ehemals von der Langen Straße zum Hafen führende, leicht abfallende Straße, ihr Anschluß an die Lange Straße 1953 überbaut. Im zweiten Weltkrieg nur wenige Gebäude zerstört, die erhaltene Bebauung überwiegend zweigeschossig und im 19. Jh. stark verändert.

WOHNHAUS Lagerstraße 7. Dreigeschossiges Giebelhaus von drei Achsen, E. 18. Jh., der Giebel geschweift.

WOHNHAUS Lagerstraße 8. Dreigeschossiges Giebelhaus von drei Achsen; von einem spätgotischen Vorgängerbau aus dem 15./16. Jh. Teile eines gewölbten Kellers und des Erdgeschosses erhalten. Die Straßenfront mit dem flachen Dreiecksgiebel von einer Umgestaltung um M. 19. Jh.

Ehem. HOSPITAL St. Georg Lagerstraße 17. Stattlicher zweigeschossiger Putzbau von sieben Achsen unter Satteldach, 1798 errichtet. Das Erdgeschoß des übergiebelten dreiachsigen Mittelrisalites und die Gebäudekanten mit Putznutung. Nach Instandsetzung Kindergarten.

WOHNHAUS Lagerstraße 26/Ecke Petersilienstraße. Zweigeschossiges Giebelhaus mit Kern aus dem 15./16. Jh.; die Straßenfront jetzt durch den Giebel mit der Katzentreppe und die gereihten Rundbogenluken der vier Speichergeschosse, die 1963 rekonstruierten Obergeschoßfenster mit den Entlastungsbögen und das ebenfalls erneuerte Korbbogenportal geprägt. Die zu beiden Seiten des Portales befindlichen Utluchten wohl Zutat des 19. Jh. Der an die südliche Längswand nachträglich angefügte Hausteil mit Fachwerkwand und Schleppdach zeitlich nicht genau zu bestimmen, vermutlich 17./18. Jh. Im Inneren große Diele mit Hausbaum und Bretterdecke.

WOHNHÄUSER Lagerstraße 30/32. Zweigeschossige zweiachsige Putzbauten, wohl A. 18. Jh., später durchgebaut. In Nr. 32 in beiden Geschossen die offenen Herdglocken der ehem. Küchen sowie kleine Räucherkammern im Schornstein erhalten, der Keller z. T. mit Tonnengewölbe. Haustür und hölzerne Treppe A. 19. Jh.

Schnickmannstraße

Verbindungsstraße zwischen Langer Straße und Hafen im nordwestlichen Bereich der ehem. Neustadt. Neubebauung um 1985 im Zusammenhang mit der Errichtung des Wohngebietes »Nördliche Altstadt«. Von den historischen Gebäuden lediglich erhalten der

SPEICHER Schnickmannstraße 13/14. Der 1795 errichtete zweigeschossige Backsteinbau von drei Achsen mit korbbogiger Toreinfahrt beim unlängst beendeten Durchbau für eine gesellschaftliche Nutzung (Rostock-Information) stark erneuert. Das überhöhte Zwerchhaus mit Lastenaufzug erhalten, seine Seitenwände ebenso wie die Giebelwände des Hauptbaues in Fachwerk. Vom Inneren nur die Keller mit Tonnengewölbe erwähnenswert.

Strandstraße

Schmale durchgehende Verbindungsstraße zwischen dem im Nordwesten der ehem. Neustadt nach dem zweiten Weltkrieg angelegten Hermann-Duncker-Platz und der Grubenstraße, die Gebäude auf der nördlichen Straßenseite ehemals mit ihren Rückfronten an die Stadtmauer angrenzend; von den ursprünglich dreizehn Strandtoren nur das Mönchentor (s. oben S. 341) in klassizistischer Gestalt erhalten.

Linke Seite: Rostock, ehem. Hauptzollamt Koßfelderstraße 20; ehem. Hospital St. Georg Lagerstraße 17

Rechte Seite: Rostock, Wohnhaus Lagerstraße 26; Speicher Schnickmannstraße 13/14

SPEICHER Strandstraße 16. Dreigeschossiger Backsteinbau von drei Achsen unter Satteldach, errichtet 1790. In der Mitte der straßenseitigen Längsfront Korbbogenportal, darüber Ladeluken und Zwerchhaus mit Kragarm. 1989 verputzt.

SPEICHER Strandstraße 25. Fünfgeschossiger Backsteinbau von sieben Achsen, M. 19. Jh. Im Erdgeschoß rundbogige Tordurchfahrt, darüber Ladeluken, das Zwerchhaus mit dem Kragarm von drei Achsen. – Das Nachbargebäude Strandstraße 26 ein viergeschossiger Speicherbau in ähnlichen Formen vom E. 19. Jh.

WOHNHAUS Strandstraße 92. Fünfgeschossiger sechsachsiger Putzbau von 1840, das Erdgeschoß mit Putzquaderung, die beiden äußeren Achsen in flachen Vorlagen.

WOHNHAUS Strandstraße 93. Zweigeschossiger Putzbau von neun Achsen mit Mansarddach, 4. V. 18. Jh. An der Hauptfront die drei mittleren Achsen in flacher Vorlage, im Erdgeschoß mit Putznutung, unter den Obergeschoßfenstern zusätzlich durch stuckierte Festons betont. Die Gebäudekanten durch genutete Lisenen hervorgehoben, an der südwestlichen Ecke korinthische Kolossalsäule eingestellt. 1989 restauriert.

Vogelsang

Verbindungsstraße zwischen Langer Straße und Krämerstraße, einstmals Teil der wichtigen West-Ost-Achse von der nördlichen Neu- und Mittelstadt zur Altstadt.

Ehem. RITTERSCHAFTLICHE BIBLIOTHEK Vogelsang 14, ein heute von Universitätsinstituten genutzter dreigeschossiger Putzbau von neun Achsen, errichtet E. 18. Jh. An der Hauptfront das Erdgeschoß und die Gebäudekanten mit Putzquaderung, die drei Mittelachsen durch Kolossalpilaster in den Obergeschossen und bekrönenden Dreiecksgiebel betont.

Wokrenterstraße

Ehemals eine der Verbindungsstraßen von der Langen Straße zum Hafen, ihre Einmündung in die Lange Straße seit deren Wiederaufbau überbaut. Im zweiten Weltkrieg schwere Schäden; in jüngster Zeit an der Westseite der Straße Typenbauten errichtet, wie sie allgemein im Neubaugebiet »Nördliche Altstadt« angewendet worden sind, an der Ostseite 1980/85 Giebelhäuser in Anlehnung an ehemals vorhandene historische Gebäude aus anderen Stadtteilen erbaut.

Von der ehem. Bebauung der Straße hier als eines der wenigen gotischen Giebelhäuser Rostocks erhalten das

Linke Seite: Rostock, Speicher Strandstraße 16; Speicher Strandstraße 25 und 26; Wohnhaus Wokrenterstraße 40

Rechte Seite: Wohnhaus Strandstraße 93; ehem. Ritterschaftliche Bibliothek Vogelsang 14

WOHNHAUS Wokrenterstraße 40 (Haus der Architekten). Zweigeschossiges dreiachsiges Giebelhaus aus Backstein, E. 15. Jh. Die Fassade im Bereich der beiden Untergeschosse weitgehend rekonstruiert, im Erdgeschoß drei Spitzbogenblenden mit dem Mittelportal bzw. seitlichen Rechteckfenstern, das Geschoß darüber mit fünf Rechteckfenstern in den bis hierhin heruntergeführten fünf Spitzbogenblenden des schönen Staffelgiebels, dieser im Dachbereich mit Lukenreihen in drei Geschossen. Im Inneren der die gesamten hölzernen Einbauten tragende, seitlich aus der Mittelachse verschobene Hausbaum erhalten, ebenfalls ursprünglich die innere Gliederung der Südwand und Teile der barocken Bretterdecke in der durch zwei Geschosse reichenden Diele; die Galerie analog dem Zustand des 17. Jh. erneuert. Der Kemladen aus dem 16. Jh. stark durchgebaut, am Zugang zum Obergeschoß vegetabilische Malerei des 17. Jh. (Abb. S. 364)

Straßen südlich von Langer Straße, Vogelsang und Krämerstraße

Am Ziegenmarkt

Kurzes Straßenstück südlich der Marienkirche, zwischen dieser und der ehem. Blutstraße (Kröpeliner Straße); führte im Mittelalter zu dem bei der Kirche befindlichen Friedhof. Die Bebauung mit Ausnahme von Nr. 3 und 4 im späten 19. Jh. im Zusammenhang mit dem Ausbau der Kröpeliner Straße zur Geschäftsstraße verändert.

Ehem. ALTE MÜNZE Am Ziegenmarkt 3. Im Kern zwei zweigeschossige spätgotische Giebelhäuser unterschiedlicher Größe, vermutlich A. 17. Jh. zu einem Grundstück vereinigt und straßenseitig in einer Fassade zusammengefaßt; die beiden Treppengiebel mit rundbogig geschlossenen Luken, der südliche von 1620 durch Dreiecksaufsatz mit männlichem Kopf, der höhere nördliche von 1628

Linke Seite: Rostock, Häuser Am Ziegenmarkt 3 (ehem. Alte Münze) und 4, rechts im Bild das Haus Bei der Marienkirche 25/26; Portal vom Haus Am Ziegenmarkt 3

Rechte Seite: Rostock, Wohn- und Speicherhaus Beginenberg 1

von Lünette bekrönt. Im nördlichen Hausteil Relief eines Münzschlägers vom A. 17. Jh. (Kopie von 1960) und eine reiche Portalrahmung (ebenfalls 1960 kopiert) in Spätrenaissanceformen. Die reich geschnitzte Haustür in Rokokoformen M. 18. Jh. – Von den Innenräumen nur die tonnengewölbten Keller erwähnenswert.

WOHNHAUS Am Ziegenmarkt 4. Zweigeschossiges Giebelhaus von drei Achsen aus Backstein, wohl 15. Jh., aus dieser Zeit der schlichte Treppengiebel an der Hofseite erhalten. Die Straßenfront 1731 umgestaltet, dabei der Giebelaufbau durch Lünettenabschluß verändert. – Das angebaute Haus Bei der Marienkirche 25/26 s. S. 368.

An der Hege

Ursprünglich platzartige Erweiterung nördlich des Rathauses für die öffentlichen Tagungen des Gerichtes, später überbaut, erhalten nur die östliche Straßenfront, davon erwähnenswert:

WOHNHAUS An der Hege 11. Zweigeschossiges Giebelhaus von vier Achsen. Vom Kernbau aus dem 15. Jh. noch der Hofgiebel mit rund- und segmentbogigen Luken erhalten, die Straßenfront im 18. Jh. mit einem Schweifgiebel erneuert.

Beginenberg

Nach Osten stark abfallende Straßenverbindung von der südlichen Steinstraße nahe dem Steintor zur Viergelindenbrücke und Grubenstraße. Im Mittelalter hier die seit 1279 in Rostock nachweisbaren Beginen (Beguinen) ansässig, ein religiöser Frauenorden ohne Pflicht zur Ablegung der Gelübde, mit starker Orientierung auf die Krankenpflege.

WOHNHAUS und SPEICHER Beginenberg 1/Ecke An der Viergelindenbrücke. Monumentales Eckgebäude mit städtebaulicher Wirkung zum Bereich der Grube und in die Große Wasserstraße, um 1800 als dreigeschossiger Putzbau von sieben zu fünf Achsen mit hohem Mansarddach errichtet. Die Hauptfront mit plastisch verdachten Fenstern im Erd- und ersten Obergeschoß, zur östlichen Schmalseite mit dem hohen Schweifgiebel die an der nordöstlichen Gebäudekante eingestellten Viertelsäulen im Erd- bzw. den Obergeschossen überleitend.

WOHNHAUS Beginenberg 2. Kleiner zweigeschossiger Putzbau aus dem 18. Jh., äußerlich aus zwei sehr unterschiedlichen Hausteilen bestehend: einem einachsigen östlichen mit hohem Satteldach und einem zurückgesetzten zweiachsigen und wesentlich niedrigeren westlichen mit Korbbogenportal.

WOHNHAUS Beginenberg 25/26. Zweigeschossiger Putzbau mit ausgebautem Mansarddach, um 1870/80, die Fassade durch einen polygonalen Erker und geschweiften Giebel in der Mittelachse sowie durch die Backsteinrahmungen der Fenster betont.

Bei der Marienkirche

Hausgruppe unmittelbar westlich der Marienkirche.

PFARRHAUS Bei der Marienkirche 1/2, auch von der Faulen Grube her erschlossen. Das zweigeschossige Doppelhaus als Putzbau im 18. Jh. unter Verwendung älteren Mauerwerkes errichtet, aus dieser Zeit auch die Türen mit Rautengliederung. Das Grundstück gegen den Platz an der Kirche durch eine etwa 2 m hohe Backsteinmauer aus dem 16. Jh. abgeschirmt, das nördliche der beiden Mauerportale mit Korbbogenschluß, in dem bekrönenden Staffelgiebel kleine Kreisblende, darunter Kalksteinplatte mit von Bandelwerk gerahmtem Relief eines Greifen, wohl 1735.

WOHNHAUS Bei der Marienkirche 25/26. Beispiel einer sog. Bude, schlichter zweigeschossiger Fachwerkbau, sein Dach vom Nachbarhaus Am Ziegenmarkt 4 abgeschleppt. An der nördlichen Längsfront das Obergeschoß leicht vorgekragt, die Details bei der Restaurierung 1969 z. T. erneuert.

Buchbinderstraße

Auf dem Lauf eines einstigen Warnow-Nebenarmes ursprünglich zusammen mit der sie nördlich fortsetzenden Faulen Grube die westliche Grenze der ehem. Mittelstadt bildend. Die Bebauung der Straße z. T. im zweiten Weltkrieg zerstört, erwähnenswert das

BANKGEBÄUDE Buchbinderstraße 18/19, Ecke Garbräterstraße. Zweigeschossiger achtachsiger Skelettbau mit Werksteinverkleidung, um 1910 nach Entwurf von Paul Korff errichtet. Die Fassade durch Kolossalpilaster gegliedert, in den äußeren Achsen des Erdgeschosses übergiebelte Portale mit plastischem vegetabilischem Dekor.

Eselföterstraße

Verbindungsstraße in der ehem. Neustadt zwischen Kröpeliner Straße/Universitätsplatz und Langer Straße, der Anschluß zur Langen Straße seit der Neubebauung 1953 überbaut.

WOHNHAUS Eselföterstraße 20. Zweigeschossiges, straßenseitig verputztes Fachwerkhaus unter Satteldach vom E. 18. Jh.; an der nordwestlichen Gebäudekante eingestellte Kolossalsäule.

WOHNHÄUSER Eselföter Straße 21/22. Schlichte zweigeschossige Putzbauten von zwei bzw. drei Achsen, 18. Jh. Ehem. HOTEL »Stadt Doberan« Eselföterstraße 23, jetzt »Kleines Haus« des Volkstheaters Rostock. Giebelhaus von drei Achsen in zwei Geschossen, im Kern ein Backsteinbau von 1589. Der Giebel mit Lünettenabschluß und Belastungsobelisken E. 19. Jh. weitgehend erneuert.

WOHNHAUS Eselföterstraße 26. Dreigeschossiges Giebelhaus von drei Achsen. Vom Kernbau aus dem 16. Jh. noch der Backsteingiebel der Hofseite erhalten, mit gereihten Rundbogenluken. Die Straßenfront um 1800 umgestaltet und im Erdgeschoß sowie an den Gebäudekanten mit Putznutung versehen, gleichzeitig auch die Verdachung der Obergeschoßfenster und die Gestaltung des Dreiecksgiebels. In einem Raum des ersten Obergeschosses Stuckdecke mit Blumenranken.

Linke Seite: Rostock, Wohnhaus Eselföterstraße 26

Rechte Seite: Rostock, Wohnhäuser Große Wasserstraße 30/30a, links im Bild die Atlantenfiguren vom Haus Große Wasserstraße 1; Wohnbebauung Heiligengeisthof, links im Bild das ehem. Verwaltungsgebäude Nr. 42

Große Wasserstraße

Die südöstliche der ursprünglich sieben auf den Neuen Markt (Ernst-Thälmann-Platz) einmündenden Straßen. Sie verband anfangs den Zugang zur Stadt durch das Kuhtor mit dem Markt, verlor aber mit dem Ausbau der Steinstraße an Bedeutung. Ihre Bebauung zeitlich und gestalterisch sehr differenziert.

WOHNHAUS Große Wasserstraße 1/Ecke Beginenberg. Viergeschossiger historisierender Putzbau, um 1870 errichtet, die vordere Gebäudekante durch ein jetzt zugesetztes Portal mit rahmenden Atlantenfiguren und darüber befindlichem Erker auffällig betont.

WOHNHAUS Große Wasserstraße 2. Viergeschossiger Putzbau aus dem 2. V. 19. Jh., mit Kolossalpilastergliederung in den Obergeschossen und vegetabilischen Stuckreliefs unter den Obergeschoßfenstern.

WOHNHAUS Große Wasserstraße 4. Dreigeschossiges Backstein-Giebelhaus, Neubau von 1974 mit rekonstruierter Fassade des kriegszerstörten Hauses Badstüberstraße 36 aus dem 16. Jh.

WOHNHAUS Große Wasserstraße 22. Giebelhaus von zwei Geschossen in drei Achsen, im Kern ein mittelalterlicher Backsteinbau, um 1800 mit pilastergegliedertem Schweifgiebel und Lünettenabschluß erneuert. Bei einer neuerlichen Fassadenumgestaltung um 1930 die Utluchten angelegt.

WOHNHAUS Große Wasserstraße 30. Zweigeschossiger dreiachsiger Backsteinbau aus der 2. H. 15. Jh., der schöne Staffelgiebel mit Zinnenabschluß bereits im Obergeschoß ansetzend, seine Blendengliederungen z. T. aus Lagen

glasierter Formsteine. Von einer Erneuerung um 1930 die Ausbildung der Erdgeschoßzone mit Portal und Utluchten.

WOHNHAUS Große Wasserstraße 30a, ursprünglich als Altenteiler errichtet und zugänglich von der Diele des Nachbarhauses Nr. 30. Schmales Giebelhaus von zwei Geschossen in zwei Achsen, im Kern ein Backsteinbau des 15. Jh., der Giebel im 17./18. Jh. verändert.

Heiligengeisthof

Das Heilig-Geist-Spital wurde um 1250 im nordwestlichen Randbereich der Mittelstadt angelegt. Von der mittelalterlichen Anlage nur das ehem. Pfarrhaus Kröpeliner Straße 82 (s. oben S. 350) noch vorhanden, die Spitalkirche 1818 abgebrochen; von den mehrfach erneuerten Wohngebäuden die heute nach Norden von den Neubauten der Langen Straße abgeschirmte, von der Faulen Grube bzw. Eselföterstraße zugängliche Umbauung des zweiten Innenhofes des ehem. Hospitals erhalten, aus überwiegend zweigeschossigen Putz- bzw. Backsteinbauten des 18. und besonders 19. Jh. Hervorzuheben das ehem.

VERWALTUNGSGEBÄUDE des Hospitals Heiligengeisthof 42. Zweigeschossiger Putzbau von vier Achsen mit ausgebautem Mansarddach, E. 18. Jh., seine beiden Mittelachsen in flacher Vorlage im Erdgeschoß durch Putznutung, im Obergeschoß durch Pilasterrahmung betont. An den Gebäudekanten eingestellte Kolossalsäulen.

Hinter dem Rathaus

Kurzer Straßenabschnitt an der Rückfront des Rathauses, nach Norden in die Straße An der Hege, nach Süden in die Pümperstraße übergehend. In der Frühzeit der ehem. Mittelstadt vor dem Bau des Rathauses und seinen seitlichen Nachbargebäuden verlief hier die östliche Platzwand des Marktes.

Sog. WALLDIENERHAUS Hinter dem Rathaus 1/2 (Verwaltung). Zweigeschossiges Giebelhaus, angeblich 1509 errichtet. Der untere zweigeschossige Teil der Fassade durch drei hohe Spitzbogenblenden zusammengefaßt, darin das Portal und die Fenster. Darüber der fünfachsige Staffelgiebel mit Blenden, die Staffeln mit Zinnen besetzt. Auch der Hofgiebel von Blenden gegliedert.

Sog. KERKHOFHAUS Hinter dem Rathaus 5 (Stadtarchiv). Das an hervorragender städtebaulicher Position in der Achse der vom Markt zur Grube abfallenden Großen Wasserstraße stehende Gebäude eines der bedeutendsten Bürgerhäuser Rostocks. Als zweigeschossiges Giebelhaus aus Backstein im 3. V. 15. Jh. errichtet, die westliche Giebelfront um M. 16. Jh. bei einer Erneuerung mit farbigen Terrakotten mit Motiven der Frührenaissance geschmückt. 1907 Erneuerung und Ausbau des Gebäudes für das Stadtarchiv.

Erd- und Obergeschoß der Giebelseite im Wechsel aus Lagen glasierter und unglasierter Steine aufgemauert; in der Mittelachse Portal mit gedrücktem Rundbogen und reich profiliertem Gewände, die Tür von 1907. Im Ober-

geschoß gekuppelte Fenster mit Mittelpfosten aus Taustäben, in den Zwickeln der sie einfassenden Segmentbogenblenden Medaillons mit Kriegerköpfen. Am Giebelfuß Fries aus Porträtmedaillons und stilisiertem Ornament. Der siebenachsige Staffelgiebel mit zweiteiligen Spitzbogenblenden, deren Pfosten und z. T. auch Rahmungen ebenfalls aus Taustäben bestehen, in den Bogenzwickeln Medaillons, in der mittleren Blende Kreuzigungsgruppe; der Umriß der Giebelstaffeln durch begleitendes Friesband mit in Blattkandelaber eingeordneten Szenen, Einzelfiguren und von Putten gehaltenen Porträtmedaillons wirkungsvoll betont. Die Reliefterrakotten nicht unähnlich den etwa gleichzeitigen Arbeiten aus der Werkstatt des Statius von Düren in Lübeck, die farbige Glasur aber im Ostseeküstengebiet ohne Vergleichsbeispiel.
Die Längsfront des Hauses zur Großen Wasserstraße 1907 in die bestehende Form gebracht, dabei die drei westlichen Achsen in ihrer Gliederung der Giebelseite angenähert. Der anschließende östliche Teil als viergeschossiger Magazinbau mit Werksteinfassade in barockisierender Gestaltung.

Linke Seite:
Rostock, sog. Walldienerhaus Hinter dem Rathaus 1/2; sog. Kerkhofhaus Hinter dem Rathaus 5

Rechte Seite:
Rostock, Terrakotten vom sog. Kerkhofhaus im Kulturgeschichtlichen Museum

Kistenmacherstraße
Verbindung zwischen der ehem. Blutstraße (Kröpeliner Straße) und Johannisstraße im südwestlichen Bereich der ehem. Mittelstadt; der südliche Abschnitt im zweiten Weltkrieg zerstört und nur an der Ostseite mit dem Saalbau des Hauptpostamtes wieder bebaut. Von der erhaltenen, zumeist dreigeschossigen Bebauung im nördlichen Teil der Straße erwähnenswert das
WOHNHAUS Kistenmacherstaße 19. Dreigeschossiges Giebelhaus von drei Achsen, im Kern ein Backsteinbau des 15./16. Jh., die jetzige Gestalt mit dem geschweiften Giebel von 1618.

Kleine Wasserstraße
Verbindungsstraße vom südöstlichen Bereich der ehem. Mittelstadt (Kuhtor, Viergelindenbrücke) zum nordöstlichen Bereich (Kreuzung Vogelsang/Krämerstraße/Große Mönchenstraße). Von der älteren Bebauung die meisten Gebäude im 19. Jh. stark verändert oder erneuert, erwähnenswert
WOHNHAUS Kleine Wasserstraße 25. Zweigeschossiges Giebelhaus in drei Achsen, der im Kern spätgotische Bau A. 19. Jh. eingreifend umgestaltet, dabei die Hauptgeschosse durch Kolossalpilaster zusammengefaßt und über einem kräftigen Architrav ein steiler geschwungener Giebel mit Mäandervoluten, kannelierten Pilastern und Dreiecksbekrönung ausgebildet.
WOHNHAUS Kleine Wasserstraße 26. Zweigeschossiges dreiachsiges Giebelhaus, das im Kern wohl noch spätgotische Haus 1628 an der Straßen- und Hoffront verändert. Der mehrfach abgetreppte Giebel mit dem Lünettenaufsatz wohl A. 20. Jh. vereinfacht erneuert.

Schwaansche Straße
Kurze Straßenverbindung zwischen Universitätsplatz/Kröpeliner Straße und Wallstraße, urprünglich als Ausfallstraße aus der Neustadt in Richtung Schwaan angelegt und ehemals durch ein Tor geschützt, dieses jedoch bald vernachlässigt und beim weiteren Ausbau der Stadtbefestigung geschlossen, abgebrochen erst 1862. Die beim Bau des Saalgebäudes des ehem. herzoglichen Palais (s. oben. S. 357) verlorengegangene Anbindung der Straße

Rostock, Wohnhaus Schwaansche Straße 3

1910 durch eine Unterführung wiederhergestellt. – Die Bebauung der Straße sehr uneinheitlich; im nördlichen Teil auf der Westseite Backsteinbauten des 16. Jh. (Anbauten des ehem. herzoglichen Palais) und ein zweigeschossiger Fachwerkbau wohl des 18. Jh., im südlichen Teil auf der Ostseite, an der hier einmündenden Altbettelmönchstraße, das Fraterhaus der Brüder vom gemeinsamen Leben (s. unten S. 409)

SPARKASSENGEBÄUDE Schwaansche Straße 1. Palaisähnlicher zweigeschossiger und siebenachsiger Backsteinbau unter flachem Walmdach, um 1870/80 in Formen der Neurenaissance erbaut. Die Fassaden aus gelbem und rotem Backstein am Obergeschoß durch Pilaster aus Terrakotten mit stilisiertem vegetabilischem Ornament gegliedert, die rundbogigen Fenster ebenfalls von Pilastern flankiert und von Archivolten umgriffen; an der Seitenfront zum ehem. Wall Felder mit Sgraffitomalerei. Vor den drei mittleren Achsen des Erdgeschosses ein polygonaler Vorbau mit dem Portal.

WOHNHAUS Schwaansche Straße 2. Dreigeschossiger Backsteinbau von sieben Achsen, ebenfalls um 1870/80 errichtet, in reichen historistischen Formen: die beiden Obergeschosse in den mittleren drei Achsen und an den Gebäudekanten durch kolossale polygonale Wandpfeiler zusammengefaßt; die Geschosse durch breite ornamentierte Sohlbankfriese getrennt, die rundbogigen Fenster von ornamentierten Archivolten umgriffen und in den seitlichen Doppelachsen von Lisenen getrennt. Unter der Traufe Rundbogenfries und Konsolgesims.

WOHNHAUS Schwaansche Straße 3. Zweigeschossiger Putzbau von drei Achsen, wohl um 1850/60 in spätklassizistischen Formen. Das Erdgeschoß über hohem Sockelgeschoß mit Putznutung, das Obergeschoß von Pilastern gegliedert, über der leicht vorgezogenen Mittelachse durch Dreiecksgiebel mit Eck- und Mittelakroterien abgeschlossen.

Steinstraße

Verbindungsstraße zwischen dem Neuen Markt (Ernst-Thälmann-Platz) und dem südlichen Stadtausgang am Steintor; als wichtigste Straße der ehem. Mittelstadt wohl schon sehr früh gepflastert, wie es der Name zu erkennen gibt. Ihre Bebauung im 19. und frühen 20. Jh. stark erneuert und im zweiten Weltkrieg bis auf den südlichen Abschnitt der Westseite zerstört. Beim Wiederaufbau wurde die Straße nach Osten hin verbreitert.

Ehem. FEUERVERSICHERUNGSGEBÄUDE (Verwaltung) Steinstraße 1. In deutlichem Kontrast zum benachbarten ehem. Ständehaus (Haus der Nationalen Volksarmee an der Wallstraße, s. S. 374) stehender Klinkerverblendbau von vier Geschossen und sieben Achsen, 1927 nach Entwurf von Ernst Stoffers in funktionalistisch einfachen Formen errichtet, der westlich anschließende Flügel in gleichen Formen. Die an der südöstlichen Gebäudekante aufgestellte Figur des hl. Georg und mehrere Masken am Staffelgiebel der südlichen Schmalseite aus Keramik, sämtlich von Richard Kuöhl, Hamburg.

WOHN- und GESCHÄFTSHAUS Steinstraße 6. Dreigeschossiger achtachsiger Skelettbau nach Entwurf von Paul Korff errichtet um 1910. Die Obergeschosse durch Kolossalpilaster gegliedert, unterhalb der Traufe vegetabilische Reliefs; oberer Abschluß durch Attika mit Balusterbrüstung und Ziervasen.

*Rostock,
ehem. Ständehaus
(Haus der NVA)
Wallstraße 1,
Lichthof
mit Treppenanlage*

Wallstraße

Nach der Entfestigung der Stadt auf dem Gelände der eingeebneten Wallanlagen zwischen Steintor und Schwaanschem Tor ausgebaute Straßenverbindung. An ihrer Südseite 1857 nach Plänen von Joachim Wilcken der Rosengarten angelegt; die an der Nordseite errichteten Gebäude im mittleren Straßenabschnitt 1942 kriegszerstört und durch Neubauten ersetzt (u. a. 1954 das Gebäude des Rates des Bezirkes). Von der ursprünglichen Bebauung erhalten:

Ehem. STÄNDEHAUS (Haus der Nationalen Volksarmee) Wallstraße 1, in unmittelbarer Nähe zum Steintor. Das aufwendige neugotische Backsteingebäude, neben dem Universitäts-Hauptgebäude das bedeutendste historistische Bauwerk der Stadt, wurde 1889/93 nach Entwürfen von Gotthilf Ludwig Möckel errichtet.

Der Hauptflügel des auf hohem Sockel stehenden dreigeschossigen, im Grundriß nahezu quadratischen vierflügeligen Gebäudes nach Süden gerichtet, hier die mittleren sieben der insgesamt neun Achsen risalitartig vorgezogen und durch die Turmaufbauten über den seitlichen Achsen, den über die gesamte Risalitbreite verlaufenden Balkon und die überaus reiche Anwendung von farbiger und glasierter Keramik besonders betont. Die Fenster zumeist spitzbogig, z. T. gekuppelt oder gereiht und mit stark profiliertem Gewände. Der die beiden Obergeschosse des Mitteltraktes einnehmende Festsaal nach außen durch die hohen, von Wimpergabschlüssen bekrönten Fenster in Erscheinung tretend, zwischen den Fensterbögen die bronzenen Standbilder von vier Landesherren des 16. bzw. 19. Jh., geschaffen von Ludwig Brunow und von Oscar Rassau, beide Berlin. Die Schmalseiten des Hauptflügels durch mehrgeschossige Erker und in der Dachzone durch Pfeiler-Wimperggiebel mit reichen Blenden und Maßwerkrosetten geschmückt (der Giebel der östlichen Schmalseite in den oberen Abschlüssen reduziert). Die Seitenflügel selbst wie auch der rückwärtige Flügel in den gleichen Formen wie der Hauptflügel gestaltet.

Rostock, ehem. Ständehaus (Haus der NVA) Wallstraße 1, Hauptfront zur Wallstraße und Nebenfront zur Steinstraße; Clara-Zetkin-Oberschule Wallstraße 4 (ehemals Große Stadtschule)

Im Inneren Lichthof (Abb. 373) mit aufwendiger, die Mitte ausfüllender Treppenanlage zum ersten Obergeschoß und gewölbten Arkadengängen in den einzelnen Geschossen. Von den Räumen der ehem. Sitzungssaal mit hölzerner spitzbogiger Tonnenwölbung, geschnitzten Wandpaneelen mit reichem Wimpergschmuck und farbiger Fensterverglasung besonders erwähnenswert.

Ehem. GROSSE STADTSCHULE (Clara-Zetkin-Oberschule) Wallstraße 4. Stattlicher dreigeschossiger Putzbau über hohem Sockel, 1864/67 nach Entwurf von Klitzing errichtet. An der Hauptfront zur Wallstraße flacher, leicht überhöhter Mittelrisalit mit Dreiecksgiebel, bekrönt von dem Stadtwappen. Die langgestreckten Fassaden durch Putznutung, kräftige Gesimse und auf Konsolen ruhende Verdachungen für die Fenster der beiden Obergeschosse geprägt; die äußeren Doppelachsen beidseitig leicht vorgezogen und durch Kolossalpilaster in den Obergeschossen zusammengefaßt, hier auch die von Pilastern flankierten Fenster zu einer Gruppe zusammengezogen und von flachem Dreiecksgiebel abgeschlossen. Vor dem Hauptportal zweiläufige Freitreppe und in Rundbogen sich öffnende Vorhalle. Im Anschluß an die Schmalseite zur Schwaanschen Straße 1897 Anbau mit Turnhalle und Aula angefügt, in den Formen des Hauptbaues; die mittleren drei Achsen leicht vorgezogen und übergiebelt, in den seitlichen Achsen des Obergeschosses je eine übergiebelte Halbrundnische mit Statue.

Straßen östlich der Grubenstraße (ehem. Altstadt)

Altschmiedestraße

Die mittlere der drei wichtigen Nord-Süd-Verbindungsstraßen in der ehem. Altstadt, bereits 1280 im ältesten Stadtbuch genannt, zwischen Altem Markt und dem Wendländer Schilde westlich der Nikolaikirche.

WOHNHAUS Altschmiedestraße 33. Zweigeschossiger Putzbau von drei Achsen, wohl 17./18. Jh.; die Straßenfront M. 19. Jh. erneuert, der Walm von dreieckigem Giebelschild verdeckt.

WOHNHAUS Altschmiedestraße 34. Dreigeschossiges Giebelhaus, im Kern ein Bau des 16./17. Jh., von dem der hofseitige Giebel in Fachwerk erhalten blieb. Die Straßenfront im 18. Jh. und nochmals im 19./20. Jh. umgestaltet.

WOHNHAUS Altschmiedestraße 36/Ecke Bei der Nikolaikirche. Zweigeschossiges Traufenhaus von fünf Achsen mit abgewalmtem Satteldach, wohl M. 18. Jh.

Amberg

Vom nordwestlichen Teil des Alten Marktes zur Grube abfallende kurze Straße, die sich über weitere Straßenabschnitte nach Westen bis zur Koßfelderstraße in der ehem. Mittelstadt fortsetzt. Im Straßenbild in westlicher Richtung wirkungsvoll die Reste des ehem. Katharinenklosters, nach Osten das Massiv der Petrikirche im Blickfeld. Die zwei- bis viergeschossige Bebauung im 19./20. Jh. stark verändert. Erwähnenswert

WOHNHAUS Amberg 14. Das angeblich 1521 errichtete zweiachsige Giebelhaus E. 18. Jh. barock verändert, davon der Schweifgiebel mit Dreiecksaufsatz erhalten, die Fassade sonst in jüngerer Zeit eingreifend verändert.

Am Bliesathsberg

Kurze Straßenverbindung zwischen Altschmiedestraße und Wollenweberstraße in der ehem. Altstadt, setzt sich über Molkenstraße/Weißgerberstraße/Große Scharrenstraße bis an die Rückfront des Rathauses am Ernst-Thälmann-Platz fort. Durch das abfallende Terrain in westlicher Richtung optisch wirkungsvoll durch das Massiv der Marienkirche begrenzt. Von der mehrgeschossigen Bebauung nur erwähnenswert das

SPEICHERGEBÄUDE Am Bliesathsberg/Wollenweberstraße 50. Dreigeschossiger Putzbau mit Mansarddach aus der 2. H. 18. Jh., das erste und zweite Obergeschoß schon im 19. Jh. zu Wohnzwecken ausgebaut, das hohe Zwerchhaus mit dem Kranbalken erhalten.

Am Schwibbogen

Südlich der Nikolaikirche bogenförmig von der Durchfahrt unter dem Nikolaichor bis zur Straße Am Bagehl geführte Verbindung mit einseitiger Bebauung an der Südseite. Die zwei- und dreigeschossigen Häuser größtenteils im 19. Jh. verändert oder neu errichtet.

KEMLADEN auf dem Grundstück Am Schwibbogen 7. Zweigeschossiger Backsteinbau um 1500, am Erdgeschoß mehrere rundbogige Zugänge und Entlastungsbögen, am Obergeschoß gereihte rundbogige Luken.

Bei der Nikolaikirche

Häuserzeile nördlich der Nikolaikirche zwischen Altschmiedestraße und Lohgerberstraße, für die Umbauung der Kirche als maßstabbildender Faktor bedeutsam.

WOHNHÄUSER Bei der Nikolaikirche 3/5. Zweigeschossige Putzbauten mit im Kern noch mittelalterlichem Mauerwerk, von den jeweils nur zwei Achsen breiten Fassaden eine als schmaler rundbogiger Eingang ausgebildet.

WOHNHAUS Bei der Nikolaikirche 6/Ecke Lohgerberstraße 1. Im Kern ein wohl aus dem 16. Jh. stammendes zweigeschossiges verputztes Giebelhaus. Das segmentbogige Portal in hoher Korbbogenblende, im Giebel zwei Speichergeschosse mit Segmentbogenluken. Die östliche Längsseite zur Lohgerberstraße backsteinsichtig, mit Entlastungsbögen und schmaler Blende.

WOHNHÄUSER Bei der Nikolaikirche 7 und 8. Zweigeschossige verputzte Traufenhäuser von je fünf Achsen,

Linke Seite:
Rostock, Wohnhaus Bei der Nikolaikirche 6, Ecke Lohgerberstraße 1, Front zur Lohgerberstraße; Wohnhäuser Bei der Petrikirche

Rechte Seite:
Rostock, Speicher Beim St.-Katharinenstift 9; Wohnhaus Gerberbruch 3

18. Jh., im Kern wohl älter. Bei Nr. 8 in der backsteinsichtigen südlichen Giebelwand glasierte Reliefziegel mit Greifen und Helmzier sowie barocke Haustür.
Vor dem Turm der Nikolaikirche, Am Wendländer Schilde, als Kopie wieder aufgebaut der ALTSTÄDTER BORN, ein zwölfeckiger Backsteinbau mit glockenförmig geschwungener Haube von 1755, ursprünglich Teil der städtischen Wasserversorgung, heute zur Unterbringung technischer Anlagen genutzt.

Bei der Petrikirche
Zweigeschossige Häuserzeilen östlich und südöstlich des Chores der Petrikirche, einen kleinen Platz südlich der Kirche begrenzend.
WOHNHÄUSER Bei der Petrikirche 4/6. Backsteinbauten von zwei Geschossen und jeweils drei Achsen, um 1500, charakteristisch die schmalen abgestuften Rundbogenportale.
WOHNHÄUSER Bei der Petrikirche 7 und 8. Zweigeschossige dreiachsige Putzbauten aus dem 18. Jh.
PFARRHAUS Bei der Petrikirche 10. Zweigeschossiger Bau von 1723, im Erdgeschoß verputzt, oben Fachwerk. Im Inneren hölzerne Treppe mit Balustern.

Beim St.-Katharinenstift
Mittlerer Abschnitt eines im nördlichen Teil der Altstadt von der Petrikirche zur Grube führenden Straßenzuges (Amberg/Beim St.-Katharinenstift/Beim Waisenhaus), die nördliche Straßenfront größtenteils mit der Mauer bzw. den Gebäuden des ehem. Franziskanerklosters (s. unten S. 408) identisch. Östlich des Klosterkomplexes der SPEICHER Beim St.-Katharinenstift 9. Dreigeschossiger sechsachsiger Putzbau von 1754, die Giebelwände in Fachwerk. Ebenfalls in Fachwerk das zweigeschossige Zwerchhaus über der westlichen Achse, darunter die Ladeluken und im Erdgeschoß das große korbbogige Tor.

Gerberbruch
Außerhalb der ehem. Stadtbefestigung zwischen dieser und der Warnow gelegener Straßenzug, der im Mittelalter von den Leder produzierenden Handwerkern besiedelt wurde. In jüngster Zeit durch eine die Straße querende Straßenbahntrasse und Hausabbrüche stark verändert. Erwähnenswert das ehem.
WOHNHAUS Gerberbruch 3, ein zweigeschossiges Giebelhaus in drei Achsen aus der M. 15. Jh. Backsteinbau, die Straßenfront mit gereihten segmentbogigen Luken und Blenden im Obergeschoß und Staffelgiebel mit fünf zweiteiligen Spitzbogenblenden, 1985 restauriert. Der hofseitige Fachwerkgiebel wohl 17./18. Jh. (Abb. S. 377)
Der benachbarte SPEICHER Gerberbruch 4 von 1851 durch Brand 1986 stark beschädigt, der Wiederaufbau mit der ursprünglichen Straßenfront geplant.

Grubenstraße
In einer natürlichen Senke verlaufende, östlich des Kuhtores beginnende und bis zum Hafen führende Straße, E. 19. Jh. auch zur Anlage der Hafenbahn genutzt. Ursprünglich verlief hier ein Nebenarm der Warnow, der die Grenze zwischen Alt- und Mittelstadt bildete und bereits im Mittelalter verfüllt wurde.
SPEICHER Grubenstraße 32. Zweigeschossiger Putzbau von drei Achsen aus der M. 18. Jh., in der Mitte der Straßenfront Zwerchhaus mit Schweifgiebel und Kragarm als Lastenaufzug.

Hartestraße
Im nordwestlichen Teil der ehem. Altstadt Verbindung zwischen Wollenweberstraße und Grubenstraße. Die Bebauung mit zwei- bis viergeschossigen Wohngebäuden vorwiegend aus dem 18. und 19. Jh.
WOHNHAUS Hartestraße 8. Kleines zweigeschossiges Giebelhaus vom E. 18. Jh., der Schweifgiebel mit Mäandervoluten und Dreiecksbekrönung.
WOHNHAUS Hartestraße 9. Zweigeschossiger Putzbau von drei Achsen vom E. 18. Jh., das Erdgeschoß und die Gebäudekanten mit Putznutung, die Mittelachse durch kannelierte Lisenen im Obergeschoß und Zwerchhaus mit geschweiftem Giebelaufsatz betont.

WOHNHAUS Hartestraße 14. Schlichter zweigeschossiger Putzbau von sechs Achsen unter Satteldach, 2. H. 18. Jh., die Putzspiegel unter den Obergeschoßfenstern und die korbbogige Tordurchfahrt ursprünglich, die schöne Haustür um 1820.
WOHNHAUS Hartestraße 26. Dreigeschossiges dreiachsiges Giebelhaus in spätklassizistischen Formen, 3. V. 19. Jh. Das Erdgeschoß mit Putznutung, die Obergeschosse durch kannelierte Pilaster zusammengefaßt und von Dreiecksgiebel bekrönt, als ornamentaler Dekor Palmetten, stilisiertes Rankenwerk; an den Fenstern des ersten Obergeschosses Scheinbalustraden.
WOHNHAUS Hartestraße 27/Ecke Pferdestraße. Aufwendiger siebenachsiger und dreigeschossiger Putzbau, im Kern ein spätgotisches Wohn-Speicherhaus aus dem A. 16. Jh., die jetzige Erscheinung von einer Umgestaltung 1804/09, dabei die Straßenfront verputzt und klassizistisch gegliedert: die drei Mittelachsen als flache Vor-

lage mit Dreiecksgiebel als Abschluß ausgebildet und im ersten Obergeschoß durch Lünettenblenden mit aufgelegtem Stuckdekor zusätzlich betont. Seitlich zwischen den Geschossen ebenfalls Putzspiegel mit stilisiertem Stuckdekor. An der östlichen, unverputzten Schmalseite durchgehende, im Giebel segmentbogig geschlossene Blende mit Speicherbodenöffnungen und Lastenaufzug.

Lohgerberstraße

Die östliche der drei Nord-Süd-Straßen in der ehem. Altstadt, vom Alten Markt zum Chor der Nikolaikirche geführt und hier mit der Straße Am Schwibbogen sich fortsetzend. Die weitgehend erhaltene Bebauung aus im 19. Jh. und in jüngerer Zeit stark veränderten, im Kern wahrscheinlich zumeist älteren Gebäuden bestehend. Der Straßenverlauf wirkungsvoll durch eine leichte Biegung und sowohl an seinem nördlichen wie südlichen Ende durch den Blick auf die Baumassive der Petrikirche bzw. der Nikolaikirche geprägt. In jüngster Zeit die charakteristische Bebauung im nördlichen Straßenabschnitt und angrenzenden Bereich des Alten Marktes durch Rekonstruktion der zweigeschossigen dreiachsigen Putzbauten als Eigenheime aufgegriffen.

Von städtebaulicher Dominanz die ALTSTÄDTISCHE SCHULE mit ihrer dem Alten Markt zugewandten Seitenfront, errichtet als dreigeschossiger Putzbau in barockisierenden Formen 1903, von der ursprünglichen Gliederung die rundbogigen Portale, Schweifgiebel und ein flacher Risalit erhalten.

SPEICHER Lohgerberstraße 11. Traufseitig zur Straße stehender dreigeschossiger Backsteinbau von 1815, die drei mittleren der insgesamt sieben Achsen als überhöh-

Linke Seite: Rostock, Wohnhaus Hartestraße 26

Rechte Seite: Rostock, Wohn- und Speicherhaus Hartestraße 27; Speicher Lohgerberstraße 11

ter und übergiebelter Risalit ausgebildet, im Erdgeschoß mit großem Rundbogenportal, darüber Speicherbodenöffnungen und Kragarm.

WOHNHAUS Lohgerberstraße 28/29. Ursprünglich ein spätgotisches Doppelgiebelhaus des 15./16. Jh.; abgetragen, z. Z. Rekonstruktion. In den Neubau geringe Reste mittelalterlichen Kellermauerwerks, Teile des E. 16. Jh. entstandenen Kemladens von Nr. 29 und der geborgene Hausbaum übernommen.

WOHNHAUS Lohgerberstraße 35. Zweiachsiger zweigeschossiger Putzbau mit Schweifgiebel, 2. H. 18. Jh.

Wollenweberstraße

Die westliche der drei Nord-Süd-Straßen in der ehem. Altstadt, sie verbindet die Straße Amberg im nördlichen Bereich mit der platzartigen Aufweitung im südlichen Teil zwischen Viergelindenbrücke und Am Wendländer Schilde.

SPEICHER Wollenweberstraße 59. 1791 erbaut. Dreigeschossiger Backsteinbau von insgesamt neun Achsen, die drei mittleren als flacher Risalit mit der für Rostock typischen beträchtlichen Überhöhung, hier auf insgesamt sechs Geschosse, ausgebildet; im Erdgeschoß durch gemauerte Bänderung eine Rustika angedeutet.

SPEICHER Wollenweberstraße 62. Dreigeschossiger Backsteinbau von ehemals neun Achsen, errichtet 1730, über der mittleren Durchfahrt ein Zwerchhaus mit Fachwerkgiebel; zur Hälfte im 19. Jh. durch den Einbau einer Schmiede verändert.

Sakralbauten

MARIENKIRCHE Monumentaler Backsteinbau nordwestlich des Marktes (Ernst-Thälmann-Platz), als Rats- und Hauptpfarrkirche einer der mittelalterlichen Repräsentationsbauten der Stadt und deshalb dem Zeitgeschmack entsprechend mehrfach erneuert. Von einem Erstbau aus der Gründungsphase der Mittelstadt um 1230 nichts erhalten. Von dem im 3. V. 13. Jh. errichteten Nachfolgebau, einer frühgotischen, vermutlich chorlosen Hallenkirche, die Untergeschosse des als Zweiturmanlage geplanten Westbaues noch vorhanden; die Kanten durch Ecklisenen verstärkt, die beiden Portale mit Birnstabprofilen im Gewände und Blattwerkkapitellen, als Geschoßabschluß Kleeblattbogenfries. An der Ostwand des Turmbaues der Dachansatz des Schiffes noch erkennbar.

Um 1290 Aufgabe der Hallenkirche zugunsten einer hochgotischen querschifflosen Basilika mit Chorumgang und Kapellenkranz nach dem Vorbild der Lübecker Marienkirche, ihre Ausführung durch einen Baueinsturz 1398 unterbrochen, die Fortsetzung der Arbeiten mit Planänderung und Einfügung eines Querschiffes verbunden. Der sehr zügig innerhalb eines halben Jahrhunderts um die M. 15. Jh. vollendete Bau von der ganz ungewöhnlichen Gestaltung dieses Querschiffes geprägt, das mit seinen die Längenausdehnung der Kirche erreichenden Maßen und dem polygonalen Nordschluß einer zweiten, den eigentlichen Bau durchdringenden Kirche gleichkommt und der Gesamtanlage eine zentralisierende Wir-

Linke Seite:
Rostock, Speicher Wollenweberstraße 59

Rechte Seite:
Rostock, Marienkirche, Ansicht von Südosten

kung verleiht. – Im bestehenden Bau sind die vor 1398 errichteten Teile u. a. am roten Backsteinmauerwerk zu erkennen, während das nach der Bauunterbrechung und Planänderung errichtete Mauerwerk aus gelblichen Backsteinen mit Zwischenlagen aus grünglasierten Ziegeln besteht, die Vorrangstellung der Marienkirche gegenüber den übrigen Kirchen der Stadt auch dadurch nachdrücklich unterstreichend.

Noch aus dem 14. Jh. der Kapellenkranz, mit Kleeblattbogenfries und den in die Ecken der Umgangskapellen gestellten Stiegentürmen bzw. Strebepfeilern mit Fialentürmchen als Bekrönung. Der Obergaden des zweijochigen und polygonal (5/8) geschlossenen Chores weitgehend aus gestreiftem Mauerwerk und somit aus dem frühen 15. Jh. nach Wiederaufnahme der Bauarbeiten. Zwischen den dreigeteilten Spitzbogenfenstern Strebepfeiler, die beabsichtigten offenen Strebebögen (Verzahnungen an den Strebepfeilern erkennbar) jedoch nicht ausgeführt, wodurch dem Bau im Gegensatz zu den Nikolaikirchen in Stralsund und Wismar eine größere Geschlossenheit gegeben wird. Die Chorseitenschiffe beidseitig durch Kapellenanbauten erweitert.

Das nach der Planänderung nach 1398 errichtete weitausladende, am Nordflügel polygonal geschlossene Querschiff im Wandaufriß dem Obergaden des Chores ähn-

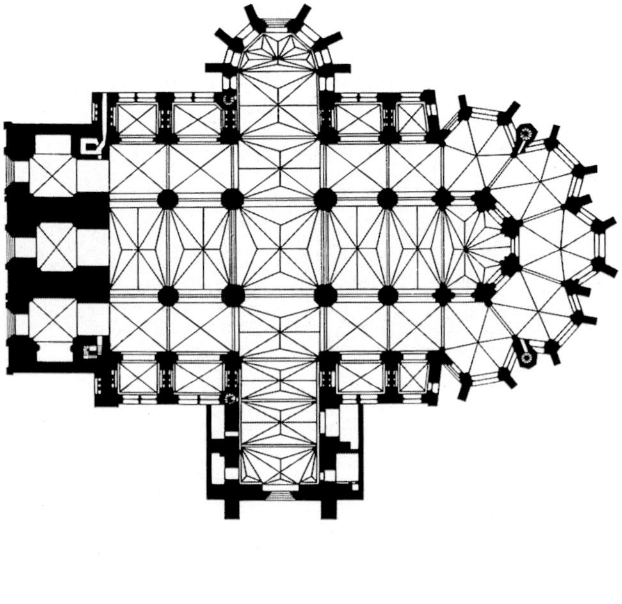

lich, mit mehrfach abgetreppten Strebepfeilern und schlanken zwei- und dreiteiligen Fenstern. Die dem Stadtzentrum zugewandte südliche Schmalseite als repräsentative Schauseite gebildet, mit großem fünfteiligem Mittelfenster zwischen schmaleren Seitenfenstern, darüber Giebel mit reich profilierten Blenden, Scheitelrosette und seitlichen Fialentürmchen. Hier auch das eigentliche Hauptportal der Kirche, mit seinem Hausteingewände aus Birnstabprofilen, Kehlen und äußerlich begrenzender Rahmung durch glasierte Backsteinornamente dem Gegenstück im Polygonschluß des nördlichen Querschiffarmes ähnlich; dort geschnitzte Türflügel von 1771, im Hauptportal Bogenfeld mit Schnitzfiguren der drei christlichen Tugenden aus der M. 18. Jh. Rechts ne-

ben dem Hauptportal Kalksteinplatte zur Erinnerung an den Baueinsturz von 1398.
Zwischen Querschiff und dem vom Vorgängerbau des 13. Jh. beibehaltenen Turm das mit zwei Jochen sehr kurz ausgelegte Langhaus, im Aufriß dem Hochchor ähnlich, die Seitenschiffe ebenfalls durch zwischen den Strebepfeilern ausgespannte Kapellen erweitert.
Der Westbau über dem frühgotischen Sockelgeschoß im frühen 14. Jh. zunächst mit dem Mittelturm weitergeführt. Eine Besonderheit ist der über dem dritten Geschoß eingefügte Fries aus glasierten Dreipaßarkaden auf Säulchen, mit vierzehn glasierten Tonfiguren von Christus und den Aposteln sowie den Halbfiguren der Propheten in den Arkadenzwickeln; die ursprüngliche Bestimmung ungewiß, vielleicht von einem Lettner aus dem 13. Jh. Die Seitentürme nach M. 14. Jh. aufgeführt, in drei Geschossen gleichmäßig durch Blenden gegliedert, das Mauerwerk hier bereits aus roten und schwarz glasierten Ziegeln gestreift. Im 15. Jh., nach Fertigstellung des Mittelschiffdaches, der Mittelturm nochmals um zwei Geschosse erhöht. Seinen Abschluß bildet ein Zeltdach, an das sich die Pultdächer der Seitentürme anlehnen; Bekrönung durch achteckige offene Laterne mit Helm von 1796.
Der großartige Innenraum trotz der unterschiedlichen Bauplanungen von sehr einheitlicher Wirkung. Im Mittelschiff und Chor sowie im Querschiff (lichte Höhe 31,5 m) Sternrippengewölbe, davon abweichend das südliche Gewölbe im südlichen Querhausarm, das in seiner Bildung einen dreiseitigen Polygonschluß vortäuscht. Die Seitenschiffe und die Seitenschiffskapellen mit Kreuzrippengewölben, im Chorumgangsbereich sechsteilige Rippengewölbe, die Umgang und Chorkapellen verschmelzen. Die Pfeiler im Binnenchorschluß (diese frühes 14. Jh.) mit durchgehenden Dienstbündeln und Kämpfern sowie Kapitellen mit naturalistischem Laubwerk, die Pfeiler in den Chorjochen, im Querhaus und im Mittelschiff achteckig, im Bereich der Vierung verstärkt; ihr Kämpferdekor aus Blattranken und die Konsolen an den Innenseiten der Vierungspfeiler von 1723. In den Seitenschiffen, Seitenkapellen und im Chorumgangsbereich ebenfalls durchge-

Linke Seite: Rostock, Marienkirche, Grundriß und Ansicht von Nordwesten

Rechte Seite: Rostock, Marienkirche, Ansicht von Südwesten; Figurenfries an der Westseite des Turmbaues

hende Dienstbündel, an mehreren Stellen durch stukkierte Masken unterbrochen. Die Arkaden reich abgetreppt, darüber, über einem die Arkadenzone abschließendem Gesims, zwischen den jochbegrenzenden Gewölbevorlagen jeweils zwei schlanke Nischen für die Obergadenfenster. In den Querhausarmen die sehr schlanken Fenster z. T. unmittelbar über dem Sockelbereich beginnend. – In den drei Erdgeschoßhallen des Westbaues Kreuzrippengewölbe auf Eckdiensten mit attischen Basen und Knospenkapitellen.

Das Innere der Kirche ist seit dem 18. Jh. weiß getüncht. Von der einstigen Ausmalung hat sich nur ein Teil eines Rankenfrieses an der Nordwand der mittleren Turmhalle aus dem 14. Jh. erhalten.

Mit ihrer reichen Ausstattung besonders aus nachreformatorischer Zeit (die mittelalterliche Ausstattung ist bis auf wenige überdurchschnittliche Werke nicht erhalten) vermittelt die Marienkirche neben der Nikolaikirche in Stralsund am eindrucksvollsten die Vorstellung von der Ausgestaltung hanseatischer Pfarrkirchen im südlichen Ostseeküstenbereich.

Hauptausstattung

Altaraufbau. 1720/21 nach einem Entwurf von v. Stoldt, Berlin, in den Binnenchorschluß eingefügt, die Ausführung durch den Maler Andreas Weißhut und den Bildhauer Hinrich Schaffer, beide ebenfalls Berlin, und den Rostocker Tischler Friedrich Möller; die Davidsfigur auf dem südlich stehenden Beichtstuhl Elias Keßler, Stral-

Linke Seite: Rostock, Marienkirche, Inneres des Querschiffes nach Norden und des nördlichen Seitenschiffes nach Osten

Rechte Seite: Rostock, Marienkirche, Inneres des Mittelschiffes nach Osten

sund, zugeschrieben. Der zweigeschossige architektonische Aufbau mit Abendmahlsgemälde zwischen den Postamenten des Sockels, im Hauptgeschoß Gemälde der Auferstehung, im Oberteil Ausgießung des Hl. Geistes, dazwischen kräftiges Gebälk und mittleres Rundbogenfeld mit plastischer Engelwolke und Salvator, als abschließende Bekrönung Wolken-Strahlenglorიole mit Auge Gottes. Zum figürlichen Schmuck gehören auch die vier Evangelisten, die Kardinaltugenden sowie allegorische Gestalten. Seitlich vom Altar gehäuseartige Beichtstühle mit den bekrönenden Figuren von David und Manasse.

Kanzel mit Portal und Aufgang von 1574, angeblich von Rudolf Stockmann aus Antwerpen, die Rückwand und der Schalldeckel 1723 von Friedrich Möller und Dietrich Hartich, beide aus Rostock. Das Werk mit seinem reichen ikonographischen Programm charakteristisch für die norddeutsche Kunst der Reformationszeit. Der polygonale Korb auf kräftigen Volutenkonsolen, die Wandung mit gekuppelten Säulen, dazwischen neutestamentliche Szenen vor rundbogigen Nischen; diese Gliederung am Aufgang fortgesetzt. Das Portal triumphbogenartig gestaltet: seitlich gekuppelte korinthische Säulen auf hohen Postamenten und mit verkröpftem Gebälk, dazwischen die Tür mit geschnitzter Ornamentfüllung. Über der Tür Relief mit Gleichnis vom barmherzigen Samariter, über dem Architrav allegorische Darstellung der zwischen Gesetz und Evangelium gestellten Menschheit, als Bekrönung Jakobs Kampf mit dem Engel. Die aus Hermenpilastern, Karyatiden, Arabesken sowie Roll- und Beschlagwerk gebildete Renaissanceornamentik niederländisch beeinflußt. – Der jüngere Schalldeckel mit seinen zwei durch Halbrundnischen mit apokalyptischen Darstellungen besetzten Geschossen der Gliederung des Korbes angepaßt.

Taufe, Bronze, inschriftlich datiert 1290. Die bedeutendste unter den Erztaufen im Ostseeküstengebiet, in Rostock wahrscheinlich von niedersächsisch geschulten Meistern gegossen. Der runde und konisch nach oben verbreiterte Kessel von vier männlichen Figuren mit umgestürzten Vasen in den Händen getragen, die als Verkörperungen der vier Elemente bezeichnet sind. An der Wandung drei umlaufende Inschriftbänder, dazwischen zwei Bildstreifen mit Reliefszenen aus dem Leben Christi unter kleeblattbogigen, durch Säulchen getrennten Blendarkaden. Am spitzkegeligen Deckel ebenfalls drei Inschriftbänder, in das untere vier Löwenköpfe mit Tragringen eingefügt. Im Unterschied zum Kessel die Darstellungen und Figuren hier aufgenietet, der untere Streifen mit Taufe und Himmelfahrt Christi sowie Heiligen, der mittlere Streifen mit Christus und den klugen und törichten Jungfrauen, der obere Streifen mit drei weiblichen Heiligen. Auf dem bekrönenden gefurchten Knauf ein Adler.

Orgel 1766/69, zweigeschossiger, bis zum Gewölbescheitel aufsteigender Barockprospekt von den Bildhauern J.A. Klingmann und Johann Georg Bergmann, dem Tischler J. M. Kählert und den Malern Johann J. Hohenschildt, J. Marggraf und Johann J. Bromann in das westliche Langhausjoch eingefügt; das ursprüngliche Werk von Paul Schmidt nicht erhalten, das neue Orgelwerk 1938 von der Frankfurter Orgelbaufirma Sauer. Der überaus prächtige, reich mit Schnitzfiguren geschmückte Orgelprospekt wie auch die von großen Volutenkonsolen getragene Orgelempore über geschwungenem, seitlich bis an die westlichen Langhauspfeiler sich vorrundendem Grundriß. Kompositorisch ist der Prospekt eng verbunden mit der bereits 1749/51 von den gleichen Künstlern und Handwerkern geschaffenen Fürstenempore: von ähnlich theatralischer Wirkung wie der Orgelprospekt selbst, seitlich mit pavillonartigen verglasten Logen unter Schweifgiebeln, der konkav eingezogene Mittelteil von Baldachin bekrönt, welcher seitlich von den Volutenkonsolen der Orgelempore eingefaßt wird. (Abb. S. 388)

Linke Seite: Rostock, Marienkirche, Kanzel; Bronzetaufe, Ausschnitt vom Taufkessel

Rechte Seite: Rostock, Marienkirche, Bronzetaufe

Mittelalterliche Altäre und Schnitzarbeiten

Rochusaltar. Der einzige erhaltene mittelalterliche Schnitzaltar der Marienkirche, um 1530 entstanden. Triptychon von außerordentlicher Qualität, im Aufbau nicht in der Art der sonst in Mecklenburg üblichen Altäre. Im Mittelschrein die überlebensgroßen Figuren von Rochus zwischen Antonius und Sebastian, in den Flügeln links Cosmas und Damian, rechts Christophorus und ein Bi-

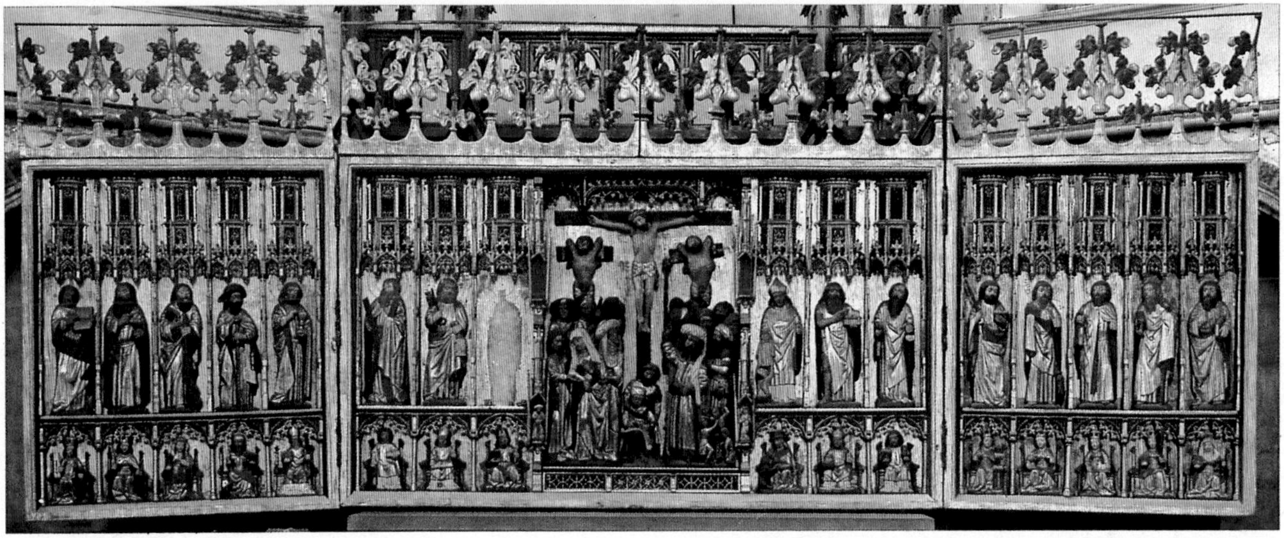

schof; reiches geschnitztes Rankenwerk in der Sockelzone und über den Figuren. Über dem Schrein Gesprenge mit apokalyptischer Madonna, flankiert von zwei weiblichen Heiligen, über den Flügeln zwei weitere Figuren.

Linke Seite: Rostock, Marienkirche, Inneres nach Westen mit Fürstenloge und Orgel; Rochusaltar

Rechte Seite: Rostock, Marienkirche, ehem. Hochaltar aus der Nikolaikirche; Malflügel eines ehem. Altars mit Szenen aus dem Marienleben (Anbetung des Kindes)

Von einem ehem. Altar aus dem 2. V. 15. Jh. ein Flügel mit beidseitig vier Tafelbildern, Szenen aus dem Marienleben und der Passion Christi (Abb. S. 390).
Ehem. Hochaltar aus der Nikolaikirche, bis zum Abschluß der Bauarbeiten im nördlichen Querschiffarm aufgestellt. Vierflügeliger Schnitzaltar aus der 2. H. 15. Jh. Im Schrein figurenreiche Kreuzigungsdarstellung und seitlich jeweils drei große Standfiguren unter Maßwerkbaldachinen sowie darunter drei Sitzfiguren, in den Kastenflügeln in gleicher Anordnung jeweils fünf Stand- und Sitzfiguren; Schrein und Flügel mit geschnitztem Kamm aus Kreuzblumen. Auf den Rückseiten der Innenflügel jeweils vier Tafelgemälde zur Kindheitsgeschichte bzw. Passion Christi. Die Außenflügel z. Z. in der Petrikirche (s. unten S. 399). – Ebenfalls aus der Nikolaikirche: langgewandete Christusfigur am Kreuz, um 1300, dem Vorbild des Volto santo im Dom zu Lucca folgend.
Astronomische Uhr. 1472 von Hans Düringer, Nürnberg, 1641/43 durch Andreas Brandenburg und Michael Grote erneuert und dabei um die architektonische Rahmung in zwei Geschossen und das Apostelspielwerk von Laurentius Burchard erweitert. 1885 und 1974/76 umfassende Instandsetzungen. Zum spätgotischen Bestand gehören im Untergeschoß der Ring aus den Tierkreiszeichen und

Linke Seite: Rostock, Marienkirche, Malflügel eines ehem. Altars mit Szenen der Passion Christi; astronomische Uhr, Gesamtansicht und oberes Zifferblatt

Rechte Seite: Rostock, Marienkirche, Leinentuch mit Seidenstickerei

die Reliefs der vier antiken Weltweisen in den Zwickeln, im Obergeschoß das Zifferblatt mit den Sonnen- und Mondphasen und die rahmenden Kreise mit den Monatsdarstellungen, Tierkreiszeichen, Stundenzahlen sowie die Evangelistensymbole in den Zwickeln. Der in Spätrenaissanceformen gehaltene Aufbau oben durch eine Blendarkatur mit Apostelfiguren und ein vorspringendes Gehäuse für den eigentlichen Apostelumgang sowie einen mittleren turmartigen Aufsatz abgeschlossen. Vor der Uhr Schranke in Renaissanceformen.

Gestühle und Gitter

Zwei Gestühlsrückwände mit Faltwerk, 15./16. Jh. – An der Westwand unter der Orgelempore Kastengestühl aus dem 3. V. 18. Jh., die Brüstungen mit architektonischer Gliederung, die seitlichen Portale mit Säulenrahmungen und gesprengten Giebeln.

Als Teile ehemaliger Vergitterung erhalten: Altargitter vom E. 16. Jh. Durch Pilasterhermen getrennte Felder mit Messingsäulen, einer Bekrönung aus Ornamentstücken und Evangelistenfiguren, zugehörig eine jetzt gesondert aufbewahrte Madonnenfigur. – Taufumrahmung E. 16. Jh., die Brüstung durch ornamentierte Doppelpilaster gegliedert und über einem Architrav von Roll- und Beschlagwerkstücken sowie sieben Heiligenfiguren aus einem mittelalterlichen Altarschrein bekrönt. – Schmiedeeisernes Gitter von 1643 mit Rautengliederung und blattbesetzter oberer Borte.

Gemälde und Glasmalereien

Von den zahlreichen Tafelbildern, Gemälden und Porträts erwähnenswert: Zwei Lazarusdarstellungen, die eine 1656 von Emanuel Block, die andere 17. Jh. Grablegung Christi 17. Jh. – Sechs Pastorenporträts: C. Fidler † 1644; J. Quistorp † 1648; J. Quistorp † 1669; H. Müller † 1675; J. N. Quistorp † 1715; J. Burgmann † 1724.

Von der figürlichen und ornamentalen Glasmalerei vom E. 19. Jh. infolge Kriegsschäden nur Teile erhalten, u. a. ganzfigurige Darstellungen im Chorobergaden, szenische Darstellungen im Chorumgang und in der Südsakristei, in der westlichen Südkapelle (Archiv) Kirchenväter und Bildnismedaillons. Von 1906 die in der Innsbrucker Glasmalereiwerkstatt geschaffene Darstellung des Jüngsten Gerichtes in den südlichen Querhausfenstern.

Textilien

Wollteppich auf Leinenfutter, 2. V 16. Jh. Von breitem Rand mit Weinlaub, alt- und neutestamentlichen Szenen sowie Heiligendarstellungen umgeben ein Mittelfeld in Seidenstickerei und Applikation mit Rosenranken, apokalyptischer Madonna, Engeln und symbolischen Tierfiguren. – Rechteckiges Leinentuch mit Seidenstickerei, 16. Jh. Im Mittelfeld in verschlungenen Ranken bürgerliches Paar, Wappen, Dudelsackspieler, Lämmer und andere Tiere, in der Bordüre stilisierte Blätter und Löwen. –

Quadratisches Seidentuch, 17./18. Jh., wohl aus Ostasien, mit Metallfäden, Glasplättchen und Korallen bestickt.

Kirchengerät, Leuchter und Glocken

Sieben Kelche, Silber vergoldet: A. 14. Jh.; 15. Jh. (4), davon einer mit später erneuerter Kuppa; 1713; E. 18. Jh. mit Fuß von 1635. Sechs Patenen, Silber vergoldet, jeweils drei mittelalterlich bzw. 17./18. Jh. Patene, Silber, 17./18. Jh. Drei Dosen, Silber vergoldet, 17./18. Jh., die 1619 datierte mit Hermenpilastern und getriebenen Passionsszenen auf der Wandung und Abendmahl sowie arma Christi auf dem Deckel. Zwei Weinflaschen, Silber, 1686 und 1735. Becher, Silber, 17. Jh. Zwei Kannen, Silber, 1610 und 1776. Löffel, Silber vergoldet, 17. Jh.

Vier Siegel, Bronze: zwei runde mit thronender Madonna und Majuskelinschrift, wohl 2. H. 13. Jh.; zwei ovale mit thronender Madonna bzw. dem hl. Olaf und Minuskelumschriften, wohl A. 15. Jh. Sechs Siegel, Bronze,

13./14. Jh.: drei aus dem ehem. Kartäuserkloster Marienehe und jeweils eines aus der Jakobikirche, dem Dominikanerkloster St. Johannis und dem Hl.-Geist-Spital, sämtlich mit Madonnen- bzw. Heiligendarstellungen und Majuskelumschriften. – Drei Ziernägel, Bronze, wohl 15. Jh., ehemals im Sockel des südlichen Chorseitenschiffes; auf den Köpfen der mecklenburgische Stierkopf, der Rostocker Greif und der Rostocker Bindenschild.
Sechs Kronleuchter, Messing: E. 16. Jh.; 1623; 1641; 1686; 17. Jh. (2). Zweiundzwanzig Wandleuchter, Messing, zumeist 2. H. 16. Jh., darunter datiert aus den Jahren 1553, 1554, 1555, 1557, 1558, 1581, 1595, 1598 und 1609. Vier Leuchter, Zinn, 1830/40.
Vier Glocken: um 1290, mit schöner Majuskelinschrift, eine der ältesten Glocken Mecklenburgs; 1379; 1409 von Rickert von Mönchhagen, mit figürlichen Ritzzeichnungen und Minuskelinschrift; 1748 von Otto Gerhard Meyer, Rostock (ehemals in der Petrikirche).

Grabplatten, Epitaphien und Gruftkapellen
Zahlreiche Grabplatten zum großen Teil nur fragmentarisch erhalten und im Fußboden verlegt, vierundzwanzig wertvollere an den Wänden der Chorumgangskapellen und des südlichen Querschiffes aufgestellt: die mittelalterlichen mit Evangelistensymbolen in den Ecken und ausgegründeten Umschriften, sämtlich in nachreformatorischer Zeit wiederverwendet. Die jüngeren Grabplatten aus dem 17./18. Jh. mit Wappen und Inschriften in Antiqua oder Kapitale, seltener in Ligatur.
Vierzehn Epitaphien, entstanden zwischen M. 16. Jh. und 1. V. 18. Jh., durchweg von guter künstlerischer Qualität, zugleich die Entwicklung dieser Kunstgattung im norddeutschen Raum bestens repräsentierend. Das Epitaph für A. Burenius † 1585 das einzige Beispiel für die in die Wand eingefügte Gedenktafel, hier mit Rollwerkrahmen, Beschlagwerk, Fruchtschnüren und Engelköpfchen. Alle übrigen Epitaphien angelegt als in Holz oder Stein ausge-

führte architektonische Aufbauten mit ein oder zwei Geschossen, Unterhängen, Aufsätzen und seitlichen Ohren. Bei den Renaissance-Epitaphien im Mittelfeld und Aufsatz meist gemaltes oder plastisches biblisches Motiv oder allegorische Darstellung, in den Unterhängen häufig Darstellungen der Familienmitglieder und längere Inschriften. Bei den barocken Epitaphien stärkere Betonung durch Aufnahme von Bildnissen in den Mittelteil. Im folgenden die Epitaphien chronologisch geordnet:
M. Roesler † 1569, Sandstein und Alabaster, mit mittlerem Auferstehungsrelief und plastischen Figuren der Stifterfamilie. – Konrad Rheder † 1580, Holz, im Mittelteil Tafelbild mit Auferweckung des Jünglings von Nain von Johann Kempener. – J. G. v. Leisten † 1593, Sandstein und Alabaster, mit mittlerem Auferstehungsrelief und Salvatorbüste im Aufsatz; sehr ähnlich das Sandstein-Epitaph für J. Schönermarck, 1596. – B. Gule † 1612, Sandstein, im Mittelfeld Relief des thronenden Gottvaters, über dem Architrav Kreuzigungsrelief. – E. Kothmann † 1624, Marmor und Sandstein, mit Reliefs der Auferweckung des Lazarus und der Auferstehung sowie Evangelistenfiguren. – P. Kosse, 1624, Sandstein, mit Reliefs der Kreuzigung und Auferstehung und Figuren der drei christlichen Tugenden. – J. Möhring † 1638, Holz, im ovalen Hauptfeld Kruzifixrelief zwischen Adam und Eva, seitlich Prophet und Johannes Bapt., in den Ohren Medaillonbildnisse des Ehepaares. – J. Hallervord, 1650, Holz, im Mittelteil Tafelbild mit Kreuztragung von Emanuel Block, 1641, darunter Familienbild wohl ebenfalls von Block, datiert 1650. – J. Hannoteau † 1661, Holz, mit Tafelbildern der Auferweckung des Lazarus und der Himmelfahrt. – K. v. Bergk † 1678, im Hauptfeld vier umkränzte Bildnismedaillons von Familienmitgliedern. – H. W. v. Meerheimb † 1688, Holz, Wappenepitaph mit Akanthusschnitzwerk; zugehörig eine an der Wand befestigte Rüstung. – G. Niehenck † 1714, Epitaphgemälde mit Kniestück des Geistlichen in Akanthusrahmen mit figürlichem Dekor.
Gedenktafel für C. Beust † 1820, Eisenplatte mit Inschrift, Äskulapstab und Festons.
Gedenktafel für die Kriegsteilnehmer von 1812, errichtet 1813. – Gefallenen-Ehrenmal 1914/18, Kunststein, 1926

von Walter Rammelt; von seitlichen Inschrifttafeln flankierter Gekreuzigter, die ursprünglich zwischen den Tafeln stehenden Soldatenfiguren entfernt.
Kapelleneinbauten. In den Seitenkapellen von Langhaus und Chor sowie den Turmnebenräumen in nachreformatorischer Zeit mit architektonisch gestalteten hölzernen Schauwänden abgeschlossene Gruftkapellen, Innungsräume und Sakristeien eingerichtet, erwähnenswert (im Uhrzeigersinn vom nördlichen Turmnebenraum beginnend aufgezählt): v. Schultze 1814, die Wand mit großen allegorischen Figuren zwischen gekoppelten Säulen. – Krämerkompagnie 1. H. 18. Jh., nur die Rahmung und die Bekrönung mit von weiblichen Allegorien flankierter Kar-

Linke Seite: Rostock, Marienkirche, Epitaphien für M. Roesler 1569, K. Rheder 1580, J. Schönermarck 1596

Rechte Seite: Rostock, Marienkirche, Epitaphien für E. Kothmann 1624, J. Hallervord 1650

tusche erhalten. – Zwei Emporen mit Gliederung durch Pilaster mit Akanthusdekor, M. 18. Jh. – v. Klein M. 18. Jh., mit geschnitzter Bekrönung aus Blatt- und Blütenwerk sowie von Engelputten gehaltenem Wappen. – Nordsakristei A. 18. Jh., über dem Unterbau mit Doppeltür ornamental gerahmte Inschriftkartusche und Kreuzigungsgruppe. Die gegenüberliegende Sakristei in der Gestaltung gleich. – Chr. L. Müller 1763, die säulenflankierte Schauwand von halbrundem Giebelfeld mit Wappen, Putten, Vasen und Halbfigur des Todes bekrönt, seitlich in Nischen weibliche allegorische Figuren. – v. Meerheimb A. 19. Jh., die Schauwand als monumentaler Portikus mit Relief der Caritas über dem Eingang und den seitlichen Figuren von Spes und Fides sowie bekrönendem Dreiecksgiebel gestaltet; der seitlich neben dem Prospekt stehende Obelisk auf dem von Sphingen getragenen Sockel für L. J. v. Meerheimb † 1802, mit Wappen und Freimaurersymbolen. – v. Zülow 1771, die Nische mit

großem zweiflügeligem Barockportal mit gewundenen Säulen, als Bekrönung von Löwen gehaltene Kartusche mit Madonna und reichem Akanthusschnitzwerk. – Schröder † 1784, die Nische mit zweiflügeliger Tür verschlossen, von Aufsatz mit Inschriftkartusche, allegorischen Figuren und Putten bekrönt. – v. Heinen, um 1715, die am aufwendigsten ausgestattete Schauwand, in ihrem Aufsatz zentrale Darstellung eines von Löwe bzw. Sklave gestützten und von Kriegern flankierten Sarges mit Wappen, Trophäen und Putten und einem liegenden Tod auf dem Deckel, darüber ein segmentbogiger Giebel mit Wappen, Putten und Flammenvasen. Im Inneren der Kapelle zwei Sandsteinsarkophage und zwei Rüstungen, wohl gleichzeitig.

Linke Seite: Rostock, Marienkirche, Grabkapelle v. Heinen; Grabkapelle v. Meerheimb, der Obelisk rechts für L. J. v. Meerheimb

Rechte Seite: Rostock, Nikolaikirche, Ansicht von Südosten (rechts oben), Durchfahrt (»Schwibbogen«) unter dem Chor

NIKOLAIKIRCHE Als Pfarrkirche eines südlich der Altstadt gelegenen selbständigen Siedlungskernes um M. 13. Jh. gegründet. Zunächst als dreischiffige chorlose Backsteinhalle von vier Jochen angelegt, die heutige Gestalt durch Erweiterungen im 15. Jh. erreicht. – Beim Luftangriff 1942 mit Ausnahme des Chores völlig ausgebrannt. Die Wiederherstellung des Äußeren im wesentlichen abgeschlossen.
Die frühgotischen vier Hallenjoche mit dem Hausteinsokkel, den Ecklisenen an der Ostwand und den auf die Wandvorlagen aufgelegten Halbrunddiensten gut ablesbar. Aus dieser Zeit auch der Ostgiebel mit den großen gestaffelten Spitzbogenblenden und dem steigenden Spitzbogenfries auf Konsolen. Zugehörig vermutlich auch die geputzten dreiteiligen Wimpergabschlüsse über den Fenstern der Nord- und Nordostseite.
Im 1. V. 15. Jh. Erweiterung der Kirche um den zweijochigen Rechteckchor, die Nordsakristei (Gerberkapelle) und das westliche Hallenjoch einschließlich des Turmes. Der Chorgiebel mit großen vierteiligen Spitzbogenblenden geschmückt. Unter dem östlichen Chorjoch eine segmentbogig geschlossene Durchfahrt (»Schwibbogen«), in der

über der Durchfahrtsöffnung an der Nordseite befindlichen Blende eine mehrfach übermalte Darstellung des Namenspatrons. Das gleichzeitig mit dem Chor errichtete Westjoch in der äußeren Gliederung dem älteren Schiff angeglichen, mit altertümlich wirkendem Kleeblattbogenfries an der Traufe. Der zur Hälfte in dieses Joch einbezogene mächtige quadratische Turm mit fünf von Kleeblattbogen- und Maßwerkfriesen getrennten Geschossen, abgeschlossen durch Zeltdach von 1951 anstelle des 1942 zerstörten barocken Abschlusses. Die Turmobergeschosse von jeweils drei dreiteiligen Blenden gegliedert, im obersten Geschoß jeweils drei schlanke einfache Blenden mit Schalluken. In der Westseite in einer Wandvorlage das Hauptportal mit Gewände aus sieben durch Kehlen getrennten Birnstäben.

Das Äußere der Kirche insgesamt von einer 1893 erfolgten Restaurierung bestimmt, dabei die Mehrzahl der baulichen Details, u. a. die Portale und die durch den Abbruch der oktogonalen Portalvorhalle an der Nordseite freigestellte Gerberkapelle stark übergangen. Nach schweren Kriegsschäden 1942 das wieder aufgebrachte Langhausdach für Wohnzwecke sowie der Turm in zehn Geschossen für kirchliche Einrichtungen ausgebaut.

Das Innere der Kirche 1942 weitgehend zerstört; der Chor, dessen zweijochige, im östlichen Joch unter dem Eindruck polygonaler Chorschlüsse als achtstrahliges Rippengewölbe ausgebildete Einwölbung erhalten geblieben war, bis 1948 als Notkirche wiederhergestellt. Der Wiederaufbau des Hallenlanghauses noch nicht abgeschlossen. Erhalten blieb hier die frühgotische Wandgliederung mit rechteckigen Vorlagen und aufgelegten Halbrunddiensten. Die Rundpfeiler mit acht Dreivierteldiensten, von denen die für die Diagonalrippen bestimmten über Konsolen unterhalb der Kämpfer beginnen, fast durchweg erneuert, ebenso die Knospen- und Blattkapitelle. Die Wiedereinwölbung ist noch nicht erfolgt. Der Durchbau der Gerberkapelle 1987 beendet. – Ein bei den Aufbauarbeiten im südöstlichen Bereich der Halle unter dem Fußbodenniveau aufgedeckter Raumteil mit Ansätzen von Bandrippen in seiner Bestimmung und Datierung unklar.

Von den Wandmalereien erhalten: an der Westwand des nördlichen Seitenschiffes Reste mit Motiven der Legende der hl. Kümmernis, M. 15. Jh.; am westlichen Teil der Schiffssüdwand in einer Wandnische gemaltes Segelschiff, wohl 1. H. 16. Jh.

Die einstmals reiche Ausstattung durch Kriegszerstörung auf wenige Stücke reduziert. Der Schnitzaltar aus der 2. H. 15. Jh. und das Kruzifix von um 1300 in die Marienkirche und die Petrikirche verlagert (s. S. 389 und S. 399). In der Kirche verblieben: Kruzifix 16. Jh. Zwei Schnitzfiguren, apokalyptische Madonna und hl. Nikolaus, beide 15. Jh. Relief des Salvators, Sandstein, 1612. Lesepult mit wappengeschmückten Blendarkaden von einem Chorgestühl, 17. Jh. – Fünf Kelche, Silber vergoldet, um 1400, 15. Jh., 1618, 1714 und 18. Jh. Drei Patenen, Silber vergoldet, um 1500 und 18. Jh. (2). Oblatendose, Silber, 1616, mit getriebenen Passionsszenen auf der Wandung und am Deckel. Zwei Löffel, Silber, 1825 und 19. Jh. Taufschale, Silber, 1846. Leuchter, Silber, 1682. Leuchter, Messing versilbert, 1813. Leuchterpaar, Messing, 2. H. 19. Jh. Zwei Kronleuchter, Messing, 18. Jh.

PETRIKIRCHE Als Pfarrkirche der Altstadt an der Nordseite des Alten Marktes errichtet, städtebaulich durch ihre exponierte Lage auf dem westlichen Hochufer der Warnow von besonderer Bedeutung. Ein Vorgängerbau 1252 erwähnt; der bestehende Bau, eine vierjochige querschifflose Backstein-Basilika mit polygonalem (5/8) Schluß in Breite des Mittelschiffes und platten Abschlüssen der Seitenschiffe, im 2. V. 14. Jh. begonnen. Anschließend der leicht längsrechteckige mächtige Westturm gegen E. 14. Jh. begonnen und um M. 15. Jh. vollendet, gleichzeitig auch die nördliche Turmnebenkapelle. – Beim Luftangriff 1942 ausgebrannt: der bis zu 126 m Höhe aufsteigende, für das Rostocker Stadtbild sehr wichtige Turmhelm von 1575/78 vernichtet, die Gewölbe im Mittelschiff und im südlichen Seitenschiff zerstört, die Ausstattung bis auf wenige Stücke verloren. Die Wiederherstellung des Äußeren bis auf den Turmhelm, dessen Rekonstruktion geplant ist, abgeschlossen. Die Wiederherstellung des Inneren unter Aufgabe des ursprünglichen Raumeindruckes.

Das Äußere des Baues von relativ schlichter Durchbildung. Die drei- und vierteiligen Spitzbogenfenster – besonders eindrucksvoll die schlanken Fenster des Chorpolygons – durch Wandpfeiler bzw. Strebepfeiler getrennt. Das Chorpolygon durch einen Trauffries und die mit Spitzhelmen abgeschlossenen Stiegentürme an der Nahtstelle zum Mittelschiff hervorgehoben. An den Seitenschiffswänden ein umlaufendes Kaffgesims und insgesamt vier spitzbogige Portale: die beiden westlichen Portale in Mauervorlagen, ihre Gewändeprofile unterschiedlich, am reichsten das Nordwestportal mit Rund- und Birnstäben sowie Kämpfer. Das südöstliche Portal mit glasierten Formsteinen.

Der Westturm von drei durch glasierte Maßwerkfriese abgesetzten und unterschiedlich hohen Geschossen. In der Westfront tief gestaffeltes, aus Schichten glasierter Steine aufgeführtes Portal, seitlich von je zwei Spitzbogenblenden flankiert. Das höhere Mittelgeschoß mit je drei vierteiligen Blenden, das niedrigere abschließende Glockengeschoß mit je drei Schalluken. – Von den Turmnebenkapellen die südliche nach Ausweis der Mauerverzahnungen geplant, ausgeführt nur die nördliche als rechteckiger Anbau unter Pultdach, die Blenden des westlichen Halbgiebels und die hohe profilierte Portalrahmung unter Verwendung glasierter Steine.

Im Inneren durch Vermauerung der Arkaden die Seitenschiffe vom Mittelschiff abgetrennt, dadurch ein einheitlicher Raumeindruck nicht mehr gewährleistet und die Raumproportionen, auch durch das Fehlen der Gewölbe, verändert. Im Mittelschiff der ursprüngliche Wandaufriß erhalten, dieser vereinfacht dem Wandaufriß der nicht erhaltenen Jakobikirche, der ehem. Pfarrkirche der Neustadt, nachgebildet: über den Achteckpfeilern mit den profilierten Arkadenbögen vor der zurückgesetzten Wand ein die Wandpfeiler spitzbogig durchbrechender Laufgang sowie ein die Laufgangzone abschließender Maßwerkfries unterhalb der Fenstergesimse des Obergadens. Von den Kreuzrippengewölben die Schildbögen erhalten, die Gewölbe ursprünglich von vom Boden an aufsteigenden Diensten mit Kapitellen getragen. Das ähnliche Auf-

Rostock, Petrikirche, Ansicht von Nordosten, mit Stadtmauerabschnitt im Vordergrund, und Ansicht von Südwesten

rißsystem des Chorpolygons – spitzbogige Wandnischen im Sockelbereich und darüber ebenfalls ein Laufgang – an den Wänden der Seitenschiffe fortgeführt (der Zusammenhang heute durch das Abtrennen der Seitenschiffe nicht mehr erlebbar). Von den Seitenschiffen nur das nördliche mit seinen Kreuzrippengewölben unverändert erhalten, das südliche für Gemeinderäume ausgebaut.
Die Ausstattung der Kirche 1942 weitgehend vernichtet. Noch erhalten sind: Taufe, Bronze, 1512 von Andreas Ribe, Rostock. Der glockenförmige Kessel mit profiliertem Mittelfuß von drei fellbekleideten Männern gestützt, an der Kesselwandung zwei Reihen von Aposteln und Heiligen; am oberen Rand und am Mittelfuß Minuskelinschriften. Reliefplatte mit Christus vor Pilatus, Sandstein, A. 16. Jh. (Abb. S. 400).

Linke Seite: Rostock, Petrikirche, nördliches Seitenschiff und Mittelschiff nach Osten; Bronzetaufe

Rechte Seite: Rostock, Petrikirche, ehem. Hochaltar der Nikolaikirche, Malflügel mit hl. Martin, Malflügel mit Darstellungen zur Lebensgeschichte des hl. Nikolaus, Epitaphgemälde der Familie v. Sparlink

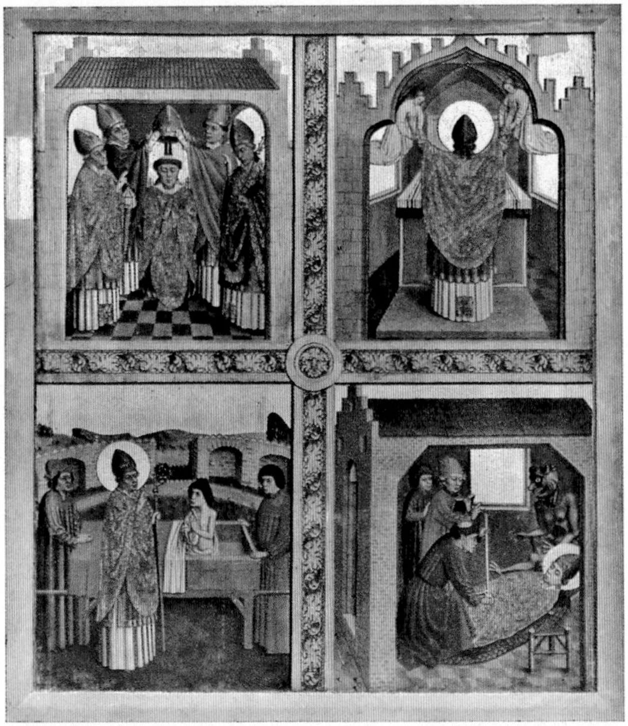

Drei Kelche und Patenen, Silber vergoldet, M. 14. Jh., um 1500 und 1619, der mittlere im 18. Jh. erneuert. Löffel, Silber, 1850. Leuchterpaar, Messing, 19. Jh. Kanzelleuchter, Silber 1824.

Drei Epitaphgemälde für Angehörige der Familie v. Sparlink, 17. Jh., mit knienden Familienangehörigen und Darstellungen der Kreuztragung und der Auferstehung Christi bzw. des Jüngsten Gerichtes.

Die figürlichen Glasmalereien in den Chorfenstern 1963 von Lothar Mannewitz.

Aus der Nikolaikirche übernommen: Zwei Altarflügel vom ehem. Hochaltar (s. Marienkirche, S. 389) spätes 15. Jh., auf den Außenseiten gemalte ganzfigurige Darstellungen von Nikolaus bzw. Martin zu Pferde, auf den Innenseiten je vier Motive ihrer Lebensgeschichte.

Aus der Marienkirche übernommen: Glocke, 1554 von Hans Lavenpris. Votivschiff, Fregatte, 1769 (Abb. S. 400).

Linke Seite: Rostock, Petrikirche, Passionsrelief, Votivschiff; Slüter-Denkmal

Rechte Seite: Rostock, ehem. Zisterzienserinnenkirche Zum Heiligen Kreuz, Ansicht von Südosten und Inneres nach Osten

DENKMAL für den Rostocker Reformator Joachim Slüter, nordöstlich der Kirche dicht an der Stadtmauer. Von dem 1862 errichteten gußeisernen Denkmal nur das Postament erhalten, der Baldachin in moderner Metallkonstruktion ergänzt. Davor die Grabplatte von 1532, dahinter in der Stadtmauer Inschriftplatte von 1598.

Ehem. ZISTERZIENSERINNENKLOSTER Zum Heiligen Kreuz. Angeblich 1270 gegründet, unmittelbar südwestlich des ehem. Neustädtischen Marktes gelegen; der heute vom Kulturhistorischen Museum und der Wilhelm-Pieck-Universität genutzte Komplex von der Stadtmauer, dem Kleinen Katthagen und dem Universitätsplatz begrenzt. Nach der Reformation als evangelisches Kloster weitergeführt, 1920 aufgelöst. – Mittelpunkt der als einziges der Rostocker Klöster weitgehend unversehrt erhaltenen Anlage die

KLOSTERKIRCHE, eine im Charakter einer Bettelordenskirche in der 1. H. 14. Jh. erbaute dreischiffige Stufenhalle aus Backstein von fünf Jochen, mit zweijochigem, polygonal geschlossenem (5/10) Chor von der Breite des Mittelschiffes. Langhaus und Chor unter einheitlichem Satteldach, der Dachreiter von einer tiefgreifenden Restaurierung durch Gotthilf Ludwig Möckel 1898/99, aus dieser Zeit auch die meisten Details der Westwand mit dem blendengeschmückten Giebel und die Portale in der Nord- und Südwand. Die spitzbogigen Fenster dreigeteilt; schlanke Strebepfeiler, am Chor abgetreppt.

Das Innere kreuzrippengewölbt, die Gewölbe im Chor auf Kapitellen und bis zum Boden geführten Dienstbündeln, im Langhaus auf Achteckpfeilern bzw. polygonalen Wandpfeilern mit Kämpferbändern und Konsolen. Im Chor die Sockelzone unter den Fenstern mit breiten Segmentbogennischen, im Schiff im verstärkten Wandsockel gekuppelte Spitzbogennischen. – Von der Ausmalung vom A. 15. Jh. erhalten, 1898/99 stark übergangen: im Gewölbe des Chorpolygons Jüngstes Gericht, Christus zwischen Maria und Johannes, seitlich Posaunenengel sowie Selige und Verdammte; an der Ostwand des südlichen Seitenschiffes Gethsemane-Darstellung vor landschaftlichem Hintergrund.

Die Ausstattung nach Doberan die vollständigste einer mittelalterlichen Klosterkirche in Mecklenburg:

Hochaltar 15. Jh. Vierflügeliger Schnitzaltar, im Schrein in der Mitte figurenreiche Kreuzigung, seitlich und in den Kastenflügeln oben große Heiligenfiguren unter maßwerkdurchbrochenen Baldachinen, unten in einer Art Sockelzone Sitzfiguren in Nischen. Die geschlossenen Innen- und geöffneten Außenflügel zeigen sechzehn Tafelbilder, seitlich Antonius und Benedikt gewidmet, dazwischen in der oberen Reihe sechs Szenen des Marienlebens, in der unteren sechs Passionsszenen. Auf den geschlossenen Außenflügeln zwei ikonographisch interessante Darstellungen, links Verlobung der hl. Katharina, rechts Sakramentsmühle (Abb. S. 402). Abschluß durch Blattkamm. In der Predella sieben Sitzfiguren, Madonna und weibliche Heilige, auf den Predellenflügeln innen kluge und törichte Jungfrauen, außen Propheten.

Vierflügeliger Schnitzaltar von ehem. Nonnenchor, 1. V. 16. Jh. Unter reichem Rankenschnitzwerk im Schrein figurenreiche Kreuzigung, in den Flügeln vier Passionsreliefs, die geschlossenen Innen- und geöffneten Außenflügel zeigen acht Szenen der Auffindung und Erhöhung des Kreuzes. In der Predella drei Reliefs, Grablegung, Auferstehung und Vorhölle (Abb. S. 404 und 405).
Sakramentshaus 2. H. 14. Jh. Hoher, sich nach oben schachtelhalmartig verjüngender Aufbau; der sechsseitige Sockel mit Maßwerkblenden, der Knauf mit Blattwerk, darüber ein Schrein mit von Maßwerkbaldachinen bekrönten Feldern, von den Figuren Gnadenstuhl, Madonna, Johannes Bapt. und Thomas erhalten.
Kreuzigungsgruppe auf Triumphbalken, 15. Jh., ursprünglich über dem bis 1898 erhaltenen hölzernen Lettner. In der Brust des Gekreuzigten der ursprüngliche Reliquieneinsatz (Bergkristall mit Kreuzsplitter) erhalten.
Madonna A. 14. Jh., ehemals im Dominikanerkloster, der Leuchtermadonna in Doberan verwandt. – Drei Kruzifixe A. 16. Jh., die Kreuze wohl nicht zugehörig.
Vom Chorgestühl aus dem späten 15. Jh. zwei Sitzreihen mit je neun Stallen erhalten, die Seitenwangen im 19. Jh. erneuert. – Wohl vom A. 16. Jh. die zum Bau des Sakristeiverschlages verwendeten Teile eines Chorgestühles mit gefelderter Brüstung und Gitterwerk; im Inneren Teile eines gotischen Zweisitzes mit Baldachin und einer Wange.

Linke Seite: Rostock, ehem. Zisterzienserinnenkirche Zum Heiligen Kreuz, Hochaltar, Außenflügel mit Verlobung der hl. Katharina und Sakramentsmühle

Rechte Seite: Rostock, ehem. Zisterzienserinnenkirche Zum Heiligen Kreuz, Hochaltar und Sakramentshaus

Zwei Kelche, Silber vergoldet, um 1300 und 15. Jh. – Glocke 1413 von Rickert von Mönchhagen.
Fünfzig Grabplatten vom A. 14. Jh. bis A. 16. Jh., einige später wiederverwendet; die Mehrzahl mit der Darstellung des Verstorbenen in Ritzzeichnung, darunter auch Doppelgrabsteine und solche mit reicher Architekturrahmung. Eine Besonderheit die wohl für Angehörige einer Familie gedachten Steine mit drei übereinander angeordneten Medaillons mit Halbfiguren.
Nachreformatorische Ausstattung:
Kanzel mit Schalldeckel, 1616; am Korb zwischen kannelierten Säulen in Rundbogenarkaden spätgotische Schnitzfiguren von Christus und vier Aposteln. Am Schalldeckel zeitgenössische Ornamentstücke.
Figürliche und ornamentale Glasmalereien in den mittleren Chorfenstern, 1899.
Neun Tafelbilder: Königin Margarete von Dänemark als Klosterstifterin mit Modell der Kirche, 16. Jh.; vier Darstellungen des Salvators, 2. H. 16. Jh., 1618 und E. 17 Jh. (2); Pietà 17. Jh.; Veraikon 17. Jh.; Kreuzabnahme 1657 von Emanuel Block; Taufe Christi 17. Jh.
Patene, Silber vergoldet, 17. Jh. Dose. Silber, 1672. Zwei Kronleuchter, Messing, 17. Jh.
Gedenktafel für M. Nacken †1616. Epitaph A. Tunder/A. Lange, M. 17. Jh., mit Gemälde der Auferweckung des Lazarus und flankierenden allegorischen Figuren; im Unterhang Doppelporträt des Ehepaares in Knorpelwerkrahmung.

KLAUSUR südwestlich an die Kirche anschließend, sämtlich zweigeschossige Backsteinbauten des 14./15. Jh., in nachmittelalterlicher Zeit mehrfach durchgebaut und verändert und 1974/85 für museale Zwecke rekonstruiert. In den den quadratischen Kreuzhof begrenzenden vier Flügeln im Erdgeschoß flachgedeckter Kreuzgang mit großen Rechteckfenstern in segmentbogigen Blenden, in den Obergeschossen schmale Fensterluken.

Der Ostflügel mit dem Zugang in der im 17./18. Jh. in Fachwerk erneuerten und eingeschossig vorgezogenen Außenfront; im Eingang Empiretür. Im Kreuzgang Teile einer barocken Treppenbrüstung und das große Gemälde mit Darstellungen zur Stiftungsgeschichte des Klosters aus dem 16./17. Jh.

Der Südflügel wohl der älteste Teil der Klausur mit dem ehem. Kapitelsaal, entstanden A. 14. Jh., der Kreuzgang erst M. 15. Jh. vorgelegt. Die Giebel der Schmalseiten mit Blendengliederung, die übrigen Formen in jüngster Zeit

Linke Seite: Rostock, ehem. Zisterzienserinnenkirche Zum Heiligen Kreuz, Schnitzaltar vom ehem. Nonnenchor

Rechte Seite: Rostock, ehem. Zisterzienserinnenkirche Zum Heiligen Kreuz, Schnitzaltar vom ehem. Nonnenchor, Malflügel mit Szene zur Kreuzesgeschichte, Doppelgrabstein M. und N. v. Smeker; Blick auf den Ostgiebel des südlichen Klausurflügels, links eines der sog. Professorenhäuser

weitgehend rekonstruiert. Um 1440 das bis dahin flach gedeckte Erdgeschoß zum zweischiffigen Refektorium mit Kreuzrippengewölben über fünf mittleren Kalksteinsäulen aus dem 13. Jh. umgebaut; die Reste der vegetabilischen Gewölbemalerei aus der M. 15. Jh. in einigen Gewölbefeldern um 1980 freigelegt. Mit dem modernen Ausbau des Obergeschosses 1977 gleichzeitig das Treppenhaus im Winkel zum Westflügel angelegt.

Der Westflügel im Kern vom E. 14. Jh., sein Nordgiebel mit gestaffelten Spitzbogenblenden, an der Südseite Fachwerkgiebel aus dem 17. Jh. Im Obergeschoß in einem Raum bemalte Holzdecke mit Blattranken, Engelmedaillons und allegorischen Figuren. – An diesen Flügel E. 19. Jh. das zweigeschossige »Dominahaus« angefügt.

Der Nordflügel aus dem 14./15. Jh., die Gliederung seiner Nordwand und der Innenausbau in jüngster Zeit verändert. Der erst im 15. Jh. errichtete Nordwestflügel ebenfalls zweigeschossig, sein Nordgiebel mit verstümmelter Blendengliederung läßt auf eine ursprünglich größere Breite schließen. Im Inneren im Erdgeschoß auf der Süd- und Westseite kreuzgangähnlicher flachgedeckter Flur; im mittleren Raum des Erdgeschosses Rest einer gemal-

ten Buckelquaderung aus der M. 16. Jh. Im Obergeschoß an den Unterzügen der Balkendecke Reste von spätgotischer Rankenmalerei. Vor der Ostwand zwei ursprüngliche Wohnzellen mit Bohlenwänden, wohl M. 16. Jh., die südliche ausgemalt: über einem Sockel mit Diamantbukkeln reicher Rankendekor mit Vögeln und Hirschen, als oberer Abschluß Ornamentborte.
Von den mittelalterlichen Baulichkeiten des Klosters außerhalb der Klausur nur Teile der Umfassungsmauern der ehem. Propstei in dem 1977 errichteten Funktionsbau im

Linke Seite: Rostock, ehem. Zisterzienserinnenkloster Zum Heiligen Kreuz, Kreuzhof und Kirche

Rechte Seite: Rostock, ehem. Zisterzienserinnenkloster Zum Heiligen Kreuz, bemalte Holzdecke, ehem. Wohnzelle, ehem. Refektorium; Klosterhof, sog. Professorenhäuser

Garten zwischen Klausur-Südflügel und Stadtmauer erhalten. In der Mauer am Kleinen Katthagen wohl ebenfalls noch mittelalterliche Teile. Die gotisierende Mauer mit Tor am Universitätsplatz wohl 2. H. 19. Jh.
PROFESSORENHÄUSER Klosterhof 1/6, im Hofgelände südlich der Kirche. Ein- und zweigeschossige Fachwerkbauten mit massiv verblendeter Vorderfront und meist segmentbogigen Portalen, in der 1. H. 18. Jh. errichtet, die Häuser Nr. 1 und 2 an den Portalen 1726 datiert.

Ehem. KATHARINENKLOSTER Beim St.-Katharinen-Stift. Um 1240/50 als Franziskanerkloster im westlichen Randbereich der einstigen Altstadt gegründet (die Franziskaner seit 1243 in Rostock nachweisbar), die Klosterkirche dabei den Komplex nach Süden begrenzend. Nach der Säkularisierung 1534 als Armen- und Waisenhaus ge-

nutzt. Beim Stadtbrand 1677 umfangreiche Teile der Baulichkeiten beschädigt oder zerstört. 1825 Einrichtung des St.-Katharinen-Stiftes.

Die ehem. KLOSTERKIRCHE als dreischiffige Hallenkirche mit etwa gleichlangem vierjochigem und polygonal geschlossenem Chor in der 2. H. 13. Jh. erbaut. Das Hallenlanghaus beim Stadtbrand 1677 zerstört, erhalten blieb der untere Teil der Westwand mit dem in einer Mauervorlage liegenden, zu den ältesten Architekturfragmenten Rostocks zählenden spitzbogigen Portal, sein abgestuftes Gewände mit Säulen und Kelchknospenkapitellen und durch Wulstband betonter Kämpferzone. Ferner erhalten, unmittelbar an der Straße, Mauerteile mit Spitzbogenportal, rundbogigen Blenden und kurzen Zahnschnittfriesen, ursprünglich zu einem Anbau des südlichen Seitenschiffes gehörend. Der Chor beim Brand 1677 geringer beschädigt, E. 17. Jh. zum Speicher ausgebaut und erneut verändert 1825 bei der Einrichtung des St.-Katharinen-Stiftes: Das heute als Altersheim genutzte, in fünf Geschossen ausgebaute und verputzte Gebäude gibt mit seiner polygonalen Ostseite den Chorschluß der einstigen Klosterkirche zu erkennen. Die südliche Längsseite wird betont durch zwei Risalite mit Be- und Entladetüren im oberen Bereich sowie übergiebelten Zwerchhäusern und überdachten Kranbalken. – Dem ehem. Chorschluß zur Straße hin vorgelagert das Hauptportal zum Stift, über der korbbogigen Toröffnung Architrav und Gesims sowie giebelförmige Attika.

Die ehem. KLAUSURGEBÄUDE nördlich der Kirche um einen Binnenhof gruppierte zweigeschossige Backsteinbauten mit gewölbtem Kreuzgang, 14./15. Jh., sowie, nach Norden um einen weiteren Hof gruppiert, noch in mittelalterlicher Zeit entstandene Erweiterungsbauten. Insgesamt durch Umbauten stark verändert, haben sich mittelalterliche Reste vor allem im West- und im Ostflügel der Klausur bewahrt. Am Westflügel sind in den Längswänden die meisten der spitzbogigen Fenster und Portale erhalten, ebenso die ursprünglich in die Kirche führenden Spitz- und Korbbogenöffnungen im Südgiebel. Von den Innenräumen sind im Westflügel ein fünfjochiger Raum im Erdgeschoß und ein auf Granitsäulen mit Knospenkapitellen zweischiffig eingewölbter Saal im

Obergeschoß erwähnenswert, ein kürzerer Raum ähnlicher Prägung findet sich im Erdgeschoß des Ostflügels. Abweichend zum West- und Ostflügel enthielt der Nordflügel im Erdgeschoß außer dem Kreuzgang nur einen zwischen den Ost- und Westteilen der Klausur vermittelnden, ebenfalls gewölbten Gang.

Ehem. FRATERHAUS der Brüder vom gemeinsamen Leben, Altbettelmönchstraße/Schwaansche Straße. Für die seit 1462 in Rostock ansässige und vor allem durch ihre Druckerei bedeutsame ordensähnliche Kongregation errichteter Backsteinbau. In der äußeren Erscheinung einer aus rechteckigem Schiff und langgestrecktem Chor bestehenden Bettelordenskirche ähnlich, als Kirche diente jedoch nur der langgestreckte und polygonal geschlossene östliche Teil, während der westliche Teil für Wohn- und Werkstattzwecke genutzt wurde. Der Ostteil 1480/88 unter Leitung von Bernd Wardenberg entstanden, der Westteil bis 1502 fertiggestellt. Das Gebäude 1594 durch Brand beschädigt, später profaniert (Zeughaus, im 19. Jh. Wollmagazin), 1942 bis auf die Umfassungsmauern zerstört. Der Ostteil bis 1956 für kirchliche Zwecke (Michaeliskirche) wiederhergestellt und dabei das Sockelgeschoß durch Einziehen einer Decke vom Hauptraum getrennt, vom Westteil nur das östliche Joch als Treppenhaus wiederaufgebaut, die übrigen Joche gesicherte Ruine, das Erdgeschoß als Turnhalle der Universität genutzt.

Der in drei Jochen langgestreckte und dreiseitig geschlossene Ostteil durch Strebepfeiler, umlaufendes Kaffgesims und Treppenfries an der Traufe gegliedert; profilierte spitzbogige Fenster, die Fenster im Sockelgeschoß neu. An der Nahtstelle zum geringfügig breiteren Westteil an der Nordseite ein oktogonales Treppentürmchen mit Spitzhelm. Das Innere ursprünglich wahrscheinlich mit Kreuzrippengewölben, jetzt flachgedeckt. Der Westteil ehemals in mehreren Geschossen ausgebaut, seine neun schmalen Joche durch Spitzbogenöffnungen im Erdgeschoß und kleine Rechteckfenster in den Obergeschossen gekennzeichnet. Die westliche Giebelwand (der Giebel nicht erhalten) mit dem großen Rundbogenportal und den drei Reihen rundbogiger Luken in den Obergeschossen sowie dem vor die Nordwestecke gestellten Halbrundturm wohl im 17. Jh. umgestaltet.

Linke Seite: Rostock, ehem. Katharinenkloster, Chor der Klosterkirche, 1825 zum St.-Katharinen-Stift umgebaut; Westflügel der Klausur, rechts im Bild das Westportal der ehem. Klosterkirche

Rechte Seite: Rostock, Fraterhaus der Brüder vom gemeinsamen Leben (Michaeliskirche), Ansicht von Südosten und Nordwesten

Bau- und Kunstdenkmale in den Vorstädten und Ortsteilen

Steintor-Vorstadt

Die Steintor-Vorstadt ist dem historischen Innenstadtbereich südlich vorgelagert. Ihre nördliche Begrenzung ist identisch mit den Resten bzw. dem Verlauf der ehem. Stadtbefestigung (Wallanlagen, Wallstraße, Karl-Marx-Platz, Ernst-Barlach-Straße). Im Osten bilden die Anlagen der Güterbahn, im Süden die Bahntrasse und im Westen der Wilhelm-Pieck-Ring die Grenzen. Der Hauptstraßenzug sind die mit dem Hauptbahnhof verbindenden Straßen Richard-Wagner-Straße/Friedrich-Engels-Platz/Rosa-Luxemburg-Straße.

Bis zur Entfestigung der Stadt um 1830 befand sich im Zwickelbereich zwischen heutiger Blücherstraße und Friedrich-Engels-Platz (ehemals St.-Georgs-Platz) das im 13. Jh. gegründete Hospital St. Georg, von dem Teile der nachmittelalterlichen Gebäude in der Straße St. Jürgen noch erhalten sind; das übrige Gebiet war Gartengelände mit einzelnen verstreut liegenden Baulichkeiten.

Während der Straßenzug Richard-Wagner-Straße/Blücherstraße/Schwaaner Landstraße mit der alten, am Steintor beginnenden Landstraße nach Schwaan und Bützow identisch ist, sind u. a. August-Bebel-Straße, Augustenstraße, Paulstraße und Friedrich-Engels-Straße aus alten Landwegen hervorgegangen, die um 1860 befestigt und allmählich ausgebaut wurden. Das übrige Straßennetz ist durch planmäßige Anlage entstanden.

Die Bebauung geht mit Ausnahme des Hospitals St. Georg auf das mittlere und späte 19. Jh. bzw. auf die ersten Jahrzehnte des 20. Jh. zurück. Ältere Bauten aus dem 3. V. 19. Jh. konzentrieren sich im nördlichen Bereich nahe der Innenstadt. Im Westteil der Vorstadt entstand vor allem im letzten Drittel des 19. Jh. eine enge Blockrandbebauung aus zwei- bis viergeschossigen Putzbauten, stilistisch in den Formen der Neurenaissance und des Neoklassizismus. Der mittlere Bereich um die im Zusammenhang mit der Anlage des späteren Hauptbahnhofes zwischen 1880 und 1900 bebaute Rosa-Luxemburg-Straße verwendet gleiche Stilformen bei den hier vorzugsweise entstehenden Vorstadtvillen. Der östliche Teil der Vorstadt wird mit Ausnahme der zwischen 1870 und 1910 bebauten Blücherstraße von breiten Straßen mit Blockrandbebauungen geprägt, die entweder Jugendstilformen aufweisen (Schillerstraße) oder Einflüsse der Gartenstadtbewegung erkennen lassen.

Die nachfolgende Darstellung von einzelnen ausgewählten Straßen mit bemerkenswerten Gebäuden unterteilt, alphabetisch nach Straßen geordnet, das ausgedehnte Gebiet der Steintor-Vorstadt in einen östlichen Teil (mit dem zwischen Innenstadt und Hauptbahnhof verbindenden Hauptstraßenzug Richard-Wagner-Straße/Friedrich-Engels-Platz/Rosa-Luxemburg-Straße) und in einen westlichen Teil.

Östlicher Teil der Steintor-Vorstadt

Blücherstraße

Als Ausfallstraße nach Schwaan–Bützow um M. 19. Jh. zunächst im stadtnahen Bereich ausgebaut und später über die Bahnanlagen hinaus verlängert (Schwaaner Landstraße). Die anfangs lockere Bebauung von E. 19. Jh. bis um 1920 durch Bebauung der Lücken geschlossen. Von den Gebäuden erwähnenswert:

WOHNHAUS Blücherstraße 30/30a. Dreigeschossiger Putzbau von insgesamt acht Achsen, E. 19. Jh. in Neurenaissanceformen, die Fenster im Erdgeschoß rundbogig, in den mit Pilastern gegliederten Obergeschossen gerade und segmentbogig verdacht.

WOHNHAUS Blücherstraße 34/35. Um 1880 errichteter zweigeschossiger siebenachsiger Backsteinbau mit seitlichen Portalrisaliten, der Terrakottadekor in Neurenaissanceformen.

WOHNHAUS Blücherstraße 58. Dreigeschossiger Putzbau mit zweigeschossigem Obergeschoßerker, Balkons und reichem Jugendstildekor aus Vegetabilien und Masken, um 1905/10 erbaut. – Ähnlich die Wohnhäuser Blücherstraße 59, 70 und 72.

Rostock, Wohnhaus Blücherstraße 34/35, Portal und Gesamtansicht (rechts oben); Wohnhaus Blücherstraße 72; Wohnhaus Blücherstraße 62, Bogenfeld des Portals

WOHNHAUS Blücherstraße 62. Zweigeschossiger Putzbau um 1920. Im spitzbogigen Tympanon des Portals keramisches Hochrelief mit drei weiblichen Gestalten von Margarete Scheel. – Aus der gleichen Zeit das Haus Blücherstraße 68/Ecke Graf-Schack-Straße und das dreigeschossige Wohnhaus Blücherstraße 71, mit geschoßübergreifenden gewundenen Halbsäulen zwischen den Fenstern der Obergeschosse.

Am südlichen Ende der Straße am Puschkinplatz der ehem. SCHLACHTHOF Blücherstraße 55a, mit zwei E. 19. Jh. beiderseits der Hofeinfahrt errichteten zweigeschossigen Backsteingebäuden. – Gegenüber der Einmündung der Dehmelstraße der ehem. WASSERTURM, 1903 als neugotischer Backsteinbau nach Entwurf von Gustav Dehn mit Wappenmosaik, Backsteinmustern, Maßwerkfries und von Fialtürmchen begleitetem vorkragendem oberstem Geschoß errichtet.

SOWJETISCHER EHRENFRIEDHOF Puschkinplatz. Im Mittelteil der Anlage von liegenden Inschriftplatten umgebener steinerner Obelisk, davor Gräberfelder mit Gedenkplatten.

Ernst-Barlach-Straße

Verbindung zwischen Karl-Marx-Platz und Mühlendamm. Als Neue Wallstraße nach der Entfestigung der Stadt angelegt und an der Nordseite bis um 1870 mit villenartigen Gebäuden bebaut. Von den inzwischen größtenteils veränderten Bauten erwähnenswert:

Ehem. VILLA Ernst-Barlach-Straße 2. Zweigeschossiger Putzbau mit Mezzanin und ausgebautem Mansarddach, um 1870 in reichen Neurenaissanceformen errichtet. Der Baukörper durch Risalite und einen Treppenhausanbau gegliedert, als Fassadendekor Halbsäulen, Pilaster und Hermenpilaster. – Das westlich davon stehende Gebäude Ernst-Barlach-Straße 1 (Bezirksgericht) um 1920 durch einen Umbau verändert; der siebenachsige Putzbau unter Walmdach in den drei mittleren Achsen durch Portalvorbau und Lisenengliederung betont.

Die südöstliche Fortsetzung der Ernst-Barlach-Straße der 1262 erstmals genannte Mühlendamm. Nach Überqueren der Warnow verzweigt er sich beim sog. Weißen Kreuz in die Landstraße nach Tessin und Laage. Hier steht der BRINCKMAN-BRUNNEN 1914 von Paul Wallat. An dem aus der Brunnenschale herauswachsenden Mittelpfeiler mit Wasserspeiern ein Bildnismedaillon des Dichters, darüber Mosaikbilder nach Motiven aus seinen Werken.

Karl-Marx-Platz

Als Platz vor der Feldseite des Steintores um M. 19. Jh. nach Niederlegung der Befestigungsanlagen und nach Ausbau der Steintor-Vorstadt entstanden. An der Südostecke des Platzes auf dem Gelände des VEB Ostseedruck stand bis zur Zerstörung 1942 das 1894/95 nach Plänen von Heinrich Seeling, Berlin, in neubarocken Formen errichtete Stadttheater. – An der Westseite vor den Anlagen des Rosengartens das EHRENMAL für die Opfer des Faschismus, ein 1946 errichteter steinerner Kubus mit Opferschale.

Richard-Wagner-Straße

Ursprünglich der stadtnahe Teil der Ausfallstraße vom Steintor in Richtung Süden (Schwaan), ab M. 19. Jh. als Alexandrinenstraße ausgebaut und mit der Anlage des heutigen Hauptbahnhofes zu einer der Hauptverkehrsadern der Stadt geworden. Die Bebauung zumeist in geschlossenen Blocks, einige kriegsbedingte Baulücken in jüngerer Zeit geschlossen. Von den historisierenden Bauten des 19. Jh. erwähnenswert:

WOHNHAUS Richard-Wagner-Straße 6. Zweigeschossiger heller Klinkerverblendbau mit Architekturdetails in Werkstein, errichtet E. 19. Jh., der Charakter des Hauses von der Verwendung spätgotischer Gestaltungselemente an Fenstern und beim Traufgesims und solcher der Neurenaissance am Portal und an den Erkern geprägt.

WOHNHAUS Richard-Wagner-Straße 6a/Ecke Am Güterbahnhof. Zweieinhalbgeschossiger Putzbau von um 1880. Das Erdgeschoß mit ursprünglich rundbogigen Fenstern und Putznutung, am Obergeschoß die Fenster mit Pilasterrahmung und Dreiecksgiebelverdachung.

WOHNHÄUSER Richard-Wagner-Straße 9/11. Zweigeschossiger Putzbau von insgesamt siebzehn Achsen in spätklassizistischen Formen, 3. V. 19. Jh., die Fassade in einer für Rostock im 19. Jh. typischen Weise über drei Grundstücke hinweg einheitlich konzipiert: über dem Erdgeschoß mit Putznutung im Obergeschoß beidseitig die vierte bis sechste Achse als flache Vorlagen mit Pilastergliederung und Dreiecksgiebel ausgebildet.

WOHNHAUS Richard-Wagner-Straße 16/Ecke Augustenstraße. Zweigeschossiger barockisierender Putzbau mit Mansarddach, um 1870 erbaut, die drei Mittelachsen durch Obergeschoßerker und geschwungenen Giebelaufsatz betont.

Linke Seite: Rostock, ehem. Wasserturm Blücherstraße; John-Brinckman-Brunnen

Rechte Seite: Rostock, Wohnhaus Richard-Wagner-Straße 6

WOHNHAUS Richard-Wagner-Straße 18/19. Charaktervoller zweigeschossiger Putzbau in den Formen der Tudorgotik, errichtet wohl um 1860. In dem auf einem hohen Sockel aufsetzenden Erdgeschoß zwei polygonal vorspringende, balkontragende Erker. Reicher die Gliederung des Obergeschosses durch flankierende Säulen an den Fenstern und einen abschließenden Spitzbogenfries auf Konsolen, darüber eine Scheinattika.
Über die Straße Am Güterbahnhof Zugang zum 1845/50 errichteten ersten Rostocker BAHNHOF (ehemals Friedrich-Franz-Bahnhof, seit 1906 genutzt als Güterbahnhof).

Rosa-Luxemburg-Straße

Der südliche Abschnitt der Verbindung zwischen Innenstadt und Hauptbahnhof, die Bebáuung vorwiegend mit ehem. Vorstadtvillen aus dem späten 19. und frühen 20. Jh. Die Gebäude ein- und zweigeschossig, mit Souterrain und meist ausgebautem Mansarddach, die kräftig gegliederten Fassaden mit Detailformen in verschiedenen Stilrichtungen. Im einzelnen hervorzuheben:
Ehem. VORSTADTVILLA Rosa-Luxemburg-Straße 3/Ecke Graf-Schack-Straße. Zweigeschossiger Putzbau in Formen der Neurenaissance von 1886, mit Schweifgiebeln und Erkern an den beiden Hauptfronten, seitlich stehendem Treppenhausanbau und Portal mit Säulenrahmung sowie Dreiecksgiebel als Bekrönung.
Ehem. VORSTADTVILLA Rosa-Luxemburg-Straße 28/ Ecke Thomas-Mann-Straße. Zweigeschossiger Putzbau in spätklassizistischen Formen, um 1890. Die Fassaden durch flache übergiebelte und durch Erdgeschoßerker zusätzlich betonte Risalite gegliedert, die südöstliche Ecke durch einen halbrunden Turm mit Pilastergliederung hervorgehoben, davor Terrasse mit Balusterbrüstung.
WOHNHAUS Rosa-Luxemburg-Straße 32/Ecke Hermannstraße. Großer zweigeschossiger Putzbau aus zwei stumpfwinklig aneinanderstoßenden Flügeln, um 1880. Die Hauptfront durch ein mittleres Zwerchhaus betont, an ihm und den Seitengiebeln Backsteindekor.
WOHNHAUS Rosa-Luxemburg-Straße 37. Zweigeschossiger Putzbau von um 1900. An der Südostecke ein halbrunder dreigeschossiger Turm mit Kegeldach. Die Straßenfront mit reichem historisierendem Stuckdekor besonders am Obergeschoß, reizvoll auch die in beiden Geschossen in der mittleren Achse eingefügten korbbogig geschlossenen dreieckigen Loggien mit halbrund vorspringenden Balkonen und schmiedeeisernen Brüstungsgittern. Der entstellende Dachausbau aus jüngerer Zeit.
Die platzartige Erweiterung der Rosa-Luxemburg-Straße zwischen Thomas-Mann-Straße bzw. Koch-Gotha-Straße und Hermannstraße ursprünglich ebenfalls zur Rosa-Luxemburg-Straße gehörig, heute Wilhelm-Külz-Platz, die ihn begrenzenden VILLENBAUTEN an der West- und Ostseite gleichfalls E. 19. Jh. und in ihrer Gestaltung den Nachbargebäuden ähnlich.
Der südliche Teil der Straße endet am Bahnhofsvorplatz mit dem hier 1886 als Lloyd-Bahnhof erbauten HAUPTBAHNHOF Dem Empfangsgebäude, einem ursprünglich frei stehenden zweigeschossigen Backsteinbau mit flachem dreiachsigem Mittelrisalit, wurde 1913 die heute den Gebäudekomplex prägende Eingangshalle vor-

gelegt. Die barockisierende, konvex geschwungene Fassade mit Pilastergliederung, mittlerem Dreiecksgiebel und Attika wurde nach Kriegsbeschädigungen gestalterisch vereinfacht wiederhergestellt.

Städtebaulich ist dem Bahnhofsvorplatz auch zugeordnet die ehem.

VILLA Freiligrathstraße 14/Ecke Herweghstraße. Der um 1910 nach Entwurf von Paul Korff errichtete zweigeschossige Putzbau auf hohem Sockel und mit ausgebautem Mansarddach verkörpert stilistisch in Rostock die Abkehr vom historisierenden Villenbau des späten 19. Jh. Die Hauptfront beherrscht der halbrund aus der Fassade heraustretende mittlere Teil mit seinen über beide Ge-

Linke Seite: Rostock, Wohnhaus Richard-Wagner-Straße 18/19

Rechte Seite: Rostock, Wohnhaus Rosa-Luxemburg-Straße 37; Villa Rosa-Luxemburg-Straße 28/Ecke Thomas-Mann-Straße; Villa Wilhelm-Külz-Platz 4/Ecke Thomas-Mann-Straße

schosse reichenden kannelierten Pfeilern, dem Hauptgesims mit Putten und durchbrochenem Rankenwerk und dem flachkuppeligen Dach, im Erdgeschoß als Erker, oben als Loggia ausgebildet.

Schillerstraße

Beidseitig bebaute Straße zwischen Schwaaner Landstraße und Schillerplatz, die ein- bis dreigeschossigen Wohnhäuser ähnlich wie in den südlich benachbarten Straßen (Lessingstraße, Georg-Büchner-Straße, Baleckestraße und Arndtstraße) aus der Zeit um 1905/10, hier aber gestalterisch am differenziertesten. Sämtlich Putzbauten mit z. T. übergiebelten Erkerrisaliten, häufig mit Altanen und Balkonen. Hervorzuheben das

WOHNHAUS Schillerstraße 18/Ecke Schillerplatz, ein dreigeschossiger Putzbau über winkelförmigem Grundriß mit rustiziertem Erdgeschoß und einem die Ecke betonenden halbrunden Obergeschoßerker mit Schweifhaube; die beiden Fronten mit mittleren Obergeschoßerkern und hohen Schweifgiebeln. Besonders zur Schillerstraße reicher Putzdekor in Jugendstilformen.

Am benachbarten Schillerplatz mehrere große Villen, Putzbauten E. 19./A. 20. Jh.

Stephanstraße

Verbindungsstraße zwischen Friedrich-Engels-Platz und Schillerplatz, die Bebauung vom E. 19./A. 20. Jh. teilweise mit aufwendigen Vorstadtvillen, abschnittsweise auch Blockrandbebauung. Erwähnenswert die ehem.

VILLEN Stephanstraße 1, in neubarocken Formen E. 19. Jh., Stephanstraße 6/Ecke Koch-Gotha-Straße, in Neurenaissanceformen von 1897 mit übergiebeltem flachem Risalit und seitlichem Turm, sowie Stephanstraße 16/Ecke Graf-Schack-Straße, um 1900 mit Fachwerkgiebeln, von Dachtürmchen bekröntem zweigeschossigem Eckerker und vegetabilischem Jugendstildekor.

Die zweigeschossige HAUSZEILE Stephanstraße 12a/c aus dem 1. V. 20. Jh., ihre zum Heimatstil tendierende Gesamtgestaltung durch biedermeierlich empfundene Details bereichert, etwa an den geschnitzten Haustüren oder den z. T. erhaltenen Einfriedigungen.

Die von der Stephanstraße nach Osten zur Blücherstraße

führenden Straßenzüge (Graf-Schack-Straße, John-Brinckman-Straße, Adolf-Wilbrandt-Straße und Dehmelstraße) sämtlich mit der ursprünglichen Bebauung vom E. 19./A. 20. Jh., überwiegend Blockrandbebauungen aus zweigeschossigen Putzbauten. Einzelne Abschnitte auch mit Doppel- oder Einzelvillen, diese meist mit straßenseitigen Giebeln, Erkern und Balkonen sowie in einzelnen Fällen mit schlichtem geputztem Dekor.
Im Bereich der Luttermannstraße/Wallensteinstraße als letztes Zeugnis des 1260 erwähnten Leprosenhospitals St. Georg, dessen mittelalterliche Baulichkeiten im Dreißigjährigen Krieg zerstört und später durch die Wohngebäude eines Siechenhauses ersetzt wurden, das ehem. HOSPITALWOHNHAUS St. Jürgen 14 erwähnenswert, ein eingeschossiges verputztes Fachwerktraufenhaus mit Korbbogenportal aus der 2. H. 18. Jh. Die übrigen Spitalhäuser St. Jürgen 1/13 als schlichte Backsteinbauten wohl um M. 19. Jh. errichtet.

Westlicher Teil der Steintor-Vorstadt

August-Bebel-Straße

Hervorgegangen aus einem den Platz vor dem Steintor mit einer Straßengabelung südlich des Kröpeliner Tores verbindenden Landweg außerhalb der Wallanlagen, der nach der Entfestigung der Stadt als Friedrich-Franz-Straße ausgebaut wurde und um 1875 bereits vollständig bebaut war. Die Bebauung mit ein- bis viergeschossigen Häusern überwiegend in geschlossenen Zeilen, die Gebäude an der nördlichen Straßenseite zwischen Karl-Marx-Platz und Hermannstraße kriegszerstört.
Ehem. GESELLSCHAFTSHAUS der »Societät« August-Bebel-Straße 1/Ecke Richard-Wagner-Straße, an städtebaulich hervorragender Position. 1856/57 für den 1784 gegründeten »Geselligkeitsverein« errichtet, 1903 für die Sammlungen des Kunst- und des Altertumsvereins umgebaut; seit 1968 Schiffahrtsmuseum.
Auf hohem Sockelgeschoß errichteter zweiflügeliger Putzbau von drei Geschossen an der Richard-Wagner-Straße und zwei Geschossen an der August-Bebel-Straße. Die städtebaulich wichtige Nordostecke durch einen polygo-

Linke Seite: Rostock, Villa Freiligrathstraße 14/ Ecke Herweghstraße; Wohnhaus Schillerstraße 18/Ecke Schillerplatz

Rechte Seite: Rostock, Villa Stephanstraße 6/Ecke Koch-Gotha-Straße; ehem. Gesellschaftshaus der »Societät« (Schiffahrtsmuseum) August-Bebel-Straße 1

nalen Eckturm mit achtseitiger Haube hervorgehoben, als gestalterisches Gegengewicht am Westende der Hauptfront der Treppenhausrisalit. Die Fassaden mit kräftiger Putzquaderung im Erdgeschoß und zarterer Gliederung in den Obergeschossen; Portal und Fenster rundbogig, an der Hauptfront als Abschluß über einer Reihe von Kreisfenstern eine Attika.

Im Inneren das Treppenhaus weitgehend im ursprünglichen Zustand erhalten. Im ersten Obergeschoß ein Raum mit einer aus einem Bürgerhaus am Neuen Markt stammenden Stuckdecke aus der 2. H. 17. Jh., ihr von Löwen, ruhenden Todesgenien und Personifizierungen der vier Jahreszeiten umgebener Spiegel mit allegorischer christologischer Szene. Im gleichen Raum und ebenfalls aus den Sammlungsbeständen des ehem. Kunstvereins eine Bildtapete mit der Geschichte von Amor und Psyche, um 1820 bei Dufour, Paris, in Grisaillemanier nach Entwurf von Louis Lafitte und Merry Joseph Blondel gedruckt (s. auch Doberan, ehem. Palais).

Von den zahlreichen historistischen Wohnbauten des späten 19. Jh. erwähnenswert:

WOHNHAUS August-Bebel-Straße 1a/c. Um 1870/80 in Neurenaissanceformen errichteter Putzbau, aus drei ursprünglich zweigeschossigen, in jüngerer Zeit dreigeschossig ausgebauten Gebäuden von je vier Achsen bestehend. Die Fassade mit Putznutung und architektonisch gerahmten Portalen.

VILLA August-Bebel-Straße 55. Kurz vor 1920 nach Entwurf von Paul Korff als zweigeschossiger Putzbau mit hohem Walmdach in den Formen eines barockisierenden Landhauses errichtet. An der Straßenfront das mit figürlichem und ornamentalem bauplastischem Dekor gerahmte Portal und östlich davon ein ehem. Wandbrunnen, wesentlich differenzierter die östliche Schmalseite mit Erker und Loggia sowie polygonal vorspringendem Wintergarten. Aus der Erbauungszeit auch die straßenseitige Einfriedigung.

WOHNHAUS August-Bebel-Straße 57. Zweigeschossiger Putzbau aus dem 3. V. 19. Jh., in spätklassizistischen Formen. Die zur Straße gewandte Giebelfront vierachsig und im Erdgeschoß mit Putznutung, die Segmentbogenfenster im Obergeschoß mit profilierter Rahmung.

Augustenstraße

Aus einem vorstädtischen Landweg hervorgegangene Straße mit überwiegend im späten 19. Jh. entstandener Zeilenbebauung aus zwei- bis viergeschossigen Wohngebäuden. Erwähnenswert sind:

WOHNHAUS Augustenstraße 16 (Paul-Friedrich-Scheel-Haus). Um 1920 errichteter zweigeschossiger Putzbau, interessant durch seinen bauplastischen Dekor von Margarete Scheel: allegorische Reliefs am Portal und zwischen den Obergeschoßfenstern sowie flache Gesichtsmasken zwischen den Geschossen.

WOHN- und GESCHÄFTSHAUS Augustenstraße 34/Ecke Paulstraße. Dreigeschossiger Putzbau von 1892 in aufwendigen Neurenaissanceformen mit Pilastergliederungen, stark plastischen Fensterverdachungen, Balkonen und kräftigem Kranzgesims. – Die Nachbargebäude Paulstraße 18 und 19 dreigeschossige fünfachsige Putzbauten, um 1905 erbaut; mit durch Obergeschoßerker und Zwerchhäuser betonter Mittelachse, z. T. Vorhangbogenfenster und Putzspiegel mit Jugendstildekor.

WOHNHAUS Augustenstraße 42/43. Spätklassizistischer zweigeschossiger Putzbau von insgesamt sechs Achsen, 3. V. 19. Jh. Das Erdgeschoß mit Putznutung, im Obergeschoß die äußeren Fenster mit Pilasterrahmung und Dreiecksgiebelverdachungen. Vegetabilischer Stuckdekor in den Spiegeln unter den Obergeschoßfenstern und am Trauffries.

WOHNHÄUSER Augustenstraße 51/54. Dreigeschossiger Putzbau mit einheitlich gestalteter Fassade vom E. 19. Jh., als Typus in dieser Straße mehrfach vertreten. Von den zwölf Achsen die drei äußeren mit Kolossalpilastergliederung und flachem Dreiecksgiebel als Abschluß, im sechsachsigen Mittelteil die Fenster des ersten Obergeschosses mit unterschiedlichen Verdachungen.

Friedrich-Engels-Straße

Vom Leibnizplatz im Osten bis zum Wilhelm-Pieck-Ring im Westen führende Straßenverbindung mit Bebauung aus dem späten 19. Jh., im östlichen Abschnitt mit villenartigen Einzelgebäuden, in westlicher Richtung ab Kreuzung Hermannstraße mit geschlossenen Häuserzeilen. Die überwiegend zwei- und dreigeschossigen Putzbauten in einer für Rostock häufiger anzutreffenden Weise trotz getrennter Grundstücke als einheitlich gestaltete, meist drei Häuser zusammenfassende Fassade ausgebildet, so z. B. Nr. 18/20, 41/42 und 71/72a; der Baudekor meist klassizierend oder dem Neubarock verhaftet.

WOHNHAUS Friedrich-Engels-Straße 18/20. Um 1880/90 errichteter zwei- bzw. dreigeschossiger Putzbau, der Mittelbau geschoßweise durch Pilastergliederung betont, seitlich nur die äußeren Achsen durch aufgelegte Architekturgliederung aus Halbsäulen und Pilastern sowie bekrönende Dreiecksgiebel hervorgehoben.

WOHNHAUS Friedrich-Engels-Straße 24. Eingeschossiger Putzbau um 1870 in spätklassizistischen Formen, unter der Fensterbrüstung und an der Traufe reliefierter Stuckdekor.

FRIEDRICH-ENGELS-OBERSCHULE (ehemals St.-Georgen-Schule) Friedrich-Engels-Straße zwischen Karlstraße und Ludwigstraße. 1892 errichteter langgestreckter dreigeschossiger Backsteinbau in neugotischen Formen. An der Hauptfront zwei Portalrisalite mit kleinen spitzbogig geöffneten Vorhallen und blendengegliederten Pfeilergiebeln.

Linke Seite: Rostock, ehem. Gesellschaftshaus der »Societät«, Stuckdecke aus einem Bürgerhaus am Neuen Markt und Bildtapete

Rechte Seite: Rostock, Wohnhaus Fr.-Engels-Straße 71/72/72a

WOHNHAUS Friedrich-Engels-Straße 71/72/72a. Gelber Klinkerverblendbau von zwei Geschossen und mit aufgelegter Putzgliederung, 1888 erbaut. Seitlich einachsige übergiebelte Risalite, im dreiachsigen pilastergegliederten und übergiebelten Mittelrisalit im Erdgeschoß Rundbogennische mit Figur der Polyhymnia. (Abb. S. 419)
WOHNHAUS Friedrich-Engels-Straße 96/Ecke Hermannstraße 24. Zweigeschossiger Putzbau um 1890 erbaut, mit reichem bauplastischem Dekor, seine beiden westlichen Achsen an der Hauptfront durch aufgelegte Pilaster bzw. Halbsäulen und allegorische weibliche Gestalten betont.
Ehem. VORSTADTVILLA Friedrich-Engels-Straße 102. Über Souterrain errichteter eingeschossiger Putzbau von 1880/90, der Baukörper durch den polygonal vorspringenden zweigeschossigen Erker und den ebenfalls zweigeschossigen seitlichen Portalbau plastisch gegliedert, die Gesamterscheinung durch die unterschiedlichen Dachformen über den einzelnen Bauteilen bestimmt.
Ehem. VORSTADTVILLA Friedrich-Engels-Straße 103/Ecke Reifergraben. Zweigeschossiger Putzbau mit ausgebautem Walmdach, um 1910 von Paul Korff. An der westlichen Längsfront im flachen Risalit das von Reliefornamenten gerahmte Portal, reizvoller der die vordere Ecke betonende balkontragende Erker, die Brüstung mit ornamentalem Kunststeindekor. – Das ebenfalls von Paul Korff erbaute Haus Friedrich-Engels-Straße 28 dreigeschossig und durch einen kräftig ausgebildeten Obergeschoßerker betont.
Ehem. MILITÄRKRANKENHAUS (Verwaltung) Friedrich-Engels-Straße 109. Ursprünglich ein dreigeschossiger, in den Obergeschossen verputzter Backsteinbau von siebzehn Achsen, E. 19. Jh. erbaut. Dreiachsige Mittel- bzw. Seitenrisalite. Die Fenster in allen Geschossen zu Zweier- bzw. Dreiergruppen zusammengefaßt, ihre im Kontrast zu den Putzflächen stehende Backsteinrahmung an Renaissancebauten des 16. Jh. erinnernd und wohl als Nachfolge der Neurenaissancebauten der Universität und ähnlicher Bauten zu deuten.

Linke Seite: Rostock, Villa Friedrich-Engels-Straße 103

Rechte Seite: Rostock, Villa Gerhart-Hauptmann-Straße 27

Gerhart-Hauptmann-Straße und Nebenstraßen

Vom Bahnhofsvorplatz in nördlicher Richtung bis zur Kreuzung Friedrich-Engels-Straße führende Straße, die Bebauung überwiegend aus Vorstadtvillen des 4. V. 19. Jh. bestehend. Die Gebäude meist ein- und zweigeschossige Putz- oder Klinkerverblendbauten mit Putzgliederung, die Fassaden mit flachen, meist übergiebelten Risaliten sowie seitlichen Treppenhausanbauten. Erker und Balkone sowie stark plastisch gerahmte Portale und Fenster finden sich bei fast allen Bauten. Als Beispiele zu nennen:
Ehem. VORSTADTVILLA Gerhart-Hauptmann-Straße 27, zweigeschossiger vierachsiger Putzbau mit zurückgesetztem Treppenhausanbau an der nördlichen Schmalseite; zwei der Achsen in flacher übergiebelter Vorlage, an der Traufe Konsolgesims. Die Fassade mit Putznutung, architektonisch gerahmten Fenstern und sparsamem Neurenaissancedekor.

WOHNHAUS Gerhart-Hauptmann-Straße 28/Ecke Friedrich-Engels-Straße. Zweigeschossiger Putzbau von 1886 mit abgeschrägter überhöhter Gebäudekante; Putznutung im Erdgeschoß, mit Dreiecksgiebeln verdachte Obergeschoßfenster und Konsolgesims an der Traufe. An der Front zur Gerhart-Hauptmann-Straße im Obergeschoß Blindfenster mit ornamental gerahmtem Porträtmedaillon Otto v. Bismarcks als ehem. Namenspatron der noch vorhandenen Apotheke im Erdgeschoß, deren Ladenfront in jüngerer Zeit ungünstig verändert.
Zeitlich und gestalterisch von der vorherrschenden Bebauung der Straße unterschieden das
WOHNHAUS Gerhart-Hauptmann-Straße 18/Ecke Wielandstraße. Errichtet um 1920 als zweieinhalbgeschossiger Putzbau über hohem Sockelgeschoß, die Fassade durch die über beide Etagen verlaufenden seitlichen Einfassungen der Fenster geprägt. Von besonderem Interesse die aus schmalen Betonpfosten errichtete Pergola vor dem seitlich gelegenen Portal.
Die Bebauung der einmündenden Querstraßen etwa gleichzeitig und in ähnlichen Formen, erwähnenswert:
WOHNHAUS Herderstraße 18/19. Dreigeschossiger heller Klinkerverblendbau von um 1900 in Formen der Neurenaissance, die mittleren vier Achsen in flacher übergiebelter Vorlage und mit Pilastergliederung, im Giebel ein Hermeskopf.
WOHNHAUS Thomas-Mann-Straße 8/9. Um 1885 errichtetes Doppelhaus mit aufgelegtem reichem Putzdekor an den dreigeschossigen übergiebelten Seitenrisaliten und dem niedrigeren Mittelbau, bei Nr. 8 der Dekor vollständig erhalten, hier auch noch die Bismarckbüste im Giebel vorhanden.

Goetheplatz/Goethestraße

E. 19. Jh. entstandener Verkehrsknotenpunkt am südwestlichen Rand der Steintor-Vorstadt, die Platzbildung durch verstärkten Straßenausbau in jüngerer Zeit stark beeinträchtigt. Von der Umbauung erwähnenswert der
SCHULKOMPLEX der Ernst-Thälmann-Oberschule und der Herder-Oberschule (ehemals Lyzeum mit Studienanstalt/Oberlyzeum), Goetheplatz 5/6. Dreigeschossiger Klinkerbau von 1929, aus drei stumpfwinklig aneinanderstoßenden Flügeln bestehend, im überhöhten Mittelbau u. a. die sich nach außen durch hohe Rechteckfenster abzeichnende Aula. Der ursprünglich durch querrechteckige Fenster, geschoßtrennende Putzbänder und ein Flachdach betont horizontal gegliederte Bau durch das 1934 aufgebrachte Steildach entscheidend verändert.

An der Südseite der vom Goetheplatz zum Hauptbahnhof führenden Goethestraße mehrere VORSTADTVILLEN (Goethestraße 14, 15, 16 und 21) vom A. 20. Jh. mit z. T. schlichtem Jugendstildekor.

Schröderstraße

Bereits um 1875 als Teil der damaligen Augustenstraße fast vollständig mit Wohngebäuden bebaut, einige in späterer Zeit verändert oder durch Neubauten ersetzt. Erwähnenswert:
WOHNHAUS Schröderstraße 22. Viergeschossiger Putzbau, um 1905 errichtet, mit die Mittelachsen betonendem

Obergeschoßerker und gestuftem Schweifgiebel; schöner Jugendstildekor am Giebel und an den Balkonen.

WOHNHAUS Schröderstraße 41/43. Eingeschossiger Putzbau, wohl um 1860 errichtet. Die drei mittleren Achsen risalitartig vorgezogen und von Dreiecksgiebel abgeschlossen, die äußeren Achsen durch flache Vorlage betont. Am Hausteil Nr. 43 der originale Putz und der ursprüngliche feingliedrige Ornamentfries erhalten.

Kröpeliner-Tor-Vorstadt

Die Kröpeliner-Tor-Vorstadt erstreckt sich westlich und südwestlich der Innenstadt und wird im Osten vom Wilhelm-Pieck-Ring, im Süden und Westen von der Eisenbahntrasse nach Warnemünde und im Norden von den parallel zur Warnow verlaufenden Straßen Warnowufer und Karl-Liebknecht-Sraße begrenzt. Hauptstraßen der Vorstadt sind die Doberaner Straße und die Wismarsche Straße.

Bis zur Entfestigung der Stadt um 1830 war der spätere Vorstadtbereich Gartengelände, lediglich unweit des Kröpeliner Tores befand sich bis 1832 der Gertrudenfriedhof auf dem Gelände des einstigen Gertruden-Hospitals. Mehrere Landstraßen nahmen im Bereich des späteren Doberaner Platzes ihren Ausgang in Richtung Wismar und Doberan, weiter nördlich in Richtung Unterwarnow; aus ihnen entwickelten sich später die Wismarsche Straße und die Doberaner Straße sowie der Patriotische Weg. Als Zugang zum 1831 eröffneten Friedhof (heute Lindenpark) am späteren Saarplatz wurde der Friedhofsweg angelegt. Das übrige Straßennetz entwickelte sich mit der fortschreitenden Bebauung. Korrekturen ergaben sich im Randbereich zur Innenstadt bzw. zur Steintor-Vorstadt nach der Trockenlegung des Vögenteiches (südlich des heutigen Schröderplatzes) 1865 und mit der Aufweitung des Verkehrsknotens Schröderplatz/Doberaner Straße/Wilhelm-Pieck-Ring um 1972.

Während am Patriotischen Weg um M. 19. Jh. mehrere Vorstadtvillen in spätklassizistischen Formen entstanden (erhalten nur die ehem. Villa Patriotischer Weg 120a), wurden im Bereich des Doberaner Platzes um 1860/70 mehrgeschossige Putzbauten in klassizierenden Formen errichtet. Etwa gleichzeitig entstanden die Baulichkeiten der Brauerei und mehrere Klinikneubauten der Universität im mittleren Abschnitt der Straße am sog. Doberaner Berg. Fortschreitend von Osten nach Westen wurden mit der Entstehung neuer Industriebetriebe am linken Ufer der Unterwarnow in den Haupt- und Nebenstraßen der Vorstadt zumeist drei- und viergeschossige Mietshäuser in historisierenden Formen errichtet, so daß die Kröpeliner-Tor-Vorstadt zum Arbeiterwohngebiet wurde. Um die Jahrhundertwende setzte sich diese Entwicklung mit der Errichtung überwiegend viergeschossiger Wohnbauten mit zumeist schlichtem Jugendstildekor fort. Etwa gleichzeitig wurde der Bereich um den Doberaner Platz zum bedeutendsten Geschäftszentrum außerhalb der Innenstadt, weshalb ein Teil der um M. 19. Jh. entstandenen Bebauung durch Neubauten ersetzt wurde. Mit der Errichtung der neugotischen Heiligen-Geist-Kirche (1908) in der Margaretenstraße und der im gleichen Stil erbauten Christuskirche (1909) am Schröderplatz (1971 wegen veränderter Verkehrslösung abgetragen) entstanden hier die letzten großen Kirchenbauten in Mecklenburg.

Restflächen im südwestlichen und westlichen Bereich der Vorstadt wurden seit der Mitte der zwanziger Jahre meist mit Wohnkomplexen für Baugenossenschaften bebaut; die überwiegend drei- und viergeschossigen Putzbauten mit flachen Dächern repräsentieren stilistisch Formen der Neuen Sachlichkeit (Klement-Gottwald-Straße, östlicher Abschnitt), darüber hinaus verkörpern sie progressive Konzepte der städtebaulichen Raumordnung und des Wohnungsbaues.

Doberaner Straße

Um M. 19. Jh. aus der alten Landstraße nach Doberan–Wismar hervorgegangen und vor allem in der 2. H. 19. Jh. bebaut. Im stadtnahen Bereich Fabrikanlagen (Brauerei), auf der westlich gelegenen Anhöhe (Doberaner Berg) Errichtung mehrerer Klinikbauten der Universität. Zu Beginn des 20. Jh. wurde der stadtnahe Abschnitt zwischen Doberaner Platz und Schröderplatz als Teil eines neu entstehenden Geschäftszentrums abermals baulich verändert.

WOHNHÄUSER Doberaner Straße 2, 6/9. Errichtet um 1905 (Nr. 6 datiert 1905, Nr. 9 1906) als viergeschossige Putzbauten, ihre Fassaden durch Giebel, Erker, Altane und Balkone gegliedert und geschmückt mit Jugendstilornamentik.

WOHNHÄUSER Doberaner Straße 15 und 16. Zweigeschossige Putzbauten von jeweils fünf Achsen in spätklassizistischen Formen, erbaut um 1860. An den Fassaden stuckierte Friese zwischen Erd- und Obergeschoß bzw. an der Traufe, bei Nr. 16 unterhalb des überstehenden Daches Tondi mit stuckierten Rosetten bzw. Büste. – Etwa gleichzeitig entstanden das schräg gegenüberstehende Gebäude Doberaner Straße 154/155, ein dreigeschossiger neunachsiger Bau mit einachsigem Mittelrisalit und klassizierender Fassadengestaltung.

WOHNHÄUSER Doberaner Straße 38, 39 und 40. Dreigeschossige Putzbauten in spätklassizistischen Formen, 3. V. 19. Jh. Die Erdgeschosse mit Putznutung, in den Obergeschossen ein Teil der Fenster durch gemeinsame Verdachungen verbunden.

WOHNHAUS Doberaner Straße 64. Dreigeschossiger fünfachsiger Klinkerverblendbau in Neurenaissanceformen, um 1880.

Westlich des Doberaner Platzes zwei ältere Betriebe der Getränkeindustrie:

BRAUEREI Doberaner Straße 27. Von ihren um 1880 entstandenen Backsteinbauten erwähnenswert der traufseitig zur Straße stehende viergeschossige Speicherbau mit Lisenengliederung. Westlich des Haupttores ein zweigeschossiges Verwaltungsgebäude mit polygonal vorspringendem Obergeschoßerker und überstehendem Dach. Östlich des Betriebsgeländes das ehemals zur Brauerei gehörende Restaurant (heute Maxim-Gorki-Haus Doberaner Straße 21), ein neugotischer Bau im Landhausstil, im Kern 1864 errichtet, 1886/92 stark umgestaltet.

SPIRITUOSENFABRIK Doberaner Straße 144. Die älteren Gebäude um 1860 als romanisierende Backsteinbauten errichtet, u. a. ein giebelseitig zur Straße stehender zweigeschossiger Bau mit überstehendem Dach, Lisenen-

Rostock, Wohnhaus Doberaner Straße 6; Spirituosenfabrik Doberaner Straße 144

gliederung, rundbogig geschlossenen Fenstern und Friesen. Dahinter in gleichen Formen ein turmartiges Gebäude mit aufgesetztem Schornstein.

Im mittleren Abschnitt der Straße mehrere Klinikbauten der Universität aus dem 4. V. 19. Jh.:

HALS-, NASEN-, OHRENKLINIK Doberaner Straße 138. 1899 nach Entwurf von Hermann Schlosser in barockisierenden Formen errichtet, ursprünglich nur zweigeschossig mit übergiebeltem Mittelrisalit. Der Charakter der Fassade durch die nachträgliche Erhöhung um ein Geschoß und durch die Entfernung zahlreicher architektonischer Details in klassizierende Richtung verändert.

AUGENKLINIK Doberaner Straße 140. Großer Backsteinbau von drei Geschossen mit aufgelegter Putzgliederung, 1892 in den Formen des italienischen Frühbarock nach einem Entwurf von Hermann Schlosser erbaut. An der Straßenseite kräftig vorspringende Seitenrisalite.

FRAUENKLINIK Doberaner Straße 142. Mehrflügeliger dreigeschossiger Putzbau mit in Backstein abgesetzten architektonischen Gliederungen, 1885/87 nach Entwurf von August Gaster errichtet. Die Wirkung des Gebäudes wesentlich von den die Ecken betonenden überhöhten Risaliten mit ihren gebrochenen Dächern geprägt.

Mit dem Ausbau der Doberaner Straße im östlichen Abschnitt zugleich mehrere Nebenstraßen ausgebaut, überwiegend zwischen E. 19. und A. 20. Jh., mit drei- und viergeschossigen Mietshäusern in geschlossenen Blocks. Darunter gute Beispiele von Jugendstilfassaden, z. B. Friedrichstraße 7, 8 und 9, Neue Werderstraße 38, 40 und 41, Margaretenstraße 65, sämtlich um 1905 errichtet und geschmückt mit stilisiertem vegetabilischem Dekor, in einzelnen Beispielen auch mit Masken.

Die letzte Querstraße in westlicher Richtung die Straße Am Kabutzenhof, an ihrem nördlichen Ende unmittelbar am Ufer der Warnow die

GEDENKSTÄTTE REVOLUTIONÄRER MATROSEN Unterkellerte Terrassenanlage mit zwei monumentalen symbolischen männlichen Akten von Wolfgang Eckardt, 1977; die Reliefwand dahinter mit szenischen Darstellungen zur Geschichte des Matrosenaufstandes 1918 von Reinhard Dietrich, 1970.

Friedhofsweg

Straßenverbindung zwischen Schröderplatz und Saarplatz, angelegt als Zugang vom westlichen Stadtausgang beim Kröpeliner Tor zum Alten Friedhof.

Ehem. ALTER FRIEDHOF (Lindenpark) Friedhofsweg/Saarplatz. 1831 eröffnet, in jüngster Zeit zum Park umge-

staltet und dabei nur die als Einfassung der einzelnen Quartiere angepflanzten Lindenalleen belassen, der Bestand an Grabkapellen und Grabmalen fast vollständig beseitigt. Erhalten u. a. die Grabsteine für den Theologen Ch. Fr. G. Raddatz † 1832, den Geologen Eugen Geinitz † 1926 und den Dichter Adolf Wilbrandt † 1911. An der östlichen Begrenzung eine neugotische Grabkapelle aus Feldstein erhalten, wohl M. 19. Jh. – Vom südlichen Teil abgetrennt der

Ehem. JÜDISCHE FRIEDHOF In seinem Zentrum Gedenkstein für die in der Zeit des Faschismus ermordeten jüdischen Bürger von Rostock und Tessin, aufgestellt 1962. Zahlreiche Grabsteine in der 1988 neu gestalteten Anlage erhalten.

Von der überwiegend in der 2. H. 19. Jh. entstandenen Bebauung der Straße erwähnenswert die

Ehem. VORSTÄDTISCHE KNABENSCHULE Friedhofsweg 44 a. Um 1860 erbaut. Dreigeschossiger Backsteinbau mit übergiebeltem Mittelrisalit, hier und an den Seitenfronten sparsamer Dekor aus ornamentierten Terrakottaplatten und Friesen, auf dem Giebel allegorische Frauengestalt aus gelber Terrakotta.

Gertrudenplatz/Gertrudenstraße

Auf dem Gelände einer ehem. Kapelle und des späteren Pest- bzw. Armenfriedhofes steht das ehem.

STÄDTISCHE KRANKENHAUS Gertrudenplatz. 1852/55 nach Entwurf von Schwedler und Klitzing errichtet, 1863 und später mehrfach verändert. Der Kopfbau am Platz ein dreigeschossiger siebenachsiger Putzbau mit Mittelrisalit, der durch ein von Säulen mit Knospenkapitellen gerahmtes Portal und ein hohes Segmentbogenfenster betont wird.

Unweit davon als weitere medizinische Einrichtung das ANATOMISCHE INSTITUT der Universität Gertrudenstraße 9/Ecke Patriotischer Weg. Dreiflügeliger dreigeschossiger, in den Obergeschossen verputzter Backsteinbau, 1876/78 nach Entwurf von Carl Luckow in der Nachfolge des Universitäts-Hauptgebäudes errichtet. Gestalterischer Schwerpunkt der übereck stehende Kopfbau, sein sechsachsiger Risalit mit Pilastergliederungen, mittleren Dreiecksgiebeln und segmentbogig geöffneter Vorhalle mit vorgelegter Freitreppe. An den langen Seitenflügeln weitere übergiebelte Risalite.

Linke Seite: Rostock, Augenklinik Doberaner Straße 140; ehem. Alter Friedhof (Lindenpark) Friedhofsweg, Grabdenkmal für Chr. Fr. G. Raddatz; ehem. Jüdischer Friedhof Friedhofsweg, Gedenkstein

Rechte Seite: Rostock, ehem. Vorstädtische Knabenschule Friedhofsweg 44 a

Klement-Gottwald-Straße

Im östlichen Abschnitt zwischen Saarplatz und Bahntrasse zwischen 1926 und der Mitte der dreißiger Jahre bebaut. Die drei- und viergeschossigen Wohngebäude als flachgedeckte Putzbauten errichtet, einzelne Partien durch Verblendungen mit Klinker betont.

Ehem. GEWERBESCHULE Klement-Gottwald-Straße 6. Das jetzt von der Universität genutzte Gebäude 1926 nach Entwurf von Gustav Berringer in expressionistisch

geprägten Formen als dreigeschossiger Putzbau mit hofseitigen Seitenflügeln errichtet. Die Straßenfront mit winkelig vorspringender Vorhalle, ihre spitzdreieckig geschlossenen Arkaden zwischen sich nach unten verjüngenden polygonalen Pfeilern. Die allegorischen Figuren darüber wie auch die Masken am erhöhten Mittelbau von Margarete Scheel, Rostock. Im Inneren Treppenhäuser und Flure weitgehend in der ursprünglichen Gestalt.

WOHNBEBAUUNG Klement-Gottwald-Straße 55/58. Um 1928/30 nach Entwurf von Walter Baresel zwischen den Straßenabzweigen An der Hasenbäk und Kiebitzberg errichtet. Viergeschossige Putzbauten mit backsteinverblendetem Sockel und Mauerstreifen unter der Traufe. Zwischen den Eckgebäuden mit Läden und Balkonen zurückgesetzter Längsbau mit Verandarisaliten und seitli-

Linke Seite: Rostock, Wohnbebauung Klement-Gottwald-Straße; Rosa-Luxemburg-Oberschule Barnstorfer Weg 21, Gesamtansicht und Portal

Rechte Seite: Rostock, Heiligen-Geist-Kirche an der Margaretenstraße

chen Loggien. In ähnlichen Formen die Häuser Klement-Gottwald-Straße 59/63. Das Eckhaus Klement-Gottwald-Straße 63/Ecke Fiete-Schulze-Straße 81 1933 von Walter Butzek, mit seinen sechs Geschossen der torähnlichen städtebaulichen Situation am Saarplatz angepaßt.

Margaretenstraße

Von der Doberaner Straße in südlicher Richtung abzweigende und bis zur Fiete-Schulze-Straße geführte Querstraße, an ihrer Ostseite auf einem Platz die

HEILIGEN-GEIST-KIRCHE 1905/08 nach Entwurf von Johannes Vollmer als letzter großer historistischer Kirchenbau Mecklenburgs errichtet. Neugotischer Backsteinbau über Hausteinsockel, der kreuzförmige Grundriß durch Funktionsanbauten in den Ecken der Querarme und im Bereich des Westturmes bereichert. Die Hauptfront durch den aus dem westlichen Kreuzarm herauswachsenden Turm mit seinen zwei durchfensterten Obergeschossen und dem von kleinen Nebentürmchen begleiteten Spitzhelm geprägt, davor eine reizvolle gewölbte Vorhalle mit großen Spitzbogenarkaden und drei parallelen Satteldächern mit Pfeilergiebeln. Die Detailformen wie Fenster, Maßwerkfriese und Blendengliederungen an den Giebeln von Chor und Querarmen der gotischen Backsteinarchitektur entlehnt.

Im Inneren der Chor kreuzrippengewölbt, die Vierung mit Sterngewölbe, die Kreuzarme mit Dreistrahlrippengewölben, hier auch massive Emporen auf segmentbogig geöffneten Arkaden. Jugendstileinflüsse in den flachen Tonnengewölben der ehem. Konfirmandensäle an den Ostseiten der Kreuzarme und in den erhaltenen Teilen der Ausmalung spürbar. – Die ursprüngliche Ausstattung mit Ausnahme des Altaraufbaus erhalten, erwähnenswert die Orgel mit inzwischen erneuertem Werk von Walcker & Cie., Ludwigsburg. Aus dem ehem. Heilig-Geist-Spital übernommen Triumphkreuzgruppe, 15. Jh.

Östlich der Kirche das PFARRHAUS Ottostraße 15, um 1908 erbaut in der Kirche verwandten neugotischen Formen, an der Straßenfront mit zwei reich dekorierten Blendengiebeln. – Unweit davon die

ROSA-LUXEMBURG-OBERSCHULE (ehem. Margaretenschule) Barnstorfer Weg 21. Großer barockisierender drei-

geschossiger Backsteinbau mit aufgelegter Putzgliederung und Walmdach, errichtet um 1900. Die sechzehn Achsen breite Straßenfront durch zwei einachsige Risalite mit übergiebelten Portalen und turmartigen Bekrönungen aufgelockert. Der rechtwinklig anschließende Ostflügel und die im Hof stehende Turnhalle gleichzeitig und in den gleichen Formen.

Patriotischer Weg

Um M. 19. Jh. zunächst in stadtnahen Bereich mit mehreren Villen bebaut, diese in der 2. H. 19. Jh. und später von Mietshäusern eingeengt oder ersetzt. Erwähnenswert als besterhaltenes Beispiel einer Rostocker Vorstadtvilla die VILLA Patriotischer Weg 120a. Das im spätklassizistischen Landhausstil um 1850/60 errichtete dreigeschossige Gebäude an der Hauptfront mit sieben Achsen, leicht überstehendem Dach und durchgehender Putznutung. Das Mittelportal mit schlichter Rahmung. Von Pilastern eingefaßt im ersten Obergeschoß die enggestellten Fenster des Mittelteils, im zweiten Obergeschoß alle Öffnungen.

Wismarsche Straße

Eine der Ausfallstraßen der Stadt in Richtung Westen, im späten 19. Jh. bei dem schnellen Ausbau der Vorstadt zusammen mit dem östlichen Abschnitt der Doberaner Straße zum Geschäftszentrum ausgebaut, die Mehrzahl der drei- und viergeschossigen Gebäude erneuert. Erwähnenswert:

WOHN- und GESCHÄFTSHAUS Wismarsche Straße 5. Viergeschossiger Putzbau von sieben Achsen, 1902 noch in Formen der Neurenaissance errichtet. Die Fassade durch Erker, Zwerchhäuser, eine die Mittelachse betonende Zwiebelhaube und zahlreiche ornamentale Details lebhaft gegliedert. – In der Gestaltung ähnlich das Haus Wismarsche Straße 55, wohl ebenfalls um 1900 und mit reichem stuckiertem Neurenaissancedekor sowie von Zwiebelhaube bekröntem Erker.

Ehem. DROSTENAMTSGEBÄUDE Toitenwinkel Wismarsche Straße 8. 1884/88 errichtet. Würfelförmiger dreigeschossiger Klinkerverblendbau mit aufgelegter Putzglie-

Rostock, Wohnhäuser Wismarsche Straße 5, Wismarsche Straße 55 und Wismarsche Straße 45a/46

derung; das zurückhaltend gestaltete zweite Obergeschoß durchgehend verputzt. Der Neurenaissancedekor in der Mittelachse auf das von Säulen flankierte und von Wappenkartusche bekrönte Portal und den Balkon konzentriert.
Von Bauten in Jugendstilformen zu nennen die WOHN- und GESCHÄFTSHÄUSER Wismarsche Straße 45a und 46, 1906 errichtet als viergeschossige Putzbauten mit die Mitte betonenden Obergeschoßerkern und Zwerchhäusern.

Hansaviertel

Im zweiten Jahrzehnt des 20. Jh. wuchs die Stadt westwärts über die Bahnlinie Rostock–Warnemünde hinaus. 1915 begann die Anlage des Klinikviertels an der südlichen Maßmannstraße (heute Wladimir-Iljitsch-Lenin-Allee), und Mitte der zwanziger Jahre wurde nach der Bebauung einer Restfläche westlich des Alten Friedhofes durch die Errichtung der Hundertmännerbrücke (1926) der Ausbau des Geländes zwischen den Bahnlinien nach Bad Doberan bzw. nach Warnemünde möglich. Schließlich kam es Anfang der dreißiger Jahre nach der Schaffung neuer Betriebe im Gebiet östlich der Bahnlinie nach Warnemünde zur Anlage des eigentlichen Hansaviertels zwichen der gleichzeitig in ihrem nördlichen Abschnitt ausgebauten Wladimir-Iljitsch-Lenin-Allee und der Kopernikusstraße.

Kosegartenstraße

WOHNANLAGE Kosegartenstraße 1/12 sowie Babststraße 1/10, 12/15 und Engelstraße 9/12. 1928 im Zwickel zwischen zwei Bahntrassen nach Entwurf von Walter Butzek für die Gemeinnützige Wohnungsbaugenossenschaft errichtet. Zentrum der Anlage der intim wirkende Platz am östlichen Ende, in den die von Westen her schräg aufeinanderzulaufende Babststraße bzw. Engelstraße einmünden. Die in den Formen der Neuen Sachlichkeit errichteten Putzbauten an der Straßenseite mit zwei Voll- und einem hohen fensterlosen Dachgeschoß, rückseitig mit zurückgesetztem zweiten Obergeschoß in drei Stockwerken ausgebaut. Die Fassadengliederung sparsam, lediglich die Treppenhäuser durch vertikales Fensterband und der Eingang durch einfaches Vordach betont. Die westlichen Abschnitte der Engelstraße und die südliche Straßenfront der Babststraße später nach verändertem Konzept vollendet. Die Abfärbung und der Verputz der Bauten von 1928 inzwischen z.T. vom originalen Zustand abweichend erneuert.

Wladimir-Iljitsch-Lenin-Allee

Zwischen Platz der Jugend und Karl-Liebknecht-Straße verlaufender Straßenzug, von der Bahntrasse nach Warnemünde unterbrochen, überwiegend zwischen 1915 und Mitte der dreißiger Jahre bebaut. Die der Tradition der Rostocker Bauten der zwanziger Jahre folgenden Wohnbauten meist dreigeschossige schlichte Putzbauten mit Satteldächern und Gliederungen durch Risalite; durchlaufende Gesimse.
Von den öffentlichen Bauten erwähnenswert:
KLINIKKOMPLEX der Wilhelm-Pieck-Universität zwischen Ernst-Heydemann-Straße und Strempelstraße. Mehrere monumentale Putzbauten aus der Zeit nach 1914. Eines der typischen Gebäude die im nordwestlichen Bereich in zwei Etappen 1914/18 und 1926/30 nach Plänen von Franz Wachenhusen und Kurt Schifferdecker errichtete Chirurgische Klinik: Putzbau mit Pilastergliederung, hohem Mansarddach mit rundbogig übergiebelten Zwerchhäusern und halbrund vortretendem Hörsaalanbau.
HANSA-FILMTHEATER Wladimir-Iljitsch-Lenin-Allee 11/13, Ecke Waldemarstraße. Um 1935 errichteter rechteckiger Backsteinbau mit Walmdach. Dem Saalbau an der Südseite ein eingeschossiges Vestibül, nördlich ein polygonaler Funktionsbau angefügt. An den beiden Längsseiten über den Ein- bzw. Ausgängen jeweils allegorische Figuren, wohl von Margarete Scheel.
WOHN- und SPARKASSENGEBÄUDE Wladimir-Iljitsch-Lenin-Allee 26/28, Ecke Karl-Marx-Straße. 1934/35 nach Entwurf von Franz Nicolai und Bruno Wagner errichtet, durch die konvex gerundete Fassade der städtebaulichen Situation an der Kreuzung angepaßt, der dreigeschossige Mittelbau von überhöhten Treppenhausrisaliten einge-

faßt. Das Äußere durch Klinkerpartien und die Reliefs von Margarete Scheel in den Achsen über den Eingängen aufgewertet. An der Hofseite halbrund vorspringender Schalterraum.
Südlich von dem die Wladimir-Iljitsch-Lenin-Allee abschließenden Platz der Jugend, an der Tiergartenallee, die JOHANNISKIRCHE 1949/50 unter Verwendung von Otto Bartnings »Notkirchen«-Entwurf als Baugruppe in Backstein errichtet, die zwei im rechten Winkel zueinander stehenden Gebäude durch fünfgeschossigen Turm verbunden. Der westliche Flügelbau mit mehreren Funktionsräumen. Der größere Bau an der Südseite die Kirche mit dem für den »Notkirchen«-Entwurf typischen polygonalen Ostschluß und dem unterhalb der Dachtraufe umlaufenden Fensterband. Im Inneren die Konstruktion des Brettbinderdaches sichtbar. Zur Ausstattung gehörig ein ehemals in der Jakobikirche befindlicher Kelch, Silber vergoldet, 1714.
Südwestlich davon, jenseits der Bahntrasse nach Bad Doberan, der
NEUE FRIEDHOF Satower Straße 15. Angelegt 1910/11 nach Entwürfen von Stadtbaudirektor Paul Ehmig und Stadtgartendirektor W. Schomburg. Der Haupteingang flankiert von zwei eingeschossigen Putzbauten in barockisierenden Formen mit Walmdächern (Verwaltungs- bzw. Wärterhaus), das westliche mit kleiner Vorhalle hinter toskanischen Säulen. Die Feierhalle ein großer kirchenähnlicher Putzbau unter hohem Satteldach und Dachtürmchen, mit westlicher Apsis und östlicher Vorhalle sowie an drei Seiten umlaufendem Wandelgang. – Im mittleren Teil des Friedhofes das 1928 nach einem Entwurf von Gustav Berringer als Klinkerbau errichtete Krematorium. An der Außenfront Gedenktafel für 172 Opfer des KZ-Außenlagers Barth. – Ein Gedenkstein in Stelenform unweit des Haupteinganges an einem Massengrab für 64 Zwangsarbeiter aus mehreren europäischen Ländern. – Im jüngeren Teil des Friedhofes der 1967 für antifaschistische Widerstandskämpfer angelegte Ehrenhain der Sozialisten.

Reutershagen

Teil der westlichen Stadterweiterung. In den Jahren 1938/40 zunächst ein kleiner Bereich westlich des Schwanenteiches begonnen und bis 1948 fertiggestellt; das große Neubaugebiet in zwei Etappen errichtet, zunächst 1953/57 in geschlossener Randbebauung mit klassizierenden Gebäuden, anschließend 1957/61 in überwiegend offener Zeilenbebauung.

Wiener Platz

WOHNBEBAUUNG Wiener Platz und angrenzende Straßen. 1938/40 nach Entwurf von Hans Beggerow begonnener, erst 1948 vollendeter Komplex aus zwei- und dreigeschossigen Backsteinbauten. Die Platzgestaltung durch Kolonnaden sowie Erker und Giebel bereichert, die Nachbarstraßen meist zweigeschossig bebaut, die Häuser z.T. durch Portalrisalite mit barockisierenden Schweifgiebeln betont.

Ortsteile westlich der Warnow

Rostock-Biestow

BAUERNHAUS Am Dorfteich 14. Niederdeutsches Hallenhaus vom E. 18. Jh., die Umfassungswände des jetzt als Ferienhaus genutzten Dreiständerbaues z. T. massiv erneuert, das Tor zur Diele um ein Fach nach innen zurückversetzt.

PFARRGEHÖFT Bestehend aus dem Wohnhaus, einem siebenachsigen Fachwerktraufenhaus mit Krüppelwalmdach aus der 1. H. 19. Jh., einer Hallendielenscheune mit Halbwalmen vom E. 18. Jh. und dem ehem. Pfarrwitwenhaus mit Krüppelwalmdach vom A. 19. Jh., die Wände teilweise massiv erneuert.

DORFKIRCHE Zweijochige Hallenkirche mit eingerücktem Rechteckchor, in der 2. H. 13. Jh. als Feldsteinbau errichtet, Giebel, Kranzgesims sowie Portal- und Fenstereinfassungen in Backstein. Aus der Bauzeit der Kirche auch die Nordsakristei; die Chorsüdvorhalle nach M. 19. Jh. und der quadratische Westturm mit achtseitigem Helm 1912 errichtet, beide aus Backstein in neugotischen Formen.

Am Chor in ursprünglicher Gestalt die gestaffelte Dreifenstergruppe in der Ostwand und über doppeltem deutschem Band der mit zwei Reihen von Spitzbogenblenden, Rauten und vertieftem Kreuz geschmückte Giebel. Die beiden Giebel des Langhauses ebenfalls mit Blendengliederung, an der Westseite z.T. vom Turm verdeckt. In den Längswänden des Schiffes zwei zugesetzte abgestufte Spitzbogenportale. – Im Inneren der Chor wie auch die Nordsakristei mit kuppeligem Kreuzrippengewölbe. Im dreischiffigen Langhaus Rundpfeiler mit kräftig profilierten Scheidbogenarkaden, als Abschluß hölzerne Flachdecke.

Linke Seite: Rostock, Wohnbebauung am Wiener Platz

Rechte Seite: Rostock-Biestow, Dorfkirche, Ansicht von Südosten, mit Feldsteinmauer im Vordergrund

Die neugotische Ausstattung 1863 im Zusammenhang mit einer Instandsetzung der Kirche entstanden. Älter sind: Triumphkreuzgruppe 15. Jh., am Kreuz Evangelistensymbole und Rosetten. Zwei Pastorenporträts Eggebrecht †1715 und †1747. Drei Kelche mit Patenen,

Silber vergoldet, 1654, 1657 und 3. V. 17. Jh. Dose, Silber, A. 18. Jh. Löffel, Silber, 18. Jh. – Sechs Grabsteine, zwei 15. Jh., die übrigen 17./19. Jh.
Der die Kirche umgebende Kirchhof mit Feldsteintrokkenmauer.

Rostock-Diedrichshagen

BAUERNHÄUSER Ehem. Büdnerei Stolteraer Weg 1. Gebäude vom Hallenhaustyp, E. 18. Jh., mit tiefem Walm und ursprünglichem Tor an der Vorderseite, der Rückgiebel massiv erneuert. – Gehöft Stolteraer Weg 15. Dreiseithof in der Form des bäuerlichen Gutshoftyps, das E. 19. Jh. errichtete Wohnhaus bereits städtisch geprägt. An der Ostseite des Hofes Hallendielenscheune aus Fachwerk, 18. Jh., mit Halbwalmen auf Streben und Toreinschnitt. Die gegebenüberliegende Stallscheune ebenfalls 18. Jh. – Ehem. Landarbeiterkaten Stolteraer Weg 17. Stark erneuertes Hallenhaus in Fachwerk, 1. H. 19. Jh., vorn tiefer Walm mit Toreinschnitt, rückseitig Halbwalm auf Streben.

Rostock-Groß Klein

Ehem. BÜDNEREI Groten Enn 13. Queraufgeschlossener Backsteinbau mit rohrgedecktem, über der Toreinfahrt eingeschnittenem Krüppelwalmdach, um M. 19. Jh.

Rostock-Lichtenhagen

SÜHNESTEIN auf dem Lichtenhäger Brink. Stele mit rundem Kopfstück, Kalkstein, für den 1440 ermordeten Bernt Coppelow. Auf der Vorderseite eingeritztes Kruzifix und vierzeilige plattdeutsche Minuskelinschrift. Ursprünglicher Standort an der Straße von Rostock nach Warnemünde.

Rostock-Warnemünde

Im 13. Jh. an der Mündung der Warnow entstandene Fischersiedlung, seit 1323 im Besitz der Stadt Rostock, für die die Kontrolle der Flußmündung von lebenswichtiger Bedeutung war. Mit der Aufnahme des Badebetriebes im frühen 19. Jh. und nach Einführung der Gewerbefreiheit in Mecklenburg 1867 schneller Ausbau zu einem kleinstädtischen Ort.
Der Grundriß des Ortes bis zum A. 19 Jh. nur aus den zwei parallel zum Alten Strom verlaufenden Straßen Vörreeg und Achterreeg (heute Am Strom und Theodor-Körner-Straße) sowie mehreren sie verbindenden kurzen Querstraßen bestehend, an der Straße Am Strom auch die Vogtei als Verwaltungsgebäude der Stadt Rostock. Nahebei die 1871 durch einen Neubau im neuen Ortszentrum ersetzte Kirche. – In Strandnähe 1914/25 das Kurhaus er-

baut, hier auch in den letzten Jahrzehnten das Restaurant »Teepott« und das Hotel »Neptun« errichtet.
Die Anlagen zur Gewährleistung der Schiffahrt mehrfach verändert und erneuert, die Hafeneinfahrt 1903 mit der Aufnahme des Trajektverkehrs nach Gedser durch die Anlage des Neuen Stromes erweitert, abermals 1958/59 durch den Bau des Seekanals und der Ostmole für den neuen Überseehafen verändert.
KURHAUS Seestraße 18. 1914 begonnener, erst 1925 vollendeter Putzbau in den Formen der Neuen Sachlichkeit, die Entwürfe von Gustav Berringer und Walter Butzek. Das auf einen Terrassensockel gestellte Gebäude von dem hohen, mittig liegenden rechteckigen Saalbau geprägt. Diesem an der dem Strand zugewandten nördlichen Längsseite das von zwei halbrund vorspringenden Pavillons flankierte Restaurant mit begehbarer Dachterrasse vorgelagert, an der westlichen Schmalseite ein Vorbau mit dem Vestibül. Für das Äußere der Kontrast zwischen hellen Putzflächen und Partien mit dunklen Klinkerstreifen charakteristisch.

Linke Seite: Ansicht von Warnemünde, Lithographie um M. 19. Jh.

Rechte Seite: Rostock-Warnemünde, Leuchtturm; Galerie-Holländer-Mühle; Westmole mit Leuchtfeuer

LEUCHTTURM 1897/98 nach Entwurf von Hafenbaudirektor Kerner erbaut. Nach oben sich verjüngender zylindrischer Turm von fünf Geschossen, das weiße Klinkermauerwerk im unteren Teil mit grünglasierten Zierstreifen. In halber Höhe auf Kragarmen ruhende umlaufende Galerie mit gußeisernem Geländer, eine weitere Galerie am oberen Ende des Turmschaftes, darüber das verglaste Laternengehäuse mit verkupfertem Kuppeldach. Von den beiden Sockelgeschossen das untere mit Tonnenwölbung.

WESTMOLE Ein 541 m langer Steindamm, der 1903 unter Nutzung älterer Teile neu angelegt wurde. Am seeseitigen Ende das 1985 erneuerte LEUCHTFEUER, ein 13 m hoher zylindrischer Turm. – Die OSTMOLE jenseits des Hafens und der Warnow 1958/59 als 530 m langer Steindamm angelegt.

Ehem. VOGTEI (Verwaltung) Am Strom 59. Zweigeschossiger Putzbau von acht Achsen, um 1800 unter Einbeziehung von Teilen eines Vorgängerbaues von 1605 er-

richtet. In der Vorderfront Relief von 1605 mit dem von Löwen gehaltenen Rostocker Stadtwappen. Die Rückfront in Fachwerk. Von einem mittelalterlichen Vorgängerbau die erhaltenen Keller mit Kreuzrippengewölben. – Nahebei die Bahnhof östlich des Alten Stromes und Ort verbindende

DREHBRÜCKE, eine 1903 über dem Alten Strom errichtete Zweifeldbrücke mit Drehzahnkranz auf Mittelpfosten.

Ehem. WINDMÜHLE Mühlenstraße 44. Galerie-Holländer-Mühle von 1866. Über dem zweigeschossigen quadratischen Backsteinunterbau auf achtseitigem Sockelgeschoß der kräftig sich verjüngende hölzerne Mühlenrumpf, an der Haube obere Galerie. Seit 1936 als Motormühle betrieben. (Abb. S. 433)

WOHNHAUSBAU Ältere Wohnbauten, darunter die vom niederdeutschen Hallenhaus abzuleitenden Seitenflurhäuser, nur Am Strom und an der Theodor-Körner-Straße und ihren Querverbindungen. Seit dem 19. Jh. zahlreiche Gebäude massiv verblendet und verändert, im Zusammenhang mit dem sich entwickelnden Badebetrieb auch zahlreiche Villenbauten und Pensionen in den Formen der »Bäderarchitektur« errichtet.

Am Leuchtturm

Ehem. Pension Am Leuchtturm 6. Viergeschossiger Putzbau von fünf Achsen, wohl 3. V. 19. Jh., die Straßenfront ganz von den geschlossenen gußeisernen Veranden am Erdgeschoß und dem ersten und zweiten Obergeschoß geprägt.

Am Strom

Von der Wohnbebauung vom E. 18./1. H. 19. Jh. erhalten zahlreiche eingeschossige zwei- und dreiachsige Giebelhäuser in Fachwerk oder verputztem Backstein, bei letzteren vielfach der Giebelumriß geschwungen und durch Segmentbogenfeld oder Dreiecksgiebel abgeschlossen. Die Veranden-Vorbauten 19. Jh.

III. Querstraße

Von den Wohnbauten an der platzartig erweiterten kurzen Verbindungsstraße erwähnenswert mehrere zwei- bis vierachsige Fachwerkhäuser aus dem späten 18. bzw. 19. Jh.

Theodor-Körner-Straße

Überwiegend geschlossen erhaltene Wohnbebauung vom E. 18./1. H. 19. Jh., eingeschossige Fachwerkgiebelhäuser von zwei oder drei Achsen bzw. Putzbauten mit geschwungenen Giebeln. Gut erhaltene Beispiele u. a. die Häuser Nr. 16, 17 und das als Museum genutzte Haus Nr. 31. Hervorzuheben auch das Küsterhaus Theodor-Körner-Straße 119, ein Traufenhaus aus Fachwerk von sechs Achsen mit übergiebeltem zweiachsigem Zwerchhaus, 1. H. 19. Jh., die Hofseite massiv erneuert.

Linke Seite: Rostock-Warnemünde, Pension Am Leuchtturm 6

Rechte Seite: Rostock-Warnemünde, Wohnhaus Theodor-Körner-Straße 16; Wohnhaus Theodor-Körner-Straße 31 (Warnemünde-Museum); Wohnhäuser Am Strom (rechts oben und Mitte) und an der Theodor-Körner-Straße (rechts unten)

WARNEMUNDE-MUSEUM

PFARRKIRCHE 1866/71 nach Entwurf von Wilhelm Wachenhusen, Rostock, als kreuzförmiger neugotischer Backsteinbau mit polygonalem Ostschluß und vorgesetztem quadratischem Westturm errichtet. Die Portale in von Wimpergen bekrönten Wandvorlagen, darüber in den Querarmen große Fensterrosen und Stufengiebel mit steigenden Spitzbogenblenden. An den Schildgiebeln des Turmes Maßwerkfriese auf Konsolen, ähnlich der Schmuck des Schiffsostgiebels und der Trauffries am Chor und Schiff. – Im Inneren der Chor mit Kreuzrippengewölbe, das Schiff mit Holzdecke.
Die Ausstattung in ihren wesentlichen Teilen aus der alten Kirche übernommen:
Schnitzaltar von 1475, angeblich Danziger Arbeit. Im Schrein zwei Gruppen von Heiligen unter Maßwerkbaldachinen, links Christus und sechs männliche Heilige, rechts sieben weibliche Heilige. In den Kastenflügeln in zwei Reihen weitere Apostel- und Heiligenfiguren, auf den Flügelaußenseiten je drei gemalte Heilige. Über Schrein und Flügeln geschnitzter Blattkamm. Die Predella mit den gemalten Gestalten des Schmerzensmannes und vier weiblichen Heiligen. Davor Kruzifix 2. V. 15. Jh. – Kanzel mit Schalldeckel, 1591, am polygonalen Korb zwischen kannelierten Säulen von Pilastern gerahmte Blendarkaden mit bekrönenden Dreiecksgiebeln, in den Feldern gemalte Evangelisten.
Monumentale Schnitzfigur des hl. Christophorus, A. 16. Jh. – Gemälde, Noli-me-tangere-Darstellung, 18. Jh. Ehem. Altargemälde mit Kreuzigung, um 1870 von Gustav Stever. Zwei Pastorenporträts: J. Albinus † 1670; N. Bims † 1724.
Zahlreiche Oberteile von Gestühlswangen mit Inschriften und Hausmarken, 16./17. Jh., sechs davon von Hans Wegener 1585/92; eine weitere Gestühlswange mit der Re-

Linke Seite:
Rostock-Warnemünde, Pfarrkirche, Ansicht von Südosten, Schnitzfigur des hl. Christophorus

Rechte Seite:
Rostock-Warnemünde, Pfarrkirche, Schnitzaltar

lieffigur des hl. Nikolaus von 1667 jetzt am Lesepult. Fragment einer Gestühlsbrüstung, A. 17. Jh. Truhe 1620. Drei Kelche, Silber vergoldet, 1725, einer mit Patene. Kelch, Zinn, 18. Jh. Dose, Silber, 18. Jh. Kanne, Zinn, 1752. Leuchterpaar, Zinn, 18. Jh. Glocke 1434 von Rikkert von Mönchhagen.
Zwei Votivschiffe: Schnau um 1820, Vollschiff um 1885.

Ortsteile östlich der Warnow

Rostock-Dierkow

WINDMÜHLE Hölderlinweg. 1895 errichtete Ständer-Holländer-Mühle, auf dem achtseitigen massiven Sockelgeschoß sich nach oben verjüngender hölzerner Rumpf mit Haube. Die Windkraftanlage verloren. (Abb. S. 438)

Im GEMEINDEHAUS der Slütergemeinde Dierkower Damm 37 aus der Petrikirche in Rostock zwei Kelche, Silber vergoldet, 1713 und 1757, einer mit Patene.

Rostock-Gehlsdorf

WOHNHAUS Pressentiner Straße 23. Lehmstampfbau von 1802, das Rohrdach an den Giebeln abgewalmt.
Im GEMEINDEHAUS der St.-Michaelis-Gemeinde Uferstraße 4 aus der Dorfkirche in Toitenwinkel Triumphkreuzgruppe vom A. 16. Jh. sowie Leuchterpaar, Zinn, 1767.

Rostock-Hinrichshagen

Ehem. FORSTARBEITERKATEN (Gaststätte »Schinkenkrug«). Eingeschossiger Fachwerkbau mit rohrgedecktem Krüppelwalmdach, ehemals für vier Familien, 18. Jh., im 19. Jh. nach Westen verlängert und durch einen Flügel erweitert.

Rostock-Toitenwinkel

DORFKIRCHE Backsteinbau aus der 1. H. 14. Jh., dreijochige Basilika mit zweijochigem Rechteckchor von Mittelschiffsbreite. Bei einer Instandsetzung 1889 besonders die querhausartigen Anbauten am mittleren Schiffsjoch erneuert und zugleich der Westturm angefügt. Der Chor mit stark erneuerten zwei- und dreiteiligen Spitzbogenfenstern, umlaufendem Kaffgesims und einem von fialenartigen Türmchen begleiteten blendengegliederten Ostgiebel; Strebepfeiler. Am Langhaus nur die Seitenschiffsfenster spitzbogig, die Obergadenfenster segmentbogig geschlossen. An den Querarmen und am Turm neugotischer Baudekor.
Im Inneren der Chor mit Kreuzrippengewölben auf Eck- bzw. Wanddiensten; spitzbogiger Triumphbogen. Im Langhaus die Bündelpfeiler und profilierten Scheidbogenarkaden mittelalterlich, die hölzernen Decken von 1889. – Die 1889 freigelegten und stark restaurierten Wand- und Gewölbemalereien im Chor aus der 2. H. 14. Jh., beeindruckend wegen des reichen Bildprogramms und der Vollständigkeit der Ausmalung. Dargestellt sind an den Wänden in zwei Bildfriesen Szenen aus dem Alten Testament bzw. dem Leben Christi sowie die Gestalt

Linke Seite: Rostock-Dierkow, Ständer-Holländer-Mühle; Rostock-Toitenwinkel, Dorfkirche, Gewölbemalerei im Chor

Rechte Seite: Rostock-Toitenwinkel, Blick in den Chor

des hl. Christophorus auf dem zugesetzten Nordfenster. An der Chorostwand zwei Felder mit Wappen. In den Feldern der zwei Gewölbejoche Darstellungen aus der Passion Christi, ferner Jüngstes Gericht, Höllenrachen und Marienkrönung, in den Gewölbezwickeln Apostel und Heilige.

Schnitzaltar 2. H. 15. Jh. Im Schrein Kreuzigungsdarstellung mit acht Begleitfiguren sowie seitlich in zwei Reihen übereinander je sechs Apostel unter reichen baldachinartigen Maßwerken. In gleicher Anordnung in den Kastenflügeln insgesamt zwanzig Heiligenfiguren. Die Tafelmalereien der Flügelaußenseiten nur fragmentarisch erhalten; auf der Predella der von Engeln und den Kirchenvätern begleitete Schmerzensmann. Über Schrein und Flügeln Blattkamm. – Kanzel mit Aufgang, Rückwand und Schalldeckel, Sandstein und Holz, 1601. An dem mit ionischen Säulen besetzten polygonalen Korb in pilastergerahmten Halbrundnischen Reliefs des Salvators und der Evangelisten, am Lesebrett Pelikan. Aufgang und Schalldeckel mit Beschlagwerk. – Taufe, Stein, 4. V. 19. Jh., mit aufgelegtem Palmettendekor. – Orgel mit neugotischem Prospekt, 1889 von Friedrich Friese, Schwerin.

Patronatsgestühl 1601, achitektonisch gegliedert und mit Beschlagwerkdekor. Drei Pastorenporträts: J. Fahrenhorst †1671; M. Roehpke †1675; C. Schultetus †1709. Zwei

Kelche mit Patenen, Silber vergoldet, 17. Jh. und 1796. Dose, Silber, 1652. Deckelkanne, Silber, 1864. Zwei Klingelbeutel 19. Jh.
Epitaph S. v. Stralendorf, Sandstein, 1625. Architektonischer Aufbau mit von Kompositsäulen gerahmtem Relief des Jüngsten Gerichtes, darüber Ädikulaaufsatz mit von Frauengestalten flankiertem Inschriftmedaillon, zuoberst Caritasfigur. Reicher Dekor aus Ohrmuschel- und Knorpelwerk, Masken und Wappen. Epitaph Moltke von 1660, nur das mittlere Tafelbild mit der Kreuzigungsgruppe und den Töchtern der Stifter erhalten. – Drei Grabsteine v. Moltke, 1564, 1574 und 1621.
Der Kirchhof von Feldsteintrockenmauer umgeben, der südliche Eingang ein Backsteinportal aus dem 15. Jh. mit segmentbogiger Pforte und spitzbogiger Tordurchfahrt, letztere von Pfeilervorlagen mit tabernakelartig ausgebildeten Kleeblattbogennischen begleitet. Die Zinnenbekrönung über der Durchfahrt durch ein vertieftes Putzband betont.

Linke Seite: Rostock-Toitenwinkel, Dorfkirche, Schnitzaltar

Rechte Seite: Rostock-Toitenwinkel, Dorfkirche, Kanzel, Epitaph S. v. Stralendorf; Kirchhofsportal

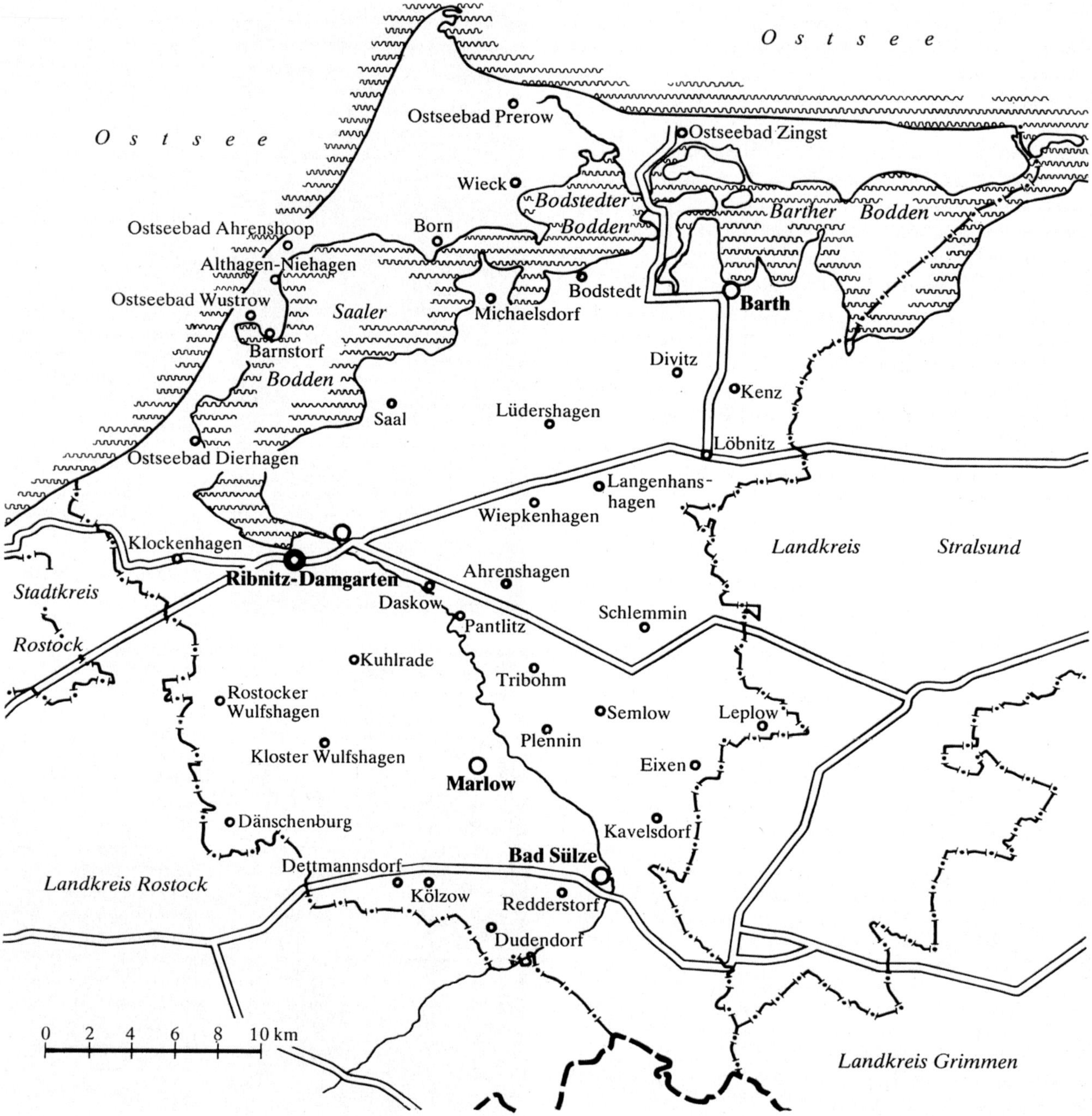

Ostsee
Ostsee
Ostseebad Prerow
Ostseebad Zingst
Wieck
Bodstedter
Bodden
Barther
Bodden
Ostseebad Ahrenshoop
Born
Althagen-Niehagen
Bodstedt
Ostseebad Wustrow
Saaler
Michaelsdorf
Barth
Barnstorf
Divitz
Bodden
Kenz
Saal
Lüdershagen
Löbnitz
Ostseebad Dierhagen
Langenhans-
hagen
Wiepkenhagen
Klockenhagen
Landkreis
Stralsund
Ribnitz-Damgarten
Ahrenshagen
Stadtkreis
Daskow
Schlemmin
Pantlitz
Rostock
Kuhlrade
Tribohm
Rostocker
Wulfshagen
Semlow
Leplow
Plennin
Kloster Wulfshagen
Eixen
Marlow
Dänschenburg
Kavelsdorf
Bad Sülze
Dettmannsdorf
Landkreis Rostock
Kölzow
Redderstorf
Dudendorf
0
2
4
6
8
10 km
Landkreis Grimmen

Landkreis Ribnitz-Damgarten

Ahrenshagen

DORFKIRCHE Rechteckiges Schiff mit eingezogenem quadratischem Chor und niedrigem eingezogenem Westturm. Ältester Teil der quadratische Feldsteinchor aus der 2. H. 13. Jh., mit Backsteinportal an der Nordseite. Das dreijochige Schiff in Backstein 15. Jh., sein abgetrepptes Nordportal mit Krabbenschmuck über dem äußeren Spitzbogen, seitlich von zwei schmalen vertikalen Vorlagen gerahmt; unter der Traufe Reste eines Maßwerkfrieses. Wohl ebenfalls 15. Jh., jedoch nicht im Verband mit dem Schiff, der quadratische Westturm, im Unterteil Feldsteinmauerwerk z. T. aus großen Blöcken zusammengefügt, das nur wenig über die Traufe des Schiffes geführte Obergeschoß in Backstein zusammen mit dem abschließenden Walmdach von 1752. – Im Inneren der Chor mit kuppeligem, der Bauzeit des 13. Jh. angehörendem Kreuzrippengewölbe und spitzbogigem Triumphbogen. Das Schiff mit Balkendecke. Von einer Restaurierung im 19. Jh. die gotisierenden Holzmaßwerke

Ahrenshagen, Dorfkirche, Inneres nach Osten und Außenansicht von Nordwesten

der Fenster. Am Chorgewölbe 1968 freigelegte Ausmalung aus dem 2. V. 14. Jh., Marienkrönung und typologisch aufeinanderbezogene alt- und neutestamentliche Szenen. In der Chornordwand Sakramentsnische mit ursprünglicher Holztür, 15. Jh.
Kanzelaltar mit Altarschranken um M. 18. Jh. Das Sokkelgeschoß mit Abendmahlsgemälde, das von Doppelsäulen und zwei allegorischen weiblichen Figuren gerahmte Hauptgeschoß mit Kanzelkorb auf Konsole und Engelköpfchen, der Schalldeckel in das verkröpfte Gebälk eingefügt. Als oberer Abschluß zwischen anbetenden Engeln Wolkengloriole mit Auge Gottes. An den Chorseitenwänden Patronatsloge M. 18. Jh., mit geschnitzten Wappenbekrönungen, und Pastorengestühl 16. Jh., die Brüstung mit Rundbogenarkaden. Gemeindegestühl 18. Jh. Orgel mit neugotischem Prospekt von 1845, das Werk von Schulze, Paulinzella, 1904 durch Grüneberg, Stettin, erweitert. Triumphkruzifix E. 15. Jh. Drei Schnitzfiguren, Christus und zwei Heilige, 15. Jh. Vier Kabinettscheiben (ehemals in Pantlitz), M. 17. Jh., mit Wappen und Reiterdarstellung.
Kelch und Patene, Silber, 1742. Kelch, Silber, 1. H. 19. Jh. Zwei Dosen, Silber, 1. H. 18. Jh. und 1. H. 19. Jh. Kelch, Patene und Dose, Silber, 1746 (ehemals in Pantlitz). Kanne, Silber, 1. H. 19. Jh. (ehemals in Pantlitz). Kruzifix, Zinn, 1786. Taufschale, Messing, 1721. Zwei Schalen, Messing, 1714. Leuchterpaar, Bronze, 18. Jh. Glocke 1899 von Voß, Stettin. – Grabplatte A. E. und E. M. v. Weltziehn 1739. Zwei Wappenepitaphien (ehemals in Pantlitz): H. J. v. Mörder † 1699, zentrale Wappendarstellung in reich geschnitztem Akanthusrahmen (beschädigt); A. C. v. Mörder, um 1702, Wappenschild mit reich geschnitztem Akanthusrahmen.
Auf dem Kirchhof mehrere Grabplatten und Grabstelen, z. T. beschädigt, 18./19. Jh.

Ahrenshoop, Ostseebad

Das Dorf um 1760 an der ehem. Landesgrenze von Vorpommern zu Mecklenburg entstanden, seine hinter dem Strand bzw. auf Dünen gelegenen älteren Häuser im 18./19. Jh. überwiegend von Fischern und Schiffern bewohnt. Ab 1880 bevorzugt von bildenden Künstlern aufgesucht, ihre der Landschaft angepaßten, aber in den Strukturen nicht bodenständigen Häuser besonders zahlreich in der 1884 parallel zum Strand angelegten Dorfstraße.
Von den älteren Gebäuden an den Seitenwegen zum Strand erwähnenswert das WOHNHAUS Am Strom 6, ein vierachsiges massives Traufenhaus mit rohrgedecktem Krüppelwalmdach und verbretterten Giebeln, wohl um 1800 erbaut. Ähnlich das aus M. 19. Jh. stammende WOHNHAUS Grenzweg 9 (sog. »Deichhaus«).
Aus der Zeit der Künstlerkolonie hervorzuheben:
WOHNHAUS Dorfstraße 26. 1896 errichteter eingeschossiger Fachwerkbau mit mittlerem Zwerchhaus, die Straßenfront und das Zwerchhaus mit dekorativem Fachwerk, die Seitengiebel verbrettert. Vor der Tür Schutzdach auf geschnitzten Pfosten.
Ehem. MALSCHULE »Haus Lucas« Dorfstraße 35. 1894 von dem Maler Müller-Kaempff errichtet; das zweigeschossige Traufenhaus mit verbrettertem Obergeschoß und einem turmartigen Anbau an der Straßenfront, seitlich Obergeschoßerker. In jüngster Zeit verändert.
KUNSTKATEN Strandweg 2. 1909 errichtetes, nach Brand 1977 erneuertes Ausstellungsgebäude mit Krüppelwalmdach und geschnitzter Haustür im Stil der älteren Fachwerkgebäude des Westdarß.
DORFKIRCHE 1951 nach Entwurf von Hans-Hardt Hämer errichteter hölzerner Dreigelenkbinder-Bau mit tief herabgezogenem Rohrdach und verglaster Westwand. Die einheitliche Ausstattung 1951/54 von Doris Oberländer-Seeberg. – Älter sind: Kelch und Patene, Silber, E. 18. Jh. Dose, Silber, um 1800. Taufschale, Messing, 1725.

Althagen (Ortsteil von Ahrenshoop)

Im Dorf zwischen Landstraße und Bodden mehrere ältere Gehöfte:
Sog. DORNENHAUS Bernhard-Seitz-Weg 3. Niederdeutsches Hallenhaus wohl vom A. 19. Jh., die Fachwerkwände z. T. massiv erneuert und das Innere des jetzt als Kindergarten genutzten Gebäudes stark umgebaut. Am Nordgiebel auf Kopfbändern vorgekragter Walm.
BAUERNHÄUSER; Hauptstraße 33. Niederdeutsches Hallenhaus vom A. 19. Jh., straßenseitig das Wohnende

mit auf Kopfbändern vorgekragtem Walmdach, an der Rückfront Dielentor, Kübbung und Stallanbau. In jüngster Zeit verändert. – Hauptstraße 20. Ursprünglich niederdeutsches Hallenhaus vom A. 19. Jh., erhalten nur der straßenseitige Wohnteil mit verbretterten Wänden.

Barnstorf (Ortsteil von Wustrow)

BAUERNHÄUSER Im Ort mehrere rohrgedeckte Fachwerkbauten, u. a. Hof II, Durchgangshaus aus der 1. H. 18. Jh., im 19. Jh. der Wohnteil erweitert und Vorderkübbungen in Backstein angefügt.

Barth

Die Stadt unmittelbar am Barther Bodden um M. 13. Jh. angelegt, 1255 lübisches Stadtrecht. Von annähernd kreisförmigem Grundriß mit gitterförmigem Straßennetz und großem rechteckigem Marktplatz, westlich von diesem die Marienkirche. Eine Burg der pommerschen Herzöge wohl seit dem frühen 14. Jh. im nordöstlichen Teil der Stadt vorhanden, um 1575 von Bogislaw XIII. zu einem Renaissanceschloß ausgebaut, im 18. Jh. abgetragen, an seiner Stelle 1733 das Adlige Fräuleinstift errichtet. Die ältere Bausubstanz der Wohnbauten durch mehrere Brände vernichtet, die heutige Bebauung überwiegend aus dem 18. und 19. Jh.

STADTBEFESTIGUNG Von der wohl seit dem späten 13. Jh. errichteten ehem. Stadtmauer als einziger Rest im südöstlichen Bereich ein runder Backsteinturm (Fangelturm) erhalten, vermutlich 14. Jh., in jüngster Zeit zur Schulsternwarte ausgebaut. Von den ehem. vier Toren erhalten das

DAMMTOR Quadratischer Backsteinbau um M. 15. Jh. Das Erdgeschoß mit spitzbogiger Durchfahrt, das aufgehende Mauerwerk ungegliedert, am obersten Geschoß an jeder Seite durch einen auf Konsolen ruhenden Erker und am Ansatz des achtseitigen Pyramidendaches durch übereck gestellte Zwerchhäuser betont. (Abb. S. 446)

WOHNBAUTEN Die ein- bzw. zweigeschossigen Fachwerk- oder Massivbauten des 18./19. Jh. meist ohne architektonischen oder künstlerischen Aufwand gestaltet, in Trauf- wie auch in Giebelstellung zur Straße. Erwähnenswerte Einzelbauten: Papenstraße 10, zweigeschossiger Fachwerkbau von fünf Achsen, um 1700, in jüngster Zeit stark verändert. Klosterstraße 4, eingeschossiger Putzbau von sechs Achsen, um 1800, der Eingang mit Pilasterrahmung, in jüngster Zeit verändert. Klosterstraße 13, zweigeschossiger Fachwerkbau von fünf Achsen, M. 19. Jh., zwischen Erd- und Obergeschoß profiliertes Gesims, die Haustür mit geschnitzter Rahmung.

SPEICHER Badstüberstraße. Um 1800 als dreigeschossiger Ziegelfachwerkbau in Traufenstellung errichtet, straßenseitig in der Mitte des Daches vorgekragtes übergiebeltes Zwerchhaus mit Lastenaufzug. Das Erdgeschoß A. 20. Jh. massiv erneuert. (Abb. S. 446)

Althagen, sog. Dornenhaus Bernhard-Seitz-Weg 3; Barth, Ansicht der Stadt aus der Vogelperspektive, Kupferstich um M. 17. Jh.

Ehem. Adliges FRÄULEINSTIFT (Wohnungen). 1733 von dem schwedischen König Friedrich I. gestiftet. Der rechteckige Stiftskomplex mit umlaufender Backsteinmauer, in der der Stadt zugewandten westlichen Längsseite Toreinfahrt, das rundbogige Portal von flachem Dreiecksgiebel mit Inschrift von 1741 und dem von Löwen gehaltenen schwedischen Königswappen bekrönt. Ausgedehnte Dreiflügelanlage aus eingeschossigen verputzten Backsteinhäusern, lediglich der dem Tor gegenüberliegende, die Längsseite betonende Mittelbau aufwendiger gestaltet durch hohes abgewalmtes Mansarddach mit achtseitiger Laterne und durch die zweigeschossigen übergiebelten Mittelrisalite, an der Hofseite weit vorspringend und mit dreiseitig geöffneter Unterfahrt. Im Inneren zweiläufige hölzerne Treppe mit schlichtem barockem Geländer. – Auf dem dem ehem. Stift benachbarten Platz der Freiheit

SOWJETISCHES EHRENMAL nach Entwurf von Reinhard Schmidt, 1966, Betonwand mit Flachrelief von zehn Soldaten, daneben Inschrift.

STADTKIRCHE St. Marien. Stattlicher Backsteinbau, sechsjochige Hallenkirche mit einschiffigem Rechteckchor und hohem quadratischem, von Seitenhallen begleitetem Westturm, im wesentlichen frühes 14. Jh., der Turm

15. Jh. – Ältester Teil der gestreckte Rechteckchor von zwei Jochen, wohl noch im ausgehenden 13. Jh. begonnen; seine Ostwand mit diagonal gestellten Strebepfeilern und großem Maßwerkfenster, der Giebel darüber mit gestaffelten Blenden. Zeitlich unmittelbar anschließend das dreischiffige Hallenlanghaus von sechs Jochen. Sein Äußeres mit dreigeteilten Spitzbogenfenstern und abgetreppten Strebepfeilern, die Portale im Norden und Süden mit tiefen, reich profilierten Gewänden; umlaufendes Kaffgesims, unter der Traufe Kleeblattbogenfries. Der Langhaus-Ostgiebel mit steigenden zweiteiligen Blenden, darüber, auf dem First des hohen Satteldaches, barocker Dachreiter mit Laterne. Dem 15. Jh. gehören an die beidseitig das westliche Chorjoch flankierenden einjochigen Anbauten sowie die an der Nordseite anschließende zweijochige Sakristei, vor allem aber der massige quadrati-

Linke Seite: Barth, Torturm des ehem. Dammtores von der Feldseite, dahinter der Turm der Stadtkirche; Speicher in der Badstüberstraße; ehem. Adliges Damenstift

Rechte Seite: Barth, Stadtkirche, Inneres nach Westen und Ansicht von Südosten

sche, an der Nord- und Südseite von zweijochigen Seitenhallen begleitete Turm. Das Westportal, das in die hohe Turmhalle führt, mit reicher Profilierung, die Turmobergeschosse mit Blendenreihen, die vier Schildgiebel ebenfalls mit Blendenschmuck. Der achtseitige kupferverkleidete Spitzhelm von der Restaurierung um 1870, gleichzeitig auch der Außenbau insgesamt stark übergangen.

Im Inneren alle Raumteile mit Kreuzrippengewölben, im Langhaus auf Achteckpfeilern und reich profilierten Scheidbögen. Im östlichen Joch des südlichen Seitenschiffes Rest der mittelalterlichen Gewölbemalerei mit Darstellung des Jüngsten Gerichtes, wohl 15. Jh.

1856/63 Ausgestaltung des Inneren unter Leitung von Friedrich August Stüler in neugotischen Formen: die Wandflächen im Chor unterhalb der Fenster einheitlich durch spitzbogige Arkaden mit Maßwerkfüllungen sowie brüstungsartigen Fries aus Maßwerkfeldern verkleidet, dabei die flankierenden Anbauten des westlichen Chorjoches zu Kapellen mit darübergelegenen Emporen umgestaltet. Die reiche gotisierende Ausmalung von Carl Gottfried Pfannschmidt setzt in der Fensterzone diese Dekoration fort, im östlichen Chorjoch mit den zwölf Aposteln unter Wimpergen, in der Leibung des Triumphbogens mit Auferstehung und Anbetung des Kindes. Im Langhaus gehören zum Stülerschen Umbau die zweigeschossige Orgelempore und die Emporen in den Seitenschiffen.

Gleichzeitig mit der Neugestaltung 1856/63 die Hauptausstattung ebenfalls nach Entwürfen von Stüler: Altar mit großem Kruzifix unter steinernem neugotischem Ziborium, als Figurenschmuck Evangelisten und Engel. Kanzel, Sandstein, der Korb auf einem bündelpfeilerartigen Fuß mit Knospenkapitellen, der hölzerne Schalldek-

Barth, Stadtkirche, Chorinneres mit Altar und Ziborium; Bronzetaufe

Barth, Stadtkirche, Kelch von 1629, Deckelhumpen, Kronleuchter von 1589, zwei Reliefgruppen aus einem ehem. Altarschrein

kel mit Maßwerkschmuck, Fialen und bekrönendem Türmchen. Orgelprospekt, das Werk 1821 von Carl August Buchholz, Berlin, 1896 von Grüneberg erweitert. Gestühl. – Glasmalerei im Ostfenster, um 1895 von Müller, Quedlinburg, segnender Christus in Mandorla.
Ältere Ausstattung: Taufe, Bronze, E. 14. Jh., achtseitiger Kessel auf geschwungenem Fuß und gestützt von vier Trägerfiguren. An der Kesselwandung in zwei Reihen unter spitzbogigen Doppelarkaden oben Verkündigung und Marienkrönung sowie die zwölf Apostel, unten Heimsuchung und Noli-me-tangere-Szene sowie Heilige. – Opferkasten in Truhenform, 1739. Lesepult M. 18. Jh.
Zwei Kelche, Silber, um 1500 und 1. H. 18. Jh., der ältere mit gravierten Heiligenfiguren und plastischer Kreuzigungsgruppe am Sechspaßfuß. Zwei Kelche mit Patenen, Silber vergoldet, 1629 und E. 17. Jh., der ältere mit durchbrochenem Knauf und Cherubköpfchen an der Fußzarge. Krankenkelch, Patene und Dose, Silber, 2. H. 18. Jh. Patene, Silber, 1747. Zwei Kelche und Patenen, Zinn, 18. Jh. Krankenkelch, Zinn, 18. Jh. Dose, Silber, 1646. Deckelkanne, Silber, 1632, der zylindrische Körper mit gepunztem Ornament, auf dem Deckel Figürchen. Deckelhumpen, Silber vergoldet, um 1640, die Wandung mit reicher ornamentaler und figürlicher Treibarbeit (weibliche Tugenden). Taufschale, Messing, 1692, mit reichem Blatt- und Blütenornament, Leuchterpaar, Zinn, 1731. Zwei Kronleuchter, Bronze, von Domenicus Slodt: 1589, mit Vogel Greif am Tragring und Seejungfrauen an den Voluten der Arme; 1590, am Tragring bärtiger Mann. Zwei Kronleuchter, Bronze, E. 17. Jh., mit Doppeladlern. Glocke 1910, Faksimileguß nach einer Glocke von 1620. Zahlreiche Grabsteine 15. bis 17. Jh., z. T. stark abgetreten, erwähnenswert: U. Bukow † 1497 und N. Smalensee † 1513, Grabstein für zwei Geistliche mit Ritzzeichnung; unbekannt 15. Jh., mit plattdeutscher Inschrift; unbekannt 1565; C. Kümmelberg 2. H. 17. Jh.
Kirchenbibliothek. Etwa 4000 Inkunabeln und Druckschriften, begründet im 15. Jh., die Kataloge von 1704, 1795 und 1882/90.

Kirchengeschichtliche Sammlung in der südlichen Turmhalle. Mittelalterliche Schnitzwerke, ursprünglich in der Hospitalkapelle St. Jürgen: Anna selbdritt 14. Jh. Zwei Kruzifixe M. 14. Jh. und 2. H. 15. Jh., das jüngere 1708 restauriert. Gnadenstuhl 1. H. 15. Jh. Hl. Martin 15. Jh. Weibliche Heilige 15. Jh. Zwei Reliefgruppen anbetender weltlicher und geistlicher Personen aus einem Altar, A. 16. Jh. Madonna im Strahlenkranz E. 15. Jh.

Linke Seite: Barth, Stadtkirche, Brüstungsteile einer ehem. Kanzel vom E. 16. Jh., Epitaph der Herzogin Clara von Pommern, Christus mit Kreuz und zwei Grisaillegemälde von einem ehem. Kanzelaltar

Rechte Seite: Barth, Spitalkapelle St. Jürgen, Ansicht von Südosten

Von einer Kanzel vom E. 16. Jh.: vier Tafelbilder mit Porträts u. a. der um die Reformation in Barth verdienten Pfarrer Jacob Runge und Johannes Block, über den Bildern Muschelnischen mit reliefierten Evangelisten und deren Symbolen, ehemals am Kanzelkorb, sowie vier Tafelbilder mit Bildnissen von Barther Pastoren (J. Doxius †1582, J. Soldano †1586, J. Cretzow †1589 und J. Albinus, um 1580), ehemals am Kanzelaufgang.
Von einem im Zusammenhang mit einer Kirchenerneuerung 1816/20 geschaffenen Kanzelaltar nach Entwurf von

Johann Gottfried Quistorp, Greifswald, erhalten: Christus mit Kreuz, Schnitzfigur von 1820 nach Entwurf von Gottfried Schadow, Berlin, ehemals Bekrönung des Kanzelaltars; acht Szenen aus dem Leben Christi, 1822 gemalte Bilderfolge von Gottlieb Christian Johannes Giese, Greifswald, ursprünglich an Kanzelkorb und Altar angebracht; zwei Grisaillegemälde mit jeweils zwei Aposteln, ebenfalls von Giese, ursprünglich an den den Altarbereich seitlich eingrenzenden Schranken. (Vier weitere dazugehörige Grisaillegemälde mit Evangelisten heute in der Hospitalkapelle St. Jürgen.)

Gemälde: Salome vor Herodes 18. Jh. Trauernder Hiob 1797. Zwei ovale Porträts eines Ehepaares, 1. H. 17. Jh. Porträt C. Kümmelberg M. 17. Jh. Porträt D. Schramm †1725. Porträt J. Metzger †1794. Porträts König Friedrich I. von Schweden und Königin Ulrike Eleonore von Schweden, 2. V. 18. Jh. Porträt J. J. Spalding, 1777 von Anton Graff (Kopie), in reichem Rahmen. – Kupferstiche: Lavater, Hesse und Füßli bei Spalding in Barth, 1763 von Heinrich Füßli; Ansicht des Schlosses Barth, E. 18. Jh. von Anton Heinrich Gladrow und Meno Haas.

Zwei Vela: Leinwand mit Stickerei, 1738; Seide mit Silberstickerei, 1794. Altardecke, Samt mit aufgesticktem Kruzifix und Maria Magdalena, 1688.

Zwei große Truhen mit Halbsäulengliederung, Hermen, Putten, Beschlagwerkdekor und Wappenmalerei, um 1600. Truhe mit gewölbtem Deckel, um 1700. Nummerntafel mit geschnitzter Bekrönung, 1791. Opferstock in Vasenform, 1720. Zwei Wandleuchter, Bronze, 1588 von Domenicus Slodt. Glocke 1730 von Joachim Metzger, Stralsund.

Epitaph der Herzogin Clara von Pommern, Sandstein, 1579, wohl niederländischer Herkunft. Lebensgroße Relieffigur der Verstorbenen in rundbogiger Nische, seitlich kannelierte Halbsäulen, darüber Inschriftarchitrav und Dreiecksgiebel; reiches Beschlagwerkornament.

HOSPITAL St. Jürgen, Sundische Straße, ehemals vor der Stadtmauer außerhalb der Stadt. Von der Spitalkapelle der zweijochige Chor mit fünfseitigem Schluß erhalten, Backstein 15. Jh., mit Strebepfeilern. Das Innere flachgedeckt. Vier Grisaillegemälde mit Evangelisten, um 1820 von Gottlieb Christian Johannes Giese, ursprünglich für die Ausgestaltung des Altarbereiches der Marienkirche geschaffen (s. oben); Leuchterpaar, Messing, um 1700. – An der Stelle des Kirchenschiffes im 18. Jh. Errichtung des Hospitalgebäudes, eines zweigeschossigen Putzbaues von fünf Achsen unter Satteldach. Im Inneren Treppe mit geschnitztem Geländer, in beiden Geschossen Küchen mit offenen Herdglocken.

ALTER FRIEDHOF Sundische Straße. Das Portal von 1819, Backstein mit Putzbänderung; rundbogige Durchfahrt mit Pilasterrahmung, abgeschlossen durch Dreiecksgiebel über Architrav. – Grabstätte des Landschaftsmalers Louis Douzette (1834–1924), mit Reliefmedaillon.

MAHN- und GEDENKSTÄTTE für die Opfer des KZ-Außenlagers Barth, südlich der Stadt an der Westseite der Straße Barth–Löbnitz, angelegt im Bereich des ehem. Arbeitslagers 1965/66 nach Entwurf von Dietrich Zahn und Lothar Görner. Dominante der aus Stahlbetonfertigteilen errichtete Turm, seine Seitenflächen aus durchbroche-

nen, ornamental verwendeten VdN-Symbolen. Dahinter Massengrab mit acht Grabplatten und Betonwand mit vier Reliefplatten aus Bronze nach Entwürfen von Jo Jastram, Rostock, mit Darstellungen zur Geschichte des Lagers.

Bodstedt (Ortsteil von Fuhlendorf)

DORFKIRCHE Kleiner Backsteinbau A. 15. Jh. Zweijochiges Schiff mit dreiseitigem Chorschluß; dreiteilige spitzbogige Fenster über Kaffgesims und Strebepfeiler. Etwa gleichzeitig der Anbau der ehem. Wallfahrtskapelle an der Nordseite (im 15. Jh. Wallfahrtsort für St. Oswald). 1786 Erweiterung nach Westen um ein drittes Joch, wohl aus dieser Zeit auch die vegetabilische Malerei der hölzernen Balkendecke im Inneren. Von der geplanten mittelalterlichen Einwölbung nur die Wandvorlagen und Schildbögen ausgeführt. An der Nordwand Reste vegetabilischer Wandmalerei aus der 2. H. 15. Jh.

Altaraufsatz 1741. Architektonischer Aufbau, im Hauptfeld zwischen Pilastern und Säulen zwei weibliche allegorische Figuren und Abendmahlsgemälde, über dem gesprengten Giebel plastische Darstellung der Verklärung Christi. Kanzel mit Portal und Aufgang sowie Schalldeckel, um 1700. Der von Engelfigur gestützte pilastergegliederte Korb mit Gemälden der Evangelisten, am Aufgang gemalte Darstellungen von Christus mit den Emmausjüngern und Jakobs Traum von der Himmelsleiter. Westempore um 1800; neugotischer Orgelprospekt, das Werk von F. A. Mehmel, Stralsund. Taufstein, Granit, 13./14. Jh., nur die Kuppa erhalten. Lesepult E. 17. Jh., als Stütze Engelfigur. Tafelbild, Taufe Christi, 2. H. 16. Jh. Porträt P. Schmidt † 1741. – Kelch, Patene und Dose, Silber, 1816. Krankenkelch, Patene und Dose, Zinn, 18./19. Jh. Leuchterpaar, Messing, 1680. Glocke 1846 von Simon Zach, Stralsund. – Epitaphgemälde der Familie Flemming, 1682, im Mittelfeld Halbfiguren des Ehepaars unter Kruzifix. Votivschiff, Vollschiff, um 1925.

Auf dem Kirchhof Grabplatte C. Kasten † 1789 und Stele mit Segelschiff 1. H. 19. Jh.

Born

Die Anlage des langgestrecken Ortes mit der durchgehenden, mehrfach gewundenen Hauptstraße (Chausseestraße) folgt der Küstenlinie. Während im östlichen Teil des Ortes lediglich kurze Seitenwege von der Chausseestraße abzweigen, sind die Häuser im Westteil haufenförmig auf Dünen angeordnet. Ältere Gebäude von um 1800 sind die

BÜDNEREIEN Grüner Winkel 3, in jüngster Zeit stark verändert, und Nordstraße 29, ein an den Giebelseiten verbretterter Fachwerkbau mit rohrgedecktem Krüppelwalmdach.

Die FISCHERHÄUSER während des gesamten 19. Jh. vom Typ her nicht verändert, zumeist fünfachsige massive oder in Fachwerk errichtete Traufenhäuser mit rohr-

gedeckten Krüppelwalmdächern und Querflur. Dazu gehören die Häuser Chausseestraße 17 und 45, beide M. 19. Jh., Nr. 54, datiert 1859, Nr. 58, M. 19. Jh., und Nr. 79, mit geschnitzter Haustür; Pumpenort 9, 1. H. 19. Jh., mit geschnitzter Haustür an der Rückfront und seitlich stehendem Holzschuppen; Rosengang 1 und 2, beide M. 19. Jh.; Südstraße 7, 1881, mit offener Herdglocke in der Küche, Nr. 11, M. 19. Jh., Nr. 35, um 1870, und Nr. 93, um M. 19. Jh.; Nordstraße 29, 1. H. 19. Jh.
OBERFÖRSTEREI Chausseestraße 64. Hofanlage mit mehreren Gebäuden, das Wohnhaus von 1771, ein eingeschossiger Putzbau mit Putznutung und Krüppelwalmdach, in jüngerer Zeit stark verändert.
DORFKIRCHE Rohrgedeckter Holzbau nach Entwurf von Hopp und Jäger, 1934/35, das Innere mit Tonnengewölbe. – Kelch, Silber, 1656.

Linke Seite: Barth, Mahn- und Gedenkstätte für die Opfer des KZ-Außenlagers Barth

Rechte Seite: Bodstedt, Dorfkirche, Ansicht von Südosten und Inneres nach Osten (oben links und rechts); Born, ehem. Fischerhäuser Nordstraße 29 und Chausseestraße 58

WINDMÜHLE am Mühlenberg. Ständer-Holländer-Mühle, wohl E. 19. Jh. Auf einem massiven Sockel der sich nach oben verjüngende achtseitige Rumpf und die Haube. Die Windkraftanlage verloren.

Damgarten s. Ribnitz-Damgarten

Dänschenburg (Ortsteil von Gresenhorst)

DORFKIRCHE Rechteckiger Feldsteinbau um M. 13. Jh., mit Rücksprungportalen und Zwillingsfenstern in gemeinsamer Blende. Der querrechteckige Westturm von Schiffsbreite wohl kurze Zeit später vorgesetzt, sein Feldsteinmauerwerk nur wenig über die Schiffstraufe geführt; Fachwerkabschluß von 1732 durch verbretterten quadratischen Turmaufsatz unter Pyramidendach sowie seitliche Pultdächer. Der Ostgiebel des Schiffes in der 2. H. 19. Jh. erneuert. – Das Innere mit hölzerner Flachdecke, ursprünglich war zweijochige Einwölbung vorgesehen. Altaraufsatz 1722, architektonischer Aufbau mit von Säulen gerahmtem Kreuzigungsgemälde im Hauptgeschoß, seitlich Freifiguren von Spes und Fides, darüber Auferstehungsbild und Wolkengloriole mit Auge Gottes, dazu reiches Akanthusornament. Kanzel mit Aufgang und Schalldeckel, 1725, am Korb zwischen Akanthusvoluten in rundbogigen Ornamentnischen Figuren des Salvators und der Evangelisten, der Deckel mit Cherubköpfen und Strebenkrone. Taufständer 2. H. 19. Jh. Neugotischer Orgelprospekt 2. H. 19. Jh. Schnitzfigur, Anna selbdritt, A. 16. Jh. Tafelbild, Tod Mariae, A. 16. Jh., wohl stark verändert. Vier Leuchter, Zinn, 1695, 1729 (Paar) und 1731. Glocke 1421 von Rickert von Mönchhagen.

Linke Seite: Dänschenburg, Dorfkirche, Ansicht von Norden, Kanzel

Rechte Seite: Kölzow, Dorfkirche, Ansicht von Nordwesten; Dierhagen, Dorfkirche, Ansicht von Südwesten

Daskow

Ehem. GUTSHAUS (Verwaltung). Zweigeschossiger Putzbau von elf Achsen mit abgewalmtem Mansarddach, um 1905. An der Hofseite flacher dreiachsiger Mittelrisalit mit Lünettengiebel, davor ein von ionischen Säulen getragener Altan. Unter den Obergeschoßfenstern Putzspiegel mit aufgelegten Festons.

Dettmannsdorf-Kölzow

Dettmannsdorf

Ehem. GUTSHAUS (Wohnungen). Zweigeschossiger Putzbau von sechs Achsen, um 1870 in Neurenaissanceformen errichtet. An der Hofseite Portal mit Ädikula, die westlichen drei Achsen durch eingeschossigen polygonalen Vorbau und hohen Giebel betont.

Kölzow

DORFKIRCHE Feldsteinbau um M. 13. Jh., rechteckiges Schiff mit eingezogenem Rechteckchor. Im Schiff jeweils drei schmale spitzbogige Fenster und spitzbogiges Südportal, im Chor Dreifenstergruppe in der Ostwand und rundbogiges Rücksprungportal aus Backstein an der Südseite, mit eingestellten Rundstäben. Der vorgesetzte quadratische Westturm wohl spätmittelalterlich, auf dem Feldsteinunterbau Fachwerkobergeschoß und achtseitiger Helm aus dem 18. Jh., gleichzeitig vermutlich der Chorgiebel erneuert. – Im Inneren der durch Triumphbogen abgesetzte Chor mit achtrippigem Kuppelgewölbe, das Schiff mit hölzerner Tonne. Im Chor und an den Schiffswänden 1983/85 Ausmalung aus der 2. H. 13. Jh. freigelegt und restauriert, mit allegorischen Szenen und Einzelfiguren sowie Ornamenten und Architekturmotiven. Altaraufsatz 1736, architektonischer Aufbau mit Abendmahlsrelief in der Sockelzone, im Hauptfeld von Säulenpaaren flankierte Kreuzigungsgruppe, zwischen den Säulen Petrus und Paulus, im Oberteil von Strahlen umgebene Sonne, als Bekrönung Auferstandener zwischen anbetenden Engeln. Kanzel mit Aufgang und Schalldeckel, 1783; am Korb vier Evangelistenfiguren und üppiges Akanthusschnitzwerk. Westempore auf geschnitzten Pfosten mit Schuppenmuster und Seilwerk, A. 16. Jh., die Brüstung mit Pilastergliederung 17. Jh. Zweiteiliger Sakristeiverschlag A. 18. Jh. Mehrere Ge-

stühlswangen 18. Jh. – Zwei Kelche mit Patenen, Silber vergoldet, 1720 und 1740. Kelch, Silber, 18. Jh. Dose, Silber, 1733. Taufschale, Messing versilbert, 1856. Leuchterpaar, Silber, 1876.

Dierhagen, Ostseebad

WOHNHAUS Strandstraße 33. E. 18. Jh. errichteter Fachwerkbau mit rohrgedecktem Walmdach, der Südwalm vorkragend. Umfassungswände z. T. massiv erneuert.

DORFKIRCHE Rechteckiger Backsteinbau von 1850, in romanisierenden Formen. Die Westseite von Pfeilervorlagen eingefaßt, der Giebel mit steigendem Treppenfries. Das rundbogige Westportal und die Fensterrose darüber in flacher Nische; das den rundbogigen Nischenschluß umgreifende Gesims setzt sich an den Längsseiten als Fenstergesims fort und schließt den Bau wirkungsvoll zusammen (Abb. S. 455). Der Dachturm mit spitzem Pyramidenhelm wohl jünger. Das Innere mit Flachdecke, die einheitliche Ausstattung aus der Erbauungszeit. Ältere Ausstattungsstücke: Kruzifix 15. Jh. (ehemals in Ribnitz), an den Kreuzenden Vierpässe mit Evangelistensymbolen. Votivschiff, Fregatte, 1813, vermutlich nach einem Modell von 1779 angefertigt. Fünf Leuchter, Zinn, 1580, 1689, 1694, 1741 und 1751. Glocke um 1500.

Divitz

Ehem. SCHLOSS (Wohnungen). Ursprünglich mittelalterliche Wasserburg, der Ringgraben erhalten, die jetzigen Baulichkeiten wohl sämtlich nachmittelalterlich. Der Nordflügel um M. 16. Jh. als zweigeschossiger Putzbau errichtet, sein nach Norden gewendeter Giebel über deutschem Band von zwei großen flachen Rundbogenblenden und von Kreisblenden belebt, die durch Viertelkreise verbundenen Staffeln von Pfeilern bekrönt; ähnlich auch der Giebel der seitlich anstoßenden Durchfahrt. Das Innere im Erdgeschoß mit Kreuzgratgewölben und Treppenspindel. Der rechtwinklig anschließende zweigeschossige Ostflügel in der 1. H. 18. Jh. wohl in zwei Etappen errichtet, an der Hofseite mit zehn Achsen, die Fassaden mit rustizierten Gebäudekanten und Lisenengliederung. Zwei doppelläufige Freitreppen, über den beiden Portalen rundbogige Wappenreliefs von 1729 und 1743. An der südlichen Längsseite ein zweigeschossiger Anbau mit Krüppelwalmdach, 19. Jh.

Südlich des Schlosses großer Landschaftspark mit Teichen, um 1820/30, in der Grundstruktur erhalten.

Dudendorf

Ehem. GUTSHAUS (Wohnungen). Zweigeschossiger rechteckiger Putzbau aus der 2. H. 19. Jh., an der Hofseite zwei unterschiedlich ausgebildete übergiebelte Seitenrisalite, an der westlichen Schmalseite viergeschossiger Rundturm mit leicht geschwungenem Kegeldach, dazu mehrere verandenartige Ausbauten. Ursprünglich wahrscheinlich die gesamte Fassadengliederung im Stil schlichter Tudorgotik gehalten, wie sie die Erdgeschoßfenster noch erkennen lassen.

Eixen

DORFKIRCHE Rechteckiger Feldsteinbau mit Nordsakristei, die architektonischen Details der spitzbogigen Fenster und Portale sowie die Giebel aus Backstein, um M. 13. Jh. errichtet. In der Ostwand gestaffelte Dreifenstergruppe, in den Längswänden jeweils zwei Zwillingsfenster, ihre Leibungen außen und innen mit eingelegten Rundstäben. Ähnlich gebildet auch die Gewände der beiden Rücksprungportale an der Südseite, ihre Bogen-

schlüsse durch Läuferschichten betont. Besonders reich geschmückt der Ostgiebel: über deutschem Band in zwei Reihen mehrteilige Rundbogenblenden sowie an den Giebelschrägen Rautenblenden, dazu in der oberen Reihe in der Mitte Kreuzblende mit aufgelegtem Kreuz. Der Sakristeigiebel ähnlich gestaltet, aber schlichter. – Das Innere mit geputzter Flachdecke, von der geplanten Einwölbung in zwei Jochen nur die auf Kopfkonsolen ruhenden Schildbögen ausgeführt. In der Sakristei kuppeliges Kreuzrippengewölbe.

Altaraufsatz. Ursprünglich hier der jetzt an der Nordwand aufgestellte, um 1530 entstandene Schnitzaltar, der A. 17. Jh. durch Ohrmuschel- und Knorpelwerkrahmung sowie kleine Kreuzigungsgruppe mit Paulus und Johannes Bapt. und durch das dreiteilige Predellenbild mit Abendmahl, Anbetung der Könige und Gethsemane bereichert wurde. Wohl in der 1. H. 18. Jh. der Schrein mit den Kastenflügeln herausgelöst, an seiner Stelle seitdem die Gemälde mit Kreuzigung, Auferstehung und Himmelfahrt, dadurch die zu dem Schnitzaltar um 1530 gehörenden Standflügel mit ganzfigurigen Heiligenbildern verdeckt. Der herausgelöste, gesondert an der Nordwand aufgestellte Schrein mit den Kastenflügeln zweigeteilt, in der oberen Zone Marienkrönung, in der unteren St. Georg im Kampf mit dem Drachen, dazu seitlich und in den Kastenflügeln Heilige, auf den Flügelaußenseiten Tafelbilder mit St. Georg und St. Dorothea; der sehr bewegte Gewandstil der Schnitzarbeiten in Nachfolge der Güstrower Domapostel, von guter Qualität auch die Tafelbilder.

Kanzel mit Aufgang, Portal und Schalldeckel, 1744 von Michael Müller aus Stralsund. Am Korb zwischen Akanthusvoluten Figur des Apostels Johannes und Engelputten, am Portal Petrus, der Schalldeckel mit Putten und

Linke Seite: Divitz, ehem. Schloß

Rechte Seite: Eixen, Dorfkirche, Ansicht von Osten und Inneres nach Osten

Auferstandenem; reicher Schnitzdekor. Taufe, Kalkstein, 13. Jh. Orgel mit neugotischem Prospekt von 1850. Sechs Kabinettscheiben mit figürlichen Darstellungen, M. 17. Jh., eine datiert 1649. An die Kanzel angeschlossen vergittertes Pfarrergestühl 18. Jh., die Brüstung mit Pilastergliederung und Blendarkaden, von der ursprünglichen figürlichen Bemalung nur ein Feld erhalten. Ehem. Patronatsloge 18. Jh. Kastengestühl im Schiff 17./18. Jh., Emporen 19. Jh. – Zwei Kelche und Patenen, Silber, 1729 und 1757. Kelch, Zinn, 1725. Kelch und Deckelkanne, Silber, 1. H. 19. Jh. Dose, Silber, 18. Jh. Taufschale, Messing, 1661. Klingelbeutel 1749. Leuchterpaar, Bronze, 1772 von Schwerdtmann, Stralsund.

Linke Seite: Eixen, Dorfkirche, Schnitzaltar geöffnet (oben) und geschlossen (unten), mit Tafelbildern des hl. Georg und der hl. Dorothea

Rechte Seite: Kenz, ehem. Wallfahrtskirche, Inneres nach Osten

Kavelsdorf

Ehem. GUTSHAUS (Wohnungen). Eingeschossiger Putzbau von elf Achsen mit Mansarddach, M. 19. Jh., an der Hofseite flacher zweigeschossiger Mittelrisalit von drei Achsen, mit Dreiecksgiebel. Die ursprüngliche Putzgliederung beseitigt.

Kenz

Ehem. WALLFAHRTSKIRCHE Stattlicher fünfjochiger Backsteinbau mit polygonalem (5/10) Ostschluß und zweijochiger Nordsakristei, der Westturm zu einem Drittel in das Schiff einbezogen, im 1. V. 15. Jh. erbaut. Das Äußere schlicht, die Umfassungswände über einem Sokkel aus großen Feldsteinblöcken ganz flächig gehalten: Strebepfeiler nach innen gezogen, die spitzbogigen Fenster wie eingeschnitten in das Mauerwerk. Unter dem Hauptgesims glasierter Maßwerkfries, die westlichen

Auf dem Kirchhof frei stehender Glockenstuhl, die Glocke 1911 von Voß, Stettin. Grabstein C. Grapentin † 1754. Stele H. Freimann † 1741. Schmiedeeisernes Grabkreuz 19. Jh.

Linke Seite: Kenz, ehem. Wallfahrtskirche, Glasmalereien (Ausschnitt) in einem Fenster des Chorpolygons, Altaraufsatz

Rechte Seite: Kenz, ehem. Wallfahrtskirche, Triumphkruzifix, Hostienteller mit Abendmahlsdarstellung

Halbgiebel mit gestaffelten Blenden. An der Südseite großes Spitzbogenportal. Der schlanke Turm mit rundbogig geschlossener Portalnische, darüber große Spitzbogenblende, die beiden Obergeschosse mit reicher Blendengliederung und Maßwerkfriesen. Abschluß durch Schildgiebel und achtseitigen Helm.

Das geräumige Innere mit Kreuzrippengewölben auf den nach innen gezogenen, die Fenster als flache Wandnischen umgreifenden Strebepfeilern. Die ornamentalen und figürlichen Teile der Gewölbemalerei um 1895 nach Resten aus der 2. H. 15. Jh. neu geschaffen. Um 1895 auch die Emporen. (Abb. S. 459) – Umfangreiche Reste mittelalterlicher Glasmalereien in den Fenstern der fünf Polygonseiten, 1. Drittel 15. Jh., 1895 stark ergänzt, 1952 und 1976 restauriert. Szenische (u. a. Marienleben, Kreuzigungsgruppe) und figürliche (Heilige, Stifter) Darstellungen in Architekturrahmungen, dazu zahlreiche Wappen, in der Zusammenstellung verändert.

Altaraufsatz 1697 von Thomas Phalert, Stralsund. Ursprünglich dreigeschossiger architektonischer Aufbau mit Gemälden und Ohren mit reichem Akanthusornament, das bekrönende Himmelfahrtsbild 1895 entfernt und gesondert aufbewahrt; als Hauptbild Abendmahl, darüber Kreuzigung, in den Ohren Christus als Schmerzensmann und als Weltenrichter, als figürlicher Schmuck Spes, Fides und drei Engel. Kanzel mit Aufgang und Schalldeckel, um 1700, als Trägerfigur Moses, auf dem Schalldeckel Salvator, der Korb wohl um 1800 vereinfacht. Taufe, Kalkstein, M. 13. Jh., an der Kuppa Blendarkatur. Neugotischer Orgelprospekt, das Werk 1864 von Schulze, Paulinzella.

Triumphkruzifix A. 15. Jh., das Auflagekreuz mit reichem Krabbenschmuck und gemalten Evangelistensymbolen. Kruzifix (ehemals in Prohn, Ldkr. Stralsund) 1. H. 18. Jh., wohl von Elias Keßler, Stralsund. Lebensgroßes Gemälde Martin Luthers mit Schwan, 17. Jh. Kabinettscheibe mit Jakobs Traum von der Himmelsleiter, 1616. Opferstock in Balusterform, 18. Jh.

Zwei Kelche, Silber, 1711 und 1745, der jüngere mit Patene. Krankenkelch und Patene, Silber, A. 19. Jh. Dose, Silber, E. 17. Jh., mit reichem getriebenem Blattwerk, auf dem Deckel Darstellung von Kain und Abel. Zwei Kannen, Silber, 1834. Hostienteller, Silber, A. 13. Jh., auf dem Rand gravierte Halbfiguren von Engeln und Ornamente, in der Mitte vertiefter Dreizehnpaß mit Halbfiguren von Christus und den Jüngern beim Abendmahl, im Zentrum Agnus Dei. Neben drei Majuskelinschriften eine vierte außen in arabisch-kufischer Schrift. (Abb. S. 461)
Kenotaph für Herzog Barnim VI. von Wolgast † 1405, zum Gedächtnis wohl bald nach seinem Tode entstanden. Hölzerner Schrein, die Giebel und der First des satteldachartigen Oberteils mit geschnitzten Krabben, die Dachflächen zu öffnen, im Inneren die liegende Schnitzfigur des Herzogs in Zeittracht. Die farbige Fassung der Figur stark ergänzt. Wandepitaph für Herzog Barnim VI., Stiftung des Herzogs Philipp II. 1603, Sandstein, wohl von Rudolf Stockmann. In der Mitte gerahmtes Inschriftfeld, im Ädikulaaufsatz Reliefbüste des Herzogs, im Unterhang das von Wilden Männern gehaltene neunteilige pommersche Wappen. Beschlagwerkrahmung mit figürlichem Dekor. Drei Grabplatten, 2. H. 16. Jh. und 1692.
Auf dem Kirchhof an der Westseite der Kirche vier Grabplatten des 18. Jh.

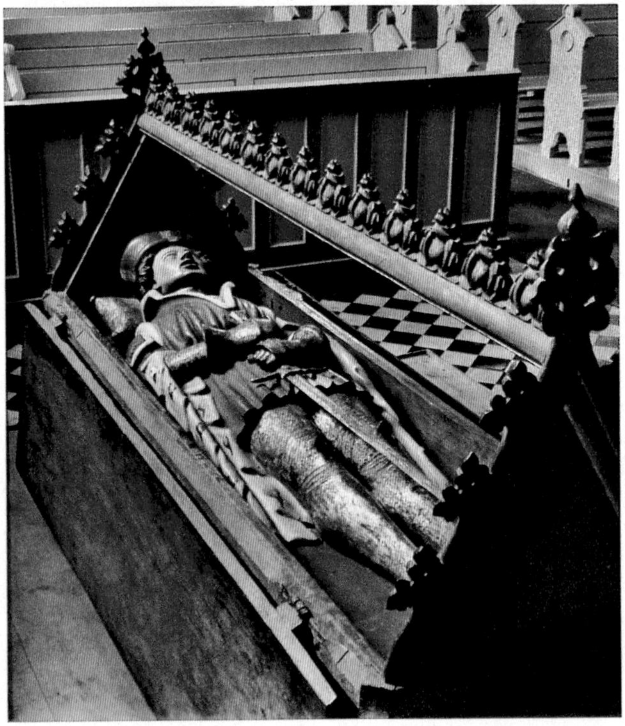

Kenz, ehem. Wallfahrtskirche, Kenotaph (links) und Epitaph (rechts) für Herzog Barnim VI. von Wolgast

Klockenhagen

FREILICHTMUSEUM Ausgangspunkt für das Freilichtmuseum der 1970 als »Denkmalhof« eröffnete Hof Klockenhagen IX: niederdeutsches Hallenhaus mit abgewalmtem Rohrdach und straßenseitiger Dieleneinfahrt, um 1700 als Durchgangshaus errichtet, um 1800 an der Rückseite Anbau mit Küche, Stube und Altenteilerwohnung. M. 19. Jh. Schornsteineinbau. Stallscheune, um 1800, rohrgedeckter Dreiständerbau. Ziehbrunnen (Sod), der Brunnenschacht mit Feldsteinauskleidung, oberirdisch als Schutz Bohlenverkleidung. Am gegabelten Pfosten Schwingrute mit Schöpfeimer.
Seit der Einrichtung des Freilichtmuseums im Jahre 1973

mehrere denkmalwerte Objekte der Volksarchitektur nach Klockenhagen umgesetzt:
Niederdeutsches Hallenhaus (ehemals in Strassen, Ldkr. Ludwigslust, Bez. Schwerin). 1671 errichtet, Fletthaus mit rohrgedecktem Krüppelwalmdach, am Dielenende Giebeltrapez mit dekorativer Fußbandreihung, am hinteren Ende Wohnteil.
Tagelöhnerkaten (ehemals in Völkshagen, Ldkr. Ribnitz-Damgarten). Niederdeutsches Hallenhaus aus der 1. H. 18. Jh., Durchgangshaus, zu seiten der Diele die beiden Wohnungen, an der Dieleneinfahrt Kübbungen mit Stallungen.
Tweipottkaten (ehemals in Stäbelow, Ldkr. Rostock). Niederdeutsches Hallenhaus des 18. Jh., Dreiständerbau mit abgewalmtem, am Dielenende eingeschnittenem Rohrdach. Die Diele in der Mitte quergeteilt und von beiden Seiten aus durch Türen erschlossen; seitlich Wohnungen und Ställe.
Abseitenquerhaus (ehemals in Lütten Klein, Stkr. Rostock). 1806 errichtet, das rohrgedeckte Haus mit vorgekragten Halbwalmen, im Wohnteil Hinterflurküche, die Querdiele rückseitig mit Durchgangstür.
Torscheune. Kopie nach dem 1764 in Rostock-Biestow errichteten Original, mit rohrgedecktem Walmdach, die Durchfahrt im letzten Fach, daneben rundbogig geschlossene Fußgängerpforte und Gefach mit dekorativ ausgesägten Zierbrettern.
Backhaus (ehemals in Sievershagen, Ldkr. Rostock). 1794 errichtet, am rückwärtigen Ende unter dem Krüppelwalm überkuppelter Backofen.
Spritzenhaus (ehemals in Völkshagen, Ldkr. Ribnitz-Damgarten). Rechteckiger Fachwerkbau mit hartgedecktem, leicht überstehendem Walmdach, wohl A. 19. Jh., an den Schmalseiten zweiflügeliges Tor bzw. Tür.
Bockwindmühle (ehemals in Groß Ernsthof, Ldkr. Wolgast). 1795 errichtet, auf dem hölzernen Bock drehbares verbrettertes Gehäuse mit Haube und Flügelkreuz. Die technische Ausstattung weitgehend erhalten.

Kloster Wulfshagen (Ortsteil von Brünkendorf)

DORFKIRCHE Rechteckiger Fachwerkbau um 1800, im Westen mit niedrigem verbrettertem Turm unter Pyramidendach. Das Innere mit hölzerner Flachtonne. Die Rechteckfenster gotisierend unterteilt. – Schnitzaltar um 1500, in den Kastenflügeln und den Seitenfeldern des Schreines zwölf Reliefs mit Szenen zur Mariengeschichte und Passion Christi. Die ursprünglichen Darstellungen im Mittelteil des Schreines A. 18. Jh. durch zwei von Akanthusschnitzwerk gerahmte Medaillons mit Gemälden des Abendmahls und der Auferstehung ersetzt, aus

Kloster Wulfshagen, Dorfkirche, Kanzel; Klockenhagen, Freilichtmuseum, ehem. Hof Klockenhagen IX

der gleichen Zeit auch der obere Abschluß mit einem von Engeln gehaltenen Himmelfahrtsgemälde und Krone. Kanzel mit Schalldeckel E. 17. Jh., der Aufgang um 1800. Am schlanken Korb zwischen kannelierten Pilastern diamantquadergerahmte Arkaden in zwei Reihen übereinander, mit Wappenmalerei, am Deckel Obelisken und Palmettenaufsätze. Ehem. Patronatsloge, Pastorenstuhl und Gemeindegestühl, E. 18. Jh. – Kelch, Silber, 1776. Patene, Silber, 18. Jh. Zwei Leuchter, Zinn, 1647 und 1652. Glocke 1652.

Kölzow s. Dettmannsdorf-Kölzow

Kuhlrade

DORFKIRCHE Rechteckiger, im Osten dreiseitig geschlossener Fachwerkbau, 1. H. 18. Jh., an der Südseite kleine übergiebelte Vorhalle. Der massive blendengegliederte Westgiebel um M. 19. Jh., gleichzeitig der schlanke verbretterte Dachturm mit achtseitigem Spitzhelm sowie die gotisierenden Maßwerke der Fenster. – Einheitliche neugotische Ausstattung ebenfalls um M. 19. Jh. Kelch, Silber, 1713. Patene und Dose, Silber, 1747. Krankenkelch und Patene, Silber, 1816. Zwei Leuchter, Zinn, 1645 und 1659. Glocke 1681 von Hans Schuster und Hans Sudrow.

Langenhanshagen (Ortsteil von Trinwillershagen)

DORFKIRCHE Feldsteinbau aus der 1. H. 14. Jh. Rechteckiges Schiff und eingezogener, polygonal geschlossener Chor mit Strebepfeilern, in den oberen Teilen aus Backstein. Aus Backstein auch die Portale und die Fenster sowie die Giebel, der westliche mit drei gestaffelten Maßwerkblenden im ursprünglichen Zustand, der östliche verändert. – Im Inneren der Chor mit Kreuzrippengewölbe, das Schiff mit Bretterdecke; Triumphbogen.
Schnitzaltar 2. H. 15. Jh., im Schrein Kreuzigungsgruppe, seitlich und in den Kastenflügeln Heilige, die gemalten Heiligenfiguren auf den Außenflügeln wohl im 19. Jh. ergänzt; das von Pilastern eingefaßte bekrönende Feld und die durchbrochene Ornamentrahmung A. 17. Jh. Kanzelkorb A. 17. Jh., die Brüstung mit Blendarkaden zwischen Hermenpilastern und reichem Beschlagwerkornament. Orgel mit neugotischem Prospekt von 1879, das Werk von Grüneberg, Stettin. Inschriftenkartusche zwischen Putten, ehemals Bekrönung eines Beichtstuhls, 18. Jh. Kelch, Silber, 1740. Dose, Silber, 1765.
Auf dem Kirchhof frei stehender Glockenstuhl, die Glocke 1704 von Paul Roth.
GEDENKSTEIN an die Opfer des Todesmarsches aus dem KZ Barth.

Leplow (Ortsteil von Ravenhorst)

DORFKIRCHE Rechteckiger Feldsteinbau um M. 13. Jh., an der Nordseite ein spitzbogiges Rücksprungportal. Die schmalen Spitzbogenfenster und der Ostgiebel im 18. Jh. umgestaltet. Das Innere mit hölzerner Flachdecke. – Leuchterpaar, Gußeisen, 1. H. 19. Jh.

Löbnitz

Ehem. POSTHAUS (Verwaltung). Backsteinbau, nach M. 19. Jh. im Rundbogenstil errichtet. Fünfachsiger Mittelbau von zwei Geschossen, seitlich flankiert von leicht eingezogenen eingeschossigen Flügeln von zwei Achsen;

flache Satteldächer. Die Ecken des Mittelbaues wie auch der Flügel an der Straßenseite durch schlanke, über der Dachtraufe zinnenkranzartig abgeschlossene Achtecktürmchen betont, ähnlich auch die vor den Eingängen angelegten Altane eingefaßt. Der Terrakottadekor am Traufgesims und den Altanen größtenteils verloren.
Ehem. GUTSHAUS (Wohnungen). Eingeschossiger Putzbau von sieben Achsen mit Krüppelwalm-Mansarddach, E. 18. Jh., die Mittelachsen mit übergiebelten Zwerchhäusern. – Englischer Landschaftspark 1. H. 19. Jh.

DENKMAL zur Erinnerung an den Aufenthalt von Ernst Moritz Arndt 1787 bis 1805 in dem elterlichen Haus in Löbnitz, 1965 nach Entwurf von Wilhelm Löber.

Lüdershagen

PFARRHAUS Eingeschossiger Fachwerkbau von acht Achsen mit Krüppelwalmdach, M. 18. Jh.
DORFKIRCHE Stattlicher Backsteinbau, zweischiffiges Langhaus mit eingezogenem, polygonal geschlossenem Chor und quadratischem Westturm, 2. H. 13./1. H. 14. Jh. Ältester Teil das Langhaus, 2. H. 13. Jh., durch die Strebepfeiler und die lanzettförmigen Zwillingsfenstergrup-

Linke Seite: Kuhlrade, Dorfkirche, Ansicht von Osten

Rechte Seite: Langenhanshagen, Dorfkirche, Außenansicht von Südwesten und Blick in den Chor; Löbnitz, ehem. Posthaus, Ansicht der Straßenseite

Linke Seite: Lüdershagen, Dorfkirche, Ansicht von Südosten

Rechte Seite: Lüdershagen, Dorfkirche, Inneres nach Westen

pen von vornherein auf dreijochige Einwölbung angelegt. Reiche Einzelformen: Portale im mittleren Joch mit profilierten Gewänden, am südlichen aus glasierten Steinen, Traufgesims aus Kleeblattbogenfries, am Ostgiebel steigende Blenden. Wohl aus der gleichen Zeit der quadratische Westturm, sein Obergeschoß und der achtseitige Helm von 1909. Der zweijochige Chor mit Polygonschluß (5/10) sowie die Nordsakristei 1. H. 14. Jh., ebenfalls mit Strebepfeilern besetzt. Gleichzeitig seine Kreuzrippengewölbe sowie wohl auch die Rippengewölbe des Langhauses eingebracht, zweischiffig über zwei Rundpfeilern, im mittleren Joch als Kreuzgewölbe, im östlichen und westlichen Joch als halbierte Sterngewölbe gebildet. Reste von Wand- und Gewölbemalereien aus dem 14. Jh.: am Chorgewölbe Gnadenstuhl mit Maria und Johannes Bapt. sowie zwei Heiligen, im Langhaus in einer der tiefen Fensternischen Ritterfigur.

Einheitliche Ausstattung von 1863 in neugotischen Formen: Altaraufsatz, Kanzel und Orgelprospekt auf hufeisenförmiger Empore. – Von der älteren Ausstattung erhalten: Schlichte Taufe, Kalkstein, 14. Jh. Zwanzig Kabinettscheiben mit Genreszenen, Heiligen, Zitaten und Namen, 17. und 18. Jh., darunter dreizehn Scheiben von 1724 und zwei von 1756. Zwei Porträtgemälde,

Linke Seite: Marlow, Stadtkirche, Ansicht von Südosten

Rechte Seite: Marlow, Pfarrhaus Bei der Kirche 9; Rathaus

B. Rütze † 1725 und J. Rütze † 1768. Zwei Kelche mit Patenen, Silber, 1. H. 18. Jh. und 1806. Patene und Dose, Silber, 1823. Krankenkelch und Patene, Silber, 1823. Glocke 1866 von Eduard Zach. Grabplatte 16./17. Jh.

Marlow

STADTANLAGE und WOHNBAUTEN Die Stadt vor M. 13. Jh. auf Höhenrücken am westlichen Rand des Urstromtales der Recknitz angelegt, an der Vereinigung von zwei Landstraßen zur Paßstraße über die Recknitz nach Pommern. Kleine Ackerbürgerstadt mit dreieckigem Marktplatz und Stadtkirche westlich davon; wenige Nebenstraßen. Die Bebauung überwiegend ein- und zweigeschossige Giebel- und Traufenhäuser in Fachwerk oder massiver Bauweise aus dem späten 18. und 19. Jh. Erwähnenswerte Einzelbauten: Bei der Kirche 8, ehem. Küsterhaus, 1776 als eingeschossiges Fachwerkgiebelhaus von vier Achsen errichtet, die Details in jüngerer Zeit verändert. Bei der Kirche 9, Pfarrhaus, zweigeschossiger Fachwerkbau von sechs Achsen mit Krüppelwalmdach, A. 19. Jh., die Tordurchfahrt in der linken äußeren Achse.

RATHAUS 1862 erbaut. Neugotischer Putzbau in zwei Geschossen mit spitzbogigen Fenstern, abgeschlossen von umlaufendem Zinnenkranz mit Eckfialen; flaches Walmdach. An der achtachsigen Marktfront die mittleren zwei Achsen als flacher Risalit ausgebildet und vor dem Dach in ein quadratisches Türmchen ausklingend, dieses ebenfalls von Fialen mit Kreuzblumen eingefaßt und von achtseitiger Spitze bekrönt; vor dem Portal Altan auf Spitzbogenarkaden.

STADTKIRCHE Backsteinbau vor und um M. 13. Jh. aus ursprünglich basilikalem Schiff und quadratischem, gerade geschlossenem Chor, der Turm erst 15. Jh. Von vorzüglicher Bildung und wohl der älteste Teil der Chor, über profiliertem Sockel mit Ecklisenen, Rundbogenfries und blendengegliedertem Ostgiebel sowie gestaffelten Dreifenstergruppen in allen drei Seiten, die der Ostseite besonders hervorgehoben durch eingelegte glasierte Rundstäbe; spitzbogiges Nordportal ebenfalls mit Rundstäben. Das zweijochige Schiff schlichter gehalten, die Fenster paarweise geordnet. Die Seitenschiffe später abgetragen, die rundbogigen Arkadenöffnungen, jeweils zwei in einer Jochseite, zugesetzt. Der im 15. Jh. in Schiffsbreite vorgebaute quadratische Westturm mit blendengegliedertem Glockengeschoß, sein Abschluß durch achtseitigen Helm mit kupferverkleideten Schildgiebeln.

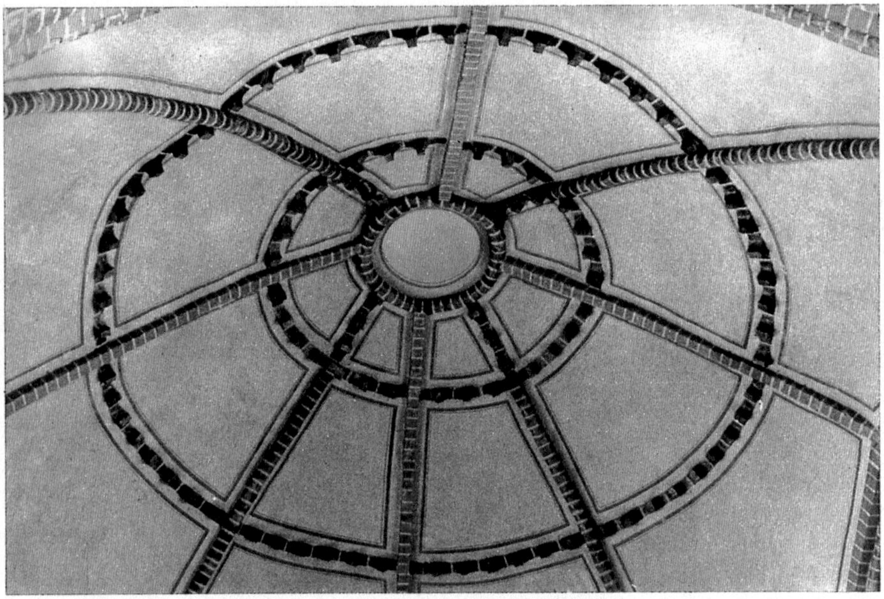

Marlow, Stadtkirche, Gewölbe im Chor (Aufnahme um 1955)

Das Innere bestimmt durch die westfälisch beeinflußten Gewölbe: im Chor achtrippiges Kuppelgewölbe, der Scheitelring von zwei weiteren konzentrischen Ringen umgeben, in den beiden Schiffsjochen, durch breiten Gurtbogen auf kräftigen Vorlagen voneinander getrennt, vierrippige Kuppelgewölbe ebenfalls mit Scheitelringen. Der spitzbogige Triumphbogen an den Kanten mit eingelegtem Rundwulst aus glasierten Steinen. Bei der Restaurierung 1977/82 im Chorgewölbe Reste der ursprünglichen Ausmalung aus der M. 13. Jh. aufgedeckt, u. a. Fabelwesen. An der Schiffsnordwand szenische Malerei aus dem 3. V. 13. Jh.

Altarwand mit seitlichen Durchgängen M. 19. Jh., das Gemälde des segnenden Christus von Gaston Lenthe. Gleichzeitig auch der Taufstein und die Westempore mit neugotischem Orgelprospekt. Kanzel 17. Jh. Kelch, Silber, 1583, Fuß und Schaft im 18. Jh. erneuert, Patene, Silber, 18. Jh. Kelch, Patene, Dose, Kanne und Löffel, Silber, um 1800. Krankenkelch und Patene, Silber, 1686. Dose, Silber, E. 17. Jh. Taufschale, Messing, 1643, im Fond Sündenfall. – Epitaphgemälde H. Siebeth † 1700, das Bild des Verstorbenen in reich geschnitztem Rahmen.

WINDMÜHLE Ständer-Holländer-Mühle, um 1870 errichtet. Über dem Feldsteinsockel achtseitiger Mühlenkörper, Rumpf und Haube verschindelt; die Windkraftanlage nicht erhalten, Teile der ursprünglichen Ausstattung vorhanden.

Michaelsdorf (Ortsteil von Fuhlendorf)

WOHNHAUS an der Dorfstraße. Vierachsiges Fachwerktraufenhaus mit Krüppelwalmdach, wohl M. 19. Jh., die Straßenfront mit hölzerner, eine zarte Quaderung imitierender Verschalung.

Niehagen (Ortsteil von Ahrenshoop)

BAUERNHAUS Boddenweg 8. Durchgangshaus vom E. 18. Jh., 1906/08 und in jüngster Zeit für Wohnzwecke stark durchgebaut, das Wohnende mit Diele an der Südostseite, darüber auf Kopfbändern vorgekragter Halbwalm.

Ähnlich die HÄUSER Boddenweg 6 und Weg zum Kiel 12, ferner HAUS Boddenweg 1, wohl A. 19. Jh. mit geschnitzter Haustür in Empireformen, 1930/46 Wohn- und Arbeitsstätte des Bildhauers Gerhard Marcks.

Pantlitz (Ortsteil von Daskow)

DORFKIRCHE Neugotischer Backsteinbau von 1869. Rechteckiges vierjochiges Schiff mit abgesetztem Chorpolygon und quadratischem Westturm, an der Südseite Vorhalle. Das Schiff mit östlichem, durch Blenden gegliederten Staffelgiebel, zwei blendengeschmückte Staffelgiebel auch über der zweijochigen Südvorhalle. Der Westturm mit achtseitigem Aufsatz mit spitzbogigen, von Wimpergen bekrönten Blenden, abgeschlossen durch Spitzhelm. Im Inneren Kreuzrippengewölbe, die Fenster in spitzbogigen Wandnischen.

Die Ausstattung – Kanzel, Taufe, Orgelempore – aus der Erbauungszeit. Glocke 1869 von Voß, Stettin. In das Mauerwerk der Südvorhalle sechs ältere Grabstelen und eine Grabplatte mit Wappen eingefügt, spätes 18., frühes 19. Jh. (Vier Kabinettscheiben und zwei hölzerne Epitaphien heute in Ahrenshagen)
Kirchhof mit neugotischem Backsteinportal aus der Bauzeit der Kirche.

Plennin (Ortsteil von Semlow)

Ehem. GUTSHAUS (Wohnungen). Zweigeschossiger Putzbau von neun Achsen unter Walmdach, M. 19. Jh., die kurzen zweigeschossigen Anbauten an den Schmalseiten wohl gleichzeitig. Der Mittelrisalit der Hofseite mit Attika und flachem viersäuligem Altan, der Mittelrisalit der Parkseite von Dreiecksgiebel abgeschlossen, die Fenster hier von Pilastern gerahmt, die Mittelpfosten als Hermenpilaster ausgebildet.

Prerow, Ostseebad

Die Anlage des Ortes durch Weiträumigkeit charakterisiert; die Dorfkirche fast isoliert nordöstlich des 1872 geschlossenen, bis dahin zwischen Bodden und Meer vermittelnden Prerower Stromes stehend. Im westlichen Teil des Ortes die Straßen den ehem. Waldschneisen folgend,

Niehagen, Wohnhaus Boddenweg 1; Prerow, »Eschenhaus« Grüne Straße 8; Haustür Hohe Straße 12

besonders hier die Grundstücke sehr groß und stark begrünt.

WOHNHÄUSER Die Büdnereien, Fischer- und Seefahrerhäuser eingeschossige massive oder in Fachwerk errichtete, überwiegend verbretterte Traufenhäuser mit teilweise noch in Rohr gedeckten Krüppelwalmdächern; in einigen Häusern offene Herdglocken erhalten. Dieser Haustyp wurde vom E. 18. Jh. bis in die 2. H. 19. Jh. ohne größere Wandlungen beibehalten. Auffallend die zahlreichen geschnitzten und bunt bemalten Haustüren mit ornamentalen und floralen Motiven, die ältesten A. 19. Jh., in Abwandlungen bis in das 20. Jh. häufig wiederholt. Erwähnenswerte Häuser: Buchenstraße 12/14, Doppelbüdnerei M. 19. Jh.; Nr. 20/22, Büdnerei M. 19. Jh., mit Scheune; Nr. 26, 1834, die Fassade verputzt. – Grüne Straße 8 (»Eschenhaus«), 1779, die Haustür um 1840; Nr. 13, 1. H. 19. Jh.; Nr. 16, um 1860; Nr. 33, 1872. – Hohe Straße 12, wohl um M. 19. Jh. – Hülsenstraße 2, um 1870. – Lange Straße 49, M. 19. Jh., mit Scheune; Nr. 78, M. 19. Jh. – Lentz-Allee 3, 2. H. 19. Jh., mit kleiner Scheune. – Schmiedeberg 24, E. 18. Jh. – In dem Hause Albert-Schäfer-Ast-Weg 3 wohnte zeitweilig der Graphiker Schäfer-Ast (1890–1951).

Mit Zunahme des Badebetriebes seit der 2. H. 19. Jh. Errichtung von Häusern zur Aufnahme von Sommergästen, oft als Massivbauten mit Fachwerkteilen errichtet, mit Veranden und Balkonen. Erwähnenswert: Bernsteinweg (»Waldhaus«), um 1900; Heinestraße 2/Ecke Lentz-Allee, E. 19. Jh. im Burgenstil; Villenstraße 6 und 8, um 1900; Waldstraße 47, um 1910. Ein frühes Beispiel historistischer Architektur die Apotheke Lange Straße 5, 1848 als zweigeschossiger Backsteinbau errichtet, die Fenster im Erdgeschoß segmentbogig, im Obergeschoß kielbogig geschlossen.

DORFKIRCHE Großer rechteckiger Backsteinbau mit hölzernem quadratischem Westturm, errichtet 1726/28. E. 18. Jh. in die Ostwand das große Lünettenfenster eingefügt sowie an der Ostseite die Sakristei und an den Längsseiten die Anbauten mit den Aufgängen zu den Emporen angebaut. – Das geräumige Innere durch schlanke hölzerne Stützen in drei Schiffe geteilt, das Mittelschiff mit geputzter korbbogiger Tonne, die Seitenschiffe mit Flachdecken. Im Westteil dreiseitige eingeschossige Empore aus der Bauzeit, gleichzeitig wohl auch das Kastengestühl.

Kanzelaltar 1728, aus der Werkstatt von Elias Keßler, Stralsund. Architektonischer Aufbau, im Mittelteil der von Moses und Aaron sowie Säulen gerahmte Korb mit Reliefs (Christus mit Kreuz und emblematische Darstellungen), auf der Strebenkrone des Schalldeckels auferstandener Christus, auf den seitlichen Gesimsstücken Petrus und Paulus; reicher plastischer Dekor. Altarschranke gleichzeitig. – Taufgehäuse um 1740, aus der Werkstatt von Michael Müller, Stralsund. Runde tempiettoartige Kleinarchitektur, die durchbrochene Brüstung mit reichem Bandelwerkdekor, das von vier Engelhermen getragene Dach mit Schnitzfiguren Gottvaters, des in Wolken thronenden Christus, Engelputten und Inschriftkartuschen. Im Gehäuse Taufständer mit Cherubköpfchen, darüber schwebender Deckel mit Putten. – Orgelprospekt in spätklassizistischen Formen, das Werk 1849 von Nerlich, Stralsund, 1972 umgestaltet und erweitert.

Linke Seite: Prerow, ehem. Fischerhäuser Hohe Straße 12 und Albert-Schäfer-Ast-Weg 3

Rechte Seite: Prerow, Dorfkirche, Ansicht von Südosten, Inneres nach Osten, Taufgehäuse (links)

Tafelbild zum Gedenken an einen Schiffbruch im Jahre 1690, mit emblematischer Darstellung und Inschrift, E. 17. Jh. Tafelbild mit Gleichnis vom reichen Mann und armen Lazarus, A. 18. Jh. Pastorenbild P. Henrici † 1768. Kanzeluhr 1. H. 18. Jh. Sechs Votivschiffe: Drei Fregatten, 1780, 1848 und 1850; Bark um 1880; Viermast-Bark um 1910; Vollschiff um 1925. – Kelch und Patene, Silber, 1. H. 18. Jh. Krankenkelch und Patene, Silber, 1746. Dose, Silber, 1726. Leuchterpaar, Messing, 1733. Glaslüster E. 18. Jh. Zwei Glocken.

Auf dem von Feldsteinmauer umgebenen Kirchhof 32 Grabstelen des 18./19. Jh., z. T. mit Schiffsdarstellungen.

LEUCHTTURM Darßer Ort. 1848 errichteter sechsgeschossiger, sich leicht verjüngender runder Backsteinturm, das oberste Geschoß zurückgesetzt und mit umlaufender, auf vorgekragten Konsolen ruhender Galerie, darauf verglaste Laterne mit halbkugeligem Abschluß. Beim Turm zweigeschossiges Wärterhaus mit flachem Satteldach.

Redderstorf (Ortsteil von Bad Sülze)

Ehem. GUTSHAUS (Wohnungen). Zweigeschossiger rechteckiger Putzbau mit Mansarddach, um 1900. An der Hofseite dreiachsiger Mittelrisalit mit Pilastergliederung und Dreiecksgiebel sowie viersäuligem Altan. Von Pilastern gerahmt auch die äußeren Achsen, im Obergeschoß mit verglasten Erkern, ebensolche Erker in den Mittelachsen der Schmalseiten.

Ribnitz-Damgarten

1950 durch Vereinigung der ehemals mecklenburgischen Stadt Ribnitz mit der ehemals pommerschen Stadt Damgarten gebildet, beidseitig des ehem. Grenzflusses Recknitz nahe der Mündung in den Saaler Bodden.

Ribnitz

Vor M. 13. Jh. von Heinrich Borwin III. von Rostock gegründet, 1257 lübisches Stadtrecht bezeugt. Stadt von ellipsenförmigem, von Westen nach Osten sich erstreckendem Umriß (etwa 625 m zu 350 m). Regelmäßiges Straßenraster, an der Nordseite der in West-Ost-Richtung verlaufenden Hauptstraße (Karl-Marx-Straße) der große rechteckige Markt (Karl-Marx-Platz) mit der Stadtkirche und dem Rathaus. Das 1323 gegründete Klarissinnenkloster im Süden der Stadt nahe der ehem. Stadtmauer.

STADTBEFESTIGUNG Die wohl im späten 13. Jh. begonnene Stadtmauer 1311 urkundlich genannt, nach 1840 abgetragen, nur geringe Reste im Süden der Stadt erhalten. Von den ursprünglich fünf Toren noch vorhanden das westliche

ROSTOCKER TOR (Museum). A. 15. Jh. errichtet. Quadratischer Backsteintorturm über spitzbogig geschlossener Durchfahrt, die beiden Obergeschosse an allen Seiten mit Blendenreihen, an den Ecken des obersten Geschosses fialenartige Eckbetonungen. Das flache Pyramidendach von achtseitigem blendengegliedertem Aufsatz mit achtseitigem Zeltdach bekrönt.

RATHAUS Karl-Marx-Platz 1. Zweigeschossiger Putzbau von dreizehn Achsen mit Walmdach, 1832/34 nach Entwurf von Johann Georg Barca errichtet. Das Erdgeschoß mit Putzquaderung; Stockwerkgesims, kräftiges Kranzgesims. Zweiachsige flache Seitenrisalite, der stärker hervortretende dreiachsige Mittelrisalit von hohem Dreiecks-

Linke Seite: Ribnitz, Torturm des Rostocker Tores, Feldseite

Rechte Seite: Ribnitz, Rathaus; Wohnhaus Karl-Marx-Straße 46

giebel abgeschlossen, im Erdgeschoß Korbbogenportal, im Obergeschoß das Mittelfenster in vertiefter, mit Rundbogenschluß und Lünettenfenster in das Giebelfeld hineinreichender Nische. Im Dach beidseitig des Mittelrisalites Fledermausgaupe. – Am Markt

GEDENKTAFEL zur Erinnerung an die Befreiung von 800 Frauen des KZ-Außenlagers Barth am 1. Mai 1945.

WOHNHAUSBAU Der historisch wertvolle Bestand an Wohnbauten überwiegend aus dem 19. Jh. Erwähnenswerte Einzelbauten sind: Klosterstraße, sog. Küchenmeisterhaus, A. 18. Jh. errichtetes Fachwerktraufenhaus von neun Achsen mit Krüppelwalmdach, später verputzt. – Karl-Marx-Straße 46, zweigeschossiger Putzbau von sieben Achsen mit Walmdach, um M. 19. Jh. Das Erdgeschoß mit Putzquaderung, das Obergeschoß mit zartem Fugenschnittputz; Stockwerkgesims. Das Mittelportal mit Pilasterrahmung, die Obergeschoßfenster von Dreiecksgiebeln bekrönt, unter den Sohlbänken stuckierte Spiegel. – Karl-Marx-Straße 48, dreigeschossiger Putzbau von fünf Achsen, um 1840, das Erdgeschoß durch Ladeneinbauten verändert. Die Mittelachse mit Pilasterrahmung. Tür mit schlichtem neugotischem Maßwerk, das Mittelfenster im ersten Obergeschoß von Lünette mit Stuckdekor bekrönt, über den seitlichen Fenstern durchlaufender, von Konsolen getragener Sturz mit Akroterien. – Karl-Marx-Straße 60, zweigeschossiger Putzbau von sieben Achsen, M. 19. Jh., am Obergeschoß Pilastergliederung, das Erdgeschoß durch Ladeneinbau verändert.

KAUFHAUS Karl-Marx-Straße 36, Putzbau von zwei Geschossen und von zwölf Achsen, um 1910, wohl nach 1950 z. T. verändert. Die Straßenfront mit einem breiten staffelgiebelähnlichen Frontispiz, seine fünf Fenster mit den darunter befindlichen Obergeschoßfenstern durch geschoßübergreifende Faschenrahmung zusammengezogen.

STADTKIRCHE Rechteckiger Backsteinbau mit polygonal geschlossenem Chor und leicht längsrechteckigem Westturm, durch Brände und mehrere Umbauten stark verändert. Ältester Teil die im Westbereich erhaltenen Umfassungswände einer spätromanischen Hallenkirche des 2. V. 13. Jh., mit Ecklisenen, Rundbogenfries (Westwand) und paarweise geordneten Lanzettfenstern (an der Nordseite erkennbar, zugesetzt). Dieser Bau im 14. Jh. um zwei Joche nach Osten erweitert, davon in den Längswänden je ein abgetrepptes Spitzbogenportal in Mauervorlage erhalten, das nördliche mit glasierten Steinen. Nach Brand 1455 umfassende Erneuerung des Baues, Errichtung des Chorjoches mit dem fünfseitigen Schluß und des massigen Turmes mit den beiden blendengegliederten Obergeschossen. Nach neuerlichem Brand 1759 das Mansarddach über der Kirche und der Innenausbau in den Jahren 1765 bis 1789 wohl unter Leitung von Johann Joachim Busch ausgeführt, gleichzeitig auch die geschweifte Turmhaube aufgebracht. Die Turmlaterne erst 1841/43 nach Entwurf von Georg Adolph Demmler aufgesetzt, aus der gleichen Zeit wohl das südwestliche Schiffsportal.

Im Inneren 1759 die gotischen Gewölbe zerstört, nur Wandpfeilervorlagen mit Diensten und Schildbögen erhalten. Der dreischiffige barocke Ausbau mit einer auf verputzten Fachwerkpfeilern ruhenden hölzernen Halbkreistonne im Mittelschiff und flachen Bretterdecken in den Seitenschiffen. Gleichzeitig auch die Westempore mit Balusterbrüstung. Seit 1980 bauliche Wiederherstellung, der Durchbau des westlichen Teiles 1985 abgeschlossen.

Altaraufsatz, architektonischer Aufbau von 1781, im Mittelteil ein von Säulen und Pilastern gerahmtes Gemälde mit der Beweinung Christi nach Caracci von Johann Heinrich Suhrlandt, auf dem gebrochenen Gebälk Evangelistenfiguren, als Bekrönung Auge Gottes in großer Strahlenglorie. Seitlich von Rocaillekartuschen bekrönte Durchgänge zu den ehem. Beichtstühlen. Kanzel mit Schalldeckel, ebenfalls um 1780, der Rocailledekor dem des Altaraufsatzes verwandt. Orgel mit neuklassizistischem Prospekt 1883, das Werk von Friedrich Friese stark erneuert. Porträtgemälde P. Fromm 1837.
Vier Kelche, Silber: 14. Jh. mit E. 17. Jh. erneuertem Fuß; 15. Jh. mit Fuß vom A. 19. Jh.; 2. H. 15. Jh.; 16. Jh. Kelch und Patene, Silber, 16./17. Jh. Drei Patenen, Silber, 1739, 18. Jh. und 1855. Dose, Silber, E. 17. Jh. Deckelkanne, Silber, 1632, der Deckel mit Pelikan als Bekrönung, auf der Kannenwandung eingravierte Kreuzigung, allegorische Gestalten und Stifterwappen; reicher getriebener vegetabilischer und figürlicher Dekor. – Epithaphgemälde J. Chr. Schodler † 1768.
Ehem. KLARISSINNENKLOSTER 1323 gegründet, von den mittelalterlichen Klosterbauten außer der Kirche nichts erhalten. Nach der Reformation bis 1920 evangelisches Jungfrauenkloster, aus dieser Zeit mehrere ein- und zweigeschossige Fachwerk-, Putz- und Backsteinbauten

Linke Seite: Ribnitz, Stadtkirche, Ansicht von Südwesten, Deckelkanne

Rechte Seite: Ribnitz, ehem. Klarissinnenkloster, Lithographie um M. 19. Jh., Klostergebäude mit ehem. Klosterkirche von Westen, ehem. Klosterkirche, Inneres nach Osten

aus dem 18. und 19. Jh. erhalten, hervorzuheben eine Häuserzeile westlich der Kirche, die Fassaden mit neugotischen Treppengiebeln und Maßwerkfriesen.

KLOSTERKIRCHE Rechteckiger sechsjochiger Backsteinbau vom E. 14. Jh. Die Umfassungswände ganz schlicht, die Strebepfeiler nach innen gezogen, die Fenster wie eingeschnitten in das flächige Mauerwerk: Spitzbogenportale im Norden und Westen. Die Giebel mit Blendengliederungen, der Spitze jeweils ein aus einer flachen Mauervorlage erwachsendes Türmchen aufgesattelt, das kleinere östliche mit Bekrönung von 1745, das größere westliche mit reicher Blendengliederung, abgeschlossen durch schlanke achtseitige Spitze von 1756.

Der einschiffige Innenraum mit Kreuzrippengewölben, durch die nach innen gezogenen Strebepfeiler an den Längswänden tiefe Wand- bzw. Fensternischen. In den zwei westlichen Jochen Nonnenempore. Der Raumeindruck stark durch die Restaurierung von 1835/40 bestimmt, dabei auch die einheitliche hölzerne Ausstattung eingebracht, sämtlich in neugotischen Formen: Altarrückwand mit seitlichen Durchgängen, eine gestaffelte Architektur aus Wimpergen und Fialentürmen, das Christusgemälde von Eduard Daege 1857. Darüber der ähnlich gestaltete Orgelprospekt. Kanzel mit Aufgang und Schalldeckel. Taufständer, Kunststein. An den Längswänden in frühgotischen Formen gehaltene zweigeschossige Logeneinbauten, mit geschnitzten Maßwerken, Wimpergen, Fialen und abschließenden Zinnenkränzen reich geschmückt. (Abb. S. 477)

Epitaph für Herzogin Ursula v. Mecklenburg †1586, Sandstein, 1590 aufgestellt, 1681 restauriert, aus der Werkstatt des Philipp Brandin. Auf dem vorspringenden, von Putten gestützten Sockel die Liegefigur der Verstorbenen, darüber große Tafel mit Stammbaum, seitlich eingefaßt von betenden Konventualinnen, die als Karyatiden das reiche Gebälk tragen. Bekrönung durch Wappenkartusche und Figuren christlicher Tugenden. Epitaph für Georg Blanck †1602, Sandstein. In der Mitte Kruzifixrelief vor gemalter Darstellung von Jerusalem, darunter

Linke Seite: Ribnitz, ehem. Klosterkirche, Epitaph für Herzogin Ursula von Mecklenburg, Bildtafel mit christologischen Szenen

Rechte Seite: Ribnitz, ehem. Klosterkirche, Schnitzfiguren der hl. Brigitta und einer Sitzmadonna

kniendes Ehepaar, seitlich Wappenleisten; Beschlagwerkornamentik. Siebzehn Grabsteine adliger Konventualinnen, sämtlich mit eingeritzten Wappen, zumeist 18. Jh., zwei davon E. 16. Jh., für Herzogin Ursula v. Mecklenburg † 1586 und für B. Meilenburg † 1588, mit Relieffigur. Sarkophag der Katharina v. Behr, Kalkstein, nach 1759.

Auf der Nonnenempore (Oberkirche): Altaraufsatz um 1700, archtitektonischer Aufbau mit reichem Akanthusschnitzwerk, im Sockel Abendmahlsgemälde, im Mittelteil zwischen gewundenen Säulen ovales Medaillon mit plastischer Kreuzigungsgruppe vor gemaltem Hintergrund. Triumphkruzifix A. 15. Jh., an den Kreuzenden Vierpässe mit gemalten marianischen Symbolen: Einhornjagd, Vogel Phönix, Löwe mit Jungem, Pelikan. Chorgestühl 15. Jh. Ehem. Dominasitz 18. Jh., Bank mit hoher Rückenlehne und Baldachin. Figürliche Glasmalerei E. 19. Jh. Sechs Bildtafeln, Tempera, 1. H. 16. Jh., von naiver, altertümlicher Malweise: in hochrechteckiger, durch mittlere Querleiste getrennter Rahmung jeweils zwei querrechteckige Tafelbilder übereinander angeordnet, von denen jedes wiederum zwei von gemalter Balustersäule getrennte Szenen der Marien- und Passionsgeschichte darstellt; die einzelnen Szenen sich z. T. auf den Bildtafeln wiederholend. Gemälde mit Abendmahl 17. Jh.

In Vitrinen aufgestellte Schnitzwerke: Madonna auf Löwenthron mit zwei Engeln, A. 15. Jh. Sitzmadonna auf architektonisch gerahmtem Thron, A. 15. Jh. Sitzmadonna A. 15. Jh. Heiliger (Johannes ?) A. 15. Jh. Hl. Brigitta A. 15. Jh. Heiliger A. 15. Jh. Sitzender Schmerzensmann 1. H. 15. Jh. Christus 2. V. 15. Jh., wohl aus einer Noli-me-tangere-Darstellung. Madonna auf Maßwerkpodest, 2. V. 15. Jh. Mondsichelmadonna mit Maßwerkbaldachin, M. 15. Jh. Sitzender Heiliger mit Buch, 2. H. 15. Jh. Anna selbdritt 2. H. 15. Jh. Mondsichelmadonna mit Strahlenkranz, E. 15. Jh. Heiligenbüste 15. Jh. Putto um 1600.

Auf dem ALTEN FRIEDHOF Grabstätte Prof. Dr. Richard Wossidlo (1856–1939).

Damgarten

1258 durch Fürst Jaromar II. von Rügen als Grenzstadt gegen Mecklenburg gegründet, an der von Rostock nach Stralsund führenden, die Recknitz überschreitenden Straße (Ernst-Thälmann-Straße), von ihr die Grundgestalt der Stadt bestimmt. Der Markt aus der Verbreiterung einer Nebenstraße (Schillstraße) gebildet, die Pfarrkirche am nördlichen Rande der Stadt.

WOHNHAUSBAU. Die ältere Bausubstanz überwiegend im 19. und 20. Jh. erneuert, an älteren Bauten erwähnenswert: Ernst-Thälmann-Straße 29, zweigeschossiges Fachwerktraufenhaus von 1767, mit sechs Achsen und seitlicher, stichbogig geschlossener Hofdurchfahrt sowie Krüppelwalmdach, das Erdgeschoß und die Hofseite verändert. – Schillstraße 7, zweigeschossiges Traufenhaus mit massivem Erdgeschoß und vorgekragtem Fachwerkobergeschoß, um M. 18. Jh.

Ehem. RATHAUS Schillstraße 5, 1930 erbaut nach Brand eines älteren Rathauses von 1741. In die Straßenfront einbezogener Klinkerverblendbau von zwei Geschossen und fünf Achsen unter Satteldach, die drei mittleren Achsen im Obergeschoß durch rundbogig geschlossene Fenster und Balkon sowie durch Dacherker betont, auf dem Dachfirst kleine vierseitige Laterne.

STADTKIRCHE Ältester Teil der um 1300 über hohem Feldsteinsockel aus Backstein errichtete quadratische Chor, mit Ecklisenen und blendengegliedertem Giebel, gleichzeitig die Nordsakristei. Das dreijochige Schiff aus Mischmauerwerk 15. Jh., niedriger als der Chor. Bei der Restaurierung 1880/90 das Äußere des Baues stark überformt, aus dieser Zeit die Fenstermaßwerke. Gleichzeitig auch der reich gegliederte neugotische Westturm aus Backstein mit achtseitigem Helm sowie die südliche Portalvorhalle hinzugefügt. – Das Innere im ursprünglich auf Wölbung angelegten Chor mit gemalter ornamentaler Kassettendecke vom E. 19. Jh., das Schiff mit hölzerner Flachtonne; spitzbogiger Triumphbogen. Die Sakristei mit kuppeligem Bandrippengewölbe.

Altaraufsatz 1721 von B. W. Sell. Architektonischer Aufbau, im Hauptfeld unter einer von Engeln gerafften Draperie vollplastische Abendmahlsgruppe, flankiert von Säulen und den Figuren von Johannes Bapt. und Christus, oberer Abschluß Kruzifix und allegorische Figuren. Altarschranken gleichzeitig. Kanzel mit Aufgang und Portal sowie Schalldeckel, um 1720 wohl vom gleichen Meister wie der Altaraufsatz, an dem von Engelgestalt getragenen Korb zwischen Akanthusvoluten Figuren von Paulus und den Evangelisten, an der Tür Moses, als Bekrönung des reich geschnitzten Deckels Auferstandener. Taufständer 2. H. 19. Jh. Zwei Kruzifixe 18. Jh. Pastorenporträt 1. H. 19. Jh. Lutherbildnis 1821 von Simon Wagner, Dresden. Emporenbrüstung mit Pilastergliederung, 1. V. 18. Jh. Kastengestühl wohl gleichzeitig.

Kelch und Patene, Silber, E. 17. Jh. Kelch und Dose, Silber, 1. H. 18. Jh. Krankenkelch und Patene, Silber, um 1700. Kanne, Silber, 1. H. 19. Jh. Taufschale, Messing, 18. Jh. Kollektenschale, Messing, 1769. Zwei Vela, Seide mit farbiger Stickerei, 1747. Drei Glocken: 1447; 1601 von Albrecht Huwe, Stralsund; 1821 von Simon Zach, Stralsund. – Hölzernes Wappenepitaph H. U. v. Schwerin † 1680. Grabstein A. 18. Jh.

Rostocker Wulfshagen (Ortsteil von Bartelshagen I)
Ehem. SCHUL- und KÜSTERHAUS (Wohnungen). 1827 nach Entwurf von Carl Theodor Severin errichtet. Eingeschossiger siebenachsiger Fachwerkbau mit rohrgedecktem Krüppelwalmdach, über den benachbarten Türen zum ehem. Schulraum bzw. zur Küsterwohnung supraportenähnliche Aufsätze.

DORFKIRCHE Rechteckiger Feldsteinbau mit polygonalem Ostschluß aus Backstein, wohl 15. Jh., später mehrfach verändert. 1825 unter Leitung von Carl Theodor Severin der Westgiebel erneuert und der Bau vermutlich verputzt. Im Inneren hölzerne Balkendecke.

Linke Seite: Damgarten, Stadtkirche, Ansicht von Süden und Inneres nach Osten

Rechte Seite: Damgarten, Stadtkirche, Velum, Wappenepitaph H. U. v. Schwerin; Rostocker Wulfshagen, Dorfkirche, Ansicht von Südwesten

Schnitzaltar um 1500, im Schrein Kreuzigungsgruppe und vier Heilige, acht weitere in den Kastenflügeln; Predella mit Tafelbildern von Geburt, Abendmahl und Gethsemane, 18. Jh., Bekrönung durch Dreiecksgiebel mit ge-

malter Strahlenglorie wohl 1825. Altarschranken 18. Jh. Kanzel mit Aufgang und Schalldeckel, um 1725, am Korb zwischen Akanthusvoluten Schnitzfiguren, Christus und die vier Evangelisten. Gestühl 18. Jh. Neunzehn Kabinettscheiben, neun mit Wappendarstellungen 1645, zehn mit Bibelzitaten 1711. Kelch, Silber, A. 15. Jh. Dose, Silber, A. 19. Jh. Leuchterpaar, Zinn, 1643. Grabstein J. Chr. Henning † 1804. Votivschiff, Brigg, 1861.
Auf dem Kirchhof frei stehender Glockenstuhl, die Glocke 1737 von Otto Gerhard Meyer, Rostock.

Saal

DORFKIRCHE Aufwendiger Backsteinbau des frühen 14. Jh. Ältester Teil der um 1300 errichtete eingezogene Chor, einjochig mit fünfseitigem (5/8) Schluß. Das dreijochige Hallenlanghaus wenig jünger, seine schmucklose Westwand mit Krüppelwalmdach abgeschlossen, das Nordportal mit reich profiliertem Gewände in flacher Vorlage. Schlanke abgetreppte Strebepfeiler nur am Chor. Die zweigeschossigen Seitenkapellen beidseitig des Chores im 15. Jh. angefügt, ursprünglich unter längsgerichteten Satteldächern, ihre Ostgiebel mit Blendengliederung. – Das Innere kreuzrippengewölbt, die Gewölbe im Chor auf dreiteiligen Dienstbündeln, im Schiff auf Acht-

Linke Seite: Rostocker Wulfshagen, Dorfkirche, Inneres nach Osten; Saal, Dorfkirche, Ansicht von Nordosten, Kanzel

Rechte Seite: Schlemmin, ehem. Schloß, Hofseite

eckpfeilern. Das westliche Pfeilerpaar als Turmunterbau geplant und deshalb verstärkt und mit breiten Gurtbögen untereinander verbunden. Am nordöstlichen Pfeiler Architekturmalerei mit Maßwerk, frühes 14. Jh. Im Polygon Sakramentsnische, die Tür 18. Jh.

Altaraufsatz A. 18. Jh. von Dittrich Hartig, Rostock. Architektonischer Aufbau, im Sockel Abendmahlsrelief, im Hauptfeld Ölbergrelief, seitlich gewundene Säulen und Moses und Aaron; reiches Akanthusschnitzwerk. Im Abschluß Salvator und Johannes Bapt., dazwischen die von einem Engel bekrönte Gloriole mit dem Auge Gottes. Altarschranken gleichzeitig. – Kanzel mit Aufgang und Schalldeckel, ebenfalls A. 18. Jh. und wohl vom gleichen Meister wie der Altaraufsatz. Als Trägerfigur Posaunenengel, am vierseitigen Korb Reliefs von Anbetung, Taufe und Kreuzigung, am Deckel Cherubköpfe, Strebenkrone aus reichem Akanthusdekor und Auferstandener. – Taufe, Kalkstein, A. 14. Jh., die beschädigte Kuppa mit flachen Blendarkaden. – Orgel 19. Jh., der Prospekt A. 19. Jh.

Sechs Kabinettscheiben mit szenischen Darstellungen, Figuren und Wappen, 18. Jh., zwei 1724 datiert. Glasmalerei mit segnendem Christus, 19. Jh. Gemälde, Porträt A. Friederici, 1727. Emporen und Gemeindegestühl, 19. Jh. Patronatsgestühl A. 18. Jh., auf der Rückwand das von zwei römischen Kriegern flankierte Wappen unter Draperie, seitlich christliche Tugenden. – Zwei Kelche und Patenen, Silber, 1597 und 1738. Krankenkelch, Patene und Dose, Silber, A. 19. Jh. Dose, Silber, 1712. Deckelkanne, Silber, 1852. Klingelbeutel E. 18. Jh.

Auf dem Kirchhof achtseitiger verbretterter Glockenturm mit Zeltdach, 1735. Zwei Glocken: 1797 von Gottfried Metzger, Stralsund; 1820.

Schlemmin

Ehem. SCHLOSS (Ferienlager). 1846/50 nach Entwurf von Eduard Knoblauch, Berlin, in neugotischen Formen erbaut. Rechteckiger Putzbau von zwei Geschossen, mit zinnenkranzähnlicher Attika. Von sehr lebhafter Gestaltung: die Mitte der Hofseite wirkungsvoll betont durch

Linke Seite: Schlemmin, ehem. Schloß, Wasserpumpe; Dorfkirche, Ansicht von Südosten, Taufstein, Kelch 2. H. 15. Jh.

Rechte Seite: Schlemmin, Dorfkirche, Blick in den Chor

polygonalen Eingangsbau, turmartig erhöht und von gestaffelten Schildgiebeln und Spitzhelm abgeschlossen; über dem mittleren Obergeschoßfenster großes Doppelwappen. Die äußeren Achsen als ungleiche Risalite ausgebildet, der südwestliche mit Erker und flachem Staffelgiebel. An die Südostecke angeschlossen ein massiger, bergfritähnlicher Rundturm, am Erdgeschoß eine Galerie mit Maßwerkbrüstung aus Terrakotta, als Bekrönung ein kräftig vorspringender Zinnenkranz. – Nahe dem Gebäude, an der Hofseite, Wasserpumpe in Gestalt eines bildstockartigen neugotischen Aufbaues aus Zinkguß, 2. V. 19. Jh., in den von Wimpergen und Fialen bekrönten Giebelseiten des Aufsatzes szenische Reliefs.

Park im Landschaftsstil, wohl ebenfalls M. 19. Jh.

DORFKIRCHE Rechteckiger Feldsteinbau wohl 15. Jh., die Ostseite aus Backstein, im Giebel große Doppelkreuzblende. Der quadratische Westturm aus Mischmauerwerk gleichzeitig, seine Haube mit Laterne 18. Jh. Von einer

tiefgreifenden Umgestaltung 1878 die Anbauten an der Nord- und Südseite, die Fenster und die innere Ausgestaltung mit Triumphbogen und Kassettendecken. Die ornamentale Ausmalung in neuromanischen Formen nach Konzeption von Carl Julius Milde. Gleichzeitig auch die romanisierende Ausstattung: Altaraufsatz in Form eines frühgotischen Retabels mit bekrönendem Kruzifix; Kanzel mit Halbreliefs der Evangelisten; Gestühl.

Taufe, Kalkstein, 14. Jh., die Bemalung von 1878. Neugotischer Orgelprospekt A. 19. Jh., das Werk von Carl August Buchholz, Berlin. Zwei Kelche, Silber, 2. H. 15. Jh. und 1. H. 18. Jh., der ältere mit aufgenietetem Kruzifix zwischen Wappen. Kanne und Löffel, Silber, 1. H. 19. Jh. Taufschale, Messing, E. 17. Jh. Glocke 2. H. 19. Jh. von Eduard Zach, Stralsund. – Zwei Grabplatten: C. und A. Thun †1591; C. L. Thun †1858. Epitaph C. und A. Thun, 1594, Sandstein. Architektonischer Aufbau, im Mittelteil das von Wappen gerahmte Relief des Jüngsten Gerichtes, Inschrifttafeln, in der Bekrönung Relief des triumphierenden Christus. Im predellenartigen Unterteil zu seiten eines Totengerippes die männlichen und weiblichen Familienmitglieder.

Semlow

Ehem. GUTSHAUS (Gaststätte, Wohnungen). Rechteckiger zweigeschossiger Backsteinbau mit Walmdach, 1. V. 19. Jh., die Hofseite mit dreiachsigem Mittelrisalit und viersäuligem Altan, der ursprüngliche Dreiecksgiebel und der Fassadendekor beseitigt. Um 1860 ein dreigeschossiger Pavillon mit Pilastergliederung und flachem Walmdach angefügt, durch zweigeschossigen Zwischenbau mit dem Hauptgebäude verbunden.

DORFKIRCHE Feldsteinbau aus der 1. H. 13. Jh., rechteckiges Schiff mit eingezogenem quadratischem Chor und Südsakristei sowie quadratischem Westturm. Der Chor an allen drei Seiten mit Zweifenstergruppen aus Backstein, am Ostgiebel die Blendrosette und der steigende Rundbogenfries 1861 in Backstein hinzugefügt, gleichzeitig der Nordanbau. Das Schiff beidseitig mit drei Rundbogenfenstern, die beiden Portale wohl 18. Jh., die Obergeschosse des Turmes und die geschweifte Laterne ebenfalls 18. Jh.

Linke Seite: Semlow, ehem. Gutshaus, Hofseite; Dorfkirche, Taufe

Rechte Seite: Semlow, Dorfkirche, Inneres nach Westen

Im Inneren der Chor mit kuppeligem Kreuzgratgewölbe, vom flach gedeckten Schiff durch breiten spitzbogigen Triumphbogen getrennt. Die qualitätsvolle spätromantische Ausmalung des Schiffes 1861 von Carl Julius Milde, im ganzen erhalten und um 1960 restauriert. An den Wänden gemalte Arkaden mit alttestamentlichen Gestalten bzw. Szenen, an der oberen Wandzone Erzengel bzw. an der Westwand musizierende Engelpaare, in der Triumphbogenleibung Medaillons mit Propheten. An der kassettierten Holzdecke zentrales Bild des Weltenrichters sowie Apostel, Heilige und Engel. Die Westempore ebenfalls von 1861, in den rundbogigen Arkadenfeldern der pilastergegliederten Brüstung gemalte Halbfigurenporträts, u. a. pommersche Missionare und Reformatoren, wohl auch von Milde.

Altaraufsatz 1723 von Elias Keßler, Stralsund. Dreigeschossiger architektonischer Aufbau, im Sockel Abendmahlsrelief, im Hauptfeld Kreuzigungsgruppe, neben den flankierenden Säulen die Figuren von Moses und Aaron; im Oberteil Relief mit Auge Gottes, flankiert von Salva-

tor und Johannes Bapt., als Bekrönung Posaunenengel. – Kanzel mit Aufgang und Schalldeckel, 1590, am achtseitigen Korb zwischen gewundenen korinthischen Säulen Rundbogenarkaden mit figürlichen und szenischen Reliefs, u. a. Aufrichtung der ehernen Schlange, der Deckel von Apostelfigur bekrönt. – Achtseitige kelchförmige Taufe von 1576, besonders der reich gestaltete Fuß einer Ausführung in Stein ähnlich, jedoch aus Holz. Auf den Seitenflächen der Kuppa gemalte Wappen und neutestamentliche Darstellungen, wohl 1861 weitgehend erneuert. (Abb. S. 486) – Orgel 1846, der Prospekt in neuromanischen Formen, das Werk erneuert.

Kruzifix 2. H. 15. Jh., an den Kreuzenden geschnitzte Evangelistensymbole. Lesepult frühes 18. Jh., mit dreibeinigem Unterbau und reich bewegter Engelfigur. Acht Kabinettscheiben 17./18. Jh., mit Wappen, Verkündigung und Christophorus. Chorempore 1595, die Brüstung mit Pilastergliederung, die geschnitzten ursprünglichen Wappen z. T. durch gemalte Wappen aus der M. 18. Jh. ersetzt oder ergänzt. Fragment einer geschnitzten Emporenbrüstung, 1590. Kastengestühl im Schiff von 1861.

Wandgrab Adam v. Behr † 1599 und I. v. Krakevitz † 1612, Sandstein, um 1600 wohl aus der Werkstatt des Claus Midow in Güstrow. Über einer Tumba mit der Liegefigur des Verstorbenen epitaphähnlicher Aufbau, auf dem Gesims über der Schrifttafel die liegende Gestalt der Ehefrau, darüber Kruzifixrelief mit Stifterfamilie, gerahmt von Wappenleisten und bekrönt von Vanitassymbol und allegorischen Figuren; Roll- und Beschlagwerkdekor. – Wandgrab Christoph v. Behr † 1638 und H. v. Ribbeck, Sandstein, 1605 gefertigt und wohl auch aus der Werkstatt des Claus Midow. Neben dem oben genannten Wandgrab der Eltern aufgestellt in der Mitte der Chorsüdwand, unter Einbeziehung der Zweifenstergruppe in den prächtigen Renaissanceaufbau. Unten auf einem Sockel zu seiten eines ornamentierten Betpultes die fast lebensgroßen knienden Figuren des Ehepaares. Darüber am Fensterpfeiler über einer Inschrifttafel ein von kannelierten Pilastern gerahmtes, von einer Muschellünette und Putten bekröntes Auferstehungsrelief, in den Fensterleibungen Wappenleisten und vor flachen Wandnischen auf Konsolen Freifiguren von Petrus und Paulus, in den Fensteröffnungen zugehörige Wappenscheiben. Als Bekrönung über dem Architrav Sprenggiebel mit allegorischen Figuren, in der Mitte Ädikulaaufsatz mit Vanitasdarstellung. – Hölzernes Wandepitaph Joachim Christoph v. Behr † 1706, wohl von Dittrich Hartig, Rostock. Architektonischer Aufbau, in dem pilastergegliederten Mittelteil in ovalem Medaillonrahmen Porträtbüste des Verstorbenen, seitlich Engelfiguren mit Wappen; im Un-

terhang Inschriftkartusche, als Bekrönung von Löwen flankiertes Allianzwappen.
Kirchhof mit Feldsteinmauer, darin Backsteinportal mit spitzbogiger Durchfahrt 15./16. Jh. Sieben Grabstelen 18./A. 19. Jh., drei von ihnen mit Urnendarstellungen.
FRIEDHOFSKAPELLE 1872/75 errichtet. Neugotischer Backsteinbau mit steilem Satteldach, in der vorderen Giebelfront Spitzbogenportal, darüber bekrönender Wimperg mit Engelrelief. – Schnitzaltar M. 15. Jh., ursprünglich in Deyelsdorf, Ldkr. Grimmen, 1878 neu gefaßt und nach Semlow verbracht, z. Z. für eine vorgesehene Umsetzung in Restaurierung. Im Schrein unter großem rundbogigem Maßwerkbaldachin Marienkrönung durch Gottvater und Christus, darüber die Taube des Heiligen Geistes, seitlich in zwei Reihen übereinander je zwei Apostel und Heilige unter Kielbogenbaldachinen, die rahmenden und trennenden Maßwerkfialen mit kleinen Figürchen besetzt. In den beiden Kastenflügeln nach dem gleichen Schema in zwei Reihen übereinander je vier Apostel und Heilige. In der Predella unter Maßwerkbaldachinen mittlere zweitürige Sakramentsnische und Halbfiguren der vier Kirchenväter.

Sülze, Bad

Auf Höhenrücken am westlichen Rande des Urstromtales der Recknitz, im 2. V. 13. Jh. wahrscheinlich von Rostokker Kaufleuten gegründet, 1262 als Stadt genannt. Kleinstadt an einer von Malchin nach Rostock führenden Straße, mit kleinem dreieckigem Marktplatz. – Ausgangspunkt für die Gründung die bereits vor 1229 erwähnten Solquellen, die bis ins 19. Jh. die wirtschaftliche Grundlage für die Stadt darstellten (Salinenbetrieb bis 1907, das Gradierwerk, der sog. Friedrichsbau von 1774, bis 1965 vorhanden). 1822 Gründung des Solbades durch Medizinalrat Vogel.
RATHAUS Zweigeschossiger Putzbau von sechs Achsen mit Krüppelwalmdach, M. 19. Jh., das Portal mit Pilasterrahmung und bekrönendem Dreiecksgiebel.
Ehem. SALZAMT Zweigeschossiges Fachwerktraufenhaus von neun Achsen mit Walmdach, errichtet 1759, nur die Rückfront in Fachwerk erhalten, hier der Mittelteil risalitartig ausgebildet und übergiebelt; in einem Raum Stuckdecke vom A. 19. Jh. – Der eingeschossige Fachwerkbau auf dem Hof das ehem. Salinengefängnis, wohl A. 19. Jh.

Linke Seite: Semlow, Dorfkirche, Wandgräber Adam v. Behr und Frau (rechts im Bild) und Christoph v. Behr und Frau

Rechte Seite: Bad Sülze, Stadtansicht von Südosten, Lithographie um M. 19. Jh.; Rathaus

KURHAUS (Sanatorium). 1822/24 nach Entwürfen von Carl Theodor Severin errichtet. Zweigeschossiger, an der Vorderfront streng klassizistisch verputzter Fachwerkbau von elf Achsen; kräftiges profiliertes Dachgesims und niedrige Attika, flaches Walmdach. Der fünfachsige Mittelrisalit von flachem Dreiecksgiebel abgeschlossen, im Erdgeschoß mit tiefer, von zwei kannelierten Säulen gestützter Portalhalle. Die Erdgeschoßfenster mit Lünettenschluß, die Obergeschoßfenster in den äußeren Achsen des Risalites mit schweren klassizistischen Verdachungen. Zweigeschossige Anbauten an der Hof- und Südseite um 1900 bzw. um 1930. Das Innere verändert.

WOHNHÄUSER Die Bebauung überwiegend aus Massiv- und Fachwerkhäusern im Kern aus dem 18. und 19. Jh. Einzelbauten: In der Salinenstraße mehrere ehem. Salzarbeiterhäuser, sog. »Salzkaten«, erwähnenswert Nr. 1/2, 3/4 und 6/7, eingeschossige Fachwerktraufenhäuser mit Krüppelwalmdächern, 1. H. 19. Jh.; an Nr. 1 hölzerne Sonnenuhr. – Tribseer Straße 1, kleiner Fachwerk-Doppelkaten von vier Achsen mit Krüppelwalmdach, A. 19. Jh. Tribseer Straße 11, eingeschossiger Backsteinbau von sieben Achsen mit Krüppelwalmdach, um 1840, das Portal in einer vertieften Nische mit eingestellten Backsteinsäulen, darüber Zwerchhaus. – Erwähnenswerte Haustüren: Karl-Liebknecht-Straße 12, um 1770; Bergstraße 2, Reiferbahn 10, Salinenstraße 12, alle 19. Jh.

STADTKIRCHE Backsteinbau um und nach M. 13. Jh., rechteckiges zweijochiges Schiff mit eingezogenem Rechteckchor und Südsakristei; der querrechteckige Westturm wohl erst im 15. Jh. vorgesetzt, seine Aufbauten 1770 zerstört und 1892 in neugotischen Formen mit achtseitigem Spitzhelm rekonstruiert. Ältester Teil der Chor mit Ecklisenen, der reiche Giebel über doppeltem deutschem Band mit steigendem Rundbogenfries und Blendengliederung in zwei Reihen. Die Fenster zu Dreiergruppen mit erhöhtem Mittelfenster zusammengestellt, z. T. von Spitzbogenblenden umgriffen; eingelegte Rundwülste außen und innen. An der Nordseite, in Mauervorlage, Rücksprungportal mit eingestellten Säulen, in den Archivolten Rundwülste, darüber dreieckige, wimpergartige Putzblenden. Gleichzeitig oder nur wenig später das Schiff, seine Detailformen einschließlich der Portale denen des Chores verwandt. – Im Inneren im Chor die ursprüngliche Wölbung aus der Bauzeit erhalten, ein acht-

rippiges Kuppelgewölbe mit Scheitelring und zu Kreuzen ausgestalteten Scheitelrippen; spitzbogiger Triumphbogen. Die zwei Sterngewölbe des Schiffes erst im 15. Jh. eingezogen.
Neugotischer Altaraufbau M. 19. Jh., das Kreuzigungsgemälde von Gaston Lenthe. Kanzel mit Aufgang und Schalldeckel, 1770, Korb und Deckel mit Rokokoornamenten. Taufständer 2. H. 19. Jh. Taufe, Kalkstein, die Kuppa 2. H. 13. Jh. mit Dreipaßarkaden, der Fuß neu. Orgelprospekt mit Rokokoschnitzwerk, 1772. – Zwei Kelche, Silber, 1725 und 18. Jh. Zwei Patenen, Silber, 1741 und 18. Jh. Krankenkelch, Patene und Dose, Silber, 2. H. 17. Jh. Dose, Silber, E. 17. Jh. Leuchterpaar, Zinn, 1817. Kronleuchter, Messing, E. 18. Jh. Glocke 1524.
WINDMÜHLE (Wohnhaus) am westlichen Ortsausgang. 1888 errichtete Ständer-Holländer-Mühle, über dem massiv ummauerten Erdgeschoß Rumpf und Haube in Fachwerk, das Flügelkreuz z. T. erhalten.
WINDMÜHLE (Gaststätte) östlich der Stadt auf dem Krähenberg. E. 19. Jh. errichtete Turm-Holländer-Mühle mit kegelförmigem Rumpf aus verputztem Backstein, die Haube mit Galerie in Fachwerk, das Flügelkreuz rekonstruiert.
DENKMAL an die Befreiungskriege, auf dem Krähenberg, 1913 errichtet. Tabernakelartiger Aufbau, das zinnenbekrönte Dach auf vier Pfeilern.

Linke Seite: Bad Sülze, Kurhaus; Salzarbeiterhäuser Salinenstraße 1/2; Wohnhaus Tribseer Straße 11

Rechte Seite: Bad Sülze, Denkmal an die Befreiungskriege, im Hintergrund die Stadtkirche; Stadtkirche, Inneres nach Osten

Tribohm (Ortsteil von Ahrenshagen)

DORFKIRCHE Rechteckiger Feldsteinbau mit eingezogenem Rechteckchor und Nordsakristei, 1. H. 13. Jh., die Fenster als schlanke rundbogige Schlitze ausgebildet, in der Chorostwand zwei kleinere mit dazwischenliegendem Rundfenster. Im 17. Jh. Erneuerung des Ostgiebels und Errichtung des Fachwerkgiebels der Sakristei. Der hölzerne quadratische Westturm mit achtseitigem verschindeltem Aufsatz und Spitze 1650 erbaut von Andreas Werkmeister. – Das Innere mit spitzbogigem Triumphbogen, die flache Bretterdecke mit neugotischer Bemalung M. 19. Jh., die die obere Wandzone einbezieht.

Altaraufsatz 1745, architektonischer Aufbau: der Sockel mit Abendmahlsrelief, in dem von Säulen gerahmten Mittelfeld ursprünglich Kruzifix (jetzt als Altarkreuz genutzt), seit 1846 durch Gemälde des auferstehenden Christus ersetzt, seitlich Freifiguren von Moses und Johannes Bapt., darüber kleine Medaillons mit Gemälden; über dem verkröpften Gebälk im Aufsatz der auf einer Wolkengloriole stehende und von Engeln begleitete Auferstandene. Altarschranke. An der Chornordseite zwei ehem. Patronatslogen, ebenfalls 1745, mit Pilastergliederung, auf dem Gesims reiches Schnitzwerk und von Figuren flankierte Wappen. Gleichzeitig auch die Kanzel mit Schalldeckel, am Korb zwischen Akanthusvoluten und Cherubköpfchen vollplastische Evangelistenfiguren, am Schalldeckel Putten und Wolkengloriolen mit alttestamentlichen Symbolen. Taufständer M. 19. Jh. Opferstock mittelalterlich. Bibelpult 18. Jh. Gestühlswange 1569. Kastengestühl im Schiff 18. Jh. – Zwei Kelche, Silber,

1. H. 18. Jh., einer mit Patene. Taufschale, Messing, 1. H. 18. Jh. Kollektenschale, Messing, 18./19. Jh. Vier Leuchter, Zinn, 18. Jh. Zwei Glocken, Eisen, Bochumer Verein.

Auf dem Kirchhof fünf Grabplatten: S. Thun †1728, O. F. Thun †1728, O. Thun †1743, D. Schreiner †1792, Behr 18. Jh. Am Giebel der Sakristei drei schmiedeeiserne Grabkreuze A. 19. Jh.

Wieck

Das ehem. Fischer- und Seefahrerdorf am Bodstedter Bodden kleiner als die Nachbarorte, die Struktur der ursprünglichen Wohnbereiche von Bauern, Büdnern, Fischern, Schiffern sowie Waldarbeitern in jüngerer Zeit durch Neubauten und Veränderungen verunklärt.

WOHNBAUTEN Im Ort mehrere niederdeutsche Hallenhäuser mit an den Dielenenden eingeschnittenen rohrgedeckten Walmdächern, zumeist E. 18./A. 19. Jh., in jüngerer Zeit vielfach die Umfassungswände massiv erneuert oder verbrettert, erwähnenswert Nordkaten 1 und 3, beide um 1800. Das ehem. Schulzenhaus (Gaststätte) Bauernreihe 20 ein großes quergegliedertes Traufenhaus von um 1800, seine rückwärtigen Anbauten A. 20. Jh.

Die für Büdner, Fischer, Schiffer und Waldarbeiter zwischen E. 18. Jh. und E. 19. Jh. erbauten Wohnhäuser sind schlichte, zumeist vier- und fünfachsige queraufgeschlossene Fachwerktraufenhäuser, zuweilen mit seperatem Wirtschaftsteil oder seitlich stehender Scheune. Erwähnenswert: Bauernreihe 4, M. 19. Jh., Nr. 14, 1814; Hauptstraße 22, M. 19. Jh.; Müggenbergstraße 25, M. 19. Jh., verbrettert, dazu giebelseitig zur Straße stehende Scheune; Nordkaten 41, M. 19. Jh.; Postreihe 6, E. 18. Jh., Nr. 10, M. 19. Jh.; Südkaten 3 und 8, M. 19. Jh., Nr. 8 mit seitlich stehender verbretterter Scheune, Nr. 14, A. 19. Jh.; Trommelplatz 1, Doppelbüdnerei von 1784, erweitert 2. H. 19. Jh.

Wiepkenhagen (Ortsteil von Trinwillershagen)

SCHMIEDE Errichtet E. 19. Jh. Rechteckiger Backsteinbau mit Krüppelwalmdach, an der Straßenfront eine jetzt zugesetzte rundbogige Arkadenöffnung und der Zugang, darüber deutsches Band.

Wustrow, Ostseebad

Der Ort heute von kleinstädtischem Charakter, u. a. bedingt durch einen Brand im Jahre 1869 und den folgenden Wiederaufbau, dabei vor allem in der Ortsmitte die

Linke Seite: Tribohm, Dorfkirche, Blick in den Chor und Außenansicht von Osten

Rechte Seite: Wieck, ehem. Fischerhaus Südkaten 14; Wustrow, »Fischlandhaus« Neue Straße 38

heimischen Traditionen des Hausbaues nicht beibehalten. Ursprünglich die Wohnbereiche der Büdner, Fischer und Schiffer auf den östlichen Ortsbereich und das Zentrum bzw. die Straße zum Strand konzentriert, mit zunehmendem Badebetrieb seit der M. 19. Jh. mehr und mehr durch Neubauten verwischt.

WOHNHÄUSER Der Typ der giebelseitig zur Straße stehenden, in Fachwerk oder Backstein errichteten und mit rohrgedecktem Krüppelwalmdach versehenen Büdnereien aus der 1. H. 19. Jh. in der Karl-Marx-Straße mit den Häusern Nr. 1 und 29 sowie in der Neuen Straße mit den Häusern Nr. 1, 30, 34, 36 und 38 (Fischlandhaus, Abb. S. 493) erhalten, Nr. 30 mit ursprünglicher Wohndiele.

Wohl etwas jünger die meist vier- bis sechsachsigen, ebenfalls in Fachwerk oder Backstein bzw. als Putzbauten errichteten Traufenhäuser mit Krüppelwalmdächern. Erwähnenswerte Beispiele: Fritz-Reuter-Straße 3; Karl-Marx-Straße 14, 27, 37, 39, 41; Lindenstraße 31; Norderstraße 9; Strandstraße 5; Thälmannstraße 2.

DORFKIRCHE Großer neugotischer Backsteinbau auf einem künstlichen Hügel im südlichen Teil des Ortes, 1869/73 nach Entwurf von Theodor Krüger, Schwerin.

Linke Seite: Wustrow, Dorfkirche, Ansicht von Norden, Taufstein (rechts unten); Wohnhaus Karl-Marx-Straße 39 (rechts oben)

Rechte Seite: Zingst, Wohnhaus Strandstraße 7

Über kreuzförmigem Grundriß, die Querarme polygonal geschlossen, das Chorpolygon eingezogen. Der mehrgeschossige quadratische Westturm mit achtseitigem Spitzhelm, im Südwesten ein Treppenturm. Im Inneren nur das Chorpolygon gewölbt, die übrigen Raumteile mit sichtbar belassenem Dachtragewerk. Die Ausmalung und Ausstattung weitgehend einheitlich aus der Bauzeit, in der Altarwand Gemälde, Rettung Petri aus dem Meer.
Taufe, Kalkstein, 2. H. 13. Jh., an der Kuppa Dreipaßarkaden. Zwei Gemälde, Luther und Melanchthon, 2. H. 19. Jh. Drei Votivschiffe: Klipperschiff um 1855; Fregatte M. 19. Jh.; Gaffelschoner um 1935. – Kelch und Patene, Silber, 1789. Krankenkelch, Patene und Dose, Silber, A. 19. Jh. Dose, Silber, 1789. Kelchlöffel, Silber, E. 18. Jh. Kelch, Zinn, 2. H. 18. Jh. Fünf Leuchter, Zinn, 1751 (4) und 1831. – Epithaph Georg Blanck † 1602.

Zingst, Ostseebad

Sehr weiträumige Anlage, 1823 durch die Vereinigung der Dörfer Pahlen und Hanshagen entstanden und seit M. 19. Jh. mit zunehmendem Badebetrieb stark verändert, dabei die ursprünglich nach topographischen und funktionellen Gesichtspunkten entstandenen Wohnbereiche von Büdnern, Fischern und Seefahrern in ihrer Zuordnung verunklärt. An älteren WOHNBAUTEN zu erwähnen: Strandstraße 7/7a, M. 18. Jh., das Fachwerkwohnhaus A. 19. Jh. an der Straßenfront verputzt und durch zweiachsiges Zwerchhaus erweitert, aus der gleichen Zeit die Empire-Haustür. Seitlich stehend ehem. Scheune mit rohrgedecktem Krüppelwalmdach. Von den um M. 19. Jh. bzw. in der 2. H. 19. Jh. errichteten massiven oder in Fachwerk erbauten Häusern weitgehend unverändert erhalten: Barther Straße 6; Dünenstraße 3 und 4; Friedenseiche 1; Schulstraße 13; Störtebekerstraße 2, mit hübschen hölzernen Veranden an den Giebelseiten; Strandstraße 14 und 19 (Heimatmuseum).
Ehem. SEENOTRETTUNGSSCHUPPEN Strandstraße. E. 19. Jh. errichteter rechteckiger Backsteinbau in neugotischen Formen; in den Schmalseiten je zwei große segmentbogige Tore, darüber die Giebel mit Blendengliederung, an den Längsseiten Lisenen und Konsoltraufffries.

DORFKIRCHE 1860/62 nach Entwurf von Friedrich August Stüler errichtet, in neugotischen Formen. Rechteckiges Schiff mit polygonaler Apsis, das gelbe Backsteinmauerwerk in gleichmäßigen Abständen von Streifen aus roten Steinen belebt. Die Staffeln der beiden Blendengiebel mit Wimpergen, in der mittleren Staffel spitzbogige Öffnung. Über dem Westportal und in den Apsiswänden Fensterrosen, in den Längswänden unten kleine, oben große Spitzbogenfenster. Im Inneren die Apsis gewölbt, das Schiff mit sichtbarem Dachtragewerk. Im Westen und an den Längswänden Emporen. Einheitliche Ausstattung aus der Erbauungszeit. Krankenkelch und Patene, Silber, 1856.
Kirchhof mit neugotischem Backsteinportal aus der Bauzeit der Kirche. Frei stehender Glockenstuhl, die Glocke 1858 von Eduard Zach, Stralsund. Grabstätte der Heimatdichterin Martha Müller-Grählert (1875 bis 1939), mit Marmorkreuz.
PFARRHAUS südlich der Kirche, wohl zeitgleich mit dem Kirchenbau und in dessen Stilformen.

Zentrale Denkmalliste (Auszug) und Bezirksdenkmalliste

Zentrale Denkmalliste

Die zentrale Denkmalliste wurde vom Ministerrat der Deutschen Demokratischen Republik am 25. September 1979 bestätigt. Die Bekanntmachung der zentralen Denkmalliste erfolgte im Gesetzblatt der Deutschen Demokratischen Republik vom 5. Oktober 1979, Sonderdruck Nr. 1017.
Der folgende Auszug aus der zentralen Denkmalliste verzeichnet die Listenobjekte des in der vorliegenden Veröffentlichung behandelten Teiles des Bezirkes Rostock, geordnet nach Kreisen entsprechend der Anlage des Bandes. Die in Klammern angegebenen Listennummern bedeuten:

IV. Denkmale des Städtebaus und der Architektur
3. Begrenzte Bereiche und Ensembles
4. Einzeldenkmale
VI. Denkmale der bildenden und angewandten Kunst

Landkreis Wismar
Neukloster. Klosterkirche des ehem. Zisterzienserinnenklosters Sonnenkamp, Glasmalereien (VI.)

Stadtkreis Wismar
Georgenkirche, Fürstenhof, Marienkirchturm, Archidiakonat;
Markt (Denkmalbereich) mit Rathaus, »Altem Schweden« und Wasserkunst;
Lübsche Straße (Denkmalbereich) mit Heiligen-Geist-Kirche und -Spital;
Krämerstraße (Denkmalbereich);
Grube (Denkmalbereich) mit Nikolaikirche und Schabbellhaus (sämtlich IV.3.)

Landkreis Bad Doberan
Doberan, Bad. Ehem. Zisterzienser-Klosterkirche (IV.4.)

Stadtkreis Rostock
Ernst-Thälmann-Platz (Denkmalbereich) mit Rathaus und sog. Kerkhofhaus Hinter dem Rathaus 5;
Marienkirche;
Kröpeliner Straße (Denkmalbereich) mit dem Haus Nr. 82;
Universitätsplatz (Denkmalbereich) mit dem Universitäts-Hauptgebäude, Neuer Wache, Palais mit Saalbau, Blücherdenkmal sowie dem ehem. Kloster Zum Heiligen Kreuz;
Stadtbefestigung mit Mauer und Wallanlagen, Kröpeliner Tor, Steintor und Kuhtor;
Lange Straße (sämtlich IV.3.)
Nikolaikirche, Kruzifix 13. Jh. (VI.)

Bezirksdenkmalliste

Die Bezirksdenkmalliste wurde vom Rat des Bezirkes Rostock am 12. März 1976 bestätigt; nachträgliche Veränderungen und Erweiterungen betreffen vor allem die Städte Rostock und Wismar.
Die einzelnen Objekte der Bezirksdenkmalliste sind hier, entsprechend der Anlage des Bandes, nach Kreisen geordnet. Die in Klammern angegebenen Listennummern bedeuten:

1. Geschichtsdenkmale
1.1. Denkmale der politischen Geschichte
1.2. Denkmale der Produktions- und Verkehrsgeschichte
1.3. Denkmale der Kulturgeschichte
1.4. Denkmale zur Kultur und Lebensweise der werktätigen Klassen und Schichten
2. Kunstdenkmale
2.1. Denkmale des Städtebaus, Denkmalbereiche und Ensembles
2.2. Einzeldenkmale der Baukunst
2.3. Denkmale der Landschafts- und Gartengestaltung
2.4. Denkmale der bildenden und angewandten Kunst

Die dritte Ziffer ergibt sich aus der fortlaufenden Zählung der Objekte innerhalb der Denkmalgruppen.

Landkreis Grevesmühlen
Bössow. Dorfkirche, Glasmalereien vom E. 14. Jh. und Grabstein J. Storm von 1396 (2.4.2.)
Dassow. Stadtkirche (2.2.10.)
Dreveskirchen. Dorfkirche (2.2.11.)
Elmenhorst. Dorfkirche (2.2.13.)
Grevesmühlen. Gedenkstätte »Cap Arkona« (1.1.2.)
Herrnburg. Dorfkirche, Schnitzaltar M. 15. Jh., Kanzel von 1675, Bronzetaufe A. 15. Jh. (2.4.17.)
Johannstorf. Ehem. Schloß (2.2.33.)
Kalkhorst. Dorfkirche (2.2.34.)
Klütz. Schloß Bothmer und Parkanlage (2.2.41.)
Klütz. Stadtkirche (2.2.42.)
Plüschow. Ehem. Schloß (2.2.53.)
Schönberg. Bechelsdorfer Schulzenhof (1.4.9.)
Schönberg. Stadtkirche, Bronzetaufe von 1357 (2.4.26.)

Landkreis Wismar
Gressow. Dorfkirche, Altaraufsatz von 1718 (2.4.5.)
Hohenkirchen. Dorfkirche, Triumphkruzifix E. 13. Jh. (2.4.6.)
Hohen Viecheln. Dorfkirche (2.2.32.)
Kirchdorf/Poel. Dorfkirche und ehem. Festungsanlage (2.2.40.)
Lübow. Dorfkirche, zwei Grabsteine von 1370 und 1405 (2.4.16.)
Mecklenburg, Dorf. Häuserensemble am Kirchplatz mit Kirche (1.4.6. bzw. 2.2.)
Neukloster. Klosterkirche und Gebäude des Klosterhofes des ehem. Zisterzienserinnenklosters Sonnenkamp (2.2.50.)

Stadtkreis Wismar
Wismar
Im Denkmalbereich Lübsche Straße (zentrale Denkmalliste) die Häuser Nr. 23, 31, 49, 81, 94, 98, 110, 122, 124, 126, 128;
im Denkmalbereich Krämerstraße (zentrale Denkmalliste) das Haus Bademutterstraße 2 (Löwenapotheke);
Bohrstraße (Denkmalbereich) mit den Häusern Nr. 13 und 15;
Karl-Liebknecht-Straße/Am Schilde (Denkmalbereich) mit dem Haus Karl-Liebknecht-Straße 8;
Kleine Hohe Straße/Am Lohberg (Denkmalbereich) mit den Häusern bzw. Speichern Kleine Hohe Straße 11, 13, 15, 22 und mit dem Wassertor;
Scheuerstraße (Denkmalbereich) mit den Häusern bzw. Speichern Nr. 4, 6, 11, 11a, 13, 15, 15a, 17, 19;
Häuser Am Poeler Tor 1, 2 (sämtlich 2.1.8., später ergänzt und erweitert)
Wismar-Hoben
Ensemble ehem. Fischerhäuser (1.4.11.)

Landkreis Bad Doberan
Doberan, Bad. Gebäudeensemble am Kamp mit ehem. Palais, ehem. Salongebäude, Logierhaus, den beiden Pavillons und der weiteren Randbebauung (2.1.1.)
Doberan, Bad. Häuserensemble am Karl-Marx-Platz mit Schulgebäude, ehem. Prinzenpalais, Haus »Gottesfrieden« und Stahlbad (2.1.2.)
Doberan, Bad. Kleinbahn »Molli« nach Kühlungsborn (1.2.3.)
Heiligendamm. Ensemble der klassizisti schen und nachklassizistischen Kurgebäude (2.1.3.)
Hohen Luckow. Ehem. Schloß, Stukkaturen aus dem 18. Jh. (2.4.7.)
Karin. Dorfkirche, Kanzelaltar von 1736 (2.4.10.)
Kröpelin. Stadtkirche, Grabstein M. 14. Jh., Bronzetaufe von 1508 (2.4.13.)
Neubukow. Stadtkirche (2.2.48.)
Neubukow. Galerie-Holländer-Mühle (1.2.8.)
Parkentin. Dorfkirche (2.2.51.)
Rerik. Stadtkirche (2.2.57.)
Rethwisch. Dorfkirche, Altaraufsatz um 1530, Glasmalereien 1. H. 14. Jh. (2.4.23.)
Russow. Dorfkirche, Glocke von 1435 (2.4.25.)
Steffenshagen. Dorfkirche (2.2.67.)

Landkreis Rostock
Bentwisch. Dorfkirche, Schnitzaltar um 1450 (2.4.1.)
Bentwisch. Friedhofstor und -mauer (2.2.6.)
Buchholz. Dorfkirche, Altaraufsatz und Kanzel um 1730, drei spätgotische Schnitzfiguren (2.4.4.)
Cammin. Dorfkirche, Kanzel von 1732, Orgelprospekt M. 18. Jh., Grabstein J. Koss 2. H. 14. Jh. (2.4.9.)
Kavelstorf. Dorfkirche (2.2.37.)
Kessin. Dorfkirche, Ausmalung des Chores um 1300, Sitzmadonna um 1300, Sitzfigur des hl. Godehard A. 15. Jh. (2.4.11.)
Lichtenhagen. Gebäudeensemble des Angerdorfes mit rohrgedeckten Fachwerkhäusern und Dorfkirche (1.4.7. bzw. 2.2.)
Petschow. Dorfkirche (2.2.52.)
Petschow. Dorfkirche, Tür der Sakramentsnische A. 14. Jh. (2.4.21.)
Reez. Ensemble von Gutshaus, Kapelle und Schmiede (2.2.56.)
Rövershagen. Ständer-Holländer-Mühle (1.2.11.)
Sanitz. Dorfkirche (2.2.65.)

Stadtkreis Rostock
Rostock
Gedenkstätte der revolutionären Matrosen Am Kabutzenhof (1.1.4.)
Burgwall (Denkmalschutzgebiet) mit dem Haus Burgwall 12/13 (2.1.6.)
Östlicher Altstadtbereich, begrenzt durch die Straßen Beim Waisenhaus, Beim Katharinenstift, Amberg, Bei der Petrikirche, Lohgerberstraße, Am Schwibbogen, Mühlenstraße, Wollenweberstraße, Hartestraße (Denkmalschutzgebiet), mit Einzelgebäuden: ehem. Katharinenkloster, Speicher Beim Katharinenstift 9, Wohnhaus Amberg 14, Wohnhäuser Bei der Petrikirche 4/10 sowie Petrikirche, Wohnhaus Lohgerberstraße 1, Speicher Lohgerberstraße 11, Kemladen Am Schwibbogen 7, Wohnhäuser Bei der Nikolaikirche 3/8 sowie Nikolaikirche, Speicher Wollenweberstraße 59 und 62, Wohnhäuser Hartestraße 8, 9, 14, 26 und 27, Wohnhaus Gerberbruch 3 (2.1.7.)
Wohnhaus Wokrenter Straße 40 (2.2.60.)
Ehem. Alte Münze Am Ziegenmarkt 3 (2.2.61.)
Wohnhaus Lagerstraße 27 (2.2.62.)
Speicher Beim Hornschen Hof 6 (2.2.63.)
Ehem. Ständehaus (Haus der NVA) Wallstraße 1 (2.2.64.)

Rostock-Warnemünde
Leuchtturm und Westmole (1.2.13.)
Am Strom 4/58 (Denkmalschutzgebiet) mit dem Haus Nr. 37 und der ehem. Vogtei Nr. 59 (1.4.10.)
Theodor-Körner-Straße 1/130 (Denkmalschutzgebiet) mit den Häusern Nr. 16, 17, 31, 119 (1.4.10.)
Pfarrkirche, Schnitzaltar von 1475 und Standbild des hl. Christophorus (2.4.24.)

Landkreis Ribnitz-Damgarten
Ahrenshagen. Dorfkirche (2.2.1.)
Barth. Dammtorturm (2.2.3.)
Barth. Marienkirche (2.2.4.)
Barth. Ehem. Adliges Fräuleinstift (2.2.5.)
Barth. Mahn- und Gedenkstätte des ehem. KZ-Außenlagers (1.1.1.)
Eixen. Dorfkirche (2.2.12.)

Kenz. Dorfkirche (2.2.38.)
Klockenhagen. Ensemble niederdeutscher Bauernhöfe (Freilichtmuseum) (1.4.5.)
Kölzow. Dorfkirche, Altaraufsatz von 1736, Kanzel M. 18. Jh., Orgelempore 15. und 17. Jh. (2.4.12.)
Lüdershagen. Dorfkirche (2.2.45.)
Marlow. Stadtkirche (2.2.47.)
Ribnitz. Rostocker Torturm (2.2.58.)
Ribnitz. Ehem. Adliges Damenstift und Klosterkirche (2.1.5.)
Semlow. Dorfkirche (2.2.66.)
Sülze, Bad. Ensemble von Kurhaus, Salzamt und Salzkaten (1.2.13.)
Wustrow. Ensemble der Kapitänshäuser (1.4.12.)

Die Mehrzahl der in diesem Band behandelten Bau- und Kunstdenkmale ist in den auf der Grundlage des Denkmalpflegegesetzes erstellten Kreisdenkmallisten verzeichnet, die hier nicht wiedergegeben werden konnten.
Es sei darauf verwiesen, daß ein Teil der in unserer Veröffentlichung behandelten Denkmale keine Aufnahme in den Kreisdenkmallisten gefunden hat, wiewohl an der Erhaltung und Pflege auch dieser Objekte ein gesellschaftliches Interesse besteht.

Ortsregister

Straßenregister

Das Register verzeichnet sämtliche Erwähnungen von Straßen und Plätzen der Städte Rostock und Wismar. Auf die durch halbfette Überschrift hervorgehobene Hauptbehandlung einer Straße oder eines Platzes wird durch kursiv gesetzte Seitenzahlen verwiesen.

Rostock

Wismar

Objektregister

Das Register verzeichnet erhaltene Bau- bzw. Kunstdenkmale in den Städten Rostock und Wismar; in den Texten erwähnte, jedoch nicht mehr vorhandene Bauten sind in der Regel nicht ausgewiesen. Die Seitenangaben beziehen sich ausschließlich auf die Hauptbehandlung der einzelnen Objekte, Verweisungen auf gelegentliche Erwähnungen von Bauten in anderen Zusammenhängen werden nicht gegeben. Teile von Gebäuden, Einzelkunstwerke, Ausstattungsstücke in Kirchen, Grabdenkmäler usw. sind im Register nicht erfaßt.

Rostock

Wismar

Künstlerregister

Literatur

Inventare

Die Kunst- und Geschichts-Denkmäler des Großherzogthums Mecklenburg-Schwerin. Bearbeitet von Friedrich Schlie.

- I. Band: Die Amtsgerichtsbezirke Rostock, Ribnitz, Sülze-Marlow, Tessin, Laage, Gnoien, Dargun, Neukalen. Schwerin 1896. (Inv. Schlie I)

- II. Band: Die Amtsgerichtsbezirke Wismar, Grevesmühlen, Rehna, Gadebusch, Schwerin. Schwerin 1897. (Inv. Schlie II)

- III. Band: Die Amtsgerichtsbezirke Hagenow, Wittenburg, Boizenburg, Lübtheen, Dömitz, Grabow, Ludwigslust, Neustadt, Crivitz, Brüel, Warin, Neubukow, Kröpelin, Doberan. Schwerin 1899. (Inv. Schlie III)

- IV. Band: Die Amtsgerichtsbezirke Schwaan, Bützow, Sternberg, Güstrow, Krakow, Goldberg, Parchim. Lübz, Plau. Schwerin 1901. (Inv. Schlie IV)

Kunst- und Geschichts-Denkmäler des Freistaates Mecklenburg-Strelitz. Bearbeitet von Georg Krüger.

- II. Band: Das Land Ratzeburg. Neubrandenburg 1934. (Inv. Krüger, Land Ratzeburg)

Die Baudenkmäler der Provinz Pommern. Erster Teil. Der Regierungsbezirk Stralsund. Bearbeitet von Ernst v. Haselberg.

- Heft I: Der Kreis Franzburg-Barth. Stettin 1889. (Inv. Haselberg, Kreis Franzburg-Barth)

Die nachfolgende Zusammenstellung gibt eine Übersicht der von diesen älteren Inventarwerken erfaßten, im vorliegenden Band behandelten Orte, geordnet nach den heutigen Land- bzw. Stadtkreisen (die Inventarbände in Kurzfassung zitiert):

Landkreis Grevesmühlen
Im Inv. Schlie II, Amtsgerichtsbezirk Grevesmühlen: Börzow, Bössow, Damshagen, Dassow, Diedrichshagen, Elmenhorst, Friedrichshagen, Grevesmühlen, Johannstorf (unter Dassow), Kalkhorst, Klütz, Mummendorf (Hof und Kirch Mummendorf), Roggenstorf. – Im Inv. Schlie II, Amtsgerichtsbezirk Rehna: Lübsee. – Im Inv. Krüger, Land Ratzeburg: Blüssen, Boitin-Resdorf, Grieben, Herrnburg, Klein Siemz, Lindow, Lockwisch, Lübseerhagen, Lüdersdorf, Menzendorf, Niendorf, Ollndorf, Petersberg, Rodenberg, Sabow, Schönberg, Schwanbeck, Selmsdorf, Sülsdorf, Torisdorf.

Landkreis Wismar
Im Inv. Schlie II, Amtsgerichtsbezirk Wismar: Beidendorf, Goldebee, Gressow, Hohenkirchen, Hohen Viecheln, Hornstorf, Kirchdorf auf Poel, Lübow, Mecklenburg, Neuburg, Proseken, Weitendorf, Zurow. – Im Inv. Schlie II, Amtsgerichtsbezirk Schwerin: Dambeck. – Im Inv. Schlie III, Amtsgerichtsbezirk Warin: Baebelin, Groß Tessin, Neukloster. – Im Inv. Schlie III, Amtsgerichtsbezirk Neubukow: Dreveskirchen, Passee.

Stadtkreis Wismar
Im Inv. Schlie II, Amtsgerichtsbezirk Wismar: Stadt Wismar.

Landkreis Bad Doberan
Im Inv. Schlie III, Amtsgerichtsbezirk Doberan: Althof, Doberan, Hanstorf, Parkentin, Rethwisch. – Im Inv. Schlie III, Amtsgerichtsbezirk Kröpelin: Biendorf, Heiligenhagen, Karin (Alt Karin), Kröpelin, Kühlungsborn (ehemals Bruns-

haupten), Retschow, Satow, Steffenshagen. – Im Inv. Schlie III, Amtsgerichtsbezirk Neubukow: Alt Bukow, Kirch Mulsow, Neubukow, Rerik (ehemals Alt Gaarz), Russow, Westenbrügge. – Im Inv. Schlie IV, Amtsgerichtsbezirk Bützow: Berendshagen, Hohen Luckow.

Landkreis Rostock
Im Inv. Schlie I, Amtsgerichtsbezirk Rostock: Bentwisch, Kessin, Röversshagen, Stäbelow, Thulendorf, Volkenshagen. – Im Inv. Schlie I, Amtsgerichtsbezirk Laage: Cammin, Weitendorf. – Im Inv. Schlie I, Amtsgerichtsbezirk Tessin: Petschow, Sanitz, Tessin, Thelkow, Vilz. – Im Inv. Schlie I, Amtsgerichtsbezirk Ribnitz: Blankenhagen. – Im Inv. Schlie III, Amtsgerichtsbezirk Doberan: Lambrechtshagen, Lichtenhagen. – Im Inv. Schlie IV, Amtsgerichtsbezirk Schwaan: Kavelstorf, Reez.

Stadtkreis Rostock
Im Inv. Schlie I, Amtsgerichtsbezirk Rostock: Stadt Rostock sowie Biestow, Toitenwinkel, Warnemünde.

Landkreis Ribnitz-Damgarten
Im Inv. Schlie I, Amtsgerichtsbezirk Ribnitz: Dänschenburg, Dierhagen, Kloster Wulfshagen, Kuhlrade, Ribnitz, Rostocker Wulfshagen, Wustrow. – Im Inv. Schlie I, Amtsgerichtsbezirk Sülze-Marlow: Kölzow, Marlow, Sülze. – Im Inv. Haselberg, Kreis Franzburg-Barth: Ahrenshagen, Barth, Bodstedt, Damgarten, Divitz, Eixen, Kenz, Langenhanshagen, Leplow, Lüdershagen, Pantlitz, Prerow, Saal, Schlemmin, Semlow, Tribohm, Zingst.

Nachschlagewerke, ausgewählte Einzeldarstellungen

Fründt, Edith: Bibliographie zur Kunstgeschichte von Mecklenburg und Vorpommern (Schriften zur Kunstgeschichte). Berlin 1962

Dehio, Georg: Handbuch der deutschen Kunstdenkmäler. Die Bezirke Neubrandenburg, Rostock, Schwerin. Neubearbeitung durch die Arbeitsstelle für Kunstgeschichte bei der Deutschen Akademie der Wissenschaften zu Berlin. Berlin 1968

Kunstdenkmäler der Bezirke Neubrandenburg, Rostock, Schwerin. Bildband. Berlin 1975

Baier, Gerd (Aufnahmen Klaus G. Beyer): Deutsche Kunstdenkmäler – Ein Bildhandbuch. Bezirke Neubrandenburg, Rostock, Schwerin. Leipzig 1970

Architekturführer DDR. Bezirk Rostock. Berlin 1978

Deutsches Städtebuch. Band I, Nordostdeutschland. Berlin – Stuttgart 1939

Eckardt, Götz (Herausgeber): Schicksale deutscher Baudenkmale im zweiten Weltkrieg. Eine Dokumentation der Schäden und Totalverluste auf dem Gebiet der Deutschen Demokratischen Republik. 2 Bände. Berlin 1978

Burmeister, Werner: Mecklenburg (Deutsche Lande – Deutsche Kunst). Berlin 1926

Sedlmaier, Richard: Rostock (Deutsche Lande – Deutsche Kunst). Berlin 1931

Ohle, Walter: Rostock (Kunstgeschichtliche Städtebücher). Leipzig 1970

Lachs, Johannes, und Friedrich Karl Raif: Rostock. Rostock 1967

Olechnowitz, K. F.: Rostock von der Stadtrechtsbestätigung im Jahre 1218 bis zur bürgerlich-demokratischen Revolution von 1948/49 (Beiträge zur Geschichte der Stadt Rostock I). Rostock 1968

Polzin, M., und H. Witt: Rostock von der bürgerlich-demokratischen Revolution 1848/49 bis 1945 (Beiträge zur Geschichte der Stadt Rostock II). Rostock 1974

Rackow, H.-G., M. Heyne und O. Kleinpeter: Rostock 1945 bis zur Gegenwart (Beiträge zur Geschichte der Stadt Rostock III). Rostock 1969

Burmeister, Werner: Wismar (Deutsche Lande – Deutsche Kunst). Berlin 1928

Willgeroth, G.: Bilder aus Wismars Vergangenheit. Gesammelte Beiträge zur Geschichte der Stadt Wismar. Wismar 1903

Techen, Friedrich: Geschichte der Seestadt Wismar. Wismar 1929

Fründt, Edith (Aufnahmen Thomas Helms): Das Kloster Doberan. Berlin 1987

Heißel, Sebastian: Geschichte der Stadt Bad Doberan. Wismar 1939

Nizze, Adolf: Doberan – Heiligendamm. Geschichte des ersten deutschen Seebades. Pritzwalk 1936

Thielke, Hans: Die Bauten des Seebades Doberan – Heiligendamm um 1800 und ihr Baumeister Severin. Doberan 1917

Volkmann, Albrecht: Kloster Sonnenkamp zu Neukloster in Mecklenburg. Schwerin 1938

Bildnachweis

Die Mehrzahl der Aufnahmen, insgesamt 763, ist von Thomas Helms, Fotograf der Arbeitsstelle Schwerin des Instituts für Denkmalpflege, zwischen 1980 und 1987 angefertigt worden; einen Teil der Fotos stellte Thomas Helms aus seinem Bildarchiv zur Verfügung.

Weitere, im folgenden durch Seitenangabe und gegebenenfalls Stellung innerhalb der Seite gekennzeichnete Aufnahmen lieferten:

Institut für Denkmalpflege, Arbeitsstelle Schwerin, Rudolf Schmidt (16 Aufnahmen, in den sechziger Jahren angefertigt): 96 unten, 114 oben (3), 128, 216, 218 links, 308 rechts, 328 oben, 339 rechts, 345 rechts unten, 354 links (2), 356 unten links und rechts, 408 unten;

Achim Bötefür (4 Aufnahmen, 1989 angefertigt): 237 rechts oben und Mitte, 311 links, 409 unten.

Institut für Denkmalpflege Berlin, Meßbildarchiv (5 Aufnahmen, wohl um 1925 angefertigt): 193 rechts, 203 oben, 209, 211, 451; Fotoatelier, Joachim Fritz (1 Aufnahme, in den siebziger Jahren angefertigt): 148.

Fotothek Dresden (2 Aufnahmen, wohl sechziger Jahre): 207 unten, 359.

Horst Ende, Schwerin (57 Aufnahmen, zwischen 1986 und 1988 angefertigt): 19 unten, 20 oben, 41 (3) 56 oben links, 62 links unten und rechts, 63 unten, 67 unten, 68 unten, 72 rechts unten, 73 rechts, 74 rechts, 75 links oben, 77 links, 82, 119 unten rechts, 240 rechts, 241 links, 242 (2), 348 (2), 349 oben, 377 rechts, 411 (4), 413, 414, 415 rechts oben und unten, 416 (2), 417 oben, 419, 420, 421, 423 (2), 424 links, 425, 426 links unten und rechts, 428 (3), 441 unten, 445 links, 453 links unten, 471 links oben und rechts, 473 rechts oben, 493 rechts, 495.

Dr. Heinrich Trost, Berlin (82 Aufnahmen, 1988 angefertigt): 134 (8), 138 rechts, 139 rechts, 140 oben, 142, 146, 147 (2), 149 rechts oben, 150 (3), 151 links, 152, 154 rechts, 155 links, 157 links und rechts außen, 158 (3), 160, 162, 163 rechts, 164 (3), 165 links, 166 links, 169 (3), 171, 172 (2), 174 unten, 175 rechts (2), 176, 177, 178 (3), 179, 180 oben, 181 links und rechts innen, 186 rechts, 187, 188 (3), 189 (2), 190 oben, 220 unten, 225 (2), 338, 339 links, 340 links unten, 357, 360, 361 links, 362 rechts, 363 rechts, 364 rechts, 369 links, 372, 376 oben, 377 links, 400 rechts, 405 rechts, 407 rechts unten, 470.

Schutzumschlag
(sämtliche Aufnahmen von Thomas Helms)

Vorderseite:
Schönberg (Ldkr. Grevesmühlen), Bechelsdorfer Schulzenhof;
Bad Doberan, ehem. Zisterzienser-Klosterkirche, Hochaltar (Detail);
Heiligendamm (Ldkr. Bad Doberan), Kurhaus; Rostock, Marienkirche, Ansicht von Südosten.

Rückseite:
Wismar, Markt mit Wasserkunst und Marienturm;
Wismar, Speichergebäude Am Lohberg/Kleine Hohe Straße;
Ahrenshagen (Ldkr. Ribnitz-Damgarten), Dorfkirche, Ansicht von Nordwesten;
Timmendorf/Insel Poel, Leuchtturm.

Vordere Umschlagklappe:
Wismar, Nikolaikirche, Giebel der südlichen Seitenschiffshalle.

Hintere Umschlagklappe:
Dorf Mecklenburg (Ldkr. Wismar), Dorfkirche, Blick in den Chor.